Jacek Bak

Aktienrecht zwischen Markt und Staat

GABLER EDITION WISSENSCHAFT

Ökonomische Analyse des Rechts

Herausgegeben von
Professor Dr. Peter Behrens
Professor Dr. Manfred Holler
Professor Dr. Claus Ott
Professor Dr. Hans-Bernd Schäfer (schriftführend)
Professor Dr. Rainer Walz
Universität Hamburg, Fachbereich Rechtswissenschaft II

Die ökonomische Analyse des Rechts untersucht Rechtsnormen auf ihre gesellschaftlichen Folgewirkungen und bedient sich dabei des methodischen Instrumentariums der Wirtschaftswissenschaften, insbesondere der Mikroökonomie, der Neuen Institutionen- und Konstitutionenökonomie. Sie ist ein interdisziplinäres Forschungsgebiet, in dem sowohl Rechtswissenschaftler als auch Wirtschaftswissenschaftler tätig sind und das zu wesentlichen neuen Erkenntnissen über Funktion und Wirkungen von Rechtsnormen geführt hat.

Die Schriftenreihe enthält Monographien zu verschiedenen Rechtsgebieten und Rechtsentwicklungen. Sie behandelt Fragestellungen aus den Bereichen Wirtschaftsrecht, Vertragsrecht, Haftungsrecht, Sachenrecht und verwaltungsrechtliche Regulierung.

Jacek Bak

Aktienrecht zwischen Markt und Staat

Eine ökonomische Kritik des Prinzips der Satzungsstrenge

Mit einem Geleitwort von Prof. Dr. Peter Behrens

Deutscher Universitäts-Verlag

Bibliografische Information Der Deutschen Bibliothek
Die Deutsche Bibliothek verzeichnet diese Publikation in der Deutschen Nationalbibliografie; detaillierte bibliografische Daten sind im Internet über <http://dnb.ddb.de> abrufbar.

Dissertation Universität Hamburg, 2002

1. Auflage Januar 2003

Lektorat: Brigitte Siegel / Sabine Schöller

Der Deutsche Universitäts-Verlag ist ein Unternehmen der Fachverlagsgruppe BertelsmannSpringer.
www.duv.de

Umschlaggestaltung: Regine Zimmer, Dipl.-Designerin, Frankfurt/Main

Gedruckt auf säurefreiem und chlorfrei gebleichtem Papier

ISBN-13:978-3-8244-7771-5 e-ISBN-13:978-3-322-81465-4
DOI: 10.1007/978-3-322-81465-4

Geleitwort

Das deutsche Aktienrecht schränkt die Satzungsautonomie bekanntlich in erheblichem Umfang ein (§ 23 Abs. 5 AktG). Aktienrecht ist ganz überwiegend zwingendes Recht (Prinzip der Satzungsstrenge). Die Sinnhaftigkeit dieses gesetzgeberischen Ansatzes ist in letzter Zeit zunehmend in Frage gestellt worden, und zwar sowohl in der rechtswissenschaftlichen Diskussion (siehe etwa *Hirte* ZGR 1997, 120 ff.), als auch in ganz besonderem Maße in der ökonomischen Literatur. Die Fragwürdigkeit einer rigiden Regulierung der Aktiengesellschaft kommt auch in den vielfältigen Vorschlägen für eine Deregulierung zum Ausdruck, die in den letzten zwei Jahrzehnten immer wieder gemacht worden sind. Die von *Bak* vorgelegte Untersuchung hat sich zum Ziel gesetzt, die Rechtfertigung des Prinzips der Satzungsstrenge theoretisch und empirisch auf der Grundlage institutionenökonomischer Ansätze kritisch zu überprüfen. Die Fragestellung lautet demgemäß, ob zwingendes Aktienrecht effizient ist, d.h. ob es die gesamtwirtschaftliche Wohlfahrt zu fördern geeignet ist, oder ob es sie eher vermindert. Anders gewendet: es geht um die Frage, ob das zwingende Aktienrecht gesamtwirtschaftlich höhere Kosten verursacht als es Nutzen bringt. Um das Ergebnis vorwegzunehmen: Die von *Bak* durchgeführte theoretische und empirische Analyse führt zu einem sehr eindeutig negativen Befund: zwingendes Aktienrecht ist ineffizient.

Die Untersuchung beginnt in einem ersten Teil mit der Erläuterung der theoretischen Grundlagen: Im Rahmen der ökonomischen Theorie lassen sich zwingende Rechtsnormen prinzipiell nur dadurch rechtfertigen, daß sie der Behebung bestimmter Formen des Marktversagens dienen. Dabei kommt es im Hinblick auf aktienrechtliche Regelungen auf den Kapitalmarkt an. Ist der Kapitalmarkt effizient - so die grundlegende These - dann ist davon auszugehen, daß die Probleme, die das zwingende Aktienrecht lösen soll, bereits im Wege von Transaktionen auf dem Kapitalmarkt gelöst werden können. Als die zentralen rechtlichen Regelungsprobleme des Aktienrechts identifiziert *Bak* zum einen das Verhältnis von Management und Aktionären, zum anderen das Verhältnis zwischen Gläubigern und Aktionären sowie schließlich das Verhältnis zwischen Mehrheits- und Minderheitsaktionären. In der Terminologie der Institutionenökonomik geht es jeweils um *principal/agent*-Beziehungen. Ein effizienter Kapitalmarkt würde also die in den genannten *principal/agent*-Beziehungen relevanten Interessenkonflikte durch die Markttransaktionen selbst lösen, weil die Beteiligten ihre Interessen im Rahmen der für diese Transaktionen maßgeblichen Rechtsgeschäfte selbst wahren könnten. Annahmegemäß führen Rechtsgeschäfte, in denen die Parteien ihre Interessen (Präferenzen) zur Geltung bringen können, zu effizienten Ergebnissen.

Was Effizienz des Kapitalmarkts genau bedeutet, wird ausführlich dahingehend präzisiert, daß es entscheidend auf die sogenannte Informationseffizienz ankommt, d.h. darauf, daß die Kapitalmarkttransaktionen auf der Basis sämtlicher Informationen zustandekommen, die für die Investitionsentscheidungen von Aktionären bzw. Gläubigern relevant sind. Da Gegenstand solcher Transaktionen jeweils ganze Bündel von Rechten, Pflichten, Chancen und

Risiken sind, deren Bewertung sich in den Preisen für die auf dem Kapitalmarkt gehandelten Finanzierungsinstrumente ausdrückt, kommt es also darauf an, daß dem Kapitalmarkt alle dafür relevanten Informationen zugänglich sind, so daß sie von Marktteilnehmern entsprechend bepreist werden können. Entscheidend ist also nicht, ob es Informationsasymmetrien zwischen einzelnen Marktteilnehmern gibt, sondern ob dem Kapitalmarkt insgesamt relevante Informationen vorenthalten werden (können). Ob der Kapitalmarkt in diesem Sinne effizient ist, ist dann allerdings eine empirische Frage, deren Beantwortung entsprechende Erhebungen voraussetzt.

Für die weitere Analyse der Frage, ob sich das Prinzip der Satzungsstrenge im deutschen Aktienrecht rechtfertigen läßt, kam es somit darauf an, im Einzelnen zu belegen, daß zum einen ein informationseffizienter Kapitalmarkt ohne zwingende aktienrechtliche Regulierung tatsächlich zu angemessenen Lösungen der oben genannten Interessenkonflikte gelangt, und daß zum anderen auch tatsächlich von der Informationseffizienz des Kapitalmarkts ausgegangen werden kann. An dieser Stelle war der Verfasser mit dem Problem konfrontiert, einen methodisch akzeptablen Weg zu finden, um die beiden genannten Fragen im Rahmen der Untersuchung sinnvoll behandeln und beantworten zu können. Das ist ihm im m.E. überzeugend gelungen.

Die erste Frage wird durch einen Rückgriff auf das US-amerikanische Recht zu beantworten versucht, das ganz überwiegend nicht zwingender Natur ist. Dabei werden die wichtigsten aktienrechtlichen Regelungen analysiert, die dem Schutz von Aktionären und Gläubigern dienen. *Bak* kommt zu dem Ergebnis, daß dieser Schutz letztlich auch in den USA keineswegs hinter den Anforderungen zurückbleibt, die in Deutschland als maßgeblich angesehen werden. Der naheliegende Einwand, daß im US-amerikanischen Recht möglicherweise andere rechtliche Instrumente zwingenden Charakters verwendet werden als im deutschen Recht, um die relevanten Schutzziele zu erreichen (zu denken wäre etwa an das Börsenrecht mit seinen umfassenden zwingenden Informationspflichten), wird gesehen, anhand einiger Beispiele aber zu entkräften versucht.

Die zweite Frage nach der empirischen Feststellbarkeit der Informationseffizienz vor allem des deutschen Kapitalmarkts konnte *Bak* naturgemäß nicht durch eigene Erhebungen beantworten. Statt dessen stützt er sich auf eine beeindruckende Vielzahl bereits vorhandener empirischer Studien, die mit bemerkenswertem Geschick und großer Akribie durchaus kritisch ausgewertet werden. Sie rechtfertigen nach Auffassung von *Bak*, den Schluß, daß nicht nur für den US-amerikanischen, sondern auch für den deutschen Kapitalmarkt durchaus von seiner Informationseffizienz ausgegangen werden kann. Diese Feststellung trifft *Bak* in Kenntnis der herrschenden gegenläufigen Vorstellungen in Deutschland, mit denen er sich aber detailliert auseinandersetzt.

Aus diesen Überlegungen zieht *Bak* konsequenterweise den Schluß, daß sich der zwingende Charakter des deutschen Aktienrechts ökonomisch nicht rechtfertigen läßt. Das deutsche Aktienrecht bedarf hiernach einer umfassenden De-Regulierung.

Damit läßt es *Bak* allerdings nicht bewenden. Vielmehr geht er gewissermaßen hilfsweise auf die - für ihn hypothetische - Möglichkeit ein, daß mit der in Deutschland herrschenden Meinung von einer hinreichenden Informationseffizienz des Kapitalmarkts doch nicht ausgegangen werden könne. Insoweit weist *Bak* prinzipiell zutreffend darauf hin, daß es zur Rechtfertigung zwingenden Rechts nicht genügt, Ineffzienzen des Marktes nachzuweisen. Vielmehr bedarf es des Nachweises, daß zwingende Rechtsnormen des Gesetzgebers zu besseren Lösungen führen als ein unvollkommener Kapitalmarkt. Diesen Nachweis hält *Bak* nicht für erbracht, weil auch das zwingende Aktienrecht zentrale Ursachen für mögliche Unvollkommenheiten des Kapitalmarkts nicht beseitigt.

Bak greift mit anerkennenswertem Mut zum Risiko, auch Widerspruch zu ernten, ein ebenso zentrales wie schwieriges Grundlagenproblem des Aktienrechts auf. Die vieldiskutierte Frage nach der Effizienz des Kapitalmarktes und ihrer Bedeutung für die aktienrechtliche Gesetzgebung wird hier erstmals wirklich umfassend, theoretisch konsistent und inhaltlich gehaltvoll analysiert. Auch der kritische Leser, der der einen oder anderen Schlußfolgerung nicht zuzustimmen möchte, wird anerkennen, daß mit dieser Arbeit ein überaus beachtlicher Beitrag zur Grundlagenforschung im Bereich des Aktienrechts geleistet wird. Er führt über den bisherigen Stand der Literatur weit hinaus und gibt wichtige Impulse für die weitere wissenschaftliche Auseinandersetzung. Die künftige Diskussion wird an der Dissertation von *Bak* nicht vorbeigehen können.

Prof. Dr. Peter Behrens

Vorwort

Zwingendes Aktienrecht ist kein Selbstzweck. In einer Marktwirtschaft soll es zumindest auch der Erhöhung der volkswirtschaftlichen Effizienz dienen. Die Untersuchung, ob dies wirklich in Deutschland der Fall ist, steht im Zentrum dieses Buches. Dabei unterscheidet sich die hier zugrunde gelegte Annahme fundamental von derjenigen, die üblicherweise in der Rechtswissenschaft vertreten wird. Üblicherweise wird die Notwendigkeit des zwingenden Aktienrechts einfach unterstellt. Das ist aber kein richtiger Ausgangspunkt für eine rechtswissenschaftliche Untersuchung. Denn zwingendes Aktienrecht ist nur erforderlich, sofern und soweit die privatautonome Gestaltungsfreiheit durch vertragliche Regelungen an Grenzen stößt. In diesem Sinne steht das Aktienrecht – dem Titel des Buches entsprechend – im Spannungsfeld zwischen Markt und Staat.

Das Buch ist aus meiner Dissertationsschrift hervorgegangen, die im Wintersemester 2001/2002 der Juristischen Fakultät der Universität Hamburg vorgelegen hat. Es befindet sich in allen Teilen auf dem Stand vom 01.03.2002. Vereinzelt konnte später erschienenes Schrifttum noch nachgetragen werden.

Dank schulde ich an erster Stelle meinem Doktorvater und akademischen Lehrer, Herrn Prof. Dr. Peter Behrens. Er hat mich fachlich und persönlich in jeder Hinsicht gefördert und mir großen Freiraum für die eigene Forschungstätigkeit gewährt. Dank schulde ich aber auch dem Zweitgutachter im Promotionsverfahren und zugleich dem Sprecher des Graduiertenkollegs Recht und Ökonomik, Herrn Prof. Hans-Bernd Schäfer. Sein fester Glaube an die ökonomische Analyse des Rechts, hat mich noch stärker geprägt, als die vorliegende Schrift erkennen lässt. Hervorheben möchte ich darüber hinaus die vielfältigen persönlichen und fachlichen Kontakte zu den Mitgliedern des Graduiertenkollegs Recht und Ökonomik und den betreuenden Professoren der Universität Hamburg, die das für eine rechtsökonomische Arbeit unerlässliche fruchtbare Umfeld geschaffen haben.

Freunde und Kollegen haben Teile dieser Arbeit gelesen und durch ihre Kritik bereichert: Bernd Skowyra, Christian Gaggenmayer, Olaf Strick, Annette Hahndorf und Dr. Jochen Bigus. Auch ihnen danke ich herzlich. Mein Dank gilt ferner Dr. Stefano Lombardo, mit dem ich mehrstündige Diskussionen über die in diesem Buch behandelten Probleme geführt habe. Ohne die großzügige Unterstützung der Deutschen Forschungsgemeinschaft wäre es mir nicht möglich gewesen, die Arbeit so zügig durchzuführen und abzuschließen. Es ist mir deshalb eine angenehme Pflicht, der DFG an dieser Stelle zu danken.

Last, but not least danke ich Herrn Prof. Robert Cooter für die Einladung nach Berkeley. Denn der Aufenthalt in den USA hat nicht nur den realwissenschaftlichen Ansatz dieser Arbeit maßgeblich geprägt, sondern ließ bei mir auch „den Mut zum wissenschaftlichen Risiko“ aufkeimen.

Dieses Buch widme ich dem deutschen Steuerzahler.

Jacek Bak

Inhaltsverzeichnis

Einführung

I. Gegenstand dieser Abhandlung

Im Mittelpunkt dieser Arbeit wird das zwingende Recht bei der börsennotierten Aktiengesellschaft stehen.[1] Die zentrale Vorschrift in diesem Zusammenhang ist § 23 V AktG: "Die Satzung kann von den Vorschriften dieses Gesetzes nur abweichen, wenn es ausdrücklich zugelassen ist. Ergänzende Bestimmungen der Satzung sind zulässig, es sei denn, dass dieses Gesetz eine abschließende Regelung enthält." Danach kann also die Satzung von den Vorschriften des AktG nur abweichen, wenn es ausdrücklich zugelassen ist. Ergänzungen sind nur möglich, soweit das Gesetz nicht eine abschließende Regelung enthält. So sind zum Beispiel die Zuständigkeiten der Organe, ihre Zusammensetzung und ihre innere Organisation zwingend geregelt. Der Umfang der Haftung der Vorstands- und Aufsichtsratsmitglieder kann durch die Satzung weder verschärft noch gemindert werden. Das Gleiche gilt für die Minderheitsrechte. Durch § 23 V AktG wurde also die Gestaltungsfreiheit bei der Aktiengesellschaft in erheblichem Maße aufgehoben. Im Rahmen dieser Dissertation soll diese Konzeption in Augenschein genommen werden.

II. Legimität des gewählten Themas

Nach der Meinung eines bekannten Gesellschaftsrechtlers steht die Überprüfung der Legitimität der Satzungsstrenge noch als eine unerledigte Aufgabe aus.[2] Damit ist aber nicht gesagt, dass dieses Thema in der deutschen Rechtswissenschaft heftig diskutiert wird. Wenn man die juristische Literatur über dieses Thema liest, hat man den Eindruck, dass die Berechtigung zwingenden Rechts wie ein Dogma behandelt wird. Die Legitimität der Satzungsstrenge wird nicht begründet, sondern angenommen. Es wird nicht gefragt, *ob* zwingende Regelungen notwendig sind, sondern erörtert, *wie* sie auszusehen haben.[3] Es wird eindimensional argumentiert, indem man sich die Kosten des deregulierten Aktienrechts ständig vor Augen hält. Bei dieser Betrachtungsweise vergisst man sehr oft, dass das zwingende Recht nicht umsonst zu bekommen ist. Tatsache ist, dass man erst nach der Abwägung zwischen den Kosten des Marktversagens und denen des Staatsversagens einen rechtspolitischen Vorschlag formulieren kann, der der ökonomischen Kritik standhält. Der Widerstand gegen diese Sichtweise

---

[1] Das Gesetz hebt seit 1994 den Typus der börsennotierten Aktiengesellschaft hervor. Dessen Besonderheiten wurden durch das Gesetz zur Kontrolle und Transparenz im Unternehmensbereich noch stärker berücksichtigt. Die Definition der börsennotierten Gesellschaft in § 3 Abs. 2 AktG erfasst die Notierung der Aktien im amtlichen Handel und im geregelten Markt, nicht aber die Einführung in den Freiverkehr. Näher dazu Hoffman-Becking/Münchner Handbuch des Gesellschaftsrechts (1999), S. 9.

[2] Hommelhof (1990), S. 26.

[3] Ähnlich Spindler (1998), S. 53: "Während in anderen Rechtsgebieten die Deregulierung eines der vorherrschenden Themen ist, steht im Aktienrecht die Aufgabe *zwingender* Regelungen zugunsten größerer Satzungs- und Privatautonomie der Zeit nicht zur Debatte."

wird nur sporadisch geleistet.[4] Eine überzeugende Begründung für die Gestaltungsfreiheit hat man bis heute nicht vorgebracht. Das Prinzip der Gestaltungsfreiheit im Aktienrecht hängt sozusagen in der Luft. Es wird zwar manchmal hypostatiert, aber nicht gründlich begründet.

So weit ersichtlich gab es in der modernen deutschen Rechtswissenschaft nur zwei umfangreiche Versuche, die Grundlagen des zwingenden Aktienrechts zu erschüttern. *Den ersten Versuch* stellt das sog. "Drei-Stufen-Modell" dar. Das von Albach/Corte/Friedewald/Lutter/Richter (1988) entwickelte "Drei-Stufen-Modell" zur Deregulierung des Aktienrechts verfolgte das Ziel einer Anpassung des Anlegerschutzes im Aktienrecht.[5] Die derzeitige strenge Orientierung des Aktienrechts am börsenzugelassenen Unternehmen sollte durch eine Regelung abgelöst werden, deren Anlegerschutz sich an dem vom Unternehmen angesprochenen Kapitalmarktsegment orientiert (Unternehmen mit Zugang zum regulären Kapitalmarkt, Unternehmen mit Zugang zum geregelten Markt/Freiverkehr, Unternehmen mit geschlossenem Gesellschaftskreis). Dieser Vorschlag zielte aber nur auf eine *regulierte Deregulierung* ab. So sieht zum Beispiel das "Drei-Stufen-Modell" keine Gestaltungsfreiheit bezüglich der Möglichkeit der Sicherung eines Mehrheitseinflusses bei einer börsennotierten Aktiengesellschaft vor.[6] Zur Debatte stand auch der Vorschlag der Handelbarkeit an der Börse der GmbH- und KG-Anteile. Es wurden zwei Konzepte diskutiert. Das erste sah eine erweiterte Übertragbarkeit von GmbH- und KG-Anteile vor[7], das zweite Konzept die Schaffung einer neuen Rechtsform (GmbH a. A.[8] bzw. Anteilsgesellschaft mbH)[9]. *Der zweite Versuch,* das deutsche Aktienrecht zu deregulieren, stammt neulich von Escher-Weingart (2001). Ihr „Ansatzpunkt ist eine weitgehende Flexibilisierung, die lediglich durch eine tiefgreifende Deregulierung des Kapitalgesellschaftsrechts zu erreichen ist."[10] Von dieser rechtspolitischen Empfehlung hat sie sich jedoch nach ein paar geschriebenen Seiten weitgehend gelöst. Sie spricht dann nur noch von der Deregulierung des Gläubigerschutzes. Entscheidend für diese Wendung war die Erkenntnis, dass der Anlegerschutz notwendig ist: „Da, wie oben gezeigt, der Gläubigerschutz im Kapitalgesellschaftsrecht keiner überragenden Stellung bedarf, andererseits der Anlegerschutz im Interessen der Allokationseffizienz des Marktes verbessert werden muss, folgen daraus die Abstufungen in der Flexibilisierung des Rechts. Die privaten Gesell-

[4] So weit ersichtlich, gibt es nur 5 Aufsätze und ein Buch, die mehr Gestaltungsfreiheit im Aktienrecht befürworten. Das sind: Procaccia (1990), S. 169; Mertens (1994), S. 426; Kübler (1994a), S. 141; Hirte (1997); Spindler (1998), S. 53; Escher-Weingart (2001). Besonders kritisch Kübler (1994b), S. 567: „The general structure of German corporate law is very *rigid*, it is much closer to the American counterpart of *three generations ago* than to the actual Delaware or California Statutes ..." oder Escher-Weingart (2001), S. 6: „Nur wenige Autoren prangern das System insgesamt als überholt an und streben nach rechtspolitisch motivierten Veränderungen."

[5] Albach/Corte/Friedewald/Lutter/Richter (1988); kritisch dazu zum Beispiel Wiesner (1988), S. 1841 ff.

[6] Dieser Punkt kritisierte Hommelhoff (1989), S. 213 ff. Er wollte deswegen zusätzlich zu dieser regulierten Deregulierung eine „Anleger-AG" schaffen, die im Ergebnis die Sicherung einer Kontrolle durch die Mehrheit ermöglicht.

[7] Wiesner (1988), S. 1842; Claussen (1988), S. 417 ff.; Claussen (1989), S. 495 ff.; kritisch zum Handel mit GmbH-Anteilen etwa die Börsensachverständigen-Komission (1984), Die Aktiengesellschaft, S. R. 135.

[8] Vollmer (1983), S. 330 ff. Der Vorschlag wurde vom 55. DJT abgelehnt, vgl. NJW 1984, S. 2679.

[9] Kecker (1991), S. 165 ff.

[10] Escher-Weingart (2001), S. 6

schaften sollen weitgehende Vertragsautonomie erhalten. Die öffentlich auftretenden Gesellschaften hingegen müssen stärkeren Beschränkungen unterworfen werden."[11] Also ist auch bei Escher-Weingart (2001) die Deregulierung des Aktienrechts nur ein Lippenbekenntnis.

Die Akzeptanz zwingenden Aktienrechts in der Rechtswissenschaft spiegelt sich in der Gesetzgebung wider.[12] Das beste Beispiel ist das nicht mehr so jüngste Gesetz zur Kontrolle und Transparenz im Unternehmensbereich (KonTraG).[13] Der Gesetzgeber versuchte, die Defizite des deutschen Aktienrechts durch eine erhöhte Regelungsdichte zu lösen.[14] Die Regelungen im KonTraG sind fast ausnahmslos zwingend ausgestaltet. Man vertraut einfach darauf, dass das zwingende Recht das geeignetste Mittel darstellt. So wurde durch diese Gesetzesänderung die Zahl der Aufsichtsratsmandate beschränkt (§ 100 AktG). Die jährlichen Pflichtsitzungen des Aufsichtsrates werden bei der börsennotierten Aktien-gesellschaft von zwei auf vier heraufgesetzt (§ 110 Abs. 3 AktG). Das Gesetz verlangt vom Vorstand, dass er geeignete Maßnahmen trifft, vor allem ein Überwachungssystem einrichtet, mit dem den Fortbestand der Gesellschaft gefährdende Entwicklungen früh erkannt werden können.

Das sind nur einige wenige Beispiele des zwingenden Rechts aus dieser großen Aktienrechtsreform. Dabei vergisst der Gesetzgeber, dass sich das zwingende Aktienrecht aus der historischen Perspektive nicht als sehr erfolgreich erwiesen hat. Die zwingende Ausgestaltung des Aktienrechts, die durch Aktienreform in den Jahren 1937 und 1965 verwirklicht wurde, sollte die Aktiengesellschaft seriöser machen. Dadurch erhoffte man sich, das Vertrauen der Anleger zu gewinnen. Die Erwartungen des Gesetzgebers wurden jedoch enttäuscht. Die ausgeprägte Neigung des deutschen Gesetzgebers für das zwingende Recht lässt sich auch nicht leicht nachvollziehen. Im Jahre 1965 gab es tatsächlich Zweifel, ob das Aktienrecht dereguliert werden kann. Die Kapitalmärkte waren weniger effizient als das heute der Fall ist. Das Kapitalmarktrecht war unterentwickelt. Die Transparenz war nicht gewährleistet. Die Rahmenbedingungen haben sich aber in den letzen Jahren entscheidend geändert. Im Jahre 1995 erhielt Deutschland ein neues Wertpapierhandelsgesetz und ein Bundesamt für den Wertpapierhandel (jetzt Bundesanstalt für Finanzdienstleistungsaufsicht).[15] Das Börsengesetz wurde

---

[11] Escher-Weingart (2001), S. 235.

[12] Siehe auch die Aussage im Bericht der Regierungskommision "Corporate Governance" (2001), S. D1.4: "Insgesamt sollte es daher, von vorsichtigen Öffnungen ... auch nach den Überlegungen der Regierungskommission im Prinzip bei dem deutschen Ansatz des weitgehend zwingenden gesetzlichen Aktienrechts für kapitalmarktorientierte Gesellschaften bleiben."

[13] Dazu zum Beispiel Claussen (1997), S. 109: "1994 war der Gesetzgeber des AktG noch von der Richtigkeit der Deregulierung überzeugt und schuf für die nicht börsennotierte AG eine Anzahl von Erleichterungen. Heute wird dieser Ansatz verlassen und mit dem KonTraG auf gesetzliche Regelungsdichte gesetzt, um zwar mit dem Mittel des zwingenden Rechts." Dem KonTraG folgte das StückAG, das NaStraG (Namensaktiengesetz) und das TransPuG.

[14] Dazu Kübler (1994b), S. 143: "Wichtiger erscheint mir der Trend zunehmender Verrechtlichung, der sich nicht nur im ständig wachsenden Umfang des Gesetzes, sondern vor allem in der Zunahme *zwingender* Vorschriften niederschlägt."

[15] Durch das Gesetz über die integrierte Finanzdienstleistungsaufsicht vom 22. April 2002, wurde am 1. Mai 2002 die Bundesanstalt für Finanzdienstleistungsaufsicht (BAFin) gegründet. Unter dem Dach der neuen Anstalt sind die Aufgaben der ehemaligen Bundesaufsichtsämter für das Kreditwesen, das Versicherungswesen und den Wertpapierhandel zusammengeführt worden. Damit existiert in Deutschland eine staatliche Aufsicht über Kre-

auf den neuesten Stand gebracht. Die Transparenz wurde verbessert.[16] Die wichtigsten Anlagegesetze wurden reformiert.[17] Prospektzwang, Rechnungslegung und die Ad-hoc-Publizität des § 15 WpHG gehören hierher. Komplementär dazu wirken Verbote wie das des Insiderhandels in §§ 12-14 WpHG. Um die Durchsetzung daraus folgender Pflichten zu erreichen, bedient man sich des Strafrechts und des öffentlichen Rechts. Die alte Argumentation, dass sich Deutschland das dispositive Aktienrecht wegen eines Fehlens des zwingenden Kapitalmarktrechts nicht leisten kann, wird dadurch in Frage gestellt.

III. Ziel dieser Abhandlung

Das Ziel dieser Dissertation ist es, herauszufinden, ob die Abschaffung der Gestaltungsfreiheit effizient ist. Der Begriff der Effizienz ist klärungsbedürftig. Denn die Juristen und Ökonomen verstehen unter dem Begriff der Effizienz nicht immer dasselbe. Wenn die Juristen von der Effizienz sprechen, dann meinen sie damit in der Regel, dass irgendein vorgegebenes Ziel mit einem möglichst geringen Aufwand oder dass mit einem gegebenen Aufwand ein bestimmtes Ziel in möglichst hohem Maße erfüllt wird. Diesem Effizienzbegriff liegt eine Zweck-Mittel-Relation zugrunde. Charakteristisch ist für diesen Begriff der Effizienz, dass es beliebige Ziele sein können, die verfolgt werden können.[18] Bei den Ökonomen ist das anders. Insbesondere geht es der Wohlfahrtsökonomik nicht nur um die Erzielung einer optimalen Zweck-Mittel-Relation. Das wichtigste Anliegen der Wohlfahrtsökonomik is es, Institutionen zu schaffen, die die gesamtwirtschaftliche Wohlfahrt maximieren. Diese Institutionen sollen gewährleisten, dass die knappen Güter, über die eine Gesellschaft verfügt, als Produktionsmittel so eingesetzt werden, dass sie im Sinne der Optimierung des gesellschaftlichen Wohlstandes möglichst nutzbringend verwendet werden.[19] In der Wohlfahrtsökonomik steht also die Effizienz selbst als das Ziel im Vordergrund. Wenn die Ökonomen von der Effizienz sprechen, dann meinen sie meistens entweder das Kaldor/Hicks-Effizienzkriterium oder das Pareto-Effizienzkriterium. Nach dem *Pareto-*

---

ditinstitute, Finanzdienstleistungsinstitute und Versicherungsunternehmen, die sektorübergreifend den gesamten Finanzmarkt umfasst. Dass das Bundesamt für den Wertpapierhandel auch eine große Rolle im Aktienrecht spielte, beweist der Umstand, dass nach der verbreiteten Meinung in der rechtswissenschaftlichen Literatur das Bundesamt für den Wertpapierhandel die Aufgaben eines „Aktienaufsichtsamtes" übernommen hat. Dazu K. Schmidt (1997), S. 774.

[16] Zuletzt durch das Transparenz- und Publizitätsgesetz, dass am 17. Mai 2002 durch den Bundestag beschlossen wurde.

[17] Zuletzt durch das 4. Finanzmarktförderungsgesetz, dass zum 1. Juli 2002 in Kraft treten soll.

[18] Dazu Pindyck/Rubinfeld (1998), S. 590 ff.; Eidenmüller (1998), S. 55. Der Begriff der so verstandenen Effizienz ist der ökonomischen Produktionseffizienz ähnlich. Eine Wirtschaft ist dann produktionseffizient, wenn es nicht möglich ist, mehr irgendeines Gutes oder einer Dienstleistung zu erzeugen ohne den Output irgendeines anderen Gutes oder einer anderen Dienstleistung zu reduzieren. In der Produktionstheorie wird der Begriff Effizienz in drei Ausprägungsformen verwendet. Eine Faktorkombination ist Output-effizient, wenn mit dem selben Faktoreinsatz kein höherer Output erzielt werden kann. Man spricht von technischer Effizienz, wenn ein gegebenes Output-effizientes Produktionsniveau nicht mit geringerem Faktoreinsatz realisiert werden kann. Ökonomisch effizient ist eine technisch effiziente Outputkombination dann, wenn sie mit minimalem Kosteneinsatz erreicht wurde.

[19] Behrens (1986), S. 83.

das Pareto-Effizienzkriterium. Nach dem *Pareto-Kriterium*[20] ist ein sozialer Zustand X einem anderen Zustand Y genau dann vorzuziehen, wenn mindestens ein Individuum den Zustand X vorzieht und keines den Zustand Y vorzieht, alle anderen also entweder ebenfalls X vorziehen oder aber indifferent zwischen X und Y sind. Ein sozialer Zustand ist also dann Pareto-optimal, wenn es keinen anderen Zustand gibt, den mindestens ein Individuum vorzieht und den alle anderen zumindest nicht ablehnen.[21] Das *Kaldor/Hicks* Effizienzkriterium besagt etwas anders. Danach kann ein Zustand X gegenüber einem anderen Zustand Y auch dann eine Verbesserung bedeuten, wenn eine oder mehrere Personen in X schlechter gestellt sind. Voraussetzung dafür ist lediglich, dass die Vorteile der Gewinner so groß sind, dass sie die Verlierer kompensieren *könnten*. Voraussetzung dafür ist lediglich, dass die Vorteile der Gewinner so groß sind, dass sie die Verlierer kompensieren können. Die Gewinner sind nach diesem Kriterium also nicht verpflichtet, die Verlierer zu kompensieren. Entscheidend ist nur, dass sie die Verlierer kompensieren könnten. Verkürzt gesagt: Effizient ist die Regelung, die den gesellschaftlichen Wohlstand erhöht, ineffizient eine solche, die ihn verringert.

IV. Methode

Im Rahmen dieser Abhandlung wird die ökonomische Analyse des Rechts, die empirische Methode und die rechtsvergleichende Analyse angewandt.

1. Ökonomische Analyse des Rechts

Ausgangspunkt der *ökonomischen Analyse des Rechts* sind die Aussagen von Coase, dass (1) sich bei der Abwesenheit von Transaktionskosten eine effiziente Allokation volkswirtschaftlicher Ressourcen durch die an einem konkreten Rechtsverhältnis beteiligten Parteien auch ohne einen staatlichen Eingriff durchsetzen wird und dass (2) diese effiziente Allokation unabhängig ist von der ursprünglichen Zuweisung der Rechte an den betroffenen Ressourcen durch das Rechtssystem.[22] Aufgrund der Möglichkeiten kostenloser Transaktionen kommt es so lange zu Tauschakten auf dem Markt, bis eine optimale Allokation erreicht ist. Ferner, solange Austauschprozesse auf Märkten möglich sind, ist das Recht irrelevant, weil sich das ökonomisch erwünschte Ergebnis auf Märkten von selbst durchsetzt. Das Problem externer Effekte existiert nicht. Die Schädigungen Dritter in Form externer Kosten werden infolge der Handelbarkeit der betroffenen Rechte in die Kostenrechnung internalisiert. Hierfür spielt es keine Rolle, ob die Rechtsordnung den sog. Verursacher externer Kosten zur Internalisierung dieser Kosten verpflichtet. Dafür gibt es einen konkreten Grund: Ist der Gewinn der

---

[20] Pindyck/Rubinfeld (1998), S. 588.

[21] Pindyck/Rubinfeld (1998), S. 588: „An allocation is Pareto efficient if goods cannot be reallocated to make someone better off without making someone else worse off."

[22] Coase-Theorem: „When parties can bargain without cost and to their mutual advantage, the resulting outcome will be efficient, regardless of how the property rights are specified." Pindyck/Rubinfeld (1998), S. 694 und 667; Coase (1960); Grundlegend: Endres (1976), S. 430 ff.; Endres (1977), S. 637 ff.; Aus juristischer Sicht: Behrens (1986), S. 120; Eidenmüller (1998), S. 60 ff.

Nutzung einer Rechtsposition für A größer als der daraus resultierende Nachteil für B, so wird eine Transaktion zwischen A und B durchgeführt, indem A einen eventuellen Unterlassungsanspruch des B abkaufen wird oder dem B Schadensersatz leisten wird. Denn im Normalfall kann man davon ausgehen, dass rational handelnde Parteien einen möglichen Kooperationsgewinn realisieren werden. Dieser Vorstellung liegt die Annahme zugrunde, dass sich die Menschen wie *homini oeconomici* verhalten.[23] Danach handeln die Menschen rational. Sie maximieren ihren Nutzen. Die Rationalität bedeutet in diesem Zusammenhang auch, dass jeder Mensch eine vollständige und transitive Präferenzordnung besitzt. Dies heißt im Einzelnen: (a) Der homo oeconomicus kann genau angeben, ob er A B vorzieht oder umgekehrt B A oder ob er indifferent ist, wenn er zwischen zwei Güterbündeln entscheiden muss. (b) Eine derartige Wahl kann er zwischen allen möglichen Güterbündeln treffen. (c) Schließlich ist die sich daraus ergebende Präferenzordnung aller Alternativen transitiv. Das bedeutet, wenn er A B vorzieht und B C, dann zieht er auch A C vor.

Nach Coase scheitert der Marktmechanismus nur bei prohibitiv hohen Transaktionskosten, also im Fall von *Marktversagen*. Das Markversagen kann vor allem durch asymmetrische Information, durch externe Effekte und durch das Collective-Action-Problem verursacht werden. Posner hat den Gedanken von Coase für die ökonomische Analyse des Rechts weiterentwickelt.[24] Er hat vorgeschlagen, dass bei prohibitiv hohen Transaktionskosten ein effizientes Ergebnis dadurch erreicht werden soll, dass die Rechtsordnung ein hypothetisches Verhandlungsergebnis rekonstruiert. Die Markttransaktionen sollen durch die Rechtsordnung auf keinem Fall gestört werden. Im Gegenteil: die Aufgabe des Rechts ist, dass die Rechtsordnung die Transaktionskosten senkt, indem hauptsächlich das dispositive Recht den Parteien zur Verfügung gestellt wird. Nach der Meinung der Vertreter der ökonomischen Analyse des Rechts soll der Staat also nur bei Marktversagen auf den Plan treten.[25]

Da die deutsche Regelung zwingend ausgestaltet ist, geht offensichtlich der deutsche Gesetzgeber davon aus, dass die Aktiengesellschaft die Spannungsverhältnisse erzeugt, die zum Marktversagen führen. An der Existenz der Schutzvorschriften zugunsten der Gläubiger und Anleger können wir erkennen, dass der Gesetzgeber davon ausgeht, dass der Markt, was die Interessen der oben angeführten Gruppen angeht, keine befriedigende Lösung herbeiführt. Dieses gesetzgeberische Konzept soll im Rahmen dieser Arbeit aus einem ökonomischen Blickwinkel betrachtet werden.

2. Empirische Analyse

Dann sollen diese mittels der ökonomischen Analyse gewonnenen Aussagen *empirisch* überprüft werden. Denn soweit die ökonomische Analyse des Rechts Folgen des Marktmechanismus und rechtlicher Regeln auf der Grundlage des ökonomischen Verhal-

---

[23] Kritisch dazu: Simon (1998), S. 266.
[24] Posner (1992), S. 23.
[25] Siehe zum Beispiel Ogus (1994), S. 1-40.

tensmodells prognostiziert, macht sie Aussagen, die grundsätzlich einer empirischen Überprüfung zugänglich sind. Das ergibt sich daraus, dass ökonomische Folgenprognosen potenziell falsifizierbar sind. Aus diesem Grund wird in dieser Arbeit versucht, die Kritik des zwingenden Aktienrechts auf eine empirische Grundlage zu stellen. Es wird zwar im Rahmen dieser Arbeit keine neue empirische Untersuchung durchgeführt. Es wird vielmehr der Versuch unternommen, die schon bestehenden empirischen Studien auszuwerten und sie für die Rechtswissenschaft fruchtbar zu machen.

Bei den im Rahmen dieser Arbeit behandelten empirischen Studien handelt es sich meistens um die Aktienkursstudien. Im Vordergrund stehen sogenannte „event studies".[26] Nach der Meinung von Bhagat/Romano (2001) "event studies are among the most successful uses of econometrics in policy analysis. By providing an anchor for measuring the impact of events on investor wealth, the methodology offers a fruitful means for evaluating the welfare implications of private and government actions".[27] Ziel von „event studies" ist die Messung der Auswirkung bestimmter Ereignisse auf die Aktienkurse der Aktiengesellschaften.[28] Basisannahme der Aktienkursstudien ist ein halbstreng informationseffizienter Kapitalmarkt, dessen Kurse die Erwartungen der Markteilnehmer über zukünftige Gewinn- und Dividendenströme korrekt, d.h. auf Basis aller am Markt verfügbaren Informationen widerspiegeln. Unerwartete Ereignisse führen zu Preisänderungen, und diese Preisänderungen sind eine unverzerrte Schätzung der erwarteten Änderung zukünftiger Gewinn- und Dividendenströme.[29] Der Untersuchungszeitraum, innerhalb dessen, man die Reaktionen auf die „events" misst, wird als „window" bezeichnet. Bezugspunkt jedes „window" ist der zu untersuchende „event". Die meisten Studien beziehen sich auf das „formal date", also die offizielle Bekanntgabe eines „events". Einige neuere Untersuchungen basieren dagegen auf das „news adjusted date". Das ist der Tag, an dem zum ersten Mal die Gerüchte über den „event" publik gemacht wurden (zum Beispiel die Gerüchte im Wall Street Journal).

Die grundlegende Methode zur Messung der Aktienpreisbewegung bei „events" ist gleich. Sie erfolgt in drei Schritten. *Im ersten Schritt* wird die Berechnung der Überrendite jeder Gesellschaft berechnet. Die Überrendite („abnormal return") wird als Differenz zwischen der tatsächlich beobachteten Aktienrendite einer Gesellschaft und der ohne „event" zu erwartenden normalen Aktienrendite definiert. Es wird also versucht, die Kursreaktion auf die „events" von marktweiten Kursschwankungen oder anderen, die Kurse zeitgleich beeinflussenden Faktoren, zu isolieren. *Im zweiten Schritt* werden die Überrenditen jeder Gesellschaft in der Stichprobe addiert und durch die Gesamtzahl aller Stichprobe-Gesellschaften dividiert.

---

[26] Als die Einführung eignet sich: Bhagat/Romano (2001); Bhagat/Romano (2001a); Brown/Warner (1985); Rumsey (1996); Fox (1987); Peterson (1989); Frankfurter/Schneider (1995); Cunningham (1994b).

[27] Bhagat/Romano (2001a), S. 1.

[28] Fama/Fisher/Jensen/Roll (1969). Sie gelten als die Erfinder der "event studies".

[29] Die zweite Annahme ist "that an increase in the value of the shareholders' equity interest necessarily reflects an increase in the total value of the firm." So die herrschende Meinung in der wirtschaftswissenschaftlichen Literatur. Die genaue Beschreibung, warum diese Annahme richtig ist, wird verständlich bei Damoradan (1999), S. 22 ff. gegeben. Gegen alle Stout (2000), S. 26-34.

Der so erhaltene Wert entspricht der durchschnittlichen Überrendite („average abnormal return") der gesamten Stichprobe zum Zeitpunkt des „events". *Im dritten Schritt* wird diese durchschnittliche Überrendite für den gesamten Untersuchungszeitraum kumuliert („cumulative average abnormal return").[30]

Die empirische Methode, das soll an dieser Stelle nicht verschwiegen werden, sieht sich einer Reihe von Einwänden ausgesetzt, die sie in den Augen vieler Rechtswissenschaftler als Grundlage rechtspolitischer Vorschläge diskreditieren.[31] So werden sehr oft die jeweils gewählten Zeiträume zur Untersuchung von Kurseffekten kritisiert. Denn um einigermaßen verlässliche Rückschlüsse zu ziehen, muss es berücksichtigt werden, dass Kapitalmärkte nicht erst bei der Bekanntmachung des "events" reagieren, sondern bereits im Vorfeld die Information verarbeiten. Aus diesem Grund kann die Empirie, so wird oftmals behauptet, ein wissenschaftliches Experiment nicht ersetzen. Nicht zuletzt deshalb wird von meiner Seite ein Versuch unternommen, die Gestaltungsfreiheit im Aktienrecht auf andere Fundamente als die empirische Methode und die ökonomische Analyse des Rechts zu stellen. Dieser Versuch knüpft an die Methode der Rechtsvergleichung an.

3. Rechtsvergleichung

Da weder die Rechtswissenschaft noch der Gesetzgeber mit Gesetzen experimentieren darf, ist die *Rechtsvergleichung* gefragt.[32] Denn verschiedene Rechtsordnungen in der Welt kann man als ein gigantisches rechtspolitisches Experimentierfeld bezeichnen, in welchem bald dieser, bald jener Staat mit seiner Gesetzgebung in diese oder jene Richtung geht, dadurch das Anschauungsmaterial liefert, das rechtspolitische Auseinandersetzung befruchtet und auf andere Staaten beispielgebend oder abschreckend wirken kann.[33] Die rechtsvergleichende Betrachtungsweise scheint auch deswegen sehr geeignet für unsere Untersuchung zu sein, weil die Spannungsverhältnisse, die börsennotierte Aktiengesellschaft erzeugt, sehr ähnlich zu sein scheinen. Der Grund dafür ist, dass die Aktiengesellschaft überall auf der Welt gleiche Eigenschaften aufweist. Diese Eigenschaften sind: (1) die AG ist eine juristische Person, (2) die Haftung ist beschränkt, (3) die Aktien sind übertragbar, (4) die Entscheidungsrechte liegen bei den Aktionären, (5) das Management ist zentralisiert.[34] Es ist damit ganz offensichtlich, dass man sich bei der börsennotierten Aktiengesellschaft die Erfahrungen anderer Länder zunutze machen könnte. Diese Aussage beruht auf der Annahme, dass zwar die

---

[30] Diese Zusammenfassung übernahm ich von Coates (2000), S. 9.

[31] Dazu umfangreich Herzel (1990), S. 581: "I question the fruitfulness of an exclusively statistical approach to corporate governance research."

[32] Skeptisch allerdings Romano (1993), S. 2021 ff.

[33] Zweigert/Kötz (1996), S. 245.

[34] Hansmann/Kraakman (1999), Chapter 1, S. 1: „Recent scholarship emphasizes the divergence among European, American, and Japanese companies in institutions of corporate governance, share ownership, capital markets, and business culture. But notwithstanding the very real differences across jurisdictions along these dimensions, the underlying uniformity of the corporate form is at least as impressive: corporations with fundamentally similar legal characteristics dominate business everywhere."

Aktiengesellschaft dem Aktienrecht verschiedener Länder im Wesentlichen die gleichen Probleme aufgibt, dass aber die verschiedenen Rechtsordnungen diese Probleme auf sehr unterschiedliche Weise lösen. In dieser Arbeit wird vorwiegend US-amerikanisches Gesellschaftsrecht herangezogen, da dort, im Gegensatz zu Deutschland, das zwingende Recht eine Ausnahme darstellt.[35] Denn sollte es möglich sein, den Beweis zu erbringen, dass in den USA trotz der Abwesenheit des zwingenden Aktienrechts keine gravierenden Probleme aufgetreten sind, dann würde das natürlich auch ein ernsthaftes Problem für alle diejenigen darstellen, die das zwingende Aktienrecht als die beste Antwort auf die aktienrechtlichen Spannungsverhältnisse ansehen.

An dieser Stelle soll aber nicht verschwiegen werden, dass auch die rechtsvergleichende Analyse ihre Schwächen hat. Denn es ist möglich, dass in den USA das zwingende Gesellschaftsrecht überflüssig ist, weil dort andere Faktoren die Funktion des zwingenden Rechts übernehmen. [36] In Betracht kommt vor allem die richterliche Kontrolle, die in den USA viel ausgeprägter ist, weil dort das sog. Fallrechtssystem herrscht.[37] Bis heute haben in den USA die Urteile hierarchisch höherrangiger Gerichte Wirkung für die nachfolgende Rechtsprechung, wenn die Entscheidungsgründe auf neue Fälle übertragbar sind. Diese Übertragbarkeit wird allerdings unter Berücksichtigung der Besonderheiten jedes neuen Falles kritisch überprüft und nur dann bejaht, wenn beide Fälle einem gemeinsamen, in früheren Fällen herausbildeten Grundsatz folgend behandelt werden können. Bei aller Anpassungsfähigkeit und Flexibilität zugunsten einer einzelfallgerechten Lösung und im Zeitablauf sorgt diese Grundsatzbildung somit über die rechtsbindende Wirkung von Präzedenzfällen für ein Mindestmaß an Rechtssicherheit. Insbesondere die Kerngebiete des Privatrechts bestehen noch heute zum größten Teil aus Regeln, die sich evolutorisch in der Rechtsprechung entwickelt haben. Auch dort, wo der Gesetzgeber regelnd eingreift, haben die Gerichte das letzte Wort: "Common law is primarily articulated by appellate judges, and emerges out of the interactions among plaintiffs, defendants, lawyers, jurors and judges. It is a decentralized, bottom-up ap-

[35] Die meisten amerikanischen Aktiengesellschaften sind im Bundesstaat Delaware inkorporiert (fast die Hälfte "Fortune 500" Unternehmen), dessen Gesellschaftsrecht kaum zwingende Vorschriften enthält. Dazu zum Beispiel Daines (1999), S. 4: „Delaware was among the first states to the eliminate many traditional shareholder protections: the mandatory fiduciary duty of care for managers, appraisal rights for dissenting shareholders in public firms, certain shareholder voting and meeting requirements and to allow staggered boards that may entrench management." Eine ähnliche Meinung wird auch in der deutschen Literatur vertreten. Siehe zum Beispiel Spindler (1998), S. 57: "Im Gegensatz zur deutschen Aktienrechtsentwicklung zeichnet sich das US-amerikanische Gesellschaftsrecht durch eine weitgehende Flexibilität aus." Die Details über das zwingende Aktienrecht in den USA liefert Carney (1998), S. 760 (Appendix). Er untersucht, welche von mehr als 120 aktienrechtlichen Regelungen sog. "opt-out rules", welche sog. "pure enabling rules", welche sog. "mandatory rules", und welche sog. "mandatory constraints on enabling rules" in den einzelnen Bundesstaaten sind.

[36] Siehe zum Beispiel Macey (1989), S. 1693: " At first blush, the process that Professor Coffee describes appears merely to substitute the *mandatory rules* imposed by one institution (*the legislature*) with the *mandatory rules* imposed by another, even less malleable institution (*the judiciary*). After all, as Coffee recognizes, courts as well as legislatures are capable of generating mandatory rules. Consequently, the interpretive role played by *courts* may simply *substitute one form of mandatory rule for another* and therefore have little, if anything, to do with the mandatory/enabling debate."

[37] So ist zum Beispiel Posner (1998) nicht müde geworden, darzulegen, dass das "common law" effizienter ist als das "statutory law". Mehr dazu Wagner (1998), S. 314.

proach to rule formation."[38] Dadurch wird die Rollenverteilung zwischen der Gesetzgebung und Rechtsprechung zum Teil aufgehoben.

In Deutschland ist das anders. Die Aufgabe des Richters ist es einen Streit zwischen zwei konkreten Parteien zu entscheiden, indem er deren Rechte bestimmt und abgrenzt. Nach der Meinung des Bundesverfassungsgerichts und der herrschenden Meinung ist es den Gerichten verboten, rechtspolitische Erwägungen anzustellen oder eigene Wertvorstellungen zu realisieren.[39] Die Aufgabe des Richters ist im Idealfall die Rechtsfindung und nicht die Rechtssetzung.

Was hat aber das Fallrechtssystem mit dem zwingenden Aktienrecht und dessen Deregulierung zu tun? Nun kann man sich vorstellen, dass das zwingende Recht eine Ex-ante-Kontrolle und die richterliche Kontrolle Ex-post-Kontrolle darstellen.[40] Man kann sich auf den Standpunkt stellen, dass das deregulierte Aktienrecht nur dann effizient ist, wenn es durch die richterliche Kontrolle ergänzt wird.[41] Also "judicial activism is the necessary complement to contractual freedom."[42] Wenn in Deutschland die Ex-post-Kontrolle fehlt, dann ist möglicherweise die Ex-ante-Kontrolle und somit das zwingende Recht unentbehrlich.

Es erhebt sich also die Frage, ob die beiden Systeme wirklich so unterschiedlich sind, dass der rechtsvergleichenden Analyse nur eine beschränkte Aussagekraft zukommen darf? Das ist nicht unbedingt der Fall. Die Unterschiede zwischen dem „case law" und dem deutschen Rechtsystem sollen nicht überwertet werden.[43] Denn es ist festzustellen, dass sich die beiden Systeme immer mehr angleichen. In gleichem Maße, wie der Gesetzgeber in den USA zunehmend viele Rechtsgebiete kodifiziert (zum Beispiel das Kapitalmarktrecht), führt umgekehrt die Lückenhaftigkeit und der Alterungsprozess der privatrechtlichen Kodifikationen bei

---

[38] Wagner (1998), S. 317.

[39] BVerfG 19.10.1983, BVerfGE 65, 182-194. Siehe auch Larenz (1991), S. 427.

[40] Ferner muss berücksichtigt werden, dass amerikanische Richter auch über den nötigen ökonomischen Sachverstand verfügen, um effizient entscheiden zu können. Seit 1976 werden beispielsweise regelmäßig Intensivkurse für Bundesrichter durchgeführt, in denen unter anderem die Grundlagen der Mikroökonomik sowie der ökonomischen Analyse des Rechts vermittelt werden. Bis heute haben 416 Richter diese Kurse besucht, davon sind ca. 33% aktive Bundesrichter. Vgl. Eidenmüller (1998), S. 405; Black (2001a), S. 14.

[41] So behauptet Daines (1999) in seiner empirischen Untersuchung, dass das Gesellschaftsrecht von Delaware unter anderen deswegen effizient ist, weil dort die richterliche Kontrolle besonders ausgeprägt ist. Das Gesellschaftsrecht ist so zu sagen, auf die richterliche Kontrolle angelegt. Er schreibt auf S. 26: „Delaware *courts* and legal rules may also *improve firm value* by better protecting shareholders ... disputes in Delaware are heard in a single, specialized court that specializes in business law. This court, called the Chancery Court, is said to be superior (for business cases) to courts in other states. First, it has a small number of judges who specialize in corporate law. Their steady exposure to complex business deals provides valuable training and experience which they may use to protect shareholder interests. Second, they are well-qualified. Chancery Court judges are drawn from the business law bar and are appointed rather than elected (allowing Delaware to maintain a high level of expertise). Third, they are widely acclaimed to be efficient and reasonable, traits valuable to shareholders. As a result, Delaware judges may better protect minority shareholders. Delaware law gives courts substantial license to remedy perceived opportunism and protect minority shareholders (e.g., Cinerama v. Technicolor)." Ähnlich in der deutschen Literatur Spindler (1998), S. 57: "Als zweite Säule hat die Rechtsprechung, insbesondere in Delaware, ein flexibles Konzept von Treuepflichten entwickelt, das als Korrektiv gegenüber allzu weitgehenden Spielräumen der Unternehmensleitung einer Aktiengesellschaft eingreift."

[42] Coffee (1989), S. 1618.

[43] So zum Beispiel Hansmann/Kraakman (2001), S. 440 ff.

uns dazu, dass die höchstrichterliche Rechtsprechung zwangsläufig in vielen Fällen die Aufgaben des Gesetzgebers übernimmt.[44] Es lässt sich zwar nicht leugnen, dass der konzeptionelle Unterschied weiterhin besteht. Aber es muss "der praktische Unterschied mit der Lupe gesucht werden ... Wenn ein Richter einer oder mehreren höchstrichterlichen Entscheidung eine Regel entnehmen kann, von der er meint, dass sie den zur Beurteilung stehenden Sachverhalt trifft, so wird er - in Deutschland nicht anders als in England - jenen Entscheidungen und der durch sie verkörperten Regel folgen".[45] Geradezu klassisch ist die Rechtsprechung zu den Publikumspersonengesellschaften.[46] Karsten Schmidt (1997) hat die Rolle der Rechtsprechung in der Rechtsgestaltung der Publikumspersonengesellschaft folgendermaßen beschrieben: „Die Aufgabe der Rechtsprechung gegenüber dem Phänomen der Publikumspersonengesellschaft war eine doppelte: Zum einen musste das Personengesellschaftsrecht in mehrfacher Hinsicht dem Zweck der Massenbeteiligung angepasst, also modifiziert werden. Zum anderen musste ein Schutzinstrumentarium für die Anleger entwickelt werden, das die fehlende gesetzliche Regelung nach Kräften ersetzte." Mit diesem Zitat wird einsichtig, dass von der Passivität deutscher Gerichte im Gesellschaftsrecht keine Rede sein kann. Dass heißt aber gleichzeitig, dass nichts im Wege steht, um das amerikanische Recht bei der Durchführung der rechtsvergleichenden Analyse heranzuziehen.

V. Fragestellung

In dieser Arbeit soll die Frage beantwortet werden, ob die Einführung der Gestaltungsfreiheit bei der börsennotierten Aktiengesellschaft effizient ist. Da zwingende Vorschriften eine Form der Regulierung darstellen, sind sie nur dann effizient, wenn sie richtig den Markt simulieren. Die Simulierung des Marktes ist aber nur dann notwendig, wenn ein Marktversagen vorliegt. Ohne ein Marktversagen sorgt der Marktmechanismus für eine effiziente Lösung. Selbst wenn ein Marktversagen festgestellt werden kann, bedeutet das aber nicht, dass ein staatlicher Eingriff unbedingt notwendig ist. Denn die Regulierung ist nie kostenlos zu bekommen. Also ist ein staatlicher Eingriff nur dann angebracht, wenn der Effizienzverlust durch ein Marktversagen größer ist als durch die Regulierung. Daraus ergeben sich folgende Fragen, die im Rahmen dieser Arbeit beantwortet werden sollen: (1) Haben wir es im Fall der börsennotierten Aktiengesellschaft mit einem Marktversagen zu tun? (2) Wenn ja, welche sind die Ursachen des Marktversagens? (3) Wie groß sind Effizienzverluste, die durch ein Marktversagen verursacht werden? (4) Ist das geltende zwingende Recht geeignet, um die festgestellten Formen des Marktversagens zu beseitigen? (5) Wie groß sind die Kosten des zwingenden Rechts? (6) Wie ist das Kosten-Nutzen-Verhältnis des zwingenden Rechts?

---

[44] Grundlegend: Fastrich (1992) und Dannecker (1992).
[45] Zweiger/Kötz (1996), S. 257.
[46] K. Schmidt (1997), § 57, grundlegend das BHG-Urteil (BGHZ 64, 238). Skeptisch dazu K. Schmidt (1997), S. 130: „Man muß sich darüber klar sein, dass der Nutzen der Inhaltskontrolle begrenzt ist. Sie beseitigt unangemessene Vertragsklauseln, zaubert aber kein positives Recht der Publikumspersonengesellschaft herbei."

Es ist verwunderlich, dass diese für die Rechtswissenschaft so zentralen Fragen bis heute weitgehend unbeachtet geblieben sind. Sie werfen Probleme von erheblicher Tragweite auf. Die Antworten auf diese Fragen sind aber nicht nur von theoretischem Interesse. Sie haben auch eminente praktische Auswirkungen für den Produktionsstandort Deutschland.

VI. Vorgehensweise

Um die oben gestellten Fragen zu antworten, wird folgendermaßen vorgegangen. Ausgangspunkt dieser Abhandlung ist, dass der Marktmechanismus allein ein volkswirtschaftlich effizientes Ergebnis herbeiführt, vorausgesetzt, dass kein Marktversagen vorliegt. Diese Annahme soll am Anfang der Arbeit kurz dargelegt werden. Es wird dargestellt, wie der Markt und die Vertragsfreiheit auch im Gesellschaftsrecht zu effizienten Lösungen führen und warum das zwingende Recht nur im Ausnahmefall nötig ist. Nach der Einführung werde ich mich der Frage zuwenden: Wie effizient ist der Kapitalmarkt? Denn nur dann, wenn der Kapitalmarkt effizient ist, kann davon ausgegangen werden, dass das zwingende Aktienrecht nur im Ausnahmefall notwendig ist. Wenn der Kapitalmarkt nicht fähig sein sollte, die vorhandene, öffentlich zugängliche Informationen zu verarbeiten, dann ist möglicherweise tatsächlich der Gesetzgeber gefragt. Zuerst sollen zu diesem Zweck empirische Untersuchungen ausgewertet werden. Dann sollen auch die Rahmenbedingungen in Deutschland geprüft werden, die für die Informationseffizienz relevant sind. Vor allem geht es um die Transparenz des Kapitalmarktes. Nachdem ich das Problem der Effizienz des deutschen Kapitalmarktes dargestellt habe, werde ich mich der Frage zuwenden, ob wir es bei der börsennotierten Aktiengesellschaft mit einem Fall des Marktversagens zu tun haben. In diesem Schritt werden mögliche Ursachen des Marktversagens bei der börsennotierten Aktiengesellschaft dargestellt. Dazu gehören: (1) asymmetrische Information und daraus resultierende Prinzipal-Agenten-Probleme. So kann man bei einer Aktiengesellschaft drei Prinzipal-Agenten Beziehungen feststellen: Management-Aktionäre, Mehrheitsaktionäre-Minderheitsaktionäre, Aktionäre-Gläubiger. (2) Externe Effekte. Dazu gehört vor allem das Spannungsverhältnis zwischen Aktionären und deliktischen Gläubigern. (3) Transaktionskosten. Hier erhebt sich die Frage, ob wir zwingende Standards im Aktienrecht brauchen. (4) Collective-Action-Problem. Als ein Kollektivgut kann man zum Beispiel die Überwachung und die Kontrolle des Vorstandes ansehen.

Bei jeder der möglichen Ursachen des Marktversagens wird gezeigt: (1) Worin, ökonomisch gesehen das Problem besteht. (2) Welche Möglichkeiten der Markt zur Verfügung stellt, um diese Probleme zu lösen bzw. zu reduzieren. (3) Wie groß die Effizienzverluste sind, die durch dieses Marktversagen entstehen. (4) In welchem Umfang diese Effizienzverluste durch das geltende Recht beseitigt werden können. (5) Wie hoch die Effizienzverluste sind, die durch die zwingende Regelung verursacht werden.

Nachdem ich diese Analyse durchgeführt habe, werde ich die Bilanz ziehen und versuchen, einen rechtspolitischen Vorschlag zu machen. Dieser Vorschlag wird selbstverständlich von den Ergebnissen dieser Arbeit abhängen. Rein theoretisch gibt es folgende Möglichkeiten: Wenn kein Markversagen bei der börsennotierten Aktiengesellschaft vorliegt, dann können wir dem Gesetzgeber empfehlen, auf das zwingende Aktienrecht zu verzichten. Sollte dagegen ein Markversagen vorliegen, aber die Kosten des geltenden zwingenden Rechts höher sein als die Kosten des Marktversagens, müssen wir andere Alternativen in Erwägung ziehen. Man kann folgende Alternativen in diesem Zusammenhang nennen: (1) Der Gesetzgeber könnte das geltende zwingende Aktienrecht ändern und versuchen, den Markt besser zu simulieren. (2) Eine alternative Lösung wäre die Einführung der Regelungsvielfalt im Aktienrecht. Zurzeit haben wir nur eine Regelung für alle börsennotierte Aktiengesellschaften. Denkbar wäre zum Beispiel die Einführung einer Regelung für die Publikumsaktiengesellschaften und einer anderen Regelung für die Aktiengesellschaften mit einem Mehrheitsaktionär. (3) Eine andere Möglichkeit wäre die Stärkung der richterlichen Kontrolle bei gleichzeitiger Deregulierung des Aktienrechts. Die Aufgabe des Gesetzgebers wäre nur die Festlegung der Grundsätze und Leitlinien, auf deren Grundlage die Richter entscheiden sollen. Der Vorteil dieser Lösung ist der Ersatz der sog. Ex-ante-Kontrolle durch die sog. Ex-post-Kontrolle. (4) Eine weitere Alternative wäre schließlich eine direkte staatliche Kontrolle, zum Beispiel durch ein Aktienaufsichtsamt.

Erster Teil: Ökonomische Grundlagen der Regulierung

In dieser Arbeit wird davon ausgegangen, dass der Markt effizient ist.[47] Die Vorstellung, dass der Marktmechanismus zu einem optimalen Ergebnis führt, wurde zum ersten Mal umfassend von Adam Smith artikuliert. Die Wohlfahrtsökonomik hat diesen Mechanismus dann im Einzelnen erforscht. Dabei konnte gezeigt werden, dass unter bestimmten Bedingungen jedes Wettbewerbsgleichgewicht Pareto-optimal ist und dass sich umgekehrt auch jedes Pareto-Optimum durch ein spezifisches Wettbewerbsgleichgewicht erreichen lässt. Es lässt sich mit anderen Worten sagen: Ein ideal funktionierender Marktmechanismus führt zu einem Gleichgewichtszustand, in dem sich die Position irgendeines Marktteilnehmers nur noch dadurch verbessern lässt, dass gleichzeitig diejenige eines anderen verschlechtert wird. In diesem Gleichgewichtszustand haben alle Markteilnehmer das Potential für freiwillige Transaktionen vollständig ausgeschöpft (erstes Theorem der Wohlfahrtsökonomik).[48] Zwar ist der Markt nach der neoklassischen Theorie nur dann effizient, wenn Entscheidungen unter vollkommener Information getroffen werden, Anbieter und Machfrager homogene Erwartungen besitzen und voneinander unabhängig sind, also Handlungen einzelner Individuen sich nicht in der Produktions- und Nutzenfunktionen anderer Markteilnehmer widerspiegeln. Hinsichtlich dieser Annahmen weicht die Realität von diesem Modell selbstverständlich ab, so dass die Möglichkeit des Marktversagens in erheblichem Umfang möglich ist. Diesem Umstand tragen aber die neoinstitutionalistischen Modelle Rechnung, indem sie die restriktiven Annahmen der neoklassischen Theorie lockern. Die entscheidende Erweiterung liegt insbesondere in der Substitution der Annahme homogener Informationen der Marktteilnehmer durch die Annahme einer asymmetrischen Informationsverteilung sowie in der Einführung von Kosten, die durch den Tauschvorgang verursacht werden. Mit diesen rudimentären Bemerkungen soll es an dieser Stelle sein Bewenden haben. Die Arbeit an der ökonomischen Theorie ist nicht Ziel dieses Vorhabens. Das soll den Ökonomen überlassen werden.

[47] Dazu Pindyck/Rubinfeld (1998), S. 606 ff.

[48] Pindyck/Rubinfeld (1998), S. 592: „If everyone trades in the competitive marketplace, all mutually beneficial trades will be completed, and the resulting equilibrium allocation of resources will be economically efficient." Näher dazu Neuss (1998), S. 74.

Kapitel 1: Marktwirtschaft, Wettbewerb und Aktienrecht

I. Marktwirtschaft und Effizienz

Die Effizienz wird im Rahmen dieser Abhandlung mit dem Pareto-Kriterium gemessen. Das ist nicht unbedenklich. Das grundsätzliche Problem der Verwendung des Pareto-Kriteriums liegt darin, dass dieses Kriterium jeder von einer Maßnahme betroffenen Person ein Veto-Recht einräumt, mit dem sie eine belastende Maßnahme verhindern kann. In der Rechtspolitik lässt sich schwer ein Vorschlag vorstellen, von dem nicht mindestens eine Person nachteilig betroffen wird. Es müsste allen Personen nach der Ausführung eines Vorschlages tatsächlich besser gehen als vorher. Dass das selten der Fall sein wird, lässt sich schwer bestreiten. Bei der Benutzung des Kaldor/Hicks-Kriteriums lassen sich solche Schwierigkeiten vermeiden. Wenn trotz dieser Bedenken am Pareto-Kriterium im Rahmen dieser Arbeit festgehalten wird, dann gibt es dafür einen konkreten Grund. Das Pareto-Kriterium hat seine größte Bedeutung im Zusammenhang mit dem Marktmechanismus und dem Grundsatz der Vertragsfreiheit. Denn wenn die Parteien einen Vertrag oder eine Transaktion *freiwillig* abschließen oder ausführen, dann verhält es sich offenbar so, dass beide Parteien von diesem Vertrag bzw. Transaktion einen Nutzen ziehen, denn sonst hätten sie den Vertrag nicht abgeschlossen. Da in einer Aktiengesellschaft auch eine Vielzahl unterschiedlicher Parteien ein Netz von Verträgen aus freiem Willen zusammenschließen, scheint es vertretbar zu sein, auf das Pareto-Kriterium abzustellen.[49]

II. Vertragsfreiheit, Markt und Aktiengesellschaft

Warum kann man erwarten, dass auch im Aktienrecht der Markt die effiziente Lösung hervorbringt, vorausgesetzt, dass kein Marktversagen vorliegt? Um diese Frage zu beantworten, muss man sich am besten vorstellen, wie die Welt ohne das zwingende Aktienrecht funktionieren würde. Dieses gedankliche Experiment wird an dieser Stelle durchgeführt.

Auf den ersten Blick scheint eine zwingende Regelung in vielen Bereichen des Aktienrechts notwendig zu sein. Man könnte denken, dass wenn der Gesetzgeber zum Beispiel keine Mindeststandards für den Anlegerschutz und Gläubigerschutz vorschreiben würde, ergäbe sich eine Konkurrenz nach unten zu Lasten schwacher Anleger und Gläubiger. Im Vergleich zum Management und zum Mehrheitsaktionär scheinen die Informationsmöglichkeiten und Handlungsmöglichkeiten dieser Gruppen in der Tat eingeschränkt zu sein. Die Manager, weil sie aktiv im Geschäft sind, haben bessere Chancen als die passiven Aktionäre, Sonderprivilegien aus der Sache zu ziehen. Der Vorstand erlangt schneller Informationen als die Anleger. Dadurch wird ein Insiderhandel ermöglicht. Ohne Kontrolle kann sich der Vorstand ü-

---

[49] Englische Formulierung: „set of contracts“, „nexus of contractual relationships“. Grundsätzlich dazu: Demsetz (1983), S. 375 ff.; Demsetz (1988), S. 141 ff.; Hart (1988), S. 119 ff.; Fama/Jensen (1983), S. 327 ff.; Jensen/Meckling (1976), S. 305 ff. Insoweit keine vertragliche Beziehung besteht (zum Beispiel die Beziehung zwischen deliktischen Gläubigern und der Gesellschaft) wird auf das Kaldor/Hicks-Kriterium zurückgegriffen.

berhöhte Gehälter auszahlen und andere Spesen gewähren. Theoretisch gesehen sind die Missbrauchsmöglichkeiten des Vorstandes unbegrenzt. Das Gleiche kann über die Missbrauchsmöglichkeiten in der Beziehung zwischen einem Mehrheitsaktionär und einer Minderheit gesagt werden, da die Minderheitsaktionäre durch die Mehrheit überstimmt werden können.

Diese pessimistische Betrachtungsweise berücksichtigt aber nicht hinreichend, dass alle relevanten Parteien ("stakeholders") einer Aktiengesellschaft miteinander vertraglich verbunden sind.[50] Im Normalfall kann man annehmen, dass alle Parteien infolge des Vertragsabschlusses besser gestellt werden. Sonst hätten sie diesen Vertrag nicht abgeschlossen. Die vertragliche Bindung gewährleistet, dass der Marktmechanismus seine effizienzerhöhende Wirkung entfalten kann.[51] Wenn zum Beispiel A dem B ein Auto verkauft und es gebe keine Anzeichen dafür, dass der Verkauf etwa aufgrund von Zwang, Unerfahrenheit oder ähnlichen Einflüssen zustande gekommen ist, dann verhält es sich offenbar so, dass beide von dieser freiwilligen Transaktion profitieren, denn sonst hätten sie den Vertrag nicht abgeschlossen. Der gleiche Mechanismus funktioniert auch bei einer Aktiengesellschaft, da die Satzung einer Aktiengesellschaft einen vertragsähnlichen Charakter hat.[52] Zwar sind die Begriffe: die Satzung und der Gesellschaftsvertrag nicht inhaltsgleich. Die Satzung im materiellen Sinn ist jede Verbandsverfassung. Die Satzungsregelung ist jede korporative Regelung, der ein Mitglied (Gesellschafter) als Glied eines verfassten Verbandes, also kraft Mitgliedschaft, unterworfen ist. Bloße Vertragsregelung ist jede Regelung, deren Verbindlichkeit allein auf der schuldrechtlichen Vereinbarung zwischen den gesellschaftsrechtlich verbundenen Rechtssubjekten beruht.[53] Trotzdem dürfen die Unterschiede nicht überbewertet werden.[54] Die Satzung hat, zumindest in ihrer Erstfassung, Vertragscharakter, da alle Gründungsaktionäre zustimmen müssen. § 2 AktG bestimmt ausdrücklich, dass die Satzung ein Gesellschaftsvertrag ist. Ähnlich sagt BGHZ 47, 172, 179: Die Satzung ist zunächst ein von den Gründern geschlossener Vertrag.

Noch weiter geht in dieser Hinsicht die Wirtschaftswissenschaft. In den Wirtschaftswissenschaften wird davon ausgegangen, dass die vertragliche Beziehung im Mittelpunkt der

---

[50] Dazu Ribstein (1993), S. 985; Butler/Ribstein (1989), S. 770 ff.

[51] Dazu Easterbrook/Fischel (1991), S. 1-17.

[52] Diese Meinung ist nicht unbestritten. In der Rechtswissenschaft gab es viele Versuche, die AG von ihrer mitgliedschaftlichen Struktur abzuheben. Der bekannteste Versuch ist die Figur eines Unternehmens an sich, die die „property rights" der Aktionäre dadurch eliminieren will, dass sie das Unternehmen von seinem Träger löst. Nach dieser Meinung hat zum Beispiel die Aktiengesellschaft einen „organischen" Anspruch auf ein beständiges Wachstum. Das rechtfertigt Maßnahmen der Aktiengesellschaft, die der Erfüllung dieses Anspruchs dienen. Darunter fallen solche Maßnahmen wie Bildung von Rückstellung durch stille Reserven oder Begrenzung der Ausschüttung von Dividenden. Vor diesem Hintergrund ist viel leichter, das vielzitierte Beispiel von der Liquidation der Deutschen Bank zu verstehen, das Rathenau gegeben hat. Rathenau meinte, dass für den Fall, dass die Hauptversammlung der Deutschen Bank die Liquidation beschließen würde, der Staat keine andere Wahl hätte, als im Interesse der Gesellschaft ein Sondergesetz zu erlassen, um den Bestand der Deutschen Bank zu sichern. Dazu: Rathenau (1917).

[53] K. Schmidt (1997), S. 88.

[54] Kübler (1995), S. 227: "... Gesellschaftsrecht ist immer auch ein Teil des Schuld- oder Obligationenrechts gewesen, ohne in dieser Materie ganz aufzugehen."

Interesse des Gesellschaftsrechts stehen muss. Das wesentliche Merkmal des Unternehmens wird in der Teamarbeit gesehen. Demnach schließt sich im Unternehmen eine Vielzahl unterschiedlicher Parteien (Kapitalgeber, Geschäftsführer, Kreditgeber) durch ein Netz von Verträgen aus freiem Willen zusammen, um einen Synergieeffekt zu erzielen. Dadurch soll vor allem die Reduzierung von Transaktionskosten erreicht werden. Denn formale Organisationen können gegenüber Markttransaktionen Ersparnisse an Verhandlungskosten herbeiführen.[55] Sie können ferner dazu beitragen, dass der Informationsaustausch zwischen den Marktteilnehmern verbessert wird. Nach dieser Meinung ist also die Gesellschaft selbst lediglich eine rechtliche Fiktion, die das Netzwerk vertraglicher Beziehung repräsentiert: "Alle gesellschaftsrechtlichen Verhältnisse werden entinstitutionalisiert, enthierarsiert und werden eingefügt in Vorstellung von Selbstverantwortung des Individuums, Marktaustausch und freiwilliger Aufgabendelegation und Arbeitsteilung. Die in der Juristensprache tradierten Gemeinschaftswerte wie zum Beispiel Treuepflichten des Managers oder Gesellschafters werden zu individuellen Vertragszusagen, die abgegeben werden, um für den eigenen Beitrag zum gemeinsamen Zweck eine möglichst hohe Gegenleistung zu bekommen."[56] Dieser Blickwinkel der Wirtschaftswissenschaft überrascht nicht, wenn wir uns vergegenwärtigen, dass nach Williamson ein Unternehmen nur die Marktfunktionen ersetzen soll.[57] An sich gibt es demnach keinen Grund, warum nicht alle Transaktionen, die im Rahmen einer Unternehmung koordiniert durchgeführt werden, ohne formale Organisationen vorgenommen werden können. Unternehmen und Markt sind nur alternative Formen, wirtschaftliche Aktivitäten zu organisieren. Da Verträge unter Einbeziehung aller zukünftigen Entwicklungsmöglichkeiten aufgrund der begrenzten Rationalität des Menschen sehr kostspielig sind, sind die Unternehmungen manchmal effizienter als der Markt mit seinem Preismechanismus.

Nachdem wir uns vergegenwärtigt haben, dass die Aktiengesellschaft aus der vertragstheoretischen Perspektive betrachtet werden kann, fällt es nicht schwer, sich ein weniger pessimistisches Szenario in unserem gedanklichen Experiment vorzustellen.[58] Es ist wichtig, dass die Satzung und die angebotene Aktie wie jedes andere auf dem Markt gehandelte Produkt angesehen wird. Wenn das Preis-Leistung Verhältnis nicht stimmt, wird dieses Produkt nicht gekauft. Das Gleiche gilt für die einzelne Satzungsklausel.[59] Wenn beispielsweise die Gründer neue Aktien ausgeben wollen, müssen sie immer Rücksicht auf die Anleger nehmen. Wenn die Satzung die Rechte der Anleger beschneidet, wird der erzielte Preis in der Regel geringer sein. Es besteht kein Anreiz für die Gesellschaftsgründer, Regeln in die Satzung ein-

[55] Coase (1937), S. 368 ff; Kornhauser (1989), S. 1449 ff; Bebchuk (1989), S. 1395 ff.
[56] Walz (1996), S. 164.
[57] Williamson (1985).
[58] Maccy (1999), S. 1266: "The term nexus of contracts has become a revolutionary banner that has transformed not only our understanding of the law, but the law itself."
[59] So zum Beispiel Bebchuk/Roe (1999), S. 6: „The corporation and ist securities are products in financial markets to as great an extent as the sewing machines or other things the firm makes. Just as the founders of a firm have to make the kinds of sewing machines people want to buy, they have incentives to create the kind of firm, governance structure, and securities the customers in capital markets want.“

zufügen, die nur diese Gründer bevorzugen.[60] Der Grund dafür ist, dass informierte Gläubiger und Anleger im Idealfall ineffiziente Klauseln erkennen und richtig bewerten können und deshalb werden sie nur so viel für die Aktien anbieten, wie sie wert sind. Damit könnte erwartet werden, dass im Verlauf der Zeit anlegerfeindliche Gesellschaften nicht überleben, da ihre Kapitalkosten im Vergleich zu konkurrierenden Firmen höher sind.

Eine andere Möglichkeit wäre, dass anlegerfeindliche Gesellschaften zwar überleben werden, aber nicht deswegen, weil sie die Anleger mit Erfolg ausbeuten, sondern weil sie mehr Entscheidungsfreiheit haben und diese Entscheidungsfreiheit zu einer besseren Performance führt. Denn es muss berücksichtigt werden, dass der umfangreiche Kontroll- und Überwachungsapparat kostspielig ist. Dadurch wird die Rendite gemindert. Infolge dessen wird die Nachfrage nach den Aktien dieser Gesellschaft sinken, weil das, was die Anleger an erster Stelle interessiert, nicht der Anlegerschutz ist, sondern die Rendite. Die Anleger haben die Möglichkeit durch Diversifizierung des Portfolios das Risiko der Ausbeutung zu verringern.[61] Wenn ein Anleger 20 verschiedene Aktien hält, ist es für ihn gleichgültig, wenn sich die Aktie einer Gesellschaft wegen des laschen Anlegerschutzes als Flop erweist, solange die übrigen Aktien wegen der größeren Flexibilität der Geschäftsführung überdurchschnittliche Rendite abwerfen. Was zählt ist das Gesamtergebnis des Marktes und nicht die einzelne Aktie. Daraus ergibt sich, dass die Regelung, die im Einzelfall zum Missbrauch führen kann, nicht unbedingt für unzulässig erklärt werden muss, vorausgesetzt, dass der Schaden insgesamt kleiner als der Gewinn ist. Das Gleiche kann über die Gläubiger gesagt werden. Sie können für ein höheres Risiko höhere Zinsen oder bessere Kreditsicherheiten verlangen. Weder können die Anleger gezwungen werden die Aktien einer nicht attraktiven Gesellschaft zu kaufen, noch müssen die Gläubiger dieser Gesellschaft Kredite gewähren. Was in diesem Zusammenhang wichtig erscheint, ist die Transparenz. Die Anleger und Gläubiger sollen die Möglichkeit haben, wichtige Informationen über die Gesellschaft zu erlangen. Das ist jedoch die Aufgabe des Kapitalmarktrechts und nicht des Aktienrechts.

Man könnte also annehmen, dass der Markt am besten entscheiden wird, welche Lösung für alle „stakeholders“ besser ist: mehr Schutz und weniger Entscheidungsspielraum oder weniger Schutz und mehr Flexibilität. Darum könnte man erwarten, dass auch ohne zwingende Regelung die Konkurrenz zwischen den Emittenten zum wirksamen Anleger- und Gläubigerschutz führen wird. Deshalb erscheint es wichtig, dass die Rechtsordnung im Normalfall die Möglichkeit zulässt, dass der Anlegerschutz durch die Emittenten den Anlegern

---

[60] Dieser Meinung liegen zwei Annahmen zugrunde, die an dieser Stelle deutlich gemacht werden: "(1) Sophisticated parties can write financial contracts that were far more detailed, sophisticated and fine-tuned to their specific circumstances than any body of standardized regulations could hope to be, and (2) Entrepreneurs had adequate incentives to minimize agency costs (in part by bonding themselves and otherwise limiting their discretion) in order to maximize the value for their stock when they brought their fledgling firm to the capital markets." Coffee (1999), S. 4.

[61] Pindyck/Rubinfeld (1998), S. 560: „Diversifiable risk can be eliminated by investing in many projects or by holding the stocks of many companies. Nondiversifiable risk cannot be eliminated in this way. Only nondiversifiable risk affects the opportunity cost of capital, and should enter into the risk premium.“

abgekauft werden darf. Nur so kann eine effiziente Allokation des Gläubiger- und Anlegerschutzes erreicht werden. Das Rechtsgut soll bei demjenigen landen, dem es am meisten wert ist. Das zwingende Recht verhindert aber diese Austauschmöglichkeit.

III. Zwingendes Aktienrecht als Antwort auf das Marktversagen

Wenn es wirklich so ist, dass der Markt effizient ist, warum braucht man dann rechtliche Vorschriften und insbesondere zwingendes Recht? Wir haben gesehen, dass der Marktmechanismus nur dann seine effizienzsteigernde Wirkung entfalten kann, wenn die Vertragsfreiheit existiert. Daraus kann die Schlussfolgerung gezogen werden, dass das Recht folgende Voraussetzungen erfüllen muss, damit das ökonomisch erwünschte Ergebnis erzielt wird. *Erstens* soll die Rechtsordnung die Vertragsfreiheit etablieren. *Zweitens* muss das Recht einen Markt für Rechtspositionen zulassen. Denn wenn die Rechtsordnung bestimmte Rechtspositionen als unverfügbar ausgestaltet, dann verhindert sie einen Austausch, den die potentiellen Marktteilnehmer vielleicht gerne vornehmen wollen, aber aufgrund der Unverfügbarkeit nicht vornehmen können. *Drittens* sollen rechtliche Regeln Markttrans-aktionen erleichtern. Das Recht soll die möglichen Hindernisse, die den Austausch der Rechtspositionen behindern, beseitigen, soweit das mit geringen Kosten möglich ist. Das soll hauptsächlich durch den Einsatz des dispositiven Rechtes geschehen. Das dispositive Recht hat nach der ökonomischen Analyse des Rechts die Aufgabe eines Lückenfüllers. Das Hauptziel ist die Entlastung der Vertragsverhandlungen und Vertragsgestaltung.[62] Dispositive Standards sollen den Parteien ersparen, jedes Detailproblem zum Gegenstand eines Vertrages machen zu müssen. *Viertens* soll das Recht schließlich dort, wo Markttransaktionen am Marktversagen scheitern, die marktmäßige Lösung simulieren.[63] In einem solchen Fall ist auch die Verwendung des zwingenden Rechts durch den Gesetzgeber berechtigt. Der Staat soll dann mittels des Rechts das Ergebnis festschreiben, auf das sich die Parteien geeinigt hätten, wenn ein marktmäßiger Austausch nicht am Marktversagen gescheitert wäre. Anders ausgedrückt: Die ökonomische Analyse des Rechts sieht diejenige Zuordnung von Rechtspositionen von Anfang an vor, die eintreten würde, wenn die Transaktionskosten Null wären und der Markt für Rechte reibungslos funktionieren würde.[64]

Es ist also hervorzuheben, dass zwingendes Recht nur beim Marktversagen zur Anwendung kommen soll. Denn wenn das zwingende Recht bestimmte Rechtspositionen als un-

---

[62] Schäfer/Ott (1986), S. 273.

[63] Das ist insbesondere im Gesellschaftsrecht nicht unumstritten. Dazu Campbell (1993), S. 105: „Third, following from this, *I will show that corporate regulation must necessarily fail to be effective when is conceived of as a corrective to market failure.* It fails because it does not appreciate the size of the problem at hand, and because it puts forward solutions that are so inappropriate that they cannot consistently be implemented. These solutions refer the corporation back to a market which just does not exist, and leave a vacuum just where regulation should be effective. This vacuum represents a huge space free of meaningful public control, in which corporations are obliged to follow the oligopolistic imperatives of the advanced capitalist economy by adopting plans which are, to use the jargon, sub-optimal or, to speak sensibly, appalling."

[64] Schäfer/Ott (1986), S. 273.

verfügbar ausgestaltet, obwohl kein Marktversagen vorliegt, dann verhindert es einen Austausch, den ein potentieller Verkäufer und ein potentieller Käufer vielleicht gerne vornehmen wollen, aber nun nicht vornehmen können. Damit zerstört das Recht einen potentiellen Kooperationsgewinn, der sich durch eine Markttransaktion erzielen ließe. Dies ist aus ökonomischer Sicht prima facie unerwünscht, weil der Markt für eine bestimmte Rechtsposition nicht entstehen kann. Erschwerend kommt hinzu, dass ein solcher fehlerhafter Eingriff des Gesetzgebers nicht leicht korrigiert werden kann, weil die zwingende Regelung per definitionem keine Konkurrenz hat. Abhilfe kann nur der Gesetzgeber selber leisten.[65] Die Selektion und die Bewertung durch den Markt ist nicht möglich. Wenn also der Gesetzgeber einen Fehler macht, kann dieser Fehler durch den Markt nicht korrigiert werden. Dadurch sind Effizienzverluste möglich, die erst mit einer großen Verzögerung beseitigt werden können, da davon auszugehen ist, dass der Gesetzgeber viel langsamer als der Markt die Informationen erlangen und verarbeiten kann. Denn es darf nicht vergessen werden, dass es in vielen Bereichen, namentlich im Konzernrecht, beim Minderheitenschutz und im Bereich der mitgliedschaftlichen Treupflichten, nicht der Gesetzgeber, sondern die Gestaltungs- und Gerichtspraxis war, die das Aktienrecht verändert und neuen Problemlagen angepasst hat.[66]

IV. Kosten der zwingenden Regelung

Gehen wir noch einen Schritt weiter. Nehmen wir an, wir hätten eine Analyse der Spannungsverhältnisse bei der börsennotierten Aktiengesellschaft durchgeführt und dabei hätte sich in der Tat gezeigt, dass wir es mit einem Marktversagen zu tun haben. Ist damit schon nachgewiesen, dass das zwingende Aktienrecht effizient ist? Dieser Schluss scheint nahe zuliegen. Er wäre jedoch falsch. Denn auch dann, wenn ein Marktversagen vorliegt, bedeutet das nicht, dass *immer* die Anwendung des zwingenden Rechts angebracht ist.[67] Man darf nicht vergessen, dass die Regulierung in Form zwingenden Rechts beim Marktversagen nicht nur Vorteile hat. Die Kosten des zwingenden Rechts muss man stets mit den Vorteilen vergleichen.[68] Es kann durchaus sein, dass die Effizienzverluste durch das Marktversagen geringer sind als die Kosten, die durch die Regulierung verursacht werden.[69]

---

[65] So schreibt K. Schmidt (1997), S. 775, dass die Gesetzgebung hinter den Problemen der Aktienrechtswirklichkeit hinterherzuhinken pflegt. Auch K. Schmidt (1997), S. 776: „Wer vom Gesetzgeber im Aktienrecht Wunder erwartet, wird allzu auf Enttäuschungen abonniert sein."

[66] K. Schmidt (1997), S. 775.

[67] Das Argument ist nicht neu. Siehe zum Beispiel Ogus (1994), S. 20 ff.

[68] Ribstein (1993), S. 995: "The contract theory of the firm does not hold that markets are perfect, but only that the imperfections of both market and political processes must be taken into account before deciding to regulate. In other words, even if there is a problem with private ordering, mandatory rules may be worse."

[69] Grundlegend Friedman (1982), S. 31 ff. im Hinblick auf die Eingriffe zur Korrektur externer Effekte. In der juristischen Literatur zum Beispiel Walz (1993), S. 44: „Man kann aber auch, weil alle diese Möglichkeiten problematisch sind, der Auffassung sein, dass eine laisser faire Politik trotz aller Schwächen weniger Schäden für eine effiziente Ressourcennutzung anrichtet als eine Gesetzgebung, die durch Lobbyeinfluss verzerrt oder eine gerichtliche Kontrolle, die durch unvollständige, tendenziöse Information fehlgeleitet wird. Die Überlegung, dass der Staat nicht überall dort, wo Marktverzerrungen auftreten, bessere Lösungen anzubieten hat, sollte eher zur Zurückhaltung mahnen."

Dass die Kosten der Regulierung erheblich sind, lässt sich nicht bestreiten.[70] Das kann man sehr gut durch einen kurzen Vergleich zwischen der GmbH und AG veranschaulichen. Es gab Ende Juni 2001 nur 916 börsennotierte Aktiengesellschaften in Deutschland[71] (in den USA gab es zum Beispiel 7 259 und in Großbritannien 2 371)[72]. Die Zahl der Gesellschaften, die nach GmbH-Recht organisiert sind, betrug im Dezember 1999 534 528. Die Diskrepanz lässt sich nur dadurch erklären, dass das GmbH-Recht viel flexibler ist.[73] Man kann aber bezweifeln, ob das GmbH-Recht die optimale Rechtsform, zumindest für die Unternehmen der mittleren Größe, darstellt. Die große Zahl der GmbHs besagt nur, dass die Nachteile des GmbH-Rechts geringer sind, als die des AG-Rechts. Indem die meisten Unternehmen das GmbH-Recht wählen, berauben sie sich der Möglichkeit an die Börse zu gehen. Dadurch leidet die Eigenkapitalausstattung mittelständischer Unternehmen. Das lässt sich auch durch die Zahlen belegen. Noch im Jahre 1967 stellte das Eigenkapital 30% der Bilanzsumme. Im Jahre 2000 betrug es nur noch 19,5%.[74] Mittelständische Unternehmen weisen im Vergleich mit Großunternehmen eine niedrigere Eigenkapitalquote auf. Der Anteil der Eigenmittel an der Bilanzsumme liegt bei mittelständischen Unternehmen deutlich unter der Eigenkapitalausstattung der Großunternehmen. Großunternehmen mit Umsätzen über 100 Mio. DM erreichen eine Eigenmittelquote von knapp mehr als 27%, während diese Kennzahl bei Unternehmen bis 10 Mio. DM nur knapp 17,5% aufweist. Der Wert von Unternehmen zwischen 10 und 100 Mio. DM ist mit rund 17,7% nur unwesentlich höher.[75] Erkenntnisreich sind auch die Zahlen bezüglich der Eigenkapitalausstattung nach der Rechtsform gegliedert. So weisen börsennotierte Aktiengesellschaften die höchste Eigenkapitalquote auf. Sie betrug im Jahre 2000 38,6%. Bei den nicht börsennotierten Aktiengesellschaften betrug die Eigenkapitalquote schon nur 27,9%, und bei den Unternehmen insgesamt 19,5%.[76] In den wichtigen Industrieländern, die mit Deutschland auf den Weltmärkten konkurrieren, ist die Eigenkapitalquote viel höher. Sie beträgt in Großbritannien 49,5%, in den USA sogar 56,9% und in Frankreich

---

[70] Es wird zwar die Meinung vertreten, dass das zwingende amerikanische Gesellschaftrecht deswegen keine Kosten verursacht, weil es sehr leicht umgangen werden kann. Romano (1989), S. 1601 argumentiert: "The rules that are identified as 'mandatory' in practice have very little in common with the ordinary understanding of that term. They are either easily - and legally - sidestepped, or they pose nonbonding constraints because there is no burning demand to deviate from them." Dieser Meinung kann aber nicht zugestimmt werden. Sogar in den USA gibt es Vorschriften zum Beispiel das Insiderhandelverbot (Rule 10b-5, 17 C.F.R. § 240.10b-5) oder Williams Act (Williams Act, Pub. L. No. 90-439, 82 Stat. 445, 455) bezüglich der Übernahmen, die nicht umgangen werden können. Ähnlich argumentiert Black (1990).

[71] Dazu Die Aktiengesellschaft (2001), Heft 9, S.R. 315 (Der Bestand an Aktiengesellschaften, Hansen, H.). Davon entfielen 289 auf die Aktiengesellschaften am Neuen Markt. Die Börsenkapitalisierung der inländischen Aktien betrug zum 30. 06. 2001 insgesamt 1 312, Mrd. Euro.

[72] DAI-Factbuch (2000), S. 02-3 (Börsennotierte inländische Aktiengesellschaften in ausgewählten Industrieländern); AG Report 2/2001, S. R 33 (Kapitalmarktstatistik November 2000, Statistisches Beiheft zum Monatsbericht 2 der Deutschen Bundesbank).

[73] Claussen (1997), S. 109: "Die Verbreitung der Rechtsform AG geschieht am erfolgversprechendsten durch Flexibilisierung und Deregulierung, weil die jetzige Regelungsdichte von der Rechtsform AG abschreckt."

[74] DAI-Factbuch (2000), S. 04-1-a.

[75] Martin (1998), S. 223.

[76] DAI-Factbuch (2000), S. 04-2-a.

30,1%.[77] Der geringe Eigenkapitalanteil mittelständischer Unternehmen begrenzt wegen der damit verbundenen niedrigen betrieblichen Sicherheiten auch die Finanzierungsmöglichkeiten bei den Banken. Die Zinssätze, die mittelständische Unternehmen für Bankkredite zahlen müssen, liegen deutlich über denen, die den Großunternehmen gewährt werden.[78]

Dass vor allem mittlere Unternehmen von der zwingenden Regelung betroffen sind, lässt sich leicht erklären. Die Kosten der Regelung stellen normalerweise fixe Kosten[79] dar. Je kleiner das Unternehmen ist, desto mehr fallen sie ins Gewicht. Das kann man sehr gut durch Beispiele aus der neuesten Aktienreform veranschaulichen. So verlangt § 110 III AktG, dass auch ein dreiköpfiger Aufsichtsrat einer sehr kleinen AG mit Börsennotierung einmal im Quartal einberufen werden muss. Das Gleiche kann man über § 171 II S. 2 AktG sagen, das einen indirekten Zwang zur Ausschussbildung auch für kleine börsennotierte Aktiengesellschaften vorsieht.

Es gibt aber noch einen weiteren Gesichtspunkt, warum das zwingende Recht erhebliche Kosten verursachen könnte. Es ist denkbar, dass das zwingende Recht mehr Marktversagen verursacht, als reduziert. Denn wenn das Aktienrecht in erheblichem Maß standardisiert ist, ist eine vertragliche Abhilfe durch privatautonome Vereinbarungen gegen potentielles Marktversagen nicht möglich, weil die Parteien den Gesellschaftsvertrag zu standardisierten Bedingungen abschließen müssen. Es kann also paradoxerweise vorkommen, dass die Parteien eines Gesellschaftsvertrages sich deswegen nicht schützen können, weil das zwingende Recht eine solche vertragliche Abhilfe unmöglich macht. Der Schutz durch das zwingende Gesellschaftsrecht kann also wiederum einen weiteren Bedarf an zwingenden Regelungen produzieren.[80]

Eine andere Art der Kosten des zwingenden Aktienrechts sind die Kosten der Gleichschaltung der AG-Rechtsform. Das zwingende Recht macht die Gestaltungsfreiheit entweder unmöglich oder schränkt sie erheblich ein. Es ist aber zweifelhaft, ob eine einzige Regelung für alle Gesellschaften die Beste sein kann.[81] Denn der Einheit der Rechtsform der AG stehen mehrere Realtypen mit völlig unterschiedlichen Entscheidungsstruktur gegenüber. Es ist anzunehmen, dass verschiedene Industrien verschiedene rechtliche Strukturen erfordern. Mit Sicherheit ist der Bedarf an der unternehmerischen Entscheidungsfreiheit in der IT-Industrie viel größer als in der Stahlindustrie. Es ist kaum denkbar, dass die „Governance Structure“, die sehr gut für die Stahlindustrie geeignet ist, auch für die IT-Industrie geeignet sein kann. So verzögert und erschwert beispielsweise jeder Kontrollmechanismus den Entscheidungs-

---

[77] DAI-Factbuch (2000), S. 04-2.

[78] Martin (1998), S. 223.

[79] Pindyck/Rubinfeld (1998), S. 696: „Fixed Cost - a cost that does not vary with the level of production, such as plant maintenance and insurance.“

[80] Mülbert (1996), S. 122.

[81] So beispielsweise Cheffins (1997), S. 228: „Companies are heterogeneous and the preferences of company participants vary. As a result, what is good for many sets of transactors may not be suitable for others. Mandatory rules preclude parties from customizing their operating environment to meet distinctive, private requirements. Such measures therefore can inhibit the achieving of efficient outcomes.“

prozess. Für eine Gesellschaft, die auf einen schnellen Entscheidungsprozess angewiesen ist, kann es somit nicht effizient sein, den gleichen Kontrollmechanismus wie die Unternehmen aus den anderen Branchen zu haben. Wenn nur eine Regelung den Gesellschaften zur Verfügung steht, kann es durchaus sein, dass der Nutzen für viele Aktiengesellschaften kleiner ist, als die mit dieser Regelung verbundenen Kosten. Diese Möglichkeit liegt nicht so fern, wie sie auf den ersten Blick erscheinen mag. Das hängt damit zusammen, dass das zwingende Recht eine präventive Kontrolle darstellt. Es wird nicht auf einen konkreten Fall des Missbrauchs reagiert, sondern schon das Eintreten des Missbrauchs soll verhindert werden. Das kann sehr gut durch die Regulierung des Gründungsvorgangs in den §§ 23 bis 53 AktG veranschaulicht werden. Auf der einen Seite wurden durch die perfekte Gründungsregulierung unredliche Manipulationen verhindert, auf der anderen Seite führt die Regulierung dazu, dass die Gründung neuer Aktiengesellschaften kostspielig und langwierig ist.[82]

Dass diese Überlegungen nicht nur theoretischer Natur sind, veranschaulicht der Vergleich der deutschen Aktienlandschaft mit anderen Industriestaaten. Die Kapitalisierung aller deutschen börsennotierten Aktiengesellschaften machte im Jahre 1999 67,8% des Bruttosozialprodukts aus.[83] In den USA dagegen 181,1%, in Großbritannien 200,7%, in der Schweiz 269,3%, in Japan 104%, in den Niederlanden 176%, in Finnland 271%, in Schweden 156% und in Frankreich 104,8%. Es gibt kaum ein Land in Europa, dass eine niedrigere Börsenkapitalisierung hat als Deutschland (Italien 62,7%, Österreich 15% und Portugal 61%). Die Unterentwicklung des deutschen Aktienmarktes kann man noch besser durch ein anderes Verhältnis darstellen: 98% aller privaten Haushalten unterhalten ein Girokonto, 85% ein Sparbuch, aber nur 12,73% ein Aktiendepot. Diese Zahlen spiegeln sich auch im Aktienbesitz der Bevölkerung wieder. In Deutschland gab es in der ersten Jahreshälfte 2000 nur 6,229 Mio. Privataktionäre, was ungefähr 9,8% der Bevölkerung ausmacht.[84] Das Bild wird noch trauriger, wenn man berücksichtigt, dass davon 1,173 Mio. sog. Belegschaftsaktionäre sind. Man kann davon ausgehen, dass diese Aktien nicht gekauft worden wären, wenn sie nicht vom Arbeitgeber subventioniert würden. Die Abneigung des deutschen Anlegers gegen Aktien ist im internationalen Vergleich einmalig. So besitzen in den USA 25,4% der Bevölkerung die Aktien, in Kanada 37%, in Großbritannien 23%, Niederlande 30%, in der Schweiz 31,9 und in Frankreich 12,7%.[85]

Wenn man sich diese Zahlen anschaut, erhebt sich die Frage, warum die Rechtsform AG von der Wirtschaft nicht akzeptiert wird. Eine mögliche Antwort ist, dass die Kosten der AG im Vergleich zu den anderen Formen zu hoch sind. Je höher der Preis der Rechtsform AG

[82] The Economist, 29.04.2000, S. 24 schreibt: „On average, it takes ten times longer to set up a limited-liability company in Germany than in America, and costs three times more, according to UNICE.“

[83] Die Zahlen für 2001 dürften ähnlich sein, weil die Marktkapitalisierung im Jahr 2001 verglichen mit dem Jahr 2000 um 3% gesunken ist. Die Börsenkapitalisierung der inländischen Aktien betrug zum 30. 06. 2001 insgesamt 1 312, Mrd. Euro. Dazu: Die Aktiengesellschaft (2001), Heft 9, S. R. 315.

[84] DAI-Factbuch (2000), S. 07.1-4.

[85] DAI-Factbuch (2000), S. 08.6-1.

ist, desto kleiner ist die Nachfrage. Diese These wird im Rahmen dieser Arbeit untersucht. Wenn dem so wäre, hieße es, dass das zwingende Recht statt das Marktversagen zu beseitigen, eher das Marktversagen hervorruft.

V. Deregulierung durch die „Kapitalgesellschaft & Co. KGaA"

Es wäre jedoch voreilig, wollte man aus der Nichtakzeptanz der Rechtsform „Aktiengesellschaft" ableiten, dass die Kosten der zwingenden Regelung sehr groß sein müssen. Wenn man darum bemüht ist, die Kosten des zwingenden Aktienrechts zu klären, kann man sich nicht auf die Feststellung beschränken, dass das Aktienrecht möglicherweise überreguliert ist. Denn es ist möglich, dass die Unternehmer auf andere Rechtsformen leicht ausweichen können, und dass diese Rechtsformen genauso gut Bedürfnisse der Unternehmen befriedigen können. Es ist also nicht angebracht, die Regulierung des Aktienrechts isoliert zu betrachten. Die Regulierung des Aktienrechts muss vielmehr im systematischen Zusammenhang gesehen werden. Sogar die Befürworter der Deregulierung im Gesellschaftsrecht heben hervor, dass dieser Überlegung ein großes Gewicht zukommt. Hansmann/Kraakman (2000) schreiben dazu: „Precisely because entrepreneurs have such a *range of forms* to choose among, there is *less need for extensive flexibility within any particular form* – including in particular the basic corporate form we are principally concerned with here (business corporation). In fact, there is an advantage in providing some rigidity to these forms in order to enhance the degree to which an entrepreneur can use the choice of form to signal to other contracting parties the type of relationships the entity offers. Thus, paradoxically, greater rigidity – in the form of a larger proportion of mandatory rules – within any particular form may actually enhance overall freedom of contract in structuring private enterprise, so long as there is a sufficiently broad range of alternative forms to choose from. Correlatively, if only a few alternative forms are available, contractual freedom requires that at least some of those forms be relatively flexible."[86]

Ob diese Beschreibung auf deutsche Verhältnisse passt, wird an dieser Stelle kursorisch überprüft. Vor allem die „Kapitalgesellschaft & Co. KGaA" als eine Form der KGaA scheint eine angemessene Alternative zu der AG-Rechtsform zu sein.[87] Denn der BGH hat die Komplementärfähigkeit der Rechtsform GmbH für zulässig erklärt, da sonst "die privatautonome Gestaltungsfreiheit und die Vielfalt rechtlich möglicher Assoziationsformen ... unnötig

---

[86] Hansmann/Kraakman (2000), Chapter 1, S. 16. Die Hervorhebung nicht im Original.

[87] So ausdrücklich K. Schmidt (1997), S. 977: „Hinzu kommt, dass die gesellschaftsrechtliche Vertragsgestaltungspraxis mit der vom Gesetzgeber im Jahr 1994 versprochenen Deregulierung des Aktienrechts noch nicht zufrieden ist und sich durch die Kapitalgesellschaft & Co. KGaA das an Deregulierung zu holen sucht, was ihr das Recht der AG noch verwehrt." Oder K. Schmidt (1996), S. 287: „... Deregulierung des Aktienrechts durch Re-demokratisierung des KGaA – wer wollte mehr?

eingeschränkt" würde.[88] Der Gesetzgeber hat diese Rechtsprechung durch die Änderung des § 279 II AktG anerkannt.[89]

§ 278 I AktG definiert die KGaA als eine Gesellschaft mit eigener Rechtspersönlichkeit, bei der mindestens ein Gesellschafter den Gesellschaftsgläubigern unbeschränkt haftet (persönlich haftender Gesellschafter) und die Übrigen an dem in Aktien zerlegten Grundkapital beteiligt sind, ohne persönlich für die Verbindlichkeiten der Gesellschaft zu haften (Kommanditaktionäre). Die Gesellschaft ist die juristische Person. Ihrer Struktur nach ist sie eine Mischform aus Kommanditgesellschaft und Aktiengesellschaft. Im Vergleich zur AG bietet die rechtliche Regelung zur KGaA über die Bezugnahme auf das HGB in § 278 II AktG in der Tat einen sehr weiten Gestaltungsspielraum für Satzungsbestimmungen.[90] Gemäß 278 II AktG richten sich die Rechtsbeziehungen der Komplementäre untereinander, gegenüber den Kommanditaktionären und gegenüber Dritten nach den §§ 163 ff bzw. 161 II, 109 ff HGB, und damit nach dem in der Regel dispositiven Recht des HGB.

Die Gestaltungsfreiheit bei der KGaA kann sehr gut am Beispiel der Geschäftsführung veranschaulicht werden. Die Kompetenzen der Geschäftsführung hängen entscheidend davon ab, inwieweit die Satzung von den dispositiven Vorschriften des § 278 II i. V. m. §§ 161 II, 116, 164 HGB abweicht. Anders als bei der AG gibt es in diesem Bereich kaum zwingende Vorschriften. Das bedeutet, dass sich bei der KGaA bei der Geschäftsführung durch entsprechende Ausgestaltung der Satzung eine hauptversammlungs-, aufsichts-, beirats-[91], oder komplementärdominierte Gesellschaft errichten lässt. [92] So lässt zum Beispiel die Gestaltungsfreiheit zu, dass die Kompetenzen des Aufsichtsrates der KGaA an die Kompetenzen des Aufsichtsrats der AG angeglichen werden. Möglich ist aber auch eine Satzungsregelung, wonach dem Aufsichtsrat ein unternehmerisches Mitwirkungsrecht bei allen gewöhnlichen Geschäftsführungsmaßnahmen eingeräumt wird. Denkbar ist sogar eine Satzungsregelung, dass der Aufsichtsrat mit den Weisungsrechten gegenüber der Geschäftsführung ausgestattet wird.[93] Die Reichweite der Gestaltungsfreiheit bei der KGaA erfasst sogar die Möglichkeit, dass für den Fall der Weisungsgebundenheit in Bezug auf die Grundsätze der Geschäftspolitik auch das Vetorecht der persönlich haftenden Gesellschafter abbedungen werden kann.[94] Es ist auch zulässig, dass mehr Rechte bezüglich der Geschäftspolitik auf die Hauptversammlung übertragen werden. Ist diese Lösung nicht praktikabel, bietet sich statt dessen die Übertragung der Kompetenzen auf einen Beirat.

---

[88] BGH, DB (1997), S. 1219-1222, siehe Spindler (1998), S. 56.
[89] Meine Ausführungen basieren auf Herfs/Münchner Handbuch des Gesellschaftsrechts (1999), S. 1190 ff.
[90] Barz/GroßkommAktG, § 23 Anm. 18; Priester (1996b), S. 264.
[91] Dazu Martens (1982), S. 113 ff.
[92] Das ist bei einer AG nicht möglich. Bei der AG leitet der Vorstand die Geschäfte in eigener Verantwortung (§ 76 Abs. 1 AktG). Weder dem Aufsichtsrat (§ 111 Abs. 4 S. 1 AktG) noch den Aktionären steht ein Recht zur Mitwirkung an der Geschäftsführung zu. Dazu Priester (1996a), S. 252. Ausführlich zu den Abstufungen der Einflussnahme der Kommanditaktionäre siehe Sethe (1996), S. 150.
[93] Kölner KommAktG/Mertens, § 278 Rdn. 46, 84.
[94] Barz/GroßkommAktG, § 285 Rdn. 7.

Die obigen Ausführungen bedeuten aber nicht, dass bei einer KGaA die Gestaltungsfreiheit unbeschränkt ist.[95] Das zeigt schon ein flüchtiger Blick auf § 278 III AktG. § 278 III AktG erklärt das Erste Buch des AktG für anwendbar. Also sind die von § 278 III AktG erfassten Bereiche zwingend geregelt. Nur in den durch das AktG zugelassen Fällen können diese Regelungen durch Satzungsbestimmung geändert werden. Vor allem werden die Bereiche der Gründung, die Grundsätze der Kapitalerhaltung und der Kapitalaufbringung, Kapitalerhöhung und Kapitalherabsetzung vom zwingenden Recht betroffen.[96] Gleiches gilt für mitgliedschaftliche Verwaltungs- und Vermögensrechte, die entweder einzelnen Aktionären oder einer Minderheit von Aktionären zustehen (§§ 131, 243, 50, 93 IV S.3, 117 IV, 142 II, 4 AktG). Denn § 278 II AktG lässt die Anwendbarkeit des HGB nur in Bezug auf die Rechtsbeziehungen der Komplementäre zu der Gesamtheit der Kommanditaktionäre zu. Im Umkehrschluss bedeutet dies, dass weder für das Verhältnis der Kommanditaktionäre untereinander noch für das Verhältnis des Einzelnaktionärs gegenüber den Komplementären Spielraum für Satzungsregelungen besteht.[97]

Das grundsätzliche Problem einer Kapitalgesellschaft & Co. KGaA liegt aber nicht bei der Einschränkung der Gestaltungsfreiheit. Es liegt an einer anderen Stelle.[98] Die Rede ist von den Nachteilen, die durch eine *unklare Rechtslage* verursacht werden. Paradigmatisch für eine unklare Rechtslage ist die unübersichtliche Gesetzeslage[99] bezüglich der Abgrenzung von § 278 II und 3 AktG. Dafür wird ein dreischichtiger Gesetzesaufbau mit umfangreicher, komplizierter Verweisungstechnik verantwortlich gemacht. So enthalten die §§ 278 I, 279 ff AktG und die §§ 291 ff AktG spezielle Vorschriften zur KGaA. Über § 278 II wird auf die Vorschriften zur KG verwiesen. Im Übrigen erklärt § 278 III das Erste Buch des AktG für anwendbar. Wegen dieser Verweisungstechnik lässt sich nicht eindeutig feststellen, wie weit die Gestaltungsfreiheit reicht. Das betrifft vorrangig das Rechtsverhältnis der Kommanditaktionäre. § 278 AktG erfasst nämlich die Rechtsbeziehungen der Kommanditaktionäre gleich zweifach, indem sein Absatz 2 AktG die Rechtsbeziehungen der Gesamtheit der Kommanditaktionäre zu den Komplementären regelt, sein Absatz 3 sich auf Rechte der Kommanditaktionäre „im übrigen" bezieht.[100] Hinzu kommt, dass die Reichweite der Gestaltungsfreiheit bei

---

[95] Siehe Spindler (1998), S. 57: "Doch ist trotz größerer Freiheit auch die KGaA in zahlreiche zwingende Regeln des AktG für die Ausgestaltung der innergesellschaftlichen Beziehung eingebunden, § 278 Abs. 3 AktG."

[96] Kölner KommAktG/Mertens, § 278 Rdn. 45. Dabei ist zu berücksichtigen, dass die grundlegende Struktur der KG und die Haftung der Kommanditisten zwingend geregelt sind. (§§ 170 ff HGB).

[97] Sethe (1996), S. 114, mit weiteren Nachweisen.

[98] Ähnlich K. Schmidt (1996), S. 276: „... auch wenn die Praxis dem Trend zur Kapitalgesellschaft & Co. KGaA nicht nachgibt. Gibt sie ihm nach, so gewährleistet dies noch nicht eine neue Karriere der KGaA, kann sich vielmehr als ein Strohfeuer oder – wenn die Folgen rechtspolitisch nicht gebilligt werden sollten – gar als für die gesetzliche Beseitigung der KGaA erweisen."

[99] Besonders zynisch K. Schmidt (1996), S. 283: „Sollte sich die Kapitalgesellschaft & Co. KGaA durchsetzen, so wäre dies gewiss eine gute Nachricht für den Fortbestand der KGaA als Rechtsform. Eine gute Nachricht wäre es auch für die nächste *Doktorandengeneration*. Oder K. Schmidt (1996), S. 283: „... wie bei der Anerkennung der GmbH & Co. KG wird eine Fülle von Folgeproblemen auf Kosten privater Prozessparteien geklärt werden müssen, bevor vor einem konsolidierten Rechtszustand ausgegangen werden kann."

[100] Sethe (1996), S. 108.

Grundlagengeschäften sehr umstritten ist. Höchstrichterliche Entscheidungen zur dieser Frage fehlen völlig. Auch sind die Meinungen in der juristischen Literatur bezüglich dieses Problems sehr uneinheitlich.[101] Die Folge davon ist, dass die Kosten der Nutzung der Rechtsform Kapitalgesellschaft & Co. KGaA erheblich sind. Denn, wenn gerichtliche Entscheidungen fehlen, können die Unzulänglichkeiten und mögliche Widersprüche nicht aufgedeckt werden. Gerichtliche Entscheidungen und klare Rechtslage ersparen dem Verwender der Rechtsform Kapitalgesellschaft & Co. KGaA viel Mühe und Geld. Ist die Rechtslage übersichtlich, sind die Kosten der Rechtsberatung niedrig. Die juristischen Probleme können schnell durch einen Griff zum Kommentar gelöst werden.

Das Problem der unübersichtlichen Rechtslage ist jedoch nicht der einzige Grund, warum die Rechtsform Kapitalgesellschaft & Co. KGaA nicht als Ersatz für die Aktiengesellschaft angesehen werden kann. Es gibt noch zwei andere Gründe, die ins Gewicht fallen. *Erstens* wird der Übernahmemarkt als Kontrollmechanismus bei der Rechtsform Kapitalgesellschaft & Co. KGaA ausgeschaltet. Denn es ist nicht möglich, dass die Kapitalgesellschaft & Co. KGaA feindlich übernommen wird. *Zweitens* kann eine Übertragung der Stellung des Komplementärs bei Rechtsform Kapitalgesellschaft & Co. KGaA nicht so leicht und billig erfolgen wie bei der Aktiengesellschaft, weil die GmbH-Anteile auf der Börse nicht gehandelt werden.

Angesichts dieser Ergebnisse ist eines klar: Die Nachteile, die mit der Rechtsform Kapitalgesellschaft & Co. KGaA verbunden sind, scheinen erheblich zu sein. Ebenso klar aber scheint zu sein, dass die Behauptung, die Rechtsform Kapitalgesellschaft & Co. KGaA einen brauchbaren Ersatz für die Rechtsform Aktiengesellschaft darstellt, so nicht haltbar ist.[102]

Fassen wir zusammen. Mit diesen rudimentären Hinweisen zum Problem der Kosten des zwingenden Aktienrechts soll es an dieser Stelle sein Bewenden haben. Aus juristischer Sicht kommt es darauf an, sich der Präsenz dieser Kosten bewusst zu sein und die Aufmerksamkeit dafür zu schärfen, dass rechtliche Regelungen auch im Falle des Marktversagens ihrerseits nicht kostenlos zu haben sind.[103] Wenn unter Berufung auf ein Markversagen gefor-

---

[101] Dazu Sethe (1996), S. 111. Dies zeigen die folgenden Beispiele: Godin/Wilhelmi, AktG, § 285 Anm.7 halten die Satzungsautonomie für die Grundlagegeschäfte für grundsätzlich für gegeben. Eine andere Meinung vertreten Kölner KommAktG/Mertens, § 278 Rdn. 83 und Semler in: Geßler/Hefermehl AktG, Vor § 278 Rdn. 39, 66, § 278 Rdn. 111, 135. Sie halten zum Beispiel die Übertragung von Kompetenzen zur Vornahme von Grundlagegeschäften auf die Geschäftsführung für nicht zulässig.

[102] Ähnlich K. Schmidt (1996a), S. 285: "Soll die KGaA als "personalistische Kapitalgesellschaft mit Börsenzugang" reaktiviert und als geeignete Dauerrechtsform ausgestaltet werden, so wäre der geschilderte Rechtsfortbildungsprozess - schon im Hinblick auf die entstehenden Transaktionskosten - ein beschwerlicher, nur allmählich befriedender und insgesamt wenig befriedigender Weg."

[103] In den USA wurde durch eine empirische Untersuchung belegt, dass das in großem Maße dispositive Gesellschaftsrecht von Delaware den Wert eines Unternehmen im Durchschnitt erhöht. Daines (1999), S. 4: "Using Tobin's Q as an approximation of firm value, I find that *Delaware firms are worth more* than similar non-Delaware firms in a sample of 4,481 exchange-traded US corporations between its 1981-1996. The effect is economically and statistically significant and robust to controls for company size, industry, growth opportunities, diversification and financial performance."

dert wird, zwingende Regeln zu setzen, ohne dass gleichzeitig auf die mit diesen Regeln verbundenen Kosten hingewiesen wird, dann kann man vermuten, dass es nicht eine ökonomische Analyse, sondern eine politische ist, die die Empfehlung des zwingenden Rechts trägt.

Kapitel 2: Effizienz des Kapitalmarktes

I. Informationsrisiko als Grundlage des zwingenden Aktienrechts

In dem vorliegenden Kapitel werden wir uns mit der Frage auseinandersetzen, ob der Kapitalmarkt effizient ist. Die Relevanz dieser Frage für diese Arbeit darf nicht unterschätzt werden. Denn das sog. Informationsrisiko, das durch asymmetrische Informationen verursacht wird, ist die Grundlage des zwingenden Aktienrechts.[104] „Asymmetrisch nennt man eine Informationsverteilung, wenn es Informationsvorsprünge gibt, d.h. wenn ein oder einige Marktteilnehmer besser informiert ist bzw. sind als andere oder es zumindest sein könnten, und wenn die anderen dies wissen oder befürchten müssen. Mit anderen Worten: ein Marktteilnehmer weiß etwas oder könnte etwas wissen, was andere nicht wissen, aber wissen wollen."[105]

Gäbe es dieses Informationsrisiko nicht, könnte man annehmen, dass sogar die Befürworter des zwingenden Aktienrechts zumindest den zwingenden Anlegerschutz nur im Ausnahmefall für nötig halten würden. Denn "eine Deregulierung des Systems zwingender Regeln zugunsten einer größeren Satzungsfreiheit beruht auf der Annahme, dass Märkte, insbesondere Kapitalmärkte, in der Lage sind, die Informationsnachteile für die Anleger zu beheben."[106]

Zwar ist der Anlegerschutz ein vielschichtiges Phänomen.[107] Es ist deshalb außerordentlich riskant und wird den unterschiedlichen Positionen vieler Befürworter des zwingenden Anlegerschutzes auch nicht im Einzelnen gerecht, wenn die Legitimität des zwingenden Anlegerschutzes auf drei Kernaussagen reduziert wird. Wenn dies im Folgenden gleichwohl geschieht, dann deshalb, weil die meisten Befürworter des zwingenden Aktienrechts diesen drei Kernaussagen vermutlich zugestimmt hätten: *Erstens* sind die Anleger uninformiert, weil die „Börsenpapiere eben keine Ware wie jede andere sind und keine Anschauung der guten oder schlechten Qualität des im Papier verbrieften Rechts vermitteln".[108] *Zweitens* wird das

---

[104] Dazu Baums (1999), S. 119: "Our mandatory corporate law aims at avoiding or mitigating information asymmetries ..."

[105] Schmidt/Terberger (1997), S. 391.

[106] Spindler (1998), S. 59. Ähnlich Fleicher (2002), F 17: „Reformvorschläge mit Sinn und Verstand kommen heutezutage nicht mehr ohne Rückgriff auf die moderne Kapitalmarktforschung aus. Unmittelbare Bedeutung für die Rechtsausgestaltung und haben etwa die fundamentalen Erkenntnisse über die Informationseffizienz von Kapitalmärkten ... Als Zwillingsschwester der Kapitalmarkttheorie stellt uns die empirische Kapitalmarktforschung aufbereitete Marktdaten zur Verfügung, die dazu beitragen können, die Auswirkungen alternativer Rechtsregeln abzuschätzen und Regelungsdefizite aufzuspüren."

[107] In der Literatur wird zwischen dem sozialschützenden Anlegerschutz und dem funktionsorientierten Anlegerschutz unterschieden. Die Prämissen dieser Konzeptionen sind aber sehr ähnlich. Zum ersten Konzept zum Beispiel Mülbert (1996), S. 110: „Anlegerschutz setzt nach diesem Konzept also an der Markttransaktion an und versucht über die bloße Beseitigung unvollständiger Information auf Seiten des Anlegers hinaus eine Veränderung der Machtverhältnisse am Kapitalmarkt in der sozialschützenden Absicht zu einer rationalen Anlagerentscheidung zu verhelfen." Weitere Nachweise in der Fußnote 247 (u.a. Moll BB Beil 3/1982; Reuter AcP 181 (1981), Schneider, ZHR (1978), S. 233). Zum zweiten Konzept Assmann (1989), S. 61, Engels (1992), S. 11.

[108] Hopt (1975), S. 88; Fleicher (2002), F 23: „Der Schlüssel zu einem tieferen Verständnis kapitalmarktrechtlicher Zusammenhänge liegt in den ökonomischen Besonderheiten des börslichen Güterangebots: Gehan-

Problem dadurch verschärft, dass bei den Anlegern kaum die Bereitschaft besteht, sich die nötigen Informationen selbst zu verschaffen.[109] *Drittens* sogar dann, wenn sich die Anleger die nötigen Informationen verschafft hätten, wären sie nicht in der Lage, eine richtige Entscheidung zu treffen.[110] Aus diesem Grund ist der zwingende Anlegerschutz angebracht.

Kaum jemand, der mit diesen Aussagen konfrontiert wird, wird sie für unplausibel halten. Denn die Anleger sind keine Unternehmer. Um informiert zu sein, bedarf der Anleger einer Vielzahl von Informationen seitens der Gesellschaft, die er sich nicht leicht beschaffen kann (zum Beispiel Jahresabschluss, Geschäftsbericht, Zwischenberichte, Ad-hoc Publizität, freiwillige Publizität). Selbst bei reichlich vorhandenen Informationen ist ein privater Durchschnittsanleger unfähig, eine richtige Anlageentscheidung zu treffen. Es liegt auf der Hand, dass es nicht leicht ist, aus der Fülle der Angebote eine richtige Aktie auszuwählen. Eine solche Entscheidung erfordert nicht nur die Beurteilung von Rentabilität, Sicherheit und Liquidität der verschiedenen Aktien, sondern auch die Berücksichtigung persönlicher Verhältnisse. Schon ein Urteil über Rentabilität ist außerordentlich schwierig, wie die vielen Irrtümer der Fondsmanager zeigen. Ein durchschnittlicher Anleger schlägt auch nicht im *Journal of Financial Economics* nach, um herauszufinden, ob eine bestimmte Satzungsklausel aus seiner Sicht gewinnbringend ist.[111]

II. Wirkung des effizienten Kapitalmarktes

Überzeugen kann die oben angeführte Argumentation trotzdem nicht. Diese Argumentation wäre in der Tat zwingend, wenn sie nicht einen Faktor außer Acht lassen würde: die Informationseffizienz des Kapitalmarktes. Denn sollte der Kapitalmarkt effizient sein, braucht der Anleger nicht informiert zu sein. Dafür gibt es zwei Gründe: (1) die Spekulationsgewinne auf einem effizienten Kapitalmarkt sind nicht möglich und (2) das Problem asymmetrischer Informationen existiert nicht.

---

delt werden keine Erzeugnisse, die man anfassen und vor Vertragsschluß auf ihre Werthaltigkeit überprüfen kann; Handelsobjekte sind vielmehr Hoffnungen und Versprechungen, genauer: diskontierte Hoffnungen und abgezinste Geldversprechen."

[109] Paradigmatisch dazu Hopt (1975), S. 90. Er schreibt: „Die keineswegs etwa auf Deutschland beschränkte fachliche Ohnmacht ist typischerweise begleitet von dem Mangel der Bereitschaft, sich näher um die Voraussetzungen für eine voll durchdachte Anlageentscheidung zu kümmern." Sehr ähnlich Mülbert (1996), S. 110: „Dieser (Anleger) sei zum einen bei der Auswahl der Effekten fachlich/intellektuell überfordert."

[110] Hopt (1975), S. 89; Assman (1989), S. 62; Als Beispiel der Unerfahrenheit der Anleger führte Hopt (1975) eine Emnid-Untersuchung an. "Nach dieser Untersuchung meinen rund 46% aller Kontensparer, der Zinssatz für Spareinlagen sei bei allen Kreditinstituten derselbe. Umgekehrt sind 17% der Investmentsparer der Ansicht, sie erhielten einen festen gleichbleibenden Zinssatz, und jeder fünfte Sparer in Anleihen, Obligationen und Pfandbriefen glaubt, die Verzinsung dieser Effekte schwanke."

[111] Es ist kein Wunder, dass einige Wissenschaftler von Magie sprechen. Black (2001), S. 782: "That securities markets exist at all is magical, in a way. Investors pay enormous amounts of money to strangers for completely intangible rights, whose value depends entirely on the quality of the information that the investors receive and on the sellers' honesty."

Zu (1): Die Preise auf effizienten Märkten sind faire Preise und somit Indikatoren für den Wert der ihnen zugrunde liegenden Güter.[112] Sie entsprechen dem inneren Wert dieser „Assets" und im Fall von Aktienmärkten dem Barwert der erwarteten Zukunftserträge. Dies schließt Spekulationsgewinne auf effizienten Märkten aus. Ferner ist der sogenannte innere Wert einer Sache irrelevant.[113] Denn ein „Asset" kann immer nur den Wert besitzen, den die Käufer bereit sind dafür zu zahlen.[114]

Zu (2): Die Effizienz des Kapitalmarktes „means that prices must behave as if everyone knows the relevant information. Full reflection of information, then, entails a hypothetical identity between two equilibriums in the same market: the equilibrium that would result if everyone knew the information, and the equilibrium that is actually observed. The market is efficient if (and when) the two equilibrium are identical."[115] Die Beschaffung und die Verarbeitung der Informationen durch einen privaten Anleger wäre also sogar kontraproduktiv, weil er sowieso den Markt nicht schlagen kann.[116] Das erwartet aber Hopt (1975) von einem informierten Anleger. Als Beispiel „für eine nicht voll durchgedachte Anlageentscheidung" führte er eine Studie an. Er schreibt: „Besonders aufschlussreich ist eine repräsentative Umfrage der Forschungsstelle für empirische Sozialökonomik und des DIVO-Instituts, die im Frühjahr 1963 das Kauf- und Verkaufsverhalten der Aktionäre in den vorangegangenen vier Jahren mit einer großen Hausse 1959/1960 und einer strengen Baisse 1961/62 zu ergründen versucht hat. Dabei zeigt sich, dass insgesamt 46% nur gekauft hatten, 24% weder gekauft noch verkauft, nur 23% gekauft und verkauft und 6% nur verkauft hatten. Das erstaunliche Ergebnis dieser Umfrage ist, dass insgesamt 70% vier Jahre lang ohne Rücksicht auf Hausse oder Baisse nicht verkauft haben und das 24% völlig inaktiv waren. Sogar unter denjenigen Aktionären, die nach der Umfrage als spekulationsorientiert zu bezeichnet waren, hatten immerhin 11% weder gekauft noch verkauft und 47% nur zugekauft." Hopt (1975) erwartet also, dass ein informierter Anleger durchaus den Markt schlagen kann. Das ist eine heroische Annahme.

---

[112] Summers (1986), S. 592.

[113] Granger/Morgenstern (1970), S. 53.

[114] Diese Meinung ist allerdings nicht unbestritten. Es gibt Autoren, die meinen, dass der "intrinsic value" eines Wertpapiers existiert. Beaver (1981), S. 25. Der "intrinsic value" kann entweder objektiv oder subjektiv definiert werden. Im Rahmen der objektiven Definition wird unter dem inneren Wert jener Wert verstanden, den ein Wertpapier nach den äußeren Gegebenheiten haben sollte. Die subjektive Definition stellt neben den objektiv wahrzunehmenden Eigenschaften des Unternehmens auch auf die Grundausstattung, die Präferenzen und die subjektive Interpretation durch die Investoren ab. „Intrinsic value is the value that the security ought to have and will have when other investors have the same insight and knowledge as the analyst."

[115] Gilson/Kraakman (1984), S. 558.

[116] Hopt (1975), S. 91. Dass Hopt uns als Angriffsfläche dient, ist kein Zufall. Hopt gehört zu den berühmtesten Gesellschaftsrechtlern in Deutschland. Er gilt auch als der Vater des deutschen Kapitalmarktrechts. So werden seine Aussagen in „Kapitalanlegerschutz im Recht der Banken" auch durch die Kritiker der Regulierung kritiklos übernommen. Siehe zum Beispiel die Habilitation von Escher-Weingart (2001) S. 179 bezüglich des Anlegerschutzes: „Damit bleiben als Alternativen lediglich die Zuweisung von zivilrechtlichen Individualschutzrechen oder ein staatlich kontrollierter Funktionenschutz. Grundlegend dafür sind vor allem Werke von Schwark (1979) und Hopt (1975)". Ähnlich die Habilitation von Ekkenga (1998), S. 28. Er fasst die Meinung von Hopt (1975) auf drei Seiten zusammen, ohne eine kritische Bemerkung fallen zu lassen.

Warum auch der informierte Anleger den Markt nicht schlagen kann, bedarf selbstverständlich einer Begründung. Diese Begründung beruht auf einer Säule: die *Tätigkeit der Arbitrageure* auf dem Kapitalmarkt. Aufgabe der Arbitrageure am Aktienmarkt ist es, dafür zu sorgen, dass die Information hinsichtlich des Fundamentalwertes der Aktie in die Kurse einfließt. Damit übernehmen die Arbitrageure eine wichtige Rolle am Aktienmarkt. Sie führen Transaktionen durch, wenn es für ein Wertpapier oder ein Portfolio von Wertpapieren ein perfektes Substitut gibt, das denselben Ertrag erzielt und dessen Kurs niedriger oder höher ist. Durch Kauf oder Verkauf dieses Wertpapieres kann ein risikoloser Arbitragegewinn erzielt werden, wenn es sich um perfekte Substitute handelt. Die Nachfrage der Arbitrageure hinsichtlich des Wertpapiers zum Kurs des perfekten Substituts ist völlig elastisch.[117] Dadurch stellen die Arbitrageure sicher, dass sich die Kurse derart einstellen, dass keine risikolosen Arbitragegewinne möglich sind und sich die relativen Kurse ausgleichen. Bestehen kurzfristig Preisdifferenzen, so werden diese von Arbitrageuren sofort ausgenutzt, wodurch sich die Preise fast ohne Zeitverzögerung anpassen.[118]

Natürlich wird damit die Frage, ob der Kapitalmarkt effizient ist, noch nicht beantwortet. Es wurde nur klar gestellt, dass im Fall des effizienten Kapitalmarktes der Schutz der sogenannten laienhaften, uninformierten Investoren durch das zwingende Aktienrecht nicht nötig ist, weil Spekulationsgewinne auf einem effizienten Kapitalmarkt nicht möglich sind, und das Problem der asymmetrischen Informationen nicht existiert.

III. Definitionen

Eine Untersuchung der Frage, ob der Kapitalmarkt effizient ist, erscheint jedoch wenig sinnvoll, wenn nicht zumindest eine gewisse Einigkeit darüber zu erzielen ist, was eigentlich der effiziente Kapitalmarkt bedeutet. Fama (1970) gibt eine genauere Definition des Begriffes: „In general terms, the ideal is a market in which prices provide accurate signals for resource allocation: that is, a market in which firms can make productioninvestment decisions, and investors can choose among the securities that represent ownership of firms activities under the assumption that security prices at any time fully reflect all available information. A market in which prices always fully reflect available information is called efficient.“[119] Ein informationseffizienter Kapitalmarkt liegt nach der Definition von Fama also dann vor, wenn die gesamte zur Verfügung stehende Information in die Preise einfließt.[120] Die Informa-

---

[117] Pindyck/Rubinfeld (1998), S. 695: „Elastic demand: when the percentage change in quantity demanded of a good in response to a 1 percent change in price is greater than one in magnitude.“; S. 33: „Infinitely elastic: there is only a single price P at which consumers will buy the good, for even the smallest increase in price above this level, quantity demanded drops to zero, and for any decrease in price, quantity demanded increases without limit.“

[118] Sapusek (1998), S. 15.

[119] Fama (1970), S. 383, näher dazu Gilson/Kraakman (1984).

[120] Eine Voraussetzung für so definierte Effizienz ist jedoch, dass die Kosten, die Information in die Kurse zu bringen, Null sind. Das ist jedoch eine sehr unrealistische Annahme. Das Kostenargument wird meistens dazu

tion wird effizient verarbeitet, und es liegen keine Friktionen vor. Auf Märkten mit funktionierendem Preismechanismus muss gemäß diesem Effizienzkonzept die gesamte relevante in der Wirtschaft vorhandene Information in allen Zeitpunkten in den Preisen enthalten sein. Der Preisbildungsprozess verschiedener Perioden ist unabhängig, d.h. die Preisbildung ist nicht prognostizierbar. Die beste Prognose für den Preis der nächsten Periode ist der heute den Marktteilnehmern bekannte Preis (sog. Random-Walk-Hypothese). Die Random-Walk-Hypothese besagt, dass Wertpapierkurse das Resultat eines Zufallsprozesses oder eben eines "random walk" sind.[121]

Es wird zwischen der schwachen Effizienz, halbstrengen Effizienz und der strengen Effizienz eines Kapitalmarktes unterschieden. Je strenger die Informationseffizienz ist, desto höher ist das Effizienzniveau auf dem betrachteten Kapitalmarkt. Dies bedeutet, dass der Nachweis einer der strengeren Formen auch zu einer Bestätigung der jeweils schwächeren führen würde.[122]

Auf einem schwach effizienten Kapitalmarkt wird sich nur die schwache Informationsmenge in den Aktienkursen niederschlagen. Auf einem halbstreng effizienten Kapitalmarkt wird sich auch eine halbstrenge Informationsmenge in den Kursen niederschlagen und auf einem streng effizienten Kapitalmarkt wird sich sogar eine strenge Informationsmenge niederschlagen. Die *schwache Informationsmenge* ("weak information") beinhaltet nur die Information der historischen Kursentwicklung. Sind die Märkte schwach informationseffizient, so können keine Gewinne aus der technischen Aktienanalyse gezogen werden, da vergangene Muster in den Renditezeitreihen nicht zur Prognose der zukünftigen Kursentwicklung herangezogen werden können. Wird der Informationsfluss durch nichts gestört und gibt es auf diesem Aktienmarkt keine Transaktionskosten, so enthalten die morgigen Kurse nur die morgigen Informationen und die aktuellen Preisveränderungen sind für den Kurs der nächsten Periode irrelevant. Da die neue Information nicht vorhersagbar ist, sind auch die sich aus dieser Informationsmenge ergebenden Kursveränderungen nicht vorhersagbar und deswegen rein zufällig.[123]

---

führen, dass es Information gibt, die nicht in den Kursen enthalten ist. In abgeschwächter Form wird die Informationseffizienz über *Grenznutzen und Grenzkosten der Information* definiert. Siehe Fama (1991), S. 1575.

[121] Um die Random-Walk-Hypothese überprüfen zu können, braucht man statistische Tests. Die populärsten Tests sind: "autocorrelation test" und sog. "run analysis". Dazu Cunningham (1994b), S. 554: "*Autocorrelation*, sometimes called serial correlation analysis, is used to determine whether specified data sequences move together to any degree. In the case of security prices, price changes of a given security are recorded over a specified time period -- often, a number of days -- and a subsequent time period of the same length. These sequences (called time-series data) are then compared and examined to determine whether they move together to any degree -- that is, whether there is any "serial correlation." A "correlation coefficient" is mathematically derived to express the degree to which the data are linearly related. In effect, the time series of data is tested for correlation by fitting a straight line to the data and then calculating the correlation coefficient. A correlation coefficient equal to zero is evidence that the data in the series has the property of statistical independence; correlation coefficients that are close to zero (but not equal to zero) indicate that the data were uncorrelated. A time series of data is random if it is either independent or uncorrelated."

[122] Eine gute, verständliche Einführung über die ECMH befindet sich bei Cunningham (1994b), S. 546 ff.

[123] Makiel (1996), S. 120.

Die *halbstrenge Informationsmenge* umfasst zusätzlich noch öffentlich erhältliche Information. Die Hypothese des halbstrengen Kapitalmarktes impliziert, dass sogar aus der fundamentalen Aktienanalyse keine gewinnbringenden Informationen gezogen werden können, da die öffentlich zugängliche Information so schnell in die Preisbildung einfließt, dass auf Basis der Fundamentalanalyse keine abnormalen Gewinne realisiert werden können.[124]

Von *strenger Informationsmenge* spricht man dann, wenn die Informationen nur bestimmten Personen zugänglich sind. Die strenge Informationseffizienz besagt, dass sämtliche Informationen, also auch nicht öffentliche, in den Aktienkursen vollständig verarbeitet werden. In diesem Fall würden am Kapitalmarkt Anleger agieren, die, obwohl sie über monopolistische Informationen verfügen (sog. "Insider-Wissen"), keine Rendite erzielen können. Mit keiner Aktienanalysemethode kann die willkürliche Buy-and-Hold-Strategie übertroffen werden. In letzter Konsequenz wäre die professionelle Anlageberatung, wie sie zum Beispiel von Kreditinstituten angeboten wird, überflüssig.

IV. Empirie

Nachdem wir kurz skizziert haben, wie ein effizienter Kapitalmarkt definiert wird, können wir zu unserer Ausgangsfragestellung zurückkehren: Ist der Kapitalmarkt effizient? Die Frage, wie informationseffizient Aktienmärkte sind, kann nur im Rahmen empirischer Untersuchungen beantwortet werden. Ihre Durchführung erfordert die Beachtung bestimmter methodologischer Grundvoraussetzungen, die mit der Auswahl der in die Untersuchung einzubeziehenden "Aktienstichprobe" und der Festlegung des Untersuchungszeitraumes beginnen und der Formulierung der *Teststrategie* enden.

1. Statistische Tests

Eine Teststrategie für die schwache Form der Informationseffizienz besteht darin, dass die Gültigkeit der Random-Walk-Hypothese mit Hilfe statistischer Testmethoden untersucht wird. Aus einer Bestätigung der Random-Walk-Hypothese wird die Gültigkeit der schwachen Form gefolgert. Als alternative Teststrategie kann der Erfolg einer zuvor gewählten Handelsstrategie "ex-post" getestet werden. Als Vergleichsmaßstab fungieren die mit einer Buy-and-Hold-Strategie erzielbare Renditen.[125] Ist der Kapitalmarkt in der schwachen Form effizient, können diese Renditen nicht übertroffen werden. War also für den betrachteten Untersuchungszeitraum die Buy-and-Hold-Strategie erfolgreicher als die zu testende Handelsregel, wird darin eine Bestätigung für das Vorliegen der schwachen Informationseffizienz gesehen.

Die Teststrategien zur mittelstarken Form der Informationseffizienz beruhen auf dem Grundgedanken, dass die Art und Weise der Kursadjustierung um den Bekanntgabezeitpunkt

---

[124] Makiel (1996), S. 121.
[125] Brealey/Myers (2000), S. 359.

einer neuen, öffentlich verfügbaren Information untersucht werden muss.[126] Dies setzt voraus, dass ein geeignetes Messinstrumentarium für die Informationsverarbeitung gefunden wird, das sicherstellt, dass sich die untersuchten Börsenkurse frei von weiteren Einflussfaktoren gebildet haben. Die meisten Untersuchungen, die im Rahmen dieser Arbeit ausgewertet werden, messen die Informationseffizienz mit Hilfe des "Capital Asset Pricing Model" (CAPM).[127] Die Annahme von CAPM ist, dass individuelle Aktien generell den Bewegungen des gesamten Marktes folgen. Im Rahmen dieser Methode wird zuerst ein sog. "Beta-Faktor" (ß) berechnet, der die individuelle Volatilität der jeweiligen Aktie mit dem gesamten Aktienmarkt bestimmt. Dieser Beta-Faktor stellt das systematische, nicht diversifizierbare Risiko der Aktie dar. Auf diese Weise kann für jede Tagesschwankung des gesamten Marktes ein erwarteter Börsenkurs errechnet werden, was wiederum die Extrapolation der Auswirkungen des besonderen Ereignisses als sog. "abnormal return" aus dem tatsächlichen Börsenkurs erlaubt. Sinkt bei diesen Tests der sog. "abnormal return" kurz nach dem "event" oder nach dem Bekanntwerden der Information auf Werte um null, macht das deutlich, dass die Informationen sich schnell in den Aktienkursen niederschlagen, was wiederum für das Vorliegen des mittelstark effizienten Kapitalmarktes spricht.

Das ist jedoch nicht der einzige Ansatz, mit der der Versuch unternommen wurde, die Effizienz des Kapitalmarktes zu testen. Eine andere Möglichkeit ist es zu untersuchen, ob professionell geführte Investmentfonds eine höhere Rendite erwirtschaften als das Portfolio des gesamten Marktes. Sollte sich herausstellen, dass das nicht der Fall ist, kann die mittelstarke Form der Informationseffizienz als richtig angenommen werden.

2. Auswertung empirischer Studien in den USA

Nachdem wir kursorisch die Testmethoden beschrieben haben, können wir uns der Auswertung und der Darstellung der empirischen Studien widmen, die sich mit der Effizienz des Kapitalmarktes beschäftigt haben. In den Wirtschaftswissenschaften bestand bis vor Kurzem ein weitgehender Konsens dahingehend, dass zumindest der amerikanische Aktienmarkt als nahezu vollkommen effizient anzusehen ist. Paradigmatisch ist die Aussage von Jensen (1978): "There is no other proposition in economics which has more empirical evidence supporting it than the efficient markets hypothesis".[128] Diese Meinung ist auch in der rechtspoliti-

---

[126] Brealey/Myers (2000), S. 360.

[127] Dazu umfangreich: Brealey/Myers (2000), S. 199 (Kapitel: Validity and Role of the Capital Asset Pricing Model). Eine Darstellung von CAPM in der deutschen Literatur befindet sich zum Beispiel bei Obst/Hintner (2000), S. 279; Pindyck/Rubinfeld (1998), S. 561, 693: „Capital Asset Pricing Model: A model in which the risk premium for capital investment depends on the correlation of the investment's return with the return on the entire stock market."

[128] Jensen (1978), S. 96. Anders allerdings Lo/MacKinlay (1999), S. 6: "Even after three decades of research and literally thousands of journal articles, economists have not yet reached a consensus about whether markets - particularly financial markets are efficient or not. What can we conclude about the Efficient Markets Hypothesis? Amazingly, there is still no consensus among financial economists. Despite the many advances in the statistical analysis, databases, and theoretical models surrounding the Efficient Markets Hypothesis, the main effect

schen Diskussion in den USA verbreitet. Wie sehr verbreitet, macht die Beschreibung von Stout (1987) deutlich: "The stock market ought to be efficient. At least, the Supreme Court, the Congress, and the Securities and Exchange Commission think so, and the most academics agree."[129] Denn zahlreiche Untersuchungen zeigen, dass aktuelle Aktienpreise nicht systematisch mit früheren Börsenkursen korrelieren.[130]

Weitere Studien kamen schließlich zu dem Ergebnis, dass professionell geführte Investmentfonds keine höheren Renditen erwirtschaften als das Marktportfolio.[131] Die Investmentfonds sind also nicht in der Lage den Markt zu schlagen.[132] Diese Hypothese wurde mehrmals empirisch untersucht.[133] Es gibt es kaum eine empirische Untersuchung, die zu einem anderen Ergebnis gekommen ist.[134] "So haben es in den letzten fünf Jahren beinahe drei Viertel der amerikanischen, aktiv verwalteten Investmentfonds nicht geschafft, den Ertrag des US-Aktienmarktes, gemessen am S&P 500 Index, zu übertreffen. Von den größten 50 Investmentfonds konnte 1997 nur ein Fond den Vanguard Index 500 übertreffen. Ähnlich sind die Ergebnisse in anderen Ländern, wie Berechnungen der Credit Suisse Asset Management zeigen. Die Credit Suisse untersuchte neben den USA auch die Märkte Europa, Japan und die Schweiz im Zeitraum 1992 bis 1998. In diesem Zeitraum hatten sich in der Schweiz und in Europa im Durchschnitt nur 10% aller Fonds besser als der Referenzindex entwickelt. In einzelnen Jahren vermochten gar nur 2 bis 4% der Schweizer Fondsmanager den Index zu übertreffen. In diesem sechsjährigen Vergleich schlugen in den USA ebenfalls nur 14% der Fondsmanager den Index."[135]

---

that the large number of empirical studies have had on this debate is to harden the resolve of the proponents on each side."

[129] Allerdings Stout (1987) selber ist anderer Meinung. Stout (1987), S. 615. Noch extremer ist Cunningham (1994a), S. 876: "Price discovery in capital markets is imperfect."

[130] Dazu Fama (1970), S. 383 ff und Fama (1991), S. 1575; Brealey/Myers (2000), S. 360-377. Sie schreiben nach der Auswertung der empirischen Studien auf der Seit 377: "While there remain plenty of unsolved puzzles, there seems to be widespread agreement that consistently superior returns are hard to attain."

[131] Der Überblick befindet sich bei Brealey/Myers (2000), S. 361.

[132] Eher satirisch: der Wettbewerb in Wall Street Journal, zitiert nach Stout (1997), S. 475: "In 1988, the Wall Street Journal began a contest. Periodically, the Journal staff would invite four professional money managers to select the stocks they thought would do best in the coming months. Then the staff would repair to a nearby tavern, pin a page from the stock quotes section to the wall, and throw darts to select their own portfolio. At the end of each contest period, the Journal would announce who had done better, the pros or the darts. In the first round, the hands-down winner of this "Investment Dartboard" contest was: the darts."

[133] Jensen (1968); Friend/Blume/Crockett (1970); Lehmann/Modest (1987); Elton/Gruber/Das/Hlavka (1993); Malkiel (1995), and Carhart (1997); Ferson/Schadt (1996).

[134] Eine der ersten Studien zur Wertentwicklung von Investmentfonds auf dem amerikanischen Markt wurde von Jensen (1968) durchgeführt. Er betrachtete 115 Fonds in der Zeit 1945-1964. Jensens Studie mittels des CAPM ergab, dass die Portfolio-Manager durchschnittlich eine signifikant negative Rendite gegenüber dem Markt erzielten. Nur drei dieser Fonds waren in der Lage, wiederholt Überrendite zu erwirtschaften, was Jensen (1968) auf Glück zurückführte.

[135] Heda/Heine/Oltmans (2001), S. 114. Ähnlich Otten/Schweitzer (1998), S. 17: "From several studies we know that activism doesn't pay and that the existence of index funds is beneficial for the investor. Gruber [1996] showed that, during the period 1990-1994, a sample of 100 S&P 500 index-funds had b's of 1 and a's close to zero where actively managed funds had an average alpha of -1.6% a year. Even after adding back expenses, the difference between index funds and actively managed funds remained." Sie zitieren Gruber (1996).

Zwar wurde zugunsten der Manager der Investmentfonds argumentiert, dass die Investmentfonds mit höheren Kosten belastet sind: Wenn man die Kosten berücksichtigt, dann könnte man erwarten, dass die Investmentfonds genauso gut wie der Markt sind. Denn bei den durchgeführten Renditevergleichen wurde nur selten die Kostenseite berücksichtigt. So ist zum Beispiel beim Erwerb von Fondsanteilen üblicherweise ein Ausgabeaufschlag zu zahlen. Die Verwaltungs- und Transaktionskosten kommen hinzu. Dieses Argument trügt jedoch. Die Vermutung, dass die Kosten für schlechte Performance ursächlich sind, konnte zumindest empirisch nicht bestätigt werden.[136] Ferner spricht gegen die Investmentfonds ein ausgesprochen schlechtes Timing der Investmentfondsmanager.[137] Die Ergebnisse mehrerer Studien deuten darauf hin, dass die Investmentfonds gerade dann verkaufen, wenn die Hausse bevorsteht und kaufen, wenn der Kapitalmarkt am Rande der Baisse steht.[138] Aus diesem Grund wundert es nicht, dass der Glauben in die Überlegenheit der Fondsmanager brockelt. Paradigmatisch Malkiel (1996): "But while I *believe* in the possibility of superior professional investment performance, I must emphasize that the *evidence* we have thus far does *not support* the view that such competence exists. It is clear that if there are exceptional financial managers, they are very rare. This is a fact of life with which both individual and institutional investors have to deal."[139]

Die *halbstrenge Informationseffizienz* des Kapitalmarktes konnte auch durch zahlreiche Ereignisstudien bestätigt werden. Die Ereignisstudien bezüglich der Kaufempfehlung von Finanzanalysten, Börsenbriefen und Fernsehgurus fanden heraus, dass, wenn die Empfehlungen Informationsgehalt besitzen, neue Informationen schnell verarbeitet und manchmal sogar antizipiert werden.[140] Diese Studien belegen, dass professionelle Marktteilnehmer sofort auf neue Informationen reagieren, so dass Überrenditen nur in geringem Umfang möglich sind.[141] Durch das Studieren des Wirtschaftsteils einer Zeitung „am Tag danach" sind dann also keine Gewinne mehr zu erwarten. So erklärt es sich auch, dass besonders niedrige oder hohe Bilanzgewinne oder sonstige Ankündigungen des Managements oftmals keine besonderen

---

[136] Brealey/Myers (2000), S. 361: "The funds earned a lower return than the benchmark portfolios after expenses and roughly matched the benchmarks before expenses."

[137] Treynor/Mazuy (1966); Kon/Jen (1979); Kon (1983); Chang/Lewellen (1984); Henriksson (1984); Jagannathan/ Korajczyk (1986); Ferson/Schadt (1996).

[138] Zusammenfassend Edelen (1999), S. 440. Er schreibt: „Given this logic and the widespread empirical evidence of negative average abnormal net return performance, a conventional belief has developed in the academic community that mutual fund managers as a group have *no special ability to identify and profit from mispriced securities*. The negative average abnormal return typically found in performance studies is interpreted as being the zero abnormal return of a randomly selected portfolio less the fees and expenses deducted from the fund. This unfavorable view of fund manager's contribution to portfolio returns is not improved upon with market-timing performance studies, many of which document a perverse tendency of fund managers to negatively time the market. This result is particularly odd, as it is not easily explained with expenses."

[139] Malkiel (1996), S. 193

[140] Dazu Brealey/Myers (2000), S. 361, mit weiteren Nachweisen: "The adjustment in stock price is immediate: After the big move on the public announcement day, the run-up is over, and there is no further drift in the stock price, either upward or downward. " oder "... the major part of the adjustment in price occurs within 5 to 10 minutes of the announcement."

[141] Die Nachweise bei Fama (1991), S. 1599-1602.

Kursbewegungen hervorrufen. Offizielle Verlautbarungen von Unternehmen können nur in dem Maße die Kurse beeinflussen, als die Information tatsächlich neu ist, wenn also der Kapitalmarkt diese Information nicht bereits anderweitig erhalten hat.

V. Kritik der Hypothese des effizienten Kapitalmarktes

Würde man die Diskussion mit diesem Ergebnis beenden und daraus die Schlussfolgerung ziehen, dass der Kapitalmarkt effizient ist, dann würde man den neuesten Forschungsstand auf diesem Gebiet nicht richtig wiedergeben. Denn in den letzten Jahren, das soll an dieser Stelle nicht verschwiegen werden, hat es eine Vielzahl von Arbeiten gegeben, mit denen versucht wurde, die Effizienzthese zu widerlegen.[142] Die Argumentation der Kritiker der Informationseffizienz des Kapitalmarktes ruht auf vier Säulen[143]: (1) auf der Anomalienforschung, (2) auf dem Informationsparadox, (3) auf der exzessiven Volatilität, und (4) auf der Existenz der "noise traders". Der Konflikt zwischen Befürwortern und Gegnern der Effizienzthese erhält dadurch seine besondere Schärfe, dass sich beide Seiten auf empirische Beweise stützen.[144]

1. Anomalieforschung

A. Anomalien

Die Gegner der Effizienzthese des Kapitalmarktes können in erster Linie auf die sog. empirische Anomalienforschung verweisen. Denn kann durch die Kritiker der Effizienzthese bei einer empirischen Überprüfung eine allmähliche Anpassung der Aktienkurse nachgewiesen werden oder können Abhängigkeiten in den Kursdifferenzen festgestellt werden, so ist der untersuchte Markt nicht informationseffizient. [145] In der Tat konnten solche Abhängigkeiten in den Kursdifferenzen empirisch nachgewiesen werden.[146]

---

[142] Eine hervorragende, für einen Juristen verständliche Beschreibung der Diskussion ist bei Rubinstein (2000) zu finden.

[143] Siehe zum Beispiel Schiller (2000), S. 171 ff. und Lo/MacKinley (1999).

[144] Die Kritik, die für einen Juristen verständlich ist, befindet sich bei Stout (1997) und Gordon/Kornhauser (1985). Gordon/Kornhauser (1985) bezweifeln sogar die Brauchbarkeit der These des effizienten Kapitalmarktes für die Rechtspolitik. Sie schreiben auf S. 798: "Our survey of the theory and evidence of market efficiency has identified a number of serious problems in the application of the efficient market hypothesis to *legal policy*."

[145] Dabei muss man Folgendes berücksichtigen: Werden im Rahmen von empirischen Untersuchungen Abhängigkeiten oder nicht erklärbare Renditen gefunden, so kann daraus nicht direkt auf Ineffizienz geschlossen werden, da entweder der Markt nicht effizient ist oder das Gleichgewichtsmodell falsch spezifiziert wurde. Bei der empirischen Überprüfung der Informationseffizienzhypothese ist daher immer im Vorfeld abzuklären, welches Referenzmodell der Untersuchung zugrunde gelegt wird. Da nicht abgeklärt werden kann, welches Referenzmodell das richtige Kapitalmarktmodell ist, ist daher eine uneingeschränkte, empirische Überprüfung nicht möglich. Siehe Sapusek (1998), S. 11.

[146] Die Auswertung und Beschreibung der Anomalien auf dem deutschen Kapitalmarkt befindet sich bei Garz (2000), S. 103-249. Er schreibt auf S. 247: "Es konnte somit bestätigt werden, dass die Anomalien keineswegs ein US-spezifisches Phänomen sind. Die These, dass es sich bei ihnen um statistische Artefakte handelt, die allein durch data snooping hervorgerufen wurden und daher jeder ökonomischen Grundlage entbehren, muss daher eine klare Absage erteilt werden. Hierfür spricht im Übrigen auch, dass die Vorzeichen der für den deutschen Markt gemessenen Effekte ausnahmslos mit den Vorgaben des US-Marktes übereinstimmen."

So konnte zum Beispiel der sog. *"Firm-Size-Effekt"* festgestellt werden. Es kann empirisch beobachtet werden, dass Portfolios, die aus Werten kleinerer Unternehmen bestehen, einen höheren durchschnittlichen Ertrag aufweisen als Portfolios mit Aktien größerer Unternehmen.[147] Paradigmatisch ist das Ergebnis von Kato/Schallheim (1985): „The size effect is the empirical regularity with which firms with small market value exhibit returns that, on average, significantly exceed those of large firms."[148] Ein anderer Effekt, der mit der Effizienzhypothese des Kapitalmarktes im Widerspruch steht, ist der sog. *„Turn-of-the-Year-Effekt"*. In zahlreichen Untersuchungen für den amerikanischen Markt wurde festgestellt, dass die Renditen einzelner Aktien wie auch der Börsenindex im Januar überdurchschnittlich hoch sind. Zusätzlich ist der beobachtete Effekt dann besonders groß, wenn die jeweilige Aktie im vorherigen Jahr deutlich an Wert verloren hat.[149] Eine noch andere Anomalie stellt der sog. *„Overreaction-Effekt"* dar. Der langfristige „Overreaction-Effekt" besagt, dass langfristig diejenigen Aktien ertragreich sind, welche sich in der Vergangenheit relativ schlechter entwickelt haben.[150]. Diese Anomalie konnte aber wiederum durch andere Untersuchungen nicht bestätigt werden. Beaver/Landsman (1981) und auch Chan (1988) fanden heraus, dass Überrenditen sehr klein sind und deswegen den „Overreaction-Effekt" als ökonomisch insignifikant bezeichnen. Chan (1988) schreibt: „We find that the contrarian strategy earns a very small abnormal return, which is probably economically insignificant".[151] Auch Kontad/Kaul (1993) konnten den sog. "Overreaction-Effekt" nicht nachweisen. Zu einem ähnlichen Ergebnis kamen Davidson/Dutia (1989). Ein weiteres empirisches Phänomen, dass der Informationseffizienz widerspricht, ist die *"Long-Run-Underperformance"* von Börsenneulingen.[152] Darunter wird verstanden, dass sich Börsenneulinge innerhalb der ersten drei bis fünf Jahren nach dem Börsengang im Schnitt schlechter entwickeln als die Aktien von Unternehmen, die

---

[147] Elfakhani/Lockwood/Zaher/Tarek (1998), S. 277: "We examine the relation among average returns, market beta, firm size, and book-to-market value for Canadian stocks during 1975-92. We document a negative relation between average return and the market capitalization of firms, but find no relation between average return and market beta." Lee/Porter/Weaver (1998); Nathan (1997), S. 115. Er schreibt: "Previous research has shown that, on average, small firms earn higher risk-adjusted returns than large firms." Mit weiteren Nachweisen. Porter/Powell/Weaver (1996), S. 19: "We find rebalancing exists in sufficient size to affect prices around the turn-of-the-year and conclude that portfolio rebalancing may be a substantial part of the small firm-January effect in the U.S. The findings are more important than simply evidence leading to the resolution of an anomaly since they cast doubt on our current asset pricing models and on previous efficient markets studies."; Chatterjee/Balasundram (1997), S. 47: "A multivariate regression model (MVRM) is used to test for the presence of size effect, weekend effect, and January effect in this period. Evidence indicates the existence of a January effect for small firms, but other effects are not detected at any significant levels."

[148] Kato/Schallheim (1985), S. 243.

[149] Maxwell (1998), S. 18: "Empirical evidence indicates that different formation periods result in statistically and economically significant differences in contrarian profits. Also, a noticeable January effect is detected across time and portfolios when the performance period includes the month of January."; Ward/Huffman (1997), S. 3: "We find evidence of seasonality in monthly returns for January and October from 1970 to 1991. We find that returns in January are abnormally high, following the typical January effect found in small company stocks. We also find that returns in October are abnormally low."

[150] DeBondt/Thaler (1985), S. 793 ff.

[151] Chan (1988), S. 163.

[152] Brav/Gompers (1997), S. 1791 ff.

bereits länger an der Börse notiert werden. Eine viel diskutierte Anomalie stellt auch der sog. *„Montag-Effekt"* dar.[153]

Alle diese Anomalien scheinen auf den ersten Blick unseren bisherigen Erörterungen zur Effizienz des Kapitalmarktes zu widersprechen. Sind wir bis jetzt nicht davon ausgegangen, dass keine Abhängigkeiten in den Aktienkursdifferenzen festzustellen sind? In der Tat widersprechen die Abhängigkeit in den Aktienkursen sogar der Annahme, dass der Kapitalmarkt in der schwachen Form effizient ist.

B. Stellungnahme

Einen wirklich grundlegenden Einwand gegen die Effizienzthese stellen diese Anomalien jedoch nicht dar. Denn es ist möglich, diese Anomalien zu erklären, ohne die Effizienz des Kapitalmarktes in Frage zu stellen. So kann zum Beispiel der sog. *„Size-Effekt"* durch höhere Kosten, die mit den Aktien kleinerer Firmen verbunden sind, erklärt werden. Denn vom portfolioanalytischen Standpunkt ist die Beobachtung einleuchtend, da die Papiere kleinerer Firmen eine riskantere Anlageform darstellen als jene größerer Unternehmen. Risikoscheue Anleger sind nur dann bereit, in die Aktien kleinerer Unternehmen zu investieren, wenn der zu erwartende Ertrag höher ist. Hinzu kommt, dass die Aktien kleinerer Unternehmen höhere Transaktionskosten verursachen. Diese Erklärungen wurden nicht nur behauptet, sondern auch empirisch bewiesen. Stoll/Whaley (1983)[154] fanden heraus, dass diese empirische Ergebnisse hinsichtlich des „Size-Effektes" relativiert werden, wenn Transaktionskosten, welche für kleine Firmen bedeutend höher sind, ins Kalkül einbezogen werden. Die Aktien kleiner Unternehmen werden nämlich im allgemeinen in kleineren Mengen gekauft, wodurch umsatzabhängige Transaktionsvergünstigungen wegfallen. Die Informationseffizienzhypothese hat unter diesem Blickwinkel wieder Gültigkeit.[155] Zum gleichen Ergebnis ist Sinquefield (1991) gekommen. Die Ergebnisse der Studie zeigen, dass mit den kleineren Firmen eine gute Performance erzielt werden kann, wobei die Höhe der überdurchschnittlichen Erträge vom Ausmaß der Transaktionskosten abhängt. Die überdurchschnittlichen Erträge sind um so größer, je geringer der Unterschied in den Transaktionskosten ist.[156] Scholes/Williams (1977)[157] kommen ebenfalls zu dem Ergebnis, dass die Betas für die Aktien, die selten gehandelt wer-

---

[153] Wang/Li/Ericson (1997), S. 2171: "It is well documented that expected stock returns vary with the day of the week (the Monday or weekend effect). In this article, we show that the well-known Monday effect occurs primarily in the last two weeks (fourth and fifth weeks) of the month."

[154] Stoll/Whaley (1983), S. 57 ff.

[155] Sapousek (1998), S. 148.

[156] Nathan (1997), S. 115: "Theoretical research has shown that firms for which less information is available should, ceteris paribus, earn higher returns to compensate for estimation risk. Since, on average, less information is available for small firms, this is a possible explanation for the small firm effect. Using the number of articles in the Wall Street Journal as a measure of information availability, I find that the small firm effect can be entirely explained by differential information availability among firms."

[157] Scholes/Williams (1977), S. 309.

den, im allgemeinen nach unten verzerrt sind. Für nur gelegentlich gehandelte Werte ist der Schätzer für den Betakoeffizienten[158] nicht mehr erwartungstreu.

Auch der sog. „Turn-of-the-Year-Effekt" kann plausibel erklärt werden. Empirische Studien belegen, dass diese Anomalie nicht durch irrationales Verhalten der Anleger, sondern durch die sog. "Tax-Loss-Selling-Effekt"[159] und durch die sog. "Portfolio-Rebalancing-Effekt" verursacht wird. Die "Tax-Loss-Selling-Hypothesis" besagt, dass die Möglichkeit während des Jahres eingetretene Kursverluste am Ende des Steuerjahres gegen Gewinneinkommen aufzurechnen und somit die Steuerlast zu senken, die Anleger dazu bewegt, gegen Jahresende Papiere, für die während des Jahres Kursverluste realisiert wurden, zu verkaufen und Ende Dezember und Anfang Januar erneut Kapital in Wertpapieren anzulegen.[160] Anders gewendet: „There is a downward price pressure on stocks that have already declined during the year, because investors sell them to realize capital losses. After the year end the price pressure is relieved and the returns during the next few days are large as those same stocks jump back up to their equilibrium values."[161] Gegen diese Hypothese ist einzuwenden, dass dieser Effekt auch in Japan beobachtet werden kann, wo es keine steuerlichen Kompensationsmöglichkeiten gibt.[162] In Kanada ist der Januareffekt auch in den Jahren nachzuweisen, in denen eine Steueraufrechnung nicht möglich war.[163] Dieser Effekt kann auch in Australien und Großbritannien beobachtet werden, obwohl das Steuerjahr in diesen Ländern am ersten

[158] Das Beta (der Beta-Faktor) ist eine Kennzahl, die die Abhängigkeit der Kursentwicklung eines Vermögenswertes (zum Beispiel Aktie) oder eines Portfolios von der Gesamtmarktentwicklung beschreibt. Das Beta misst somit die Sensitivität eines Aktienkurses im Hinblick auf Kursveränderungen des gesamten Marktes und ist als objektiver Risikomaßstab eine wichtige Kennzahl bei Anlageentscheidungen und im Bereich der technischen Aktienanalyse. Bei einem Beta < 0 verhält sich der Kurs der Aktie gegenläufig zum Markt. Bei einem Beta zwischen 0 und 1 ist die Kursänderung der Aktie oder des Portfolios im Durchschnitt geringer als die des Marktes. Ist das Beta = 1 entspricht die Kursänderung der Aktie der Marktkursänderung. Ein Beta > 1 beschreibt eine Kursänderung der Aktie, die im Durchschnitt höher ist als die des Marktes.

[159] Thaler (1987), S. 197 ff.

[160] Bhabra/Dhillin/Ramirez (1996), S. 19: "We document the existence of another seasonality in stock returns: A November effect. The uniqueness of this study is that the November effect is observed only after the passage of the Tax Reform Act of 1986. The impact of the Act resides in the treatment and distribution of capital gains by mutual funds. We document a unique and significant relationship between excess returns and the potential for tax-loss selling and conclude that the November effect is explained by the tax-loss selling hypothesis. We also document that the January effect in the post-Act period is stronger than in the pre-Act period. The results are consistent with the hypothesis that the Act altered the pattern of January returns by eliminating the preferential treatment for capital gains. An analysis of trading volume activity supports both conclusions. Firms with the greatest (lowest) potential for tax loss selling experienced an increase (decrease) in excess October and December volume following the Tax Act Reform. The evidence presented in this paper suggests that tax-loss selling is a dominant explanation for the seasonality of stock returns." Ähnlich: Friday/Peterson (1997), S. 33: "Further analysis indicates that tax-loss selling is the more likely cause of the January effect." Ähnlich Johnston/Cox (1996), S. 16: "We isolate firms that are most likely candidates for tax-loss selling. For firms that experience the largest declines in the last half of the year, we find evidence of a strong positive relation between the level of individual investor ownership and the abnormal January return in the following year and a significant negative relation between firm size and January returns. Further, firms that do experience a rebound in January are smaller, and have a higher proportion of individual ownership, than firms that do not rebound. Overall, this evidence is consistent with the tax-loss selling hypothesis as described by Ritter."

[161] Roll (1983), S. 20.

[162] Koto/Schallheim (1985), S. 243 ff.

[163] Tinic/West (1984), S. 188.

Juli bzw. ersten April beginnt.[164] Dieses Phänomen kann aber plausibel durch das Börsenengagement amerikanischer Anleger und durch die Arbitrage erklärt werden. Passte sich der australische oder englische Markt nicht den internationalen Verhältnissen an, so wären risikolose Gewinne durch Spekulation auf verschiedenen Märkten möglich. Ein Indiz dafür ist, dass der Januareffekt in Australien nicht so stark ausgeprägt ist wie in den USA.[165] "Portfolio-Rebalancing-Hypothesis" erklärt wiederum den Januareffekt durch das Kauf- und Verkaufsverhalten der institutionellen Investoren. Institutionelle Investoren, insbesondere Fondsmanager, verkaufen am Jahresende Aktien, um bestimmte Werte nicht mehr in den Büchern zu haben, weil diese Aktien als zu riskant eingestuft werden und daher für den Rechenschaftsbericht nicht geeignet sind.[166] Im Januar werden diese Aktien wiederum gekauft. Ritter/Chopra (1989) konnten diese Hypothese auch empirisch bestätigen.

C. Zwischenbilanz

Der hier gegebene Überblick über einige Versuche, die Anomalien zu erklären, ohne die Effizienz des Kapitalmarktes in Frage zu stellen, war zwangsläufig kursorisch und konnte die verästelte und für den Juristen nicht leicht verständliche Diskussion nicht annähernd in allen ihren Schattierungen erfassen. Immerhin aber dürfte deutlich geworden sein, dass es nur theoretisch möglich ist, Spekulationsgewinne infolge der Anomalien auf dem Kapitalmarkt zu realisieren. Unter Berücksichtigung von Transaktionskosten und Steuern reduzieren sich die Gewinnmöglichkeiten. Es besteht daher kein Anreiz, sich entgegen dem üblichen Börsenverlauf zu verhalten, wenn Transaktionskosten in die Überlegung einbezogen werden. Spekulation und Arbitrage führen in diesen Fällen zu keinem Ausgleich. Die periodischen Muster in den Aktienrenditezeitreihen werden daher nicht eliminiert. Empirische Anomalien sind zwar in den Daten beobachtbare Phänomene von theoretischem Interesse, jedoch ohne weitreichende praktische und ökonomische Bedeutung, da sie im allgemeinen nicht lukrativ ausgenutzt werden können.[167] In den letzten Jahren konnte auch beobachtet werden, dass die statistische Signifikanz von empirischen Phänomenen geringer wird oder zum Teil sogar verschwindet, was möglicherweise auf das systematische Ausnutzen der Anomalien durch Marktteilnehmer zurückzuführen ist.

Angesichts dieser Erkenntnisse überrascht es nicht, dass nach der Meinung von Fama (1998) "market efficiency *survives* the challenge from the literature on long-term return ano-

---

[164] Brown/Keim/Kleidon/Marsh (1983).

[165] Brown/Keim/Kleidon/Marsh (1983), S. 33.

[166] Porter/Powell/Weaver (1996), S. 19: "We use monthly reported firm share ownership by institutions to provide direct evidence that portfolio rebalancing exists in the U.S. We find rebalancing exists in sufficient size to affect prices around the turn-of-the-year and conclude that portfolio rebalancing may be a substantial part of the small firm-January effect in the U.S."

[167] Das räumen sogar die Kritiker ein. Zum Beispiel Cunningham (1994b), S. 569: "Indeed, many of the anomalies discovered over the past twenty years in the ECMH are attributed to deficiencies in the asset pricing model rather than to the presence of market inefficiency. These deficiencies are most often associated with imprecision in defining risk or, equivalently, in specifying b."

malies. Consistent with the market efficiency hypothesis that the anomalies are chance results, apparent overreaction to information is about as common as underreaction, and post-event continuation of pre-event abnormal returns is about as frequent as post-event reversal. Most important, consistent with the market efficiency prediction that apparent anomalies can be due to methodology, most long-term return anomalies tend to disappear with reasonable changes in technique." [168]

2. Informationsparadox

Damit ist aber nicht gesagt, dass der amerikanische Kapitalmarkt 100% effizient ist. So könnte man die These vertreten, dass es rein faktisch eine Illusion sei, zu glauben, dass es einen perfekt effizienten Kapitalmarkt gibt.[169] Dass ein perfekt effizienter Kapitalmarkt eine Illusion sei, kann man am besten durch einen Ökonomenwitz veranschaulichen: "There is an joke about an economist strolling down the street with a companion when they come upon a $ 100 bill lying on the ground. As the companion reaches down to pick it up, the economist says "Don't bother - if it were a real $ 100 bill, someone would have already picked it up."[170]

Eine solche perfekte Effizienz muss also schon deswegen unmöglich bleiben, weil perfekte Effizienz die Anreize zur Informationsbeschaffung zunichte machen würde. Der Kapitalmarkt kann nur effizient sein, wenn Anleger ständig auf der Suche nach kursrelevanten Informationen sind.[171] Die Informationen sind aber nicht kostenlos zu bekommen. In einem perfekt effizienten Kapitalmarkt würden aber die Anleger für die Informationsbeschaffung nicht entschädigt, da niemand bereit wäre für diese Informationen zu zahlen, da sie schon im Börsenkurs enthalten sind. Die Anleger würden folglich ihre Informationsbeschaffung einstellen. Aber ohne Informationsbeschaffung durch die Anleger könnte der Kapitalmarkt nicht mehr effizient sein.

Es ist zu vermuten, dass es eine perfekte Kapitalmarkteffizienz nicht geben kann. Es mag aber dahin stehen, ob diese Vermutung richtig ist. Unsere Frage ist nicht, ob der Kapitalmarkt perfekt effizient sein kann, sondern vielmehr, ob der Kapitalmarkt in ausreichendem Maße effizient ist, um das zwingende Aktienrecht überflüssig zu machen. Wer also argumentiert, dass es keinen perfekt effizienten Kapitalmarkt geben kann, greift die Deregulierungsvorschläge des Aktienrechts gar nicht an.[172] Denn es ist ja durchaus denkbar, dass der Kapitalmarkt nicht perfekt effizient sein kann und trotzdem effizient genug ist, um das Problem

---

[168] Grundlegend Fama (1998), S. 283.

[169] Deswegen wird in der Literatur manchmal die Effizienz des Kapitalmarktes anders definiert. Fama (1991), S. 1575 „ ... efficiency hypothesis says that prices reflect information to the point where the marginal benefits of acting on information do not exceed the marginal costs." Näher dazu Gilson/Kraakmann (1984), S. 623.

[170] Lo/MacKinley (1999), S. 6.

[171] Grossman (1976), S. 584: „The price system can be maintained only when it is noisy enough so that traders who collect information can hide that information from other traders. It is not enough for traders to observe only prices."

[172] Siehe in der juristischen Literatur zum Beispiel Reul (1991), S. 140.

der asymmetrischen Informationen lösen zu können. Die Frage ist also nicht, ob ein Kapitalmarkt überhaupt effizient ist, sondern, in welchem Maße er effizient ist.

3. Exzessive Volatilität

Exzessive Volatilität (sog. „Variance-Bounds-Ansatz") besagt, dass auch bei Vorliegen unkorrelierter Renditen die Informationseffizienzhypothese verworfen werden muss, weil die Volatilität der Aktienrenditezeitreihen zu groß ist.[173] Denn nach der Finanzierungstheorie sollen die Aktienkurse dem erwarteten Barwert der zukünftigen Dividenden entsprechen. Die Annahme ist, dass für die Wertentwicklung einer Aktie der Barwert der mit ihr verbundenen zukünftigen „cash flows" relevant ist. Aus dieser Annahme lassen sich über die Schwankungen der Dividendenzahlungen ableiten, innerhalb derer sich die Varianz bewegen sollte („variance bounds"). Nach diesem Ansatz müsste also die Schwankung des Aktienkurses systematisch von der Schwankung des Dividendenstroms abhängen, damit die Informationshypothese Gültigkeit besitzt. Empirische Untersuchungen haben jedoch gezeigt, dass die Volatilität der Aktienrenditen bedeutend höher ist als durch die Schwankung der Dividenden erklärbar ist.[174] Shiller (1981) konnte beispielsweise eine zwölfmal zu große Schwankungen feststellen als durch die Dividendenvariabilität erklärt werden könnte.[175] Allerdings ist anzumerken, dass die Bewertung der beobachteten Kursschwankungen durchaus nicht unumstritten ist. So wird darauf verwiesen, dass auch ein effizienter Markt, in dem die Preisänderungen allein eine Folge unsicherer Erträge und der Informationen darüber sind, große Aktienkursschwankungen aufweisen kann. Gerade in Fällen, in denen eine Information über die Erträge eines Unternehmens sich in einzelnen Fragmenten nach und nach im Zeitablauf enthüllt, wird bei jeder neu bekannt gewordenen Information eine Aktienkursanpassung erfolgen. Aus diesem Grund wird der Aktienkurs über den Zeitraum der Informationsverarbeitung gerade auch bei effizienter Anpassung stärkeren Kursschwankungen unterliegen. "Starke Volatilität an sich ist deshalb noch kein verlässliches Indiz für mangelnde Informationseffizienz."[176]

4. „Noise traders"

Jetzt können wir uns der vierten Säule zuwenden, auf der die Kritik des effizienten Kapitalmarktes ruht. Die Rede ist von den Aktivitäten von sog. „noise traders". Denn nach den neuesten Erkenntnissen der Finanzierungstheorie sind auf dem Kapitalmarkt nicht nur die Arbitrageure aktiv, sondern auch die sog. „noise traders".[177] Wie wir schon an einer anderen Stelle dieser Arbeit festgestellt haben, ist die Aufgabe der Arbitrageure am Aktienmarkt dafür zu sorgen, dass die Informationen hinsichtlich des Fundamentalwertes der Aktie in die Kurse

---

[173] Shiller (1990), S. 58.
[174] Einen Überblick zu empirischen Untersuchungen über exzessive Volatilität gibt Sapusek (1998).
[175] Shiller (1981), S. 421 ff. und Shiller (1981a).
[176] Dazu Obst/Hintner (2000), S. 289.
[177] Shleifer/Summers (1990), S. 19; Stiglitz (1990), S. 13.

einfließen. Diese effizienzbringende Tätigkeit wird aber zumindest zum Teil durch die Aktivitäten der sog. „noise traders“ zunichte gemacht.[178] Denn die „noise traders“ orientieren ihr Verhalten nicht am Fundamentalwert der Aktie und nutzen Bewertungsunterschiede nicht aus. Das Anlageverhalten der "noise traders" ist häufig aggressiver als das der Arbitrageure, weil sie zu optimistisch sind und bereit sind, höheres Risiko auf sich zu nehmen. Machen die „noise traders“ Gewinne, so imitieren andere Investoren sogar deren Verhalten, da sie nicht erkennen, dass die gute Performance der Anlagestrategie der „noise traders“ auf Zufall zurückzuführen ist und nicht auf eine bessere Beurteilung der Marktlage. Die Nachahmungsstrategie lässt zusätzliches Kapital auf den Aktienmarkt fließen, wodurch die Aktienkurse und somit die Gewinne der „noise traders“ steigen. Durch diese zusätzlichen Gewinne wird das Anlageverhalten der „noise traders“ noch aggressiver und diese sind bereit, noch riskoreichere Anlagealternativen zu wählen. Das führt dazu, dass sich der Börsenkurs auch langfristig vom Fundamentalwert unterscheidet.

Dieses Phänomen wird auch nicht vollständig durch die Arbitrage beseitigt. Denn für Arbitrageure zahlt es sich aus, Zeit und Geld zu investieren, um die Transaktionen der „noise traders“ vorherzusagen.[179] Sind „noise traders“ positiv bezüglich bestimmter Wertpapiere eingestellt, zahlt es sich für die Arbitrageure aus, eine größere Anzahl von diesen Wertpapieren zu erzeugen.[180] De Long/Shleifer/Summers/Waldmann (1990) zeigen, dass das Risiko am Aktienmarkt durch die Transaktionen der „noise traders“, die auf Basis schlechter und unsicherer Information handeln, steigt, weil sich durch deren fundamental nicht gerechtfertigte Käufe und Verkäufe die Varianz der Kurse deutlich erhöht.[181] Dieses erhöhte Risiko reduziert die Attraktivität von Arbitragetransaktionen erheblich. Solange Arbitrageure eine relativ kurzfristige Anlagestrategie haben und die Wertpapiere auch wieder veräußern müssen, werden die Arbitrageure auch dann keine besonders aggressive Anlagestrategie wählen, wenn die Fundamentaldaten nicht risikobehaftet sind. Bewertungsunterschiede werden durch Arbitrage also nicht mehr vollständig ausgeglichen, weshalb der tatsächliche Börsenkurs vom Fundamentalwert abweicht und sog. „Bubbles“ auch langfristig bestehen können.[182] „Noise traders“

---

[178] Summers (1986), S. 598.

[179] Shleifer/Summers (1990), S. 26.

[180] Nicht technisch und sehr verständlich hat dieses Phänomen Keynes (1936), zitiert nach Kahan (1992), S. 991, beschrieben: "Professional investment may be likened to those newspaper competitions in which the competitors have to pick out the six prettiest faces from a hundred photographs, the prize being awarded to the competitor whose choice most nearly corresponds to the average preferences of the competitors as a whole; so that each competitor has to pick, not those faces which he himself finds prettiest, but those which he thinks likeliest to catch the fancy of the other competitors, all of whom are looking at the problem from the same point of view. It is *not* a case of choosing those which, to the best of one's judgment, are really the *prettiest*, nor even those which *average opinion genuinely thinks the prettiest*. We have reached the third degree where we devote our intelligence to anticipating what *average opinion expects the average opinion* to be. And there are some, I believe, who practice the fourth, fifth and higher degrees."

[181] De Long/Shleifer/Summers/Waldman (1990), S. 703.

[182] Diese Argumentation ist allerdings nicht unbestritten. Siehe zum Beispiel Romano (1998), Fußnote 17 mit weiteren Nachweisen: "Although there are formal models of informationally inefficient capital markets (markets with, for instance, speculative bubbles) that depend on the existence of irrational, uninformed traders termed "noise traders," these models provide no theory that can predict when irrational pricing will occur and are simply

werden aus diesem Grund für das Risiko, das sie selbst erzeugt haben, mit überdurchschnittlichen Gewinnen belohnt, während die Arbitrageure weniger als die „noise traders" verdienen, obwohl das Verhalten der „noise traders" die Ursache für die Verzerrung bei der Kursbildung ist.[183] Die destabilisierende Spekulation der „noise traders" führt entgegen der üblichen Ansicht nicht dazu, dass die „noise traders" vom Markt verschwinden, sondern zu einem Weiterbestehen dieser Anlagegruppe. Ein überzeugendes Verfahren, wie die „noise traders" vom Kapitalmarkt ferngehalten werden können, hat man bis heute nicht vorgestellt. Ob ein überzeugender Vorschlag in der Zukunft vorgebracht werden wird, ist ungewiss.

Bedeutet das, dass wir die Prämisse des effizienten Kapitalmarktes für die Deregulierung des Aktienrechts nicht verwenden können? Nicht unbedingt. Denn selbst wenn eine überzeugende Begründung, wie die „noise traders" von Kapitalmarkt ferngehalten werden können, nicht möglich sein sollte, dann bleibt doch immer noch die Frage, was dies für unsere Analyse des zwingenden Aktienrechts bedeutet. Wir sollen uns in Erinnerung rufen, was wir am Anfang dieses Kapitels festgestellt haben. Wir stellten fest, dass das sog. Informationsrisiko die Grundlage des zwingenden Aktienrechts ist. Gäbe es dieses Risiko nicht, könnte man annehmen, dass sogar die Befürworter des zwingenden Aktienrechts den zwingenden Anlegerschutz nur im Ausnahmefall für nötig halten würden. Angesichts dieser Erkenntnisse ist einsichtig, warum das Problem der „noise traders" für die Beurteilung des zwingenden Aktienrechts irrelevant ist. Denn das Problem der „noise traders" ist nicht ein Indikator des uninformierten Verhaltens, sondern ein Indiz für das *irrationale Verhalten*[184] der Anleger.[185] Das Problem besteht also nicht darin, dass die Anleger keine Informationen haben, sondern dass die Anleger die ihnen zur Verfügung stehenden Information im Fall des irrationalen Verhaltens nicht vollständig und richtig ausnutzen.

Das kann sehr gut durch eine Studie, die sich der Frage widmete, ob sich „noise trading" auch am deutschen Aktienmarkt nachweisen lässt, veranschaulicht werden. Gegenstand dieser Untersuchung war der ursächliche Zusammenhang zwischen den Empfehlungen von Börseninformationsdiensten und Aktienkursen. Es wurde der zeitliche Zusammenhang zwischen den Empfehlungen und den Börsenwerten vor und nach der Empfehlung von Börseninformationsdiensten untersucht. Diese Studie fand heraus, dass das Phänomen des „noise trading" auch am deutschen Aktienmarkt beobachtet werden kann. Röckemann (1995) schreibt:

---

unrealistic with regard to market behavior. *Namely, informed investors and arbitrageurs will trade against the irrational individuals, preserving market efficiency, as the noise traders experience significant losses and stop trading.*"

[183] Dazu Cunningham (1994b), S. 556: "Noise-theory models hold that the public capital markets are infected by a substantial volume of trading based on information unrelated to fundamental asset values (noise trading). These models attempt to explain both why noise trading occurs and why its effects persist. The most common noise-theory model holds, for example, that noise trading is conducted by ill-informed investors and that it keeps prices from reflecting fundamental values accurately because even sophisticated arbitrageurs will not fully arbitrage its influence away. This is because arbitrageurs are risk averse, and they cannot be sure that the misperceptions of the noise traders will not change adversely at any time."

[184] Dazu mehr im Kapitel 5: a. Beschränkte Rationalität und b. Unmöglichkeit des vollständigen Vertrages.

[185] Siehe Shleifer (2000).

„In den Tagen um eine Kaufempfehlung sind positive abnormale Renditen und erhöhte Transaktionsvolumina festzustellen, bei Verkaufsempfehlungen gibt es dies nicht. Dieses asymmetrische Anlageverhalten ist ein starkes Indiz dafür, dass sich die Anleger *nicht rational* verhalten. Anleger interessieren sich für Kauf-, aber nicht für Verkaufsempfehlungen. Es ist somit möglich, dass sich in diesem Untersuchungsergebnis der sog. Besitzeffekt wiederspiegelt."[186]

Bei dieser Sachlage ist klar, dass auch das zwingende Aktienrecht für dieses Problem keine Abhilfe schaffen kann.[187] So weit ersichtlich, wird das auch von niemandem behauptet. Im Ergebnis bedeuten diese Ausführungen, dass die reservierte Haltung gegenüber der Hypothese des effizienten Kapitalmarktes wegen der Existenz der sog. „noise traders" nicht berechtigt ist.

VI. Kritik der Kritik und zwingendes Aktienrecht

Das Problem der bisherigen Diskussion zur Frage des effizienten Kapitalmarktes liegt darin, dass sich die Kritiker des effizienten Kapitalmarktes von einzelnen technischen Details und einzelnen Anomalien so fasziniert gezeigt haben, dass sie die eigentlichen wichtigen und grundlegenden Punkte völlig vergaßen. Derart technische Einwände gegen den effizienten Kapitalmarkt gehen weitgehend an der Sache vorbei. Sie verlieren sich in der Diskussion von Anomalien, und dabei gerät die zentrale Fragestellung aus dem Blickfeld. Diese zentrale Fragestellung ist folgende: Auch wenn kontrafaktisch unterstellt wird, dass der Kapitalmarkt nicht effizient ist, ist es plausibel anzunehmen, dass der Staat besser den „Marktwert" der Satzungen bewerten kann? Kann der Gesetzgeber das Sammeln und die Verarbeitung der relevanten Informationen bezüglich der Satzungen besser als der Kapitalmarkt bewerkstelligen? Die Kritik, die sich allein auf die Frage beschränkt, ob der Kapitalmarkt effizient ist, greift also notwendig zu kurz. Sie beschäftigt sich sozusagen nur mit einer Seite der Medaille. Die Befürworter des zwingenden Rechts müssen vielmehr darlegen, (1) dass der Staat mittels zwingenden Aktienrechts diese Bewertung besser bewältigen kann und (2) dass der Kapitalmarkt die Satzungen nicht richtig bewerten kann. Denn wer nur behauptet, dass der Kapitalmarkt nicht alle Probleme des Aktienrechts lösen kann, greift die Deregulierungsvorschläge gar nicht an.[188]

Zu (1): Zu beweisen, dass der Staat besser das Informationsproblem bewältigen kann, scheint jedoch eine viel schwierigere Aufgabe zu sein, als die Effizienz des Kapitalmarktes in

[186] Röckemann (1995), S. 192.

[187] Das Problem hat Romano (1989), S. 1602 auf den Punkt gebracht: "If investors are so poorly informed or foolish to vote to transfer their wealth to managers without compensation, we have far deeper problems than refining corporation codes. How can we have confidence that investors will intelligently make the fundamental allocative investment decisions required in a capitalist economy? Or better yet, to participate in a democracy?"

[188] Gordon/Kornhauser (1985), S. 824.

Frage zu stellen.[189] Dass der Staat mittels zwingenden Rechts das Informationsproblem besser lösen kann, muss bezweifelt werden. Vor allem Hayek ist nicht müde geworden, darzulegen, dass "the use of knowledge in society" das zentrale Problem der Regulierung ist.[190] Denn das Wissen der Gesellschaft ist die Summe der Informationen, die zu jedem Zeitpunkt den vielen Individuen in einer großen Gesellschaft tatsächlich bekannt sind. Das Wissen ist also höchst fragmentiert und steht keinem Individuum und keiner Gruppe in seiner komplexen Gesamtheit zur Verfügung. Die menschliche Kreativität ist eine höchstpersönliche Quelle der Wissenserzeugung, die definitionsmäßig ausschließlich dem betreffenden Individuum zur Verfügung steht. Somit stellt es für den Gesetzgeber ein unüberwindbares Problem dar, wie das bei vielen Individuen fragmentiert vorhandene Wissen richtig genutzt werden kann. Wäre das Wissen, wer was wo wann und wie leisten kann, für den Gesetzgeber verfügbar, wäre möglicherweise das zwingende Aktienrecht effizient und der Wettbewerb zur Erzeugung dieses Wissens überflüssig. Die Tatsache, dass solches Wissen dem Gesetzgeber nicht zugänglich ist, macht aber den Wettbewerb und somit die Gestaltungsfreiheit im Aktienrecht notwendig. Hayek spricht in diesem Zusammenhang vom Wettbewerb als Entdeckungsverfahren. Denn die Präferenzen werden dem Gesetzgeber erst dann zugänglich, wenn die Marktpartner freiwillig bestimmte Tauschhandlungen vollzogen haben. Wenn zwei Personen einen bestimmten Vertrag abschließen, dann tun sie dies, weil sie sich beide subjektiv von dieser Transaktion einen Vorteil versprechen. Beide gehen davon aus, dass sie nach Abwicklung des Vertrages besser dastehen als vorher. Dieser Kalkulation liegen ihre persönlichen Präferenzen zugrunde. Nicht jedermann würde den Vertrag abschließen wollen, den sie abgeschlossen haben. Denn nicht jedermann würde sich selbst aufgrund seiner persönlichen Präferenzen davon einen Vorteil versprechen. Anders diejenigen, die den Vertrag tatsächlich abschließen. Bei ihnen liegt es offenbar so, dass sie dieses Geschäft als für sich vorteilhaft ansehen und zwar auf der Grundlage ihrer persönlichen Präferenzen. Dem Gesetzgeber ist es aber nicht möglich, die Kenntnis von persönlichen Präferenzen der Anleger zu erlangen.[191]

---

[189] Dieser Argumentation stimmen sogar die Kritiker des effizienten Kapitalmarktes zu. Schiller (2000), S. 233: "Policies that interfere with markets by shutting them down or limiting them ..., probably should not be high on our list of solutions to the problems caused by speculative bubbles. Speculative markets perform critical resource-allocation functions, and any interference with markets to tame bubbles interferes with these functions as well. Ultimately, in a free society, we cannot protect people from all the consequences of their own errors ... We cannot completely protect society from the effects of waves of irrational exuberance or irrational pessimism - emotional reactions that are themselves part of the human condition."

[190] Hayek (1945), S. 121: "The peculiar character of the problem of rational economic order is determined precisely by the fact that the knowledge of the circumstances of which we must make use never exists in concentrate or integrated form, but solely as disbursed bits of incomplete and frequently contradictory knowledge which all the separate individuals possess. The economic problem of society is thus a problem of the utilization of knowledge not given to anyone in its totality. *The most significant fact about the (price) system is the economy of knowledge with which it operates*, or how little the individual participants need to know in order to be able to take the right action. In abbreviated form, by a kind of symbol, only the most essential information is passed on, and passed on only to those concerned."

[191] Dazu zum Beispiel Macey (1993), S. 205: " In addition, managers, directors, and controlling shareholders inevitably will have better information about the corporation than politicians and bureaucrats. Corporate manag-

Diese Argumentation ist nicht neu und auch in der juristischen Literatur bekannt. Paradigmatisch die Feststellung von Karsten Schmidt (1997): „Auch wenn das Aktienrecht ein Recht der Gesetzesreform ist, schließt dies doch nicht aus, dass nicht der Gesetzgeber, sondern die Wirtschaftspraxis die entscheidenden rechtspolitischen Daten gesetzt hat und dass *die Gesetzgebung hinter den Problemen der Aktienwirklichkeit* herzuhinken pflegt. Namentlich im Konzernrecht, beim Minderheitenschutz und im Bereich der mitgliedschaftlichen Treupflichten ist sogar fraglich, ob es eigentlich die Gesetzgebung oder doch in stärkerem Maße die Gestaltungs- und Gerichtspraxis war, die das Aktienrecht verändert und neuen Problemlagen angepasst hat."[192]

Diese Argumentation habe ich gleichwohl wiederholt, weil aus diesen Erkenntnissen auch andere Schlussfolgerungen gezogen werden. So ist zum Beispiel Karsten Schmidt nicht müde geworden das zwingende Aktienrecht argumentativ zu unterstützen: „Es ist im Gesellschaftsrecht wie bei allem Privatrecht eine unausweichliche Aufgabe, der *Privatautonomie* Raum und Grenzen zuzuweisen."[193] Dass der Staat den Kapitalmarkt nicht schlagen kann, hat auch die Rechtsprechung eingesehen. Mit dem Beschluss des Bayerischen Obersten Landgerichts vom 29. 09. 1998 hat erstmals ein deutsches Obergericht den Börsenkurs der Aktien zur Ermittlung eines aktienrechtlichen Abfindungsanspruchs im Spruchstellenverfahren herangezogen, weil ein tragfähiges Bewertungsgutachten weder vorlag noch eingeholt werden konnte.[194]

Zu (2): Last but not least: Es gibt noch einen weiteren Gesichtspunkt, der in diesem Zusammenhang wichtig erscheinen könnte. Wer die Ungeeignetheit des Kapitalmarktes zur Lösung des Problems asymmetrischer Informationen in Frage stellen will, muss auch darlegen, dass der Kapitalmarkt bezüglich der rechtlichen Ausgestaltung der Satzungen indifferent ist. Das bedeutet, dass der Kapitalmarkt eine "schlechte" Satzung von einer "guten" Satzung nicht unterscheiden kann. Das ist jedoch eine viel schwierigere Aufgabe als bloß zu behaupten, dass der Kapitalmarkt nicht effizient ist.[195] Denn es ist plausibel anzunehmen, dass der

---

ers are experts. They have localized knowledge of the particular needs and unique conditions that affect their firms. Even the most benign politicians and bureaucrats lack this sort of expertise and information."

[192] K. Schmidt (1997), S. 775 ; Ähnlich in der juristischen Literatur zum Beispiel Baums (1999), S. 119: „A further problem with mandatory law is that the rulesetting institutions will very often be provided with only limited information, as far as both the spectrum of possible constellations and different possible solutions are concerned."

[193] K. Schmidt (1997), S. 126 (§ 5 III 3).

[194] DB (1998), S. 2325, ausführlich dazu Rodloff (1999), S. 1149, siehe auch AG, Rechtsprechung, 8/2001, S. 417, BGH, Beschluss von 12.03.2001 (Festsetzung von Ausgleich und Abfindung unter Berücksichtigung des Börsenkurses: GG Art. 14, AktG §§ 304, 305 "DAT/Altana IV".

[195] Skeptisch sind allerdings Daines/Klausner (1999), S. 33, die keine Erklärung dafür finden können, warum die Anti-Takeover-Maßnahmen bei den Erstemissionen (IOPs) in die Satzungen aufgenommen werden. "Finally, our results provide qualified support for the proposition that initial charters fail to maximize long-term share value—that is, that they fail to maximize the market value of the firm over time, leaving aside private benefits. Not only do we find ATPs to be common, we find that they are used where theory tells us they are least efficient. If initial charters fail to maximize firm value, the most likely source of inefficiency would be the market's failure to fully price agency cost increasing ATPs. Perhaps governance terms are expensive for investors to price at the time of the IPO. This would allow management to get protection at low (or no) cost."

Kapitalmarkt die Informationen bezüglich der rechtlichen Ausgestaltung der Satzungen viel besser bearbeiten kann als zum Beispiel das Risiko der Investitionen, Wert eines Patents oder den zukünftigen Kapitalfluss. Dafür gibt es einen Grund: Die Informationen bezüglich der Satzung sind billig und leicht zu besorgen. Es handelt sich nicht um Prognosen, sondern um feste Rechtsfakten.[196]

Fassen wir zusammen. Mit dieser kursorischen Kritik der Kritik des effizienten Kapitalmarktes soll es an dieser Stelle sein Bewenden haben. Es dürfte auch für einen Juristen klar geworden sein, dass die Kritik des effizienten Kapitalmarktes nicht berechtigt bzw. für unsere Fragestellung nicht relevant ist. Im Ergebnis resultiert aus der Auswertung empirischer Untersuchungen zur Informationseffizienz des amerikanischen Kapitalmarktes, dass weitgehende Einigkeit im Hinblick darauf besteht, dass der amerikanische Kapitalmarkt zumindest in der halbstrengen Form effizient ist.

VII. Informationseffizienz des deutschen Kapitalmarktes

Zu wissen, dass der amerikanische Kapitalmarkt effizient ist, kann allerdings immer nur ein erster Schritt unserer Argumentation sein. Der zweite liegt in einer Antwort auf die Frage, ob auch der deutsche Kapitalmarkt effizient ist.

Man kann sich leicht vorstellen, wie die Gegner der Deregulierung des Aktienrechts argumentieren würden. Sie würden sagen, dass der deutsche Kapitalmarkt im Vergleich zum amerikanischen Kapitalmarkt unterentwickelt und vor allem nicht transparent sei, und deswegen nicht so effizient wie der amerikanische Kapitalmarkt sein könne. Dies sind sehr weitreichende und grundsätzliche Einwände. Denn es erscheint plausibel, dass die Deregulierung des Aktienrechts den Ausbau des zwingenden Kapitalmarktrechts voraussetzt.[197] Ob diese reservierte Haltung berechtigt ist, auf welchen Voraussetzungen sie ruht und welche Konsequenzen sich aus ihr ergeben, wird uns in dem folgenden Abschnitt eingehend beschäftigen.

Um die Frage zu beantworten, ob auch der deutsche Kapitalmarkt effizient ist, werde ich folgendermaßen vorgehen: (1) *Erstens* werde ich die empirischen Untersuchungen auswerten, die sich dieser Frage gewidmet haben. Die Auswertung empirischer Studien kann aber nur ein Zwischenschritt sein, weil die Zahl der Studien zu gering ist, um die Frage, ob der deutsche Kapitalmarkt effizient ist, eindeutig beantworten zu können. Die Auswertung der empirischen Studien kann aber zumindest eine vage Vorstellung vermitteln, ob die Ergebnisse deutscher Untersuchungen zumindest annähernd amerikanischen Ergebnissen ähnlich sind. (2) *Zweitens* werde ich die rechtlichen Rahmenbedingungen, insbesondere die Transparenz des deutschen Kapitalmarktes, untersuchen. Sollten sich rechtliche Rahmenbedingungen und

---

[196] Macey (1993), S. 188: "First, unlike inside information, the information contained in corporate charters is publicly available ... The available empirical evidence supports the conclusion that market prices adjust to reflect significant variations in charter provisions."

[197] Dazu Kübler (1995), S. 226: "Vor allem die amerikanische Entwicklung legt den Eindruck einer Wechselwirkung nahe: der Ausbau des zwingenden Kapitalmarktrechtes erlaubt es dem Gesellschaftsrecht, zu seinen marktwirtschaftlich-liberalen Ursprüngen zurückzukehren."

das tatsächliche Umfeld nicht wesentlich von Rahmenbedingungen in den USA unterscheiden, liegt die Schlussfolgerung nahe, dass der deutsche Kapitalmarkt im gleichen Maße effizient ist wie der amerikanische Kapitalmarkt.

1. Empirie

In Deutschland steht die empirische Untersuchung des Kapitalmarktes noch am Anfang. In den letzten Jahren hat es jedoch eine Vielzahl von Arbeiten gegeben, mit denen versucht wurde, sich der Frage zu nähern, ob der deutsche Kapitalmarkt effizient ist. Ein Großteil dieser Arbeiten kommt zu dem Ergebnis, dass der deutsche Kapitalmarkt zumindest schwach und halbstreng informationseffizient ist.[198]

A. Studien

So konnten Schmidt/May (1993)[199] zeigen, dass für unternehmensbezogene Meldungen die halbstrenge Informationseffizienz Gültigkeit hat. Der Untersuchungszeitraum wurde auf das Jahr 1989 beschränkt. Der Untersuchung lag die folgende Hypothese zugrunde: Ist der Aktienmarkt effizient bezüglich der halbstrengen Informationsmenge, so sollten die kumulierten Überrenditen erst zum Zeitpunkt der offiziellen Bekanntgabe des Ereignisses auf die Information reagieren. Diese Hypothese wurde durch Auswertung von Daten bestätigt. Vor allem werden die Nachrichten hinsichtlich der Standardwerte (DAX) effizienter verarbeitet als auf Spezialwerte bezogene Meldungen. Schmidt und May (1993) gelangen zu dem Ergebnis, dass sowohl für unternehmensbezogene als auch gesamtwirtschaftliche Meldungen die Hypothese der halbstrengen Informationseffizienz Gültigkeit besitzt.[200]

Eine andere Untersuchung zur Informationseffizienz stammt von Trautmann (1987).[201] Er untersuchte mehr als 200.000 im Zeitraum 1. April 1983 bis 30. Juni 1985 an der Frankfurter Optionsbörse notierte Aktienoptionspreise. Er kam zwar zu dem Ergebnis, dass die Kaufoptionen in Relation zu den zugrundeliegenden Aktien geringfügig überbewertet waren. Die Verkaufsoptionen waren im Untersuchungszeitraum in Relation zu ansonsten identischen Kaufoptionen unterbewertet. Nach seiner Meinung ist aber die Informationseffizienz der Frankfurter Optionsbörse durchaus mit amerikanischen Optionsbörsen vergleichbar.[202] Dieser Untersuchung kann eine große Bedeutung beigemessen werden, weil nach der verbreiteten Meinung der Aktienoptionsmarkt für die Messung der Informationseffizienz besonders geeignet ist, da sich die Effizienzhypothese für diesen Markt nahezu *isoliert* überprüfen lässt.[203] Hinzu kommt, dass gerade der Aktienoptionsmarkt im untersuchten Zeitraum vergli-

---

[198] Der Überblick der Studien vor 1985 befindet sich bei Möller (1985), S. 500 ff.
[199] Schmidt/May (1993), S. 61.
[200] Schmidt/May (1993), S. 83.
[201] Trautmann (1987), S. 325.
[202] Trautmann (1987), S. 325. Er vergleicht seine Ergebnisse mit den Studien, die für den US-amerikanischen Kapitalmarkt gemacht wurden: Bhattacharya (1983) und Whaley (1982).
[203] Trautmann (1987), S. 325.

chen mit dem US-Aktienoptionsmarkt als unterentwickelt galt. Zwar wurde das börsenmäßige Optionsgeschäft bereits im Jahr 1970 eingeführt. Aber erst seit 1983 wurden durch die Standardisierung von Basispreisen und die Reduktion von bereits standardisierten Verfallzeitpunkten die Optionsbedingungen an deutschen Optionsbörsen weitgehend an die der umsatzstarken US-amerikanischen Optionsbörsen angepasst.[204]

Auch die neueste Untersuchung, die sich dieser Frage widmete, bescheinigt dem deutschen Kapitalmarkt zumindest eine schwache Informationseffizienz. Sie kommt zu Schluss: „Ebenso (wie für österreichische Aktien) konnte für deutsche Aktien gezeigt werden, dass sowohl Abhängigkeiten im Mittelwert als auch in den Varianzen der Rendite bestehen. Wird die traditionelle effizienztheoretische Position von Fama (1970) vertreten, so bedeuten die Ergebnisse, das die Aktien der deutschen Börse Ineffizienzen enthalten, welche von Aktie zu Aktie unterschiedlich ausgeprägt sind. Ob diese linearen Ineffizienzen tatsächlich für lukrative Spekulation geeignet sind, ist jedoch fraglich, da Transaktionskosten die aus den Abhängigkeiten realisierbaren Erträge kompensieren dürfen. Ebenso sind die in Tagesdaten für die deutschen Aktien entdeckten Korrelationen gering, so dass Kursprognosen nur mit gewisser Unsicherheit möglich sind."[205]

Auch ältere Untersuchungen bestätigen die Hypothese von der Unabhängigkeit der Aktienrendite für den deutschen Aktienmarkt, sofern der Untersuchungszeitraum mindestens einen Monat betrug.[206] Wurden die Renditen jedoch in Tagesintervallen gemessen, so ergab sich eine statistisch signifikante serielle Korrelation.[207] Rein statistisch bedeutet dies, dass der deutsche Aktienmarkt über Tagesintervalle nicht schwach effizient war. Diese statistischen Korrelationen waren jedoch niemals groß und stabil genug, um durch Ausnutzen der Abhängigkeiten Überrenditen erzielen zu können. Diese Ergebnisse ähneln denjenigen, die Fama für 30 Aktien des Dow Jones von 1957-1962 erlangte.[208] Auch die Analysen des deutschen Marktes deuten in ihrer Gesamtheit auf die Bestätigung zumindest der schwachen Informationseffizienzhypothese.[209]

Es gibt aber auch die Studien, das soll an dieser Stelle nicht verschwiegen werden, die die Informationseffizienz des deutschen Kapitalmarktes in Frage stellen. In diesem Zusammenhang ist vor allem die Studie von Löffer (1999) zu nennen. Er untersuchte, ob sich durch die Verwertung der Ergebnisschätzungen von den Analyseinstituten eine über der marktüblichen Verzinsung liegende Rendite erzielen lasse. Als Grundlage für die in dieser Studie durchgeführten empirischen Tests dienten Prognosen des Gewinns pro Aktie deutscher Un-

---

[204] Trautmann (1987), S. 311.
[205] Sapusek (1998), S. 226.
[206] Andere Untersuchungen haben es bestätigt: Mühlbrandt (1978); Apostolopoulos (1986); Reiss/Mühlbrandt (1979).
[207] Mühlbrandt (1978) untersuchte im Zeitraum 1967-1976 46 Aktien mittels unterschiedlicher Testverfahren.
[208] Fama (1965), S. 80.
[209] Loist (1990), S. 67-69.

ternehmen, die für das „Institutional Brokers Estimate System" gesammelt wurden.[210] Löffer (1999) kommt zu dem Ergebnis, dass sich auf der Basis veröffentlichter Ertragsschätzungen erhebliche risikoadjustierte Überrenditen am deutschen Aktienmarkt erwirtschaften lassen. Das deutet darauf hin, dass der deutsche Kapitalmarkt nicht informationseffizient ist. Was für unsere Fragestellung noch interessanter ist, diese Überrenditen lassen sich auch erzielen, wenn man die Transaktionskosten berücksichtigt. Mit einem Gebührensatz von 0,1% erwirtschaftet diese Strategie 1,13%, bei dem höheren von 0,2% noch 0,93%.[211] Die durch Löffer (1999) aufgezeigten Ineffizienzen sind daher nicht nur statistisch signifikant, sonder lassen sich auch ökonomisch ausnutzen. Das ist, soweit ersichtlich, die einzige Studie, die zu so einem Ergebnis gekommen ist. Denn "für die untersuchten Saisonalitäten wie zum Beispiel Montagseffekt, Wochendeeffekt, turn-of-the-year-effect oder turn-of-the-month-effect, bei denen systematische Überrenditen durch Berücksichtigung von kalenderzeitlichen Renditemustern möglich sind, lässt sich am deutschen Aktienmarkt keine Bestätigung für eine Transaktionskosten berücksichtigende ökonomische Ausnutzbarkeit feststellen, auch wenn vereinzelt signifikante Ergebnisse erzielt werden."[212]

Mit dem Ergebnis der Studie von Löffer (1999) stehen nicht nur die meisten Anomalienstudien im Widerspruch, sondern auch die Resultate der Studien, die sich der Performance deutscher Investmentfonds widmeten. Zwar liegen für den deutschen Markt nur wenige Studien vor. Sie stützen aber die These, dass der deutsche Kapitalmarkt effizient ist. Fast alle Autoren dieser Studien gelangen zu der Erkenntnis, dass keiner der Investmentfonds über den Betrachtungszeitraum Überrenditen erzielen konnte.[213] So weit ersichtlich gibt es nur eine einzige Studie, die ein anderes Bild zeichnet.[214] Eine neuere Untersuchung zeigt zum Beispiel, dass die Investmentfonds im Durchschnitt nur 67% die Ergebnisse des DAX-Index erreichen konnten und von diesen 87 Fonds 81 Kapitalanlagegesellschaften unter dem einfachen Index liegen.[215] Dass deutsche Investmentfonds den Markt nicht schlagen können, beweisen auch die Vergleiche zwischen den aktiv verwalteten Fonds und den sog. Indexfonds.

---

[210] Löffer (1999), S. 128.

[211] Löffer (1999), S. 139.

[212] Seeger (1998), S. 30 mit weiteren Nachweisen in der Fußnote 131.

[213] Dazu zum Beispiel Münstermann (2000), S. 306: "Die Ergebnisse zeigen, dass die Fondsmanager in den einzelnen Gruppen mit Ausnahme der Deutsche-Aktien-Fonds im Durchschnitt nicht in der Lage sind, eine oberhalb der jeweiligen Benchmarkrendite liegende Durchschnittsrendite nach Transaktionskosten zu erzielen. Da allerdings nahezu sämtliche Renditedifferenzen nicht signifikant sind, kann aus den Ergebnissen nicht auf systematisches Missmanagement geschlossen werden."

[214] Otten/Schweitzer (1998), S. 13: "The most interesting picture is actually provided by the German mutual funds. All classes of funds show a steadily increasing performance relative to their benchmarks. It seems that German fund managers are catching up fast with their European competitors. Whereas in the beginning of the sample period German mutual funds were losing on average 6% on an annual basis, in the end of the sample period the funds were able to beat the benchmark." Sie haben die Performance der amerikanischen Investmentfonds mit den europäischen Investmentfonds verglichen. Die Stichprobe umfasste: "We use total logarithmic returns for 506 European open-ended mutual funds and 2096 American open-ended mutual funds from January 1991 to December 1997."

[215] Welt am Sonntag von 19.01.1997, S. 3 zitiert nach Adams (1997), S. 17. Adams (1997) schreibt zynisch: "... dass derartige Finanzinstitutionen im Rahmen der bisherigen deutschen rechtlichen Rahmenregelungen für ihre Nutzer im Durchschnitt ganz erhebliche *Wertvernichter* darstellen."

Aktiv verwaltete Fonds haben zum Ziel, durch eine richtige Auswahl von Aktien bzw. Wertpapieren im Portfolio einen Index zu schlagen. Ein Indexfonds verfolgt demgegenüber eine passive Anlagestrategie, indem lediglich die Aktien genau in der Menge gehalten werden, die auch im Index repräsentiert sind. Wie auf der Grundlage des effizienten Kapitalmarktes zu erwarten ist, konnten die aktiv verwalteten Fonds nur eine Rendite von 7,47% erreichen, während sich die Rendite bei den deutschen Indexfonds auf 9,4% und bei den ausländischen Indexfonds auf 9,7% beläuft.[216]

B. Zwischenbilanz

Wenn in den vorangehenden Zeilen einige Studien bezüglich des deutschen Kapitalmarktes erörtert wurden, dann kann der kursorische und „juristisch-laienhafte“ Charakter dieser Erörterung gar nicht genügend betont werden. Nichtsdestotrotz handelt es sich dabei immerhin um wesentliche Fortschritte gegenüber der in der juristischen Literatur weit verbreiteten These, dass der deutsche Kapitalmarkt nicht effizient sei.[217]

Paradigmatisch sind die Meinungen von Reul (1991), Escher-Weingart (2001) und Ekkenga (1998). Die von ihnen gemachten Bemerkungen zur Effizienz des deutschen Kapitalmarktes sind so kurz, dass sie hier auch zitiert werden können. So schreibt Reul (1991): "Die Arbeiten stimmen darin überein, dass die Effizienz des deutschen Aktienkapitalmarktes geringer einzuschätzen ist als die des amerikanischen. Zusammenfassend lässt sich damit festhalten, dass die erste Prämisse der These vom Markt für Unternehmenskontrolle, die Effizienz des Kapitalmarktes, in der Praxis nicht erfüllt ist. Der Aktienmarkt ist nicht allokativ effizient."[218] Als Fußnote zitiert er Möller (1985) mit der Bemerkung, dass sich dort ein Überblick über bisherige deutsche Studien befindet. Wenn man dieser Fußnote nachgeht, findet man folgende Feststellung von Möller (1985): "Die Ergebnisse der angesprochenen Untersuchungen bestätigen übereinstimmend die Preiswirkungshypothese ... Nimmt man an, dass die Unkenntnis des genauen Veröffentlichungstermins die nicht unverzügliche Preiswirkung erklärt, so lassen sich die veröffentlichen Ergebnisse als ein deutlicher Hinweis auf die *Informationseffizienz* des Kapitalmarktes deuten, weil sie in eindrucksvoller Weise diese Preiswirkung bestimmter Informationsstandsänderungen sogar ohne eine Bereinigung der Börsendaten belegen."[219] Wie Reul (1991) dazu kommt, die Auswertung deutscher Studien von Möller

---

[216] Heda/Heine/Oltmanns (2001), S. 115: "Auf ein Jahr betrachtet handelt es sich zwar um keinen besonders großen Unterschied, jedoch führt der Zinseszinseffekt dazu, dass ein einmalig angelegter Geldbetrag im durchschnittlichen deutschen Indexfond nach etwa 40 Jahre den doppelten Wert des im aktiv verwalteten Fonds angelegten gleichen Betrages erreicht hätte."

[217] Die Arbeit von Reul (1991) wird sehr oft in der juristischen Literatur zitiert, wenn es darum geht, zu beweisen, dass der deutsche Kapitalmarkt nicht informationseffizient ist. Der Grund dafür ist, dass sich Reul mit dieser Frage eingehend (fast 30 Druckseiten) beschäftigt hat. Dabei wird verkannt, dass sich Reul (1991) fast nur mit der Effizienz des amerikanischen Kapitalmarkts auseinandergesetzt hat.

[218] Reul (1991), S. 151.

[219] Möller (1985), 514. Hervorhebung nicht im Original.

(1985) als Beweis für die Informationsineffzienz des deutschen Aktienmarktes zu betrachten, lässt sich nicht ergründen.

Ähnlich eindeutig ist die Aussage von Escher-Weingart (2001)[220], obwohl man gerade bei ihr erwarten könnte, dass sie sich mit der Kritik der Informationseffizienz des deutschen Kapitalmarktes ausführlich auseinandersetzt. Denn der Titel dieser Habilitation ist: "Reform durch Deregulierung im Kapitalgesellschaftsrecht". Sie schreibt auf der Seite 182: "Für den US-amerikanischen Markt dokumentieren die empirischen Untersuchungen, dass er der halbstrengen Informationseffizienzhypothese entspricht, während der deutsche Kapitalmarkt als schwach informationseffizient einzustufen ist. *Dieser Unterschied ist bei den Regulierungsbemühungen zu beachten.*" Interessant ist auch die Fußnote 46, die den Beweis erbringen soll, dass der deutsche Aktienmarkt nur schwach effizient ist. Dort wird nur eine Dissertation zitiert: Kopp (1995)[221]. Nicht anders ist die Feststellung in der Habilitationsschrift von Merkt (2001): "In Übereinstimmung damit findet etwa für den deutschen Kapitalmarkt die schwache Variante der Effizienzhypothese empirisch die breiteste Stützung.".[222]

Wie ist diese schroffe Kritik der Informationseffizienz des deutschen Kapitalmarktes in der juristischen Literatur zu erklären? Es könnte sein, dass den meisten Juristen das Instrumentarium der modernen Ökonomik einfach fremd ist. Es ist keineswegs ungewöhnlich, dass ein neuer Forschungsansatz deshalb abgelehnt wird, weil man ihn nicht oder unzureichend kennt. Die Erklärung, die allein auf diesen Gesichtspunkt abzielt, ist jedoch falsch. Denn gerade die zitierten Autoren sind der ökonomischen Analyse des Rechts sehr aufgeschlossen und gehen mit dem ökonomischen Instrumentarium hervorragend um. Möglicherweise ist also diese schroffe Kritik nicht juristisch geprägt, sondern *ideologisch.*

Mit dieser Feststellung ist unsere Auswertung der empirischen Studien und deren Resonanz in der juristischen Literatur abgeschlossen. Wenn man das Ergebnis dieser Diskussion auf eine griffige Formel bringen wollte, dann könnte man etwa sagen: Die empirischen Studien deuten nicht darauf hin, dass der deutsche Kapitalmarkt weniger effizient sei als der amerikanische Kapitalmarkt.[223]

2. Transparenz des deutschen Kapitalmarktes

Zu wissen, dass die empirischen Studien die These des effizienten Kapitalmarktes in Deutschland stützen, kann allerdings nur ein erster Schritt unserer Argumentation sein. Denn

---

[220] Escher-Weingart (2001), S. 182. Die Hervorhebung nicht im Original.

[221] Kopp, H. J. (1995), Erwerb eigener Aktien - ökonomische Analyse vor dem Hintergrund von Unternehmensverfassung und Informationseffizienz.

[222] Merkt (2001), S. 392. Als "empirische Stützung" zitiert er wieder die Dissertation von Kopp (1995) und eine ältere, juristische Arbeit von Meier-Schatz, Ch. (1989), Wirtschaftsrecht und Unternehmenspublizität - zur wirtschaftsrechtlichen Regulierung von Unternehmen mittels Publizitätsnormen, dargestellt anhand veröffentlichungspflichtiger finanzieller und gesellschaftsbezogener Rechnungslegungen.

[223] Ähnlich Seeger (1998), S. 32 nach der Auswertung der deutschen empirischen Untersuchungen: "Die sehr zahlreichen vor allem für die USA, aber auch in jüngerer Zeit für den deutschen Aktienmarkt Studien zeigen fast durchgehend eine Bestätigung der halbstrengen Informationseffizienz in der Form, dass transaktionskostenbereinigt keine Überrenditen nach der Veröffentlichung von kursrelevanten Informationen zu erzielen sind."

die Zahl der Studien ist zu gering, um die Frage, ob der deutsche Kapitalmarkt effizient ist, eindeutig beantworten zu können. Der zweite Schritt liegt in einer Antwort auf die Frage, ob rechtliche Rahmenbedingungen in Deutschland sich nicht von den amerikanischen wesentlich unterscheiden. Wir werden uns vor allem mit den rechtlichen Rahmenbedingungen bezüglich der Transparenz des Kapitalmarktes in Deutschland und in den USA beschäftigen. Dafür gibt es einen konkreten Grund. Die Kapitalmarkteffizienz hängt maßgeblich von den Informationskosten ab.[224] Je weniger eine Information kostet und je schneller sie verbreitet wird, desto effizienter schlägt sie sich im Preis nieder. Mit sinkenden Informationenkosten stehen mehr und auch qualitativ bessere Informationen für mehr Händler zur Verfügung.[225] Dadurch wird die Tätigkeit der Arbitreure begünstigt. Informationskosten hängen wiederum von der Transparenz des Kapitalmarktes ab.

Wenn man die Geschichte des Aktienrechts näher betrachtet, scheint es wirklich so zu sein, als ob das *zwingende Aktienrecht* in der Vergangenheit die *fehlende Transparenz* und externe Rechnungsprüfung *ersetzen* sollte. Ein sehr gutes Beispiel stellt das Zusammenspiel zwischen dem zwingenden Aufsichtsrat und der externen Rechnungsprüfung dar. So enthielt das Allgemeine Deutsche Handelsgesetzbuch (ADHGB) von 1861 keinerlei Angaben über Art und Umfang der Rechnungsprüfung. Art. 209 Nr. 6 ADHGB sowie Art. 224, 225 Abs. ADHGB konnte sogar nicht entnommen werden, ob eine formelle oder materielle Rechnungsprüfung verlangt war. Um die Glaubwürdigkeit der Aktiengesellschaft zu gewährleisten, sah aber Art. 225 ADHGB sowohl ein Überwachungsrecht des Aufsichtsrats in allen Zweigen der Verwaltung als auch die Befugnis, jederzeit die Bücher der Gesellschaft einzusehen vor. Zu den erstrangigen Pflichten des Aufsichtsrates gehörte auch die Pflicht, die vorgelegten Bilanzen auf ihre Richtigkeit zu überprüfen (Art. 225 II). Da diese Aufgabe nach der Meinung des Gesetzgebers nur dann durch den Aufsichtsrat wirksam bewältigt werden kann, wenn die obligatorische Einführung des Aufsichtsrates für alle Aktiengesellschaften besteht, wurde durch die sog. Aktienrechtsnovelle des Jahres 1870 („Gesetz betreffend die Kommanditgesellschaften auf Aktien und die Aktiengesellschaften vom 11. Juni 1870) der Aufsichtsrat und die Pflicht des Aufsichtsrates zur Prüfung von Jahresrechnung und Bilanz (Art. 209 Nr.7 ADHGB) für alle Aktiengesellschaften zwingend eingeführt. Unter dem Eindruck der Gründerkrise erfuhr zwar diese Regelung dahingehend eine Ergänzung, dass neben die Revision durch den Aufsichtsrat die Möglichkeit zur Bestellung externer Prüfer durch Gesellschaftsbeschluss gesetzt wurde. Aber erst 1931 wurde an die Stelle der Rechnungsprüfung durch den Aufsichtsrat die externe Wirtschaftsprüfung gesetzt. Der zwingende Aufsichtsrat blieb aber bestehen.[226] Aus dieser rechtshistorischen Perspektive erscheint es deshalb konsequent zu

---

[224] Dazu zum Beispiel Stout (1988), 701: "Efficient stock markets require two ingredients: effective distribution of massive amounts of information, and a trading system which can incorporate that information into stock price."

[225] Gilson/Kraakman (1984), S. 601.

[226] Dazu umfangreich List (1998).

sein, das zwingende Aktienrecht abzuschaffen, wenn die Transparenz durch das moderne Kapitalmarktrecht gewährleistet wird.

Ob der deutsche Kapitalmarkt genauso transparent ist wie der amerikanische Kapitalmarkt, wird uns an dieser Stelle eingehend beschäftigen.[227] Bei der Kapitalmarkttransparenz kann man in Deutschland im Wesentlichen folgende Regelungen unterscheiden.[228] *Erstens* geht es um die Emissionspublizität, die wir in Deutschland in Gestalt der ebenso börsengesetzlich wie richterrechtlich ausgestalteten Prospektpublizität kennen. *Zweitens* geht es um die wertpapierhandelsrechtliche Beteiligungspublizität (§§ 21ff. WpHG), sowie die börsenrechtliche Berichtspublizität als laufender Publizität der börsennotierten Unternehmen. Letztere wiederum gliedert sich in die Jahresabschluss- und Lageberichtspublizität (§ 39 I Nr. 3, II)[229] sowie in die Zwischenberichtspublizität (§ 40 BörsG)[230]. Implizit nimmt diese Berichtspublizität die handelsrechtliche Rechnungslegungspublizität der §§ 238 ff. HGB in Bezug. Der Jahresabschluss besteht aus der Bilanz und aus der Gewinn- und Verlustrechnung (§ 242 HGB). Er wird um einen Bilanzanhang erweitert und durch einen Lagebericht ergänzt (§ 264 I HGB). Der Bilanzanhang bildet mit der Bilanz und der Gewinn- und Verlustrechnung eine Einheit (§ 264 I Nr. 1 HGB). Diese dreiteilige Einheit bezeichnet das Gesetz als den Jahresabschluss der Kapitalgesellschaft. Der Lagebericht kommt hinzu.[231] *Drittens* geht es um die Ad-hoc-Publizität (§ 15 WpHG) und die börsenrechtliche Auskunftspublizität (§ 41 I BörsG)[232], durch die das ganze Informationssystem ergänzt wird.

Angesichts dieser Rechtslage kann man zwei Typen der Offenlegungspflichten unterscheiden, die für die Effizienz des Kapitalmarktes relevant sind: (1) die Offenlegungspflichten innerhalb des Jahres- und Konzernabschlusses und (2) die Offenlegungspflichten außerhalb des Jahres- und Konzernabschlusses. Es werden somit nicht alle deutschen und amerikanischen Offenlegungspflichten behandelt, sondern es wird nur auf die bedeutenden Regelungsunterschiede hingewiesen.[233]

A. Offenlegungspflichten innerhalb des Jahres- und Konzernabschlusses

a. Rechtslage in Deutschland

In *Deutschland* ist die Pflicht zur Rechnungslegungspublizität nach Typ und Größe der Gesellschaft abgestuft. Kleine Kapitalgesellschaften (§ 326 i. V. m. § 325 HGB) brauchen an sich nur die Bilanz und den Anhang vor Ablauf des zwölften Monats nach dem Bilanz-

---

[227] Kritisch zum Beispiel Bernhardt/Witt (1997), S. 94.
[228] Dazu Merkt (2001), S. 275-276.
[229] Alte Fassung: § 44 I Nr. 3, II BörsG.
[230] Alte Fassung: § 44 b BörsG.
[231] K. Schmidt (1997), S. 915 (§ 29 IV, 2).
[232] Alte Fassung: § 44 c BörsG.
[233] Es handelt sich vor allem um das Kapitalmarktrecht und die „securities regulation“. Unter diesen Begriffen werden alle Gesetze zusammengefasst, die Unternehmen unabhängig von ihrer Rechtsform aufgrund der öffentlichen Emission oder des Umlaufs von Wertpapieren einer Registrierung- oder Rechnungslegungspflicht unterwerfen.

stichtag dem Handelsregister einzureichen. Angaben über Gewinn- und Verlustrechnung entfallen also. Eine Ausnahme gilt aber für kleine Kapitalgesellschaften, deren Aktien an der Börse gehandelt werden. Sie werden stets als große Kapitalgesellschaften behandelt (§ 267 III HGB).[234] Große Kapitalgesellschaften (§ 267 III HGB) haben den geprüften Jahresabschluss (aufgestellt nach der erweiterten Bilanzgliederung, § 266 II und 3 HGB), den Lagebericht, den Bericht des Aufsichtsrats und die Angaben zur Ergebnisverwendung zuerst im Bundesanzeiger bekanntzugeben (Anhang ohne Anteilsbesitz) und dann beim Handelsregister einzureichen (§ 325 II HGB).

Als zentrales inhaltliches Leitbild der deutschen Rechnungslegung gilt das sog. *Vorsichtprinzip*. Folgende Beschreibung des Vorsichtsprinzips kann dem Gesetz entnommen werden.[235] Es dürfen nach dem Realisationsprinzip Gewinne erst dann ausgewiesen werden, wenn sie am Abschlussstichtag realisiert worden sind. Vorhersehbare Verluste und Risiken aus der Zeit vor dem Abschlussstichtag sind nach dem Imparitätsprinzip auch dann zu berücksichtigen, wenn sie erst zwischen dem Abschlussstichtag und dem Tag der Aufstellung des Jahresabschlusses bekannt geworden sind (§§ 252 I Nr. 4 HGB). Zu dem Vorsichtprinzip gehört auch das Verbot der Überbewertung (§ 253 I HGB). Gerechtfertigt wird dieses Verbot mit dem Schutz der Gläubiger. So ist bei der Bewertung von der Fortführung des Unternehmens auszugehen (Going-Concern-Prinzip, § 253 I Nr. 3 HGB). Die Vermögenswerte und Verbindlichkeiten sind zum Abschlussstichtag einzeln zu bewerten (Stichtags- und Einzelbewertungsprinzip, § 253 I Nr. 2 HGB). Die Bewertung muss nach der bereits im Vorjahr angewandten Methode durchgeführt werden (Bewertungsstetigkeit), § 252 I Nr. 6 HGB). Von mehreren möglichen Werten ist der niedrigste zu wählen (Niederstwertprinzip, § 252 I Nr. 4 HGB). Es dürfen keine nicht realisierten Gewinne ausgewiesen werden, weshalb Vermögensgegenstände höchstens mit den Anschaffungs- oder Herstellungskosten angesetzt werden dürfen. Schließlich müssen in der gesamten Buchführung nach dem Nominalprinzip Inflationsverluste ausgeblendet werden. Auf dem ersten Blick ist gegen das Vorsichtsprinzip im Hinblick auf die Transparenz des Kapitalmarktes nichts einzuwenden. Denn nach der verbreiteten Meinung "sollen diese Bewertungsgrundsätze sicherstellen, dass ein wahrheitsgemäßes Bild des Unternehmens vermittelt wird. Eine Beschönigung soll vermieden werden."[236] Die Erzeugung der Information im Sinne des "True and Fair View" ist gerade das, was für die Entstehung des effizienten Kapitalmarktes notwendig ist.

Dass die Rechtslage bezüglich der Rechnungslegung möglicherweise doch nicht so rosig ist, wie man auf der Grundlage vorstehender Ausführungen meinen könnte, ist leicht zu erkennen, wenn man sich einmal auch andere Folgen des Vorsichtsprinzips vor Augen

---

[234] Merkt (2001), S. 157.
[235] Dazu Merkt (2001), S. 255; K. Schmidt (1997), § 15 IV 2 e, f.
[236] Merkt (2001), S. 255.

führt.[237] Wie wir vorher festgestellt haben, sind mit dem Vorsichtsprinzip das Realisationsprinzip und das Imparitätsprinzip (§ 252 I Nr. 4 HGB) verbunden. Sie tragen dazu bei, dass durch die ungleiche Behandlung künftiger Chancen und Risiken die Vermögens- und Ertragslage negativer dargestellt wird als sie real ist. Es gibt weitere Möglichkeiten, wie die Vermögens-, Finanz- und Ertragslage eines Unternehmens verzerrt dargestellt werden kann.[238] So sind z. B: Verzicht des Ansatzes eines Geschäftswerts gem. § 255 IV HGB, kein Ansatz der Ingangsetzungs- und Erweiterungsaufwendungen gem. § 269 HGB, Verzicht auf die Bilanzierung aktiver latenter Steuern gem. § 274 II HGB oder auf die Wertaufholungsmöglichkeit gem. § 280 II HGB, Bilanzierung der Herstellungskosten zu Einzelkosten gem. § 280 II, eine in unzulässiger Weise zu kurz geschätzte Nutzungsdauer für Vermögensgegenstände des Anlagevermögens, Bildung zu hohen Aufwandsrückstellungen gem. § 249 II HGB. Weiterhin dürfen nach dem Vorsichtsprinzip die Ausgaben im Bereich der Forschung und Entwicklung nicht bilanziert werden. Paradigmatisch ist die Meinung von Moxter (1997): „Ein nach typisierungsgeprägten Objektivierungs- und Vorsichtsprinzipien ermittelter Gewinn ist auf die Ausschüttungsregelungsaufgabe des Jahresabschlusses zugeschnitten; er taugt nicht für die Informationsregelungsaufgabe."[239]

b. Rechtslage in den USA

Das ist bei *US-GAAP* anders.[240] Dort wird die Informationsregelungsaufgabe der Ausschüttungsaufgabe vorgezogen, weil sie besser die Bedürfnisse des Kapitalmarktes befriedigen kann. Börsennotierte amerikanische Unternehmen haben aus diesem Grund wesentlich mehr Informationen als deutsche Unternehmen zu geben. Das betrifft sowohl die Anzahl der Berichtselemente, wie auch den Berichtsumfang, zum Beispiel beim Wechsel von Bilanzierungsmethoden.[241] Darüber hinaus erfordert die amerikanische Konzernrechnungslegung eine Eigenkapitalveränderungsdarstellung sowie viel detailliertere Informationen über Einzelheiten

---

[237] Seit die Daimler-Benz AG für das Jahr 1993 einen Gewinn von 615 Mio. DM nach deutschen Rechnungslegungsgrundsätzen und einen Verlust von 1.839 Mio. nach US GAAP veröffentlichte, wird deutschen Konzernabschlüssen an ausländischen Börsenplätzen noch stärker als früher misstraut. Dazu Biener (1997), S. 395.

[238] Kritisch Black (2001), S. 844: "A U.S. company that adopts (say) German accounting, which permits hidden reserves, will suffer a double hit to its share price."

[239] Moxter (1997), S. 511: „Wenige Beispiele mögen an dieser Stelle genügen, um die Untauglichkeit des Gewinns als zentrale Informationsgröße zu veranschaulichen: Das Schulbeispiel bildet die Gewinnrealisierung bei langfristiger Fertigung, etwa beim Brückenbau. Nach geltendem deutschen Bilanzrecht werden die Gewinne hier objektivierungs- und vorsichtbedingt erst berücksichtigt mit dem sog. Umsatzakt, das heißt, dem mit der Werkabnahme durch den Kunden eingetretenen Risikoabbau. Hinsichtlich der Information über die Vermögens-, Finanz- und Ertragslage wirkt sich diese Bilanzierung naheliegenderweise verheerend aus; es überrascht daher nicht, daß nach den informationsorientierten GAAP die Percentage of Completion-Methode als Regelfall gilt."

[240] Die US-GAAP (Generally Accepted Accounting Principles) sind ein Oberbegriff für verschiedene Standards, Interpretations und Opinions. Sie werden vornehmlich von der privaten Rechnungslegungsorganisation FASB (Financial Accounting Standards Board: www.fasb.org) entwickelt und müssen anschließend von der US-amerikanischen Börsenaufsicht SEC (Securities and Exchange Commission) anerkannt werden, wenn sie Verbindlichkeit erlangen sollen.

[241] Ballwieser (1997), S. 379 (mit weiteren Nachweisen); Die detaillierte Beschreibung der Unterschiede befindet sich bei Müller/Wulf (2000), S. 123 ff.

des Konzernabschlusses, über die Lage und voraussichtliche Entwicklung des Konzerns in den sog. Notes.[242] Wichtiger als diese auf einen eher technischen Aspekt abstellende Argumentation ist der Unterschied in den Grundsätzen der Rechnungslegungskonzeptionen. Nach US-GAAP ist die "Fair Presentation" als zentraler Grundsatz zu beachten, der eine wahrheitsgemäße Darstellung der wirtschaftlichen Lage eines Unternehmens sicherstellen soll ("True and Fair View"). Dieser zentralen Forderung sind alle anderen Bilanzwecke und Grundsätze untergeordnet, so dass zur Einhaltung dieses Grundsatzes von Einzelvorschriften abgewichen werden darf, wenn trotz Beachtung der Rechnungslegungstandards das wirtschaftliche Gesamtbild des Unternehmens verzerrt dargestellt würde. Im Gegensatz hierzu wird nach deutschem Recht das Realisationsprinzip durch das Vorsichtsprinzip dahingehend eingeschränkt, dass beispielsweise in hohem Maße realisierbare Gewinne unberücksichtigt bleiben, wohingegen Verluste aufgrund des Imparitätsprinzips erfolgswirksam zu antizipieren sind. "Diese Unterschiede haben zur Folge, dass nach HGB, aufgrund der dominanten Stellung des Vorsichtsprinzips sowie durch zahlreiche Ansatz- und Bewertungswahlrechte, die tatsächliche wirtschaftliche Lage häufig stark verzerrt abgebildet werden darf bzw. werden muss."[243]

c. Schlussfolgerung

Es wäre jedoch voreilig, wollte man aus diesen Ausführungen ableiten, dass die deutsche Rechnungslegung nicht transparent ist. Dafür gibt es drei Gründe. *Erstens* verlangt eine Notierung am Neuen Markt, dass Jahresabschlüsse der betroffenen Unternehmen den IAS[244] oder den US-GAAP entsprechen. *Zweitens* gestattet das deutsche Recht einen von den zwingenden handelsrechtlichen Vorschriften befreienden IAS- oder US-GAAP-Abschluss zumindest in einem wichtigen Sonderfall: Börsennotierte Mutterunternehmen dürfen ihren Konzernabschluss statt nach den HGB-Regeln auch nach IAS oder US-GAAP erstellen. Diese Regelung wurde in das HGB (§ 292a mit der Bezeichnung „Befreiung von der Aufstellungspflicht") eingefügt. Nach Absatz 1 dieser Vorschrift braucht ein Mutterunternehmen, das einen ausländischen Kapitalmarkt in Anspruch nimmt, einen Konzernabschluss und Konzernlagebericht nach den Vorschriften des HGB nicht aufzustellen, wenn es einen Konzernabschluss und Konzernlagebericht nach Methoden aufstellt, die an dem ausländischen Kapitalmarkt vorgeschrieben oder anerkannt sind, der Abschluss von einem nach § 318 HGB bestellten Abschlussprüfer geprüft wird und bestätigt wurde, sowie nach §§ 325, 328 HGB offengelegt wird (befreiender Konzernabschluss). Wie wir sehen können, hat dieser Sonderfall auch

[242] Busse von Colbe (1997), S. 419.

[243] Müller/Wulf (2000), S. 129; Kritisch auch Lachnit (2000), S. 807: „Wegen der Vielzahl von möglichen Verzerrungen der erfolgs- und finanzwirtschaftlichen Jahresabschlusszahlen durch stille Reserven eignen sich diese Zahlen auf Buchwertbasis nur begrenzt als Indikatoren für die Ertrags- und Finanzkraft der Unternehmen."

[244] Die IAS (International Accounting Standards) werden von einer privaten Organisation, dem IASC (International Accounting Standards Committee) geschaffen, und zwar hauptsächlich durch ein eigenes Organ, dem Board. In diesem Gremium sitzen 14 "full-time" Fachleute als Repräsentanten der international als führend angesehenen nationalen Standardsetter. Auch Deutschland ist dort mit einem Mitglied vertreten. Zur Zeit gibt es 34 Standards und 25 Interpretations, die auf der Homepage des IASC veröffentlicht sind (www.iasc.org.uk).

eine besondere Bedeutung für die Deregulierung des Aktienrechts. Zwar handelt es sich dabei nur um eine Übergangsregelung. Sie tritt am 31. Dezember 2004 außer Kraft. Sie wird aber durch eine neue Rechnungslegung in der Europäischen Union ersetzt, die vom 1. Januar 2005 an praktiziert werden soll. Wenn die entsprechende EU-Verordnung über die Anwendung internationaler Rechnungslegungsgrundsätze wie geplant am Ende des Jahres 2001 verabschiedet wird, dann müssen börsennotierte Unternehmen ab 2005 ihren Konzernabschluss IAS-konform aufstellen. Für den Konzernabschluss der übrigen Unternehmen sowie für den Einzelabschluss soll es den Mitgliedstaaten überlassen bleiben, auch hier die Anwendung der IAS zwingend vorzuschreiben oder zumindest zuzulassen.[245] *Drittens* ist es den Unternehmen unbenommen, freiwillig ihren Konzernabschluss im Rahmen des HBG international vorherrschenden Standards anzupassen.[246]

Wenn diese Analyse richtig ist, dann folgt daraus, dass zumindest für börsennotierte Aktiengesellschaften eine hinreichende Transparenz bezüglich der Rechnungslegung gewährleistet ist.

B. Offenlegungspflichten außerhalb des Jahres- und Konzernabschlusses

Nachdem ich die Transparenz der Rechnungslegung bezüglich des Jahres- und Konzernabschlusses in Deutschland dargestellt habe, kann ich mich den Unterschieden der Offenlegungspflichten außerhalb des Jahres- und Konzernabschlusses widmen.

Zunächst ist festzustellen, dass sich in diesem Bereich im Laufe der 90er Jahre sehr viel geändert hat. Zweifelsohne ist der Reformbedarf kleiner geworden.[247] Neben die gesellschaftsrechtliche jährliche Publizität traten die in den Jahren 1986, 1990, 1994, 1998 und 2002 im Zuge der Schaffung eines einheitlichen Kapitalmarktes in der EU erheblich ausgedehnten kapitalmarktrechtlichen Publizitätspflichten. Diese betrafen einerseits die Emissions- und Börsenzulassungspublizität und andererseits laufende Offenlegungsgebote. Zu den laufenden Publizitätspflichten, die deutsche Aktiengesellschaften zusätzlich zur handelsrechtlichen Jahresberichterstattung zu erfüllen haben, zählen die Zwischenberichterstattung, die Ad-hoc-Berichterstattung sowie die Berichterstattung über Mitteilungen bezüglich bedeutender Stimmrechtsanteile. Damit ist nicht gesagt, dass es keine Unterschiede mehr zwischen Deutschland und den USA gibt.[248] Soweit ersichtlich, gibt es folgende Regelungsunterschiede zwischen USA und Deutschland:

---

[245] Http:www.stade.ihk24.de (Industrie- und Handelskammer Stade), entnommen am 20.08.2001.

[246] Es ist aber festzustellen, dass dieser sog. duale Abschluss zusätzliche Kosten verursacht. Die Kosten für die Umstellung auf IAS betragen ca. 1 Mio. DM.

[247] Kübler (1995), S. 227: "... während die Angleichung des Kapitalmarktrechts - von der Rechnungslegung und Emissionspublizität über das Börsen- und Investmentrecht bis zur Insider- und zur Transparenz-Richtlinie - beeindruckende Fortschritte zu verzeichnen hat."

[248] Siehe Bericht der Regierungskommission "Corporate Governance" (2001), S. F.4: "Im Vergleich zur internationalen Praxis ist für deutsche kapitalmarktorientierte Unternehmen demnach nach wie vor ein deutlichesr Bedarf zur Harmonisierung der Anforderungen an eine unterjährige Berichterstattung festzustellen."

(1) Gemäß § 15 WpHG ist die Ad-hoc-Publizität in Deutschland nur auf neue Tatsachen beschränkt, während Schadensersatzklagen unter Berufung auf Rule 10 b-5 zum Beispiel auch aufgrund einer unterbliebenen Korrektur von Börsengerüchten und früheren Prognosen erfolgreich sein können.

(2) In den USA ist der Aktionär zur Offenlegung jeder Veränderung seines Stimmrechtsanteils verpflichtet, solange dieser 5% (Forms 13-D/13-G) bzw. 10% (Form 4) übersteigt. In Deutschland ist dagegen eine erneute Publizität erst bei Über- oder Unterschreiten der nächsten Stimmrechtsanteilsschwelle erforderlich (5%, 10%, 25%, 50% oder 75% nach § 25 WpHG).

(3) Große Unterschiede bestehen bezüglich des Inhalts der Jahresberichterstattung. Für keines der in den USA geforderten Instrumente jährlicher Berichterstattung – Form 10-K[249] und "annual report"[250] – gibt es im deutschen Recht eine entsprechende gesetzliche Verpflichtung. In den USA sind die Pflichtbestandteile des Prospektinhalts meistens auch die Pflichtbestandteile der Jahresberichterstattung. In Deutschland ist das anders. Ein Vergleich der Publizitätsinhalte gemäß § 325 HGB und §§ 13-32 BörsZulV zeigt deutliche Defizite der Jahresberichterstattung im Vergleich zum Prospektinhalt. Der Unterschied betrifft folgende Punkte: (a) Geschäftsführungs- und Aufsichtsorgane, u. a. die Tätigkeit der Mitglieder außerhalb des Emittenten[251], Aktienbestand sowie Options- und Bezugsrechte der Mitglieder[252] (§ 28 BörsZulV). (b) Ergebnis und Dividende je Aktie[253] (§ 25 BörsZulV). (c) Jüngster Geschäftsgang, insbesondere Tendenzen in der Entwicklung von Produktion, Absatz, Lagerhaltung und Auftragsbestand (§ 29 BörsZulV). (d) Beschreibung der Geschäftstätigkeit, u. a. bedeutende Abhängigkeits- und Schiedsverfahren oder Abhängigkeit von Patenten und Lizenzen[254] (§ 20

---

[249] Der 10-K-Bericht ist die umfangreiche jährlich erstellte Informationsquelle über börsennotierte Unternehmen. Dieser Bericht muss innerhalb von 90 Tagen nach Geschäftsjahresende bei der SEC eingereicht werden. Der Inhalt des 10-K-Berichts wird bei Brotte in Abb. 5, S. 153-156 (mit den Unterschieden zu "annual report" und "proxy statement") ausführlich und detailliert dargestellt.

[250] Der "annual report" muss nach Regulation 14A bzw. 14C jedem Aktionär zur Vorbereitung auf die jährliche Aktionärsversammlung zugeschickt werden. Er wird auch jedem Interessenten auf Anfrage zur Verfügung gestellt. Dazu: Brotte (1997), S. 151.

[251] Die Anforderungen der SEC an die Berichterstattung über die Mitglieder des Managements und des "board of directors" sind in Item 401 Regulation S-K sehr detailliert festgelegt. Insgesamt fast 25 kleingedruckte Seiten. Zum Beispiel: die Berufserfahrung, Verwandschaftsverhältnisse, rechtliche Verfahren während der letzten 5 Jahren. Siehe: SEC (1995), Guidelines, Rules and Regulations. Siehe auch Brotte (1997), S. 302.

[252] In Deutschland sieht § 193 Abs. 2 Nr. 4 AktG bei der Ausgabe von Aktienoptionen vor, dass die Aufteilung der Bezugsrechte auf Mitglieder des Vorstands und die Arbeitnehmer, Erfolgsziele, Erwerbs- und Ausübungszeiträume und die Wartezeit für die erstmalige Ausübung anzugeben sind. Allerdings ist diese Regelung beschränkt auf den Fall, dass die Aktienoptionen aus bedingtem Kapital oder mittels von der Gesellschaft erworbenen Aktien (§ 71 Abs. 1 Nr. 8 S. 4 AktG) bedient werden sollen. Die betreffende Information erfolgt nur einmal, nämlich anlässlich des Beschlusses der Hauptversammlung. In den USA ist dies anders. Dazu Bericht der Regierungskommission "Corporate Governance" (2001), S. F. 15.

[253] Nach Rule 14a-3(b)(9) i.V.m. Item 201 Regulation S-K muss der annual report Angaben über Aktienkurse und Dividendenzahlungen enthalten. Die Kursinformationen betreffen die jeweiligen Höchst- und Tiefstkurse je Quartal innerhalb der letzten zwei Geschäftsjahre. Siehe Brotte (1997), S. 282.

[254] Nach Item 101(c)(iv) Regulation S-K sind die Bedeutung und die Laufzeit von Patenten, Handelsmarken, Lizenzen, Franchiseverträgen zu erläutern. Brotte (1997) S. 263.

BörsZulV). (e) Beteiligungsunternehmen, u. a. Forderungen und Verbindlichkeiten gegenüber einzelnen Beteiligungsunternehmen (§ 24 BörsZulV).

(4) Schließlich kennt das deutsche Recht kein dem "proxy statement" vergleichbares Informationsinstrument. Zwar sind die Bekanntmachungs- und Mitteilungspflichten gem. § 124, 125 AktG über die Tagesordnung der Hauptversammlung dem "proxy statement" ähnlich. Aber § 124 AktG sieht keine Angaben vor, die dem Aktionär bei der Bildung einer sachlich begründeten Meinung behilflich sein können.

Ziehen wir Zwischenbilanz. Der hier gegebene Überblick über einige Unterschiede war zwangsläufig kursorisch und konnte die Unterschiede auch nicht annähernd in allen ihren Schattierungen erfassen. Immerhin aber dürfte zweierlei deutlich geworden sein. Erstens, dass dank des Reformeifers in den letzten Jahren die Primärmarktpublizität und unterjährige laufende börsenrechtliche Berichtspflichten den amerikanischen Regeln angeglichen wurden.[255] Zweitens, dass deutliche Defizite in der Jahresberichterstattung vorhanden sind.

C. Folgen der Rechtsunterschiede in der Transparenz

Mit diesen Schlussfolgerungen wollen wir uns aber nicht begnügen. Denn es kann schwerlich eine überzeugende Antwort auf unsere Frage sein, ob die Defizite in der Transparenz des deutschen Kapitalmarktes die Entstehung von Informationseffizienz verhindern, einfach festzustellen, dass bei dem Vergleich der Unterschiede in der Regulierung Deutschland schlechter als die USA abschneidet. Das heißt aber gleichzeitig, dass unser Ergebnis nicht mehr als ein Zwischenergebnis sein kann. Denn es ist ja durchaus denkbar, dass entweder (1) die Unternehmen die fehlenden Informationen freiwillig offen legen, oder dass (2) die fehlenden Rechtsvorschriften in Deutschland für die Informationseffizienz keine Rolle spielen, oder dass (3) die Investoren mit diesen Informationsdefiziten sehr gut umgehen können und somit die Entstehung der Informationseffizienz nicht verhindert wird.[256]

a. Freiwillige Publizität

Bis jetzt haben wir von der tatsächlichen Informationsmenge, die durch die Aktiengesellschaften den Anlegern zur Verfügung gestellt wird, völlig abstrahiert. Wir hätten also so getan, als ob die Aktiengesellschaften nur die durch das Recht vorgeschriebenen Informationen veröffentlichen. Das war jedoch nicht eine richtige Annahme. Denn es ist durchaus möglich, dass die Unternehmen den Anlegern *freiwillig* die fehlenden Informationen zur Verfügung stellen. Ob das tatsächlich der Fall ist, wird uns an dieser Stelle beschäftigen.

---

[255] Brotte (1997), S. 173 : „Es bleibt festzustellen, daß die inhaltlichen Berichtspflichten im Bereich der Prospektpublizität und der unterjährigen laufenden Berichterstattung mit der schrittweisen Umsetzung der EU-Richtlinien seit 1986 stärker anglo-amerikanischen Publizitätspflichten angenähert worden sind als der Inhalt der Jahresberichterstattung."

[256] So zum Beispiel Ballwieser (1997), S. 387: „Die amerikanischen Rechnungslegungsvorschriften haben – wie beschrieben – Vorteile. Was die Adressaten mit diesen Daten anfangen können und tatsächlich anfangen, wird durch solch eine Plausibilitätsüberlegung aber nur zum Teil belegt."

Bei großen Aktiengesellschaften ist in letzter Zeit eine zunehmende Bereitschaft zu beobachten, ihre Konzernabschlüsse nach IAS bzw. US-GAAP aufzustellen[257] oder Zusatzinformationen und freiwillige Angaben zu veröffentlichen. Das betrifft vor allem die Informationen, die in den anderen Staaten ein Pflichtbestandteil des veröffentlichten Jahresabschlusses sind. Als Beispiel können die Angaben über die Finanzlage des Unternehmens (insbesondere die Finanzierungsrechnungen und die darunter fallende Kapitalflussrechnung, sowie Segmentberichte) angeführt werden, die noch vor kurzem nicht verpflichtend waren.[258] Entsprechendes gilt für die Berichterstattung über die Derivate.[259] Finanzierungsrechnungen beinhalten stromgrößenorientierte Rechenwerke zur Darstellung der Finanzlage. Sie erfassen meist unsaldierte Finanzbewegungen der Zufluss- und Abflussseite.[260] Zu den Erscheinungsformen solcher Finanzierungsrechnungen gehören: Veränderungsbilanz, Bewegungsbilanz, Kapitalflussrechnung. Zwar hatte der Jahresabschluss einer Kapitalgesellschaft, auch schon vor der Gesetzesänderung, neben einem den tatsächlichen Verhältnissen entsprechenden Bild der Vermögens- und Ertragslage auch ein solches der Finanzlage des Unternehmens zu vermitteln (§ 264 II HGB). Aber der Gesetzgeber hatte außer dieser Generalnorm kein konkretes Instrument zur Darstellung der Finanzlage verbindlich vorgeschrieben.

Trotz dieser Unverbindlichkeit waren deutsche Aktiengesellschaften zunehmend bereit freiwillig diese Informationen zur Verfügung stellen.[261] Was insbesondere für uns eine große Relevanz besitzt, ist die Tatsache, dass die Zahl publizierter Finanzierungsrechnungen ständig angestiegen ist, und dass der Anteil bei börsennotierten Aktiengesellschaften besonders hoch war. So betrug der Anteil im Jahre 1963 30% aller erfassten Gesellschaften, im Jahre 1977 47% und im Jahre 1982 60%.[262] Eine neuere empirische Studie, die 60 Aktiengesellschaften (darunter alle in den DAX eingehenden Werte) untersuchte, fand heraus, dass 63% der Aktiengesellschaften irgendeine Form von Finanzierungsrechnung aufstellen.[263] Dabei war auch ein Trend zu komplexeren Finanzierungsrechnungen feststellbar.[264] Die Autoren führen die Bereitschaft zur freiwilligen Publikation zusätzlicher Informationen darauf zurück, dass die deutsche Industrie angesichts der Globalisierung das Bilanzrecht anderer Länder berücksichtigt.

---

[257] Vgl. dazu beispielsweise die 1995 Geschäftsberichte von Daimler Benz AG, Heidelberger Zement AG, Hoechst AG, Bayer AG, Schering AG, Veba AG, zit. nach Baetge (1997), S. 351, Fußnote 2.

[258] Das hat sich geändert. Nach § 297 Abs. 1 HGB sind die börsennotierten Mutterunternehmen zur Kapitalflussrechnungen und Segmentberichterstattung im Konzernanhang verpflichtet.

[259] Ballwieser (1997), S. 378.

[260] Schulte/Müller (1994) S. 545.

[261] Der Überblick über die empirischen Studien ist bei Schulte/Müller (1994) S. 545 enthalten.

[262] Busse von Colbe (1981), Spalte 1077.

[263] Schulte/Müller (1994), S. 559.

[264] Schulte/Müller (1994) S. 557: "Hinsichtlich der anderen Arten von Finanzierungsrechnungen lässt sich ebenfalls eine erfreuliche Entwicklungstendenz erkennen. Während früher noch relativ häufig die nur wenig zusätzlichen Informationsgehalt beinhaltenden Veränderungsbilanzen veröffentlicht wurden, finden neuerdings die Kapitalflussrechnungen zunehmend Anwendung (47% im Jahre 1991 im Gegensatz zu 17% im Jahre 1971). Diese Entwicklung hin zur Kapitalflussrechnung ist sehr zu begrüßen, da sie von allen Finanzierungsrechnungen den höchsten Informationsgehalt aufweist."

Der Trend zur Globalisierung wurde auch durch die Befragung der Unternehmen bestätigt. Die Befragung ergab, dass 55% der Unternehmen eine Erhöhung des Anteils ausländischer institutioneller Anleger anstreben.[265] Um dieses Ziel erreichen zu können, gründen die Unternehmen sog. Investor Relations-Abteilungen. "Mit Investor Relations wird der zielgerichtete Einsatz von Kommunikationsinstrumenten bezeichnet, der sich an den Bedürfnissen der Kapitalgeber orientiert und der die Marktwiderstände zwischen Kapitalangebot und Kapitalnachfrage überwinden soll."[266] Von den befragten Aktiengesellschaften haben 77% eine eigene Investor Relations-Abteilung, die in jedem zweiten Unternehmen erst nach 1993 gegründet wurde.[267] "Die Hauptaufgabe von Investor Relations ist es hierbei, den besonderen Informationsbedürfnissen der ausländischen institutionellen Anleger Rechnung zu tragen, die in der Regel schlechter als deutsche institutionelle Anleger mit den Besonderheiten der deutschen Rechnungslegung vertraut sind."[268] Daraus kann die folgende Schlussfolgerung gezogen werden: Wenn die Aktiengesellschaften das Bilanzrecht anderer Länder berücksichtigen und dadurch ausländische institutionelle Anleger anlocken wollen, dann kann man annehmen, dass sie auch effiziente, kapitalmarktrechtliche Regelungen berücksichtigen.

Zu einer weitergehenden Diskussion besteht jedoch deshalb Anlass, weil eine neuere empirische Untersuchung die Bereitschaft deutscher Unternehmen, die Informationen freiwillig offenzulegen, eher pessimistisch beurteilt.[269] In dieser Studie ist der Autor der Frage nachgegangen, wie in der Berichtspraxis auslegungsbedürftige Lageberichtsvorschriften umgesetzt werden und inwieweit auf freiwilliger Basis im Lagebericht, im freien Teil des Geschäftsberichts oder im Anhang bisher nicht publizitätspflichtige nichtfinanzielle Informationen veröffentlicht werden.[270] In dieser Untersuchung wurden jeweils 20 amerikanische und deutsche Berichte analysiert. Für das deutsche Sample wurden die 20 Industrieunternehmen ausgewählt, die 1994 die höchsten Kurswertanteile am Börsenumsatz aller inländischen Aktien aufwiesen. Zwar weisen die Geschäftsberichte der deutschen Unternehmen nach dieser Untersuchung erhebliche Defizite zu folgenden Sachverhalten auf: (1) Im Prognoseteil des Lageberichts wird nicht auf die erwartete Liquiditäts- oder Kapitalstrukturentwicklung eingegangen, (2) Es wird nicht über die zu erwartenden finanziellen Belastungen in der Zukunft wegen der Umweltschutzgesetzgebung berichtet, (3) Das Produktprogramm und dessen Fortentwicklung sowie die Wettbewerbssituation werden nur beiläufig erwähnt, (4) Auf die möglichen Beschaffungsrisiken wird nur sporadisch eingegangen, (5) Insichgeschäfte von Organmitgliedern oder deren Angehörigen, die Interessenkonflikte auslösen können, sind bislang anders

---

[265] Serfling/Großkopf/Röder (1998), S. 279.
[266] Serfling/Großkopf/Röder (1998), S. 273.
[267] Serfling/Großkopf/Röder (1998), S. 279.
[268] Serfling/Großkopf/Röder (1998), S. 279.
[269] In der juristischen Literatur sehr skeptisch zum Beispiel Merkt (2001), S. 249 mit weiteren Nachweisen: "Zum einen existieren in der Unternehmenspraxis seit jeher erhebliche Vorbehalte gegen die Offenlegung von Rechnungslegungsdaten. Verschiedentlich wird den Unternehmen ein ausgeprägt publizitätsscheues Verhalten attestiert".
[270] Brotte (1997), S. 190.

als in Börsenprospekten nicht Gegenstand von jährlichen Publizitätspflichten,[271] (6) Ebenfalls Pflichtbestandteil von Börsenprospekten, aber in keinem der 20 deutschen Geschäftsberichte zu finden ist die Angabe der vom Management und von den Mitgliedern des Aufsichtsrates gehaltenen Anteile und Aktienoptionen. Nach Meinung des Autors kommen diese Mängel nicht oder nicht in so großem Umfang in den Geschäftsberichten der US-amerikanischen Unternehmen vor.[272] Der Autor betrachtet diese Ergebnisse als ein Beweis für die unzureichende freiwillige Ergänzung deutscher Publizitätspflichten in der Praxis.

Ziehen wir Zwischenbilanz. Trotz der Kritik deutscher Geschäftsberichte darf die Relevanz dieser Mängel für die Kapitalmarkteffizienz nicht überbewertet werden. Von der Relevanz kann man nur dann sprechen, wenn die oben festgestellten Mängel für die Investoren von Bedeutung sind. Das hängt vor allem davon ab, ob fehlende Daten es unmöglich machen, dass die künftige Ertragskraft der Unternehmen durch den Kapitalmarkt richtig beurteilt werden kann. Das ist jedoch bei den oben festgestellten Mängeln nicht unbedingt der Fall. Der Grund dafür ist, dass sich die Mängel deutscher Geschäftsberichte im Vergleich zur amerikanischen Berichterstattung vor allem auf die *Prognoseberichterstattung* konzentrieren. Künftige Entwicklungen, Belastungen und Risiken können aber auch durch die Finanzexperten selbst beurteilt werden, soweit die erforderlichen Daten öffentlich zugänglich sind. Das ist jedoch meistens der Fall. Das Gleiche trifft auf die Informationen, die zwar nicht in den Geschäftsberichten enthalten sind, aber aus den Börsenprospekten leicht entnommen werden können, zu.

b. Relevanz der Offenlegungsvorschriften

Eine Untersuchung, die sich allein auf die Frage beschränkt, ob die Aktiengesellschaften freiwillig die durch das Recht nicht verlangten Informationen offen legen, greift notwendig zu kurz. Sie beschäftigt sich sozusagen nur mit einer Seite der Medaille. Denn es ist denkbar, dass zwingende Offenlegungsvorschriften für die Entstehung des effizienten Kapitalmarktes *irrelevant* sind.[273] Warum diese Hypothese nahe zu liegen scheint, wird uns an dieser Stelle beschäftigen.[274]

---

[271] Das hat sich zum Teil wegen KonTraG (1998) geändert. Gemäß 124 Abs. 3 Satz 3 AktG müssen die Mitglieder des Vorstands und des Aufsichtsrates im Anhang den derzeit ausgeübten Beruf und die Mitgliedschaft in anderen Aufsichtsräten und Kontrollgremien angeben. Damit soll den Aktionären die Möglichkeit gegeben werde, etwaige Interessenkonflikte einschätzen zu können.

[272] Brotte (1997), S. 367-368. Ähnlich Baetge/Armeloh/Schulze (1997), S. 219: "Grundsätzlich bleibt festzuhalten, dass deutsche börsennotierte Kapitalgesellschaften ihren Aktionären durch die Art ihrer Berichtserstattung keine ausreichende Basis für fundierte Investitionsentscheidungen bieten ... Dem zunehmend geäußerten Anspruch der Shareholder-Value-Orientierung wird der überwiegende Teil der untersuchten Geschäftsberichte nicht gerecht." In die inhaltliche Untersuchung wurden die Geschäftsberichte 1995 der größten 500 börsennotierten deutschen Kapitalgesellschaften einbezogen.

[273] Dazu Fox (1999), S. 115, obwohl er aus anderen Gründen das zwingende Kapitalmarktrecht für notwendig hält. Er schreibt: "Disclosure is not necessary to protect investors against either unfair price or risk ... First, consider unfair prices. Under the efficient market hypothesis, security prices are unbiased, regardless of the amount of publicly available information about an issuer. In other words, share prices, on average, equal the actual value of the shares involved regardless of whether issuers are required to produce substantial or minimal

Der mögliche Nutzen von Unternehmensinformationen für die Anleger allein rechtfertigt nicht die zwingende Verpflichtung zur unentgeltlichen Abgabe relevanter Informationen an die Investoren. Auch ohne eine solche Verpflichtung ist damit zu rechnen, dass es zu einem Angebot und einer Nachfrage und somit zu einem Austausch von Unternehmensinformationen kommt, vorausgesetzt, dass kein Marktversagen vorliegt. Der dieser Überlegung zugrundeliegende Gedanke geht dahin, dass nicht nur die potentiellen Anleger an der Veröffentlichung relevanter Informationen ein Interesse haben, sondern auch die Aktionäre.[275] Denn die Aktionäre sind an einer kapitalkostenminimierenden Finanzierung interessiert. Werden die relevanten Informationen auf dem Kapitalmarkt nicht publiziert, müssen die Anleger bei allen angebotenen Aktien von durchschnittlichen Renditen ausgehen. Dadurch ergeben sich für Unternehmen mit positiven Nachrichten Anreize, diese an die Investoren weiterzuleiten, um sich von Unternehmen mit weniger guter Entwicklung zu unterscheiden und die Kapitalkosten zu senken. Dieser Anreiz besteht für alle Unternehmen, die befürchten müssen, bei Nichtveröffentlichung ihrer Informationen mit den schlechten Unternehmen gleichgesetzt zu werden. Die Anleger könnten folglich das Nichtveröffentlichen von Informationen eindeutig als Signal für schlechte Gewinnaussichten identifizieren.[276]

(a) Ein Fall des Marktversagens?

Ob aus dieser Beschreibung zu folgern ist, dass zwingende Publizitätsvorschriften überflüssig sind, ist noch nicht endgültig geklärt.[277] Dafür gibt es einen Grund: mögliches *Marktversagen*. Zunächst eine Feststellung: Der Umstand, dass die Unternehmen den Anlegern nicht alle relevanten Informationen zur Verfügung stellen, ist kein Indiz dafür, dass ein Marktversagen vorliegt. Denn die Publizität ist nicht umsonst zu bekommen. Aus der ökonomischen Perspektive ist das Informationsverhalten der Unternehmen als eine Frage von Informationsverbreitungskosten im Verhältnis zu den Erträgen, die durch die Publizität erzielt werden können, anzusehen. Nur wenn ein Unternehmen zu dem Ergebnis kommt, dass die Grenzerträge infolge der Veröffentlichung höher sind als die Grenzkosten, die dem Unternehmen im Zusammenhang mit der Publizität entstehen, wird es bereit sein, freiwillig Infor-

---

disclosure. Thus, *greater disclosure* is not necessary to protect investors from purchasing shares at prices that are, on average, unfair or higher than their actual values."

[274] Dazu umfangreich Kitch (1995), S. 776. Denn die Prämissen des zwingenden Kapitalmarktrechts sind: "Beneath such conceptual simplicity are heroic assumptions about the ability of the SEC effectively to identify and induce the production of the correct information, and about the inability of private parties to address these problems through private arrangements."

[275] Romano (2001); Romano (1998), S. 2374: „... because firms need capital and investors need information, firms have powerful incentives to disclose information if they are to compete successfully for funds against alternative investment opportunities."

[276] Ein guter Überblick über die Diskussion befindet sich bei Kitsch (2001).

[277] Dazu siehe Black (2001), S. 782. Er behauptet, dass ein starker Kapitalmarkt "does not appear in unregulated markets".

mationen über seine wirtschaftliche Lage zu veröffentlichen. Daraus folgt, dass eine sparsame Informationspolitik nicht unbedingt ein Marktversagen bedeuten muss.[278]

Naheliegend ist aber der Rückgriff auf das Argument, dass Unternehmensinformationen als *öffentliche Güter* einzustufen sind und deswegen ein Marktversagen vorliegt.[279] Dazu müsste entweder Nichtrivalität im Konsum oder Nichtausschließbarkeit oder beide Kriterien gleichzeitig vorliegen. Die Frage der Nichtrivalität ist eher zu verneinen. Denn es ist zwar möglich, dass alle Anleger die Unternehmensinformationen zur Kenntnis nehmen können, es ist aber ausgeschlossen, dass alle, die von diesen Informationen Kenntnis genommen haben, im gleichen Umfang von diesen Informationen profitieren können.[280] Auch ist die zweite Eigenschaft des öffentlichen Gutes nicht eindeutig gegeben. Zwar erscheint theoretisch möglich, bestimmte Informationen ausschließlich an diejenigen zu beschränken, die dafür bezahlen. Praktisch ist aber so ein Versuch eher zum Scheitern verurteilt. [281] Es mag aber dahin stehen, ob das wirklich der Fall ist, dass es sich bei Unternehmensinformationen um das reine öffentliche Gut handelt. Es steht zumindest fest, dass es sich nicht um klassische private Güter handelt und somit die Gefahr besteht, dass die Nachfrager dieser Informationen nicht bereit sein werden, einen Preis für diese Informationen zu zahlen, sondern vielmehr versuchen werden, das Trittbrettfahren zu betreiben. Das kann dazu führen, dass die Veröffentlichung der Informationen zumindest teilweise unterbleibt.[282]

Der andere mögliche Grund des Marktversagens sind *externe Effekte*. So zeigen Easterbrook/Fischel (1985), dass die Externalitäten zur Unterversorgung der Anleger mit den Informationen führen können. Sie schreiben: „There is one other reason why firm's disclosure may not be optimal: third-party effects. The information produced by one firm for its investors may be valuable to investors in other firms. Firm A statements may reveal something about the industry in which Firm A operates ... that other participants in the industry can use in planning their own operations. There may be other collateral benefits to investors in rival firms. Yet Firm A cannot charge the investors in these other firms for the benefits, although they would be willing to pay for them. Because they cannot be charged, the information will be underproduced ..."[283] Also müssen die Unternehmen bei der Veröffentlichung der Informationen nicht nur die direkten Kosten der Veröffentlichung, sondern auch die Folgekosten, berücksichtigen. Als solche Folgekosten kommen in Betracht zum Beispiel die Kosten erhöhter Lohnforderungen, verstärkter Konkurrenz oder Preisgabe von Wettbewerbsvorteilen. Für die

---

[278] Ausführlich dazu Fox (1999), S. 1394: "Mandatory disclosure, however, involves costs as well. Affirmative evidence is lacking for the proposition that the benefits are greater than the costs."

[279] Black (2001), S. 797: "Transparency is a collective good that must be established by regulation."

[280] Romano (1998), Fußnote 20: „The informational efficiency of capital markets implies that only the first investor to obtain private information about a firm is likely to realize the value of the information through trading ..."

[281] Feldhoff (1992), S. 104 ff.

[282] Es wird auch argumentiert, dass zu viele Informationen produziert werden. So Easterbrook/Fischel (1984), S. 703: „Investors produce too much information, though, if severeral create the same ten dollars bit of information (redundant production)."

[283] Easterbrook/Fischel (1984), S. 704.

Anleger bedeutet das, dass sie nicht eindeutig die Informationspolitik interpretieren können. Denn die Nichtveröffentlichung einer Information kann entweder eine besonders negative Entwicklung signalisieren oder eine positive, die nur aufgrund der Externalitäten nicht veröffentlicht wurde.

All dies ist richtig und doch können wir uns an dieser Stelle mit diesen theoretischen Überlegungen nicht begnügen. Man muss vielmehr die Frage beantworten, wie groß das Problem der Unterversorgung und des Trittbrettfahrens in der Wirklichkeit ist. Denn wenn sich herausstellen sollte, dass dieses Problem klein ist, besteht kein Anlass anzunehmen, dass der deutsche Kapitalmarkt aufgrund unzureichender Publizitätspflichten zwangsläufig ineffizient ist.[284]

(b) Empirie in den USA

In den USA wurde wiederholt versucht, die Wirkung der zwingenden Regulierung unternehmerischer Berichterstattung empirisch zu bestimmen. Ausgehend von der Annahme, dass der größte Unterschied zwischen Deutschland und den USA die Jahresberichterstattung betrifft, ist es angebracht vor allem zu untersuchen, ob die Jahresberichterstattung für den Kapitalmarkt eine große Rolle spielt.

Eine empirische Untersuchung, die dieser Frage nachgegangen ist, kam zu dem Ergebnis, dass das nicht der Fall ist.[285] Diese Untersuchung versuchte den Informationswert der Jahresberichterstattung über die ausgelösten Kapitalmarktreaktionen zu messen. Dazu wurden im Zeitraum von 1962 bis 1985 125.000 10-K Berichte und die "annual reports" untersucht. Die Autoren konnten weder für die 10-K Berichte noch für die "annual reports" abnormale Rendite nachweisen. Auch eine andere Studien konnte für die "annual reports" keine abnormalen Renditen nachweisen.[286] Sie kommen zu dem Fazit, dass die Jahresberichterstattung keine neuen relevanten Informationen dem Kapitalmarkt zur Verfügung stellt, weil die Investoren diese Informationen regelmäßig aus den zeitnäheren Quellen entnehmen können.[287]

Auch die anderen empirischen Untersuchungen konnte nicht den Nachweis erbringen, dass die Anleger von gesetzlichen Publizitätspflichten profitieren. In diesem Zusammenhang

---

[284] Das behauptet und ausführlich begründet Romano (1998), S. 2428: "The mandatory federal securities regime has been in place for over sixty years, but the theoretical support for it is thin, and there is no empirical evidence indicating that it is effective in achieving its stated objectives. In fact, there is a developing literature pointing in the opposite direction. At a minimum, this literature suggests that the securities status quo should no longer be privileged, and that it should instead be opened up to market forces by means of competitive federalism. Corporation codes have benefited from precisely such competition. Although the current legislative trend in Congress, supported by both the proponents and opponents of the existing regulatory regime, is to seek to monopolize even further securities regulation at the federal level, this Article maintains that it would be far better public policy to expand, not restrain, state regulatory involvement." Die Kritik befindet sich bei Fox (1999), S. 1335 ff.

[285] Easton/Zmijewski (1993), S. 113-127.

[286] Foster/Jenkins/Vickrey (1986), S. 94.

[287] Foster/Jenkins/Vickrey (1986), S. 91 m.w.N. Zu einem anderen Ergebnis kamen Foster/Vickrey im Jahre 1973. Kritisch auch Brotte (1987), S. 165.

sind vor allem die Untersuchungen von Benson (1973)[288] und Stigler (164)[289] zu nennen. Stigler (1964)[290] und Benson (1973)[291] versuchten empirisch herauszufinden, ob die Publizitätsvorschriften, die den börsennotierten Unternehmen durch den SE 1933 und den SEA 1934 aufgebürdet wurden, für die Anleger einen Nutzen haben. Beide kommen in ihren Studien zu dem Ergebnis, dass die zwingende Publizität den Anlegern keinen Vorteil gebracht hat. Benson (1973) stellt fest, dass die Offenlegungspflichten keine für den Kapitalmarkt neuen Informationen produzieren und daher nicht notwendig sind. Noch kritischer bezüglich der Offenlegungspflichten ist Stigler (1964). Er glaubt belegen zu können, dass die Publizitätsvorschriften sogar die betrügerischen Aktivitäten, wie etwa falsche oder irreführende Informationen bei IPOs nicht wesentlich reduzieren können.[292] Diese Ergebnisse wurden auch durch neuere Untersuchungen von Simon (1989)[293] und von Ingram/Chewning (1983)[294] bestätigt. Sie kamen zu dem Ergebnis, dass der amerikanische Kapitalmarkt schon vor 1933 und 1934 (also vor der Einführung des modernen Kapitalmarktrechts) informationseffizient war.[295]

Möglicherweise lassen sich aber die amerikanischen Untersuchungen auf deutsche Verhältnisse nicht übertragen. Denn es erscheint plausibel, dass die Manager schon deswegen

[288] Benston (1973), S. 132-142.

[289] Stigler (1964), S. 117-142.

[290] Eine Zusammenfassung befindet sich bei Fox (1999), S. 1370: "George Stigler examined two groups of new share issues, one from the period 1923-28 (prior to the passage of the Securities Act, with its new issue disclosure requirements) and the other from the period 1949-55 (after the Act's passage). For each group, he calculated the average of the price performance of the group members over the five years after issuance relative to the price performance of the market as a whole for the corresponding period (thus controlling for factors affecting the market as a whole)."

[291] Eine sehr gute und verständliche Zusammenfassung dieser Studie befindet sich bei Fox (1999), S. 1373: "George Benston studied the effect of the periodic disclosure requirements under the Exchange Act. His results are more mixed than the findings of the new issue disclosure studies discussed above. Benston looked at 466 New York Stock Exchange ("NYSE") firms for a period starting prior to the imposition of the Exchange Act regime and running to a point ninety months after its imposition, using the market model to determine the variance of their month-to-month residuals as a measure of price dispersion. Of these, 290 firms disclosed sales data before imposition of the Exchange Act regime and 176 did not. After imposition, all 466 firms were required by law to disclose this sales data. Benston focused on whether the riskiness of the 176 firms that were required by the Act to reveal their sales figures for the first time (the "nondisclosure" firms) declined relative to the riskiness of the firms that had been disclosing sales all along (the "disclosure" firms). To make this comparison, Benston looked to see whether, after the Act was imposed, the average decline in the variance of the residuals of the nondisclosure firms was greater than that of the disclosure firms. Benston found that it was, but only by a very small, statistically insignificant amount, and consequently concluded that the post-Act disclosure of sales data by the nondisclosure firms did not reduce their riskiness."

[292] An dieser Stelle soll nicht verschwiegen werden, dass die beiden Studien sehr stark kritisiert wurden. Es wird behauptet, dass die beiden Studien sowohl hinsichtlich der Methode als auch der Auswertung des Zahlenmaterials fehlerhaft seien. Sehr kritisch: Fox (1999), S. 1385-1387 mit weiteren Nachweisen: "In particular, it is invalid for Romano and Stigler to conclude that the Act did not enhance social welfare from the fact that the studies did not find a statistically significant improvement in the rate of return enjoyed by the purchasers of newly issued shares relative to the rate enjoyed by share purchasers generally."

[293] Simon (1989), S. 317.

[294] Ingram/Chewning (1983), S. 578.

[295] Der gleichen Meinung ist Romano (1998), S. 2373: "There is little tangible proof of the claim that corporate information is "underproduced" in the absence of mandatory disclosure, or that the benefits to investors from information that firms would not produce in the absence of mandatory disclosure actually outweigh their costs. For instance, before the enactment of the federal securities laws in the 1930s, public corporations voluntarily disclosed financial statements, typically under a stock exchange listing requirement, that contained substantially all of the information subsequently required under the federal laws."

bereitwillig ungünstige Informationen veröffentlichen, weil sie in den USA mit einem hohen Risiko von Schadensersatzklagen wegen zu späten Veröffentlichung einer Information rechnen müssen. Wie wir aber noch an einer anderen Stelle ausführlich darlegen werden, sind die Klagen (und insbesondere „class action", die gerade im Kapitalmarktrecht eine große Rolle spielt) nicht positiv zu beurteilen. Die Frage der Übertragbarkeit der amerikanischen Studien auf die deusche Kapitalmarktwirklichkeit kann jedoch nicht eindeutig beantwortet werden, weil sich die gesamte empirische Forschung bislang praktisch nur mit dem amerikanischen Kapitalmarkt beschäftigt hat. Die Stimmen der Autoren in der deutschen Literatur, die sich mit dieser Frage beschäftigten, sind aber eher skeptisch, ob der zwingenden Regelung im Kapitalmarktrecht eine große Bedeutung zukommt. So kommt Feldhoff (1992) zu folgendem Fazit: „Die Ergebnisse der empirischen Untersuchungen sind einigermaßen ernüchternd. Bisher scheint es nur gelungen zu sein, einen kleinen Teil der Veränderung quantifizieren zu können, die durch die Regulierung ausgelöst wurden. Längst nicht alle Effekte sind messbar, zum Beispiel die Informationskosten der Investoren, und es ist bisher nicht möglich, die beobachteten Effekte hinsichtlich zu deuten."[296] Ähnlich skeptisch Brotte (1997): „Richtig ist, dass beim gegenwärtigen Stand des Wissens eine wohlfahrtökonomische Verbesserung durch zusätzliche Offenlegungspflichten nicht nachweisbar ist."[297] Diese Meinung wird sogar in der neuesten deutschen, juristischen Literatur geteilt. So schreibt Merkt (2001): "Die Resultate der empirischen Forschung zur Leistungsfähigkeit und Legitimation gesetzlicher Publizitätspflichten sind insgesamt einigermaßen ernüchtern ... Insgesamt bleibt festzuhalten, dass die Empirie beim heutigen Forschungsstand keine verwertbaren Antworten auf die Frage nach Leistungsfähigkeit und Legitimation der Publizitätspflicht im Kapitalmarktrecht bieten kann."[298]

Ziehen wir Zwischenbilanz. Mit diesen kurzen Zitaten aus der deutschen Literatur zu dem Problem „Marktversagen - ja oder nein" bei der Abwesenheit zwingender Offenlegungsregelungen, soll an dieser Stelle sein Bewenden haben. Wir haben gesehen, dass empirische Studien bezüglich dieser Frage eher auf die fehlende Relevanz zwingender Offenlegungsregelungen hindeuten. Wenn aber die Ergebnisse dieser empirischen Studien richtig sind, dann können aus der rechtsvergleichenden Analyse der Publizitätsvorschriften keine Rückschlüsse bezüglich der Effizienz des Kapitalmarktes gezogen werden.

c. *Informationsgehalt*

Selbst wenn wir unterstellen, dass die Unternehmen nicht alle notwendige Informationen freiwillig den Anlegern zur Verfügung stellen, die an sich zur Entstehung des effizienten

---

[296] Feldhoff (1992), S. 180.

[297] Brotte (1997), S. 105, obwohl er diese Aussage später relativiert. Er schreibt: „Die Tatsache, daß es bisher nicht gelungen ist, positive Wirkungen der Regulierung nachzuweisen, darf nicht zu dem Umkehrschluss verleiten, daß im Zweifel das Nichteingreifen in die Berichterstattung zu günstigen Ergebnissen führen würde."

[298] Merkt (2001), S. 196-197.

Kapitalmarktes notwendig sind, und dass ein Marktversagen ohne zwingende Offenlegungsregelungen theoretisch eintreten kann, dann ist es noch lange nicht erwiesen, dass die Unterschiede zwischen deutschen und amerikanischen Publizitätsvorschriften tatsächlich die Entstehung des effizienten Kapitalmarktes in der Praxis behindern.[299] Es ist zumindest denkbar, dass die Anleger die deutschen und amerikanische Rechnungslegungsvorschriften als völlig *gleichwertige Informationsquellen* betrachten, obwohl die ihnen zur Verfügung stehende Informationsmenge nicht gleich ist. [300] Dass diese Argumentation nicht so abwegig ist, wie sie auf den ersten Blick erscheinen vermag, deuten die empirischen Untersuchungen, die sich mit dieser Frage beschäftigt haben. Selbstverständlich ist die Messung des für die Informationseffizienz des Kapitalmarktes relevanten Informationsgehaltes nicht einfach. Als die beste Möglichkeit werden die Untersuchungen darüber angesehen, ob mit der Veröffentlichung bestimmter Daten Kurswirkungen verbunden sind und ob sich durch ihre Nutzung außergewöhnliche Renditen am Kapitalmarkt erzielen lassen.

So eine Analyse haben Harris/Lang/Möller (1995) durchgeführt. Harris/Lang/Möller (1995) haben die Informationshaltigkeit der US-amerikanischen und deutschen Rechnungslegung aus Sicht der Investoren verglichen.[301] Sie überprüften für 230 Unternehmen in den USA und Deutschland in den Jahren 1983 bis 1991 den statistischen Zusammenhang zwischen den ein- oder mehrjährigen Börsenrenditen und dem publizierten Unternehmenserfolg.[302] Sie gelangten zu dem Ergebnis, dass sich die Korrelationen zwischen Bilanzdaten und Aktienrenditen nicht zwischen den beiden Ländern unterscheiden. Sie fanden heraus, „dass zwischen deutschen Börsendaten – Aktienkursen und Aktienrenditen – und deutschen Jahresabschlussdaten – Eigenkapital und Erfolg – ein signifikanter Zusammenhang besteht. Es zeigt sich ferner, dass der Zusammenhang zwischen deutschen Aktienrenditen und den veröffentlichten Jahresüberschüssen hinsichtlich der Straffheit des Zusammenhangs dem entsprechenden amerikanischen Zusammenhang vergleichbar, wenn nicht überlegen ist. Daraus lässt sich wiederum schließen, dass die deutschen Jahresüberschüsse – selbst wenn sie wirklich so manipuliert wären, wie oft behauptet wird – *aus Sicht eines Investors nicht notwendigerweise schlechter sein müssen als amerikanische* ... Die Ergebnisse sprechen dafür, dass die in Deutschland üblichen Methoden der jahresabschlussorientierten Aktienanalyse sich im Prin-

---

[299] Dazu Fox (1999), der ausführlich darlegt, warum eine geringere Transparenz in Deutschland nicht ein großes Problem darstellt. Er schreibt auf Seite 125-126: "Disclosure has costs as well as benefits. Given existing differences in firm governance structures among countries, there are likely to be important differences among issuers worldwide in the level of disclosure that will maximize the returns - net of the costs of this disclosure - from their capital utilizing, productive activities ... This comparison suggests that *the optimal level of disclosure* for U.S. issuers would be higher than for German and Japanese issuers."

[300] So zum Beispiel Ballwieser (1997), S. 387: „Die amerikanischen Rechnungslegungsvorschriften haben – wie beschrieben – Vorteile. Was die Adressaten mit diesen Daten anfangen können und tatsächlich anfangen, wird durch solch eine Plausibilitätsüberlegung aber nur zum Teil belegt."

[301] Harris/Lang/Möller (1995).

[302] Harris/Lang/Möller (1995), S. 1027: "Die Untersuchung besteht im Prinzip aus der Analyse des Zusammenhangs zwischen der einjährigen oder mehrjährigen Börsenrendite und dem Unternehmeserfolg sowie aus einer Analyse des Zusammenhangs zwischen dem Börsenkurs sowie dem Eigenkapital und dem Unternehmenserfolg."

zip auch auf amerikanische Aktien sinnvoll anwenden lassen und dass die amerikanischen Methoden im Prinzip zur Analyse deutscher Aktein herangezogen werden können."[303]

Es gibt aber auch Untersuchungen, das soll an dieser Stelle nicht verschwiegen werden, die ein anderes Ergebnis herausfanden als die Studie von Harris/Lang/Möller (1995). Frankenberg (1993) hat die Bilanzen von 10 deutschen Tochtergesellschaften amerikanischer Muttergesellschaften und 29 amerikanische Tochtergesellschaften deutscher Mütter untersucht.[304] Das Ziel der Untersuchung war herauszufinden, ob eine zusätzliche Auswertung von amerikanischen Abschlüssen neben den entsprechenden deutschen Abschlüssen die Rangreihe von Unternehmen, die mit Hilfe von Kennzahlen erzeugt worden ist, signifikant verändert. Frankenberg (1993) kommt zum Schluss, dass der Informationsgehalt amerikanischer Abschlüsse höher ist, weil sich die Rangreihe in der Tat veränderte. Diese Studien deutet also darauf hin, dass der Informationsgehalt der deutschen Rechnungslegungsvorschriften geringer ist.[305] Auch Alford/Jones/Lefwich/Zmijewski (1993) kommen zum Schluss, dass die Gewinnziffern der nach HGB bilanzierenden Unternehmen einen geringeren Informationsgehalt aufweisen als diejenigen von vergleichbaren US-Gesellschaften, obwohl diese Aussage an einer anderen Stelle der Untersuchung relativiert wird. Alford/Jones/Lefwich/Zmijewski (1993) haben den Informationsgehalt und die Rechtzeitigkeit von Gewinnziffern in 16 Ländern und in den USA verglichen. Sie prüften den Vorhersagewert von Gewinnänderungen zur Erzielung von außergewöhnlichen Renditen am Kapitalmarkt.[306]

Diese Ergebnisse wurden aber durch andere empirische Studien relativiert. Choi und Levich (1990) befragten 17 verantwortliche Manager von Investmentgesellschaften, inwieweit die Unterschiede der Rechnungslegungsvorschriften ihre Anlageentscheidungen beeinflusst.[307] Nur neun der Manager waren der Meinung, dass die Unterschiede ein Problem darstellen. Eine interessante Untersuchung stammt auch von Pellens/Tomaszewski (1999). Dieser Studie lag folgende Annahme zugrunde: Wenn die Bilanzierung nach US-GAAP oder IAS informationsgehaltvoller ist, dann müssten die Kapitalreaktionen nach einer Umstellung positiv ausfallen. Das ist nicht unbedingt der Fall. „Die bei einem Wechsel auf US-GAAP inkl. Beachtung sämtlicher Publizitäts- und Verhaltensregeln der SEC feststellbare Reaktionsintensität zeigt, das die Kapitalmarktteilnehmer einen derartigen Rechnungslegungswechsel positiv honorieren. Bei einem Wechsel auf die IAS-Rechnungslegungsregeln kann diese Hypothese demgegenüber kaum bestätigt werden."[308] Es ist aber zu berücksichtigen, dass die Datenbasis sehr schmal war. Es wurden nur 14 deutsche Unternehmen untersucht, die einen Rechnungs-

---

[303] Harris/Lang/Möller (1995), S. 1025. Die Hervorhebung nicht im Original.

[304] Frankenberg (1993), S. 188 ff.

[305] Diese Schlussfolgerung wird aber bezweifelt, weil ein Kriterium fehlt, welche Rangreihe besser ist. Die Veränderung der Rangreihe beweist nur der Unterschied im Informationsgehalt, aber besagt nicht, welche Rechnungsregeln besser sind. So Ballwieser (1997), S. 389.

[306] Alford/Jones/Lefwich/Zmijewski (1993), S. 183. Pellens/Tomaszewski (1999), S. 207 behaupten, dass in dieser Untersuchung durchgeführte Analyse einen geringen Erklärungsgehalt aufweist.

[307] Choi und Levich (1990), S. 44.

[308] Pellens/Tomaszewski (1999), S. 220

legungswechsel auf US-GAAP bzw. IAS vollzogen haben. Daraus kann folgende Schlussfolgerung gezogen werden: Wenn die Anleger mit den erheblichen Rechnungslegungsunterschieden zwischen IAS und HGB umgehen können, dann können sie um so mehr mit den kleinen Unterschieden bezüglich der Jahresberichterstattung umgehen.

Zusammenfassend gilt, dass sich der höhere Informationsgehalt der US-amerikanischen Rechnungslegungsdaten empirisch nicht eindeutig belegen lässt.[309] Damit ist nicht gesagt, dass sich das nie wird nachweisen lassen. Denkbar ist dies - wegen der zunehmenden Internalisierung des Aktienbesitzes in Deutschland - schon. Bevor aber das geschehen wird, soll uns die bloße Möglichkeit des Marktversagens nicht davon abhalten, die Effizienz des deutschen Kapitalmarktes zu unterstellen.

VIII. Zusammenfassung

Gegenstand unserer bisherigen Untersuchung war die Fragestellung, ob der deutsche Kapitalmarkt effizient ist. Diese Diskussion hat hier deshalb einen so breiten Raum eingenommen, weil die fehlende Informationseffizienz des deutschen Kapitalmarktes sozusagen die natürliche Partnerin des zwingenden Aktienrechts zu sein scheint. Jeder Versuch der Deregulierung des Aktienrechts bei der börsennotierten Aktiengesellschaft sieht sich schwerwiegenden Einwänden ausgesetzt, wenn den Befürwortern der Deregulierung nicht gelingt, die Informationseffizienz des deutschen Kapitalmarktes zu beweisen. Angesichts dieser Sachlage ist nicht verwunderlich, dass die erste intellektuelle Schlacht mit den Vertretern der Regulierung im Rahmen dieser Arbeit auf dem Feld des Kapitalmarktes stattfand. Zusammenfassend ergibt sich nunmehr folgendes Bild. Ausgangspunkt unserer Überlegung war die Erkenntnis, dass der US-amerikanische Kapitalmarkt effizient ist. Darüber besteht eine weitgehende Einigkeit. Wir haben ferner gesehen, dass empirische Studien zur Effizienz des deutschen Kapitalmarktes darauf hindeuten, dass der deutsche Kapitalmarkt ebenfalls effizient ist. Wir hatten uns dann mit der Frage beschäftigt, ob der deutsche Kapitalmarkt genauso transparent ist wie der amerikanische Kapitalmarkt. Dabei hatten wir festgestellt, dass es zwar kleine Unterschiede bezüglich der Offenlegungsvorschriften gibt, aber diese Unterschiede sollen - und das ist der entscheidende Punkt - auf keinem Fall überbewertet werden. Denn erstens werden viele Informationen auch ohne rechtliche Verpflichtung durch die Aktiengesellschaften den Anlegern zur Verfügung gestellt und zweitens können die Investoren mit den Informationsdefizi-

[309] So schreibt Ballwieser (1997), S. 391, 1997: „Bezüglich des relativen Informationsgehalts von Abschlüssen nach US-GAAP und HGB gibt es widersprüchliche Ergebnisse. Welches System als überlegen angesehen wird, ist eher eine politische Wertung als eine auf fundierten Daten basierende und insofern objektivierbare Entscheidung.“ Ähnlich Auer (1999), S. 990: "Fasst man die Ergebnisse der bisher vorliegenden empirischen Studien zusammen, so kann ein statistisch signifikant höherer Informationsgehalt bzw. eine statistisch höhere Bewertungsrelevanz der US-GAAP gegenüber den anderen in den Studien untersuchten nicht US-GAAP-Standards nicht in allen Fällen nachgewiesen werden."

ten auf dem deutschen Kapitalmarkt sehr gut umgehen. Im Ergebnis ergibt sich daraus, dass der deutsche Kapitalmarkt effizient ist bzw. ausreichend effizient, um die Deregulierung des zwingenden Aktienrechts bei der börsennotierten Aktiengesellschaft zuzulassen.[310]

---

[310] Ähnlich Claussen (1997), S. 110: "Für ein dereguliertes Aktienrecht spricht auch folgender Gedanke: Deutschland hat spätestens seit 1994 mit dem WpHG ein neues Rechtsgebiet, das zwingende Kapitalmarktrecht erhalten ..., weitgehend aus den USA übernommen. Aus diesem Grunde könnte man im privaten Aktienrecht einen Deregulierungsantritt wagen, nämlich zwingendes Recht durch dispositives Recht ersetzen."

Zweiter Teil: Marktversagen bei der börsennotierten Aktiengesellschaft

Diese Frage, ob wir bei der börsennotierten Aktiengesellschaft mit einem Fall des Marktversagens zu tun haben, soll der Schwerpunkt dieser Arbeit sein. Es sollen verschiedene, mögliche Ursachen des Marktversagens bei der börsennotierten Aktiengesellschaft dargestellt werden. Im Rahmen dieses Abschnittes soll auch gezeigt werden, welche Möglichkeiten der Markt zur Verfügung stellt, um diese Probleme zu lösen bzw. zu reduzieren. Die Feststellung eines Marktversagens bedeutet aber nicht, dass die Anwendung des zwingenden Rechts notwendig ist. Es kann durchaus sein, dass die Kosten der zwingenden Regelung die Kosten des Marktversagens bei weitem übersteigen. Deswegen ist es angebracht, eine Kosten-Nutzen-Analyse des zwingenden Aktienrechts durchzuführen. Um dies machen zu können, ist es notwendig die Antworten auf folgende Fragen zu wissen: (1) Wie groß sind Effizienzverluste, die durch ein Marktversagen verursacht werden? (2) In welchem Umfang können diese Effizienzverluste durch das geltende zwingende Recht beseitigt werden? (3) Wie hoch sind Effizienzverluste, die durch die zwingende Regelung selber herbeigeführt werden? Das Kosten-Nutzen-Verhältnis zwingenden Rechts wird an den geltenden Regelungen dargestellt, deren Sinn nach der Intention des Gesetzgebers die Beseitigung des jeweiligen Marktversagens ist.[311]

Ausgangspunkt der Überlegungen über das Marktversagen bei der börsennotierten Aktiengesellschaft ist die Feststellung, dass die Aktiengesellschaft als eine Verflechtung von Verträgen anzusehen ist. Die Tatsache, dass das Unternehmen in der Rechtsform der Aktiengesellschaft als juristische Person handelt und als Einheit am Wirtschaftsleben teilnehmen kann, hat für die ökonomische Analyse keine Bedeutung. Denn "organisiertes" Handeln im Rahmen von Unternehmen bietet insofern Vorteile, als die Koordinierung der Aktionen vieler Individuen unter bestimmten Bedingungen mit geringeren Kosten verbunden ist als eine Vielzahl entsprechender Markttransaktionen. Aktiengesellschaft ist also eine rechtliche Fiktion, die dazu dient, ein Geflecht von Vertragsbeziehungen zu schaffen. Es ist daher folgerichtig die vertraglichen Beziehungen, auf denen die Aktiengesellschaft aufbaut, als die Basis der Analyse des Marktversagens zugrunde zu legen. Die zentralen Verträge im Rahmen dieser Betrachtung sind diejenigen, welche die Rechte auf den Unternehmensertrag ("residual"), den Ablauf des Entscheidungsprozesses und die Sicherstellung der Finanzierung regeln.[312] Im Rahmen dieser Arbeit werden die folgenden "vertraglichen Beziehungen" innerhalb der Aktiengesellschaft unterschieden: (1) Management - Aktionäre, (2) Mehrheitsaktionäre - Minderheitsaktionäre und (3) Aktionäre - Gläubiger.

---

[311] Ähnlich Baums (1999), S. 119: „Our mandatory corporate law aims at avoiding or mitigating information asymmetries and agency costs in the relationships between shareholders, management, and the other stakeholders in the firm, collective action problems in companies with widely spread ownership, and opportunistic behavior in the relationships between small investors and controlling shareholders."

[312] Fama/Jensen (1983), S. 302

Um diese "vertraglichen Beziehungen" analysieren zu können, werde ich mich der Agency-Theorie bedienen. Denn die oben genannten "vertraglichen Beziehungen" kann man auch als die Agency-Beziehungen beschreiben.[313] Jensen/Meckling (1976) charakterisieren eine Agency-Beziehung als "a contract, under which one or more persons (the principal) engage another person (the agent) to perform some service in their behalf which involves delegating some decision making authority to the agent. If both parties to the relationship are utility maximizers there is a good reason to believe that the agent will not always act in the best interests of the principal".[314] Eine Agentenbeziehung existiert also, sobald eine Vereinbarung getroffen wird, bei der die Wohlfahrt einer Person davon abhängt, was eine andere Person tut. Der Agent ist die handelnde Person und der Prinzipal ist die Partei, den die Handlung beeinflusst. Das Prinzipal-Agenten-Problem besteht darin, dass die Agenten (zum Beispiel die Manager) ihre eigenen Ziele verfolgen können, wobei dies sogar auf Kosten des Prinzipals (zum Beispiel der Aktionäre) erfolgen kann. Das ergibt sich aus der Annahme, dass jedes Individuum in erster Linie danach trachtet, seinen individuellen Nutzen zu maximieren und hierbei unter Umständen sogar dazu bereit ist, anderen einen Schaden zuzufügen. Der Prinzipal kann zwar das Arbeitsergebnis feststellen, er weiß aber nicht, ob dieses auf dem Einsatz des Agenten oder einem bestimmten Umweltereignis beruht. Denn der Arbeitserfolg ist nicht nur das Ergebnis der Bemühungen des Agenten, sondern auch sämtlicher relevanter externer Ereignisse, auf die der Agent keinen Einfluss hat. Dazu zählen makroökonomische Daten, das Verhalten der Konkurrenz oder politische Ereignisse. Die Prinzipal-Agenten-Beziehungen sind sehr verbreitet. Denn infolge der zunehmenden Spezialisierung kann jedes Wirtschaftssubjekt seine eigenen Ziele sehr häufig nur dann verwirklichen, wenn ein anderer Wirtschaftsteilnehmer zur Erreichung dieser Ziele beiträgt. Typische Beispiele hierfür sind Beziehungen zwischen Vorgesetzten und Untergebenen, Auftraggeber und Auftraggeber, Käufer und Verkäufer, Arzt und Patient sowie Kreditgeber und Kreditnehmer. Wer jeweils Prinzipal und wer Agent ist, hängt von der zugrundeliegenden Situation ab. Eine und dieselbe Person kann in einem Fall Agent, im anderen Prinzipal sein. Der Geschäftsführer eines Unternehmens nimmt gegenüber den Gesellschaftern die Rolle des Agenten, gegenüber den Mitarbeitern die Rolle des Prinzipals ein.

Zusammenfassend lässt sich sagen, dass die Agency-Beziehung durch folgende Merkmale gekennzeichnet sind: (1) Die Beziehung zwischen Prinzipal und Agenten beruht auf einem Vertrag, (2) Beide Vertragsparteien können jeweils aus mehreren Individuen beste-

---

[313] Dazu Hansmann/Kraakman (1999), S. 8: "As we emphasize in Chapter 2, three rather different agency problems arise in the context of the corporate form. The first is the agency problem between the firm's shareholders and the managers; here the problem is to assure that the managers are responsive to the shareholders' interests rather than simply to the personal interests of the managers themselves. The second is the agency problem between controlling shareholders and noncontrolling shareholders, here the problem is to assure that the controlling shareholders do not use their control rights to expropriate the noncontrolling shareholders. The third is the agency problem between the shareholders and other parties with whom the firm contracts, such as creditors, employees, and customers."

[314] Jensen/Meckling (1976), S. 308.

hen, (3) Der Agent verfügt über einen bestimmten Entscheidungsspielraum, (4) Die Auswahl der Handlungsalternativen durch den Agenten und deren Folgen beeinflussen die Wohlfahrt beider Vertragsparteien, (5) Beide Vertragsparteien handeln im eigenen Interesse.[315] Nach dieser kurzen Einführung können wir uns den einzelnen Agency-Beziehungen widmen.

[315] Neus (1989), S. 21.

Kapitel 3: Management

I. Ökonomische Ursachen des Spannungsverhältnisses

Bei dieser Beziehung besteht das Problem darin, dass gewährleistet werden muss, dass das Management nicht im eigenen Interesse handelt, sondern im Interesse der Aktionäre.[316] Dieses Problem wird noch dadurch verschärft, dass die Ziele der Manager nicht unbedingt mit den Zielen der Aktionäre übereinstimmen, und dass die wirksame Überwachung des Managements durch das sog. Collective-Action-Phänomen behindert wird.

1. „Hidden actions“

Ausgangspunkt der Überlegung über das mögliche Marktversagen in der Beziehung zwischen dem Management und den Aktionären ist das Vorliegen sog. *„hidden actions“* Informationsasymmetrien. Diese Informationsasymmetrien treten erst im Verlauf einer Leistungsbeziehung auf. Die Entstehungsursache der „hidden action“ liegt darin, dass der Prinzipal das Verhalten des Agenten entweder aufgrund mangelnder Fachkenntnisse nicht beurteilen oder aber aus praktischen Gründen faktisch erst gar nicht beobachten kann. Der Prinzipal kennt allein das Handlungsergebnis, weiß aber nicht, welcher Anteil daran dem Agenten und welcher den vom Agenten unabhängigen Faktoren zuzuschreiben ist. „Hidden actions“ borgen zusätzlich die Gefahr, dass der Agent die Unkenntnis und fehlende Kontrollgelegenheiten des Prinzipals opportunistisch ausnutzt, ohne befürchten zu müssen, nachträglich vom Prinzipal entlarvt zu werden. Das Ausmaß dieses Problems hängt von zwei Faktoren ab: zum einem von der "Plastizität" derjenigen Mittel, die dem Agent zur Verfügung stehen, zum anderen von den Überwachungsmöglichkeiten des Prinzipals.[317] Eine Ressource ist um so "plastischer", je zahlreicher und vielschichtiger ihre Verwendungsmöglichkeiten sind.[318] Ferner zeichnen sich "plastische" Produktionsfaktoren dadurch aus, dass für einen qualitativ guten Einsatz dieses Produktionsfaktors ein breiter Ermessensspielraum erforderlich ist. Das ist gerade bei der Tätigkeit des Vorstandes der Fall.[319] Die erfolgreiche Unternehmungsführung wird gerade durch Erfahrungen und Intuition der Manager determiniert, die oft als typische "plastische" Produktionsfaktoren bezeichnet werden. Hohe Plastizität ist wiederum häufig mit hohen Kontrollkosten verbunden, da der Prinzipal nur mit hohem Aufwand die Entscheidun-

---

[316] Dazu Berle/Means (1932). "The separation between the ownership and control" wurde auch in Deutschland früh erkannt. Nach Klein (1904), S. 55: „Gedacht ist das in der Generalversammlung vereinigte Kapital als Herr, die Verwaltung (Vorstand) als Diener, tatsächlich ist das Verhältnis entgegengesetzt“. Steinitzer (1908), S. 163 stellte fest, dass es „außer in gewissen, der Praxis ganz fernstehenden Juristenkreisen eine nicht mehr begründungsbedürftige Tatsache sei, daß die Generalversammlung in der Aktiengesellschaft nicht regiert“. Zitiert nach Laux (1998).

[317] Alchian/Woodward (1987), S. 117.

[318] Paradebeispiel für Plastizität stellt nach Alchian/Woodward (1987), S. 117 Geld dar: "Cash ... is an asset of extreme plasticity, as it can be exchanged for almost anything."

[319] Williamson (1979), S. 238.

gen des Agénten ermitteln und beurteilen kann.[320] Das trifft auch auf die Tätigkeit des Vorstandes zu. Der Ermessensspielraum der Manager bei Unternehmungsentscheidung lässt sich kaum sinnvoll einschränken, da sonst die Geschäftsführung zu inflexibel und schwerfällig wird.

2. Ziele der Manager

Das Problem von "hidden actions" wird zusätzlich dadurch verschärft, dass die Ziele der Manager nicht unbedingt mit den Zielen der Aktionäre übereinstimmen und dass die wirksame Überwachung des Managements wegen des Collective-Action-Phänomens nicht möglich ist.[321]

A. Größenmaximierung des Unternehmens

In der Literatur wird hervorgehoben, dass die Manager mehr mit dem Wachstum (die Größenmaximierung des Unternehmens) als mit den Gewinnen befasst sind. Das führt dazu, dass die von der Unternehmensführung verfolgte Politik vor allem auf die Steigerung des Wachstums, Umsatzes und der Unternehmensgröße gerichtet ist. Die Leidtragenden solcher Politik sind die Aktionäre, die nicht an der Größe, sondern an den höchst möglichen Renditen interessiert sind. Die Erklärung des Strebens nach der Größenmaximierung ist, dass ein schnelleres Wachstum und ein größerer Marktanteil einen höheren „cash flow" bringen, der wiederum den Managern erlaubt, ein Mehr an Vergünstigungen zu erhalten. Darunter werden nicht nur das Gehalt, sondern auch das Ansehen bei ihren Gleichgestellten, die Macht, die Firma zu kontrollieren, die Gehaltsnebenleistungen und die lange Amtszeit im Job. Je größer das Unternehmen ist, desto leichter können die Manager ihre eigenen Gehälter und Spesen erhöhen.[322] Die Insidergeschäfte werden mit der steigenden Größe des Unternehmens erleichtert. Die immateriellen Vorteile in der Form von Prestige und einer großen Zahl von untergeordneten Mitarbeitern steigen eher mit der Größe des Unternehmens als mit dem Gewinn. So werden die größten europäischen Unternehmen in der Wirtschaftspresse nicht nach dem Gewinn, sondern nach dem Umsatz bestimmt. Ferner soll berücksichtigt werden, dass die Größe des Unternehmens dem Manager mehr Entscheidungsfreiheit und Unabhängigkeit beschert. Mit der Unternehmensgröße wachsen auch die Komplexität und die Undurchsichtigkeit der Organisation. Um diese komplexe Organisation steuern zu können, braucht man das firmenspezifische Humankapital und firmenspezifische Informationen, die nur die Manager besitzen. Anders gewendet: Ab einer bestimmten Größe sind die Aktionäre auf einen bestimmten Manager angewiesen, weil nur er nötige, firmenspezifische Kenntnisse besitzt. Es ist auffallend, dass die Manager seltener den Arbeitgeber wechseln als normale Arbeitnehmer. Beim großen Unternehmen ist auch die Überwachung durch die Aktionäre mit großen Kosten und

[320] Alchian/Woodward (1987), S. 116.
[321] Ein guter Überblick in Marris (1998).
[322] Jensen/Meckling (1976), S. 312.

Zeitaufwand verbunden. Es darf nicht außer Acht gelassen werden, dass mangelnde Durchsichtigkeit der Organisation in Verbindung mit der Größe einen gewissen Schutz vor den feindlichen Übernahmen bietet.

In eine ähnliche Richtung geht die Free-Cash-Flow-Hypothese[323]. Der „free cash flow" ist der Finanzmittelüberschuss nach der Durchführung aller Investitionsprojekte des Unternehmens mit positivem Kapitalwert unter Verwendung der relevanten Kapitalkosten. Dieser Finanzmittelüberschuss führt dazu, dass dem Management viel Geld zur Verfügung steht. Wenn dieses Geld nicht in Form einer Dividende an die Aktionäre ausgeschüttet wird, steigt die Wahrscheinlichkeit, dass dieses Geld für eine Akquisition verwendet wird, weil dann der überschüssige „free cash flow" schnell reinvestiert werden kann. Denn es ist davon ausgehen, dass durch das Wachstum die Macht der Manager erhöht wird und neue Beförderungsmöglichkeiten für das mittlere Management geschaffen werden. Das Paradebeispiel für diese Hypothese war die amerikanische Ölindustrie in den achtziger Jahren. Wegen der siebenfachen Steigerung des Ölpreises auf dem Weltmarkt konnte die amerikanische Ölindustrie enorme Profite erwirtschaften. Statt aber diese Gewinne an die Aktionäre auszuschütten, wurde dieses Geld in wertreduzierende Ölexplorationen investiert.

B. Diversifizierung eigenen Risikos

Es gibt einen weiteren Faktor, der die Beziehung zwischen den Managern und den Aktionären belastet. Aus Sicht der Aktionäre wird von den Managern häufig eine nicht optimale Investitionspolitik durchgeführt.[324] Das Hauptproblem ist, dass die Manager in ihren Unternehmen überinvestiert sind.[325] Das führt dazu, dass sich die Manager risikoscheu[326] bei der Geschäftsführung verhalten, was wiederum zur Verringerung der Unternehmensrendite führen kann. Das kann sehr gut durch ein kleines *Beispiel* veranschaulicht werden. Nehmen wir an, ein Manager hat drei Investitionsprojekte zur Wahl, die mit folgenden „expected values" für das Unternehmen verbunden sind: Investitionsprojekt 1 bringt 30 Euro, Investitionsprojekt 2 bringt 20 Euro und Investitionsprojekt 3 bringt schließlich 10 Euro. Das Unternehmensvermögen besteht nur aus einem Projekt, welches noch auszuwählen ist. Im Fall des Verlustes wird das Unternehmen insolvent. Die Eintrittswahrscheinlichkeit für Aufschwung, Stagnation und Rezession ist gleich.

---

[323] Jensen (1986), S. 323. In der deutschen Literatur ähnlich Adams (1989), S. 333.

[324] Amihud/Lev (1981), S. 606.

[325] Fama (1980), S. 291.

[326] Die Manager sind bestrebt, das Unternehmensrisiko durch Investitionen mit einem aus ihrer Sicht geringeren, unsystematischen Risiko zu minimieren. Für die Reduzierung des unsystematischen Risikos werden aber auf dem Kapitalmarkt keine Risikoprämien gezahlt, da dieses Risiko leicht durch ein risikoeffizientes Portefolio reduziert werden kann. Nur für das systematische Risiko werden die Risikoprämien gezahlt. Das systematische Risiko eines Wertpapiers bezeichnet den Teil des Gesamtrisikos, der auch durch eine effiziente Risikostreuung nicht vermieden werden kann.

	Rezesion	Stagntion	Auschwung	Erwartungswert
Projekt 1	-10	-10	110	30
Projekt 2	-10	0	70	20
Projekt 3	10	10	10	10

Es liegt auf der Hand, dass der Manager unseres imaginären Unternehmens zunächst Investitionsprojekt 3, dann Investitionsprojekt 2 und erst zuletzt Investitionsprojekt 1 wählen wird, wenn die Hypothese der Risikoaversion der Manager richtig ist, obwohl aus der Sicht der Aktionäre die Präferenzen genau umgekehrt sind (zunächst Investitionsprojekt 1, dann 2 und am Ende 3). Der Grund dafür ist, dass der Manager um jeden Preis versuchen wird, die Insolvenz zu vermeiden. Das ergibt sich aus der folgenden Überlegung. Für die in einem Unternehmen angestellten Manager stellt die Entlohnung aus dem Unternehmen ihre Haupteinkunftsquelle dar. Diese Manager können ihre Arbeitskraft und damit ihr Einkommen nicht so diversifizieren wie die Aktionäre, die neben den Kapitaleinkünften noch über andere wesentliche Einkunftsquellen verfügen. Die Aktionäre können ihr Portfolio daher besser streuen. Im Übrigen muss noch berücksichtigt werden, dass die Manager viel in ihr firmspezifisches Humankapital investiert haben. Mit der Insolvenz eines Unternehmens geht vor allem das Humankapital verloren, das der Manager durch die Geschäftsführung eines Unternehmens erworben hat. Unter firmenspezifischem Humankapital sind die Kenntnisse, Erfahrungen und Fähigkeiten zu verstehen, die Führungskräfte während der Tätigkeit in einem bestimmten Unternehmen erwerben und die am effizientesten in diesem Unternehmen genutzt werden können. Dieses Humankapital kann nicht leicht bei einer anderen Firma eingesetzt werden. Ein solcher Wechsel ist auf jeden Fall mit hohen Kosten für die Manager verbunden. Die Wechselmöglichkeiten zu einem anderen Unternehmen sind also begrenzt. Zudem erhalten Manager einen Teil ihrer Vergütung regelmäßig in Form von Aktienoptionen.

Die Folge dieser Risikoaversion ist, dass die Manager eine aus Sicht der Aktionäre nicht optimale Investitionspolitik betreiben, wie wir durch unser kleines Beispiel deutlich gemacht haben. *Erstens* sind sie bestrebt, das Unternehmensrisiko durch Investitionen mit einem aus ihrer Sicht geringeren, unsystematischen Risiko zu minimieren. Das Paradebeispiel für eine solche suboptimale Geschäftspolitik waren konglomerate Übernahmen und Zusammenschlüsse.[327] Das ist aus Sicht der Aktionäre nicht erwünscht, weil sie das unsystematische Risiko durch ein diversifiziertes, risikoeffizientes Portfolio billiger erreichen können als durch diversifizierte Investitionen in einem bestimmten Unternehmen.[328] Nur für das systematische

[327] Amihud/Lev (1981) haben zum Beispiel nachgewiesen, dass von Managern kontrollierte Unternehmen stärker diversifizieren als die von Anteilseignern kontrollierte Unternehmen.

[328] Das wurde auch empirisch nachgewiesen. Mason/Goudzwaard (1976), S. 34 haben errechnet, dass die Diversifikation des Unternehmensrisikos sich für Anleger mit einem entsprechend zusammengestellten Portfolio aus Wertpapieren unterschiedlicher Unternehmen gewinnbringender als durch den Kauf der Aktien eines ähnlich diversifizierten Kongromerats realisieren lässt.

Risiko müssen auf dem Kapitalmarkt die Risikoprämien bezahlt werden. *Zweitens* werden durch die Manager sichere Investitionen den unsicheren Investitionen vorgezogen, auch wenn letztere unter Berücksichtigung der Erfolgswahrscheinlichkeit eine höhere Rendite abwerfen. Das Hauptziel ist also nicht die Renditemaximierung, sondern die Vermeidung der Insolvenz und der Entlassung.

3. Collective-Action-Problem

Das Problem der Unterschiede in den Zielen zwischen dem Management und Aktionären wird weiterhin dadurch verschärft, dass eine wirksame Überwachung des Managements wegen des Collective-Action-Phänomens nicht möglich ist. Wären die Aktionäre nicht mit dem Collective-Action-Problem konfrontiert, gäbe es wahrscheinlich keinen Regulierungsbedarf im Aktienrecht. An dieser Stelle wird dieses Problem zuerst allgemein dargestellt, bevor wir uns näher dem Verhalten der Aktionäre bei der Aktiengesellschaft zuwenden.

A. Allgemeine Darstellung des Collective-Action-Problems

Der geistige Vater des Collective-Action-Problems ist Mancur Olson. Er hat dieses Phänomen in seinem Buch "die Logik des kollektiven Handelns" im Detail erforscht. Olson (1992) schreibt in diesem Buch: „Aus der Annahme, dass die Mitglieder einer Gruppe ein gemeinsames Interesse oder ein Ziel haben und sie alle besser daran wären, wenn dieses Ziel erreicht würde, scheint logisch zu folgen, dass die einzelnen Mitglieder einer solcher Gruppe, sofern sie sich rational im Eigeninteresse verhalten, so handeln werden, dass dieses Ziel erreicht wird. Tatsächlich ist es jedoch nicht richtig, dass die Folgerung, Gruppen würden in ihrem Eigeninteresse handeln, sich logisch aus der Annahme rationalen Verhaltens im Eigeninteresse ergibt. Aus der Tatsache, dass es für alle Mitglieder einer Gruppe vorteilhaft wäre, wenn das Gruppenziel erreicht würde, folgt nicht, dass sie ihr Handeln auf die Erreichung des Gruppenziels richten werden, selbst wenn sie völlig rational im Eigeninteresse handeln. Außer wenn die Zahl der Individuen in einer Gruppe ziemlich klein ist oder Zwang oder irgendein anderes spezielles Mittel angewendet werden kann, um die Einzelnen zu bewegen, in ihren gemeinsamen Interesse zu handeln, werden rationale Individuen nicht so handeln, dass ihr gemeinsames Interesse verwirklicht wird."[329] Das ergibt sich daraus, dass dieses gemeinsame Interesse die Eigenschaften eines *kollektiven Gutes* hat. Ein Kollektivgut wird als jedes Gut definiert, das den anderen Personen in einer Gruppe nicht vorenthalten werden kann, wenn irgendeine Person in dieser Gruppe es konsumiert.[330] Mit anderen Worten, denjenigen, die von dem kollektiven Gut weder etwas kaufen noch dafür bezahlen, kann man es weder vorenthalten noch kann man ihnen ihren Konsum verwehren. Der Markt sorgt in einem solchen

---

[329] Olson (1992), S. 2.

[330] Ausführlich dazu Pindyck/Rubinfeld (1998), S. 673: „Public goods have two characteristics: There are nonrival and noexclusive. A good is nonrival if for any given level of production, the marginal cost of providing it to an additional consumer is zero. A good is nonexclusive if people cannot be excluded form consuming it."

Fall nur dann für die optimale Versorgung mit einem Kollektivgut, wenn die Grenzkosten zusätzlicher Einheiten des Kollektivgutes in derselben Weise aufgeteilt werden, wie die zusätzlichen Nutzen. Wenn die Grenzkosten auf andere Weise aufgeteilt werden, wird das Kollektivgut in nicht optimaler Menge bereitgestellt.[331] Beim kollektiven Gut ist aber die Verteilung der Lasten willkürlich. Das rührt daher, dass die Menge des Kollektivgutes, die der Einzelne für sich erlangt, auch anderen zufällt. Das ist auch der Grund, warum bei den kollektiven Gütern der Markt sehr oft versagt. Denn eine Markttransaktion basiert auf dem Äquivalenzprinzip - Leistung versus Gegenleistung. Ohne Möglichkeit zum Auschuss scheitert dies jedoch. Kaum jemand wird bereit sein, für ein Gut zu zahlen, von dem er nicht ausgeschlossen werden kann. Der einzige Fall, bei dem angenommen werden kann, dass das Kollektivgut bereitgestellt wird, ist, wenn es eine bestimmte Menge eines Kollektivgutes gibt, die zu Kosten bereitgestellt werden kann, welche gemessen an ihrem Nutzen so gering sind, dass irgendeiner in der betreffenden Gruppe noch gewänne, wenn er das Gut ganz allein bereitstelle. Dass dieser Fall selten eintreten wird, leuchtet unmittelbar ein: Der Gesamtgewinn muss dann in Verhältnis zu den Gesamtkosten so groß sein, dass der Vorteil für jeden Einzelnen die Gesamtkosten übersteigt.

Zusammenfassend ist festzustellen, dass es drei selbständige, aber zusammenwirkende Faktoren gibt, die große Gruppen davon abhalten, ihre eigenen Interessen zu fördern (Collective-Action-Problem). *Erstens*: Je größer die Gruppe, um so kleiner ist der Anteil am gesamten Gruppenanteil, den der einzelne, der im Gruppeninteresse handelt, erzielt. Und je weniger angemessen die Belohnung für gruppenorientiertes Handeln ist, desto weniger wird es der Gruppe gelingen, eine optimale Versorgung mit dem Kollektivgut zu erreichen, selbst wenn sie davon profitiert. *Zweitens*: Da der Anteil am Gruppenvorteil für einen Einzelnen um so geringer wird, je größer die Gruppe ist, ist die Wahrscheinlichkeit entsprechend gering, dass irgendein Einzelner aus dem Kollektivgut einen ausreichenden Vorteil zieht, um die Lasten der Bereitstellung auch nur einer kleinen Menge zu tragen. *Drittens*: Je größer die Zahl der Gruppenmitglieder ist, um so höher sind die Organisationskosten und um so höher ist somit die Hürde, die übersprungen werden muss, bevor der Einzelne überhaupt etwas von dem Kollektivgut erlangt werden kann.[332]

B. Collective-Action-Problem bei der börsennotierten Aktiengesellschaft

Nach dieser allgemeinen Einführung können wir uns dem Collective-Action-Problem im Aktienrecht zuwenden. Dass die Überwachung des Vorstandes die Eigenschaft des Kollektivguts hat, liegt auf der Hand.[333] Wenn der Vorstand mit Erfolg durch einen Aktionär über-

[331] Olson (1992), S. 28; Pindyck/Rubinfeld (1998), S. 676.
[332] Olson (1992), S. 47.
[333] Die Eigenschaft des kollektiven Gutes haben bei der Aktiengesellschaft mehrere Aktivitäten: die Tätigkeit des Aktionärs, um die Ausbeutung der Minderheit zu verhindern oder die Erhebung einer Schadensersatzklage gegen die Aufsichtsratsmitglieder oder gegen die Vorstandsmitglieder.

wacht wird, profitieren alle Aktionäre davon, obwohl sie sich nicht an den Kosten der Überwachung beteiligt haben. Das Gleiche kann über das Stimmverhalten der Aktionäre gesagt werden. Wenn viele Aktionäre stimmberechtigt sind, erwartet keiner, dass seine Stimme entscheidend ist. Aus diesem Grunde hat kein Aktionär die Anreize sich über das Verhalten des Vorstandes zu informieren und vernünftig abzustimmen. Zum Beispiel, wenn die Folge der Abstimmung eine Entscheidung ist, die dazu führt, dass jeder Aktionär 1000 Euro verlieren oder gewinnen kann und dabei jeder Aktionär sicher sein kann, dass der Ausgang der Abstimmung durch sein Stimmverhalten nicht geändert wird, dann ist es für einen Aktionär am vernünftigsten keine Investitionen in das Erlangen der Informationen zu tätigen. Aber sogar dann, wenn sich der Aktionär dazu entschließen sollte bis zu 1000 Euro in das Erlangen der Informationen zu investieren, kann das zu keiner effizienten Stimmabgabe führen. Wenn angenommen wird, dass 1000 Stimmberechtigte abstimmen, dann wird eine Investitionsentscheidung in Höhe von 1 Mil. Euro getroffen. Normalerweise ist aber davon auszugehen, dass die Informationskosten für eine Investition in dieser Größenordnung mehr als 1000 Euro betragen (zum Beispiel 10 000), um eine effiziente Entscheidung erwarten zu können. Da jedoch keiner von den Aktionären mehr als 1000 Euro verlieren kann, wird kein Aktionär mehr als 1000 Euro in die Informationen investieren. Selbst wenn jeder Aktionär 1000 Euro unabhängig von den anderen investiert, kann das nur dazu führen, dass jeder Aktionär auf der Grundlage von unvollständigen Informationen abstimmen wird. Dieses Beispiel zeigt, dass die passive Haltung des Kleinaktionärs rational ist. Der für die effektive Beteiligung an der Hauptversammlung erforderliche Aufwand an Zeit und Geld steht in keinem Verhältnis zu dem dadurch erreichbaren Vorteil. Wer mit 5 Aktien an einer großen Aktiengesellschaft beteiligt ist und mit der Leistung des Managements nicht zufrieden ist, überlegt sich nicht, welche Anträge er auf der nächsten Hauptversammlung stellen kann, sondern verkauft seine Aktien.

Diese theoretischen Erklärungen geben uns aber keine Antwort darauf, wie groß das Marktversagen wegen der "hidden actions", der Unterschiede in den Zielen und des Collective-Action-Problems in der Wirklichkeit ist. Zunächst ist festzustellen, dass die überwiegende Zahl der Aktiengesellschaften in der Welt das Stimmrecht und das professionelle Management nicht abgeschafft haben. Die Nichtabschaffung des Stimmrechts deutet darauf hin, dass das Stimmrecht von Nutzen ist. Wäre es anderes, würden die Gesellschaften, die das Stimmrecht durch einen anderen Entscheidungsmechanismus ersetzt haben, einen Wettbewerbsvorteil haben. Durch die Beseitigung des Stimmrechts können erhebliche Kosten gespart werden. Denn das Abhalten von Hauptversammlungen und die Informationspflichten gegenüber den Aktionären sind kostenintensiv. Wozu also dieser Aufwand, wenn das Stimmrecht keinen Sinn macht?

Es ist nicht abwegig anzunehmen, dass zur Lösung dieser Probleme kein zwingendes Recht zur Verfügung steht. Denn das Collective-Action-Problem und das professionelle Management sind *immanente* Eigenschaften der Aktiengesellschaft. Da vollständige, perfekte Gesellschaftsverträge aufgrund der beschränkten Rationalität der Parteien nicht geschrieben werden können, ist das Stimmrecht unentbehrlich. Nicht alle zukünftigen Entwicklungen können nicht vorausgesehen werden. Deswegen können viele Entscheidungen erst nach Vertragsschluss getroffen werden. Zwar ist es denkbar, dass diese Entscheidungen an den Aufsichtsrat oder den Vorstand delegiert werden. In der Praxis aber wäre eine solche Ermächtigung nicht effizient. Die Aktionäre stellen die einzige „Stakeholder“ Gruppe, die die richtigen Anreize hat. Weder der Aufsichtsrat noch der Vorstand haben richtige Anreize die Kontrolle auszuüben, da diesen Organen kein Anspruch auf ein "Residual" zusteht.[334]

Genauso unentbehrlich ist ein professionelles Management für die Aktiengesellschaft. Die Aktiengesellschaft ist ohne eine Trennung der Eigentümerfunktion vom Management kaum denkbar. Bei großen wirtschaftlichen Organisationen ist es notwendig, dass die Geschäftsführung von professionellen Managern übernommen wird. Die Trennung der Eigentümerfunktion von der Geschäftsführung hat gerade besondere Vorteile in großen, komplexen Organisationen, in denen spezifische Kenntnisse und Informationen für unterschiedliche Entscheidungen wichtig sind. Da die Übermittlung dieser Informationen mit Kosten verbunden ist, ist es effizienter, diese Entscheidungen von den Managern treffen zu lassen, als alle Eigentümer für die Entscheidung zu informieren. Im Übrigen ist die Risikodiversifikation der Anteilseigner in der Aktiengesellschaft ohne professionelle Geschäftsführung nicht möglich. Sind die Aktien breit gestreut, so dass jeder Aktionär nur einen geringen Betrag in die Aktien einer Gesellschaft investiert, dann es ist den Aktionären auch möglich, ihr eigenes Risiko in verschiedene Anlagen zu diversifizieren. Mit der Diversifikation ist aber ein enormer Kostenvorteil verbunden, da unter gleichen Voraussetzungen die Kosten des diversifizierten Risikos geringer als des undiversifizierten Risikos sind. Das ergibt sich daraus, dass die Anleger für ein erhöhtes Risiko bezahlt werden wollen. Sie verlangen eine Risikoprämie.

Ob die Hypothesen richtig sind, dass das Marktversagen in der Beziehung zwischen den Aktionären und dem Management nicht ins Gewicht fällt, und dass auch das zwingende Aktienrecht keine Abhilfe schaffen kann, wird uns in den nächsten Abschnitten dieser Arbeit eingehend beschäftigen. Die Richtigkeit dieser Hypothesen hängt im Wesentlichen davon ab, ob der Marktmechanismus allein die oben beschriebenen Probleme beseitigen bzw. reduzieren kann.

II. Marktkräfte als Erlöser?

Es erhebt sich also die Frage, ob das Spannungsverhältnis zwischen Management und Aktionären auch ohne zwingendes Recht gelöst werden kann. Um diese Frage zu beantworten, muss man zuerst die Lösungsmöglichkeiten aufzeigen, die der Markt zur Verfügung stellt. Wir sollten uns noch einmal in Erinnerung rufen, dass in einer Agency-Beziehung das Nutzenniveau des Prinzipals von den Handlungen des Agenten beeinflusst wird. Solange also eine kostenlose und vollständige Kontrolle des Agenten möglich ist oder eine gemeinsame

---

[334] Hansmann (1996), S. 1-20.

Interessenlage beider Parteien vorliegt, ergeben sich hieraus keine größeren Probleme. Im ersten Fall kann der Prinzipal den Agenten durch entsprechende Zahlungen zu einem für beide Seiten vorteilhaften Verhalten bewegen, im zweiten Fall handelt der Agent ohnehin im Sinne des Prinzipals. Daraus ergeben sich zwei Handlungsmöglichkeiten.

Die erste Möglichkeit ist eine möglichst preiswerte und vollständige Kontrolle. Das Agency-Problem tritt nicht ein, wenn der Vorstand intensiv überwacht wird. Durch die Kontrolle kann das Spannungsverhältnis zwischen dem Management und den Aktionären zumindest zum Teil durch den Markt und die Gestaltungsfreiheit reduziert werden. Man kann folgende interne und externe Instrumente anführen, die diesen Zweck erfüllen können: den Aufsichtsrat, die Haftung, die Kontrolle durch die Produkt- und Kapitalmärkte, die Kontrolle durch institutionelle Investoren, Disziplinierung durch den Arbeitsmarkt für Manager sowie durch Entlassung infolge von Übernahmen. Da der Aufsichtsrat und die Haftung zwingend vorgeschrieben sind, werden diese Instrumente ausführlich bei den Kosten des zwingenden Rechts besprochen. Die Alternative zur Kontrolle besteht darin, den Vorstand an den Folgen, die seine Handlungen für die Aktionäre haben, zu beteiligen. Dazu gehören insbesondere die Aktienoptionen.

1. Aktienoptionen

A. Definition

Die Aktionäre können das Management zu mehr Leistung anspornen, indem sie das Management am unternehmerischen Risiko teilhaben lassen. Dazu ist ein Übergang von einer fixen zu einer erfolgsbezogenen Vergütung notwendig. Um dieses Ziel erreichen zu können, stehen den Aktionären die Aktienoptionen als Element der Vergütung zur Verfügung. Aktienoptionen sind Aktienbezugsrechte, die Arbeitnehmern und Mitgliedern der Geschäftsführung der Gesellschaft eingeräumt werden. Für ihre Bedienung steht in deutschem Aktienrecht ein von der Hauptversammlung zu beschließendes bedingtes Kapital zur Verfügung. Ein gesetzliches Bezugsrecht der Aktionäre, dessen Ausschluss konfliktträchtig wäre, gibt es hierbei nicht. Das KonTraG hat insbesondere für Managementoptionen eine rechtssichere Grundlage geschaffen (§ 192 II Nr. 3 AktG). Als unmittelbare Vorgabe des Gesetzes ist lediglich zu notieren, dass der Nennbetrag des für Aktienoptionen geschaffenen bedingten Kapitals nicht mehr als 10% des Grundkapitals betragen darf (§ 192 III AktG). Das Aktiengesetz verlangt ferner die Angabe von Erfolgszielen (§ 193 II Nr. 4 AktG) im Beschluss, womit in erster Linie der Börsenkurs gemeint sein dürfte. In diesem Zusammenhang ist zu erwähnen, dass die Aktienoptionen nach dem Willen des Gesetzgebers nicht den Mitgliedern des Aufsichtsrates eingeräumt werden dürfen.[335]

Bei der Einräumung von Aktienoptionen ist zu beachten, dass bestimmte Erfolgskomponenten in der Bemessungsgrundlage nicht erfasst werden. Dies bietet sich insbesondere für

[335] Siehe Weiß (1999) und Götze (2000). Sie führen eine juristische Analyse durch.

Erfolgskomponenten an, die der Agent nicht beeinflussen kann. Theoretisch kann dies etwa durch eine relative Performancemessung geschehen, indem das Ergebnis des Agenten mit dem ähnlichen Unternehmen verglichen wird, um das Branchenrisiko zu beseitigen. Geschieht es nicht, wird dadurch das Risiko zwischen dem Management und Aktionären suboptimal verteilt. Denn der risikoscheue Manager wird einen Teil des Geschäftsrisikos tragen müssen.

Ob sich dieses Konzept auch praktisch umsetzen lässt, ist eine andere Frage. Problematisch ist vor allem die Auswahl der Referenzgrößen. Sehr oft ist es nicht möglich vergleichbare Unternehmen oder vergleichbare Branchen zu finden. Das ist besonders schwierig bei diversifizierten Konzernen, innovativen Unternehmen oder der Aktiengesellschaften, die keiner Branche zugeordnet werden können.

B. Schwächen

Selbst wenn dieses Konzept praktisch umsetzt werden könnte, bedeutet das nicht, dass die Aktienoptionen nicht mit den anderen gravierenden Schwächen behaftet sind. Denn es ist zweifelhaft, ob die relativ großen Anteile von Aktienbesitz im eigenen Vermögen der Manager wirklich positiv auf den Interessenkonflikt zwischen Aktionären und Management wirken. Denn durch die Aktienoptionen wird das Problem der Überinvestition des Managers in sein Unternehmen noch verstärkt. Das kann dazu führen, dass die Risikoaversion des Managers noch größer wird.

Angesichts dieser Sachlage ist es nicht verwunderlich, dass in der Rechtswissenschaft die Aktienoptionen skeptisch beurteilt werden. Auch einige Wirtschaftswissenschaftler sind bezüglich der Einsetzung der Aktienoptionen als Vergütungselement eher pessimistisch. Die klassische Studie, die diesen Pessimismus zum Ausdruck bringt, ist die Untersuchung von Jensen und Murphy (1990)[336]. Basierend auf der Forbes-Liste von 1295 Unternehmen und Daten aus den letzten 20 Jahren kommen sie zu folgenden Ergebnissen: Der Vorstandsvorsitzende erhält bei einer Steigerung des Unternehmenswertes um je $1000 eine um je $3,25 erhöhte Kompensation. Umgekehrt sinkt sein Einkommen um $0,30 je $1000 Wertverlust des Unternehmens. Daraus schließen Jensen und Murphy (1990), dass diese Größenordnung keine Disziplinierung bewirken kann, und dass die Manager eher wie Bürokraten bezahlt werden.

C. Empirie

Ob diese Skepsis begründet ist, kann nur durch die Auswertung empirischer Studien festgestellt werden. Die Auswirkung von Aktienoptionen auf die Aktienkurse wurde durch zahlreiche Studien in den USA untersucht.[337] Die Mehrheit dieser Studien findet eine positive Auswirkung von Aktienoptionen auf das Verhalten des Managements heraus. Dieser Zusam-

---

[336] Jensen/Murphy (1990), S. 225 ff.
[337] Eine umfangreiche Kritik und Darstellung dieser Studien gibt es bei Winter (2000).

menhang wird etwa durch einen Anstieg des Aktienkurses nach der Einführung von Aktienoptionen oder durch ein risikofreudigeres Verhalten des Managers belegt. So kommen zum Beispiel Brickley/Bhagat/Lease (1985)[338] zu dem Ergebnis, dass die Aktienoptionen einen positiven Einfluss auf die Entwicklung des Unternehmenswertes haben. Insgesamt untersuchten die Autoren die Kapitalmarktreaktion auf die Ankündigung von Aktienoptionen in 175 Fällen. Die Untersuchung bezog sich auf den Zeitraum zwischen Jahr 1979 und 1982. Für diesen Zeitraum zeigte sich eine durchschnittliche kumulierte Überrendite von 2,4% bezogen durchschnittlich auf 60 Handelstage. Allerdings steht nicht fest, worauf diese positive Entwicklung zurückzuführen ist: auf die Anreizeffekte oder auf die Steuerspareffekte. Zu einem ähnlich positiven Ergebnis kommen DeFusco/Johnson/Zorn (1990)[339]. In deren Untersuchung wird nicht nur der Effekt der Einführung auf die Aktienkurse untersucht, sondern auch der Effekt auf das Vermögen der Fremdkapitalgeber. Insgesamt fanden die Autoren heraus, dass die Aktienoptionen nicht nur den Unternehmenswert erhöhen, sondern auch einen Anreiz zur Wahl riskanter Strategien geben. Für das Eigenkapital fanden die Autoren eine 2-Tages-Überrendite für den Tag des Posteingangs des „proxy statements" bei der SEC und den Folgetag in Höhe von 0,68% heraus. Als durchschnittliche kumulierte Überrendite für den Zeitraum von „board meeting" bis einen Tag nach Posteingang bei der SEC ergab sich ein Wert von 4%. Diese positive Beurteilung von Aktienoptionen wurde auch durch die Untersuchung von Mehran (1995) bestätigt.[340]

Diesen Ergebnissen stehen jedoch einige Studien entgegen, die diese positiven Auswirkungen von Aktienoptionen nicht bestätigen. Dazu gehört vor allem eine zweite Untersuchung von DeFusco/Johnson/Zorn (1991)[341]. Es wurden 562 Fälle der Einführung von Aktienoptionen von Unternehmen aus 17 verschiedenen Branchen untersucht. Sie stellen bei zwei Dritteln der untersuchten Unternehmen negative Entwicklungen bezüglich der Aktienkurse nach der Einführung der Aktienoptionen fest. Die Autoren fanden folgende negative kumulierte Überrendite heraus: Die kumulierte Überrendite im ersten Jahr betrug -6,66% und sank weiter auf -14,17%, -18,58%, -25,89% und -29,41% in den Jahren 2 bis 5.

Zusammenfassend ist aus der Auswertung empirischer Studien die Schlussfolgerung zu ziehen, dass die Frage, ob die Einführung von Aktienoptionen zum Aktienkursanstieg führen, nicht endgültig geklärt ist.

---

[338] Brickley/Bhagat/Lease (1985), S. 115 ff.
[339] DeFusco/Zorn/Johnson (1990), S. 617 ff.
[340] Mehran (1995), S. 162: "An examination of the executive compensation structure of 153 randomly-selected manufacturing firms in 1979-1980 provides evidence supporting advocates of incentive compensation, and also suggests that the form rather than the level of compensation is what motivates managers to increase firm value. Firm performance is positively related to the percentage of equity held by managers and to the percentage of their compensation that is equity-based."
[341] DeFusco/Zorn/Johnson (1991), S. 36.

D. Ursache oder die Folge?

Es mag aber dahin stehen, ob die Einführung von Aktienoptionen zum Aktienkursanstieg führen. Selbst wenn man diese Feststellung für plausibel hält - und in der Tat spricht einiges dafür - hilft sie uns jedoch keinen Schritt weiter, wenn es um die Frage geht, ob die Aktienoptionen das Spannungsverhältnis zwischen Aktionären und Management auflösen können. Der Aktienkursanstieg beweist nur, dass bei der Einführung von Aktienoptionen das Management wirksam kontrolliert wurde. Warum diese Argumentation für plausibel zu halten ist, wird an dieser Stelle dargelegt.

Die Achillesferse der Aktienoptionen als Mechanismus zur Auflösung des Interessenkonfliktes zwischen Aktionären und Management ist die Möglichkeit der *Manipulation* des Vergütungsvertrages durch das Management. Sollte tatsächlich ein Fall des Marktversagens zwischen Aktionären und Management vorliegen, dann können an sich die Aktienoptionen keine Abhilfe schaffen. Denn Aktienoptionen können nur dann zur Auflösung des Konfliktes zwischen Aktionären und Management beitragen, wenn sie sachgemäß eingesetzt werden. Das setzt voraus, dass das Management die „Stockoptionsbedingungen" nicht manipulieren kann. Zwar fällt im deutschen Aktienrecht die Zuständigkeit für die Festlegung der Vorstandsvergütung gemäß den §§ 84 I, 112 AktG formal in den Aufgabenbereich des Aufsichtsrates. Tatsächlich kann aber ein nicht unerheblicher Einfluss des Vorstandes auf seine eigene Vergütung nicht geleugnet werden.[342] Bei dieser Einflussnahme besteht die Gefahr, dass die Aktienoptionen lediglich den Interessen des Vorstandes dienen und die Aktienoptionen einer Gehaltserhöhung gleichkommen.[343] In so einem Fall wird das Spannungsverhältnis zwischen Aktionären und Management nicht entschärft, sondern verschärft.[344] Man kann also feststellen, dass der Erfolg der Einführung von Aktienoptionen von der wirksamen Kontrolle des Managements abhängig ist. Unsere Fragestellung ist jedoch, ob die Kontrolle des Managements gerade durch die Einsetzung von Aktienoptionen zu erreichen ist. Dass das nicht das Gleiche ist, liegt auf der Hand. Damit wird gleichzeitig einsichtig, dass die Aktienoptionen an sich zur Auflösung des Spannungsverhältnisses zwischen Aktionären und Management nicht geeignet sind.

---

[342] K. Schmidt (1997), S. 779: "Der Aufsichtsrat ist ... nicht mehr die bestimmende Kraft für die Auswahl der Vorstandsmitglieder, vielmehr ergänzt sich der Vorstand selbst im Wegen der Kooptation, die Kontrollfähigkeit des Aufsichtsrates wird stark überlagert von seiner Funktion als Berater des Vorstands - nicht selten dominieren in ihm frühere Vorstandsmitglieder ..."

[343] Paradigmatisch ist die Meinung von Hall (1999), S. 35: "In theory boards could use changes in direct pay, salary and bonus, to motivate managers, but unless there are dramatic changes in the way that boards operate, it is unlikely that salary and bonus will become a tool for the type of high powered incentives that result from executive stock option holdings ... The idea that the board would impose a multi-million dollar negative bonus on the CEO for poor company performance, which is effectively what happens when the CEO holds stock and stock options and price declines substantially, is not something that is even considered in most boardrooms today."

[344] Dazu Adams (1997), S. 21: "Nachdem in Deutschland die routinemäßige Bereicherung mit Hilfe von Insidergeschäften aufgrund deren Strafbarkeitserklärung seit kurzem erheblich riskanter geworden ist, scheinen nun bestimmte Unternehmensverwaltungen einen Ersatz für ihr Zubrot über Optionsgeschäfte zu suchen." Ähnlich Adams (2002) und Bebchuk/Fried/Walker (2001).

Diese These kann man auch durch empirische Studien untermauern. In diesem Zusammenhang ist vor allem die Untersuchung von Yermack (1995) zu nennen. Yermack (1995) untersucht eine ganze Reihe möglicher Determinanten von Optionsplänen. In Augenschein werden die Aktienoptionen von 792 Unternehmen in den Jahren 1984 bis 1991 genommen. Er findet einen Kursanstieg nach der Einführung von Aktienoptionen, aber vor deren offizieller Bekanntgabe. Er schließt hieraus, dass der Aktienkursanstieg nicht durch die Einführung von Aktienoptionen, sondern durch eine andere positive Entwicklung im Unternehmen verursacht werden sein muss.[345] Den naheliegenden Einwand, dass dieses Phänomen durch die Insidergeschäfte des Managements verursacht wird, kann Yermack (1995)[346] statistisch widerlegen. Dass heißt aber gleichzeitig, dass die Entscheidung für oder gegen die Einführung von Aktienoptionen von Unternehmenscharakteristika abhängt, die dem Kapitalmarkt bereits bekannt sind. Die Einführung der Aktienoptionen ist somit aus der Sicht des Kapitalmarktes keine neue Information, da die Investoren die Einführung mit sehr hoher Wahrscheinlichkeit ohnehin erwarten. Wenn dem aber so ist, dann können wir aus der Auswertung empirischer Studien, die einen Aktienkursanstieg herausfanden, überhaupt keine Rückschlüsse für unsere Fragestellung ziehen. Denn positive Kapitalmarktreaktionen beweisen nur, dass in den USA das Spannungsverhältnis zwischen Aktionären und Management nicht sehr groß ist. Das ist zwar eine wichtige Feststellung, die wir im Hinterkopf behalten sollten. Sie beweisen aber nicht, dass die Aktienoptionen das Spannungsverhältnis zwischen Aktionären und Management beseitigen bzw. reduzieren können, wenn wir mit einem Fall des Marktversagens zu tun haben.

E. Aktienoptionen in der Praxis

Damit ist aber die Diskussion der Schwächen der Aktienoptionen als Kontrollmechanismus des Managements nicht abgeschlossen. Denn sogar dann, wenn wir kontrafaktisch unterstellen, dass die Aktienoptionen theoretisch zur Auflösung des Spannungsverhältnisses zwischen Management und Aktionären führen können, dann stellt sich immer noch die Frage, ob Aktienoptionen als Kontrollinstrument in Deutschland richtig eingesetzt werden. Das setzt zweierlei voraus. *Erstens* müssen Aktienoptionen ausreichend in der Rechtswirklichkeit verbreitet sein, um das Spannungsverhältnis auflösen zu können. *Zweitens* müssen „Stockoptionsverträge" so geschrieben werden, dass die Manager die Anreize haben, im Interesse der Aktionäre zu handeln. Ob diese Voraussetzungen in Deutschland gegeben sind, ist mehr als fraglich.[347]

---

[345] Yermack (1995), S. 268: "However, the findings do little to change the main conclusion of this paper, that patterns of CEO stock option awards appear to have little association with the main predictions of compensation theory." Oder S. 257: "The results provide very little support for hypotheses that companies award stock options in patterns designed to reduce expected agency costs."

[346] Yermack (1995), S. 237 ff.

[347] Dazu Wenger/Kaserer (1998), S. 515: „The most outrageous stock option programs were conceived by Deutsche Bank AG, Daimler Benz AG, and Volkswagen AG ... Their stock option plans are so ill-designed that

Zu (1): Zuerst ist festzustellen, dass die Zahl der Unternehmen, die Aktienoptionen eingeführt haben, sehr gering ist. Nach der neuesten empirischen Untersuchung sind es etwa 50 Unternehmen, für die derzeit Beschlüsse über die Einführung von Optionsplänen vorliegen bzw. bei denen Optionspläne bereits umgesetzt wurden.[348] Allerdings ist zu beachten, dass Aktienoptionen in Deutschland zunehmend an Bedeutung gewinnen. Vor dem Jahre 1997 gab es nur 6 Unternehmen, die Aktienoptionen eingeführt hatten. Im Jahr 1998 gab es weitere 27 Unternehmen, die zu dieser Maßnahme griffen.[349] Die Anzahl der 1998 beschlossenen Pläne ist also größer als die Gesamtzahl aller jemals beschlossenen Pläne. Nach verbreiteter Meinung dürfte sich die Einführung von Aktienoptionen in näherer Zukunft noch beschleunigen. Selbst wenn man diese Behauptung für richtig hält, hilft sie uns keinen Schritt weiter. Denn es müsste die Zahl um das zehnfache ansteigen, um annehmen zu können, dass Aktienoptionen ausreichend verbreitet sind, damit sie das Spannungsverhältnis zwischen Aktionären und Manager auflösen können.

Zu (2): An dieser Stelle kommt das Argument ins Spiel, dass Aktienoptionen nur dann hilfreich sind, wenn die Optionsprogramme richtig strukturiert werden. Die Mindestanforderung ist, dass die Aktienoptionen an einen Index, insbesondere an einen Branchenindex gebunden werden. Davon kann man in Deutschland nicht ausgehen.[350] Von den 43 Unternehmen in der Stichprobe von Winter (2000) haben nur 18 eine Indexbindung vorgesehen, während 25 keine solche Regelung getroffen haben. Von diesen 18 Unternehmen haben aber nur 15 Unternehmen eine "echte" Indexbindung in der Form, dass die Höhe der „outperformance" den Bezugskurs direkt beeinflusst, getroffen. Negativ zu bemerken ist, dass nur ein einziges Unternehmen die Bindung an einen Branchenindex gewählt hat. Über die Qualität der deutschen Optionspläne schreibt Winter (2000): "Lediglich ein einziger der untersuchten Optionspläne kann als sehr gut bezeichnet werden. Die überwiegende Mehrheit der Pläne muss hingegen als mangelhaft eingestuft werden. Von einer echten Orientierung am Shareholder-Value kann damit in den meisten Fällen nicht gesprochen werden. Die in den meisten Beschlusstexten zu findende Behauptung, nach der der jeweilige Optionsplan einen Beitrag zur

---

all the companies have been and still are the target of legal action brought forward by one of the authors."; Adams (2002) in der Börsenzeitung v. 18.06.2002: "Angesichts der Vergütungsskandale ist die Einführung einer gesetzlichen Obergrenze unvermeindlich, will man nicht zulassen, dass weiter maßlose Gier den Kapitalmarkt schädigt ..."

[348] Dazu Winter (2000), S. 225.

[349] Winter (2000), S. 230.

[350] Wenger/Kaserer (1998), S. 516: „This lack of incentive compatibility can also be illustrated by taking a look at the actual performance of Deutsche Bank's stock in the aftermath of the 1996 shareholder meeting ... The DAX index, ... soared 72,2% during the 14-moth period in question, whereas the increase of Deutsche Bank's shares ... only 72,2%. Although the underperformance is negligible, a reasonable shareholder would certainly not want to distribute an additional bonus of DM 400 million within 14 moths to a management team that fails to beat the market." Ähnlich Adams (2002), S. 31: „Auch in Deutschland werden nach Aussagen von Beraterfirmen Optionsprogramme praktisch nie an den Marktindex oder relative Erfolge zu Konkurrenzunternehmen geknüft ..."

besseren Anbindung des Managements an die Aktionärsinteressen führen werde, kann auf Basis dieses Befundes nicht gestützt werden."[351]

Fazit: Die beschriebenen Erkenntnisse geben nicht zu der Hoffnung Anlass, dass Aktienoptionen den Interessenkonflikt zwischen Management und Aktionären völlig auflösen können.

2. Produkt- und Kapitalmarkt

Selbstverständlich sind Aktienoptionen nicht die einzige Möglichkeit, wie das Spannungsverhältnis zwischen Aktionären und Management beseitigt bzw. reduziert werden kann. In den folgenden Abschnitten werden wir uns eingehend mit dem Übernahmemarkt, der Kontrolle durch institutionelle Investoren und der Kontrolle durch den Arbeitsmarkt beschäftigen. Die Disziplinierung des Managements durch den Produktmarkt und durch den Kapitalmarkt wird nur skizziert, da die Relevanz dieser Kontrollmechanismen als gering einzustufen ist. Warum das so ist, wird an dieser Stelle kurz erläutert.

Zwar ist einzuräumen, dass der Spielraum des Managements zu einem opportunistischen Verhalten durch den *Produktmarkt* eingeengt wird. „Competition in the product and factor market tends to drive prices towards minimum average cost in an activity. Managers must therefore motivate their organizations to increase efficiency to enhance the probability of survival."[352] Wettbewerbsintensive Märkte verhindern also, dass das Management die Kosten seines opportunistischen Verhaltens auf die Preise der Produkte abwälzt. Der Wettbewerbsdruck führt bei einem opportunistischen Verhalten des Managers zu Verlusten und als Folge davon zum Ausscheiden aus dem Markt. Aber die Stärke des Produktmarktes als Kontrollmechanismus soll nicht überschätzt werden.[353] Dass die Disziplinierung des Managements durch den Produktmarkt nicht so intensiv ist, wie man auf der Grundlage der klassischen Wirtschaftstheorie vermuten könnte, ist leicht zu erkennen, wenn wir uns einmal zwei Argumente vor Augen führen. *Erstens* sind viele Märkte oligopolistisch oder monopolistisch strukturiert. Das ist vor allem dann der Fall, wenn die Produkte des Unternehmens durch Patente oder Lizenzen vor Konkurrenz geschützt sind.

Zweitens auch bei der Annahme eines wettbewerbsintensiven Produktmarktes, ist eine perfekte Disziplinierung des Managements durch den Produktmarkt nicht möglich. Denn der Wettbewerb am Produktmarkt hat keine Bedeutung für die interne Gewinnverteilung.[354] So ist es vorstellbar, dass das Management die Ressourcen am Markt effizient einsetzt, um das aus dem Gewinne des Unternehmens sein Opportunismus zu finanzieren. Das kann durch ein kleines Beispiel verdeutlicht werden. Nehmen wir an, dass die Eigenkapitalrendite auf einem

---

[351] Winter (2000), S. 249.
[352] Jensen (1986), S. 323.
[353] Die Argumentation basiert auf Jensen/Meckling (1976), S. 329 und Hart (1983), S. 366 ff.
[354] Zum Beispiel Bebchuk (1989), S. 1836: "... largely affecting only the way in which the value produced by the company is divided among managers and shareholders."

wettbewerbsintensiven Produktmarkt 10% beträgt (die Kosten des Kapitals). Dann kann ein Management, nachdem ihm die Finanzmittel durch die Aktionäre zur Verfügung gestellt wurden, diese 10% für eigene Annehmlichkeiten nutzen, ohne dass sein Unternehmen insolvent wird.[355]

Aus dem gleichen Grund kann auch der *Kapitalmarkt* keine wirksame Disziplinierung bewirken. Zwar ist einzuräumen, dass sich ein Unternehmen irgendwie finanzieren muss. Bei der Finanzierung der Investitionen über die Börse (zum Beispiel durch Kapitalerhöhung) kommt es zu einer unabhängigen Bewertung der Investitionspläne durch die Analysten und einer entsprechenden Preisanpassung für die Aktien des Unternehmens. Die disziplinierende Wirkung des Kapitalmarktes wird jedoch geschwächt, wenn es dem Management gelingt, sich durch Gewinnthesaurierung von diesem abzuschotten. Es verfügt dann über einen freien Kapitalfluss („cash flow“) und muss sich deswegen der Kontrollwirkung des Kapitalmarktes nicht stellen. Selbst wenn eine Aktiengesellschaft die Kapitalmärkte anzapfen muss, bedeutet das nicht eine wirksame Kontrolle. Die Folge ist nur, dass das Unternehmen das Kapital zu höheren Preisen erhält. Letztlich kann der Kontrollmechanismus des Kapitalmarktes nur greifen, wenn die Aktienkurse so weit sinken, dass eine Aktiengesellschaft übernommen wird, oder dass der Manager infolge einer negativen Kursentwicklung entlassen wird. Damit sind aber nach unserer Typisierung der Disziplinierungskräfte des Managements andere Kontrollmechanismen angesprochen.

Fazit: Die Diskussion des Produkt- und Kapitalmarktes als Kontrollmechanismus ist mit dem Ergebnis zu beenden, dass diese Märkte zwar die Opportunismusspielräume des Managements einengen können, ohne sie völlig zu beseitigen.

3. Übernahmemarkt

A. Disziplinierungswirkung

Die Manager können auch durch Übernahme-Androhungen von Seiten Dritter diszipliniert werden. Wenn ein Übernahmeangebot wahrscheinlicher wird, weil ein Unternehmen schwach gemanagt wird, werden die Manager einen starken Anreiz haben, das Ziel der Gewinnmaximierung zu verfolgen. Denn schlechte Geschäftsführung verursacht sinkende Aktienkurse, weil die Qualität der Unternehmensführung und der Aktienkurs in hohem Maße zusammenhängen.[356] Dadurch wird die Übernahme ermöglicht. Die am Kauf interessierten Unternehmen können dann die notwendige Aktienmehrheit erwerben und die Manager, die das Unternehmen schlecht geführt haben, entlassen.[357] Die amerikanische Erfahrung zeigt, dass

---

[355] Ähnlich Black (1990), S. 579: "Product market discipline is weak for many large companies, especially if they are earning economic rents in their core business. Moreover, product market discipline does not affect governance provisions that leave the company's profitability unchanged, and merely alter the division of profits between managers and investors."

[356] Grundsätzlich dazu Manne (1965); Jensen/Ruback (1983).

[357] Dazu zum Beispiel Martin/McConnell (1991), S. 671. Nach ihrer Analyse von 253 Übernahmen des Zeitraums 1958-1984 zeigt sich, dass Unternehmen, in denen das Management nach der Übernahme ausgestauscht

die Manager übernommen Gesellschaften sehr oft entlassen werden.[358] Feindliche Übernahmen kosteten nach der Berechnung von Walsh (1988) innerhalb der nächsten drei Jahre nach der feindlichen Übernahmen 61% der Manager ihre Beschäftigung. Bei normalem Geschäftsverlauf ist der Entlassungsgrad nur 21%, also nur ein Drittel so hoch.[359] Diese Ergebnisse wurden durch Mikkelson/Partch (1997)[360] bestätigt. Eine andere Variante der Übernahme besteht in der anschließenden Zerschlagung des Unternehmens und der Realisierung der bisher versteckten Wertpotenziale. Das ist vor allem dann der Fall, wenn die Zielgesellschaft ein Konglomerat darstellt, d.h. in verschiedenen Industrien oder Dienstleistungsbranchen tätig ist. Bei der Übernahme eines solchen Konglomerats hofft der Übernehmer, durch die separate Veräußerung einzelner Unternehmensteile und Vermögensgegenstände der Zielgesellschaft stille Reserven realisieren zu können und letztlich mehr zu erlösen, als er zuvor für den Erwerb der Aktien zahlen musste. Hinzu kommt, dass die Gewinne infolge der Übernahme leicht realisiert werden können. Wenn das Potential einer Firma nur wegen der schlechten Verwaltung nicht voll ausgeschöpft werden kann, muss ein Käufer nur ein schlechtes Management durch ein gutes Management austauschen, um eine große Wertsteigerung zu erzielen. Aus diesem Grund kann man erwarten, dass die Kontrolle des Vorstands durch den Übernahmemarkt sehr wirksam ist. Je größer die Gewinne sind und je leichter sie zu erzielen sind, desto mehr wird nach den zu der Übernahme geeigneten Firmen gesucht. Besonders hervorzuheben ist, dass in den USA nicht nur kleine Unternehmen übernommen wurden. Auch umsatzstarke Firmen kamen als Übernahmeziele in Betracht. Das ist deswegen von der großen Relevanz, weil gerade bei großen Aktiengesellschaften das Agency Problem am größten ist.

Diese Argumentation sieht sich allerdings, das soll an dieser Stelle nicht verschwiegen werden, einer Reihe von Einwänden ausgesetzt, die sie in den Augen der Kritiker zur Lösung des Problems des opportunistischen Managements völlig ungeeignet macht.

B. Problem der Überdisziplinierung

Es gibt vor allem Stimmen, die zwar eine disziplinierende Wirkung des Übernahmemarktes auf die Manager nicht leugnen, aber behaupten, dass die Folgen dieser Disziplinierung negativ zu bewerten sind. Nach dieser Meinung führen Übernahmedrohungen dazu, dass die Manager den langfristigen Gewinnen kurzfristige Gewinne vorziehen, damit der Aktien-

---

wurde, eine schlechtere Performance aufwiesen als übernommene Unternehmen. "We interpret the result to indicate that the take over market plays an important role in controlling the nonvalue maximizing behavior of top corporate managers."

[358] Dazu zum Beispiel Coates (2000), S. 94, Fußnote 207: "In addition, it is rare for directors (even on a staggered board) to remain in office once a bidder has acquired majority ownership."

[359] Walsh (1988), S. 183.

[360] Mikkelson/Partch (1997), S. 205: "We compare top management turnover in unacquired U.S. industrial companies during an active takeover market (1984-1988) and a less active takeover market (1989-1993). For firms in the lowest quartile of performance 33% experience complete turnover of the president, CEO, and board chair during the active takeover period and only 17% experience complete turnover during the less active period ... We provide evidence that turnover and performance are related only in the active takeover period, and conclude that takeover activity affects the intensity of managerial discipline."

kurs des Unternehmens steigt. Dadurch leiden die Ausgaben für die Forschung und Entwicklung, weil diese Ausgaben sich normalerweise erst nach vielen Jahren auszahlen.[361] Weitere Folge der Übernahmedrohung ist nach dieser Ansicht, dass die Manager noch mehr Anreize haben, sich auf die Kosten des geleiteten Unternehmens zu bereichern, weil sie ständig damit rechnen müssen, dass sie wegen einer feindlichen Übernahme entlassen werden. Nach dieser Meinung führt also der Übernahmemarkt zur Überdisziplinierung,[362] was die Manager davon abhält, ihr Humankapital in das Unternehmen zu investieren. Diese Meinung kann aber nicht überzeugen, da sie auf einer falschen Annahme beruht.[363] Die Vertreter dieser Meinung unterstellen, dass der Kapitalmarkt langfristige Gewinnaussichten unterbewertet und die kurzfristigen überbewertet. Das ist aber auf einem effizienten Kapitalmarkt nicht der Fall. Wer also so argumentiert, muss zunächst beweisen, dass der Kapitalmarkt nicht informationseffizient ist. Erst dann kann man davon sprechen, dass die These der Überdisziplinierung plausibel ist. Im Ergebnis resultiert daraus, dass die Disziplinierung des Übernahmemarktes als solche auf keinem Fall negativ zu bewerten ist.

Mit dem Schritt von der Feststellung, dass die Disziplinierung durch den Übernahmemarkt wünschenswert ist, hin zu einer Diskussion, ob der Übernahmemarkt in Deutschland die Manager wirklich wirksam diszipliniert, öffnet sich ein weites Feld. Bevor wir uns jedoch der Frage zuwenden, ob die Übernahmen auch in Deutschland die Disziplinierung des Vorstandes bewirken können, soll erörtert werden, ob die Übernahmen in den USA tatsächlich die oben beschriebene positive Wirkung haben. In diesem Zusammenhang erheben sich drei Fragen.[364] Die erste Frage ist: (1) Bringen die Übernahmen per Saldo den an der Übernahme beteiligten Parteien einen Gewinn? Wenn diese Frage bejaht wird, erhebt sich die Frage, (2) ob die Übernahmen auch volkswirtschaftlich effizient sind. Wenn auch diese Frage bejaht werden kann, muss es weiter gefragt werden, (3) ob diese günstige volkswirtschaftliche Wirkung wirklich auf die Disziplinierung des Managements infolge der Übernahmen zurückgeführt werden kann.

Diese Fragen sind von großer Relevanz. Denn die Untersuchung der Frage, ob der Übernahmemarkt die Manager disziplinieren kann, erscheint wenig sinnvoll, wenn nicht zumindest eine gewisse Einigkeit darüber zu erzielen ist, dass der Übernahmemarkt auch volkswirtschaftlich effizient ist. Es wäre wenig hilfreich, ausführlich zu begründen, dass der Übernahmemarkt als ein Disziplinierungsmechanismus sehr wirksam ist, wenn die anderen volkswirtschaftlichen Wirkungen des Übernahmemarktes so inakzeptabel sind, dass sich das Aktienrecht seines besser gar nicht erst annehmen sollte. Denn es ist durchaus möglich, dass die Übernahmen zur Disziplinierung des Managements beitragen, aber andere negative Aus-

---

[361] Zum Beispiel: Stein (1988), S. 61, mit weiteren Nachweisen. Dieser These kann aber nicht zugestimmt werden. Die Übernahmewelle in den USA in den 80er Jahren wurde von ansteigenden Forschungsausgaben begleitet. Siehe zum Beispiel Jensen (1988), S. 27 ff.

[362] So Coffee (1984), S. 1238 ff.

[363] Kritisch Easterbrook/Fishel (1981), S. 1161 ff.

[364] Diese Fragestellung ist nicht neu. Siehe Romano (1992) oder Reul (1991).

wirkungen haben. Es ist vorstellbar, dass diese negativen Wirkungen volkswirtschaftlich gesehen mehr Kosten verursachen als der Gewinn wegen der Disziplinierung des Managements. Dann ist aber der Übernahmemarkt zur Lösung unseres Problems ungeeignet. Es gibt sogar Stimmen, die im Markt für Unternehmensakquisitionen einen eklatanten Fall des Marktversagens sehen.[365] In einem solchen Fall dient der Übernahmemarkt zwar der Reduzierung der Agency-Kosten, führt jedoch gleichzeitig zu einer Verschlechterung der gesamtwirtschaftlichen Effizienz. Dass die Unternehmensakquisitionen manchmal auch aus gesamtwirtschaftlich negativen Motiven unternommen werden, steht außer Frage. Das bedeutet jedoch nicht, dass die Unternehmensakquisitionen als allgemein schädlich eingestuft werden sollen. Darum ist es wichtig zu wissen, welche Tendenz überwiegt. Anders gewendet: Wir müssen herausfinden, wie das Kosten-Nutzen-Verhältnis des Übernahmemarktes ist.[366]

C. Saldo der Übernahmen

Grundsätzlich ist davon auszugehen, dass die Übernahme für die beteiligten Parteien von Vorteil sind, weil sie sich freiwillig auf dieses Geschäft einlassen. Diese Hypothese wurde auch durch die meisten empirischen Arbeiten bestätigt. Sie heben alle hervor, dass von Übernahmen vor allem die Aktionäre der übernommenen Gesellschaften profitieren.[367] So konnte zum Beispiel Jensen/Ruback (1983)[368], Jarrell/Brickley/Netter (1988) oder Bhagatt/Sheifer/Vishny (1990)[369] feststellen, dass die Aktien der Zielgesellschaften in Wert zwischen 20 und 40% steigen. Diese Gewinne erfolgen jedoch zum Teil auf Kosten der Käufer. Die meisten empirischen Studien, die sich mit dieser Frage auseinandergesetzt haben, fanden entweder geringe Gewinne oder geringe Verluste für die Aktionäre der übernehmenden Akti-

---

[365] Mueller (1977), S. 315 ff.

[366] Ein guter Überblick über die empirischen Studien zum Übernahmemarkt liefert Romano (1992), S. 119 ff.

[367] Zusammenfassend Dodd (1992). Er schreibt auf S. 514: „The evidence on the effects of acquisitions on target firm stock is quite consistent across different studies ... found that target shares rise dramatically on the announcement of proposed tender offer.“ Oder Romano (1992), S. 122: "One important, and undisputed, datum about acquisitive transactions should be noted from the outset: acquisitions generate substantial gains to target company shareholders. All studies find that target firms experience statistically significant positive stock price responses to the announcement of takeover attempts or merger agreements. On average, there is a 20 increase over the pre-announcement market price for mergers and a 30% increase for tender offers in the period around the takeover announcement." So haben Jensen/Ruback (1983) in einer sehr oft zitierten Studie errechnet, wie die Aktienkurse der Käufer und der Zielgesellschaften auf die Ankündigung von Übernahmeangeboten reagiert haben. Was die Übernahmeangebote anbetrifft, ermittelten sie im Zeitraum von 5 Tagen bis zu 3 Monaten um die öffentliche Bekanntmachung einen CAR-Wert von +3,81% für die Käufer und von +29,09% für die Zielgesellschaften. Ähnlich positive Werte ermittelten sie für erfolgreich durchgeführte Fusionen. So fanden sie für die zwei Tage bis zur Bekanntmachung des Angebotes CAR-Werte von -0,05% für die Käufer und +7,72% für die Zielgesellschaften, für den Monat bis zur Ankündigung Werte von +1,37% und 15,9%, für den Zeitraum von 10 vor der Ankündigung des Angebots bis zur Übernahme von -1,77% und 20,15% heraus. Ähnlich: Jarrell/Brickley (1988), S. 49 ff.; Lowenstein/Herman (1988), S. 211; Asquith (1983), S. 51 ff. Auch in Deutschland profitieren von der Übernahme die Aktionäre der Zielgesellschaft. Gerke/Garz/Oerke (1995) fanden CAR Werte von 8,7% heraus. Die Untersuchung bezieht sich auf die Jahre 1987-1992.

[368] Jensen/Ruback (1983), S. 5 ff.

[369] Bhagat/Shleifer/Vishny (1990), S. 1 ff.

engesellschaften heraus.[370] Es gibt aber auch Stimmen, die zwar diese empirische Untersuchungen über negative Auswirkungen für die Käufer nicht in Frage stellen, aber behaupten, dass sie nur ein Teil der Wahrheit über die Auswirkung auf die Aktionäre des Erwerbers besagen. Es wird vor allem hervorgehoben, dass sich die Aktienkurse des Erwerbers lange vor der Ankündigung der Übernahme verändern, weil die Übernahme durch den Markt antizipiert wird.[371] Die Folge ist, dass die positive Wirkung der Bekanntmachung einer Übernahme unterbewertet wird. Das ist zumindest dann der Fall, wenn der Erwerber schon mehrere Übernahmeversuche durchgeführte oder darüber laut nachdenkt.[372]

Häufig wird argumentiert, dass die Aktienkurse des Erwerbers nur dann gemessen werden können, wenn der Erwerber an der Börse notiert ist.[373] Sehr oft ist das aber nicht der Fall. Es war charakteristisch für die Übernahmewelle der achtziger Jahre, dass auch die kleinen nicht auf der Börse notierten Gesellschaften auf dem Übernahmemarkt aktiv waren. Sie führten sog. „bust up-takeovers" aus, die fehlgeschlagene Konzernierung rückgängig machen sollten. Ihr Ziel war zuerst die Ausschlachtung und dann der Verkauf in Teilen der Zielgesellschaft. Eine andere Variante waren die sog. Leveraged-Buy-outs. Dass dabei hohe Gewinne erzielt worden waren, bestätigen auch empirische Untersuchungen. Die Studien von LBOs fanden heraus, dass diese sog. „raiders" eine überdurchschnittliche Rendite bis zu 40% erzielten.[374]

Im Übrigen darf es nicht außer Acht gelassen werden, dass der Marktmechanismus mit der Zeit das Problem der Überzahlung durch den Erwerber lösen wird. Man kann erwarten, dass solche Erwerber in der Zukunft übernommen werden. Je höher die Verluste bei Erwerbern sind und je häufiger solche wertreduzierende Transaktionen durchgeführt werden, desto niedriger sind die Aktienkurse und desto höher ist die Wahrscheinlichkeit, dass diese

---

[370] Zusammenfassend Dodd (1992), S. 515: „The evidence on bidding firms is not nearly as conclusive, and studies using different samples have come up with conflicting results. Most studies have reported that the average abnormal return to bidding firms is close to zero, and that therefore the therefore the lion's share, if not all, of the gain from the transaction are earned by target stockholders. This would suggest that the market for corporate control is a competitive one, in which profits to buying firms are effectively bid to zero – that is, acquisitions earn on average normal rates of return for their stockholders, but not more." Ähnlich: Asquit/Bruner/Mullins (1983), S. 1211; Denis/McConnell (1986), S. 143 ff. Ein Ausnahmefall stellt die Untersuchung von Magenheim/Mueller (1988) dar. So fanden Magenheim/Mueller (1988) für den Zeitraum von drei Monaten vor bis drei Jahren nach der Ankündigung des Übernahmeangebotes die CAR-Werte von -15,65% bis -42,2% für die Käufer heraus. Es soll an dieser Stelle nicht verschwiegen werden, dass die älteren empirischen Untersuchungen ein anderes, eher düsteres Bild zeichnen: Dodd/Ruback (1977) fanden in den fünf Jahren nach dem Angebot einen CAR-Wert von -5,91% für die Käufer heraus. Mandelker (1973) fand in den 40 Monaten nach der Übernahme einen CAR-Wert von -1,4% heraus. Langetieg (1978) errechnete für die 72 Monate nach der Übernahme einen CAR-Wert von -25,2%. Asquith (1983) fand ein Jahr nach der Verschmelzung einen CAR-Wert von -7,2% heraus. Malatesta (1983) fand einen Wert von -2,9% heraus.

[371] Romano (1992), S. 124: "Finally, for acquiring firms that have an active mergers and acquisitions program, the gain from a specific acquisition may have been anticipated in the bidder's stock price at the time the mergers and acquisitions program was announced."

[372] Jensen (1983), S. 18.

[373] Dazu Romano (1992), Fußnote 13: "These studies may, however, underestimate bidder returns as they necessarily exclude privately-held bidders (i.e., leveraged-buyout firms), whose transactions throughout the 1970s and at least the early 1980s were extremely profitable."

[374] Jensen (1989b), S. 71.

Unternehmen übernommen werden. Im Ergebnis würden solche Unternehmen selbst zu Übernahmekandidaten. Damit ist vorstellbar, dass die Kontrolle ohne Intervention des Staates automatisch erfolgen wird. Dass diese Annahme nicht wirklichkeitsfremd ist, beweisen empirische Untersuchungen. In einer Studie wurde festgestellt, dass die Unternehmen, die zu Lasten eigener Aktionäre eine Übernahme durchgeführt haben, im Laufe der Zeit selber zum Übernahmeziel wurden oder sich einer Schlankheitskur unterzogen haben.[375] Das Resultat: „Firms that make bad acquisitions are more likely to receive a takeover offer than firms that make good acquisitions".

Trotz der Selbstkontrolle durch den Markt und der Unterschätzung effizienzsteigernder Übernahmen lässt sich nicht leugnen, dass manchmal die Übernahmen wertreduzierende Transaktionen darstellen. Es kann durchaus vorkommen, dass im Einzelfall ein Käufer überzahlt, entweder weil er ein Empire aufbauen will, weil er sich finanziell übernommen hat, weil er die Kosten falsch berechnet hat, oder weil er schlicht Pech gehabt hat.[376] Trotzdem wäre es verfehlt aus diesen Verlusten bei Käufern auf die Schädlichkeit des Übernahmemarktes zu schließen. Was für einen Ökonomen zählt ist, nicht der Einzelfall, sondern die dem Übernahmemarkt innewohnende Tendenz.

Damit erhebt sich die Frage, ob die Gewinne bei Verkäufern die Verluste bei Käufern mehr als ausgleichen. Nur dann wenn diese Gewinne höher sind, kann man von effizienten Transaktionen sprechen. Leider wurde das nur selten systematisch untersucht. Die Schwierigkeit solcher Untersuchungen besteht darin, dass die Verluste der Erwerber erst in den Jahren nach der Übernahme erfolgten. Die Übernahmenprämien werden aber sofort bezahlt. Die wenigen durchgeführten Untersuchungen, die sich mit dem Saldo beschäftigen, messen nur die Kursbewegungen unmittelbar vor dem Übernahmeangebot und unmittelbar danach. Da sie also nicht eine langfristige Entwicklung wiedergeben, kann man sie nur als Indiz dafür heranziehen, dass das Gesamtergebnis positiv ist. Diese Untersuchungen deuten darauf hin, dass zwar eine Umverteilung zu Lasten der Erwerber stattfindet, aber nicht in so einem großen Umfang, dass kein Überschuss entsteht.[377]

Es mag aber dahin stehen, ob die These, dass in den USA die Übernahmen für die Käufer mit den Verlusten verbunden sind, richtig ist. Außerordentlich problematisch ist diese Argumentation zumindest insoweit, wenn man sie auf deutsche Verhältnisse übertragen will. Denn alle empirischen Studien, die sich dieser Frage in Deutschland gewidmet haben, kamen

---

[375] Mitchell/Lehn (1990), S. 372 ff. Die Stichprobe der Autoren umfasste 1.158 Unternehmen in 58 Branchen, deren Übernahmeaktivitäten über den Zeitraum 1980-88 betrachtet wurden.

[376] Dazu vor allem die Hybris-Hypothese von Roll (1986).

[377] Bradley/Desai/Kim (1988), S. 11 kamen in ihrer Untersuchung zu dem Ergebnis, dass bei Übernahmeangeboten ein Saldo von +32,1 Mio. $ entsteht, wovon 26,2 Mio. $ auf die Aktionäre der Zielgesellschaften und 5,8 Mio. $ auf die Aktionäre des Erwerbers entfallen. Ebenfalls einen positiven Saldo von 84,2 Mio. $ fanden Dennis/McConnell (1986), S. 175 für den Monat vor und den Monat nach der Ankündigung der Übernahme heraus. Davon profitierten die Aktionäre der übernommenen Gesellschaft in Höhe von 31,8 Mio. $ und die Aktionäre des Erwerbers in Höhe von 52,4 Mio. $. Zu einem *negativen* Ergebnis kam Malatesta (1983), S. 168. In seiner Untersuchung fand er einen Verlust von 8 Mio. $ heraus. Der Gewinn bei den übernommenen Unternehmen betrug 19 Mio. $, dem gegenüber stand ein Verlust bei den Erwerber in Höhe von 27,6 Mio. $.

zu dem Ergebnis, dass die Übernahmen mit dem Kursanstieg für die Käufer verbunden sind. Nach der Meinung von Böhmer/Löffler (1999)[378] haben die Übernahmen generell positive Auswirkungen auf den Marktwert des Käufers, was sich in dem hochsignifikanten CAR von 1,44% über die gesamte Periode widerspiegelt.[379] Sie analysierten Zusammenschlüsse deutscher Unternehmen zwischen 1985 und 1993 im Hinblick auf ihren Einfluss auf Aktienkurse. Zu ähnlichen Ergebnissen sind auch Gerke/Garz/Oerke (1995)[380] gekommen. Sie untersuchten die Kursreaktionen bei Unternehmensübernahmen auf Basis täglicher Renditen und unter Verwendung des Datums der ersten entsprechenden Veröffentlichung in der Presse. Auch eine ältere Studie von Bühner (1990) steht mit diesen Ergebnissen nicht im Widerspruch.[381]

Zusammenfassend kann resümiert werden, dass die Übernahmen bei den beteiligten Gesellschaften zu einem positiven Saldo führen. Zwar sinken die Kurse der Erwerber. Da aber die Aktienkurse der Zielunternehmen deutlich steigen, bringen die Transaktionen per Saldo einen Gewinn.[382]

D. Sind die Übernahmen volkswirtschaftlich effizient?

Damit ist es aber nicht gesagt, dass die Übernahmetransaktionen a priori für die Volkswirtschaft günstig sind. Zwar können wir grundsätzlich annehmen, dass die Unternehmensakquisitionen nur dann gesamtwirtschaftlich ineffizient sind, wenn sie zu einer Fehlallokation von Ressourcen führen. Im Normalfall sorgt der Preismechanismus für eine optimale Allokation der Ressourcen. Nach der neoklassischen Preistheorie wird angenommen, dass der, der auf dem Markt bereit ist, den höchsten Preis für eine Ressource zu bezahlen, als bester Verwender dieser Ressource gilt. Das Gleiche kann über einen Käufer eines Unternehmens gesagt werden, der bereit ist, den höchsten Preis zu zahlen. Wer also ein Unternehmen kauft, wird nach der Preistheorie als ein dem Verkäufer überlegener Verwender angesehen, da er das Unternehmen offensichtlich höher als der Verkäufer bewertet. Sonst hätte der Käufer dieses Unternehmen nicht gekauft. Aber dieser Preismechanismus ist nur ein Indiz dafür, dass die Transaktion volkswirtschaftlich effizient ist. Denn bei dem Erwerb von Unternehmen bestehen mehrere Möglichkeiten zur Abwälzung von Kosten auf Dritte, die eine für die Beteiligten profitable Transaktion volkswirtschaftlich nachteilig machen können. Eine solche Transaktion ist vor allem dann zu erwarten, wenn infolge der Übernahme die Möglichkeit der Externalisierung der Kosten besteht. So können die Kosten wegen der Steigerung der Monopolmacht

[378] Böhmer/Löffler (1999).
[379] Böhmer/Löffler (1999), S. 322.
[380] Gerke/Garz/Oerke (1995).
[381] Bühner (1990).
[382] Dodd (1992), S. 515 behauptet sogar: „In order to measure the division of gains among buyers and sellers with greater sensitivity, researchers also estimated the total dollar gains (and losses) to both stockholder group. Calculated in this fashion, the gains from acquisitions appear to be divided fairly evenly, on average, between buyers and sellers.“ Ähnlich Romano (1992), S. 124: "Moreover, even when acquirers earn negative returns, when their losses are aggregated with the targets' gains, acquisitions still net a positive abnormal return. Thus, because the division of the gain is skewed toward targets, takeovers that appear to be non-value-maximizing transactions for bidders may be socially beneficial (that is, aggregate wealth increases)."

auf die Verbraucher oder wegen der Beherrschung der Gesellschaft auf die Minderheitsaktionäre abgewälzt werden. Damit sind die am meisten ins Gewicht fallenden Fallgruppen genannt, die zu einer Verschlechterung der gesamtwirtschaftlichen Effizienz infolge der Übernahmen führen können: die Monopolbildung und die Ausbeutung der Minderheitsaktionäre der übernommenen Aktiengesellschaft. Wie wir an anderer Stelle dieser Arbeit sehen werden, kann keine Rede davon sein, dass die Gewinne infolge der Übernahmen auf die Ausbeutung der Minderheitsaktionäre zurückzuführen sind. Zu untersuchen ist noch, ob die Gewinne durch Monopolbildung verursacht werden.

a. Monopolbildung

Heute herrscht weitgehend Einigkeit darüber, dass Unternehmensakquisitionen die Funktionsfähigkeit des Wettbewerbes beeinträchtigen können. Die Beschränkung des Wettbewerbes erlaubt die Erzielung von Monopolgewinnen zu Lasten der Konsumenten. So entstehen bei einem Unternehmenserwerb, der zur Monopolmacht führt, einerseits Monopolgewinne, andererseits aber auch Wohlfahrtverluste. Denn die Monopolbildung stellt nicht nur eine Art der Umverteilung zu Lasten der Verbraucher dar, sondern kann auch zu volkswirtschaftlichen Effizienzverlusten führen, weil die Verluste der Verbraucher die Gewinne der Monopolisten übersteigen. Heftig umstritten ist allerdings, unter welchen Umständen solche negativen Folgen bei einer Übernahme konkret zu erwarten sind. Da nur wenig Klarheit darüber herrscht, welche Übernahmen eine Beeinträchtigung des Wettbewerbs darstellen, ist auch die Frage umstritten, inwieweit das geltende Wettbewerbrecht solche wettbewerbsbeschränkenden Übernahmen verhindert. Empirisch lässt sich das kaum überprüfen. Dieser Frage brauchen wir auch nicht näher nachgehen. Die Unterscheidung zwischen wettbewerbswidrigen und wettbewerbsfördernden Übernahmen soll dem Wettbewerbsrecht überlassen werden. Darum wird dieses Problem nur kurz angerissen.

Was empirische Untersuchungen anbelangt, gibt es zwei amerikanischen Untersuchungen zu diesem Problem. Sie kommen zu der Schlussfolgerung, dass die Monopolbildung nicht das ausschlaggebende Motiv der Übernahmen ist.[383] Beide Untersuchungen beschäftigen sich mit der Reaktion des Börsenkurses anderer Unternehmen, die in der gleichen Branche tätig sind. Diesen Untersuchungen lag die Prämisse zugrunde, dass auch die Konkurrenz von der Monopolbildung profitieren muss, weil die Wahrscheinlichkeit des kollusiven Zusammenwirkens steigt und gleichzeitig die Wettbewerbsintensität in der betroffenen Branche sinkt. Die erste dieser Studien fand bei Konkurrenzfirmen keine statistisch signifikanten Überrenditen am Tage der Ankündigung des Erwerbs. Die zweite Untersuchung fand zwar leichte signifikante positive Überrenditen am Tage der Ankündigung des Erwerbs heraus. Andererseits reagierten die Aktienkurse der Konkurrenz kaum auf die Nachricht, dass ein Verfahren wegen des Verstoßes gegen geltendes Wettbewerbsrecht eingeleitet wird. Daraus

[383] Stillman (1983), S. 227; Eckbo (1983), S. 243.

wurde geschlossen, dass der Kursanstieg am Tage der Ankündigung der Übernahme eine andere Ursache haben muss als die bevorstehende Reduzierung der Wettbewerbsintensität. Als eine mögliche Erklärung des Kursanstiegs bei der Ankündigung einer Übernahme wird genannt, dass es dadurch die Wahrscheinlichkeit steigt, dass in der Branche zu weiteren Übernahmen kommt. Das ist eine positive Nachricht, weil die Übernahmen normalerweise mit den Kursgewinnen bei der Zielgesellschaften verbunden sind.

Die Ergebnisse dieser Untersuchungen werden auch durch neue Trends auf dem Übernahmemarkt bestätigt. So führen zum Beispiel die neuesten Übernahmewellen eher zur Dekonzentration als zur Konzentration. Vor allem bei einer feindlichen Übernahmen ist es häufig der Fall, dass das Zielunternehmen zerschlagen wird. Die Konzernunternehmen, die nicht zum Kerngeschäft des Konzerns gehören, werden oft verkauft oder sogar liquidiert. Die neue Devise lautet, sich auf das profitable Kerngeschäft zu beschränken, statt neue Produktmärkte mittels der Diversifizierung zu erschließen. Darum werden Übernahmen in letzter Zeit von einer starken Welle der Veräußerung von Unternehmensteilen begleitet. Zwar kann man darüber streiten, ob diese Untersuchungen auf Deutschland übertragbar sind, da das amerikanische Kartellrecht als das strengste der Welt gilt. Die Entscheidung dieser Frage kann, wie gesagt, dem Kartellrecht überlassen werden. Im Rahmen dieser Arbeit soll nur das Aktienrecht untersucht werden. Es herrscht jedenfalls die Einigkeit in der Rechtswissenschaft und in den Wirtschaftswissenschaften, dass die Lösung dieses Problems nicht darin bestehen kann, dass alle Übernahmen unzulässig sein sollen.

Fazit: Wenn diese Analyse richtig ist, dann folgt daraus, dass die Antwort auf unsere Frage ist, dass es keine Anhaltspunkte zu der Annahme gibt, dass die Gewinne der Aktionäre bei Übernahmen mit erheblichen volkswirtschaftlichen Kosten verbunden sind.

E. Kausalität

Damit ist nicht gesagt, dass der Übernahmemarkt zur Disziplinierung der Geschäftsführung beitragen kann. Zu einer weitergehenden Diskussion besteht insbesondere auch deshalb Anlass, weil es möglich ist, dass die Effizienzgewinne auf *andere Faktoren* als die der Disziplinierung der Geschäftsführung zurückzuführen sind.[384] Es ist sogar vorstellbar, dass trotz der effizienzsteigernden Tendenz des Übernahmemarktes die Übernahmen das Agency-Problem sogar verschärfen. Man kann leicht ein Beispiel bilden, im dem Synergieeffekte eine

---

[384] In einer Aufzählung verschiedener Übernahmemotive benennt zum Beispiel Bühner (1990), S. 295 allein acht verschiedene Übernahmemotive, die jeweils separat oder in verschiedenen Kombinationen auftreten können. Der Austausch des ineffizienten Management ist nur eine unter vielen. Es sind dies die Motive: (1) Marktmachterhöhung insbesondere im Falle eines Aufkaufs direkter Konkurrenten, (2) Ausnutzung eines Informationsvorsprungs, durch den das Erkennen eines im derzeitigen Marktpreis nicht enthaltenen höheren Unternehmenswertes möglich wird, (3) Synergien, die aufgrund der Reduzierung der Produktionskosten oder der Steigerung der marktlichen Leistung erzielt werden können, (4) Finanzvorteile, wie die Ausnutzung von Steuervorteilen oder die Reduzierung des Insolvenzrsikos, (5) Managementinteressen, wie Prestige, Macht und Ansehen, (6) Freie liquide Mittel, die das Management lieber investiert, als sie an die Anteilseigner auszuschütten, (7) Selbstüberschätzung des Managements, wodurch die Erfolgsmöglichkeiten einer Übernahme zu positiv gesehen werden, und an der letzten Stelle, (8) *Austausch eines ineffizienten Management.*

Effizienzsteigerung durch eine Übernahme um 50% bewirken. Gleichzeitig kann die Übernahme zur Erhöhung der Agency-Kosten um 10% führen. In so einem Fall ist der Effekt der Übernahme eindeutig positiv (Effizienzsteigerung gleich 40%), obwohl das Agency-Problem durch die Übernahme nicht beseitigt wurde. Wir sollten uns in Erinnerung rufen, dass die Manager statt der Renditenmaximierung sehr oft die Größenmaximierung bevorzugen. Dass Unternehmensakquisitionen zur Verfolgung einer solchen Politik gut geeignet ist, liegt auf der Hand. Übernahmen sind als Wachstumsinstrument besonders interessant, weil durch sie der Umsatz und Mitarbeiterzahl noch schneller als durch internes Wachstum gesteigert werden kann. Darum verwundert es nicht, dass die Kritiker des Übernahmemarktes die Unternehmensakquisitionen nicht als Lösung des Agency-Problems auffassen, sondern als seinen Auslöser.

Übernahmen sind auch zur Lösung eines anderen Problems, mit dem die Manager konfrontiert sind, geeignet: die Überinvestierung in ihrem Unternehmen. Akquisitionen können dieses Problem sehr gut auf Kosten der Aktionäre lösen. Eine geeignete Akquisition führt dazu, dass die Varianz der „cash flow" reduziert wird. Das gibt dem Unternehmen mehr finanzielle Stabilität. Die Diversifikation reduziert somit das Konkursrisiko des Unternehmens und damit die Wahrscheinlichkeit eines Arbeitsplatzverlustes für die Manager. Eine solche Politik ist jedoch für die Aktionäre meistens nachteilig, weil eine solche Übernahme nur die Reduzierung des unsystematischen Risikos ermöglicht, das für die Bewertung der Aktien keine Bedeutung hat. Dass durch die Diversifikation auf Firmenebene keine signifikanten Änderungen des systematischen Risikos möglich sind, wurde durch die meisten empirischen Studien bestätigt.[385] Im Übrigen können die Aktionäre die Diversifikation besser und mit weniger Kosten durch geeignetes Portfolio durchführen, da sie dann weder hohe Übernahmeprämie zu zahlen haben, noch sich mit der Diversifikation langfristig binden müssen. Im Gegensatz zu einem Unternehmen können Aktien jederzeit verkauft werden. Die Diversifikation auf der Firmenebene ist also für die Aktionäre eindeutig ungünstig.

Diese Ausführungen zeigen deutlich, dass unsere Diskussion des Übernahmemarktes nicht zu Ende sein kann. Wir müssen vielmehr untersuchen, ob zwischen den Übernahmen und der Lösung des Agency-Problems ein Zusammenhang besteht. Um das herausfinden zu können, werde ich Folgendes tun. *Erstens* kann man eine sog. negative Selektion anwenden. Wenn andere denkbare Ursachen der Effizienzsteigerung bei Übernahmen ausscheiden bzw. nicht ins Gewicht fallen, dann ist zu vermuten, dass der Austausch bzw. die Drohung des Austausches des Managements für die Effizienzsteigerung verantwortlich ist. *Zweitens* kann der Zusammenhang zwischen erzielten Gewinnen und der Beseitigung der Ineffizienz des Managements direkt begründet werden.

---

[385] Breadley/Myers (2000), S. 799: „No one has shown that investors pay for a premium for diversified firms, in fact, discounts are common."

a. Direkte Messung

Der Zusammenhang zwischen erzielten Gewinnen und der Beseitigung der Ineffizienz des Managements kann auch, wie gesagt, direkt begründet werden. Wenn die Beseitigung der ineffizienten Geschäftführung die wichtigste Ursache der Effizienzsteigerung ist, dann müssen drei Voraussetzungen erfüllt werden. *Erstens* muss die Performance des erworbenen Unternehmens schlechter als der Markt sein. *Zweitens* muss die Performance des Erwerbers viel besser als der Markt sein. *Drittens* muss das übernommene Unternehmen nach der Übernahme eine deutlich bessere Leistung als vorher zeigen. Von diesen drei Voraussetzungen scheint mir die Erfüllung der dritten Voraussetzung am wichtigsten zu sein. Es ist vorstellbar, dass durch eine Übernahme die Ineffizienz des Managements einer Zielgesellschaft zum Teil beseitigt wird, aber gleichzeitig die Qualität der Geschäftführung des Erwerbers wegen der Marktkonzentration sinken wird. Wie wir vorher festgestellt haben, haben die Manager eine ausgeprägte Neigung zum "empire building". Diese Neigung ist um so größer, je mehr Geld den Managern zur Verfügung steht. Damit können gut verwaltete Gesellschaften nach Übernahmen zu schlecht verwalteten Unternehmen "mutieren".

Die erste Voraussetzung kann als erfüllt angesehen werden. Es gibt zahlreiche Untersuchungen, die bestätigen, dass erworbene Unternehmen vor der Bekanntmachung des Übernahmeangebotes viel schlechter als der Markt abgeschnitten haben. Diese Untersuchungen fanden negative CAR-Werte bis hin zu -16% heraus.[386] Zwar wird es vereinzelt argumentiert, dass die Performance nicht mit dem Markt, sondern mit der Branche verglichen werden muss.[387] Wenn man eine solche Untersuchung durchführt, schneiden übernommene Unternehmen nicht schlechter als der Durchschnitt ab. So fand zum Beispiel Langetieg (1978) bei übernommenen Unternehmen einen negativen CAR-Wert von -12,58% heraus. Diese Performance entsprach aber dem Durchschnitt in der untersuchten Branche (-12,55%). Es ist jedoch zweifelhaft, ob ein solcher Vergleich angebracht ist. Wenn eine bestimmte Branche oder ein Industriezweig nicht mehr profitabel ist, muss die Geschäftsführung darauf reagieren und in

[386] Lev (1992), S. 529. Er fasst die Ergebnisse der empirischen Studien zusammen: „In the case of acquired firms, the targets, there is little difficulty in interpreting the empirical findings. Over a long-term period to the announcement of mergers, researchers uniformly find that acquired firms stockholder earn negative abnormal returns; that is, the stock price performance if acquired firms is on average below the average risk-adjusted performance of the market as a whole. This finding is quite consistent with one of the major motives for mergers I mentioned before, the role of acquisitions in weeding out inefficient managers. So there is some evidence here that acquired firms were relatively inefficient – at least as the market perceived them.“ Dazu auch Easterbrook/Fischel (1981), S. 1187; Easterbrook/Fischel (1982), S. 708; Ravenscraft/Scherer (1989) fanden heraus, dass die übernommenen Unternehmen profitabel waren im Zeitraum 1968 bis 1974. Ähnlich Matsusaka (1993) und McGuckin/Nguyen (1995), S. 273: „Generally, firms tend to acquire good businesses rather than bad businesses.“ Ähnlich: Langetieg (1978), S. 365 ff.; Ellert (1976), S. 715 ff.; Asquith/Kim (1982), S. 1209; Kummer/Hoffmeister (1978), S. 505. Anders allerdings Bühner (1990), S. 304, der für die Zielgesellschaften einen CAR-Wert von +14% herausfand.

[387] So in der deutschen juristischen Literatur zum Beispiel Reul (1991), S. 156: „... um solche Rückschlüsse zu ziehen, sollte zumindest das Abscheiden der untersuchten Unternehmen an den strukturell vergleichbaren Firmen desselben Industriesegmentes gemessen werden.“ Er zitiert die Studie von Langetieg (1978).

andere Industrien investieren. Der Maßstab sollte also der Markt und nicht eine unrentable Branche sein.

Weniger eindeutig, was die Bestätigung der ersten Voraussetzung betrifft, sind die *Bilanzdaten.*[388] Es erhebt sich die Frage, welche Studien (die Aktienkursstudien oder Bilanzdatenstudien) besser zur Beurteilung der Performance eines Unternehmens geeignet sind. Nach verbreiteter Meinung in der juristischen Literatur soll sich die Rechtspolitik bezüglich des Übernahmemarktes von den Ergebnissen der Bilanzstudien leisten lassen.[389] Dieser Meinung kann aber nicht zugestimmt werden. Es muss berücksichtigt werden, dass in Aktienkursen alle öffentlich verfügbaren Informationen enthalten sind. Das ergibt sich aus der Annahme, dass die Kapitalmärkte zumindest in der schwachen Form effizient sind. Da die Gesellschaften zur Offenlegung der Bilanzdaten verpflichtet sind, ist davon auszugehen, dass auch diese Informationen in den Aktienkursen enthalten sind. Hinzu kommt, dass Bilanz viel einfacher manipuliert werden kann als ein Aktienkurs. Es hängt oft von der Bilanzierungsmethode ab, wie eine Bilanz aussieht. Der Kapitalmarkt lässt sich nicht so einfach von guten Bilanzdaten blenden lassen. Im Übrigen darf nicht vergessen werden, dass Bilanzen meistens jährlich erstellt werden. Das bedeutet, dass sie die Performance einer Gesellschaft nur abschnittsweise messen. Zukünftige Prognosen hinsichtlich der Entwicklung des Unternehmens und zukünftiger Erträge werden bei der Erstellung der Bilanzen im Gegensatz zu den Aktienkursen nicht aufgestellt. Die Aktienkurse bewerten das Unternehmen, indem sie auch den diskontierten, zukünftigen „cash flow" zu berücksichtigen versuchen. Die Aktienkurse enthalten also mehr Informationen als die Bilanzdaten. In den Aktienkursen schlagen sich auch Informationen nieder, die in den Bilanzen enthalten sind. Damit kann man davon ausgehen, dass Aktienkurse besser den Wert der Gesellschaft widerspiegeln als die Bilanzdaten, obwohl auch die Aktienkurse mit einer gewissen Ungenauigkeit behaftet sind. Da Börsenstudien den gekauften Gesellschaften eine schlechtere Performance als der Marktdurchschnitt bescheinigen, kann die erste Voraussetzung als erfüllt angesehen werden.

Auch *die zweite Voraussetzung* kann als erfüllt angesehen werden. Es gibt eine Reihe von empirischen Untersuchungen, die für die Käufer positive CAR-Werte zwischen 3,1 und 18,5 fanden.[390] Das Gleiche kann über *die dritte Voraussetzung* gesagt werden, wenn die Er-

---

[388] Herman/Lowenstein (1988) ermittelten bei den übernommenen Gesellschaften eine um 3% höhere Gewinnrate als bei den Erwerber. Zum ähnlichen Ergebnis kamen auch Ravenscraft/Scherer (1988). Sie errechneten bei den übernommenen Unternehmen eine Gewinnrate, die den Industriedurchschnitt fast um 100% übertraf. Allerdings handelte sich nur um kleine, an der Börse nicht notierte Unternehmen.

[389] Reul (1991), S. 161 führt die Ergebnisse der Bilanzstudien als Beweis dafür an, dass der Übernahmemarkt die Manager nicht diszipliniert: „Zusammenfassend betrachtet, lassen sich die Ergebnisse der Bilanzstudie mit der behaupteten Ausmerzung schlechten Management durch den „Markt für Unternehmenskontrolle" kaum vereinbaren."

[390] So zum Beispiel: Awquith (1983); Asquith/Kim (1982); Mandelker (1974); Ellert (1976); Dodd/Ruback (1977), Kummer/Hoffmeister (1978), Langestieg (1978); Malatesta (1983). Anders für den deutschen Markt Bühner (1990), S. 304, der für die Käufer einen CAR-Wert von –3,4% herausfand. Bühner analysiert 90 Transaktionen, die sich zwischen 1973 und 1985 ereignet haben, und kommt dabei zu folgenden Ergebnissen. In einem 24-monatigen Zeitraum vor der erfolgten Transaktion sind bei den übernehmenden Unternehmen durchschnittlich negative abnormale Renditen feststellbar. Dies deutet nach Büchner darauf hin, dass die Mehrheit der

gebnisse empirischer Studien richtig sind. In diesen Studien konnte gezeigt werden, dass die übernommenen Unternehmen nach der Übernahme eine deutliche bessere Leistung zeigen.[391] In diesem Zusammenhang sind vor allem die Studien von Frank/Harris/Titman (1991) und Healy/Palepu/Ruback (1992) zu nennen.

b. Negative Selektion

Die oben dargestellte Vorgehensweise ist nicht die einzige Methode, wie die Disziplinierungswirkung des Übernahmemarktes gemessen werden kann. Eine andere Möglichkeit, wie wir herausfinden können, ob die Effizienzsteigerung durch die Übernahmen auf Disziplinierung zurückgeführt werden kann, ist die negative Selektion. Wenn weder Synergieeffekte noch die Reduzierung der Steuerlast für die Übernahmegewinne verantwortlich sind, dann liegt der Schluss nahe, dass der Austausch des Managements dafür ursächlich ist. Wenn dem aber so ist, dann kann die Disziplinierungswirkung des Übernahmemarktes nicht geleugnet werden.

(a) Synergieeffekte

Positive Synergieeffekte bestehen, wenn durch ein Zusammenwirken bzw. eine Zusammenfassung bestimmter Ausführungsfunktionen (Aktivitäten) von Geschäftsfeldern (zweier Unternehmen) zusätzliche Vorteile erzielt werden können, die zur Folge haben, dass die Summe der Marktwerte der beiden Unternehmen größer ist als die Summe der beiden Marktwerte vorher. Das lässt sich plastisch auch als 2+2=5 beschreiben. Im Rahmen von Unternehmensakquisitionen können folgende Formen von Synergieeffekten auftreten.[392]

Im Vordergrund stehen „economies of scale", „economies of scope", „economies of organisation" und der Lerneffekt.[393] „Economies of scale" liegen vor, wenn die langfristigen

---

Unternehmenskäufe aus einer Defensivhaltung heraus getätigt wurden, um negative Gewinnentwicklung zu stoppen oder um Erfolgsdefizite in traditionellen Marktbereichen auszugleichen. Der durchschnittliche Erfolg der Übernahme ist ebenfalls negativ, in der Regel konnten keine marktwertsteigernden Effekte realisiert werden.

[391] Dazu Romano (1992), S. 124 mit weiteren Nachweisen: "While earlier studies find no operating improvements in merged firms, more recent sophisticated studies find that performance improves post-merger ... These data indicate that acquisitions are, indeed, value-maximizing, for the long-term performance of the combined firms improved. They also suggest that negative findings of earlier studies are, in all likelihood, the product of failure to use an appropriate benchmark." Beispielsweise Frank/Harris/Titman (1991), S. 81: "Studying 399 U.S. takeovers consummated in the 1975-1984 period, we conclude that previous findings of poor performance after takeover are likely due to benchmark rather than mispricing at the time of the takeover." Oder Healy/Palepu/Ruback (1992), S. 135: "We eximine post-acquisition performance for the 50 largest U.S. mergers between 1979 and 1984. Merged firms show significant improvements in asset productivity relative to their industries, leading to higher operating cash flow returns." Zum Teil anders zum Beispiel Raghavendra/Vermaelen (1998), S. 223: "This paper shows that bidders in mergers underperform while bidders in tender offers overperform in the three years after acquisition."

[392] Dazu im Zusammenhang mit den Übernahmen: Dodd (1992), S. 524; Bradley/Desai/Kim (1983), S. 184; Bradley/Desai/Kim (1988).

[393] Es darf nicht vergessen werden, dass diese Synergieeffekte auch mit erheblichen Kosten verbunden sind. In den Wirtschaftswissenschaften wird eine Reihe von Kosten genannt, die positive Synergien begleiten. Durch die gemeinsame Nutzung von Aktivitäten können die Koordinierungskosten entstehen, die zur Abstimmung der verschiedenen Geschäftsfelder benötigt werden. Ferner können die Kompromißkosten auftreten, weil sich die

Durchschnittskosten bei einer Steigerung der Produktionsmenge fallen.[394] Dieser Effekt kommt allein dadurch zustande, dass die Fixkosten auf eine größere Stückzahl verteilt werden. „Economies of scope“ liegen vor, wenn die Mehrfachnutzung von Inputfaktoren für verschiedene Produkte möglich ist.[395] „Economies of organisation“ bestehen darin, dass die Kosten wegen der gemeinschaftlichen Leitung des Unternehmens gespart werden können.

Dem Konzept der Lerneffekte liegt der Gedanke zugrunde, dass der Produktionsprozess mit wachsender Erfahrung effizienter abläuft. Die hier entscheidende Frage ist, inwieweit die oben angeführten positiven Synergieeffekte bei Übernahmen tatsächlich vorkommen. Die Antwort auf diese Frage wird dadurch erschwert, dass eine empirische Messung von den Synergieeffekten nicht durchführbar ist. Dazu müsste man die innerbetrieblichen Kostenansätze von Produktion, Vertrieb und Leitung wissen. Dieses Wissen steht aber den Wissenschaftlern nicht zur Verfügung, weil diese Daten zu den Geschäftsgeheimnissen gehören und somit streng vor der Konkurrenz gehütet werden. Trotz dieser Schwierigkeit sprechen einige Gründe dafür, dass die Übernahmegewinne zumindest nicht nur durch Synergieeffekte verursacht werden. *Erstens* führen viele Übernahmen überhaupt nicht zu einem Unternehmenszusammenschluss. Ein solcher Unternehmenszusammenschluss ist aber die notwendige Voraussetzung, dass die Synergieeffekte auftreten. Vor allem in den achtziger Jahren konnte man sog. "Bust-Up-Übernahmen beobachten, die per definitionem nicht zu einem Unternehmenszusammenschluss führen. Bei diesem Typus wird das übernommene Unternehmen von dem sog. „raider“ in seine Einzelteile zerlegt und anschließend verkauft. *Zweitens* spricht die Verbreitung feindlicher Übernahmen dafür, dass es auch andere wichtigen Gründe gibt, warum Unternehmen übernommen werden. Synergieeffekte lassen sich viel einfacher durch eine freundliche Übernahme erzielen als durch eine feindliche Übernahme. Wenn die Erzielung von den Synergieeffekten möglich ist, profitieren beide Manager von einem Unternehmenszusammenschluss. Warum sollen sich die Manager der Zielgesellschaft dagegen wehren? Es ist doch zur Erzielung der Synergieeffekten nicht notwendig, dass die Geschäftsführung ausgetauscht wird oder andere Maßnahmen gegen die Manager ergriffen werden müssen. Auch für den Käufer gibt es keinen Grund, eine feindliche Übernahme zu bevorzugen. Die feindliche Übernahme ist nicht nur teuer. Sie macht auch eine gute Zusammenarbeit, die oft zur Erzielung von Synergieeffekten notwendig ist, unmöglich. *Drittens* ist es problematisch, dass die Verteilung des Gewinnes aus der Übernahme ungleich ist. Wir haben gesehen, dass die Übernahmegewinne vor allem, wenn nicht ausschließlich, bei den Aktionären der Zielgesellschaften anfallen. Da Synergiegewinne nicht von einem Unternehmen allein, sondern nur in Verbindung mit einem anderen Unternehmen erzielt werden können, müsste man vermuten, dass der Gewinn zwischen Aktionären der Zielgesellschaft und Aktionären des Käufers gleich

---

Parteien auf gewisse Standarts einigen müssen. Eine weitere Form von negativen Synergieeffekten stellen Inflexibilitätskosten dar.

[394] Rubinfeld (1998), S. 694: „When a firm's costs less than double in response to a doubling of output.“

[395] Rubinfeld (1998), S. 694: „When one firm produces more of two outputs than two spezialized firms could produce.“

verteilt wird. Das ist jedoch nicht der Fall. Der Auffassung, dass diese ungleiche Verteilung durch einen Wettbewerb zwischen den Erwerbern verursacht wird, kann man nicht zustimmen. Ein solcher Wettbewerb findet meistens nur statt, wenn das Management der Zielgesellschaft gegen den Erwerb heftigen Widerstand leistet. Wir haben aber gerade festgestellt, dass bei der feindlichen Übernahme nicht mit Synergieeffekten zu rechnen ist. Darum kann der Wettbewerb zwischen den Käufern nicht eine plausible Erklärung für die ungleiche Verteilung sein.

Zusammenfassend ist festzustellen, dass zwar möglich erscheint, dass die Gewinne zum Teil durch Synergieeffekte hervorgebracht werden.[396] Es scheint jedoch ausgeschlossen zu sein, dass die Gewinne ausschließlich auf die Synergieeffekte zurückgeführt werden können.

(b) Steuerverluste des Staates

Häufig wird gesagt, dass die Steuerverluste des Staates für die Gewinne bei Akquisitionen ursächlich sind. Auf den ersten Blick erscheint die Erklärung plausibel zu sein. Die Kosten der Kredite können von den Gewinnen abgezogen werden. Bei einer Dividendenzahlung ist das nicht der Fall. Die Fusion gewährt auch den Vorteil des Gewinn- und Verlustausgleichs zwischen den vereinigten Unternehmen. Das kann gut anhand eines Beispieles veranschaulicht werden. Wenn die Muttergesellschaft einen Gewinn und die Tochtergesellschaft einen Verlust von je einer Million Euro gemacht hat, dann werden diese Beträge mit der Folge verrechnet, dass die Steuerpflicht für das betreffende Jahr entfällt. Dadurch gewinnt das Unternehmen zumindest einen Steueraufschub, der die Liquidität erheblich verbessern kann.[397] Diese Vergünstigung lässt sich sogar durch die Organschaft auch für Konzernverhältnisse erwirken.[398] Damit ist aber noch nicht gesagt, dass sich diese Steuergewinne in großem Umfang in der Praxis realisieren lassen. Gilson/Scholes/Wolfson (1988) haben das amerikanische Steuerrecht unter dem Gesichtspunkt geprüft, ob die Unternehmensaquisationen nennenswerte Steuervorteile bringen, die auf einem anderen Weg nicht erzielt werden können. Sie kamen zu dem Ergebnis, dass die Übernahmen keine erheblichen Steuervorteile herbeiführen, welche die Beteiligten nicht ebenso gut auf andere Weise hätten erzielen können.[399]

Dieses Ergebnis wurde auch durch empirische Untersuchungen bestätigt. Auerbach/Reishus (1988)[400] fanden heraus, dass Steuervorteile nur bei einem Fünftel von den 318 untersuchten Übernahmen aufgetreten sind. Nur bei 6% der Unternehmen liegen diese Vortei-

---

[396] Dazu zum Beispiel Matsusaka (1993), S. 357. Nach Matsusaka sind positive Aktienmarktreaktionen bei Transaktionen festzustellen, bei denen das Management nicht ausgetauscht wurde, ein Austausch des Managements führte andererseits zu negativen Aktienmarktreaktionen. "This is consistent with the hypothesis that the market favored acquisitions intended to exploit managerial synergies. It suggests that the market disliked takeovers that were motivated to discipline target management"

[397] Kübler (1999), S. 374.

[398] Kübler (1999), S. 477.

[399] Gilson/Scholes/Wolfson (1988), S. 273.

[400] Auerbach/Reishus (1988), S. 301.

le über 10% des Marktwertes des übernommenen Unternehmens. Im Durchschnitt betrug dieser Wert nur 6,1%. Sogar bei Leveraged-Buy-outs ist es umstritten, ob sie mit einem großen Steuerausfall des Staates verbunden sind. Wenn aber bei LBOs die Steuervorteile nicht ins Gewicht fallen, dann bedeutet das, dass bei anderen Formen der Übernahmefinanzierung die Steuergewinne überhaupt keine Rolle spielen. Die Leveraged-Buy-outs werden per definitionem durch die Aufnahme von Schulden finanziert. Da, wie wir festgestellt haben, die Zinsen im Gegenteil zur Dividendenzahlung von den Steuern abgezogen werden können, müsste der Steuergewinn bei den so finanzierten Übernahmen am größten sein. Nach der empirischen Untersuchung von Kaplan werden in der Tat erhebliche Steuervorteile durch die LBOs ermöglicht. Er fand heraus, dass diese Vorteile fast an die Höhe der Übernahmeprämien reichen, die die Erwerber an die Aktionäre der übernommen Gesellschaft zahlen. Die Aussagekraft dieses Ergebnisses wird dadurch relativiert, dass die Übernahmeprämien im erheblichen Maße besteuert werden. Wie der Saldo zwischen den Steuerverlusten und den Steuergewinnen für den Staat aussieht, lässt sich nicht genau sagen. Es steht aber fest, dass dieses Verhältnis nicht so groß ist, um die Gewinne aus den Übernahmen erklären zu können. Selbst wenn die Leveraged-Buy-outs mit erheblichen Steuervorteilen verknüpft sein sollten, heißt das nicht, dass diese Aussage für den ganzen Übernahmemarkt repräsentativ ist. Die LBOs stellen nur einen Bruchteil des gesamten Übernahmemarktes dar. Nach Kaplans Angaben hatten sie einen Anteil von nur 20% am gesamten Übernahmemarkt in den Jahren 1985-87.[401] Im Übrigen darf nicht vergessen werden, dass auch erhaltene Zinsen besteuert werden müssen.[402] Damit kann nicht angenommen werden, dass die Effizienzsteigerung infolge der Akquisitionen nur auf die steuerliche Begünstigung zurückgeführt werden kann.

Mit dieser Feststellung ist unsere Diskussion der Antwort auf die Frage, ob die Effizienzgewinne auf die Disziplinierung des Managements infolge von Übernahmen zurückzuführen sind, abgeschlossen. Wir haben gesehen, dass weder Synergieeffekte noch die Reduzierung der Steuerlast für die Gewinne ursächlich sind. Auch spricht der direkte Beweis dafür, dass die Übernahmegewinne durch den Austausch des Managements erzielt werden. Wenn man das Ergebnis der bisherigen Diskussion auf eine griffige Formel bringen wollte, dann könnte man etwa sagen: „Je mehr Übernahmen stattfinden, desto besser werden die Manager diszipliniert."

F. Kritik

Würde man die Diskussion schon an dieser Stelle mit dem Ergebnis beenden, dass der Übernahmemarkt die Geschäftsführung sehr gut disziplinieren kann, dann würde man den Kritikern des Übernahmemarktes als Disziplinierungsmechanismus nicht ganz gerecht werden. Denn gegen den Übernahmemarkt als Disziplinierungsmechanismus lassen sich noch

---

[401] Kaplan (1989b), S. 619.

[402] Dazu empirische Untersuchung von Jensen/Kaplan/Stiglin (1989), zitiert nach Romano (1992), Fußnote 69.

andere Argumente anführen, die die Wirksamkeit des Übernahmemarktes als Disziplinierungsmechanismus in Frage stellen könnten. Erst wenn diese Argumente widerlegt werden, ist davon auszugehen, dass der Übernahmemarkt auch in Deutschland mehr als nur symbolisch zur Disziplinierung der Geschäftsführung beiträgt.

(1) So könnte man etwa die These vertreten, dass es rein faktisch eine Illusion sei, zu glauben, dass der Übernahmemarkt einen guten Disziplinierungsmechanismus darstelle, weil die Manager einen gut funktionierenden Übernahmemarkt durch die Einführung der sog. *Anti-Takeover-Mechanismen* zum Erliegen bringen können.[403] Aus der amerikanischen Praxis ist bekannt, dass viele Manager sich im Fall der drohenden Übernahme dieser Mechanismen bedienen. So haben nach der Untersuchung von Karpoff/Danielson (1998) von den 513 größten amerikanischen Unternehmen 307 sog. "poison pills" eingeführt.[404] Dadurch werden Übernahmen erschwert oder sogar unmöglich gemacht.

Es lässt sich in der Tat nicht bestreiten, dass viele Unternehmen sog. Anti-Takeover-Mechanismen eingeführt haben. Es wäre jedoch voreilig, wollte man aus der Einführung dieser sog. Anti-Takeover-Mechanismen ableiten, dass die Geschäftsführung nur eigene Interessen verfolgt und nicht im Interesse der Aktionäre handelt. Denn die meisten empirischen Studien, die die Kapitalmarktreaktionen nach der Einführung der sog. Anti-Takeover-Maßnahmen untersucht haben, fanden positive oder statistisch nicht signifikante und nur vereinzelt statistisch negative CAR-Werte.[405] Damit können wir konstatieren, dass die Einführung von sog. Anti-Takeover-Mechanismen nicht unbedingt einen gut funktionierenden Übernahmemarkt zum Erliegen bringen muss.

(2) Zweitens lässt die *Phasenhaftigkeit*[406] der Transaktionen Zweifel an der allgemeinen Gültigkeit der unterstellten Kontrollwirkung des Übernahmemarktes aufkommen. Es wurde beobachtet, dass Übernahmen während eines Aufschwungs zunehmen und während einer wirtschaftlichen Flaute abnehmen. Nach Meinung der Kritiker des Übernahmemarktes als Disziplinierungsmechanismus kann das nur damit erklärt werden, dass die Übernahmen eher durch eine Neigung zum „empire building“ des Managements als durch die mit der Beseitigung der ineffizienten Geschäftführung verbundenen Gewinne motiviert seien.[407] In Zeiten der konjunkturellen Erholung verfügen die Manager reichlich über „free cash flow“, die

---

[403] Siehe zum Beispiel Bergstrom/Hogfeldt/Macey/Samuelsson (1995), S. 508: "Another large impediment to the emergence of a well-functioning market for corporate control is the set of internal governance rules by which many corporations often create nearly insurmountable obstacles to hostile acquisitions."

[404] Danielson/Karpoff (1998), S. 354, Tabelle 2.

[405] Siehe Kapitel 3, III, 3.

[406] Dazu Black (2000), S. 800: "The first four waves, with rough dates, were: 1895-1903: The creation of the great oil, steel, and other trusts, sometimes called the "merging for monopoly" wave. 1920-1929: Consolidation in many industries, sometimes called the "merging for oligopoly" wave. 1960-1973: Emergence of conglomerate firms and other diversifying acquisitions, sometimes called the "conglomerate merger" wave. 1978-1989: The fourth wave isn't neatly captured in a single phrase, but included large components of hostile takeovers, bust-up and refocusing of conglomerate firms, and leveraged buyouts."

[407] Eine andere Erklärung ist, dass die Manager zwar in gutem Glauben handeln, aber ihre Fähigkeiten zu hoch einschätzen und deswegen einen zu hohem Preis bezahlen (sog. Hybris-Hypothese). Dazu: Roll (1986), S. 197 ff.

zur Finanzierung verwendet werden könne. Die hohen Aktienkurse erlauben auch eine günstige Aufnahme von Krediten und von Eigenkapital auf dem Kapitalmarkt. Daraus wird die Schlussfolgerung gezogen, dass Übernahmen eher durch günstige Finanzierungsmöglichkeiten als durch eine ineffiziente Geschäftführung bei der Zielgesellschaft ausgelöst werden.[408] Diese Behauptung wird durch die Tatsache unterstützt, dass Übernahmen vorwiegend große Unternehmen betrafen. Denn obwohl der Anteil der feindlichen Übernahmen an allen Akquisitionen in den USA in den achtziger Jahren nur 3% betrug, betrug der Anteil dieser Übernahmen wertmäßig 44,4%.[409] Auch der Umstand, dass vor allem große Unternehmen durch ein feindliches „tender offer" übernommen wurden, spricht dafür, dass es sich um eine einmalige Übernahmewelle handelte, die durch ineffiziente Konzentration[410] ausgelöst wurde. Paradigmatisch dafür war die Existenz sogenannter „bust-up takeovers", in denen große Konglomerate erworben und anschließend mit erheblichem Gewinn in Teilen wieder veräußert wurden.[411] Solche Übernahmen können nur dann mit Gewinn durchgeführt werden, wenn vorher ineffiziente "empires" aufgebaut werden. Darum ist nach Meinung der Kritiker des Übernahmemarktes anzunehmen, dass feindliche Übernahmen nach der Welle der Restrukturierung zum Stillstand kommen werden.

Die These, dass es sich um eine einmalige Übernahmewelle handelte, die durch ineffiziente Konzentration ausgelöst wurde, überzeugt jedoch nicht. Denn in den letzten Jahren ist die Zahl der Übernahmen nicht gesunken, sondern gestiegen. In den Jahren zwischen 1985 und 1999 ist die Zahl der Übernahmen in den USA von 2600 auf 11 400 gestiegen.[412] Also kann keine Rede davon sein, dass der Übernahmemarkt nach der Welle der Restrukturierung zum Stillstand gekommen ist.[413]

(3) Ferner könnte man die These vertreten, dass der Übernahmemarkt deswegen die Geschäftsführung nicht wirksam disziplinieren könne, weil er mit einer besonderen Art des *Marktversagens* belastet sei. Der Ausgangspunkt der Überlegung ist der Umstand, dass es für die Aktionäre der Zielgesellschaft günstig ist, eine "Auktion" zu veranstalten. Versteigerungen sind normalerweise mit der Erzielung eines höheren Preises verbunden. Denn eine "Auktion" stärkt die Verhandlungsposition des Managements, ermöglicht die Koordination zwi-

---

[408] Marris/Mueller (1980), S. 44.

[409] Studie des Congressional Research Service, zit. in Senate Report 100-265, Tender Offer Disclosure and Fairness Act of 1987, zitiert nach Reul (1991), S. 195 Fußnote 433.

[410] Die Konzentrationswelle in den 70er Jahren war zwar ineffizient, aber stellt keinen Beweis für das opportunistische Verhalten des Managements dar. Denn die Manager verhielten sich so, wie die Aktionäre verlangten. Zwischen 1968 und 1974 erzielten die Käuferunternehmen die Kurssteigerungen bei diversifizierenden Transaktionen. Erst zwischen 1975 und 1979 fiel diese positive Reaktionen weg und nach 1980 reagierte der Aktienmarkt negativ auf Diversifikationen. Dazu Mork/Schleifer/Vishny (1990).

[411] Morck (1990), S. 47: "The source of bust-up gains in the 1980s is the reversal of the unrelated diversification of the 1960s and the 1970s and hostile bust-up takeovers simply undo past conglomeration"

[412] Black (2000), S. 801.

[413] Allerdings ist die Zahl der Übernahmen in der zweiten Jahreshälfte 2001 weltweit gesunken. Im gesamten Jahr fiel der Wert von Unternehmenstransaktionen um 52% auf 1,419 Billionen Euro. Die Zahl der Geschäfte verringerte sich um 26% auf 18 476. Das ist das Ergebnis einer Analyse der Unternehmensberatung KPMG. Dazu: Die Welt, v. 11.12.2001 "Zahl der Übernahmen und Fusionen bricht weiter ein".

schen den Aktionären und lockt vor allem neue potentiellen Käufer an, die auch einen höheren Preis bieten können. Was gut für die Aktionäre der Zielgesellschaft ist, muss es aber nicht gut für den Übernahmemarkt sein. Denn die Veranstaltung der "Auktionen" bedeutet, dass der erste Bieter zwar sämtliche Suchkosten hinsichtlich der Identifikation unterbewerteter Zielgesellschaften und der Ausarbeitung einer geeigneten Strategie zur Verbesserung des Managementerfolges aufzuwenden hat, aber nicht den ganzen Gewinn vereinnahmen kann, der durch die Übernahme erzielt wird. Denn sobald ein Angebot unterbreitet und veröffentlicht wird, "versinkt" ein erheblicher Teil der Suchkosten.[414] Erschwerend kommt hinzu, dass infolge der Herbeiführung der "Auktionen" häufig andere Unternehmen den Nutzen der Informationssuche vereinnahmen können, ohne den Hersteller der Information kompensieren zu müssen. Die Suchaktivitäten nehmen hierdurch ab, und in der Folge würden potentielle Bieter zu wenig Informationen produzieren. Dies könnte in einer verminderten Kontrolle der Unternehmungsführung resultieren.

Es ist zwar zuzugeben, dass "Auktionen" zumindest teilweise unerwünschte Effekte hinsichtlich des Ausmaßes an Suchaktivitäten potentieller Bieter haben können. Diese sind jedoch wesentlich geringer als von den Kritikern behauptet. Denn die Bieter haben die Möglichkeit, profitabel in das von ihnen ausgemachte Übernahmeziel zu investieren, bevor sie eine Akquisitionsabsicht offengelegen. Das bedeutet, dass die Bieter einerseits die Kosten der Suchaktivitäten zu tragen haben, andererseits können sie Gewinne wegen des Aktienkursanstiegs bei der Zielgesellschaft realisieren.[415] Deswegen ist nicht anzunehmen, dass das Marktversagen wegen der "sunk cost" infolge der Suchaktivitäten sehr groß ist.

(4) Im Übrigen kann argumentiert werden, dass der Übernahmemarkt als Disziplinierungsmechanismus nur dann seine Wirkung entfalten kann, wenn es einen *wirklichen Markt für Unternehmensübernahmen* gibt. Bleibt es bei vereinzelten Transaktionen, bei denen Käufer und Verkäufer im Grunde nie in Konkurrenz mit den anderen Interessenten stehen, kann allerdings nur bedingt von einem Markt und einem Marktpreis für Unternehmen ausgegangen werden. Die Voraussetzung für einen wirklichen Markt ist die Masse. Die Anzahl der Käufer und Verkäufer darf eine bestimmte Zahl nicht unterschreiten, um Preisbildung und Liquidität zu ermöglichen. Erst wenn die Transaktionen auf dem Markt für Unternehmenskontrolle eine bestimmte Größe erreichen, ist zu erwarten, für ein Unternehmen jederzeit einen Käufer zu finden. Ob diese Vorausetzungen in Deutschland erfüllt sind, ist nach der Meinung der Kritiker des Übernahmemarktes als Disziplinierungsmechanismus zweifelhaft.[416]

Es mag sein, dass in der Vergangenheit die Zahl der Übernahmen in Deutschland nicht sehr groß war. Das hat sich geändert. Denn Deutschland hat sich in den vergangenen Jahren zu einem wichtigen Zielland für die Übernahmen von Aktiengesellschaften entwickelt.[417]

---

[414] Die Rede ist von "sunk costs". Pindyck/Rubinfeld (1998), S. 220.
[415] Dazu Bebchuk (1982), S. 1035.
[416] Windolf (1994), S. 84.
[417] Dazu Prigge (1998), S. 991.

"Depending on the estimates used, Germany may already be the largest market für M&A transaction in terms of total revenues. Figure 2.37 also shows two additional dimensions of market attractiveness: the cumulative average growth rate between 1990 and 1998, and absolute market size."[418] Die Wachstumsrate in den Jahren 1990 und 1998 betrug zwischen 20 und 25%. Das Volumen der Unternehmenstransaktionen in Deutschland hat im Jahr 2000 mit 935 Milliarden DM (gegenüber 389 Milliarden DM im Jahre 1999) einen neuen Rekord erzielt. Die Anzahl der Transaktionen mit rein deutscher Beteiligung, ausländischer Käufer deutscher Unternehmen und deutscher Käufer ausländischer Unternehmen stieg nach Angaben der M&A International GmbH gegenüber dem Vorjahr um 127 auf 1972.[419]

Die gleiche Entwicklung ist in Europa zu verzeichnen. Allein zwischen 1998 und 1999 ist der Wert der Transaktionen von 630 Milliarden Dollar auf 1600 Milliarden Dollar gestiegen.[420] Der Anteil der weltweiten Übernahmen, an denen zumindest ein europäisches Unternehmen beteiligt war, ist von 11% im Jahre 1985 auf 47% im Jahre 1999 gestiegen. Damit hat Europa die USA fast eingeholt (53%), obwohl auch dort der Übernahmemarkt keinesfalls zum Stillstand gekommen ist.[421] Damit kann nicht behauptet werden, dass sich der Übernahmemarkt in Deutschland wegen der geringen Zahl der Übernahmen nicht entwickeln kann.

(5) Ferner könnte man gegen den Übernahmemarkt als Disziplinierungsmechanismus einwenden, dass es in Deutschland *keine feindlichen Übernahmen* gibt und nicht geben kann. Kann in den Vereinigten Staaten aufgrund der Transaktionsanzahl und dem hohen Grad an feindlichen Übernahmen zumindest noch für einige Fälle von einer Angemessenheit der Kontrollthese des Übernahmemarktes ausgegangen werden, so spricht in Deutschland hingegen wenig für die Disziplinierungskraft des Marktes für Unternehmenskontrolle. In deutlichem Kontrast zur amerikanischen Situation fehlen in Deutschland feindliche Übernahmen fast völlig.[422] Einen Ausnahmefall stellt die Übernahme von Mannesman im Jahre 1999 dar. Andere feindlichen Übernahmeversuche schlugen in der Vergangenheit fehl: zum Beispiel der Versuch der Übernahme der Thyssen AG durch die Krupp AG (1997), der Continental AG durch Pirelli SpA (1990) oder der AMB durch AGF (1992). Nach verbreiter Meinung kann sich in Deutschland ein Markt für feindliche Übernahmen auch nicht entwickeln. Die Kontrolle über die meisten Unternehmen liegt in sicheren Händen von überwiegend bekannten Mehrheitsaktionären, nur sehr wenige Gesellschaften werden an der Börse gehandelt und von diesen sind

---

[418] Seifert/Achleitner/Mattern/Steit/Voth (2000), S. 46.

[419] Entnommen: www.m-and.a.de/fakten. Allerdings ging der Wert der Übernahmen in Deutschland im Jahr 2001 um 59% auf 135 Mrd. Euro zurück. Die Zahl der Transaktionen verringerte sich um 32% auf 1372. Dazu: Die Welt, v. 11.12.2001 "Zahl der Übernahmen und Fusionen bricht weiter ein".

[420] Dazu Black (2000), S. 800. Er gibt auch andere Beispiele, wie schnell der Übernahmemarkt in Europa wächst.

[421] Black (2000), S. 801.

[422] Näher dazu Prigge (1998), S. 992.

wiederum sehr wenige in Streubesitz.[423] Vom Börsenwert von 845,6 Mrd. DM befanden sich Ende 1995 402,7 Mrd. (47,6%) in festen Händen.[424] Drukarczyk (1993) schätzt, dass von allen börsengehandelten Unternehmen nur etwa 40 aufgrund ihrer relativ breitgestreuten Gesellschafterstruktur erfolgversprechende Übernahmekandidaten sind. [425] Ohne die Verbreitung feindlicher Übernahmen ist aber die Disziplinierung der Geschäftsführung durch den Übernahmemarkt nach Meinung der Kritiker nicht möglich.

Es lässt sich nicht bestreiten, dass sich in Deutschland der Markt für feindliche Übernahmen nicht entwickeln kann. Erstens ist die Zahl der Aktiengesellschaften in Deutschland insgesamt relativ gering. Zweitens ist der Anteil der Aktiengesellschaften im Streubesitz viel kleiner als in den USA. Die deutsche Aktienlandschaft ist in der Tat durch Aktiengesellschaften geprägt, die einen Mehrheitsaktionär haben. Eine neuere, empirische Untersuchung, die die Anteilseignerstruktur von 430 Aktiengesellschaften unter die Lupe nahm, stellt fest: „It can be showed that 77% of the median firm's voting rights are controlled by large blockholders. This corresponds to 47% of the market value of all firms listed on Germany's official markets. About two thirds of this amount is controlled by banks, industrial firms, holdings, and insurance companies".[426] 75% der Aktiengesellschaften haben einen Aktionär, dessen Anteil mehr als 26% beträgt. Die Anteile, die durch Banken, Versicherungen und Privatpersonen gehalten werden, sind wesentlich kleiner. Bei den Banken sind das 29%, bei den Versicherungen 28% und bei den Privatpersonen 27%. Die Zahlen wurden auch durch eine empirische Untersuchung von Köke (1999) bestätigt. Köke (1999) zeigt für das Jahr 1998, dass in einer Stichprobe von 700 börsennotierten und nicht börsennotierten Kapitalgesellschaften in über 85% der Fälle ein Großaktionär, der über 50% der Aktien bzw. Anteile hält, existiert.[427] Unter solchen Bedingungen kann sich der Markt für feindliche Übernahmen in der Tat nicht entwickeln. Es darf aber nicht vergessen werden, dass bei einer Zahl der Aktiengesellschaften im Streubesitz das Agency-Problem in der Beziehung zwischen dem Management und den Aktionären gering ist.

Natürlich wird damit die Frage, ob feindliche Übernahmen notwendig sind, damit das Management diszipliniert wird, noch nicht beantwortet. Der Schluss, dass nur feindliche Übernahmen das Management disziplinieren können, scheint nahe zuliegen. Er wäre jedoch falsch. Zwar stellen Morck/Shleifer/Vishny (1988)[428] in ihrer Untersuchung von 82 zwischen 1981 und 1985 erfolgten Firmenübernahmen fest, dass die mittels feindlicher Übernahmen

---

[423] Dazu zum Beispiel Frank/Mayer (1995), S. 188: "The main impediment to a Anglo-American market for corporate control is the ownership structure of German companies".

[424] Die Aktiengesellschaft, Sonderheft 1996, S. 34 (Beteiligungsverhältnisse am deutschen Aktienmarkt).

[425] Drukarczyk (1993), S. 649.

[426] Böhmer (1999), S. 13. Zu einem ähnlichen Ergebnis kamen auch ältere Untersuchungen. Pross (1965) untersuchte 110 umsatzstärksten Unternehmen. Nach Pross können die Unternehmen folgendermaßen bezüglich der Anteilseignerstruktur eingestuft werden: 80% stellen sog. eignetümerkontrollierte Unternehmen und 20% sog. managerkontrollierte Unternehmen. Mehrfeld (1984) rechnet zu den eigentümerkontrollierten Unternehmen 26% Unternehmen, zu den managerkontrollierten 6% und zu den anders kontrollierten 68%.

[427] Köke (1999), S. 13.

[428] Morck/Shleifer/Vishny (1988b), S. 127.

akquirierten Unternehmen im Vergleich zu den freundlich übernommenen Unternehmen deutlich schlechtere Ergebnisse vor der Übernahme erzielten, älter waren und ein geringeres Wachstum aufwiesen. Ihrer Einschätzung nach sind es demnach feindliche Übernahmen, mit denen das Motiv der Disziplinierung verfolgt wird, während in freundlichen Übernahmen ihrer Analyse zufolge vor allem Synergieeffekte angestrebt werden. Aber die Untersuchungen von Walsh/Ellwood (1991) und Walsh/Kosnik (1993) zeigen, dass der Zusammenhang zwischen der Feindlichkeit einer Übernahme und dem Disziplinierungsmotiv keineswegs eindeutig ist. Der Austausch des Managements weist ihren Analysen zufolge keinen Zusammenhang mit der Performance der übernommenen Unternehmen auf. Die Übernahmewahrscheinlichkeit wird darüber hinaus durch einen kurzfristig vorausgegangenen Austausch des Managements wahrscheinlicher. Nicht Unternehmen mit alteingesessenem, langfristig schlecht operierendem Management werden nach dieser Untersuchung Ziel von Übernahmen, sondern Unternehmen, in denen mit dem erfolgten Austausch des Managements ein Signal gesetzt wurde.[429]

Die Klärung der Frage, ob feindliche Übernahmen notwendig sind, um das Management zu disziplinieren, hat eine Untersuchung von Schwarz (2000) gebracht. Schwarz widmete sich der Frage, ob sich feindliche Übernahmen von freundlichen Übernahmen in ökonomischer Hinsicht unterscheiden. Um das herausfinden zu können, untersuchte Schwarz insgesamt 2,346 freundliche und feindliche Übernahmen in den Jahren 1975-1995. Die Hypothese von Schwarz lautete: Sollte sich herausstellen, dass sich feindliche Übernahmen von freundlichen Übernahmen in ökonomischer Hinsicht nicht unterscheiden, dann lässt sich das Argument nicht aufrechterhalten, dass nur feindliche Übernahmen das Management disziplinieren können. Schwarz (2000) kommt zu der Schlussfolgerung, dass sich feindliche Übernahmen von freundlichen Übernahmen kaum unterscheiden. Er schreibt: "Much has been made of this distinction in both the popular and the academic literature, where gains from hostile takeovers result from replacing incumbent managers and gains from friendly takeovers result from strategic synergies. Alternatively, hostility could reflect strategic choices made by the bidder or target. Empirical tests show that most deals described as hostile in the press are *not distinguishable from friendly deals in economic terms*, except that hostile transactions involve publicity as part of the bargaining process."[430]

Wenn man sogar in den USA eine feindliche Übernahme von einer freundlichen Übernahme in ökonomischer Hinsicht nicht unterscheiden kann, dann ist auch mit Sicherheit davon auszugehen, dass dies in Deutschland nicht anders ist. Warum so ist, wird an dieser Stelle begründet. Wir sollten uns noch einmal in Erinnerung rufen, worin sich eine feindliche Übernahme von einer freundlichen Übernahme in der Definition unterscheidet. Der Unterschied zwischen einer feindlichen Übernahme und einer freundlichen Übernahme ist per defi-

[429] Walsh/Kosnik (1993), S. 693.
[430] Schwert (2000), S. 2599. Die Hervorhebung nicht im Original.

nitionem nur die Einstellung des Managements. Ist ein Manager gegen eine Transaktion, wird die Übernahme feindlich genannt. Ist ein Manager einer Übernahme wohl gesonnen, wird die Übernahme freundlich genannt. Es ist aber hervorzuheben, dass diese Unterscheidung nur in den Ländern einen Sinn macht, in denen die Aktiengesellschaften im Streubesitz überwiegen. Dafür gibt es einen Grund: Soll der Widerstand des Managers gegen eine Übernahme bei einer Publikumsaktiengesellschaft gebrochen werden, ist dazu ein "tender offer" notwendig. Denn es ist für einen potentiellen Käufer nicht möglich mit den weit gestreuten Aktionären zu verhandeln. Die Transaktionskosten sind einfach zu hoch. Die Lage bei einer Aktiengesellschaft mit einem Mehrheitsaktionär ist aber anders. Ein potentieller Käufer weiß genau mit wem er verhandeln soll. Ein "tender offer" macht keinen Sinn, weil es keine Notwendigkeit besteht, mit vielen Aktionären zu verhandeln. Also wird ein "tender offer" durch eine Verhandlung ersetzt.[431] Damit wird deutlich, dass bei einer Aktiengesellschaft mit einem Mehrheitsaktionär jede Übernahme ohne ein "tender offer" erfolgen wird. Damit ist es kein Wunder, dass ein "tender offer" in Deutschland eine Seltenheit darstellt. Das ist aber kein Indiz dafür, dass die Manager durch den Übernahmemarkt nicht kontrolliert werden. Denn ist ein Mehrheitsaktionär nicht fähig selber wirksam eine Geschäftsführung zu überwachen, kann er sein Aktienpaket an denjenigen verkaufen, der besser die Geschäftsführung überwachen kann und damit eine höhere Kurssteigerung erzielen kann. Die Voraussetzung der Überwachung des Managements in so einem Fall ist nur, dass ein ausreichend großer Übernahmemarkt besteht. Wie wir aber an einer anderen Stelle festgestellt haben, ist der Übernahmemarkt in Deutschland groß genug, damit der Übernahmemarkt seine disziplinierende Wirkung entfalten kann. Das heißt aber gleichzeitig, dass die Abwesenheit feindlicher Übernahmen in Deutschland nicht unbedingt den Schluss zulässt, dass der Übernahmemarkt die Manager in Deutschland nicht disziplinieren kann.[432]

G. Ergebnis

Die hier gegebene Auseinandersetzung mit den Thesen der Kritiker des Übernahmemarktes als Disziplinierungsmechanismus für die Manager war selbstverständlich nicht tief genug, um jeden Kritiker des Übernahmemarktes überzeugen zu können. Immerhin aber dürfte deutlich klar geworden sein, dass der Übernahmemarkt in erheblichem Umfang dazu beitragen kann, dass der Opportunismus des Managements reduziert wird. Damit ist aber nicht gesagt, dass der Übernahmemarkt das Problem des opportunistischen Verhaltens des Mana-

---

[431] Dazu zum Beispiel Bergstrom/Hogfeldt/Macey/Samuelsson (1995), S. 503 "When a single shareholder owns a controlling block of stock, and presumably supports incumbent management, the hostile acquisition becomes a negotiation with the owner of the controlling block, much like the purchase of a private company. In fact, it is not a hostile acquisition, because the takeover cannot succeed without the support if the single, controlling shareholder ... This, however, does not change the fact that where public firms have intensely concentrated ownership structures, there are *no hostile takeovers per se, but merely negotiated acquisitions*."

[432] Ähnlich Bratton/McCahery (1999), S. 245: "Hostile takeovers accordingly are not the only means to the end of bringing new governance strategies to the firms that need them. *Friendly mergers* and acquisitions can *substitute* for them, with the sole difference going to the pattern of distribution of merger gain."

gements gänzlich aus der Welt schaffen kann.[433] Denn der Übernahmemarkt ist mit erheblichen Transaktionskosten verbunden. Entweder muss der Erwerber eine kostspielige Verhandlung mit den Aktionären der Zielgesellschaft führen oder er muss im Fall eines öffentlichen Angebotes eine erhebliche Übernahmeprämie zahlen. Wie wir vorher festgestellt haben, betragen diese Prämien bis zu 40%. Der Erwerber muss also eine Effizienzsteigerung um mehr als 40% erreichen, wenn die Übernahme für ihn nicht mit Verlusten verbunden sein soll. Das bedeutet, dass Effizienzverluste wegen einer opportunistischen Geschäftsführung nicht durch den Übernahmemarkt beseitigt werden, wenn sie kleiner als 40% sind. Wenn wir uns ausschließlich auf den Übernahmemarkt bei der Lösung des Agency-Problem verlassen würden, würden wir die Effizienzverluste bei der Geschäftführung bis zu 40% zulassen. Das ist kein befriedigendes Ergebnis, das auch rechtspolitisch nicht akzeptiert werden kann.

4. Arbeitsmarkt für Manager

Manager werden dafür bezahlt, dass sie im Auftrag der Aktionäre ein Unternehmen so führen, dass möglichst hohe Gewinne erwirtschaftet werden. Auf dem Markt für Manager richtet sich die Nachfrage nach der Arbeitsleistung eines Managers nach dessen Fähigkeit, die Politik der Renditemaximierung wirksam zu verfolgen. Diese Fähigkeit spiegelt sich in Höhe des Marktwertes wider. Manager werden also versuchen, die Gewinne zu steigern, weil davon ihre zukünftigen Karrierechancen und Einkommenschancen abhängig sind.[434] Ob diese Argumentation skeptisch beurteilt werden soll, wird uns im Folgenden eingehend beschäftigen.

A. Empirie

Die Befürworter dieses Mechanismus können auch auf eine umfangreiche empirische Forschung verweisen, die belegt, dass der Arbeitsmarkt für die Manager nicht nur eine theoretische Überlegung darstellt, sondern auch in der Praxis funktioniert. So fand zum Beispiel Gilson (1990) heraus, dass nur 46% der „board directors“ und 43% der Manager ihren Posten behalten könnten, nachdem der Konkursantrag gestellt oder ein Umschuldungsprozess eingeleitet worden war.[435] Keiner der entlassenen Manager, konnte eine ähnliche Stelle innerhalb von drei Jahren nach der Entlassung finden, obwohl das durchschnittliche Alter der entlassenen Manager nur 52 Jahre betrug. Die Ergebnisse von Gilson (1990) wurden durch Houston/James (1993)[436] für den Finanzsektor bestätigt. Auch deuten die Ergebnisse der Studie von Kaplan/Reishus (1990) darauf hin, dass der Arbeitsmarkt für die Manager als ein Diszip-

---

[433] Sarkastisch Black (1992a), S. 896: "And hostile bids were no panacea: our corporate landscape is still littered with the carcasses of the overpriced deals of the late 1980s."
[434] Fama (1980), S. 288 ff.
[435] Gilson (1990), S. 357: "On average, only 46% of directors who sit in the board prior to financial distress, and 43% of the CEOs, are still present when their firms emerge from bankruptcy or settle privately with creditors less than two years later." Er untersuchte 111 Unternehmen im Zeitraum zwischen 1979 und 1985, die in finanzielle Schwierigkeiten geraten sind.
[436] Houston/James (1993), S. 143 ff, zitiert nach Cannella/Fraser/Scott (1995).

linierungsmechanismus eine bedeutende Rolle spielt. Kaplan und Reishus (1990)[437] fanden heraus, dass, wenn die Dividende um 25% und mehr reduziert worden ist, die „board directors" und CEOs eine um 50% geringe Chance haben, einen zusätzlichen „Directorposten" zu bekommen.

Es wäre jedoch voreilig, aus den Ergebnissen der empirischen Studien zu schließen, dass der Arbeitsmarkt für die Manager einen perfekten Disziplinierungsmechanismus darstellt. Denn diese empirischen Untersuchungen stellten nur fest, dass die Manager insolventer Unternehmen sehr oft entlassen werden und dass sie große Schwierigkeiten haben, einen neuen Job zu bekommen. Es wurde aber nicht bewiesen, dass der Markt zwischen einer schlechten und einer guten Managerleistung unterscheiden kann.[438] Denn eine Insolvenz bedeutet nicht zwangsläufig, dass ein Manager falsch gehandelt hat. Es kann sein, dass seine Leistung *ex ante* richtig gewesen ist. Was *ex ante* richtig war, soll aber nicht *ex post* durch den Arbeitsmarkt für die Manager „bestraft" werden, wenn die Geschäftsführung richtige Anreize haben soll, das Ziel der Gewinnmaximierung zu verfolgen. Das kann durch ein kleines *Beispiel* veranschaulicht werden. Angenommen, der Vorstand steht vor der Entscheidung, welches von zwei Projekten durchgeführt werden soll. Beim ersten Projekt gibt es zwei gleich wahrscheinliche Renditen: 150 Millionen Euro Gewinn bei gutem Geschäftsverlauf und 50 Millionen Verlust bei schlechtem Geschäftsverlauf (die Kosten der Insolvenz oder Umschuldung eingeschlossen). Beim zweiten Projekt ist es sicher, dass 10 Millionen Euro Gewinn erzielt werden. Trotzdem ist es im Interesse der Aktionäre, das erste Projekt durchzuführen , weil der Erwartungswert des ersten Projekts viel höher (50 Millionen) als der des zweiten Projekts (10 Millionen) ist. Ausschlaggebend ist also, ob der Arbeitsmarkt für die Manager zwischen Pech und schlechter Leistung unterscheiden kann. Das wird zwar gelegentlich behauptet[439], ist aber bis jetzt nicht bewiesen. Richtig ist allerdings, dass der Arbeitsmarkt für die Manager zwischen den *offensichtlich* unverschuldeten Insolvenzen und anderen Ursachen unterscheiden kann. So sind die Einstellungchancen für die Manager der insolventen Unternehmen sehr gut, wenn die Insolvenz durch die sog. „external regulatory factors" hervorgerufen wurde.[440]

---

[437] Kaplan/Reishus (1990), S. 389: "Using dividends cuts to measure performance, we find that top executives of companies that reduce their dividends are approximately 50% less likely to receive additional outside directorships than are top executives of companies that do not reduce their dividends."

[438] So auch Cannella/Fraser/Scott (1995), S. 186: „Managers truncated job prospects demonstrate the presence of market-driven reputation penalties for poor organizational performance, but this evidence falls short of addressing the question of whether the labor market discriminates between good and bad managerial performance."

[439] Sehr optimistisch ist Fama (1980), S. 296-297, der die Informationseffizienz des Arbeitsmarktes für die Manager mit der Informationseffizienz des Kapitalmarktes vergleicht, ohne darzulegen, worin die Ähnlichkeiten bestehen. „Although we do not understand all the details of the process, available empirical evidence ... suggests that the capital market generally makes rational assessments of the value of the firm in the face of imprecise and uncertain information. This does not necessarily mean that information processing in managerial labor markets is equally efficient or rational, but it is a warning against strong presumptions to the contrary."

[440] Cannella/Fraser/Scott (1995), S. 202: „This comparison verifies that managers from the innocent bystander category had much greater success in the post-failure job market that their counterparts in the equity-

Fazit: Insgesamt bieten die Ergebnisse empirischer Studien damit wesentlich weniger, als man auf der Grundlage der Ankündigung erwarten konnte. Aus diesen Ausführungen folgt, dass eine Untersuchung, die sich lediglich auf die Auswertung empirischer Studien beschränkt, notwendig zu kurz greift. Dass heißt aber gleichzeitig, dass wir auch eine analytische Untersuchung des Arbeitsmarktes für die Manager als Disziplinierungsmechanismus durchführen müssen. Das soll im Folgenden versucht werden.

B. Prämissen

Die Diskussion der Wirksamkeit des Arbeitsmarktes für die Manager als Disziplinierungsmechanismus steht unter einer Prämisse, die an dieser Stelle deutlich gemacht werden soll.[441] Die Prämisse des Arbeitsmarktes für die Manager ist, dass es einen *effizienten Markt für managerielle Dienste* gibt. Effizienz bedeutet in diesem Zusammenhang, dass der Markt fähig ist, die Arbeitsleistung eines Managers fair zu bewerten.[442] Das heißt, verfolgt der Manager Ziele, die im Widerspruch zu den Interessen der Aktionäre stehen, dann muss er damit rechnen, dass sein Marktwert auf dem Arbeitsmarkt sinken wird. Es ist aber sehr zweifelhaft, ob der Arbeitsmarkt für die Manager in diesem Sinne effizient ist. Denn weder die „eigenen" Aktionäre (gegenwärtige Arbeitgeber) noch außenstehende Aktionäre (als potentielle Arbeitgeber) sind in der Lage, die Leistungen eines außenstehenden Managers richtig zu bewerten.[443]

Diese Informationsproblematik ist nur bei diversifizierten Aktiengesellschaften ohne Bedeutung. Durch die Möglichkeit, einzelne Branchen auszugleichen, ist es bei diversifizierten Aktiengesellschaften nicht notwendig, von den Managern beeinflussbare und nicht beeinflussbare Faktoren zu unterscheiden. Denn man kann sich in diesen Fällen vom Ergebnis (Erfolg oder Misserfolg) leiten lassen. Die Qualität des Managers wird dabei als gut angesehen, wenn die Unternehmensrendite überdurchschnittlich ist. Sie wird als schlecht angesehen, wenn die Rendite unterhalb der Rendite vergleichbarer Anlagen liegt.[444] Bei den nicht diversifizierten Aktiengesellschaften ist das anders. Dort kann man sich nicht nur vom Ergebnis leiten lassen. Warum so ist, wird es an dieser Stelle kurz erläutert. Wie bei der Untersuchung des

---

insolvent category ... We study the managerial labor market's ability to discriminate between good and bad managerial performance. Using a sample of failed and nonfailed Texas banks, we find that the context of job loss affects the manager's ability to regain comparable employment. Managers associated with banks that failed for reasons arguably beyond the mangers' control were twice as likely to regain comparable banking posts as managers of other failed banks. We also detect a relation between the probability of post-failure employment and a manager's rank within the firm and to proxies for managerial self-dealing and competence."

441 Greenwald (1986), S. 393 ff.

442 Es ist aber anzunehmen, dass das Informationsproblem in Deutschland kleiner ist als in den USA, weil die meisten Geschäftsführer der größten deutschen Unternehmen (Führungspositionen bis zu 80% - Vorstandsmitglieder bis zu 100%) intern rekrutiert werden. Die Kompetenz des Managers ist also den Aktionären bekannt.

443 Vgl. zur Informationsproblematik Ballwieser/Schmidt (1981), S. 672.

444 Tullock (1969), S. 307: „Thus, it is much for the stockholder to tell whether the management of a conglomerate is doing a good job or a bad job than it is for him to tell whether the management of an individual company in an individual industry is doing well. Here, simply following the rule of firing the management whenever the profits fall may well be an optimal technique for operating the company."

Problems der „hidden actions“ deutlich wurde, besteht gerade bei asymmetrisch verteiltem Wissen zwischen Aktionären und Managern das Problem, dass die Aktionäre nicht wissen, ob für ein schlechtes bzw. gutes Ergebnis von Managern nicht beeinflussbare Faktoren oder die Fehlleistung des Managers verantwortlich sind. Das Gleiche gilt für außenstehenden Aktionäre. Denn es ist anzunehmen, dass ein Manager nicht nur den eigenen, sondern auch den außenstehenden Aktionären wichtige Informationen über seine Leistung vorenthalten wird. Man kann sich zwar auf den Standpunkt stellen, dass diese Informationsasymmetrie zumindest zum Teil durch die "Aufklärungsarbeit" externer Manager reduziert wird. Sie konkurrieren mit einem ineffizienten Manager um gutdotierte Stellen und haben somit entsprechende Anreize, ein opportunistisches Verhalten eines anderen Managers zu entlarven. Sie haben auch eher die Kenntnisse und Informationen, um einen solchen Opportunismus aufzudecken. Trotzdem soll der Beitrag externer Manager zur Überwindung des Problems asymmetrischer Information nicht überbewertet werden. Der Grund dafür ist, dass auch externe Manager mit erheblichen Problemen konfrontiert sind.

Das kann anhand eines *Beispiels* sehr gut veranschaulicht werden. Angenommen, ein opportunistischer Manager wurde auf Rat eines externen Managers entlassen. Jetzt stellt sich für die Aktionäre die Frage, ob sie den externen Manager einstellen sollen. Das ist nicht unbedingt zu empfehlen. *Erstens* müssen die Aktionäre nämlich damit rechnen, dass die bisherigen Arbeitgeber des sich um die frei werdende Stelle bewerbenden Managers über dessen Qualitäten und Verhalten besser informiert sind als sie. Es ist rational zu vermuten, dass der alte Arbeitgeber den externen Manager nur deswegen ziehen ließ, weil er zu den qualitativ schlechteren Managern gehört. Bei der Einstellung eines externen Managers laufen die Aktionäre regelmäßig der Gefahr, den bisherigen und vermeintlich ineffizienten Manager durch einen anderen noch ineffizienteren zu ersetzen. *Zweitens* ist ein externer Manager mit einem "Free-rider"-Problem konfrontiert. Angenommen, der externe Manager deckt opportunistisches Verhalten auf. Er sieht sich dann der Gefahr ausgesetzt, dass nicht er, sondern ein anderer externer Trittbrettfahrer-Manager von der Identifizierung eines vermeintlichen ineffizienten Managers profitiert.[445] *Drittens* besitzt ein Manager auch bestimmte spezifische Informationen über sein Unternehmen, welche den externen Managern nicht zugänglich sind. Der Erwerb solcher firmenspezifischen Informationen ist teuer. Deswegen sind die Aktionäre sozusagen "locked in".

Fazit: Diese Argumente dürften zur Genüge gezeigt haben, dass die Prämissen eines effizienten Marktes für managerielle Dienste sehr zweifelhaft sind. Wenn diese Analyse richtig ist, dann folgt daraus, dass man nicht ohne weiteres davon ausgehen kann, dass der Markt fähig ist, die Arbeitsleistung eines Managers fair zu bewerten.

---

[445] Renner (1999), S. 145.

Das ist jedoch nicht das einzige Argument, mit dem der Versuch unternommen wurde, die Wirksamkeit des Arbeitsmarktes für die Manager als Disziplinierungsmechanismus in Frage zu stellen. Sogar diejenigen, die an die Wirksamkeit des Arbeitsmarktes für die Manager als ein Disziplinierungsmechanismus glauben, bestreiten nicht, dass der Arbeitsmarkt für Manager kein sehr wirksamer Disziplinierungsmechanismus für die im *Alter* fortgeschrittenen Manager darstellt. Da die meisten Manager im Durchschnitt nicht mehr die jüngsten seien, lässt sich diese Feststellung verallgemeinern.[446]

Die Unwirksamkeit des Arbeitsmarktes für ältere Manager als Disziplinierungsmechanismus ergibt sich daraus, dass die unmittelbar vor der Rente stehenden Manager nicht mehr nach einer Stelle suchen müssen, weil sie bald emeritiert werden. Sie sind nicht mehr auf den Arbeitsmarkt für die Manager angewiesen. Das muss zwangsläufig dazu führen, dass solche Manager eine schlechte bzw. schlechtere Leistung erbringen als junge Manager. Dass dies der Fall ist, wird zwar behauptet, aber nicht bewiesen. Richtig ist allerdings, dass die im Alter fortgeschrittenen Manager grundsätzlich die Anreize haben, eine kurzfristig orientierte Geschäfts- und Investitionspolitik zu verfolgen.[447] Das wurde auch zum Teil durch empirische Untersuchung bestätigt. Dechow/Sloan (1991) haben empirisch herausgefunden, dass die unmittelbar vor der Rente stehenden Manager zum Beispiel die langfristig angelegten Investitionen wie die Ausgaben für die Forschung oder die Werbung nicht durchführen, weil die Gewinne aus solchen Investitionen dem Unternehmen und somit dem Manager erst nach der Pensionierung zugute kommen.[448]

Trotzdem darf das Problem des Alters nicht überzeichnet werden. *Erstens* gibt es die Möglichkeit, dieses Problem sehr wirksam durch einen entsprechend ausgestalteten Managementvertrag reduzieren. Es müssen dem Manager im Vertrag die Anreize geschaffen werden, dass er trotz der unmittelbar stehenden Pensionierung langfristig denkt. Wie solche Verträge ausgestaltet werden müssen, haben zum Beispiel Gibbons/Murphy (1992) gezeigt.[449] *Zweitens* muss berücksichtigt werden, dass das Berufsleben eines Managers nicht mit der Pensionierung endet. Viele ehemalige Manager sind nach der Pensionierung sehr oft als Berater und vor allem als „directors" tätig.[450] Es wurde sogar empirisch bewiesen, dass die Wahrschein-

---

[446] Michell (1992), S. 235: "Even if directors could be seen to have market incentives in some theoretical sense, it is highly unlikely that they have any such meaningful incentives in the real world. The Conference Board reports that outside directors have a median age of around sixty and that the median age range of all directors, depending on type of corporation, is from fifty- seven to fifty-nine. Jay Lorsch reports that two-thirds of the directors of Fortune 1000 corporations are over fifty-five years old. Finally, Lorsch reports that sixty-three percent of the boards of the Fortune 1000 are CEOs of other corporations."

[447] Butler/Newman (1989), S. 451 ff.

[448] Dazu Dechow/Sloan (1991), S. 51 ff; Anders Murphy/Zimmerman (1993), S. 273 ff.

[449] Gibbons/Murphy (1992), S. 468 ff.

[450] Das konnte empirisch bestätigt werden. Siehe Brickley/Linck/Coles (1999), S. 342: "Our empirical analysis shows that many CEOs remain active in their retirement years serving on corporate boards. For the CEOs who leave the firm at age 64, 65, or 66, which are the most common ages for retirement, the average number of

lichkeit zum Beispiel einen Posten als „director" zu bekommen, erheblich steigt, wenn die Manager eine gute Performance vor der Pensionierung vorweisen können. Anders gewendet: Die Karrieremöglichkeiten sind für einen emeritierten Manager dann besonders groß, wenn er zur einer Aktienkurssteigerung des von ihm geführten Unternehmens beigetragen hat.[451]

D. Ergebnis

Fassen wir zusammen. Die positive Einschätzung des Arbeitsmarktes als Disziplinierungsmechanismus für die Manager scheint ebenso wenig der Realität zu entsprechen wie umgekehrt die allzu pessimistische Einschätzung, welche die Kritiker vertreten.[452] Genauso wie die Pessimisten die Möglichkeit der Anreize setzenden Vertragsgestaltung und der Karrieremöglichkeiten für die Manager nach der Pensionierung übersehen, genauso beruht der Optimismus auf der unrichtigen Annahme, dass ein informationseffizienter Arbeitsmarkt für die Manager existiert, ohne dabei zu berücksichtigen, dass ein externer Arbeitsmarkt für die Manager sehr schlecht die Leistungen der Manager beurteilen kann.[453]

5. Institutionelle Anleger

Die institutionellen Anleger spielten lange Zeit in Deutschland nur eine untergeordnete Rolle. Das hat sich jedoch dramatisch geändert. Ende 1999 entfielen auf deutsche Kreditinstitute, Versicherungen und Investmentfonds, die überwiegend der Gruppe der institutionellen Anleger ausmachen, bereits 43% des gesamten in Aktien angelegten inländischen Vermögens, verglichen mit 26% Anfang der neunziger Jahre. Bei den Direktanlagen der privaten Haushalte in Aktien war dagegen ein Rückgang von 26% auf 21% zu verzeichnen.

Auf den ersten Blick scheinen institutionelle Investoren zur Überwachung des Managements besonders geeignet zu sein. *Erstens* halten sie normalerweise größere Aktienpakete und unterliegen somit nicht in so großem Ausmaß dem Collective-Action-Problem. *Zweitens* kann man davon ausgehen, dass instutionelle Investoren besser die Informationen sammeln

---

board seats held two years after retirement is 2.48. Nearly 88% of these CEOs hold at least one board seat, 42% hold three or more seats, and just over 28% of the retired CEOs hold four or more seats."

[451] Brickley/Linck/Coles (1999), S. 343: "We found a strong relation between the likelihood of post-retirement board service and the CEO's performance while on the job. Stock-market performance, in particular, and accounting performance, to some extent, during the CEO's career have substantial power to explain the likelihood of a CEO serving on his own board after retirement. In the full sample, retiring CEOs who stay on their own board generate 10.9% higher annual abnormal stock returns, and 2.0% higher annual accounting returns, over their last years in office than CEOs who do not stay on their board. The probability that a CEO serves on his own board two years after departing as CEO is 0.43 for former CEOs with prior stock performance at the bottom quartile, as compared to 0.56 for CEOs performing at the top quartile."

[452] Bebchuk (1989), S. 1843: "There is no question that these features of the managerial labor market contribute to the alignment of shareholder's and manager' interests ... But is equally clear that these features of the managerial labor market do not perfectly align the interests of the managers and the shareholders."

[453] Kaplan/Reishus (1990) haben es auf den Punkt gebracht, indem sie auf S. 409 feststellten: „Although the evidence suggests that perceived managerial ability matters in the external labor market, it may not matter a great deal."

und bearbeiten können, da sie dazu nötigen Sachverstand besitzen.[454] Ohne Kenntnisse der Finanzen und des Bilanzwesens ist aber eine erfolgreiche Kontrolle nicht denkbar. *Drittens* können institutionelle Anleger auch durch den Verkauf der Aktien in indirekter Weise zur Disziplinierung des Managements beitragen. Das ist möglich, weil der Verkauf eines Aktienpaketes eines institutionellen Investors aufgrund der Menge der Aktien stärkere Auswirkung auf den Aktienkurs hat als ein Verkauf nur von wenigen Aktien durch einen Kleinanleger. Auch sendet ein Verkauf durch professionelle Anleger stärkere Signale an den Markt als die Verkäufe der Kleinanleger, was zu weiteren Verkäufen führen kann.

Ob wirklich institutionelle Investoren in großem Umfang zur Überwachung des Managements beitragen können, soll an dieser Stelle untersucht werden. Wir werden unsere Untersuchung nur auf die Banken und die Kapitalanlagegesellschaften beschränken. Dafür gibt es einen konkreten Grund. Nur die Banken und die Investmentfonds haben ausreichende Machtpotentiale, um die Manager überwachen zu können.

Zwar haben *Versicherungen* im Jahre 1999 nach Schätzungen etwa 463 Mrd. DM in Aktien angelegt, was 9,0% der Marktkapitalisierung ausmacht.[455] Davon betreffen etwa 60% Lebensversicherungsgesellschaften. Es wird geschätzt, dass die Versicherungen insgesamt 5% der deutschen börsennotierten Aktiengesellschaften kontrollieren.[456] Das ist nicht wenig. Das Problem besteht aber darin, dass sich die Versicherungen ausgeprägt passiv verhalten. So spielt die Ausübung von Stimmrechten auf Hauptversammlungen durch Versicherungen nur eine sehr geringe Rolle. 1992 waren Versicherungen bei den 24 größten Aktiengesellschaften im mehrheitlichen Streubesitz im Durchschnitt nur mit 0,55% der Stimmrechte auf der Hauptversammlung anwesend.[457] Sie lassen sich stattdessen durch Bevollmächtigte vertreten. In der Regel sind das die Banken, die die Stimmrechte der Versicherungen im Wege des Depotstimmrechts ausüben.[458] Die Banken stimmen dann ab im Namen dessen, den es angeht, und legen daher die Beteiligung der Versicherung nicht offen.

Noch bescheidener ist das Einflusspotential der *Pensionskassen.*[459] Unter dem Begriff "Pensionskassen" fallen betriebliche und überbetriebliche Versorgungskassen, die die Altersversorgung für ihre Mitglieder sicherstellen sollen. Die gesetzliche Rentenversicherung fällt nicht darunter. Berufsständische Versicherungen werden ebenfalls zu den Pensionskassen gerechnet, sofern sie nach dem Kapitaldeckungsverfahren arbeiten. Das klassische Modell der Betriebsrente ist die sogenannte "Direktzusage". Das Unternehmen verpflichtet sich, dem Ar-

---

[454] So zum Beispiel Köndgen (1994): „By this very position and their general expertise in financial matters, banks are thus best suited to assume the role of a professional intermediary between the corporation and stockholders whose shares they keep as deposit."

[455] DAI-Factbuch (2000), S. 08.1-3b.

[456] Böhmer (1999), S. 14.

[457] Baums/Schmitz (1998), S. 8: "The exercise of voting rights by insurance companies did not play an important role, either. On average they exercised voting rights amounting to below 1% of the represented votes."

[458] Baums/Schmitz (1998), S. 9.

[459] Baums/Schmitz (1998), S. 8: "Also, the participation of pension funds at general meetings does not play a role. Only one foreign pension fund participated in the general meeting of BASF AG in 1992, with 0,02% of the votes present."

beitnehmer nach der Pensionierung eine Rente zu zahlen, und bildet hierzu Pensionsrückstellungen, deren Zuführungen den Gewinn vor Steuern reduzieren. Die Marktkapitalisierung der Pensionskassen ist sehr gering. Betriebliche Pensionskassen, Unterstützungskassen und berufsständischen Versorgungswerke hatten Ende 2001 ein Gesamtvolumen von etwa 250 Millionen Euro.[460] Davon war Ende 1994 jedoch nur ein Anteil von etwa 2,5% in Aktien investiert und etwa 20% in Investmentfonds, unter denen sich auch Rentenfonds befinden. Nach den Schätzungen beträgt der Anteil der Pensionskassen an der Marktkapitalisierung etwa 1%.[461]

Wie groß das Potential der Pensionsfonds sein kann, verdeutlichen die Zahlen aus dem Ausland: So weisen der amerikanische und der japanische Markt für Pensionen ein Kapitalanlagevolumen von rund 11 000 Milliarden beziehungsweise 3100 Milliarden Dollar auf. Der britische Pensionsmarkt umfasst 1700 Milliarden Dollar. Die Pensionsfonds nach amerikanischem Muster gibt es allerdings in Deutschland noch nicht. Sie sind jedoch für das vierte Finanzmarktförderungsgesetz in Aussicht gestellt worden. Um die Finanzierung der Betriebsrenten auf breiter Ebene zu sichern, hat die Bundesregierung im August 2001 die Pensionsfonds als staatlich gefördertes Rentenmodell zugelassen. Ob diese neue Regelung an der Macht der Pensionsfonds etwas ändern wird, muss aber bezweifelt werden. Nach der Bankgesellschaft Berlin wird der Aufbau einer kapitaldeckenden privaten Altersvorsorge zu Geldanlagen am Aktienmarkt von jährlich 11 Milliarden Euro führen. In einer vergleichenden Studie der Altersvorsorge in Deutschland und den Vereinigten Staaten kommen die Analysten zu dem Schluss, dass dieses Volumen zu gering ist, um sich deutlich auf den Aktienmarkt auszuwirken.[462]

Da die Pensionskassen und die Versicherungen, wie wir gerade gesehen haben, schon aufgrund der Machtpotentiale nicht zur wirksamen Überwachung des Managements geeignet sind, ist es gerechtfertigt unsere Untersuchung auf die Banken und die Kapitalanlagegesellschaften zu konzentrieren.

A. Banken

a. Machtpotential der Banken

Das Machtpotential der Banken resultiert vor allem aus dem umfangreichen Beteiligungsbestand an Aktien. Es besteht aber weitgehende Einigkeit darüber, dass die Eigenbeteiligungen nicht den einzigen Einflussfaktor darstellen. Zu den anderen Einflussfaktoren gehören vor allem das Depotstimmrecht und das Halten der Aufsichtsratmandate.

---

[460] FAZ, 18.08.2001 "Pensionsfonds bieten Unternehmen neue Möglichkeiten".
[461] Hauck (1994), S. 560.
[462] Dazu: FAZ v. 23.08.2001 "Private Altersvorsorge wird die Aktienkurse kaum beflügeln."

(a) Beteiligungsbestand an Aktien

Aufgrund der Höhe ihrer Beteiligungen an den deutschen Aktiengesellschaften scheinen die Banken besonders für die Überwachung des Managements geeignet zu sein. Im Jahre 1999 verzeichneten inländische Banken (inkl. Bausparkassen) als Beteiligungsbestand insgesamt 639 Mrd. DM an Aktien und anderen nicht festverzinslichen Wertpapieren.[463] Dies entspricht einem Anteil von etwa 13,5% an der deutschen Marktkapitalisierung. An 26 der 110 größten deutschen Industrieunternehmen bestanden 1994 nennenswerte, in der Regel langfristig angelegte Bankenbeteiligungen. Zwölf Aktiengesellschaften hatten Bankenbeteiligungen von 10% bis 25%.[464] Bei den 24 größten Unternehmen, die sich mehrheitlich in Streubesitz befinden, betrug der Anteil der Banken am auf den Hauptversammlungen vertretenen Kapital im Durchschnitt 13,02%.[465] Diese Zahlen betreffen nur direkte Beteiligungen. Außerdem halten die Banken die Aktien in ihrem Handelsbestand. Der Handelsbestand entsteht durch den Eigenhandel der Börsenabteilungen der Banken. Die genauen Zahlen über den Handelsbestand gibt es nicht, weil der Handelsbestand infolge des Handels sehr stark schwankt. Im Jahre 1995 wurde geschätzt, dass der Handelsbestand aller Banken etwa 37 Mrd. DM betrug, was 4,3% der Börsenkapitalisierung ausmachte. Es wird geschätzt, dass die Banken insgesamt 8% deutscher Aktiengesellschaften kontrollieren.[466] Ferner ist zu berücksichtigen, dass die Banken auch indirekt erhebliche Aktienbeteiligungen halten. Es handelt sich vor allem um sog. "nichtkonsolidierte Vorschaltgesellschaften". Darunter werden Gesellschaften verstanden, die für mehrere Muttergesellschaften eine Beteiligung an einem Unternehmen halten. Die Gesellschafter der Vorschaltgesellschaften, die in der Regel als eine GmbH oder BGB Gesellschaft organisiert sind, sind sehr oft Banken oder Versicherungen. Sinn der Vorschaltgesellschaften war früher, durch Bündelung von Beteiligungen steuerliche Privilegien bei Vermögenssteuer und Gewerbesteuer für Anteile ab 10% auszunutzen.[467]

(b) Depotstimmrecht

Aber nicht nur aufgrund der Größe der Beteiligungen an deutschen Aktiengesellschaften scheinen die Banken besonders für die Überwachung des Managements prädestiniert zu sein. Zusätzlich zu den eigenen Aktien stimmen Banken die Aktien ihrer Depotkunden auf Hauptversammlung ab.[468] Denn nach § 134 III AktG ist jeder Aktionär berechtigt, sein Stimmrecht durch einen von ihm Bevollmächtigten ausüben zu lassen. Die Vollmachtserklärung bedarf der Schriftform, sie darf nicht Teil der allgemeinen Geschäftsbedingungen sein,

---

[463] Die Daten stammen aus dem DAI-Factbuch (2000), S. 08-1-3-a. Die älteren Zahlen siehe: Die Aktiengesellschaft, Sonderheft 1996, S. 34 (Beteiligungsverhältnisse am deutschen Aktienmarkt). Siehe auch Tuerks (2000), S. 204.

[464] Fraune (1996), S. 12.

[465] Baums/Fraune (1995), S. 103.

[466] Böhmer (1999), S. 14.

[467] Fraune (1996), S. 32 mit weiteren Nachweisen.

[468] Dazu: Aktiengesellschaft Sonderheft 1996, S. 19 ff. (Die Verwahrung des Aktienbesitzes - Depoterhebungen).

sie ist nur 15 Monate gültig und kann jederzeit widerrufen werden (§ 135 I und II AktG). Innerhalb dieser Frist erstreckt sie sich auf alle Aktien im Depot, d.h. Vollmachten für einzelne Hauptversammlungen müssen nicht erteilt werden. Gemäß § 128 II AktG hat eine Bank, die beabsichtigt, das Depotstimmrecht auszuüben, dem Aktionär eigene Vorschläge zu den Tagesordnungspunkten der jeweiligen Hauptversammlungen mitzuteilen. Zwar können die Kunden selbstverständlich selbst abstimmen oder ihrer Bank Einzelweisungen zu Abstimmung erteilen. In der Praxis aber belässt es der überwiegende Teil der Kleinanleger bei einer Vollmacht, nach der die Bank gemäß ihres eigenen Abstimmungsvorschlags abzustimmen hat. Nur 2% bis 3% der Depotkunden geben eine vom Abstimmungsvorschlag der Bank abweichende Weisung.[469] Hinzu kommt, dass die durchschnittliche Hauptversammlungspräsenz, gemessen am Grundkapital, seit mehr als anderthalb Jahrzehnten stetig zurückgegangen ist und liegt derzeit bei etwa 50%.[470].

Die Passivität der Aktionäre führt also in Verbindung mit dem Depotstimmrecht also dazu, dass die Banken eine potentielle Möglichkeit haben, durch eine Stimmabgabe die Geschäftsführung zu überwachen. Dass diese Überlegung nicht nur theoretischer Natur ist, zeigen die Zahlen. Nach der Untersuchung von Baums/Fraune (1995) verfügten die Banken bei den betrachteten Unternehmen über eine einfache Stimmenmehrheit, davon in 18 Fällen sogar über eine qualifizierte Mehrheit. Im Durchschnitt hatten Banken im Jahre 1992 auf den Hauptversammlungen der 24 größten Gesellschaften im mehrheitlichen Streubesitz die Stimmrechtsanteile von durchschnittlich 72,3%, in der Spitze sogar 95,7%.[471] Es zeigte sich, dass im Durchschnitt die Banken aus ihrem Eigenbesitz 13,2% der Stimmen aufbieten konnten. Hierzu kamen nochmals 10,11% aus bankabhängigen Kapitalanlagegesellschaften. Den entscheidenden Stimmenanteil erhielten die Banken jedoch aus der Nutzung der Depotstimmen von 60,95%. Damit konnten die Banken die 24 größten Unternehmen in mehrheitlichen Streubesitz im Jahre 1992 kontrollieren. Es muss allerdings berücksichtigt werden, dass Baums/Fraune (1995) nur die Stimmrechtsverhältnisse für 24 große Aktiengesellschaften im Jahre 1992 untersucht haben. Ferner muss bedacht werden, dass Baums/Fraune (1995) ihre Recherche nur auf Publikumsaktiengesellschaften beschränkt haben.[472]

Ein ähnliches Bild zeichnet aber eine ältere Studie von Gottschalk (1988).[473] Auch Gottschalk hat versucht, den Stimmrechtseinfluss der Banken empirisch zu überprüfen. Aus den 100 größten Unternehmen in Deutschland im Jahre 1984 wählte er diejenigen aus, die sich zu 50% im Streubesitz oder Bankenbesitz befanden. Die hieraus hervorgegangen Unternehmen repräsentierten etwa ein Viertel des nominalen Aktienkapitals aller bundesdeutschen

---

[469] Adams (1994), S. 152. Das kann sich aber in der Zukunft ändern. Denn der Gesetzgeber des NaStraG hat mit der Regelung des § 134 Abs. 3 S. 3 nunmehr auch von der Gesellschaft benannte Stimmrechtsvertreter grundsätzlich zugelassen.

[470] Baums (1994), Abbildung 6, S. 76.

[471] Baums/Fraune (1995), S. 102. Zu einem Durchschnittwert von 80% kommt Münchow (1994), S. 171.

[472] Baum/Fraune (1995), S. 101.

[473] Gottschalk (1988), S. 294.

Gesellschaften.[474] Gottschalk (1988) addierte die Stimmrechtsanteile der Banken aus ihren eigenen Beteiligungen zu den Depotstimmrechten und den Stimmrechten der Kapitalanlagegesellschaften, die sich mehrheitlich im Besitz eines Kreditinstituts befand. Seine Ergebnisse zeigen, dass Banken mehr als vier Fünftel, 82,67%, aller vertretenen Stimmrechte auf den Hauptversammlungen repräsentierten.[475] Bis auf eine Ausnahme verfügten die Kreditinstitute zumindest über die einfache Hauptversammlungsmehrheit. Ohne Zustimmung der Banken konnte in diesen Unternehmen kein Mitglied in den Aufsichtsrat gewählt werden. In 22 der 32 Unternehmen verfügten die Banken über drei Viertel der Stimmen, so dass Beschlüsse, die einer qualifizierten Mehrheit bedurften, von den übrigen Aktionären nicht blockiert werden konnten. Dass der Stimmrechtsanteil einzelner Kreditinstitute in den Hauptversammlungen deutscher Aktiengesellschaften erheblich ist, fand auch Böhm (1992) in seiner Untersuchung heraus. Von 28 betrachteten Publikumsgesellschaften wurde im Jahre 1986 bei 13 Unternehmen die 25%-Grenze überschritten.[476] Der aggregierte Stimmenanteil an allen Stimmrechten betrug teilweise aber bis zu 30% und mehr.

Entscheidend ist ferner, dass ebenso wie die Stimmrechte aus dem Eigenbestand der Banken, konzentrieren sich die aufgrund des Vollmachtsstimmrechts ausgeübten Stimmen bei den drei privaten Großbanken. Die drei Großbanken können zusammen teilweise über 50%, im Durchschnitt der untersuchten Gesellschaften jedenfalls über 40% der Stimmrechte ausüben.[477] Die Konzentration der Stimmrechte auf die drei Großbanken ist deswegen von der Bedeutung, weil dadurch die Absprache zwischen den Banken einfach gemacht wird und das Collective-Action-Problem nicht ins Gewicht fällt. Die Kooperation zwischen den drei Großbanken ist auch deswegen wahrscheinlich, weil die Großbanken auf ihren eigenen Hauptversammlungen einzeln zwar nicht die Mehrheit aber einen bedeutsamen Anteil der Stimmrechte ausüben. Bei der Deutschen Bank und Dresdner Bank liegt der Stimmrechtsanteil deutlich über der Sperrminorität. Gemeinsam üben die Großbanken auf jeder ihrer eigenen Hauptversammlung gar die Mehrheit der vertretenen Stimmrechtsanteile aus.[478] Wenn aber die Großbanken auf ihren eigenen Hauptversammlungen auf die Zusammenarbeit angewiesen sind, dann kann man auch erwarten, dass sie in den anderen Bereichen kooperieren können.

(c) Aufsichtsratsmandate

Das Machtpotential der Banken ist aber nicht nur auf die Eigenbeteiligungen an den Aktiengesellschaften und das Depotstimmrecht beschränkt. Denn die Einflussnahme durch das Halten der Aufsichtsratsmandate darf auch nicht unterschätzt werden. Die Kreditinstitute hielten nach einer älteren Studie im Jahr 1986 die Aufsichtsratsmandate in 81,5% der unter-

---

[474] Gottschalk (1988), S. 297.
[475] Gottschalk (1988), S. 298, Tabelle 3.
[476] Böhm (1992), S. 253-255.
[477] Münchow (1994), S. 170; Böhm (1992), S. 67.
[478] Gottschalk (1988), Böhm (1992), S. 75, Baums/Fraune (1995), S. 106.

suchten Unternehmen. Auch nach einer anderen Studie ist das Halten eines Aufsichtsratspostens durch die Banken keine Ausnahme. Volkmann/Kronenberg (1994) analysieren die Personenverflechtung von sechs Großbanken mit den mitbestimmten Unternehmen und finden hierbei insgesamt 225 Aufsichtsratsposten, die von den Vorständen dieser Banken besetzt sind. Zu einem ähnlichen Ergebnis kamen Baums/Randov (1995). Nach ihrer Untersuchung saßen im Jahre 1994 in den Aufsichtsräten von 110 der größten deutschen Aktiengesellschaften insgesamt 162 Bankvertreter, was 24% der an die Anteilseigner zu vergebenden Posten entsprach (insgesamt 12%).[479] Besonders stark vertreten sind die drei Großbanken, die 61,5% der Bankenmandate inne hatten.[480]

Ein ähnliches Bild zeichnet die Untersuchung von Seger (1997). Auch seine Studie macht deutlich, dass Bankiers zahlreich in den Aufsichtsräten der untersuchten Unternehmen vertreten waren.[481] Allein die Deutsche Bank war bei 54 Unternehmen mit insgesamt 61 Vertretern präsent, in 18 Fällen stellte sie den Aufsichtsratsvorsitzenden. Insgesamt waren die Kreditinstitute mit 173 Personen in Aufsichtsräten der betrachteten 144 Unternehmen präsent, bei 34 Aktiengesellschaften (23,6%) war der Aufsichtsratsvorsitzende ein Bankier. Bei großen Aktiengesellschaften war lediglich in 15,3% der Fälle kein Bankier im Aufsichtsrat, bei allen betrachteten Unternehmen war der entsprechende Wert 29,9%.[482] Diese Analyse bezog sich auf die 65 Aktiengesellschaften, deren Hauptversammlungspräsenzlisten vorlagen. Besonders häufig agieren Bankvertreter als Vorsitzende des Aufsichtsrates: Bei 29 der 110 erwähnten Unternehmen.[483] Diese Tatsache ist deswegen von Bedeutung, weil der Aufsichtsratsvorsitzende einflussreiche Befugnisse hat. Er bereitet die Aufsichtsratssitzungen vor, bestimmt die Tagesordnung und steht in ständigem Kontakt zum Vorstand.

(d) Kreditgeschäft

Das vierte Überwachungspotential der Banken ist das Kreditgeschäft. Denn deutsche Kapitalgesellschaften sind auf die Fremdfinanzierung angewiesen. Ein flüchtiger Blick auf die Zahlen verdeutlicht dies sehr gut. Bei Kapitalgesellschaften betrug die Eigenmittelausstattung im Jahr 1999 nur 24,5% der Bilanzsumme, kurzfristige Verbindlichkeiten der Kapitalgesellschaften gegenüber Kreditinstituten betrugen 162 Mrd. DM und langfristige Verbindlichkeiten 178 Mrd. DM.[484]

Ziehen wir Zwischenbilanz. Wie wir also sehen können, haben die Banken umfangreiche Möglichkeiten, die Geschäftsführung zu überwachen. Zu wissen, dass die Banken diese

---

[479] Baums/von Randow (1995) S. 3, ähnlich Böhm (1992), S. 194 (10,5% bzw. 20,45%)
[480] Böhm (1992), S. 194; Münchow (1994), S. 211.
[481] Seger (1997), Tabelle 31.
[482] Seger (1997), S. 183.
[483] Baums/von Randow (1995), S. 4.
[484] Deutsche Bundesbank (2001), Monatsbericht Dezember 2001 (Erträge und Finanzierungsverhältnisse deutscher Unternehmen nach Rechtsformen).

Möglichkeiten der Überwachung haben, kann allerdings immer nur der erste Schritt unserer Untersuchung sein. Der zweite liegt in einer Antwort auf die Frage, für wie überzeugend man die Ansicht hält, dass die Banken auch faktisch diese Möglichkeiten wahrnehmen. Der zweite Schritt führt unweigerlich zu einer Diskussion, ob die Banken entsprechende Anreize haben, um die Geschäftsführung zu überwachen. Mit dieser Frage werden wir uns im Folgenden auseinandersetzen.

b. Anreize der Banken zur Überwachung des Managements

Um die Anreize richtig untersuchen zu können, ist es nicht angebracht, pauschal "von den Anreizen einer Bank" zu sprechen. Denn die Anreize einer Bank zur Überwachung hängen von der Rolle, die eine Bank wahrnimmt. Vereinfacht gesagt kann man drei Rollen unterscheiden: die Bank als Aktionär, die Bank als Vertreter des Aktionärs (Depotstimmrecht) und die Bank als Gläubiger.

(a) Banken als Aktionäre

Als Anteilseigner wird sich ein Kreditinstitut nicht anders verhalten als ein Aktionär. Man kann also davon ausgehen, dass in diesem Fall die Bank die Geschäftsführung wirksam überwachen wird.

(b) Banken als Gläubiger

Das Gleiche kann nicht über die Bank als Gläubiger gesagt werden. Als Kreditgeber haben die Banken einen festen Anspruch auf Zins- und Tilgungsraten und partizipieren somit an den Erträgen asymmetrisch: Über die vereinbarten Zahlungen hinaus sind Fremdkapitalgeber nicht am Gewinn beteiligt, bei Verlusten des Unternehmens laufen sie jedoch Gefahr, ihre eingesetzten Mittel zu verlieren. Das führt dazu, dass die Banken als Kreditgeber nicht an der risikoneutralen, sondern an der risikoscheuen Geschäftspolitik interessiert sind. Das ist aber nicht im Interesse der Aktionäre. Das Problem wird noch dadurch verschärft, dass die Anreize der Banken als Kreditgeber sehr oft mit den Interessen der Manager übereinstimmen. Wie wir an der anderen Stelle dieser Arbeit festgestellt haben, sind auch die Manager an der risikoscheuen Geschäftspolitik interessiert, weil sie das Humankapital nicht diversifizieren können. Infolgedessen haben die Banken als Kreditgeber und die Geschäftsführung sehr oft ein gleichgerichtetes Interesse. Paradigmatisch kann ein gleichgerichtetes Interesse an einer hohen Thesaurierung von Gewinnen und an einer geringen Ausschüttungsquote genannt werden. Die Manager erhoffen sich dadurch eine Stärkung der eigenen Autonomie und die Befriedigung des Strebens nach Wachstum, Banken wiederum eine Erweiterung der Haftungsbasis.[485]

---

[485] Näher dazu Macey/Miller (1995), S. 80: "Two important insights emerge from the preceding discussion that are relevant to the ongoing debate about alternative corporate governance mechanisms. First, the clear conflict of interest between fixed claimants (including banks) and equity claimants strongly suggests that banks are not ideal institutions to monitor corporate performance on behalf of shareholders. ... Managers, for example, tend

Ein Indiz dafür, dass diese Überlegungen nicht nur von theoretischer Natur sind, ist die Tatsache, dass die Zustimmung der Banken zu einzelnen Tagesordnungspunkten auf der Hauptversammlung bei vielen Aktiengesellschaften mit nahezu 100% erfolgt. Das betrifft zum Beispiel die Gewinnverwendung, Entlastung des Vorstandes, Entlastung des Aufsichtsrates, Wahl des Abschlussprüfers und Wahl des Aufsichtsrates.[486] Die Beobachtung, dass die Banken normalerweise die Vorschläge des Managements unterstützen, wurde nicht nur in Deutschland gemacht. Auch in der Schweiz, wo es ebenfalls das Depotstimmrecht der Banken existiert, wurde beobachtet, dass die Banken in Übereinstimmung mit den Vorschlägen des Managements abstimmen.[487] Es ist deswegen kein Wunder, dass die Manager börsennotierter Aktiengesellschaften die Abschaffung des Depotstimmrechts ablehnen. Die Ergebnisse einer Befragung zeigen, dass die befragten Manager der Einschränkung des Depotstimmrechts tendenziell ablehnend bis indifferent gegenüberstehen. 15% sprachen sich dezidiert, 47% "eher" gegen die Einschränkung des Depotstimmrechts aus.[488]

Wenn diese Analyse richtig ist, dann folgt daraus, dass man nicht davon ausgehen kann, dass die Banken als Kreditgeber die Geschäftsführung im Sinne der Interessen der Aktionäre überwachen werden.

(c) Banken und das Depotstimmrecht

Ob eine Bank bei der Ausübung von Depotstimmrechte die Geschäftsführung im Interesse der Aktionäre überwachen wird, ist eher *zweifelhaft*. Bei der Ausübung von Depotstimmrechte wird von folgender Interessenlage ausgegangen. Für die Ausübung des Vollmachtsstimmrechts werden die Banken nicht bezahlt. Insbesondere gibt es keine ertragsabhängige Kompensation. Dividendenerträge und Kurssteigerungen verbessern die Vermögenslage der Bank nicht. Die Kreditinstitute berechnen zwar ihren Kunden üblicherweise eine pauschale Depotgebühr, die sich am Wert des Depots bemisst. Aber ob und wie oft die Bank eine Stimmrechtsvertretung übernimmt, schlägt sich nicht in der Depotgebühr nieder. Banken bekommen ferner die Aufwendungen, die durch die Weiterleitung von Informationen an ihre Depotkunden entstehen, von den jeweiligen Aktiengesellschaften ersetzt.[489] Diese Erstattung erstreckt sich jedoch nicht auf die Kosten, die sich für die Banken durch die Aufforderung zur Stimmrechtsübertragung und durch die Abstimmung durch Bankvertreter ergeben. In größe-

---

to be more risk averse than shareholders because the amount of their compensation is predominantly fixed, aligning their incentives more closely with fixed claimants than with equity claimants. Managers' incentives for risk-taking are further reduced because of their investment of nondiversifiable human capital in their jobs. The value of this human capital would depreciate significantly if their firms were to fail ..."

486 Baums/Fraune (1995), S. 110.

487 Anderson/Hertig (1994) schreiben auf S. 519: „Although only little empirical date is available in Switzerland regarding the voting rights exercized by the various shareholders and in particular by banks, the above-described voting weight of banks and their relationship with companies contributes to explain why the proposals of boards of directors are so largely ratified in shareholders meeting."

488 Förschle/Glaum (1998), S. 892. Angeschrieben wurden alle Aktiengesellschaften, deren Aktien im DAX-100 enthalten sind. Die Rücklaufquote lag bei 64%.

489 Baums (1996b), S. 12.

ren Banken ist eine Vielzahl von Mitarbeitern mit der Abwicklung der Depotstimmrechte betraut, woraus erhebliche Kosten entstehen.

Die Bank hat in diesem Fall keinen Anreiz, die Aktiengesellschaften des Depotkunden zu überwachen. Es fragt sich, warum die Banken überhaupt das Vollmachtsstimmrecht für die Depotkunden ausüben. Da nicht anzunehmen ist, dass sich die Banken freiwillig auf ein Verlustgeschäft einlassen, müssen sie andere Vorteile aus dem Stimmrecht ziehen, zumal einige Banken ihren Depotkunden sogar frankierte Rückumschläge für die Vollmachtsformulare zusenden.[490] Daraus kann man schließen, dass auf eine explizite Vergütung verzichtet wird, weil eine implizite Vergütung existiert.[491]

Zwar hat der Gesetzgeber dieses Problem gesehen und durch Regulierung zu lösen versucht. So hat zum Beispiel die Bank den Aktionär darüber zu informieren, wenn eines seiner Vorstandsmitglieder dem Aufsichtsrat der Gesellschaft, auf deren Hauptversammlung das Stimmrecht ausgeübt werde soll, angehört. Ebenso wenn ein Vorstandsmitglied der betreffenden Gesellschaft Mitglied des Aufsichtsrats des Kreditinstituts ist. Nach Ergänzung von § 128 II AktG durch das KonTraG hat es das Kreditinstitut auch mitzuteilen, wenn es an der Gesellschaft eine nach § 21 Wertpapierhandelsgesetz meldepflichtige Beteiligung (5% oder mehr) hält oder einem Konsortium angehörte, das die zeitlich letzte Emission von Wertpapieren der Gesellschaft innerhalb der letzten fünf Jahre übernommen hat. Die Bank soll sich gemäß § 128 II AktG bei der Formulierung der Vorschläge vom Aktionärsinteresse leiten lassen. Der Aktionär muss darauf hingewiesen werden, dass die Bank beim Ausbleiben von Weisungen gemäß ihren Vorschlägen stimmen wird. Der Bitte um Weisungserteilung ist ein entsprechendes Formblatt beizufügen, durch dessen Ausfüllen der Aktionär Weisungen für die Ausübung des Stimmrechts zu den einzelnen Gegenständen der Tagesordnung erteilen kann.[492] Aber ob durch diese Regulierung die Möglichkeit der impliziten Vergütung durch das geltende Recht verhindert wird, ist eher zweifelhaft. Die Banken mit Wertpapiergeschäft unterliegen zwar der jährlichen Depotprüfung durch die Bundesanstalt für Finanzdienstleistungsaufsicht nach § 30 I KWG. Diese Prüfung bezieht sich jedoch nur auf die formelle Einhaltung der Vorschriften aus §§ 128, 135 AktG. Die Abstimmungsvorschläge und die Interessenkollisionen werden dabei nicht untersucht.[493]

Wenn die These richtig wäre, dass die Banken bei der Ausübung des Depotstimmrechts vor allem eigene Interessen verfolgen, dann würde das natürlich auch ein ernsthaftes Problem für die alle diejenigen darstellen, die die Banken als gute Überwacher der Geschäfts-

---

[490] Seger (1997), S. 92; Fraune (1996), S. 33; Baums (1996b), S. 13

[491] Baums (1997), S. 25: "Die Depotstimmen der Kreditinstitute können, da ihre Ausübung durch die Depotinstitute effektive nicht kontrolliert wird und Weisungen faktisch nur in 1-2% der Fälle erzeilt werden, im Ergebnis als Quasi-Eigenbeteiligungen der Kreditinstitute betrachtet werden."

[492] Obst/Hintner (2000), S. 858.

[493] Körber (1989), S. 76.

führung ansehen. Ob diese These in der Tat richtig ist, wird uns im Folgenden beschäftigen.[494]

Dass das Stimmrecht, das den Banken von ihren Kunden kostenlos zur Verfügung gestellt wird, einen erheblichen Wert für die Banken haben kann, ist nicht fernliegend. Dies wird daran deutlich, dass stimmrechtslose Vorzugsaktien an der Börse in aller Regel trotz Vorteilen beim Dividendenbezug unter den Kursen der Stammaktien eines Unternehmens notieren. Es gibt eine Reihe Möglichkeiten, wie die Banken eine implizite Vergütung bekommen können. In diesem Zusammenhang sind vor allem zwei zu nennen: (1) Absatz von Bankdienstleistungen und (2) die Durchsetzung der risikoscheuen Geschäftspolitik.

(ca) Absatz von Bankdienstleistungen

Die Stimmrechte können durch die Banken dazu eingesetzt werden, um den Absatz von Bankdienstleistungen zu fördern. Denn die Banken treten gegenüber Aktiengesellschaften als Kreditgeber, Emissionshaus und Abwickler des Zahlungsverkehrs auf. Es ist naheliegend, dass die Geschäftsleitung der betroffenen Aktiengesellschaft die Kredite und sonstige Bankleistungen bei der beteiligten Bank in Anspruch nehmen wird, zumindest wenn die Bank keine schlechteren Konditionen als die Konkurrenz anbietet.[495] Ein Indiz dafür ist, dass vor allem die Großbanken die Depotkunden bei der Stimmabgabe vertreten.[496] Nur die Großbanken haben die Produktpalette, die bei einer intensiven Geschäftsverbindung mit großen Industrieunternehmen notwendig sind.[497] Die Banken und die Manager haben also die Möglichkeit, eine stillschweigende Absprache zu Lasten der Aktionäre zu schließen. Die Manager bekommen freie Hand bei der Geschäftsführung und die Banken eine Möglichkeit, die Geschäftsbeziehung im Kreditgeschäft oder im Emissionsgeschäft zu intensivieren. Kreditgebende Banken können zum Beispiel eine Aktiengesellschaft auch davon abhalten, neues Kapital mittels junger Aktien oder Schuldverschreibungen auf dem Kapitalmarkt aufzunehmen, um stattdessen die Kreditaufnahme auszuweiten.

Sollte dies nicht gelingen, ist die Bank am *Emissionsgeschäft* interessiert. Tatsächlich besteht ein Zusammenhang zwischen der Beteiligung einer Bank an einer AG und ihrer Beteiligung an einem Emissionskonsortium für die Wertpapiere der betreffenden Aktiengesellschaft.[498] Ein weiteres Indiz ist, das beim Aktienemissionsgeschäft die Großbanken eine unangefochtene Position einnehmen. Es sind aber auch die Großbanken, die für die Aktionäre

---

[494] Ausführlich dazu Baums (1996b), S. 20 ff.

[495] Tuerks (2000), S. 202 (Konsortialgeschäft); Böhm (1992), S. 15; Es ist auffallend, dass die Fremdfinanzierung in Deutschland sehr verbreitet ist. Dazu Macey/Miller (1995), S. 89: "Bank borrowing, primarily in the form of long-term loans, comprises 20 percent of the external financing for German companies. German firms borrow $4.20 from banks for every dollar they obtain from capital markets, whereas American firms borrow $0.85 for every dollar they raise in the capital markets."

[496] Die Großbanken verwahren nur 38,7% der Aktien. Dazu Aktiengesellschaft, Sonderheft 1996, S. 20 (Aufgliederung der Aktiendepots nach Bankengruppen).

[497] Böhm (1992), S. 16.

[498] Schmidt (1994), S. 23 mit weiteren Nachweisen.

die Stimmen ausüben. Wir sollen uns noch einmal in Erinnerung rufen, dass nach Baums/Fraune (1995) im Durchschnitt 40,77% der Stimmen von den Großbanken ausgeübt wird.[499] Im Zeitraum von 1985 bis 1992 entfielen stets mehr als 80% des Emissionsvolumens auf maximal fünf Banken. In den Jahren 1985, 1986 und 1988 teilten sich jeweils maximal vier Institute das gesamte Aktienemissionsgeschäft, im gesamten Zeitraum waren nie mehr als elf Banken jährlich am Emissionsgeschäft beteiligt. Dabei entfielen bis zu 86% des Jahresvolumens auf eine einzige Bank (Deutsche Bank).[500] Zum ähnlichen Ergebnis ist Baums (1996) gekommen. Baums (1996) hat die Emissionen von Publikumsaktiengesellschaften an der Frankfurter Börse im Zeitraum von 1991 bis 1995 analysiert. In 73 von insgesamt 79 Fällen war eine der drei großen Banken der Emissionsführer.[501] Er stellt fest, dass überwiegend die Depotbank mit dem höchsten Stimmrechtsanteil auch die Emissionsführerschaft übernimmt.[502]

(cb) Durchsetzung der risikoscheuen Geschäftspolitik

Es gibt auch eine andere Möglichkeit, wie die Banken eine implizite Vergütung bekommen können. Banken mit Kreditengagement können unter Umständen versuchen, eine sicherheitsorientierte Geschäftspolitik durchzusetzen. Das Depotstimmrecht ermöglicht den Banken, über die Gestaltung der Kreditverträge hinaus auf eine risikoscheue Unternehmenspolitik hinzuwirken. Die Banken nehmen also die Position von Fremdkapitalgebern mit Stimmrechten ein. Als Kreditgeber profitieren sie von einer risikoscheuen Unternehmenspolitik, ohne die damit verbundene Nachteile tragen zu müssen. Das Spannungsverhältnis zwischen den Interessen der Aktionäre und Banken als Kreditgeber ist also vorprogrammiert. Als ein Beispiel kann die Ausschüttungspolitik des Unternehmens genannt werden. Es ist anzunehmen, dass die Banken an einer geringen Ausschüttungsquote interessiert sind, weil dadurch die Wahrscheinlichkeit steigt, dass die Kredite ordnungsgemäß bezahlt werden. Die Ergebnisse der empirischen Untersuchungen deuten in der Tat darauf hin, dass die Aktiengesellschaften mit breit gestreutem Kapital und daher hohem Bankeinfluss infolge der Depotvollmachten weitaus höhere freie Rücklagen aus einbehaltenen Gewinnen gebildet haben als die Gesellschaften mit einem Großaktionär oder solche Gesellschaften, die nicht börsennotiert sind.[503]

(cc) Kritik

Es wäre jedoch voreilig, wollte man aus diesen Überlegungen ableiten, dass alles darauf hindeutet, dass die Banken in der Tat eine erhebliche implizite Vergütung bekommen, die nicht im Interesse der Aktionäre ist. Denn dann lässt sich nicht nachvollziehen, warum andere

---

[499] Baums/Fraune (1995), S. 104.
[500] Küffer (1989), S. 35.
[501] Baums (1996b), S. 23.
[502] Baums (1996b), S. 23.
[503] Böhm (1992), S. 134; Seger (1997), S. 136; Edwards/Fischer (1991), S. 19.

Banken nicht um die Depotstimmrechte mit den großen Banken konkurrieren. Wenn dieses Geschäft so lukrativ ist, warum sind andere Banken untätig? Es sind nämlich nicht nur Kleinanleger, die nicht an der Hauptversammlung teilnehmen. Die Zahlen deuten darauf hin, dass auch kleinere Kreditinstitute sich von Großbanken vertreten lassen. Nach einer Meinung beruht dies zum Teil darauf, dass kleinere Kreditinstitute ohne Niederlassung am Ort der Hauptversammlung keinen eigenen Stimmrechtsvertreter zur Hauptversammlung schicken, sondern die Stimmrechte ihrer Kunden per Untervollmacht auf eine andere Bank übertragen.[504] Aber wenn diese Feststellung der Wirklichkeit entspricht, dann deutet das auch darauf hin, dass die Vorteile, die Banken aus dem Depotstimmrecht ziehen, nicht sehr groß sein können. Von einer Monopolstellung der Großbanken im Bankgeschäft kann jedenfalls keine Rede sein. Der Banksektor ist in Deutschland außerordentlich fragmentiert. Insgesamt gab es im Jahr 1998 in Deutschland 3.439 Universalbanken, davon waren 326 Kreditbanken (Großbanken, Regionalbanken, ausländische Banken und Privatbankiers), 607 Sparkassen und 2.506 Kreditgenossenschaften.[505] Ein Indiz für die hohe Wettbewerbsintensität ist der Anteil der einzelnen Bankengruppen an der Kreditvergabe. Dieser betrug zum Beispiel im Jahr 1988 für die privaten Geschäftsbanken 28,7%, hierunter die damaligen drei Großbanken mit 12%, für den Sparkassensektor 34,9%, für die Genossenschaftsbanken 15,8% und für die Hypothekenbanken 14,5%.[506] Angesichts dieses geringen Konzentrationsgrads gilt der Markt für Bankdienstleistungen als sehr kompetitiv.[507]

(d) Zwischenbilanz

Nach der Überprüfung der Anreize, denen die Banken ausgesetzt sind, ist leicht zu erkennen, dass das Überwachungspotential der Banken doch nicht so rosig ist, wie man auf der Grundlage der Sachkunde der Banken meinen könnte. Damit ist es aber nicht gesagt, dass es sicher sei, dass die Banken die Geschäftsführung nicht überwachen könnten. Denn wir wissen nicht, von welchen Anreizen sich die Banken vor allem leisten lassen: von Anreizen für Anteilseigner, von Anreizen für Gläubiger oder von Anreizen als Stimmvertreter für Depotkunden. Man kann aber annehmen, dass sich die Banken nicht widersprüchlich verhalten. Es ist wenig wahrscheinlich, dass eine Bank anders als Anteilseigner und anders als Stimmvertreter der Depotkunden abstimmen wird.

Ein Indiz dafür, dass die Banken vor allem im Interesse der Aktionäre abgestimmt haben, ist der Umstand, dass die Banken im Laufe der Zeit ihre Beteiligungen nicht reduziert haben. Warum dieser Umstand als ein Indiz dafür angesehen werden kann, dass die Banken im Interesse der Aktionäre abstimmen, soll durch ein kleines *Beispiel* veranschaulicht werden.

---

[504] Engenhardt (1995), S. 55

[505] Obst/Hintner (2000), S. 434; Die Details sind in AG/Report 2/2000, S. R 46 (Die veränderte Struktur der Kreditinstitute).

[506] Edwards/Fischer (1994), S. 110 und 136 .

[507] Obst/Hintner (2000), S. 434.

Nehmen wir an, dass die Bank A bei der Aktiengesellschaft B die 10% der Aktien im eigenen Namen hält und 51% der Stimmen im Namen ihrer Depotkunden ausüben kann. Ferner sollen wir unterstellen, dass die Bank A mit Hilfe des Depotstimmrechts die Sondervorteile zieht. Als ein Beispiel kann die Kreditvergabe zu nicht marktgerechten Bedingungen genannt werden. Infolge der Kreditvergabe erleidet die Aktiengesellschaft B einen Verlust in Höhe von 1000 Euro. Da die Bank A die 10% Aktien hält, wird sie auch den Verlust in Höhe von 100 Euro erleiden müssen. Dieser Verlust wird jedoch kleiner, wenn die Eigenbeteiligung der Bank auf 5% reduziert wird. Dann erleidet die Bank nur einen Verlust in Höhe von 50 Euro. Wie wir sehen können, hat die Bank die Anreize, die Eigenbeteiligung zu reduzieren, wenn sie die Sondervorteile dank des Depotstimmrechts ziehen kann. Selbstverständlich gilt diese Argumentation nur dann, wenn der Grenznutzen der Stimmen aus der Eigenbeteiligung null ist. Dass dies tatsächlich so ist, ist nicht fernliegend. Wie wir vorher festgestellt haben, hatten die Banken auf den Hauptversammlungen der 24 größten Gesellschaften im mehrheitlichen Streubesitz die Stimmrechtsanteile von durchschnittlich 72,3%, in der Spitze sogar 95,7%.[508] Aus dieser Argumentation ergibt sich Folgendes: Solange die Banken ihre Eigenbeteiligungen nicht reduzieren, kann man davon ausgehen, dass sie einen wertvollen Beitrag zur Überwachung der Geschäftsführung leisten können. Dass die Banken ihre Beteiligungen in den letzten Jahren nicht reduziert haben, sondern, im Gegenteil, ausgebaut haben, belegen die Zahlen. So ist der Aktienbestand der Banken an den gesamten Aktienbeständen von 12,16% im Jahre 1994 auf 13,50% im Jahre 1999 gewachsen.[509]

Dies ist alles im Grundsatz richtig, übersieht aber einen wesentlichen Gesichtspunkt. Es kann sein, dass die Banken die Eigenbeteiligungen reduzieren *wollen*, aber aus bestimmten Gründen nicht reduzieren *können*. Wäre es möglich zu begründen, dass diese These richtig ist, dann würde unser Indiz erschüttert. In der Tat spricht viel dafür, dass die Banken deswegen die Eigenbeteiligungen nicht reduziert haben, weil es einfach zu teuer war das zu tun. Anders kann die plötzliche Bereitschaft der Banken zum Verkauf ihrer Eigenbeteiligungen an den Aktiengesellschaften nach der Reform des Kapitalsteuerrechts nicht erklärt werden.

Im Ergebnis heißt das, dass wir aufgrund der *analytischen* Untersuchung nicht feststellen können, ob die Banken wirklich einen erheblichen Beitrag zur Überwachung des Managements leisten. Das bedeutet, dass unsere Argumentation, die allein auf die Untersuchung der Anreize ausgerichtet war, sozusagen unvollständig ist. Es ist angebracht, unsere Untersuchung um die empirischen Studien zu ergänzen, die sich dieser Frage gewidmet haben.

c. Empirie

Die Frage, ob die starke Einflussnahme von Banken auf die Aktiengesellschaften für die Aktionäre vorteilhaft ist, ist in der empirischen Literatur umstritten. Die empirischen Un-

---

[508] Baums/Fraune (1995), S. 102.
[509] DAI-Factbook (2000), S. 08.1-3.

tersuchungen, die sich dieser Frage widmeten, kamen zu verschiedenen Ergebnissen. Nach einer Studie weisen Aktiengesellschaften mit Bankbeteiligung bessere Ergebnisse auf als andere Gesellschaften.[510] Eine andere Untersuchung fand jedoch negative Auswirkungen eines starken Bankeinflusses.[511] Es gibt sogar eine Studie, die keine signifikanten Auswirkungen des Bankeinflusses auf die Performance einer Aktiengesellschaft feststellen konnte.[512]

Zu dem Ergebnis, dass der Einfluss der Banken auf die Aktiengesellschaften *positiv* ist, kommen Bühner (1984), Cable (1985)[513], Seger (1997) und Gorton/Schmid (1996) und Beyer (1998). Die positive Bewertung der deutschen Bankenmacht von Cable (1985) stützt sich auf eine ökonometrische Analyse, in der er der Frage nachgeht, ob Unternehmen Vorteile aus einer Bankbeteiligung ziehen können. Analysiert wurden 48 Unternehmen aus den 100 größten des Jahres 1970. Cable (1985) kommt zu folgendem Ergebnis: „Empirical estimates show that, despite the banks denial if exercising control over industry, there is a significant, positive relationship between the degree of bank involvement in leading industrial companies and their financial performance. This goes beyond what might be expected from market power enhancement or the provision of financial expertise alone".[514] Die Untersuchung von Cable (1985) wurde aber in der deutschen Literatur stark kritisiert. Nach der Meinung der Kritiker wurde in der Studie von Cable (1985) keine Zufallsauswahl bezüglich der Unternehmen vorgenommen. Ein weiter Mangel der Untersuchung ergibt sich aus den Erhebungszeitpunkten der Einflusspotentiale. Cable (1985) benutzt die Daten der Monopolkommission, die die Stimmrechte der Banken von 1975 und die Aufsichtsratsmandate zum 31.12.1974 feststellte. Die Performance (das Verhältnis von Jahresüberschuß zu Bilanzsumme) wurde hingegen als Durchschnittswert für die Jahre 1968 bis 1972 berechnet.[515]

Insgesamt positiv beurteilt den Bankeneinfluss auf die deutschen Aktiengesellschaften auch Seger (1997). Er schreibt: „Der Anteilsbesitz von Kreditinstituten trägt in einem weiten Bereich zum Unternehmenserfolg bei. Die Depotstimmrechte haben keine erkennbare Wirkung. Der Aufsichtsratsvorsitz durch Bankiers ist negativ zu beurteilen, die einfache Aufsichtsratsmitgliedschaft ist von geringer Bedeutung. Zwischen Bankverbindlichkeiten und Unternehmenserfolg besteht ein negativer Zusammenhang. Die Fremdkapitalquote bei Unternehmen mit einem Bankier als Aufsichtsratsvorsitzenden ist tendenziell höher. Depotstimmrechte und einfache Aufsichtsratsmitgliedschaft sind erneut ohne klare Wirkung auf die betrachteten Kennzahlen."[516]

---

[510] Cable (1985), S. 120 ff.

[511] Perlitz/Seger (1995), S. 64.

[512] Chirinko/Elston (1996), S. 34.

[513] Cable (1985), S. 120 ff.

[514] Cable (1985), S. 129.

[515] Seger (1997), S. 144; Baums (1996b), S. 24.

[516] Seger (1997), S. 215. Seger (1997) versucht die Mängel anderer Untersuchungen zu vermeiden. Alle Erfolgs- und Finanzierungskennzahlen sind Durchschnittswerte für die Jahre 1991 und 1992, die Einflusspotentiale und Kontrollvariablen beziehen sich auf das Jahr 1990. Die zeitliche Trennung besteht nicht mehr. Er berücksichtigt auch die Branchenzugehörigkeit, die Bonität und die Größenunterschiede.

Ebenfalls ein eher positives Ergebnis fanden Gorton/Schmid (1996) heraus. Gorton/Schmid (1996) haben in ihrer Untersuchung das Verhältnis von Banken und Unternehmen für die Jahre 1974 und 1985 untersucht. Sie kommen zu folgenden Ergebnissen. Im Jahr 1974 wuchs die Rentabilität der Unternehmen mit dem Anteilsbesitz der Kreditinstitute. Die Depotstimmrechte hatten keinen signifikanten Einfluss auf den Unternehmenserfolg. Für das Jahr 1985 ergeben sich folgende Resultate: Zwischen Anteilsbesitz der Kreditinstitute und Rentabilität besteht kein signifikanter Zusammenhang. Die Depotstimmrechte haben ebenfalls keinen Einfluss auf den Unternehmenserfolg.[517] Auch Beyer (1998) konnte nicht feststellen, dass die Banken ihre Macht missbrauchten. Er schreibt: "Hinsichtlich der Kapitalverflechtung zeigt sich, dass die Unternehmen mit Bankverflechtungsbeziehungen durchschnittlich größer sind, die absoluten Gewinne höher ausfallen und die Gründung des Unternehmens länger zurückliegt. Insignifikant sind die Unterschiede in der Eigenkapitalrentabilität und im Diversifizierungsgrad. Die Ergebnisse sprechen daher überwiegend gegen eine negative Beeinflussung durch die Banken. Einzig im Fall der Eigenkapitalquote greift die Kritik." [518]

Diese positive Sicht des Einflusses der Banken wird in anderen ökonometrischen Arbeiten allerdings *bestritten.* Einen negativen Zusammenhang zwischen Bankeinfluss und Unternehmenserfolg stellen zum Beispiel Perlitz/Seger (1994) fest. Sie untersuchen die Jahresabschlussdaten der Jahre 1990-1992 von 110 börsennotierten Industrieunternehmen, wobei sie die Gesellschaften zunächst in 58 stark beeinflusste Unternehmen und 52 schwach beeinflusste Unternehmen einteilen. Ein Unternehmen gilt bei ihnen hierbei als stark beeinflusst, wenn der Stimmrechtsanteil aller Banken in der Hauptversammlung 50% übersteigt, wenn der Aufsichtsratsvorsitzende von einer Bank gestellt wird oder wenn die Bankschulden mehr als 25% der Bilanzsumme betragen. Die stark beeinflussten Unternehmen schneiden bei der Prüfung verschiedener Kennziffern zur Profitabilität, zum Unternehmenswachstum und zur Finanzierungsstruktur jeweils signifikant schlechter ab als die schwach beeinflussten Unternehmen. Bankbeeinflusste Unternehmen erzielen deutlich niedrigere Gewinne, ihr Umsatzwachstum ist nur halb so groß und der Selbstfinanzierungsgrad ist deutlich niedriger.[519] Das ist sogar dann der Fall, wenn aus der Gruppe der bankbeeinflussten Unternehmen die fünf Krisenunternehmen ausgenommen wurden. Auch diese Studie wurde in der ökonomischen Literatur stark kritisiert. Denn Unternehmen mit unbefriedigender Ertragslage müssten sich, solange kein Zugang zum Kapitalmarkt bestehe, zwangsläufig bei Banken verschulden. Somit führten schlechte Rentabilität zu hohen Bankverbindlichkeiten und nicht umgekehrt. Es würde auch

---

[517] Gorton/Schmid (1996), S. 30: "Our evidence shows that in 1974 German banks improved the performance of German firms to the extent that they held the firms' equity. This is consistent with the general view that universal banking is a substitute for a stock market providing oversight of firm management. We found no evidence of conflicts-of-interest concerning bank use of proxy votes. In fact, proxy hat no impact on firm performance ... In 1985, however, the world of German corporate finance is very different ... Our investigation of the 1985 sample shows that banks no longer have the same power or do not display their power in the same way with regard to firm performance."

[518] Beyer (1998), S. 139.

[519] Perlitz/Seger (1994), S. 63.

nicht die Branchenzugehörigkeit berücksichtigt.[520] Dafür, dass die Banken die Manager nicht wirksam überwachen, sprechen auch die Ergebnisse der Studie von Franks/Mayer (1997), die den Austausch von Managern in Abhängigkeit vom Unternehmenserfolg untersucht haben. Banken üben hiernach bei schlechter Unternehmensperformance keinen signifikanten Einfluss auf den Austausch von Führungskräften aus.[521]

Weder zu einem positiven noch zu einem negativen Ergebnis kommen Nibler (1995) und Chirinko/Elston (1996). Chirinko/Elston (1996) sind eher skeptisch, ob die Banken einen positiven Einfluss auf die deutschen Aktiengesellschaften ausüben. Chirinko/Elston (1996) untersuchten in ihrer Arbeit den Zusammenhang von Bankeneinfluss (Anteilsbesitz, Stimmrechtsanteil, Aufsichtsratsvorsitz) und Profitabilität der verbundenen Unternehmen. Die Untersuchung bezieht sich auf 91 börsennotierte Unternehmen über den Zeitraum 1965-1990. Im Gegensatz zu Cable (1985) können die Autoren keinen Beleg für eine höhere Profitabilität bankbeeinflusster Unternehmen finden. Ob das Ergebnis dieser Studie richtig ist, darf bezweifelt werden. Denn auch diese Studie wird in der Literatur stark kritisiert. Erstens werden die Depotstimmrechte nicht berücksichtigt. Zweitens besteht in dieser Untersuchung eine erhebliche zeitliche Inkonsistenz. Chirinko/Elston (1996) haben die Einflusspotentiale der Banken für das Jahr 1991 untersucht. Die analysierten Jahresabschlusskennzahlen beziehen sich jedoch auf den Zeitraum von 1965 bis 1990.[522] Auch das Ergebnis von Nibler (1995) ist nicht eindeutig. Nibler (1995) hat die 158 größten Unternehmen analysiert. Das Ergebnis: Eine getrennte Betrachtung von Depotstimmrechte und eigenen Stimmen weist auf einen negativen Einfluss der Depotstimmrechte und auf einen positiven Einfluss der Bankbeteiligungen hin.

Fassen wir zusammen. Der hier gegebene Überblick über empirische Studien war zwangsläufig kursorisch und konnte die statistisch komplizierte Materie auch nicht annähernd in allen ihren Schattierungen erfassen. Immerhin aber dürfte deutlich geworden sein, dass der Einfluss der Banken nicht eindeutig positiv beurteilt wird.[523] Wenn dem aber so ist, dann können aus der Auswertung der empirischen Untersuchungen nicht sehr viele Rückschlüsse gezogen werden.

d. Ergebnis

Kehren wir zu unserer Ausgangsfragestellung zurück und ziehen wir die Endbilanz. Können die Banken die Geschäftsführung wirksam disziplinieren? Die Aussage, dass die Banken das Management wirksam disziplinieren können, lässt sich in seiner ursprünglichen

---

[520] Seger (1997), S. 146.
[521] Frank/ Mayer (1997), S. 12.
[522] Seger (1997), S. 156.
[523] Ähnlich Mülbert (1998), S. 484 nach der Auswertung der empirischen Untersuchungen: „In sum, the findings of the different performance studies not only vary but are to some extent even contradictory. The evidence produced so far is at best inconclusive. Judging by the findings so far, the hypothesis cannot be rejected that bank blockholdings do not affect the profitability of the company at all ...„

Form nicht aufrechterhalten.[524] Das grundsätzliche Problem liegt nicht bei den Einflusspotentialen der Banken. Es liegt an einer anderen Stelle. Die Banken sind verschiedenen Anreizen ausgesetzt, die nicht unbedingt mit den Interessen der Aktionäre übereinstimmen. Das bedeutet aber nicht, dass die Banken überhaupt keinen Beitrag zur Disziplinierung der Geschäftsführung leisten. Immerhin erscheint es plausibel anzunehmen, dass die Banken das Problem des Opportunismus des Managements erheblich reduzieren, ohne es völlig zu beseitigen.

B. Investmentfonds

Zu einer weitergehenden Diskussion, ob institutionelle Investoren die Manager wirksam überwachen können, besteht insbesondere auch deshalb Anlass, weil die Bedeutung anderer institutioneller Investoren zunimmt. Das betrifft vor allem die Investmentfonds. Das KAGG definiert in § 1 Kapitalanlagegesellschaften als Kreditinstitute, deren Geschäftsbereich darauf gerichtet ist, bei ihnen eingelegtes Geld im eigenen Namen für gemeinschaftliche Rechnung der Einleger (Anteilinhaber) nach dem Grundsatz der Risikomischung in den gesetzlich zugelassenen Vermögensgegenständen gesondert vom eigenen Vermögen in Form von Sondervermögen anzulegen und über die hieraus sich ergebenden Rechte der Anteilinhaber Urkunden (Anteilscheine) auszustellen. Die Kapitalanlagegesellschaften sind danach Spezialkreditinstitute, deren Geschäftstätigkeit auf den Betrieb des Investmentgeschäfts und der damit unmittelbar verbundenen Nebentätigkeiten beschränkt ist. Nach § 6 I KAGG besteht ein Investmentfonds aus dem gegen Ausgabe von Anteilscheinen eingelegten Geld und den damit angeschafften Vermögensgegenständen. Kapitalanlagegesellschaften dürfen nur in der Rechtsform der Aktiengesellschaft oder der GmbH betrieben werden.

a. Machtpotential der Investmentfonds

Die Anzahl der Fonds steigt Jahr für Jahr kräftig an. In dem Zeitraum von Ende 1993 bis Ende August 2000 erfolgte eine Aufstockung von 2 692 um 131% auf 6 217 Fonds.[525] Innerhalb der gleichen Zeitspanne erhöhte sich die Anzahl der Publikumsfonds von 485 um 117% auf 1 052, während die Anzahl der Spezialfonds von 2 207 auf 5165 (+134%) eine noch stärkere Zunahme zu verzeichnen hatte. Der Anteil der Aktienfonds bei den Publikumsfonds beträgt 37,6% und bei den Spezialfonds 6,5%. Der Anteil der gemischten Fonds beträgt entsprechend 18,8% und 27,6%. Von den insgesamt 5 165 Spezialfonds, die Ende August 2000 unterhalten wurden, betrafen jeweils 34% Versicherungen einschließlich Pensionskassen und Kreditinstitute, 22% Unternehmen und 10% Sozialversicherungsträger. Das Vermö-

[524] Ähnlich Obst/Hintner (2000), S. 435: "... so besteht für die Bank weder die Möglichkeit noch der Anreiz, maßgeblichen Einfluss auf die Geschäftsaktivitäten des Unternehmens auszuüben. Die Bank wird sich vielmehr als Anbieter von Bankdienstleistungen betrachten, der erst dann die Unternehmenskontrolle übernimmt, wenn die Firma in finanzielle Schwierigkeiten gerät. Ansonsten beschränkt das Kreditinstitut seine Überwachung auf Routinenkontrollen anhand von Finanzzahlen und vertraut im Übrigen auf die Kreditsicherheiten."

[525] AG/Report, 7/2001, S. R 212 (Die Aktivitäten deutscher Fondsmanager im Aktienmarkt, H. Hansen) und AG/Report, 1/2001, S. R 4 (Die kräftige Expansion der Kapitalanlagegesellschaften).

gen sämtlicher Fonds nahm von 213,2 Mrd. DM (Ende 1993) auf 854,8 Mrd. DM um 401% besonders kräftig zu. Von dem Fondsvermögen entfielen Ende August 2000 auf Publikumsfonds 38,8% und auf Spezialfonds 61,2%. Es ist hervorzuheben, dass sich der Anteil der Aktienfonds am Vermögen der Publikumsfonds von 18,5% auf 48,8% erhöhte. Der Aktie wird also bei der Anlage ein deutlich größeres Gewicht als in der Vergangenheit beigemessen. Nach Abzug der Liquidität, ausländischen Aktien und Rentenpapieren bleibt schätzungsweise ein Anteil von etwa 13,67% an der gesamten deutschen Börsenkapitalisierung.[526] Bei den größten Aktiengesellschaften im mehrheitlichen Streubesitz hielten Investmentfonds im Durchschnitt 10,66% der auf der Hauptversammlung vertretenen Aktien. Insgesamt wird geschätzt, dass die Kapitalanlagegesellschaften 4% der deutschen börsennotierten Aktiengesellschaften kontrollieren.[527]

b. Agency-Probleme bei den Investmentfonds

Man könnte sich auf den Standpunkt stellen, dass die Investmentfonds die Manager der Aktiengesellschaften sehr wirksam überwachen können. Denn die Investmentfonds stehen miteinander im Wettbewerb um das Geld der Anleger. Der beste Wettbewerbsvorteil ist aber die hohe Rendite, die unter anderen durch eine wirksame Überwachung der Manager der Aktiengesellschaft erzielt werden kann.[528]

Eine Untersuchung der Frage, ob die Investmentfonds die Manager wirksam überwachen können, erscheint jedoch wenig sinnvoll, wenn nicht wenigstens eine gewisse Einigkeit darüber zu erzielen ist, dass die Agency-Probleme bei den Investmentfonds kleiner sind als bei den Aktiengesellschaften. Es wäre wenig hilfreich, ausführlich zu begründen, wie die Investmentfonds die Manager der Aktiengesellschaften überwachen können, wenn sie selber aufgrund der hohen Agency-Kosten überwacht werden müssen.

In der Tat scheinen die Agency-Kosten wegen des Opportunismus des Managements bei Investmentfonds höher zu sein als bei der börsennotierten Aktiengesellschaft. Denn die rechtliche Konstruktion deutscher Investmentfonds weist der *Stiftung* verwandte Strukturen auf. Wie wir noch an einer anderen Stelle ausführlich begründen werden, ist davon auszugehen, dass bei der Stiftung die Agency-Kosten aufgrund der rechtlichen Ausgestaltung dieser Rechtsform besonders groß sind. Warum die rechtliche Konstruktion deutscher Investmentfonds der Stiftung ähnliche Strukturen aufweist, wird hier dargelegt.

---

[526] DAI-Factbuch (2000), S. 08.1-3.

[527] Böhmer (1999), S. 14.

[528] Sehr positiv Black (1992a), S. 877: "Second, and more importantly, performance affects where clients place their investable funds. Private money management firms, mutual funds, bank trust departments, and insurers all compete in different ways for investable funds. Firms and individuals with good long-run track records will tend to attract new clients. Those with poor records will lose clients. For many insurers and corporate pension plans, portfolio gains are nearly a dollar-for- dollar source of profit. Institutions whose internal structures encourage their employees to perform well will grow. Other institutions will shrink."

Deutsche Investmentfonds sind fast ausschließlich nach dem Vertragsprinzip, nicht nach dem Gesellschaftsprinzip, organisiert, d.h. das Betriebskapital der KAG und die aus den Geldern der Anleger bestehenden Fonds bilden voneinander getrennte Vermögensmassen.[529] Die Anleger werden somit nicht Teilhaber der KAG, sondern nur des jeweiligen Sondervermögens. Die Anleger sind mit der Kapitalanlagegesellschaft nur durch einen Geschäftsbesorgungsvertrag verbunden. Die Vertragsbedingungen legen fest, ob die zum Fonds gehörenden Vermögensgegenstände sich im Eigentum der KAG (sog. Treuhandlösung) oder im Miteigentum der Anteilinhaber (sog. Miteigentumslösung) befinden. Sie sind aber nicht, wie etwa die Anleger im US-amerikanischen "closed-end-fund" Gesellschafter der Kapitalanlagegesellschaft. Träger ist also zwar eine Kapitalanlagegesellschaft, an die die Anleger ihre Einlagen zum Zwecke der Anlage auf dem Kapitalmarkt leisten. Die Anleger besitzen aber an der Kapitalanlagegesellschaft selbst jedoch keinerlei mitgliedschaftliche Rechte, vermöge derer sie auf die Anlagepolitik Einfluss nehmen oder das Management kontrollieren können. Der Inhaber eines Investmentzertifikats besitzt weder unmittelbare Vermögensrechte in Bezug auf das Fondsvermögen noch Mitverwaltungsrechte. Insbesondere gibt es kein Stimmrecht der Anleger in der Anlagegesellschaft. Sie können damit die Anlagepolitik der Anlagegesellschaft nicht verändern. Die Höhe der jährlichen Ausschüttungen bestimmt die Fondsverwaltungsgesellschaft nach eigenem Ermessen, ohne dass sich die Anleger einmischen können. Außerdem besitzen Anleger kein Auskunft- und Einsichtsrecht in den Angelegenheiten der Fondsverwaltung.[530] Das Rechtssubjekt Anleger ist durch die Konstruktion des Investmentfonds seiner Rechte beraubt.

Dem Erwerber von Investmentzertifikaten verbleibt nur die Möglichkeit einer beschränkten Einflussnahme über den Kapitalmarkt durch die Liquidierung seiner Beteiligung über die Börse. Aus der Rücknahmegarantie hinsichtlich der Investmentzertifikate nach § 11 II KAGG folgt nichts anderes, weil danach nur ein Rückkauf zum Börsenpreis stattfindet. Genauso wie der Aktionär hat der Investmentsparer keine Möglichkeit, diesen gemeinen Wert im Rahmen eines Verfahrens nach dem Vorbild der § 306 AktG gerichtlich feststellen zu lassen. Wie wir also sehen, können die Anleger weder auf den Bestand noch auf die Führung der

---

[529] Zwar wurden mit dem 3. Finanzmarktförderungsgesetz sog. Investmentaktiengesellschaften zugelassen. Bei Investmentaktiengesellschaften handelt es sich um geschlossene Fonds, deren Anteile nicht neu herausgegeben oder zurückgenommen werden, sondern als selbständige Aktiengesellschaft an der Börse frei gehandelt werden (§§ 51-67 KAGG). Da diese Fonds ihren Aktionären gehören, die auch den Aufsichtsrat wählen dürfen, kann man annehmen, dass bei diesen Investmentaktiengesellschaften die Agency- Kosten nicht sehr groß sind. Das Problem besteht aber darin, dass diese Fonds zur Zeit überhaupt keine Rolle spielen. Bis heute (September 2001) gibt es keine Investmentaktiengesellschaft. Dazu ausführlich Thoma/Steck (2001), S. 330; Scheurle (1998), S. 1105.

[530] Der Gesetzgeber hält den Rechenschafts- und Halbjahresbericht (§ 24a KAGG) für ausreichend, damit sich die Anleger ein Urteil über die Tätigkeit und die Ergebnisse des Fonds machen können. Der Rechenschaftsbericht muss einen Bericht über die Tätigkeit der KAG im abgelaufenen Geschäftsjahr und alle wesentlichen Angaben enthalten. Er ist für jeden Fonds für den Schluss eines jeden Geschäftsjahres zu erstellen und spätestens drei Monate nach Ablauf des Geschäftsjahres im Bundesanzeiger zu veröffentlichen. Für die Mitte des Geschäftsjahres hat die KAG einen Halbjahresbericht zu erstatten und spätestens zwei Monate nach dem Stichtag bekanntzumachen.

Anlagegesellschaft Einfluss nehmen. Der Anleger besitzt keine Möglichkeit, Entscheidungen von grundlegender Bedeutung wie etwa der Umwidmung des Fondsvermögens entgegenzutreten, weil ihm keine dazu erforderlichen Befugnisse in der Anlagegesellschaft zustehen. Das Investmentmodell trägt also Wesenszüge der Stiftung.[531] Es ist keine Stiftung, weil die Anvertrauung des Vermögens nicht fremdnützigen Zwecken dienen soll. Dass die rechtliche Anreizstruktur der Stiftung keine wirksame Kontrolle der Geschäftsführung gewährleisten kann, werden wir an der anderen Stelle dieser Arbeit ausführlich darlegen[532]. Das deutsche Recht bewirkt also, dass eine Kontrolle durch die Anleger bei deutschen Investmentfonds nicht stattfindet. Das konnte auch durch "eine empirische Betrachtung, die sich allerdings vorwiegend auf eine Beurteilung indirekter Faktoren beschränkte, bestätigt werden. Ausschlaggebend für diese negative Beurteilung sind neben weitgehender *Selbstkontrolle*, wie sie hinsichtlich des Aufsichtsrates und der Depotbank zu beobachten war, insbesondere ein Defizit in der Aussagekraft der Rechenschaftsberichte."[533]

Zwar substituiert das deutsche Recht die Aufsicht der Mitglieder durch eine staatliche Aufsicht. Denn das Gewerbe der Kapitalanlagegesellschaften unterliegt einer erheblichen Regulierung. Zunächst bedarf es für die Aufnahmen des Geschäftsbetriebs der Erlaubnis durch die Bundesanstalt für die Finanzdienstleistungsaufsicht (BAFin). In der Folge überwacht die Bafin bei Publikumsfonds die Einhaltung der gesetzlich vorgeschriebenen Anlagegrenzen und die sachgerechte Verwendung der Erträge sowie die Vereinbarkeit von Werbemaßnahmen mit dem KAGG, dem KWG und wettbewerbsrechtlichen Bestimmungen. Ein umfassendes Meldewesen liefert die Grundlage für die Überwachungstätigkeit. So haben die Kapitalanlagegesellschaften die Überschreitung bestimmter Anlage- und Erwerbsgrenzen unter Angabe der Gründe der BAFin anzuzeigen. Verkaufsprospekt, Rechenschafts- und Halbjahresbericht sind bei der Deutschen Bundesbank und der BAFin unverzüglich einzureichen. Es ist aber nicht anzunehmen, dass die staatliche Aufsicht ausreichend ist. Denn sie ist eine reine Rechtsaufsicht, die keine Überprüfung der Anlagestrategie gewährleisten kann. Das ergibt sich daraus, dass der Schwerpunkt der Aufsichtstätigkeit der BAFin in der Kontrolle der Organisation der Kapitalanlagegesellschaften liegt. Die Aufsicht über die laufende Tätigkeit der Kapitalanlagegesellschaften beschränkt sich nur auf die Kontrolle der Jahres- bzw. Halbjahresrechenschaftsberichte, die vom Abschlussprüfer einzureichen sind (§ 24a III S. 1 KAGG).[534] Wenn dem aber so ist, dann kann von der staatlichen Kontrolle nicht zu viel erwartet werden.

Schlussfolgerung: Aus diesem Grunde könnte man die These vertreten, dass es rein faktisch eine Illusion sei, zu glauben, dass die Manager der Investmentfonds die Manager der Aktiengesellschaften überwachen werden. Denn wenn bei deutschen Aktiengesellschaften der Opportunismus des Managements groß sein sollte, dann wäre dieser Opportunismus bei deut-

---

[531] So Becker (1997).
[532] Siehe S. 198 ff.
[533] König (1998), S. 130. Die Hervorhebung nicht im Original.
[534] Dazu näher König (1998), S. 123 ff.

schen Investmentfonds noch größer. Warum sollen sich die Manager deutscher Investmentfonds die Mühe machen, die Manager deutscher Aktiengesellschaften zu überwachen, wenn sie dazu nicht durch ihre eigenen Anleger angehalten werden?

c. Empirie in den USA

Dass diese pessimistische Einschätzung der Realität entsprechen könnte, beweisen die Ergebnisse empirischer Studien aus den USA.[535] Wie wir an der anderen Stelle dieser Arbeit dargelegt haben, sind die Manager amerikanischer Investmentfonds kaum in der Lage den Markt zu schlagen.[536] Das ist ein Indiz dafür, dass amerikanische Investmentfonds die Manager amerikanischer Aktiengesellschaften nicht wirksam überwachen. Denn würden sie es tun, dann würden die von den amerikanischen Investmentfonds gehaltenen Aktiengesellschaften mehr Gewinn als ein durchschnittliches Unternehmen erwirtschaften, was wiederum dazu führen würde, dass die Portfolios von den Investmentfonds besser abschneiden würden als der Markt.[537]

Diese pessimistische Einschätzung wird auch durch das sog. "market discount phenomen" bei geschlossenen Fonds[538] bestätigt. Empirische Untersuchungen belegen, dass Anteile an geschlossenen Fonds unmittelbar nach der Erstausgabe dazu tendieren, auf dem Markt unter Berücksichtigung eines Wertabschlags in Bezug auf den Inventarwert des Fondsvermögens ("net asset value") gehandelt zu werden.[539] Zwar ist es umstritten, ob dieses Phänomen nur auf das opportunistische Verhalten der Fondsmanager zurückzuführen ist. Als andere Erklärungen werden höhere Transaktionskosten und fehlende Liquidität genannt. Es steht aber fest, dass die Möglichkeit des opportunistischen Verhaltens mitentscheidend für die schlechte Bewertung von geschlossenen Fonds ist. Denn bei den geschlossenen Fonds haben die Anleger keine "Exit"-Option, weil geschlossene Fonds nicht zur Rücknahme der von ihnen ausge-

---

[535] Dazu Black (1998), S. 459: "Activism by large institutional shareholders has been a part of the United States landscape for over a decade, long enough of begin to assess whether it affects firm performance. The evidence to date suggests that activism, American style, has had little effect on firm performance. The evidence on whether long-term relational investing by institutional investors correlates with improved firm performance is also mixed. Particular institutional investors may have the skill to improve the performance of their portfolio companies, but this skill may be scarce among institutional investors as a whole." Mit weiteren Nachweisen. Die Auswertung der empirischen Studien befindet sich bei Black (1992b).

[536] Siehe S. 52.

[537] Ähnlich zum Beispiel Mayer (1998), S. 155: "Despite the high proportion of institutional holdings, there is a widely held view that institutions fail to monitor managers. The problem is thought to lie in the dispersed nature of their shareholdings.

[538] Chay/Trzcinka (1999), S. 380: "Like an open-end mutual fund, a closed-end fund is a professionally managed portfolio whose assets are publicly traded securities. Unlike open-end funds, the share price of a closed-end fund is determined in the stock market, and it can differ from the fund's NAV per share." Ausführlich dazu auch: Kraakman (1988), S. 904 ff.

[539] Chay/Trzcinka (1999), S. 402.

gebenen Investmentzertifikate verpflichtet sind.[540] Folglich kann ein Anleger eines geschlossenen Fonds seine Investmentszertifikate nur über einen Sekundärmarkt verkaufen.[541]

d. Diversifizierungsstrategie

Es gibt aber noch einen anderen Grund, warum die Investmentfonds in den USA die Manager der Aktiengesellschaften nicht wirksam überwachen können. Man könnte etwa die These vertreten, es sei rein faktisch eine Illusion, zu glauben, dass die Investmentfonds die Manager überwachen können, weil sie zu stark *diversifiziert* sind[542]: „In 1991, Fidelity (the largest mutual fund family) spread its holdings over 2300 firms; Aetna held stock in over 2400 firms; and CalPers's colleague, the California State Teachers Retirement System, owned over 3500 stocks, despite a portfolio one quarter the size of that of CalPers. While not all institutional investors manage portfolios of 500 or more stocks, the bulk of the total assets under institutional management appears to be in the hands of those that do ... Moreover, CalPers's ability to affect behavior at its portfolio companies is further constrained by its adherence to the common policy among institutional investors of limiting their individual holdings to a low percentage (typically one to two percent) of the voting stock in any individual company. Indeed CalPers's portfolio is actually smaller in terms of the number of stocks owned than that of its leading peers."[543] Was so ein Diversifizierungsgrad zur Folge hat, liegt auf der Hand: das Collective-Action-Problem.[544] Im Ergebnis kann also keine Rede davon sein, dass amerikanische Investmentfonds die Manager der Aktiengesellschaft wirksam überwachen können.

e. Lage in Deutschland

Zu wissen, dass in den USA wenig dafür spricht, dass die Investmentfonds die Manager überwachen, kann allerdings nur eine erste Stufe unserer Überlegungen sein. Denn selbst wenn sich herausstellen sollte, dass die Investmentfonds in den USA in der Tat die Manager amerikanischer Aktiengesellschaften nicht überwachen, stellt sich immer noch die Frage, für

---

[540] Edelen (1999), S. 465; Chevalier/Ellison (1997), S. 1167 ff. Dazu vor allem: Barclay/Holderness/Pontiff (1993), S. 263 ff.; Brown/Harlow/Starks (1996), S. 85 ff.

[541] Die vermeintlichen Vorzüge der "close-end funds" werden von König (1998), S. 196 ausführlich dargestellt.

[542] Es ist zu beachten, dass die Investmentfonds in den USA zur Diversifizierung rechtlich verpflichtet sind. Dazu Roe (1991), S. 20: "The 1940 Act also prohibits a "diversified" mutual fund from putting more than 5% of its regulated assets in the securities of any one issuer ... The tax penalties for not being "diversified" are considerable. The mutual fund that would control industry would be taxed unfavorably on its entire portfolio, since the tax code allows only diversified mutual funds to pass income through to shareholders, untaxed to the conduit mutual fund. And the tax code's notion of "diversification" parallels that found in the 1940 Act; it only faintly resembles the diversification concept taught in today's business schools. Under the tax code, mutual funds must have at least half of their investments in companies constituting no more than 5% of the portfolio and constituting no more than 10% of the portfolio company's outstanding stock; for the other half, no more than 25% of the fund's total assets can go into a single company's stock."

[543] Coffee (1997), S. 1975.

[544] Coffee (1997), S. 1976: "If we switch from the investor's perspective to the corporation's, this coordination problem comes into clearer focus. Exxon (to give an example used by Useem) does not face a unified phalanx of institutional investors, but a highly dispersed coalition of some 700 institutional investors."

wie überzeugend man die Übertragung der Ergebnisse aus den USA auf deutsche Verhältnisse hält. Mit dieser Frage werden wir uns an dieser Stelle kurz beschäftigen.

Naheliegend ist zunächst der Rückgriff auf deutsche *empirische* Untersuchungen. Leider gibt es keine empirischen Studien, die sich explizit dieser Frage gewidmet haben. Aus diesem Grunde bleibt uns nichts anderes übrig als *die Anreize* zur Überwachung in Augenschein zu nehmen.

(a) Anreizstruktur

Beim Vergleich der Anreize zur Überwachung schneiden deutsche Investmentfonds eindeutig schlechter ab. Warum das so ist, wird an dieser Stelle dargestellt. Auf den ersten Blick unterscheiden sich die Anreize zwischen Deutschland und den USA kaum. Ebenso wie in den USA erhalten die Kapitalanlagegesellschaften in Deutschland einen Anteil am Fondsvermögen für ihre Verwaltung. Damit wird zwar ein gewisser Anreiz zur profitablen Verwaltung geschaffen. Es ist aber anzunehmen, dass diese Anreize sehr oft nicht ausreichend sind. Das soll durch ein kleines *Beispiel* veranschaulicht werden. Angenommen, dass eine Kapitalanlagegesellschaft 5% des Börsengewinns bekommt. Dann wird sie nicht die Kosten in Höhe von 10 Euro tragen wollen, wenn der Börsengewinn 100 Euro beträgt, weil sie davon nur 5 Euro bekommt. Ferner darf nicht vergessen werden, dass die Börsengewinne nur den Investmentfondsbesitzern zufließen. Der Anreiz, im Sinne der Anteilsinhaber eine aktive Kontrolle auszuüben, ist folglich nicht sehr groß.[545]

Das Problem wird noch dadurch verschärft, dass die Investmentfonds in Deutschland wie in den USA rechtlich zur *Diversifikation* verpflichtet sind. Denn die Investmentfonds gemäß § 1 I KAGG sind nur solche Fonds, die nach dem Grundsatz der Risikostreuung anlegen. Wertpapiere eines Ausstellers dürfen nach § 8a I 1 KAGG grundsätzlich nur bis zu 5% des Fondsvermögens erworben werden. Eine andere Beschränkung, die eine wirksame Überwachung des Managements schwierig macht, ist die Bestimmung, wonach die Fonds nur einen Anteil von maximal 10% der Zielgesellschaft erwerben dürfen (§ 8a III 1 KAGG). Eine ähnliche Einschränkung enthält § 56 KAGG für die Investmentaktiengesellschaften. Auch in Deutschland zugelassene ausländische Fonds müssen nach § 1 I 2 AuslInvestmG den Grundsatz der Risikostreuung beachten.[546]

Damit könnte man sich auf den Standpunkt stellen, dass weder in den USA noch in Deutschland Anreize für die Kapitalanlagegesellschaft bestehen, eine wirksame Überwachung der Manager der Aktiengesellschaften auszuüben. Dass die Anreizstruktur möglicherweise doch nicht so ähnlich ist, wie man auf der Grundlage der vorherigen Ausführung meinen könnte, ist leicht zu erkennen, wenn man sich einmal zwei andere Merkmale der Anreizstruk-

---

[545] Fraune (1996), S. 118.

[546] Es ist jedoch zu berücksichtigen, dass die meisten Fonds derart stark diversifizieren, dass die einzelnen Aktienpositionen nicht in die Nähe der gesetzlichen Begrenzungen kommen.

tur vor den Augen führt: die Abhängigkeit deutscher Investmentfonds von den Banken und unzureichende Klagemöglichkeiten der Anteilsinhaber.[547]

(b) Abhängigkeit von Banken

Deutsche Investmentfonds sind fast alle von Kapitalanlagegesellschaften aufgelegt, die *Tochtergesellschaften von Banken* oder Versicherungen sind. Wenn man die Verteilung des Anteilsbesitzes an Kapitalanlagegesellschaften (bezogen auf das verwaltete Fondsvolumen) anschaut, fällt ins Auge, dass die mehrheitlich von Kreditinstituten gehaltenen Kapitalanlagegesellschaften die überwiegende Mehrheit (87,2%) darstellen.[548] Die Anlagemanager sind als Angestellte der Kapitalanlagegesellschaften praktisch von der jeweiligen Muttergesellschaft abhängig.[549] Zwar hat die Kapitalanlagegesellschaft nach dem Gesetz mit der Sorgfalt eines ordentlichen Kaufmanns das Sondervermögen für gemeinschaftliche Rechnung der Anteilinhaber zu verwalten. Sie soll bei der Wahrnehmung ihrer Aufgaben unabhängig und ausschließlich im Interesse der Anteilinhaber handeln, insbesondere auch bei der Ausübung der mit dem Sondervermögen verbundenen Stimm- und Gläubigerrechte (§ 10 I KAGG). Aber, ob sich in der Wirklichkeit die Kapitalanlagegesellschaften nach diesen Vorgaben richten, ist eher zweifelhaft. Etwas gemildert wird diese Abhängigkeit durch Anlageausschüsse für die jeweiligen Fonds, die ähnlich einem Beirat zumindest teilweise aus von der Muttergesellschaft unabhängigen Personen bestehen. Wie wir aber an anderer Stelle dieser Arbeit festgestellt haben, ist nicht davon auszugehen, dass die Banken eine effektive Überwachung der Manager gewährleisten können. Wenn die Banken das Depotstimmrecht höchstwahrscheinlich zur Verfolgung eigener Interessen einsetzen, warum sollte das im Fall der Kapitalanlagegesellschaften anders sein?

Zwar liegt eine solche Schlussfolgerung nahe.[550] Es sollte auch hier nicht ohne weiteres erwartet werden können[551], dass sich die Geschäftsführung einer abhängigen Fondsgesellschaft in kritischen Fragen gegen das Interesse der Mutterbank und deren Management stellt und zum Beispiel dessen Entlastung verweigert oder für eine Schadensersatzklage stimmt.[552] Empirisch konnte jedoch diese Vermutung nicht belegt werden. So konnte zum Beispiel nicht

---

[547] Auch Baums (1996a), S. 3: "Contrary to a US-style mutual fund, German investors are not shareholdes of the investment company."

[548] Baums/König (1997), S. 5.

[549] Zur Vermeidung von Interessenkollisionen dürfen bestimmte leitende Angestellte (Geschäftsleiter, Prokuristen, Handlungsbevollmächtigte) der KAG nicht in einem Angestelltenverhältnis bei der Depotbank und umgekehrt stehen.

[550] Dazu umfangreich und mit verschiedenen Beispielen König (1998), S. 46 ff.: "Diesen beispielhaft aufgezählten Geschäften ist gemein, dass nicht in jedem Fall zwingend ein aus Sicht der Kapitalanlagegesellschaft optimaler Abschluss auch aus der übergeordneten Perspektive der Mutterbank optimal ist."

[551] Vergleiche § 10 Abs. 1 KAGG.

[552] Anders Escher-Weingart (2001), S. 189 und Fußnote 90, ohne den Einfluss der Banken erwähnt zu haben: „... jedoch haben diese prinzipal-agent Konflikte nur minimale Auswirkungen auf die monitoring-Funktion der Fonds gegenüber den Kapitalgesellschaften, an denen sie beteiligt sind ... Dies gilt für Deutschland insbesondere deswegen, weil hier die Fonds keine Pensionskassen einzelner Gesellschaften sind, bei denen die Vorstände der Fonds in Konflikt mit dem Vorstand ihres Unternehmens geraten können."

durch die empirische Untersuchung von Baums und König (1997) bewiesen werden, dass Kapitalanlagegesellschaften in bedeutendem Umfang von ihren Anteilseignerbanken dazu eingesetzt würden, um das Verbot des Erwerbs eigener Aktien zu umgehen. Der Erwerb eigener Aktien würde es dem Management ermöglichen, die Stimmrechte auszuüben und damit sich selbst zu kontrollieren.[553] Es konnte auch nicht bewiesen werden, dass die Banken die Kapitalanlagegesellschaften dazu benutzen würden, das Risiko aus ihrem Emissionsgeschäft auf die Anleger des Investmentfonds abzuwälzen. Durch den Einsatz von Fondsmitteln könnte zum Beispiel die Mutterbank die Aktien aus einem fehlgeschlagenen Emissionsgeschäft aufkaufen und so die Kurspflege zu betreiben. Das ist jedoch, wie gesagt, wohl nicht der Fall.[554] Es wurde auch empirisch nicht festgestellt, dass die Mutterbanken ihre Kapitalanlagegesellschaften zum Schutz vor Kreditausfällen oder zur Erlangung der Insiderinformationen[555] missbrauchen würden.

Fazit: Es muss dahin gestellt bleiben, ob die Banken die Kapitalanlagegesellschaften zur Verfolgung eigener Interessen *missbrauchen*.[556] Außerordentlich problematisch ist zumindest die Annahme, dass von Banken gegründete Kapitalgesellschaften die Manager der Portfoliogesellschaften wirksam *überwachen.*

(c) Unzureichende Klagemöglichkeiten

Im *amerikanischen Recht* lehnt sich die rechtliche Organisation der Investmentfonds an das „Trustmodell" an. Die amerikanische Rechtsprechung hat zu §§ 15, 37 „Investment Company Act" von 1940 entschieden, dass jedem Investor ein privates Klagerecht gegen die Fondsmanager wegen schlechter Verwaltung zusteht[557]. Das amerikanische Trustrecht veranschlagt den Wert der Erzwingung der "fiduciary duties", denen der "trustee" unterliegt, derart hoch, dass es sie nicht einem Aufsichtssystem allein anvertraut. Der "trustee" unterliegt zunächst der Aufsicht des "surrogate court", der den "trustee" wegen Pflichtverletzung absetzen kann. Dies nimmt dem "beneficiary" jedoch nicht seine Kontrollrechte. Die "surcharge action" ist ein scharfes Schwert in den Händen des "beneficiary", die seiner "equitable ownership" Ausdruck verleiht. Mit der "surcharge action" macht der "beneficiary" geltend, dass der "trustee" seine fiduziarischen Pflichten verletzt, seine Kompetenzen überschritten, von seinen

---

[553] Baums/König (1997), S. 9. Sie schreiben: „In allen untersuchten Fällen blieb der Bestand an der Mutterbank selbst dann unter 5% des Grundkapitals der jeweiligen Bank, wenn man den Aktienbesitz aller von ihr abhängigen Investmentfonds zusammenrechnet. Überwiegend bewegt sich der Anteilsbesitz im Bereich von 1-2%."

[554] Baums/König (1997), S. 21. Sie schreiben: „Unsere Zahlen belegen ein sog. dumping the trash nicht. Haben die Fonds der konsortialführenden Bank in den 21 Fällen die jungen Aktien gezeichnet, dann haben sie in nur einem Fall eine negative Zeichnungsrendite von 0 erhalten. In allen anderen Fällen war die Zeichnungsrendite positiv."

[555] König (1998), S. 90: "Unterstellt man dennoch eine derartige Vorgehensweise, so wird diese jedenfalls nicht durch die ermittelten Daten unterstützt."

[556] König (1998), S. 94: "Dabei konnte gezeigt werden, dass zumindest nicht sämtliche Anlageentscheidungen der Fondsmanager im Interesse der Anteilseigner vorgenommen werden. In einer nicht exakt festzustellenden Zahl von Fällen besteht zumindest der begründete Verdacht einer Einflussnahme."

[557] Vgl. Brown v. Bullock, 194 F. Supp. 207 (S.D.N.Y. 1961), aff'd 294 F.2d 415 (2d Cir. 1961).

Verwaltungsbefugnissen leichtfertigen Gebrauch gemacht oder in selbstbegünstigender Absicht gehandelt hat. Für die "surcharge action" muss daneben nicht dargetan sein, dass der "trustee" im bösen Glauben oder fahrlässig gehandelt hat.

Das KAGG sieht solche Klagerechte nicht vor. Zwar gestaltet das *deutsche Recht* die Rechtsbeziehungen zwischen Anleger und Kapitalanlagegesellschaft in Bezug auf das Fondsvermögen ebenfalls als Treuhandverhältnis aus.[558] Aber die Klagerechte sind viel bescheidener ausgestaltet.[559] Aus dem Treuhandcharakter der Rechtsbeziehung zwischen Anleger und Anlagegesellschaft folgt die Pflicht der letzteren, mit dem anvertrauten Vermögen nach den Grundsätzen einer nach kaufmännischen Gesichtspunkten ordnungsgemäßen Fondsverwaltung umzugehen. Die schuldhafte Verletzung dieser Pflicht ist sanktionsbewehrt.[560] Eine Pflichtverletzung kann insbesondere Schadensersatzansprüche wegen positiver Vertragsverletzung des Treueverhältnisses oder nach Deliktrecht nach sich ziehen. Die Kapitalgesellschaft muss sich das Verhalten ihrer Organe nach § 31 BGB zurechnen lassen. Die schuldhafte Verletzung der Pflicht zu ordnungsgemäßer Fondsverwaltung hat nach § 823 II Außenwirkung und begründet einen unmittelbaren Anspruch gegen die handelnden Organe. Die Fondsverwaltungsgrundsätze des § 8 KAGG besitzen Schutzgesetzqualität im Sinne von § 823 II BGB, weil § 8 KAGG unmittelbare Verhaltenspflichten im Zusammenhang mit der Fondsverwaltung auferlegt. Aus der Behandlung der Kapitalanlagegesellschaften als Kreditinstitute und dem damit über sie errichteten öffentlichrechtlichen Aufsichtssystem folgt schließlich, dass die Anleger, die infolge einer Amtspflichtverletzung bei der Wahrnehmung oder Unterlassung der Kreditaufsicht zu Schaden gekommen sind, die Haftung des Staates nach § 839 BGB, Art. 34 GG in Betracht kommen kann.[561]

Fazit: Aus dieser Gegenüberstellung der Klagemöglichkeiten in den USA und in Deutschland dürfte deutlich geworden sein, dass die Klagerechte in den USA viel umfangreicher als in Deutschland sind.[562] Damit ist auch in diesem Fall davon auszugehen, dass die Anreizstruktur in den USA der deutschen Anreizstruktur überlegen ist. Aus diesem Grund ist nicht unzulässig die Ergebnisse der amerikanischen Studien auf deutsche Verhältnisse zu übertragen. Denn wenn in den USA die Investmentfonds die Manager nicht überwachen, dann muss das um so mehr in Deutschland gelten.

---

[558] Roth (1972), S. 80 ff.

[559] Die Ausführungen basieren auf Becker (1997), S. 56.

[560] Näher zu den möglichen Anspruchsgrundlagen König (1998), S. 138 ff.

[561] BGHZ 74, 144; BGHZ 75, 120 für die Kreditaufsicht. Dieser Rechtsprechung wurde allerdings durch die novellierte Fassung von 6 III KWG, wonach das Bundesaufsichtsamt seine Aufgabe nur im öffentlichen Interesse wahrnimmt der Boden entzogen. Dazu Erman/Küchenhoff (1993), Handkommentar zum Bürgerlichen Gesetzbuch, § 839 Rn. 105.

[562] Dazu auch König (1998), S. 165 nach einer umfangreichen juristischen Analyse: "Auch unterbleibt weitgehende eine Kontrolle durch den Anleger. Maßgeblich hierfür ist der fehlende ökonomische Anreiz für eine Kontrolle. Gleiches gilt für die *klageweise Durchsetzung* eigener Ansprüche."

(d) Umfrage

Dass dieses eher düstere Bild des Überwachungspotentials der Investmentfonds die Wirklichkeit richtig widerspiegelt, beweisen die Ergebnisse einer umfangreichen Umfrage der deutschen Investmentfonds, Versicherungsunternehmen und Kreditinstitute. Die Befragung erfolgte im 1997.[563] Insgesamt sind Mitarbeiter von 127 Institutionen angeschrieben worden, wovon 75 Institutionen (darunter 28 Kapitalanlagegesellschaften) geantwortet haben. Darunter waren Portfoliomanager (57%), Analysten (30%) und Anlageberater (6%). Nach dieser Umfrage verhalten sich die Manager der deutschen Investmentfonds sehr passiv bezüglich der Überwachung des Managements. So wird zum Beispiel das Stimmrecht in Deutschland in den seltensten Fällen durch die professionellen Anleger selber ausgeübt.[564] 38% der Befragten üben ihre Stimmrechte auf der Hauptversammlung nie selbst aus, 58% manchmal und nur 10% immer. Bei 52% der Befragten, die angaben, ihr Stimmrecht manchmal an eine andere Institution zu übertragen, erfolgt in 93% der Fälle eine Delegation an ein Kreditinstitut.[565]

Die Passivität bei der Ausübung der Stimmrechte wird auch durch die Ergebnisse der Umfrage zur Anzahl an Vorschlägen zur Abstimmung auf Hauptversammlungen im vorhergehenden Jahr unterstützt. Lediglich eine kleine Gruppe der Befragten hat eigene Vorschläge bei der Hauptversammlungen eingebracht (10%) oder von dem Rederecht während der Hauptversammlung Gebrauch gemacht (11%).[566] Positiv zu bewerten ist allerdings die Bereitschaft der Befragten zur Aufnahme eines direkten Kontakts mit Mitgliedern der Unternehmensleitung. So gaben nur 17% der Befragten an, dass sie nie ein persönliches Gespräch („one-on-one") mit den Vorstandsmitgliedern hatten.[567] Es sind aber Zweifel angebracht, ob ein persönliches Gespräch die Ausübung des Stimmrechts ersetzen kann. Denn warum sollten die Manager der Aktiengesellschaft die Vorschläge der Investmentfonds bei der Geschäftsführung berücksichtigen, wenn die Investmentfonds sowieso auf die Stimmausübung in der Hauptversammlung verzichten? Diese Sicht wird auch von Steiger (2000) geteilt. Nach der Auswertung der Ergebnisse dieser umfangreichen Umfrage kommt er zu der Meinung, dass „die institutionellen Investoren Fragen der Corporate Governance bei Anlageentscheidungen nur relativ geringe Beachtung schenken."[568]

---

[563] Die Umfrage wurde von Steiger (2000) in einer Kooperation zusammen mit der PriceWaterhouse Corporate Finance GmbH, und mit Unterstützung der Gesellschaft für Finanzkommunikation (GFD) durchgeführt.
[564] Anders Escher-Weingart (2001), S. 188, ohne irgendwelche Zahlen zitiert zu haben: „Die Fonds mit ihren spezialisierten Verwaltungskräften vertreten ihre Stimmen auf den Hauptversammlungen de Gesellschaften selbst. Sie sind daher nicht auf das Depotstimmrecht der Banken angewiesen." Worauf sie diese Aussage stützt, ist ungewiss.
[565] Steiger (2000), S. 154 (Abbildung 5-11).
[566] Steiger (2000), S. 155 (Abbildung 5-12 und 5-13).
[567] Steiger (2000), S. 157 (Abbildung 5-14).
[568] Steiger (2000), S. 173.

f. Ergebnis

Die Wirksamkeit der Überwachung der Manager durch die Investmentfonds sieht sich einer Reihe von Einwänden ausgesetzt.[569] Die Schwächen sind so gravierend, dass man annehmen muss, dass die Überwachung der Manager durch die Investmentfonds nur symbolisch ist.

6. Zusammenfassung

Mit dieser Feststellung ist die Diskussion der Kontrollmechanismen, die der Markt zur Verfügung stellt, um das Spannungsverhältnis zwischen dem Management und Aktionären aufzulösen, abgeschlossen. Fassen wir die Ergebnisse zusammen. Gegenstand unserer Diskussion war die Fragestellung, ob der Markt allein ohne Hilfe des zwingenden Aktienrechts das Spannungsverhältnis zwischen Management und Aktionären auflösen kann. Ausgangspunkt unserer Überlegung war die Feststellung, dass folgende Kontrollmechanismen das opportunistische Verhalten des Managements einengen können: die Einsetzung von Aktienoptionen, die Kontrolle durch die Produkt- und Kapitalmärkte, Disziplinierung durch den Arbeitsmarkt für Manager und den Übernahmemarkt sowie die Kontrolle durch institutionelle Investoren. Wir haben gesehen, dass die Einsetzung von Aktienoptionen sowie die Kontrolle durch die Produkt- und Kapitalmärkte keine große Abhilfe für unser Problem schaffen können. Wir hatten uns dann mit der Frage beschäftigt, ob die Kontrolle durch den Übernahmemarkt, den Arbeitsmarkt, sowie durch die institutionellen Anleger wirksamer ist. Dabei hatten wir festgestellt, dass vor allem dem Übernahmemarkt eine große Rolle bei der Disziplinierung des Managements zukommt. Eine gewisse Disziplinierungswirkung ist auch dem Arbeitsmarkt zuzuschreiben. Im Ergebnis resultiert aus diesen Erkenntnissen, dass die Wirkung der Kontrollmechanismen, die der Markt anbietet, doch nicht so erheblich ist, wie man auf der Grundlage der ökonomischen Analyse des Rechts zunächst meinen könnte. Die Grundlagen des zwingenden Aktienrechts wurden durch unsere bisherige Analyse jedenfalls nicht erschüttert.

III. Quantifizierungsversuch der Effizienzverluste

In diesem Abschnitt der Arbeit werden wir versuchen die Antwort auf die folgende Frage zu finden: Wie groß sind die Effizienzverluste, die durch das opportunistische Verhalten der Manager verursacht werden?

---

[569] Skeptisch auch Baums/Schmitz (1998), S. 8: "On average, mutual funds owned more than 10% of the respective companies' share capital. But at general meetings in 1992 their voting rights made up only 10% of the represented votes. This shows that mutual funds do not exercise all their votes themselves."

1. Publikumsaktiengesellschaft versus AG mit einem Mehrheitsaktionär

Die einfachste Möglichkeit, wie das Problem des Marktversagens in der Beziehung zwischen Aktionären und dem Management gemessen werden kann, ist der Vergleich zwischen der Performance der Publikumsaktiengesellschaft und der der Aktiengesellschaft mit einem Mehrheitsaktionär. Denn die Hauptursache der Agency-Kosten zwischen Aktionären und dem Management ist, wie wir an einer anderen Stelle festgestellt haben, das Collective-Action-Problem. Bei einer Aktiengesellschaft mit einem Mehrheitsaktionär fällt aber dieses Problem weniger ins Gewicht, weil der Aktienbesitz konzentriert ist.[570] Nur wenn viele Aktionäre stimmberechtigt sind, erwartet keiner, dass seine Stimme entscheidend ist. Aus diesem Grunde hat kein Aktionär einen Anreiz sich, über das Verhalten der Geschäftsführung zu informieren und vernünftig abzustimmen. Das ist bei einer Aktiengesellschaft mit einem Mehrheitsaktionär anders. Er weiß, dass seine Stimmen für das Ergebnis der Abstimmung entscheidend sind. Ebenso weiß er, dass die meisten Früchte der Überwachung der Geschäftsführung ihm zukommen werden. An sich müsste also die Reduzierung des Collective-Action-Problems zu einer Steigerung der Effizienz und somit zu einer besseren Performance der Aktiengesellschaften mit einem Mehrheitsaktionär führen.[571]

Diese theoretisch einleuchtende Schlussfolgerung konnte aber durch empirische Untersuchungen nicht bestätigt werden.[572] Der Unternehmenserfolg wird im Rahmen dieser empirischen Untersuchung meistens mit dem Kriterium der Aktienrendite oder der Eigenkapitalrendite gemessen. *Aktienkursrendite* ist die Rendite, welche eine Aktie der untersuchten Unternehmen erzielt, die am Anfang des Untersuchungszeitraumes erworben und am Ende des Zeitraumes verkauft wird. *Die Eigenkapitalrendite* besitzt als Zielvariable für Eigentümer besondere Relevanz, da sie die Rentabilität des von diesen eingesetzten Aktienkapitals aufzeigt, sowie Hinweise zur Ertragslage des Unternehmens und somit auf die zukünftige Dividendenentwicklung und das Kursentwicklungspotential liefert. Das Eigenkapital setzt sich aus folgenden Positionen zusammen: Grundkapital + Rücklagen + Bilanzgewinn (soweit nicht ausgeschüttet) + Eigenkapital des Sonderpostens mit Rücklagenanteil – ausstehende Einlagen auf das Grundkapital – aktiviertes Disagio. Die statistische Analyse erfolgt fast ausschließlich mittels der Regressionsanalyse und der Varianz- bzw. Kovarianzanalyse. Exogene Variable

---

570 Himmelberg/Hubbard/Palia (1999), S. 353 mit weiteren Nachweisen in der ökonomischen Literatur. Siehe auch Brailsford/Oliver/Pua (2000), S. 4: "Sie schreiben auf S. "The literature concerning the role of block shareholders strongly suggests that external blockholders have incentives to monitor and influence management appropriately to protect their significant investments (Friend and Lang 1988). Due to their large economic stake, these investors have a strong desire to watch over management closely, making sure that management do not engage in activities that are detrimental to the wealth of shareholders."

571 Paradigmatisch Roe (1991), S. 11: "Shareholder control of manager arises when the owner holds large block of stock."

572 Dazu Cho (1998), S. 103 ff; Eine sehr gute Auswertung der Literatur und die Beschreibung der Tests bieten Brailsford/Brarry/Pua (2000).

ist in allen Studien der Kontrolltyp. Darüber hinaus wird meistens auch der Einfluss der Branche und der Unternehmensgröße auf die Performance geprüft.[573]

Es gibt zwar Untersuchungen, die die Effizienzthese der durch einen Mehrheitsaktionär kontrollierten Gesellschaft bestätigen. Zu diesem Ergebnis kamen in den *USA* oder *Großbritannien* folgende Autoren: Larner (1968)[574], Monsen/Chiu/Cooley (1968)[575], Bouderaux (1973)[576], Holl (1975)[577], Stano (1976)[578], McEachern (1975)[579], Morck (1988)[580], McConnel/Servaes (1990)[581], Brailsford/Oliver/Pua (2000)[582].

Aber wieder andere Studien konnten kein schlechteres Abschneiden der Aktiengesellschaften im Streubesitz feststellen. Dazu zählen die Untersuchungen von Kamerschen (1968)[583], Hindley (1970)[584], Radice (1971)[585], Kania/McKean (1976)[586], Qualls (1976)[587], Stigler/Friedland (1983)[588], Demsetz/Lehn (1983)[589], Demsetz/Lehn (1985)[590], Bergström/Rydqvist (1990), Agrawal/Knoeber (1996)[591], Denis/Denis (1994), Kole (1996), Loderer/Martin (1997). Es gibt sogar Studien, wie zum Beispiel die Untersuchungen von Ware

---

[573] Umfangreich dazu Himmelberg/Hubbard/Palia (1999), S. 353 ff.

[574] Larner (1966), S. 777 ff. Larner zieht als das Kriterium zur Messung der Performance die Eigenkapitalrendite. Er untersucht im Zeitraum von 1956 bis 1962 190 Unternehmen. Allerdings ist zu berücksichtigen, dass der Unterschied sehr gering ist. Er kommt zu dem Ergebnis, dass der Opportunismus der Manager keine große Rolle spielt.

[575] Monsen/Chiu/Cooley (1968), S. 435 ff. Das Kriterium der Performance ist die Eigenkapitalrendite. Sie berücksichtigen als exogene Variablen die Branche und Größe des Unternehmens. Die Stichprobe besteht aber nur aus 36 Unternehmen für managerkontrollierte und 36 für aktionärkontrollierte Unternehmen.

[576] Bouderaux (1973), S. 366 ff. Er zieht die Eigenkapitalrendite heran. Er untersucht 12 Branchen im Zeitraum von 1953 bis 1963.

[577] Holl (1975), S. 257 ff. Seine Stichprobe setzt sich aus 183 Unternehmen zusammen.

[578] Stano (1976), S. 672 Er untersuchte nur die Aktienrendite.

[579] McEachern (1975) Das Kriterium war die Aktienkursrendite.

[580] Morck/Shleifer/Vishny (1988a), S. 293 ff.

[581] McConnell/Servaes (1999), S. 595.

[582] Brailsford/Oliver/Pua (2000), S. 32: "This provides support for the active monitoring hypothesis which proposes that external blockholders have greater incentives and an ability to monitor management, thereby reducing managerial opportunism which may otherwise reduce leverage to a sub-optimal level in order to reduce management's non-diversifiable employment risk."

[583] Kamerschen (1968), S. 432 ff. Das Kriterium ist die Eigenkapitalrendite. Der Untersuchungszeitraum sind die Jahre 1959-1964.

[584] Hindley (1970), S. 185 ff. Hindley überprüft die Performance anhand der Aktienkursrenditen. Das Ergebnis war nicht statistisch signifikant.

[585] Radice (1971), S. 547 ff. Radice zieht zur Untersuchung der Performance die Eigenkapitalrendite. Leider beschränkt er sich auf die Analyse der drei Branchen (Nahrungsmittelindustrie, Elektroindustrie und Textielindustrie) mit einem jeweils unterschiedlich hohen Anteil an managerkontrollierten Unternehmen. Das Untersuchungsland ist Großbritannien. Für die Textilindustrie und für Elektronikindustrie wird die Ineffzienzthese bestätigt. Für die Nahrungsmittelindustrie ist der Gegenteil wahr.

[586] Kania/Mckean (1976), S. 272 ff. Sie untersuchten die Aktienrendite und die Eigenkapitalrendite. Sie untersuchten die Unternehmen aus 11 Branchen im Zeitraum von 1963 bis 1972.

[587] Qualls (1976), S. 89 ff. Er kam zu dem Ergebnis, dass die Unterschiede in der Performance sehr gering sind.

[588] Sie untersuchen retrospektiv den Zeitraum 1928-1938, in dem die Untersuchung von Berle und Means veröffentlicht wurde.

[589] Demsetz (1983), S. 375 ff.

[590] Demsetz/Lehn (1985), S. 1155 ff.

[591] Agrawal/Knoeber (1994), s. 377 ff.

(1975)[592] oder von Flingstein/Bratley (1992), die herausfanden, dass die Aktiengesellschaften im Streubesitz sogar die Effizienzvorteile auf ihrer Seite haben.

Es scheint also, als ob die Anteilseignerstruktur zumindest in den USA eine untergeordnete Rolle spielen würde.[593] Daraus ist der Schluss gezogen worden, dass es vorrangig nicht auf die Anteilseignerstruktur ankommt, sondern auf den Grad des Wettbewerbs. Wenn der Produktenmarkt sehr wettbewerbsfähig und der Subventionierungsgrad gering ist, spielt die Anteilseignerstruktur keine so große Rolle. Wenn die Unternehmen einem starken Wettbewerb ausgesetzt sind, haben die Manager eher die Anreize, die Politik der Gewinnmaximierung zu verfolgen.[594] In der Tat konnte diese These durch die empirischen Untersuchungen bestätigt werden.[595] Danach spielt der Grad des Wettbewerbs auf den untersuchten Märkten eine entscheidende Rolle, was die Performance des Unternehmens anbelangt. Die Aktiengesellschaft mit dem Mehrheitsaktionär ist besser geeignet für den Markt, auf dem nur ein schwacher Wettbewerb herrscht. Das ist vor allem der Fall in stagnierenden Branchen oder Branchen, die sich durch hohe Verwaltungskosten beim freiem "cash flow" auszeichnen.

Nachdem wir die Ergebnisse der empirischen Untersuchungen in den USA dargestellt haben, können wir uns der Lage in *Deutschland* zuwenden. Die Ergebnisse der empirischen Untersuchungen für deutsche Unternehmen sind ebenfalls gemischt. In der Tendenz stützen sie meistens die These von der Überlegenheit der Aktiengesellschaft mit einem Mehrheitsaktionär nicht. So fanden zum Beispiel Thonet (1977)[596] und Thonet/Poensgen (1979) keinen signifikant positiven Einfluss der Eigentümerstruktur auf die Performance. Vielmehr ist die Eigenkapitalrendite der Unternehmen mit konzentriertem Anteilsbesitz sogar signifikant niedriger. Die Untersuchung von Thonet/Poensgen (1979) basierte auf Daten für die Jahre 1961-1970. Zu einem ähnlichen Ergebnis kamen Witte (1981) und Kaulman (1987)[597]. Sie fanden einen negativen Zusammenhang zwischen der Anteilskonzentration und dem Erfolg. Witte (1981) untersuchte insgesamt 82 Aktiengesellschaften, die im Jahr 1976 nicht von einer Obergesellschaften abhingen und mehr als 2000 Beschäftigte hatten, anhand von Jahresab-

---

[592] Ware (1975), S. 81 Das Kriterium ist die Eigenkapitalrendite.

[593] Andere Meinung Black (1992b), S. 917: "The available evidence suggests a generally positive link between concentrated ownership and corporate performance." Er führt aber nur eine Studie (von McEachern) an, die den Performanceunterschied direkt gemessen hat. Die anderen Studien wurden nicht erwähnt.

[594] Noch zum Ende der 80er Jahren ging man davon aus, dass die Publikumaktiengesellschaft zumindest in den USA zum Absterben verurteilt ist. Man nahm an, dass das Agency-Problem zu groß ist, um der Publikumaktiengesellschaft eine Überlebenschance zu geben. In einer Vielzahl von Branchen sollte das Aussterben der Publikumaktiengesellschaft nur eine Frage der Zeit sein. Das war für so wichtige Industriezweige prognostiziert wie: die Automobilbranche, die Nahrungsbranche, die Energieversorger und die Stahlindustrie. Dieses trübe Szenario hat sich aber in den USA nicht verwirklicht. Die Publikumaktiengesellschaft ist nach wie vor in den USA weit verbreitet. Dazu Jensen (1989a), S. 61: „The publicly held corporation, the main engine of economic progress ..., has outlived is usefulness in many sectors of the economy and is being eclipsed“

[595] Zum Beispiel: Palmer (1973), S. 293 ff. oder Sorensen (1974), S. 146 ff. Das Kriterium der Performance bei Palmer ist die Eigenkapitalrendite. Die Stichprobe bilden 500 größten amerikanischen Unternehmen. Sorensen untersuchte 11 Branchen. Nur für die Textielbranche kann er feststellen, dass die managerkontrollierte Unternehmen besser abschneiden.

[596] Thonet (1977). Das Kriterium ist die Eigenkapitalrendite und die Aktienkursrendite.

[597] Kaulmann (1987).

schlüssen der Jahre 1974 bis 1976. Diese älteren Untersuchungen wurden auch durch eine neuere Studie bestätigt. Goergen (1999), der deutsche und britische Aktiengesellschaften unter die Lupe nahm, fand ebenfalls nicht heraus, dass die Änderung der Anteilseignerstruktur eine Auswirkung auf die Performance hat.[598] Der Autor kam zu der Schlussfolgerung, dass die Anteilseignerstruktur als solche für die Performance ohne Bedeutung sei.[599] In diesem Zusammenhang ist auch die Studie von Böbel/Dirrheimer (1984) zu nennen. Diese Untersuchung findet bei rund 200 deutschen Unternehmen in den Jahren 1970 bis 1975 und 1976 bis 1981 keinen signifikanten Einfuß der Eigentümerstruktur auf das Vorhandensein von Managementfreiräumen. Böbel/Dirrheimer (1984) untersuchten den Einfluss der Eigentümerstruktur auf das Vorstandsgehalt, welches sie als Determinante von Managementfreiräumen interpretieren. Die Autoren fanden keinen signifikanten Zusammenhang zwischen der Eigentümerstruktur und den Managementfreiräumen.

Es gibt aber auch Untersuchungen in Deutschland, aus denen sich die Überlegenheit eigentümerkontrollierter Unternehmen ergibt. Dazu gehören vor allem die Studien von Bühner (1984) und Lipka (1995). Nach Bühner (1984) sind die Unternehmen mit konzentriertem Anteilsbesitz erfolgreicher. Dort sind die Anreize für die Manager in Form einer erfolgsabhängigen Entlohnung stärker, wogegen bei den Unternehmen mit breit gestreuten Anteilen das Vorstandsgehalt sehr viel stärker vom Umsatz abhängt. Besonders erfolgreich sind Unternehmen, an denen eine Bank oder Versicherung maßgeblich beteiligt ist. Bühner (1984) benutzt die gleiche Klassifikationsstrategie wie Thonet/Poensgen (1979) und Witte (1981). Im Unterschied zur Untersuchung von Thonet/Poensgen (1979) misst er aber den Erfolg anhand risikoadjustierter Aktienrenditen und führt darauf die divergierenden Ergebnisse zurück.

Die Ergebnisse von Bühner (1984) konnten in der Tendenz durch die Untersuchung von Lipka (1995) bestätigt werden. Als Effizienzmaß hat sie die Eigenkapitalrendite, die Gesamtkapitalrendite und die bereinigte Aktienkursentwicklung herangezogen. Sie kommt zu dem Ergebnis, dass "bei 46% der betrachteten Unternehmen eine positive bzw. überwiegend positive Tendenz im Vergleich zur Branche zu beobachten ist. 54% aller untersuchten Unternehmen wiesen eine im Vergleich zur Branche negative oder überwiegend negative Tendenz auf. Vergleicht man die Entwicklung des unternehmensspezifischen Anteils in Abhängigkeit vom Kontrolltyp, zeigt 56% der eigentümerkontrollierten Unternehmen der 1. Stufe eine positive oder überwiegend positive Tendenz, während 44% dieser Unternehmen eine negative oder überwiegend negative Tendenz aufwiesen. Dagegen beträgt der Anteil der managementkontrollierten Unternehmen der 1. Stufe und 2. Stufe sowie der eigentümerkontrollierten Un-

[598] Goergen (1999), S. 141: „Finally, our event study shows that firms with major changes of ownership do not experience major changes in their financial profitability."

[599] Goergen (1999), S. 156: „ The evidence form the multivariante test also suggests that there is no relationship between profitability and ownership ... All these various analyses, both univariante and multivariate, suggest that the financial performance of firms does not depend on their ownership patterns."; Ähnlich Nickell (1995), S. 60 „while the (outsider) system has some serious problems, ... it is by no means clear that the (insider) model represents a vastly superior framework of corporate control."

ternehmen der 2. Stufe mit positiver Tendenz 43%, während 57% dieser Unternehmen einen negativen oder überwiegend negativen Verlauf des unternehmensspezifischen Anteils aufwiesen."[600]

Fazit. Die empirischen Untersuchungen in Deutschland haben also, wie die in den USA, nicht bestätigen können, dass signifikante Performanceunterschiede zwischen den verschieden Eigentümerstrukturen bestehen. Daraus lässt sich folgern, dass die Agency-Kosten in der Beziehung zwischen Aktionären und dem Management nicht sehr groß sind.[601] Diese Schlussfolgerung soll aber nicht überbewertet werden. Es muss vor allem der vorläufige Charakter der empirischen Studien in diesem Bereich betont werden. Das betrifft insbesondere die Untersuchungen, die in Deutschland durchgeführt wurden. Denn die empirischen Untersuchungen in diesem Bereich können nur dann zuverlässige Ergebnisse liefern, wenn es gelingt, die Unternehmen in die Klassen der manager- und eigentümerkontrollierten Unternehmen einzuordnen. Das ist zumindest den älteren Untersuchungen in Deutschland nicht gelungen.[602] Paradigmatisch dafür ist die Untersuchung von Thonet und Poensgen (1979). Von rund 300 Unternehmen in ihrer Untersuchung können sie in den einzelnen Jahren nur 20% bis 30% einer der beiden Klassen zuordnen. Bei rund drei Vierteln der Unternehmen ist die Eigentümerstruktur entweder nicht bekannt oder die Anteile der Unternehmen sind im Eigentum von anderen Unternehmen, von Stiftungen oder dem Staat. Deswegen können wir uns mit diesem Indiz nicht zufrieden geben.

2. *Forprofit-Unternehmen versus Nonprofit-Unternehmen*

Ein weiteres Indiz, dass die Agency-Kosten bei der Publikumaktiengesellschaft nicht besonders groß sind, verdeutlicht auch der Vergleich der Forprofit-Unternehmen mit den Nonprofit-Unternehmen. Man könnte erwarten, dass die Performance der Nonprofit-Unternehmen viel schlechter sein muss, als die der Forprofit-Unternehmen. Diese Behauptung liegt deswegen so nahe, weil bei Nonprofit-Unternehmen die Agency-Kosten viel höher sein müssten. Das soll an dieser Stelle kurz erläutert werden.

---

[600] Lipka (1995), S. 203.

[601] Böhmer (1999), S. 17: "Several previous and concurrent studies analyze the relation between ownership structure and performance in Germany. The results depend strongly on sample, period, and methodology used. In sum, both highly concentrated ownership and substantial bank control per se apparently have only a modest cross-sectional effect on German corporations." Anders Prigge (1998), S. 983: „Starting with ownership and performance, clear trends are that performance increases with ownership concentration." Er zitiert aber nur zwei empirische Untersuchungen in der Fußnote 244.

[602] Auch nach dem Inkrafttreten des Wertpapierhandelsgesetzes (§ 21, § 22 und § 41 WpHG) wurde die volle Transparenz nicht hergestellt, und deswegen lassen sich die Eigentumsverhältnisse nicht eindeutig feststellen. Dazu Böhmer (1999), S. 6: "In sum, the German WpHG does not provide full transparency of control because several control rights are not reported. Additionally, the concentration of voting control will be understated because not all cross ownership links are publicly known. For example, family pools are only considered an entity if a formal and explicit voting contract exists." Ähnlich Adams (1999), S. 80: "A important characteristic of the German firms' ownership and control structure is the fact that the date featuring these markets are either not available or processed in a manner that little valuable information remains in order to analyze the situation.

Bei Forprofit-Unternehmen übt der Anteilseigner zum einen die Kontrolle über das Unternehmen aus und hat zum anderen Anspruch auf das Residual, also den nach Ausgleich aller Verpflichtungen verbleibenden Teil des Jahresüberschusses. So haben die Aktionäre einer AG die im AktG und der Satzung festgelegte Kontrollrechte sowie Anspruch auf den ausschüttungsfähigen Gewinn in Form einer Dividende. Bei den Nonprofit-Unternehmen ist das anders. Charakteristisch für die Nonprofit-Unternehmen ist die Trennung der Kontrollrechte und des Anspruchs auf das Residual. Der Überschuß kommt also nie denjenigen zugute, die das Nonprofit-Unternehmen kontrollieren, sondern stets einer dritten Partei. Was das für Folgen haben muss, liegt auf der Hand: Diejenigen, die ohne Gewinnanspruch die Kontrolle über das Unternehmen ausüben, haben weder Anreize, sich um die Gewinnmaximierung zu kümmern, noch das Management wirksam zu überwachen.

Umgekehrt wird auch niemand einem Unternehmen gegen das Versprechen des Gewinnanspruchs Kapital zur Verfügung stellen, wenn er nicht zugleich entsprechende Kontrollrechte erhält. Diese verzerrte Anreizstruktur ist auch der Grund dafür, dass die Trennung der Kontrollrechte und des Gewinnanspruchs in der Wirklichkeit bei den Forprofit-Unternehmen praktisch nicht vorkommt. Die Durchführung dieser Trennung bei der Aktiengesellschaft würde bedeuten, dass die Aktionäre zwar einen Anspruch auf die Dividende haben, aber nicht in der Hauptversammlung abstimmen dürfen. Eine solche Aktiengesellschaft würde einer Gesellschaft ähnlich sein, die nur stimmlose Vorzugsaktien emittieren würde. Die stimmlose Vorzugsaktie gewährt zwar dem Inhaber ein bevorzugte Bedienung aus dem Residualgewinn, aber sie beschränkt stark die Kontrollrechte. Die so konstruierte Aktiengesellschaft kommt aber in der Praxis nicht vor. Eine extreme Trennung zwischen "ownership" und "control" im Sinne von Berle/Means (1932) kann man sich kaum vorstellen.[603]

Hinzu kommt, dass die Nonprofit-Unternehmen noch mit einem zusätzlichen Nachteil belastet sind. Bei den Forprofit-Unternehmen sind die Ziele für die Geschäftsführung eindeutig vorgegeben. Die Geschäftsführung soll die Rendite maximieren. Bei den Nonprofit-Unternehmen ist die Zielsetzung viel unklarer. Das gibt dem Management mehr Entscheidungsspielraum und mehr unternehmerisches Ermessen.[604] Gleichzeitig erschwert dieser Umstand die wirksame Überwachung. Die Messung und die Beurteilung der Geschäftsführung werden fast unmöglich.[605]

[603] Dazu zum Beispiel Hansmann (1996), S. 238: „A nonprofit firm with a self-electing board of directors represents the ultimate in separation of ownership and control; the management is under no effective supervision by anyone with an interest in residual earnings. Thus one would expect that managerial agency costs would be at their maximum in such organizations. It is interesting to observe, therefore, that these costs do not seem to be exceptionally high."

[604] Daze Anthony/Herzlinger (1980), S. 47: „The governing board represents the public interest, either the interest of the general public, or some cases the interest of that part of the public that has provided major financial support. What course of action best represents the public interest in much more difficult to decide than the course of action that is most likely to increase profits in a profit-oriented company. Thus, governing boards tend be less influential in nonprofit organizations than in profit-oriented companies."

[605] Hansmann (1996) S. 238.

Aus diesem Grund könnte man meinen, dass die Nonprofit-Unternehmen im Vergleich zu den Forprofit-Unternehmen viel schlechter abschneiden müssten. Die empirischen Untersuchungen konnten aber diese Hypothese nicht bestätigen. In den *USA* gab es eine Reihe von Untersuchungen, die es sich zur Aufgabe gemacht haben, festzustellen, ob die Nonprofit-Unternehmen wirklich ineffzienter sind. In Augenschein wurden vor allem die Krankenhäuser genommen. Zwar fand man, dass die Nonprofit-Krankenhäuser teilweise höhere Kosten aufweisen als die Forprofit-Unternehmen. Der Unterschied war aber nicht so groß, wie man erwarten sollte.[606] Das ist um so überraschender, als die Forprofit-Krankenhäuser als sehr effizient eingestuft werden können. Die Forprofit-Krankenhäuser bestehen entweder aus kleinen „closely held firms", die den dort arbeitenden Ärzten gehören oder aus großen, national tätigen Krankenhäuserketten, die sehr aggressiv geführt werden. Damit müsste der Unterschied in der Effizienz noch größer sein, als wenn man die Nonprofit-Unternehmen nur mit der Aktiengesellschaft im Streubesitz vergleichen würden. Die Ergebnisse der empirischen Studien werden auch durch eine historische Betrachtung untermauert. Der Marktanteil der Nonprofit-Krankenhäuser ist wider Erwarten in den letzten Jahren nicht gesunken. Im Gegenteil, der Marktanteil der Nonprofits ist sogar im Zeitraum 1965-1992 um 1%, von 63% auf 64% gestiegen. Zwar wird argumentiert, dass die Nonprofits das Überleben in gewissem Grade auch der Subventionierung und Kapitalunbeweglichkeit zu verdanken haben. Die Subventionierung dürfte jedoch nicht entscheidend sein, weil das Ausmaß der Subventionierung seit den 50er Jahren stetig abgenommen hat.[607] Die empirischen Untersuchungen haben zumindest nicht bestätigen können, dass staatliche Unterstützung für den Erfolg der Nonprofit-Unternehmen ursächlich ist.[608] Der Marktanteil blieb, wie wir gesehen haben, aber konstant.

Ein ähnliches Bild zeichnet sich in *Deutschland* ab. Eine neue empirische Untersuchung kam zu dem Ergebnis, dass sich zwar einige statistisch signifikante Unterschiede in der Performance von Krankenhäusern verschiedener Träger ergeben. Bei einer differenzierten, nach Anforderungs- und Versorgungsstufen gegliederten Betrachtung, kann ein Zusammenhang der Performance mit dem Typus des Trägers nicht bestätigt werden. Nach dieser Untersuchung ist es insofern sehr fraglich, ob Nonprofit-Krankenhäuser tatsächlich weniger effizient wirtschaften als kommerzielle.[609]

---

[606] Dazu Sloan (1998), S. 156: „Overall, profitability of hospitals, irrespective of ownership, as measured by total margin (total revenue minus total expense as a percentage of total revenue) ... Nonprofit had positive total margins in all years, and in some had higher margins than for-profit hospitals. By the early 1999s, for-profit margins had climbed above nonprofit margins, and the differential appeared to be widening; even at is greatest extent, however, it was slightly more than two percentage points." Ausführlich darüber: Gray (1991) und Pauly (1987), S. 257 ff.

[607] Hansmann (1996) S. 244: „These exemptions and privileges have presumably resulted in a larger nonprofit sector than would otherwise have developed. Even in the absence of these subsidies, however, nonprofit firms would probably still have a significant presence in the economy."

[608] Chang/Tuckman (1990), S. 175 ff.; Hansmann (1987), S. 71 ff.

[609] Stock (2001), S. 36.

B. Stiftungsgetragene Unternehmen

Es wäre jedoch sicherlich zu kurz gegriffen, wollte man allein aus dem Vergleich zwischen Nonprofit-Krankenhäusern und Forprofit-Krankenhäusern ableiten, dass die Unterschiede in der Performance zwischen Nonprofit-Unternehmen und Forprofit-Unternehmen klein seien. Denn zu wissen, dass die Nonprofit-Krankenhäuser sich der Performance nicht von Forprofit-Krankenhäusern unterscheiden, kann immer nur ein erster Schritt sein. Der zweite liegt in einer Antwort auf die Frage, ob man dieses Ergebnis auf die Performance aller Nonprofit-Unternehmen in Deutschland übertragen kann. Die beste Möglichkeit, wie diese Frage beantwortet werden kann, ist der Vergleich in der Performance zwischen stiftungsgetragenen Unternehmen und nicht stiftungsgetragenen Unternehmen. Das stiftungsgetragene Unternehmen liegt vor, wenn die Gesellschaftsanteile eines Unternehmens im Eigentum einer Stiftung oder das Unternehmen unmittelbar in der Rechtsform einer Stiftung geführt wird. Warum dieser Vergleich die beste Möglichkeit ist, um diese Frage zu beantworten, wird an dieser Stelle dargelegt.

a. Agency-Probleme

Der Ausgangspunkt der Überlegung ist die Vermutung, dass bei dem stiftungsgetragenen Unternehmen die Agency-Probleme zwischen dem Management und Aktionären noch viel gravierender sein sollten als bei der Publikumsaktiengesellschaft. Denn bei der Stiftung, die das Unternehmen kontrollieren soll, existieren definitionsgemäß *keine Eigentümer*. Die Stiftung hat keine Gesellschafter oder Mitglieder. Sie stellt eine verselbständigte, eigentümerlose Vermögensmasse dar. Die Stiftung ist eine juristische Person, die zur Verwirklichung bestimmter Sonderzwecke geschaffen ist und nicht aus einem Personenverband besteht.[610] Kennzeichnend für die Stiftung ist gerade, dass sie *nicht* von an ihr vermögensrechtlich beteiligten Personen *kontrolliert* wird. Das Fehlen der mitgliedschaftlichen Kontrolle verstärkt die Konflikte zwischen den möglicherweise stiftungsfremden Interessen der Organe und dem von ihnen zu wahrenden anonymen Interesse der Stiftung. Paradigmatisch ist die Meinung von Karsten Schmidt: "Zu denken gibt allerdings die Verwendung gerade der Stiftungsform, weil sie mit der Verbandstruktur der kapitalgesellschaftlich gesteuerten Unternehmen nicht harmoniert und die Legitimation der Unternehmensleitung in Frage stellt. In einem Unternehmen, das - wirtschaftlich - gesprochen 'sich selbst gehört', wird ja die charakteristische Richtigkeitsgewähr von Kapitaleignerentscheidungen definitiv durch die Entscheidungen von Drittorganen und Aufsichtsorganen ersetzt." Dieses Spannungsverhältnis wird noch dadurch verschärft, dass die an den Unternehmen beteiligten Stiftungen meistens gemeinnützig sind (60,7% ist gemeinnützig, 9,8%% ist nicht gemeinnützig und bei 29,4% der Stiftungen konnte die Gemeinnützigkeit nicht eindeutig festgestellt werden).[611]

---

[610] K. Schmidt (1997), S. 181.
[611] Hermann (1996), S. 20.

b. Tatsächliche Kontrolle

Dass diese Überlegungen bezüglich der Ungeeignetheit der Stiftungen zur Kontrolle stiftungsgetragener Unternehmen nicht nur eine theoretische Vermutung darstellen, sondern der Realität entsprechen, beweist die Tatsache, dass die Stiftungen stiftungsgetragene Unternehmen *tatsächlich* kaum überwachen. Hermann (1996) kommt nach der Auswertung von 92 Gesellschaftsverträge zu folgendem Ergebnis: „Weit häufiger anzutreffen ist allerdings das Gegenteil, nämlich dass die Stiftung über Satzungsbestimmungen in ihren Möglichkeiten zur Unternehmenskontrolle weiter beschränkt ist. In einigen Fällen erscheint die Stiftung als Gesellschafterin regelrecht vom Unternehmen abgekoppelt, indem ein großer Teil der üblichen Gesellschafterrechte auf einen Verwaltungs- bzw. Beirat übertragen wird, dessen Mitglieder aber nicht wie üblich von der Stiftung gewählt werden, sondern dessen Mitglieder sich nach anfänglicher Bestellung durch den Stifter auf dem Wege der Kooptation selbst ergänzen."[612]

Eine weitere Beschränkung der Stiftung, die eine tatsächliche Kontrolle der Geschäftsführungen praktisch unmöglich macht, ist die Unveräußerlichkeit der Unternehmensanteile und das Verbot, weitere Gesellschafter aufzunehmen. Das führt dazu, dass die Disziplinierung durch den *Übernahmemarkt nicht* stattfinden kann.[613]

Es gibt noch ein anderes Indiz dafür, dass die Stiftungen stiftungsgetragene Unternehmen tatsächlich nicht kontrollieren. Denn würden sie das tun, wären sie eher an laufenden Ausschüttungen interessiert. Der Grund dafür ist, dass die Ausschüttungen das Selbstfinanzierungspotential des Unternehmens einschränken. Dadurch wird die Kontrolle der Manager durch den Kapitalmarkt gestärkt. Dass die Ausschüttungsquote bei den Stiftungsunternehmen hoch ist, konnte aber empirisch nicht bestätigt werden Die Ausschüttungsquote bei den Stiftungsunternehmen war in allen Jahren signifikant kleiner als bei den börsennotierten Unternehmen. Die Ausschüttungsquote der Stiftungsunternehmen liegt bei knapp 40%, die der börsennotierten Unternehmen bei rund 55%, die damit gut ein Drittel mehr ausschütten.[614]

Auch von einer weiteren Disziplinierungsstrategie machen die Stiftungen keinen Gebrauch. Die Rede ist von der Disziplinierung durch die Finanzierungspolitik. Die Stiftung könnte als Eigentümerin ein Interesse an einem höheren Verschuldungsgrad haben. Denn mittels des gestiegenen Risikos aufgrund einer höheren Verschuldung wird das Management zu mehr Leistung im Sinne der Gewinnmaximierung motiviert. Das ist aber auch nicht der Fall. Die Kapitalstruktur der stiftungsgetragenen Unternehmen scheint insgesamt nicht signifikant verschieden von den börsennotierten Unternehmen zu sein, obwohl die Eigenkapitalquote in allen Jahren bei den Stiftungsunternehmen geringfügig niedriger ist.[615] Dazu haben die Stiftungsunternehmen eine signifikant kleinere Zinsaufwandsquote als die Börsenunternehmen.[616]

---

[612] Hermann (1996), S. 34.
[613] Hermann (1996), S. 35.
[614] Hermann (1996), S. 142.
[615] Hermann (1996), S. 132 (Vergleich von Stiftungs- und Börsenunternehmen ohne Berücksichtigung von Branchen- und Größeneffekten).
[616] Hermann (1996), S. 142.

Fazit: Diese Beispiele dürften zur Genüge gezeigt haben, dass die Stiftungen die Geschäftsführungen stiftungsgetragener Unternehmen tatsächlich kaum kontrollieren. Man könnte zwar vermuten, dass bei einer Stiftung die Kontrolle durch die Eigentümer durch andere, wirksame Kontrollmechanismen ersetzt würde. Als Kontrollmechanismen kommen vor allem die staatliche Stiftungsaufsicht und die Klagerechte der Destinatäre in Betracht. Es ist aber sehr zweifelhaft, ob diese Kontrollmechanismen ein gleichwertiger Ersatz für die fehlende Kontrolle durch die Eigentümer darstellen.

c. Staatliche Stiftungsaufsicht

Zwar unterliegen die Stiftungen nach Landesrecht einer Stiftungsaufsicht. Diese Aufsicht dient nicht nur den Belangen der Öffentlichkeit, sondern sie schützt auch die Stiftung selbst. BGHZ 68, 142 hat deshalb festgehalten, dass aus der Aufsicht auch Amtspflichten gegenüber der Stiftung und ggf. Schadensersatzansprüche wegen Amtspflichtverletzung resultieren können, wenn die Aufsichtsbehörde eine gehörige Kontrolle des Vorstands versäumt.[617] Aber staatliche Aufsicht über die Stiftungen ist eine reine Rechtsaufsicht und keine auf Zweckmäßigkeit abstellende Fachaufsicht. Aus diesem Grund ist Maßstab der Stiftungsaufsicht, dass sich die Stiftung im Rahmen von Gesetz und Satzung bewegt. Darüber hinaus steht der staatlichen Stiftungsaufsicht kein Beanstandungsrecht zu. Eine Beanstandung jenseits dieser Grenze muss die Stiftung nicht hinnehmen. Ihre allgemeine Handlungsfreiheit gibt ihr das Recht zur Anfechtung exzessiver stiftungsaufsichtsrechtlicher Interventionen.[618] Es wird sogar betont, dass die Aufsicht nicht so weit gehen darf, dass vom Stifter verwandte unbestimmte Rechtsbegriffe, wie Sparsamkeit und Wirtschaftlichkeit der Verwaltung, von der Stiftungsbehörde konkret inhaltlich gefüllt werden. Dies bleibt den Stiftungsorganen überlassen. Das Stiftungsrecht des BGB vermeidet sogar eine nähere Festlegung der Pflichten der Stiftungsorgane, die sich insbesondere nicht aus § 86 BGB mit seiner Verweisung auf das Vereinsrecht gewinnen lässt. Das gibt den Stiftungsorganen bei der Geschäftsführung einen großen Ermessensspielraum. Die Stiftungsaufsicht unterliegt ferner dem Subsidiaritätsprinzip in Bezug auf staatliche Eingriffe. Das bedeutet, dort wo die Stiftung bereits durch ihre eigenen, in der Satzung angelegten Mechanismen zur Einhaltung von Gesetz und Satzung gezwungen werden kann, darf der Staat nicht eingreifen.[619] Dass die Kontrolle beschränkt ist, zeigt der Umstand, dass die Stiftungsaufsicht nur dann den Stiftungsvorstand abberufen darf, wenn die Existenz der Stiftung erheblich beeinträchtigt oder gefährdet ist.[620] Für eine Effizienzbewertung der staatlichen Stiftungsaufsicht ist nicht unerheblich, dass die staatliche Stiftungsaufsicht recht schwerfällig arbeitet. Denn die Stiftungsaufsicht hat keine Anreize die Stiftungen wirksam zu überwachen, weil sie nicht am Gewinn partizipiert, der wegen dieser Kontrolle erwirtschaftet

---

[617] Dazu NJW (1977), S. 1148.
[618] BVerwG 40, 347, 349.
[619] Kronke (1988), S. 150.
[620] Hof (1987), S. 226.

wird. Aus diesem Grunde ist anzunehmen, dass die staatliche Stiftungsaufsicht keine wirksame Kontrolle über die Stiftungsorgane ausüben wird.

d. Klagerechte der Destinatäre

Es bleibt daher der Frage nachzugehen, inwieweit die staatliche Stiftungsaufsicht durch privatrechtliche Klagebefugnisse ergänzt werden kann. Nach gefestigter Rechtsprechung besitzen die Destinatäre keinen Rechtsanspruch gegen die Stiftungsaufsicht auf Einschreiten.[621] In Betracht käme ferner etwa die Anfechtung von Organbeschlüssen, die Geltendmachung von Schadensersatzansprüchen gegen die Verwaltung wegen schuldhafter Schädigung der Stiftung oder eine Klage auf die Abberufung des Stiftungsvorstands. Die Rechtsprechung nimmt an, dass es dem Stiftungsgeschäft vorbehalten bleibe, den Destinatären Ansprüche oder Klagerechte einzuräumen (§ 85 BGB).[622] In der Stiftungssatzung muss der Wille des Stifters Niederschlag gefunden haben, dem Begünstigten neben seinem Anspruch auf die festgelegte Zuwendung das Recht zuzugestehen, eine mit Gesetz und Satzung übereinstimmende Verwaltung der Stiftung durch Klage zu erzwingen.[623] Mitgliedschaftliche Abwehrrechte werden den Destinatären nicht zuerkannt. Diese Einschränkung beraubt also die Destinatäre ihrer Möglichkeit, als zweite Säule der Aufsicht neben die Stiftungsbehörde zu treten oder diese zu ergänzen.[624]

Fazit: Es ist also festzustellen, dass weder die staatliche Aufsicht noch die Klagerechte einen gleichwertigen Ersatz für die Kontrolle durch die Eigentümer darstellen. Eine Stiftung als Eigentümerin eines Unternehmens scheint deswegen in Bezug auf eine wirkungsvolle Managementkontrolle eine äußerst schlechte Lösung zu sein. Aus diesem Grunde liegt die Vermutung nahe, dass stiftungsgetragene Unternehmen eine schlechtere Performance aufweisen als andere Unternehmen.

e. Performancemessung

Diese pessimistische Einschätzung scheint nun freilich kaum der Realität zu entsprechen. Diese Vermutung konnte zumindest nicht durch eine neuere, empirische Untersuchung bestätigt werden. Die Studie von Hermann (1996) enthält die empirische Untersuchung der Performance sowie der Finanzierungspolitik einer Stichprobe von 65 deutschen stiftungsgetragenen Unternehmen für die Jahre 1990, 1991 und 1992. Die Performance der Stiftungsunternehmen wird dabei relativ zu anderen Unternehmen - unter anderem zu börsennotierten Unternehmen - gemessen. Da für stiftungsgetragene Unternehmen naturgemäß keine Markt-

---

[621] BVerwG NJW (1985), S. 2964.

[622] BGHZ 99, 344, 348.

[623] Dazu BGHZ 99, 344, NJW (1987), S. 2364; Der BGH entschied: "Ob den Destinatären einer Stiftung das Recht zusteht, im Wege der Klage auf die Gestaltung der Satzung Einfluss zu nehmen mit dem Ziel, eine sie benachteiligende Änderung des Stiftungszwecks rückgängig zu machen, beurteilt sich, sofern das Landesrecht nichts anders bestimmt, nach dem im Stiftungsgeschäft zum Ausdruck gekommenen Willen des Stifters."

[624] Gegen die Klagerechte MünchKomm-Reuter, BGB (1993), § 85 RnNr. 7.

werte beobachtet werden können, erfolgt der Performancevergleich anhand von bilanziellen Größen. Die Ergebnisse werden um die Einflüsse einer unterschiedlichen Größe und verschiedener Branchenzugehörigkeiten der Unternehmen bereinigt.

Das überraschende Ergebnis der Untersuchung von Hermann (1996) ist, dass die Testergebnisse die Hypothese der schlechteren Rentabilität der stiftungsgetragenen Unternehmen in keinem Fall stützen. Die Stiftungsunternehmen haben eine höhere Eigenkapitalrendite.[625] In einem Fall (Varianzanalyse-Spalte V in Tabelle 25) besteht darüber hinaus bei der Gesamtkapitalverzinsung Signifikanz in der Hypothese entgegengesetzter Richtung. Das heißt, im Rahmen dieses Tests ist die Rentabilität der Stiftungsunternehmen sogar signifikant besser als die der börsennotierten Unternehmen.[626] Hermann (1996) konnte auch nicht feststellen, dass die stiftungsgetragenen Unternehmen mehr als andere Unternehmen in risikoarme Finanzanlagen investieren. [627] Dieses Ergebnis ist deswegen überraschend, weil die Manager, wie wir an einer anderen Stelle dieser Arbeit festgestellt haben, eine ausgeprägte Neigung haben, eine risikoscheue Geschäftspolitik zu verfolgen. Der Grund dafür ist, dass sie ihr Humankapital nicht diversifizieren können.

Die empirische Studie von Hermann (1996) ist nicht der einzige Ansatz, mit dem man die Effizienz stiftungsgetragener Unternehmen begründen kann. Für die Effizienz stiftungsgetragener Unternehmen spricht auch die wachsende Popularität dieser Rechtsform in der deutschen Unternehmenslandschaft. Im Jahre 1964 gab es nur 40 Unternehmen, die ganz oder teilweise von einer Stiftung getragen waren.[628] Im Jahre 1970 ist diese Zahl auf 69 gestiegen,[629] im Jahre 1979 auf 89 und 1991 auf 214.[630] Es handelt sich auch nicht gerade um unbedeutende Unternehmen. Ganz oder teilweise von einer Stiftung getragen sind 11 der 100 größten Industrieunternehmen (darunter Thyssen, Bosch, Krupp, Henkel, Zeiss und Grundig) und neun der 65 größten Handelsunternehmen (darunter Metro, Aldi, Lidl, Hertie). Aus einer Liste der 20 größten Textil- und Bekleidungshändler sind vier in Stiftungshand. Drei der 20 größten Verlage (zum Beispiel Bertelsmann, FAZ-Gruppe) haben ebenfalls einen bedeutenden Stiftungsgesellschafter.[631]

C. Ergebnis

Was alle diese Überlegungen zeigen sollen, ist Folgendes: Obwohl die Spielräume für das opportunistische Verhalten der Manager bei Nonprofit-Unternehmen viel größer sind als bei den Forprofit-Unternehmen, kann man in der Performance keinen Unterschied feststellen.

---

[625] Hermann (1996), S. 133.
[626] Hermann (1996), S. 185.
[627] Hermann (1996), S. 188.
[628] Neuhoff (1965).
[629] Vinken (1970).
[630] Hermann (1996), S. 5.
[631] Hermann (1996), S. 7.

Das ist ein starkes Indiz, dass die Kosten des Marktversagens wegen des opportunistischen Verhaltens der Manager bei der börsennotierten Aktiengesellschaft nicht erheblich sind.

3. *Anti-Takeover-Maßnahmen*

Das sind nicht die einzigen Argumente, mit denen der Versuch unternommen werden kann, das Fehlen des Opportunismus des Managements zu begründen. Ein anderes Argument ist das Verhalten des Managements angesichts feindlicher Übernahmen. An sich könnte man sich auf den Standpunkt stellen, dass gerade das Verhalten des Managements angesichts feindlicher Übernahmen ein Beweis für ein Marktversagen darstellt.[632] Aus der amerikanischen Praxis ist bekannt, dass sich viele Manager im Fall einer drohenden Übernahme der sog. Anti-Takeover-Mechanismen bedienen. Sie können damit einen gut funktionierenden Übernahmemarkt zum Erliegen bringen. Denn die Übernahme-Androhungen können nur dann eine disziplinierende Wirkung entfalten, wenn ein Manager keine Möglichkeit hat, die Anti-Takeover-Mechanismen zu nutzen. Deswegen scheint die Aussage, dass das Verhalten der Manager angesichts der Übernahmen ein Indiz für das Fehlen des Marktversagens in der Beziehung zwischen Aktionären und Managern darstellt, auf den ersten Blick unseren bisherigen Erkenntnissen zu widersprechen. Sind wir bis jetzt nicht davon ausgegangen, dass die Übernahmen mit erheblichen Prämien verbunden sind? In der Tat besteht dieser Effekt, aber es besteht auch der umgekehrte Effekt: Manchmal kann die Verhinderung bzw. Verzögerung der Übernahme mit einer erheblichen Prämie verbunden sein. Da diese Argumentation keine intuitive Überzeugungskraft besitzt, wird sie an dieser Stelle kurz dargelegt.

Der Ausgangspunkt dieser Überlegung ist, dass es voreilig wäre, wollte man aus der Einführung der Anti-Takeover-Mechanismen ableiten, dass das Management nur seine Interessen verfolgt und nicht im Interesse der Aktionäre handelt. Zwar haben wir vorher festgestellt, dass Übernahmen für die Aktionäre mit einer Aktienkurssteigerung verbunden sind. Aus diesem Grunde kann man *im Normalfall* davon ausgehen, dass Übernahmen nicht verhindert werden sollten. Es ist aber vorstellbar, dass *manchmal* die Verhinderung oder die Verzögerung einer Übernahme im Interesse der Aktionäre liegt. Dafür gibt es einen konkreten Grund. Es ist manchmal für die Aktionäre vernünftig durch die Verzögerung der Übernahme eine *Versteigerung* ("auction") herbeizuführen, die zu einem höheren Preis führen kann. Eine solche Verzögerung stärkt die Verhandlungsposition des Managements. Sie ermöglicht ferner eine bessere Koordination zwischen den Aktionären[633] und somit auch die Aussicht auf einen höheren Kurs. Darüber hinaus können durch die Einführung der Anti-Takeover-Maßnahmen neue potentielle Käufer angelockt werden, die im Normalfall einen höheren Preis bieten kön-

[632] Dazu Bebchuk/Ferrell (2000). Sie schreiben auf S. 16: "The poison pill, backed with by an entrenched management, is extremely formidable. Incumbent management can use this power to prevent an acquisition that they do not want for their self-serving purposes (such as saving their jobs). They can also use this power to extract private benefits, perhaps diverted from what would have otherwise gone to the shareholders, for themselves as condition to agreeing to redeem the pill and allowing the tender offer to proceed."

[633] DeAngelo/Rice (1983), S. 329.

nen, weil sie nicht die Kosten der Suchaktivitäten tragen müssen.[634] In der Tat konnte die These, dass durch ein Hervorrufen der Versteigerung eine höhere Prämie für die Aktionäre der Zielgesellschaften erzielt werden kann, durch empirische Studien bestätigt werden. In diesem Zusammenhang sind vor allem die Untersuchungen von Aboumeri (1997)[635] und Margotta (1989)[636] zu nennen. Trotzdem dürfen wir uns mit diesem Ergebnis nicht zufrieden geben.

Eine Auswertung der empirischen Untersuchungen, die allein auf den Gesichtspunkt abzielt, ob die Aktionäre der Zielgesellschaft durch das Hervorrufen einer Versteigerung einen höheren Aktienkurs erzielen können, greift zu kurz. Denn es ist möglich, dass zwar die Übernahmeprämie für die Aktionäre der Zielgesellschaft infolge der Einführung von Maßnahmen gegen die Übernahmen höher ist, dafür ist aber die Wahrscheinlichkeit niedriger, dass sie gezahlt wird. Das kann anhand eines *Beispieles* verdeutlicht werden. Nehmen wir an, dass die Aktionäre einer Zielgesellschaft vor der Entscheidung stehen, ob Maßnahmen gegen eine bevorstehende Übernahme eingeführt werden sollen. Sie haben zwei Möglichkeiten. Die erste Möglichkeit ist, dass keine Maßnahmen eingeführt werden und infolgedessen eine 100%ige Wahrscheinlichkeit besteht, dass die Aktionäre eine Prämie in Höhe von 20% erzielen können. Die zweite Möglichkeit ist, dass die Maßnahmen gegen eine drohende Übernahme eingeführt werden. In diesem Fall besteht eine 50%ige Wahrscheinlichkeit, dass die Aktionäre eine Prämie in Höhe von 60% bekommen. Wenn wir den Erwartungserlös ausrechnen, beträgt er für die erste Möglichkeit 20% und für die zweite Möglichkeit 30%. Deswegen steht fest, dass für die Aktionäre der Zielgesellschaft die zweite Möglichkeit vorteilhafter ist, obwohl die Anti-Takeover-Maßnahmen durch das Management eingeführt wurden.

Die Vermutung, dass die Einführung von Maßnahmen gegen Übernahmen dazu führt, dass diese Gesellschaften seltener übernommen werden, wird durch empirischen Studien gestützt. Ryngaert (1988)[637] fand zum Beispiel heraus, dass nur 16% der Unternehmen in seiner Stichprobe ohne sog. "poison pills" im Zeitraum 1982-1986 unabhängig geblieben ist. Der Anteil bei den Unternehmen mit den sog. "poison pills" ist wesentlich höher und betrug 31%. Ein ähnliches Verhältnis fand Pound (1987)[638] heraus. Zu einem anderen Ergebnis kamen allerdings Ambrose/Meggison (1992)[639] sowie Malatesta/Walkling (1988)[640].

---

[634] Theoretisch dazu Stulz (1988), S. 25 ff., der die sog. "the Bargaining Power Hypothesis" vertritt. Nach seiner Meinung sind die Anti-Takeover-Maßnahmen per Saldo effizient. Andere vertreten die Ansicht, dass die Anti-Takeover-Maßnahmen vor allem deswegen für die Aktionäre nützlich sind, weil sie die Neigung des Managements zu einem kurzfristigen Denken reduzieren ("the Managerial Myopia Hypothesis"). Dazu vor allem Stein (1988), S. 61 ff.; Stein (1989), S. 655 ff.; Shleifer/Vishny (1990), S. 148 ff. und Knoeber (1986), S. 155 Diese Ansicht konnte aber nicht empirisch bestätigt werden. Wäre diese Hypothese richtig, müssten die Manager nach der Einführung der Anti-Takeover-Maßnahmen eher bereit sein, in die Forschung zu investieren. Das ist jedoch nicht der Fall. Dazu zum Beispiel Meulbroek/Mitchell/Mulherin/Netter/Poulsen (1990), S. 1108; Johnson/Rao (1997), S. 659 ff. Anders allerdings Pugh/Page/Jahera (1992), S. 57 .

[635] Aboumeri (1997).

[636] Margotta (1989) zitiert nach Coates (2000), S. 71, Fußnote 144.

[637] Ryngaert (1988), S. 377 ff.

[638] Pound (1987), S. 353.

[639] Ambrose/Megginson (1992), S. 582 (Tabelle 3) .

[640] Malatesta/Walking (1988), S. 347 ff.

Aus dem oben gebildeten Beispiel ergibt sich, dass wir nicht ohne weiteres davon ausgehen können, dass nur die Höhe der Prämie ausschlaggebend ist. Wir müssen vielmehr die Aktienkursreaktionen auf die Einführung von Maßnahmen gegen die Übernahmen in Augenschein nehmen. Denn wenn unsere Annahme richtig ist, dass der Kapitalmarkt effizient ist, dann wird sich in den Aktienkursen auch die Wahrscheinlichkeit des höheren Erwartungserlöses niederschlagen.

A. Aktienkursreaktionen

Es erhebt sich also die Frage, ob die Einführung der Anti-Takeover-Maßnahmen vor allem im Interesse des Managements oder im Interesse der Aktionäre erfolgt. Die Antwort auf diese Frage kann relativ einfach durch die Auswertung von empirischen Untersuchungen zu den Kapitalmarktreaktionen auf die Einführung von Anti-Takeover-Maßnahmen erlangt werden. Sinken die Aktienkurse, nachdem die Anti-Takeover-Maßnahmen eingeführt wurden, deutet dies auf den Opportunismus des Managements hin. Steigen sie, ist davon auszugehen, dass das Management vor allem im Interesse der Aktionäre gehandelt hat.

Die meisten empirischen Studien, die die Kapitalmarktreaktionen nach der Einführung der Anti-Takeover-Maßnahmen untersuchten, fanden positive oder statistisch nicht signifikante und nur vereinzelt statistisch negative CAR-Werte („cumulative average residual") heraus.[641] Paradigmatisch ist dafür die Meinung von Coates (1999), der mehrere empirische Studien in diesem Bereich ausgewertet hat. Er schreibt: „But even taken at face value, event studies of takeover defenses produced little reliable evidence (either way) on the wealth effects of takeover defenses. Within a given study, results are mixed and weak; between studies, results are inconsistent; over time, results have become less significant (both statistically and economically); and when firms are partitioned on various traits, results differ among subsamples. Even with no further analysis, event studies do not provide much if any support for theoretical (positive) arguments that *such defenses harm* shareholders, or for normative arguments that such defenses should be prohibited."[642]

[641] Es ist aber hervorzuheben, dass noch vor ein Paar Jahren viele Wissenschaftler davon ausgegangen sind, dass die Einführung der Anti-Takeover-Maßnahmen für die Aktionäre ungünstig ist. Dazu zum Beispiel Easterbrook/Fischel (1991). Sie schrieben auf S. 204: "*every* device giving managers the power to delay or prevent an acquisition makes shareholders worse off." Eine ähnlich kritische Meinung äußerte Romano (1993). Sie schrieb auf S. 71: "... event studies of defensive tactics find significant negative returns on their adoption". Es ist jedoch davon auszugehen, dass diese kritische Einstellung nicht mehr haltbar ist. Das räumt sogar Romano (2000) ein. Sie schreibt auf S. 31: "The empirical literature on the price effects of the adoption of poison pills is, however, inconclusive. The initial studies reported a significant negative price effect on the adoption of a poison pill, but the results of subsequent research are mixed, with one study still finding a negative effect but several studies reporting no significant price effect for pills adopted after 1984. More important, one study found a positive price effect for pill adoptions where the board consists of a majority of outsiders."

[642] Coates (1999), S. 10. Hervorhebung durch Verfasser.

Negative CAR-Werte fanden in ihren Studien folgende Autoren heraus: Mahoney/Sudaramurthy/Mahoney (1996)[643], John/Lang/Shih (1992)[644], Choi/Kamma/ Weintrop (1989)[645], Malatesta/Walkling (1988)[646]. Negativ beurteilen die Anti-Take-Maßnahmen auch Garvey/Hanka (1999).[647] Sie kamen zu dem Ergebnis, dass das Management nach der Einführung der Anti-Takeover-Maßnahmen die Verschuldung des Unternehmens reduziert. Dadurch erlangen die Manager mehr Entscheidungsfreiräume über die „cash flows". Skeptisch sind auch Borokhovitch/Brunarski/Parrino (1997).[648] Sie fanden heraus, dass infolge der Einführung der Anti-Takeover-Maßnahmen nicht nur die Wahrscheinlichkeit der Übernahme sinkt, sondern sich die Manager auch ein höheres Gehalt auszahlen lassen. Die negativen CAR-Werte infolge der Einführung von Maßnahmen gegen die Übernahmen konnte aber durch andere empirischen Untersuchungen nicht bestätigt werden.

Kein statistisch signifikantes Ergebnis wurde in den neueren Studien von folgenden Autoren gefunden: Johnson/Meade (1996)[649], Datta/Iskandar-Datta (1996)[650] und Comment und Schwert (1995).[651] Die Studie von Comment/Schwert (1995) ist, so weit ersichtlich, die umfangreichste und genaueste Studie, die in diesem Bereich durchgeführt wurde. Die Stichprobe umfasste 1459 Fälle der Einführung von "flip-over poison pills" und "flip-in poison pills" in den Jahren 1984-1991. Für die Jahre 1985-1991 haben sie kein statistisch signifikantes Ergebnis gefunden. Im Fall der Einführung der "poison pills" vor dem Jahre 1984 fanden sie negative CAR-Werte von -2,85% heraus. Sie fassen ihre Ergebnisse folgendermaßen

---

[643] Mahoney/Sundaramurthy/Mahoney (1996), S. 531. Das Ergebnis für die ganze Stichprobe ist -2,86% CAR-Wert. Es wurde nur die Einführung von sog. "poison pills" untersucht. Die Stichprobe umfasste insgesamt die Einführung von 196 "poison pills" in den Jahren 1985-1988. Sie schreiben: „Our event study from a sample of 381 firms that adopted 486 antitakeover provisions in the 1984-1988 period indicates a strongly negative effect on stockholder wealth, supporting the management entrenchment view of antitakeover provisions. Moreover, the empirical results of this paper indicate that the market reacts equally negatively to both non-operating provisions that require stockholder approval and to operating provisions that do not require stockholder approval." Sie untersuchen: "supermajority", "classified boards", "fair-price", "reduction in cumulative voting", "anti-greenmail" and "poison pills".

[644] Kose/Lang/Shih (1992). Das Ergebnis für die ganze Stichprobe war -0,60% CAR-Wert. Die Stichprobe umfasste insgesamt die Einführung von insgesamt 117 "flip-over poison pills" und "flip-in poison pills" in den Jahren 1983-1986.

[645] Choi/Kamma/Weintrop (1989). Das Ergebnis war -0,48% CAR-Werte. Die Stichprobe umfasste die Einführung von insgesamt 267 "poison pills" im Jahre 1986.

[646] Malatesta/Walkling (1988). Das Ergebnis war -0,52% CAR-Werte. Die Stichprobe umfasste 118 "poison pills", die in den Jahren 1982-1986 eingeführt wurden. Sie schreiben: „The author's estimates indicate that poison pill defenses reduce stockholder wealth by a statistically significant amount. They also find that firms that adopt poison pill defenses are significantly less profitable than the average firm in their industries during the year prior to adoption."

[647] Garvey/Hanka (1999), S. 519: „An implication is that legal barriers to takeovers may increase corporate slack."

[648] Borokhovich/Brunarski/Parrino (1997), S. 1495 ff.

[649] Johnson/Meade (1996), S. 10. Sie untersuchten die Einführung der "poison pills" in den Jahren 1983-1987. Die Stichprobe umfasste 191 Fälle.

[650] Datta/Iskandar-Datta (1996), S. 1231. Die Stichprobe umfasste 91 "poison pills". Die Einführung erfolgte in den Jahren 1985-1989. Sie schreiben: „We present new evidence documenting that, on average, there is a significant wealth loss experienced by bondholders at poison pill adoption announcement, while stockholders are unaffected."

[651] Comment/Schwert (1995), S. 3.

zusammen: „This paper provides large-sample evidence that poison pill rights issues, control share laws, and business combination laws have *not systematically deterred takeovers* and are unlikely to have caused the demise of the 1980s market for corporate control, even though 87 percent of all exchange-listed firms are now covered by one of these antitakeover measures. We show that poison pills and control share laws are reliably associated with higher takeover premiums for selling shareholders, both unconditionally and conditional on a successful takeover, and we provide updated event study evidence for the three-quarters of all poison pills not yet analyzed." Zu einem ähnlichen Ergebnis kamen: Brickley/Coles/Terry (1994)[652], Malezadeh und McWilliams (1994)[653], Mahoney und Mahoney (1993)[654], Bhagat und Jefferis (1991)[655], Lauterbach/Malitz/Vu (1991)[656], McWilliams (1990)[657] Strong und Meyer (1990)[658], Agrawal und Mandelker (1990)[659], Brickley/Lease/Smith (1988)[660], Ryngaert (1988)[661], Jarrell und Poulsen (1986)[662], DeAngelo/Rice (1983)[663], Linn und McConnell (1983)[664]. McWilliams (1990)[665] und McWilliams/Sen (1997)[666] fanden sogar heraus, dass die

[652] Brickley/Coles/Terry (1994), S. 371 ff. Die Stichprobe umfasste die Einführung von "flip-over poison pills" und "flip-in poison pills" in den Jahren 1984-1986. Die Stichprobe setzte sich aus 247 Fällen zusammen.

[653] Malezadeh/McWilliams (1994), S. 48 ff. Sie untersuchten folgende Maßnahmen gegen die Übernahmen: "fair price", "staggered board" und "supermajority amendements". Die Stichprobe setzte sich aus den 63 Fällen zusammen. Diese Maßnahmen wurde in den Jahren 1980-1984 eingeführt.

[654] Mahoney/Mahoney (1993), S. 17. Die Stichprobe umfasste 409 Fälle von der Einführung sog. "supermajority amendments" und "staggered board" in den Jahren 1974-1988.

[655] Bhagat/Jefferis (1991), S. 193. Sie untersuchten 197 Fälle von der Einführung sog. "fair price", "staggered board" und "supermajority amendements", "antigreenmail". Die Untersuchung erstreckte sich auf den Zeitraum von 1984-1985.

[656] Lauterbach/Malitz/Vu (1991), S. 499. Die Stichprobe umfasste 383 Fälle aus den Jahren 1979-1985.

[657] McWilliams (1990), S. 1627. Sie fand sogar positive CAR-Werte bis zu 1,77% heraus. Die Stichprobe umfasste 763 Fälle der Einführung von "fair price", "staggered board" und "supermajority amendements". Der Zeitraum erstreckte sich auf die Jahre 1980-1984.

[658] Strong/Meyer (1990), S. 73. Die Stichprobe umfasste 128 Fälle der Einführung von den "poison pills" in den Jahren 1985-1986. Der Gegenstand der Untersuchung waren: "fair price", "staggered board" und "supermajority amendements".

[659] Agrawal/Mandelker (1990), S. 143. Die Stichprobe umfasste 372 Fälle von "fair price", "staggered board" und "supermajority amendements" und "blank check amendments". Die Einführung erfolgte zwischen 1979 und 1985.

[660] Brickley/Lease/Smith (1988), S. 267.

[661] Ryngaert (1988), S. 377. Die Stichprobe umfasste die Einführung von den "poison pills" in 380 Fällen. Der Zeitraum betrug zwischen dem Jahre 1982 und dem Jahr 1986.

[662] Jarrell/Poulsen (1986), S. 39. Die Stichprobe ist aber sehr klein. Sie umfasste 37 "poison pills", die in den Jahren 1979-1985 eingeführt wurden.

[663] DeAngelo/Rice (1983), S. 356 „However, the observed negative returns were not significantly different from zero at conventional levels."

[664] Linn/McConell (1983), die das Effekt von 475 Bekanntmachungen von „antitakeover amendments" im Zeitraum von 1960 bis 1980 untersucht haben, schreiben auf S. 361: „Although the results are not unambiguous, the overall impression yielded by the analysis is that the introduction and adoption of antitakeover amendments is associated with an increase in common stock prices and that the removal of antitakeover amendments is associated with a decline in stock prices. Contrarily, there in no evidence that antitakeover amendments have a negative impact on stock prices. From the perspective of the individual firms, the implication is that antitakeover amendments are proposed by managers who seek to enhance shareholder wealth and approved by rational stockholders who share that objective."

[665] McWilliams (1990), S. 1627 ff.

[666] McWilliams/ Sen (1997), S. 481.

Anti-Takeover-Maßnahmen vor allem dann eine positive Wirkung haben, wenn ein Unternehmen durch das Management kontrolliert wird.

Zwar eindeutig *negative* Wirkung haben die *Anti-Takeover-Gesetze*, die in vielen US-Bundesstaaten verabschiedet wurden. So fanden zum Beispiel Collins/Black/Wanesly (1993)[667] und Szewczyk/Tsetsekos (1992)[668] eine negative Wirkung für die in Pennylvania incorporierten Gesellschaften, nachdem dort eine sehr scharfe Anti-Takeover-Gesetzgebung eingeführt wurde. Eine ähnlich negative Wirkung fanden Ryngaert/ Netter (1988) für Ohio[669] und Schumann (1988) für New York[670]. Mit diesen Untersuchungen stimmt die Studie von Karpoff/Malatesta (1989) überein. Diese Ergebnisse stehen aber nicht im Widerspruch zu der These, dass die von Managern initiierten Anti-Takeover-Maßnahmen eher positiv zu beurteilen sind. Denn staatliche Gesetze gelten zunächst für alle Unternehmen, unabhängig davon, ob sie im Einzelfall für die Aktionäre nützlich sind oder nicht. Diese pauschale Wirkung muss sich auch in empirischen Untersuchungen niederschlagen.

Ziehen wir eine Zwischenbilanz. Die Wahrscheinlichkeit, dass die Aktionäre der Zielgesellschaft den größten Teil des Kuchens für sich sichern können, steigt also mit der Einführung der Anti-Takeover-Maßnahmen. Das ist eine wichtige Feststellung.

B. Rechtliche Rahmenbedingungen

Die Bedeutung dieses Befundes erhält seine besondere Schärfe, wenn wir uns die rechtlichen Rahmenbedingungen vergegenwärtigen, die das Verhalten der Manager angesichts bevorstehender Übernahmen determinierten. Es ist hervorzuheben, dass das Verhalten der Manager weder durch die Rechtsprechung noch durch die Gesetze, noch durch Satzungen eingeschränkt wurde. Warum dem so ist, wird nachfolgend näher erläutert.

Die Tatsache, dass die Einführung der sog. Anti-Takeover-Maßnahmen mit keinen negativen Kursreaktionen verbunden ist, ist um so bemerkenswerter, als die Aktionäre die Übernahmewelle und die damit verbundenen Anti-Takeover-Mechanismen nicht antizipieren konnten. Sie hatten also kaum die Möglichkeit entsprechende Satzungsklauseln gegen die Anti-Takeover-Mechanismen in die Satzungen aufzunehmen, weil sie mit der Einführung der Anti-Takeover-Mechanismen überhaupt nicht gerechnet haben.[671] Ferner wurde das Verhalten der Manager bezüglich der Anti-Takeover-Mechanismen kaum durch die gerichtliche Kontrolle oder durch das geltende amerikanische Gesellschaftsrecht eingeschränkt.[672] Weder

[667] Collins/Black/ Wanesly (1993), S. 191 ff.

[668] Szewczyk/Tsetsekos (1992), S. 3: "We find that PA SB 1310 significantly decreased share values, and estimate the loss to shareholders of Pennsylvania firms at $ 4 bilion."

[669] Ryngaert/Netter (1988), S. 373. Anders allerdings Margotta/McWilliams/McWilliams (1990), S. 235 ff.

[670] Schumann (1988), S. 557. Anders allerdings für New York Pugh/Jahera (1990), S. 221.

[671] Dazu zum Beispiel Bebchuk/Ferrell (2000), S. 18: "Shareholders who purchases shares in 1980, for example, could not have conceived of the pill, its potency, or its widespread adoption."

[672] Dazu Bebchuk/Ferrell (2000), S. 20: "However, states have chosen to go in a way that deliberately avoided safeguards that would ensure that pills have shareholders support. States have consistently allowed managers to adopt pills without shareholder approval."

mussten die Manager bei der Einführung der Anti-Takeover-Maßnahmen die Zustimmung der Aktionäre einholen noch wurde die Einführung dieser Maßnahmen durch die Gerichte auf ihre Nützlichkeit überprüft.[673] Die Ohnmacht der Aktionäre und die Passivität der Gerichte wurde durch Bebchuk/Farrell (2000) zutreffend beschrieben: „By the time the scope of managerial power over the poll became clear, it was "too late" for shareholders of many existing companies. Shareholders cannot by themselves, as was emphasized before, redeem unwanted pills. And shareholders cannot change the charter to eliminate the board classification because changes to the charter require either initiation or approval by the board. In other words, manager were given both the power to veto any changes in board classification along with the power to keep in place (or adopt) the pill."[674]

Fazit: Das bedeutet, dass obwohl die Manager die Möglichkeit hatten, die Anti-Takeover-Maßnahmen zu missbrauchen, haben sie sich dieser nicht bedient. Ein starker Beweis dafür ist, dass die Aktienkurse bei der Einführung der Anti-Takeover-Maßnahmen nicht gesunken sind. Daraus folgt, dass sich die Manager den Aktionären gegenüber sehr loyal verhalten.

C. Erstemissionen

Es gibt noch ein anderes Argument, warum die Anti-Takeover-Maßnahmen nicht im Widerspruch zu den Interessen der Aktionäre stehen. Würden die Anti-Takeover-Maßnahmen für die Aktionäre ungünstig sein, würden sie die Einführung der Anti-Takeover-Maßnahmen *insgesamt* ablehnen. Denn die Aktionäre haben kaum die Möglichkeit zu erfahren, wann die Anti-Takeover-Maßnahmen in ihrem Interesse sind und wann nur im Interesse des Managements, weil sie mit dem Collective-Action-Problem konfrontiert sind. Es wäre also für die Aktionäre besser, jede Einführung der Anti-Takeover-Maßnahmen zu verbieten, als die Einführung im Ermessen des opportunistischen Managers zu lassen. Das Collective-Action-Problem müsste durch die Aktionäre antizipiert werden. Die Folge wäre, dass die Aktionäre die Anti-Take-Maßnahmen verbieten oder in der Satzung vorschreiben, dass sie nur mit einer großen Mehrheit verabschiedet werden können.[675] Zwar wird dadurch auch eine "Auktion"

---

[673] In diesem Zusammenhang ist vor allem die Entscheidung Moran v. Household bedeutend: 490 A.2d 1059 (Del. Ch.), aff'd, 500 A.2d 1346 (Del. 1985) und Unocal Corp. v. *Mesa Petroleum Co.*, 493 A.2d 946 (Del. 1985), *Stahl v. Apple Bancorp, Inc.*, Fed. Sec. L. Rep. (CCH) 95,412 (Del. Ch. Aug. 9, 1990). Dazu auch Gordon (1991), S. 1944. Paradigmatisch ist die Meinung von Bebchuk und Farrell (2000), S. 14: "Much of the reasoning by the Delaware Supreme Court suggested that almost anything would be considered a legitimate threat justifying the use of potent defensive tactics." Ähnlich schreibt Coates (2000), S. 56 in der Fußnote 110: "In fact, no Delaware court has ever squarely addressed either the question of whether a discriminatory flip-in pill, now standard, is legal to adopt (although the reasoning in *Household* does not distinguish between types of pills) or the question of whether a target board can "just say no" and use a pill to block a hostile tender offer without doing more (although it is widely considered to be highly likely that Delaware courts would, on a good record, uphold such a defense)." Ähnlich Romano (2000), S. 32: "... which were undertaken after Delaware courts had upheld a variety of poison pills, in almost all cases a firm without a rights plan is able to adopt one even after a hostile takeover has commenced, ..."

[674] Bebchuck/Farrelle (2000), S. 22.

[675] Jensen/ Meckling (1976).

und damit die Erzielung eines höheren Preises verhindert. Dagegen können sich aber die Anleger durch die Diversifizierung schützen, weil die "Auktion" nur im Ausnahmefall nötig ist. Entscheidend ist nur, dass der Gewinn wegen der Übernahme insgesamt größer ist als der Verlust wegen der Verhinderung einer "Auktion". Aus der Sicht der Anleger ist nicht so gravierend, dass in einem Fall die Übernahme zu erheblichen Verlusten führt, solange in 5 anderen Fällen bei der Übernahme mit erheblichen Gewinne zu rechnen ist.

Es erhebt sich also die Frage, ob sich die Investoren bei der Erstemission für Satzungsklauseln entscheiden, die die Einführung der Anti-Takeover-Maßnahmen verbieten. Nach einer neueren empirischen Studie aus den USA ist das nicht der Fall.[676] Daines/Klausner (1999) schreiben: „We find ATPs are common; the strongest are adopted by almost half the firms in our sample. ATPs are common even among firms controlled by venture capitalists and leveraged buyout specialists – presumably sophisticated investors with the incentive and expertise to maximize share prices. Moreover, we find that no firms commit to avoid subsequent ATPs (an "anti-ATP") and few even opt out of state laws that establish impediments to takeovers despite the fact that these statutes have been shown to reduce share value. Under the assumption that IPO-stage charters maximize firm value, this suggests ATPs are often *efficient*." Eine ähnliche Feststellung ist bei Field/Karpof (1999) zu lesen: "We find that a widespread presumption -- that takeover defenses are rare in IPO firms -- is incorrect. Of 1,019 firms going public from 1988-1992, 53% have at least one takeover defense at the time of their IPO. These provisions include classified boards, supermajority voting provisions, fair price charter amendments, and even (in 2% of the firms) poison pills. One-third (34%) of the firms have at least two of these provisions, and 22% have three or more." [677]

Fazit: Anti-Takeover-Maßnahmen sind also in den USA in den Satzungen der IPOs sehr verbreitet. Die Unzulässigkeit der Einführung der Anti-Takeover-Maßnahmen ist extrem selten. Das deutet darauf hin, dass die Aktionäre die Gefahr des opportunistischen Verhaltens des Managements als gering einschätzen.[678]

D. Ergebnis

Ziehen wir eine Bilanz. Der hier gegebene Überblick über einige empirische Studien war zwangsläufig kursorisch und konnte die statistisch hochkomplizierte Diskussion natürlich nicht perfekt erfassen. Immerhin aber dürfte deutlich geworden sein, dass das Verhalten der

[676] Daines/Klausner (1999), S. 4-5, die 310 IPOs zwischen 1994 und 1997 untersuchten. Etwas anderes behaupten Easterbrook und Fischel (1991), ohne jedoch diese Aussage empirisch belegen zu können. Sie schreiben: "Firms go public in easy to acquire form: no poison pill securities, no supermajority rules or staggered boards. Defensive provisions are added later, a sequence that reveals much about the efficiency of takeover defenses."

[677] Field/ Karpoff (1999), S. 3

[678] Diese Schlussfolgerung ziehen auch Daines/Klausner (1999), S. 5. Allerdings soll an dieser Stelle nicht verschwiegen werden, dass sie auch andere Erklärungen für falsch halten. Sie schreiben: "We test the three efficiency hypotheses described above: the Bargaining Power Hypothesis, the Rational Myopia Hypothesis, and the Private Benefits Hypothesis. We find that none of these hypotheses explains the adoption of ATPs at the IPO stage."

Manager angesichts bevorstehender, meist feindlicher Übernahmen ein starkes Indiz dafür ist, dass ein opportunistisches Verhalten der Manager eher einen Ausnahmefall darstellt.

4. Management-Buy-outs

Damit ist nicht gesagt, dass das Problem des Opportunismus des Managements bagatellisiert werden kann. Zu einer weitergehenden Diskussion besteht insbesondere auch deshalb Anlass, weil die Ergebnisse empirischer Untersuchungen von Management-Buy-outs das Problem der Trennung zwischen dem Eigentum und der Kontrolle in anderem Licht erscheinen lassen.[679] Als Management-Buy-out wird die Übernahme eines Unternehmens durch das eigene leitende Management verstanden. Mehrere Studien haben herausgefunden, dass den Aktionären im Rahmen eines Management-Buy-outs eine erhebliche Prämie gezahlt wird.[680] In diesem Zusammenhang sind vor allem die Studien von Amihud (1989), Kaplan (1989), Lowenstein (1986) und Lehn/Poulsen (1987) zu nennen. Es gibt auch eine Reihe empirischer Untersuchungen, die sich der Frage widmen, ob sich die Performance der Unternehmen nach einem durchgeführten Management-Buy-out verbessert. Fast alle diese Untersuchungen fanden heraus, dass sich die Ergebnisse dieser Unternehmen im Durchschnitt statistisch signifikant verbessern.[681] Bull (1987) fand zum Beispiel in seiner Untersuchung heraus, dass das Management nach einem MBO nicht mehr die Minimierung der Varianz des Jahresergebnisses zum Ziel hatte, sondern auf die Maximierung des "cash-flow" bedacht war.[682]

Zwar könnte man sich auf den Standpunkt stellen, dass die Übernahmenprämien in dieser Höhe nichts ungewöhnliches sind. Dieses Argument greift jedoch zu kurz. Bei einem MBO scheiden Effizienzgewinne infolge des Austausches des Managements bzw. die Synergieffekte als Erklärungsansätze für diese Prämien per definitionem aus. Auch können viele andere alternative Erklärungen für eine bessere Performance nach einem Management-Buy-out nicht überzeugen. Denn weder die Hypothese, dass die Manager vor einem Management-Buy-out die Aktienkurse durch eine Manipulation des Jahresabschlusses sinken lassen[683] noch die Vermutung, dass die bessere Performance durch die steuerliche Vergünstigung oder die

---

[679] Ausdrücklich Smith (1990), S. 164: „The increase in operating returns after buyouts most likely reflects an increase in operating efficiency stemming from improved management incentives."

[680] Amihud (1989), S. 11 (42,9%); Kaplan (1989a), Tab. 2 (45,9%); Lowenstein (1986), S. 146 (56%); Lehn/Poulsen (1987), S. 19 (40%).

[681] Bull (1989), Kaplan (1989a), S. 191 ff. Er untersuchte 48 MBOs im Zeitraum von 1980 bis 1986. Lichtenberg/Siegel (1990), S. 155 ff. Das Ergebnis ist von Lichtenberg/Siegel ist widersprüchlich. Sie fanden eine bessere Performance in den Jahren 1983-1986, aber keine in den Jahren 1981-1982 heraus. Smith (1990), S. 144 untersuchte 230 erfolgreiche Management-Buy-outs auf ihre Folgen bezüglich der Performance. Er schreibt auf S. 144: „I document a significant increase in operating returns after buyouts for the total sample and for subsamples with and without major asset sales. I measure operating returns as operating cash flows before interest and taxes deflated by the book value of operating assets and by the number of employees. Both return measures increase significantly from the preceding to the year following the buyout, before and after adjustment for industry trends. Subsequent changes in operating returns for the small sample with available data suggest that the increases documented in the first post-buyout year are sustained."

[682] Bull (1989), S. 89.

[683] DeAngelo (1986), S. 400.

Ausbeutung der Arbeitnehmer erkauft wurde,[684] konnte durch empirische Studien bestätigt werden. Deswegen liegt es nahe zu argumentieren, dass eine Verringerung der Agency-Kosten aufgrund der teilweisen Identität der Manager mit Eigentümern für die Prämien ursächlich ist.[685] Denn nach einem MBO entfällt der Gegensatz zwischen Unternehmensleitung und Aktionären, weil bei einem MBO ein nicht unwesentlicher Teil des Eigenkapitals auf die Manager übergeht.

Die Relenvanz dieser Argumentation für unsere Fragestellung soll aber nicht überbewertet werden. Dafür gibt es auch einen konkreten Grund. So hat sich gezeigt, dass die Manager von MBO-Unternehmen in den USA nicht selten schon bald nach der Übernahme und erfolgter Umstrukturierung die Aktien wieder an das Publikum ausgeben, allerdings zu einem über dem MBO-Kaufpreis liegenden Kurs.[686] Wäre die Verringerung der Agency-Kosten für die Prämien im Rahmen eines MBO verantwortlich, müsste der Kurs nach der erneuten Ausgabe an das Publikum sinken. Das ist aber, wie wir gerade festgestellt haben, nicht der Fall. Es ist eher zu vermuten, dass die Kurssteigerung im Rahmen eines MBO durch den Informationsvorsprung des Managements zu erklären ist. Die Manager besitzen Informationen, die dem Kapitalmarkt nicht zur Verfügung stehen. Mit einem MBO signalisiert ein Manager, dass ein Unternehmen unterbewertet ist. Diese Erklärung steht auch nicht im Widerspruch zu der Informationseffizienz des Kapitalmarktes, weil der Kapitalmarkt, wie es vorher festgestellt wurde, nur öffentlich zugängliche Informationen bearbeiten kann (halbstrenge Form).[687]

Es soll an dieser Stelle nicht verschwiegen werden, dass auch diese Erklärung in der empirischen Literatur sehr umstritten ist.[688] So konnten zum Beispiel Muscarella/Vetsuypens (1988)[689] zeigen, dass 75% der Unternehmen nach einem erfolgreichen Management-Buy-out einer „restructuring activity“ unterzogen werden. Das deutet darauf hin, dass nicht lediglich ein "unterbewertetes" Unternehmen für die Kurssteigerung verantwortlich ist, sondern zumindest auch die Restrukturierung dieses Unternehmens. Ferner wird nur ein sehr kleiner Teil von Management-Buy-outs "rückgängig" gemacht.[690] Meistens wird auch in diesen Fällen eine konzentrierte Eigentumsstruktur beibehalten.[691]

Es mag dahin stehen, ob diese Kritik berechtigt ist. Außerordentlich problematisch ist diese Argumentation zumindest insoweit, als sie unterstellt, dass die Management-Buy-outs einen Beweis für ein Marktversagen darstellen. Denn gerade die MBOs zeigen, dass der

---

[684] Palepu (1990), S. 252 mit weiteren Nachweisen.

[685] So zum Beispiel Smith (1990), S. 164: "The increase in operating returns after buyouts most likely reflects an increase in operating efficiency stemming from improved management incentives."

[686] Kraakman (1988), S. 912.

[687] So aber Reul (1991), S. 140.

[688] Kaplan (1989a), S. 191 ff.; Marais/Schipper/Smith (1989), S. 155 ff. Auch Smith (1990), S. 157.

[689] Muscarella/Vetsuypens (1988), S. 144 zitiert nach Smith (1990), S. 144.

[690] Muscarella/Vetsuypens (1988) zitiert nach Palepu (1990), S. 260.

[691] Dazu Black (1992b), S. 925: "Many successful LBOs eventually return to public ownership. Reverse LBO firms, however, retain concentrated ownership. The median post-offering ownership by management and the LBO sponsor exceeds 40%, although the LBO sponsor's ownership will likely drop further over time. The survival of concentrated ownership suggests that it may be an important element of LBO success."

Markt funktioniert. Wenn die Agency-Kosten zu groß werden, lohnt es sich, ein Management-Buy-out durchzuführen. Die beiden daran beteiligten Parteien profitieren von einer solchen Transaktion. Die Manager, indem sie von der Kurssteigerung nach einem Management-Buy-out profitieren, die Aktionäre, indem sie dem Management die Aktien zu erheblich höheren Preisen als vor der Bekanntmachung eines Management-Buy-outs verkaufen können. Die durchschnittliche Prämie beträgt für die Aktionäre etwa 42%. Zu diesem Ergebnis gelangte Kaplan (1989), der in seiner Untersuchung 76 erfolgreiche Management-Buy-outs untersuchte.[692] Dieses Ergebnis steht in Übereinstimmung mit anderen Studien, die sich dieser Frage widmeten.[693]

Fazit: Wenn dem aber so ist, dann kann man aus der Analyse der Management-Buy-outs nicht die Schlussfolgerung ziehen, dass die MBOs ein Indiz für ein eklatantes Marktversagen darstellen.

5. Wechselseitige Beteiligungen

Damit ist aber die Diskussion der Frage, wie groß die Effizienzverluste wegen des opportunistischen Verhaltens der Manager sind, noch nicht abgeschlossen. Zu einer weitergehenden Diskussion besteht insbesondere auch deshalb Anlass, weil wir bis jetzt vor allem empirische Untersuchungen aus den USA ausgewertet haben. Zu wissen, dass sich in den USA die Manager den Aktionären gegenüber loyal verhalten, kann allerdings immer nur ein erster Schritt sein. Der zweite liegt in der Antwort auf die Frage, wie überzeugend man die Übertragung dieser Ergebnisse auf die deutsche Aktienlandschaft hält. Denn die Übertragung der Ergebnisse aus den USA sieht sich einer Reihe von Einwänden ausgesetzt. Nicht zuletzt deshalb wird von mir der Versuch unternommen, die Abwesenheit der Agency-Kosten in der Beziehung zwischen dem Management und den Aktionären auf andere Fundamente zu stellen als nur empirische Studien aus den USA.

Der Unterschied zu den USA könnte vor allem dadurch verursacht sein, dass in den USA das Phänomen der wechselseitigen Beteiligung in Form der Ringverflechtung oder der Überkreuzverflechtung nicht existiert.[694] Unter einer Überkreuzverflechtung wird die wechselseitige Beteiligung eines Unternehmens an einem anderen verstanden. Als Beispielsfall lässt sich die 25% Beteiligung der Allianz AG Holding an der Münchener Rückversicherung AG benennen, die im Gegenzug mit 25% an der Allianz beteiligt ist. Eine Ringverflechtung

---

[692] Kaplan (1989a), S. 191 ff.

[693] Lehn/Poulsen (1989), S. 771 ff; Marais/Schipper/Smith (1989), S. 155.

[694] Das ist zum Teil darauf zurückzuführen, dass es in den USA lange Zeit für die Unternehmen verboten war, die Aktien anderer Unternehmen zu kaufen und zu erwerben. Blumberg (1993) schreibt auf S. 306: „During this formative period, American courts overwhelmingly held that corporations did not have the capacity to acquire of hold shares of another corporation in the absence of express authorization by statute or in their charter ... This changed dramatically in 1888-93 with the adoption by New Jersey of the first statutes authorizing corporations generally to acquire and hold stick in other corporations". In Deutschland gibt es kaum rechtliche Hürden gegen die wechselseitigen Verflechtungen. Bislang führen wechselseitige Beteiligungen erst ab einer Höhe von 25% zu aktienrechtlichen Konsequenzen (§ 19 II AktG). Mit einer Beteiligung von 25% kann jedoch bei entsprechend niedriger Hauptsammlungspräsenz bereits die Mehrheit der Stimmern gehalten werden.

liegt hingegen vor, wenn die wechselseitige Verflechtung nicht direkt, sondern durch Inanspruchnahme von zwischengeschaltenen Unternehmen realisiert wird. In den USA sind auch personelle Verflechtungen viel seltener. So unterliegen "directors" US-amerikanischer Gesellschaften im Gegensatz zum deutschen Aktienrecht bereits seit 1914 einem Wettbewerbsverbot insofern, als nach § 8 IV des "Clayton Act" niemand gleichzeitig "director" zweier oder mehrerer Gesellschaften sein kann, die untereinander im Wettbewerb stehen und mehr als eine Mio. $ Eigenkapital haben.[695]

A. Verbreitung wechselseitiger Beteiligungen

Bevor wir uns der Frage zuwenden, ob wechselseitige Beteiligungen wirklich ein großes Problem darstellen, sollen wir zuerst untersuchen, ob die Verflechtung zwischen deutschen Aktiengesellschaften wirklich so verbreitet ist.[696] Zwar scheint die Verflechtung zwischen den deutschen Großunternehmen auf den ersten Blick nicht sehr groß zu sein. Eine Untersuchung zeigt, dass 88,7% der Aktionäre, deren Anteil höher als 5% ist, keine weiteren nennenswerten Aktienpakete besitzen.[697] Das würde bedeuten, dass die Zahl der Aktionäre, die große Aktienpakete mehrerer Aktiengesellschaften besitzen, sehr gering ist. Auf der anderen Seite fällt aber ins Auge, dass deutsche Großunternehmen durch andere Unternehmen kontrolliert sind. Der Anteil der Unternehmen, die durch andere Unternehmen kontrolliert werden, beträgt 26%. An der zweiten Stelle sind dann erst die Privatpersonen mit 13%. Es folgen die Banken mit 8%, Versicherungen mit 5% und Kapitalanlagegesellschaften mit 4%.[698] Die gegenseitigen Beteiligungen von Banken, Versicherungen und Unternehmen drücken sich auch in der Anteilsquote dieser Anteilsgruppen an den ausstehenden Aktien aus. Nach den Angaben der Deutschen Bundesbank (1997) betrug diese Quote 66%.[699] Der Grad der Verflechtung kann am besten am Beispiel von Allianz, Deutsche Bank, Münchner Rück, Dresdner Bank und Bayerische Vereinsbank (nach der Fusion mit der Hypobank: Hypovereinsbank). Die Existenz der Verflechtung zwischen diesen Unternehmen ist von großer Relevanz, weil diese Unternehmen sehr große Aktienpakete besitzen.[700] Beispielsweise hat die Allianz folgende Beteiligungen: Eon (10,5%), RWE (11,2%), BASF (11,3%), Bayer (5,5%), Schering (11,2%), Siemens (3,3%), Linde (12,5%), DaimlerChrysler (1,6%), SAP (1,4%), MAN (12,9%) und Heidelberger Zement (12,0%)[701]. Der Marktwert des Aktienpakets, die

---

[695] Ebke (1990), S. 63-65; Pfannenschmidt (1993), S. 11.

[696] Dazu Adams (1999), S. 81 ff.; Schmidt (1995); Wastl/Wagner (1997); Korch (2002), S. 141 ff, Abb. 13-22.

[697] Böhmer (1999), S. 13: "Figure 2 shows that 88,7% of all direct shareholders and 85% of all blockholders control just a single stake."

[698] Böhmer (1999), S. 14.

[699] Deutsche Bundesbank (1997), S. 27 ff.

[700] Böhmer (1999), S. 1: "the top five banks and the top three insurance companies are closely related through direct ownership and voting control. Jointly, these eight firms report control over 14% of all listed firms, or a market value of DM 147 billion considering only reported voting blocs."

[701] Aktiengesellschaft, Report, 5/2001, S. R 138 (Die Neuordnung des Finanzsektors, H. Hansen) und Aktiengesellschaft, Report 6/2000, S. R 228 (Das Beteiligungsportfolio der Allianz).

durch diese 5 Banken und Versicherungen gehalten wird, betrug 13% der gesamten Marktkapitalisierung. Dass diese Top 5 eng miteinander verflochten sind, ergibt sich aus Tabelle 36 bei Böhmer (1999). Danach kontrollieren die anderen 4 fast 60% der Aktien von Allianz. Das Gleiche kann von der Münchner Rück und der Dresdner Bank gesagt werden. Die Verflechtung zwischen Unternehmen wird ferner durch eine personelle Verflechtung zementiert. Nach den Angaben von Schmidt (2001) gibt es zwischen den 47 größten Unternehmen in Deutschland insgesamt 864 Personenverbindungen.[702] Im Durchschnitt hat also ein Unternehmen 18,38 Personenverbindungen. Die meisten Personenverbindungen der 47 Gesellschaften im Jahr 1998 wiesen die Veba AG (52 Verbindungen), Dresdner Bank (43 Verbindungen) und Allianz AG (41 Verbindungen). Nach Pfannschmidt (1993) beträgt die durchschnittliche Anzahl der Personenverbindungen zwischen den 492 untersuchten Unternehmen 16,18.[703] Eine wichtige Erkenntnis von Pfannschmidt (1993) ist, dass gerade zwischen konkurrierenden Unternehmen vergleichsweise mehr Personenverbindungen gibt als zwischen anderen Unternehmen.[704] Es ist auffällig, dass die meisten Personenverbindungen bei den Banken und Versicherungen (24,8%) bestehen.[705]

Fazit: Damit kann man in der Tat davon ausgehen, dass die wechselseitigen Beteiligungen in Deutschland sehr verbreitet sind.[706]

B. Folgen der Verflechtung

Fraglich ist aber, ob dieser Umstand auch zur Folge hat, dass die Manager schlecht kontrolliert werden. Diese Schlussfolgerung liegt nahe. Denn wechselseitige Beteiligungen führen zu einer mittelbaren Beteiligung eines Unternehmens an sich selbst. Dadurch kann das Unternehmen sich selbst kontrollieren. Da diese Kontrolle natürlich durch das Management ausgeübt würde, läuft das praktisch auf eine Reduzierung der Kontrolle des Managements hinaus. Deswegen wird die Meinung vertreten, dass es mit Hilfe spezifischer Formen der Unternehmensverflechtungen den Managern gelungen sei, sich einer effektiven Kontrolle zu entziehen. Das Problem des opportunistischen Verhaltens des Managements wird noch dadurch verschärft, dass die Verflechtungen im Gegensatz zum gestreuten Anteilsbesitz nicht nur die interne Kontrolle durch die Aktionäre unmöglich macht, sondern auch die externe Kontrolle

---

[702] Schmidt (2001), S. 93 und Tabelle 3.6 im Anhang.

[703] Pfannschmidt (1993), S. 87. Siehe auch eine ältere Untersuchung von Biehler/Ortmann (1985), S. 4 ff.

[704] Pfannschmidt (1993), S. 221.

[705] Leimkühler (1996), S. 310; Sie schreibt: "Der gesellschaftspolitische Aspekt personeller Verflechtung, der sich auf die Konzentration ökonomischer und politischer Macht in der Hand einer relativ kleinen Gruppe von Personen stützt, wird durch die Ergebnisse der Untersuchung offensichtlich; 65 Personen stellen 3.036 Personenverbindungen her." Bei dieser Untersuchung wurden als Grundgesamtheit 562 börsennotierte Aktiengesellschaften ausgewählt. Die Untersuchung wurde zum Stichtag 30.09.1993 durchgeführt.

[706] Dazu Adams (1997), S. 20: "Die Verwaltungen der fünf großen privaten Aktienbanken und die mit ihnen verflochtenen beiden großen Münchner Versicherungsgesellschaften beherrschen im Ergebnis die im Streubesitz befindlichen deutschen Großunternehmen und Tausende anderer Unternehmen, ohne selber wiederum einer Kontrolle durch die Unternehmenseigentümer zu unterliegen." Ähnlich Wenger/Kaserer (1998), S. 502: „These cross-holdings are not the only pillars upon which the shelter from active capital market oversight is established."

durch den Übernahmemarkt zum Erliegen bringt. Paradigmatisch für diese Ansicht ist die Aussage von Adams (1994): „ ... Möglichkeit, eine verantwortliche Unternehmensverwaltung bei noch so verheerendem Missmanagement durch eine feindliche Übernahme zur Verantwortung zu ziehen, ... praktisch so lange nicht besteht, wie die an den Ringverflechtungen beteiligten Unternehmensverwaltungen nicht eingreifen wollen."[707]

All dies ist richtig und doch können wir uns an dieser Stelle mit der Registrierung derartiger intuitiver Zusammenhänge nicht begnügen. Wenn man darum bemüht ist, das Problem des Opportunismus des Managements infolge der wechselseitigen Verflechtung zu klären, kann man sich nicht auf die Feststellung beschränken, dass dieses Problem möglicherweise groß ist. Man muss vielmehr die Frage beantworten, ob diese Hypothese durch empirische Studien bestätigt wird. Nur dann kann man davon sprechen, dass wechselseitige Verflechtungen in Deutschland ein großes Problem darstellen. Denn es ist durchaus denkbar, dass wechselseitige Beteiligungen deutscher Aktiengesellschaften nicht mit Effizienzverlusten, sondern mit Effizienzgewinnen verbunden sind. Immerhin erscheint es plausibel, dass die Verflechtung durch den Transaktionskostenansatz von Coase (1937) erklärt werden kann. Wir sollten uns in Erinnerung rufen, dass nach Coase (1937) formale Organisationen gegenüber Markttransaktionen Ersparnisse an Transaktionskosten herbeiführen können. Sie können auch dazu beitragen, dass der Informationsaustausch zwischen den Marktteilnehmer verbessert wird. Warum sollen diese Argumente im Hinblick auf die Verflechtung in Deutschland ihre Überzeugungskraft verlieren? Ist es nicht so, dass wechselseitige Beteiligungen eine Hybrideform zwischen der reinen Markttransaktion und der formellen Organisation darstellen?[708]

---

[707] Adams (1994), S. 153. Nach seiner Meinung ist die Verhinderung des Übernahmemarktes der Hauptgrund für wechselseitige Beteiligungen. Diese Meinung wird aber in der Literatur bestritten. Im Gegensatz zu der Ansicht, die die Unternehmungsverflechtung als ein direktes Ergebnis einer zunächst bedrohten und wiederhergestellten Managerherrschaft wertet, verweisen Windolf/Breyer (1995) auf deutlich ältere Wurzeln der Unternehmensverflechtung. In deren Sicht ist es nicht der in den 80er Jahren bedeutsame Ausmaße gewinnende Markt für die Unternehmenskontrolle, der die Manager zur Verflechtung ihrer Unternehmen motiviert. Aktuelle Verflechtungsstrukturen stehen demnach vielmehr in einer Pfadabhängigkeit mit früheren historischen Entscheidungen. Das beste Beispiel für frühere Verflechtungsstrukturen sind die Kartelle. Im Jahre 1931 registrierte das Reichswirtschaftsministerium ca. 2500 Kartelle. Im Gegensatz zu den USA wurden die Kartellverträge in einem Urteil des Reichsgericht aus dem Jahre 1897 rechtlich anerkannt, auch wenn darin Wettbewerbsbeschränkungen vertraglich vereinbart waren. Windolf/ Breyer (1996), S. 8 ff.

[708] Siehe auch Allen/Phillips (2000), S. 2792: „There are several possible reasons why target and purchasing firms might benefit from establishing long-term partial ownership positions. First, block ownership might be useful in aligning the incentives of the firms involved in alliances or joint ventures. Contracting or monitoring costs between firms may be reduced if significant ownership stake increases the incentives of firms to invest in product market relationships or other relationship-specific assets ... Williamson argues that equity can lead to lower contracting costs in product market relationships or can lower the costs of monitoring agreements ... Second, block equity purchases by corporations could mitigate information problems regarding the investment opportunities of target firms ... Third, as with other large blockholders, purchasing corporations may also be able to effectively monitor or influence management. Corporate block owners may possess industry knowledge or operating expertise that is superior to institutional block owners or other shareholders ..." Sie haben auch eine empirische Untersuchung durchgeführt. Das Ergebnis auf S. 2813: „Our results support the argument that corporate equity ownership provides significant benefits to the firms in certain business agreements, thereby reducing the costs of creating, expanding, or monitoring the alliances or ventures between firms and their corporate block owners."

So weit ersichtlich, gibt es eine einzige empirische Untersuchung, die sich dieser Frage direkt gewidmet hat. Sie stammt von Beyer (1998). Er untersuchte 694 Unternehmen auf ihre Verflechtungsstruktur und sich daraus ergebende Folgen. Die Untersuchung von Beyer (1998) erfolgt in drei Schritten.

Zuerst versucht er bei Berücksichtigung der direkten Anteilsstruktur (die erste Stufe) die untersuchten Unternehmen der Managementkontrolle und der reinen Eigentümerkontrolle zuzuordnen. Unternehmen werden der Kategorie Managerkontrolle zugeordnet, wenn die Anteilen verstreut oder hoch fragmentiert sind, wenn also kein einzelner Anteilseigner eine Sperrminorität besitzt oder eine Gruppe von Minderheitsbesitzern mit jeweils sehr geringen Anteile keine gemeinsame Kontrollsituation aufbauen kann. Von einer reinen Eigentümerkontrolle wird gesprochen, wenn eine einzige private oder juristische Person so viel vom Eigenkapital besitzt, dass sie alle wichtigen Beschlüsse im Unternehmen wirksam kontrollieren kann. Dies ist immer dann gegeben, wenn mindestens 75% des Grundkapitals gehalten werden, also keine Sperrminorität zu beachten ist. Bei Berücksichtigung der direkten Anteilsstruktur ist nur eine sehr begrenzte Anzahl 4,6% der 694 untersuchten Unternehmen der Managementkontrolle zuzuordnen. Die überwiegende Mehrheit unterliegt hingegen der reinen Eigentümerkontrolle.[709]

Im zweiten Schritt folgt er dem "Anteilspfand" bis zur "ultimate controll". Auf dieser Stufe werden der Managerkontrolle zugeordnet: (1) Alle Unternehmen, die schon bei der ersten Stufe als managerkontrolliert ausgewiesen werden. (2) Alle ursprünglich eigentümerkontrollierten Unternehmen, wenn sich herausstellt, dass sie letztlich im Besitz eines oder mehrerer managerkontrollierten Unternehmen sind. (3) Alle Unternehmen unter Kontrolle von mehreren Minderheiten, sofern sich die Mehrheit dieser Minderheitsanteile in vergleichbarer Weise als letztlich managerkontrolliert erweist. (4) Alle Unternehmen, bei denen die Mehrheit der Anteile letztlich in Besitz von ausländischen Unternehmen liegt. Auf dieser Stufe lassen sich nur noch 28,2% der Unternehmen der Eigentümerkontrollkategorie zuordnen, während 71,8% der Unternehmen als managerkontrolliert auszuweisen sind, wobei der Beteiligungspfad bei 23,4% der Unternehmen letztlich ins Ausland führt.

Im dritten Schritt versucht Beyer (1998) die Struktur der wechselseitigen Beteiligungen zu entziffern. Er unterteilt die untersuchten Unternehmen in "Kreise", "Reziproke Clique", "Sterne" und "Pyramiden". Bei einem Kreis ist ein Unternehmen über andere Unternehmen mit sich selbst verbunden.[710] In Bezug auf die Verflechtung über Anteilskapital heißt dies, dass ein Unternehmen, vermittelt über eine oder mehrere Stufen, Eigentum an sich selbst hält.[711] Reziproke Clique ist eine Strukturform, die sich aus einer Mehrzahl von Überkreuzverflechtungen zusammensetzt, wobei jedes Unternehmen mit jedem anderen wechselseitig

[709] Beyer (1998), S. 61.
[710] Der Kreis bei Beyer (1998) entspricht der Ringverflechtung bei Adams (1999).
[711] Beyer (1998), S. 90.

verbunden ist. In einer reziproken Clique sind Kreisverflechtungen erhalten. Sterne haben hierarchischen Charakter, da alle Verflechtungsbeziehungen von einem Unternehmen ausgehen. In Bezug auf die Kapitalverflechtung heißt dies, dass ein Unternehmen Anteile an mehreren anderen Unternehmen hält. Die Struktur entspricht einem Konzern. Ein Mutterunternehmen hält Kapitalanteile an mehreren Tochterunternehmen. Da die Tochterunternehmen untereinander nicht verflochten sind, kontrolliert und dominiert das zentrale Mutterunternehmen die formalen Entscheidungswege. Bei einer Pyramide hält ein Mutterunternehmen im mehrstufigen Konzern Anteile an Unternehmen, die wiederum Anteile an anderen Unternehmen halten.

Nach dem Ergebnis von Beyer (1998) lässt sich sagen, dass maximal 21% der Unternehmen Ring- und Überkreuzverflechtungen eingegangen sind. Ein vergleichsweise hoher Anteil (25,1%) der untersuchten 694 Großunternehmen ist hingegen überhaupt nicht mit anderen Unternehmen über Anteilskapital verflochten.[712] Die Ringverflechtungen und Überkreuzverflechtungen finden sich nur in 1% (Clique) bzw. 3,2% (Kreis) der Unternehmen. Die Mehrzahl der Unternehmen ist in anderer Weise verflochten: 21,2% in der Strukturform Stern und 49,6% Pyramide. Unternehmen in Kreisen und Cliquen gehören aber durchschnittlich zu den größeren Unternehmen der Datenbasis.

Im vierten Schritt versucht Beyer (1998) zu messen, ob in der Tat die Unternehmen, die an der wechselseitigen Verflechtung beteiligt sind, ineffizienter arbeiten. Das konnte statistisch nicht bestätigt werden. Beyer (1998) fand heraus, dass zum Beispiel die Eigenkapitalrentabilität dieser Unternehmen nicht schlechter ist als bei den anderen Unternehmen. Beyer (1998) meint: "Die Unterschiede des relativen Gewinnmaßes der Eigenkapitalrentabilität sind insignifikant und erlauben somit keine Interpretation im Sinne der Ausgangshypothese."[713]

Fazit: Nach der Auswertung der Untersuchung von Beyer (1998) dürfte zweierlei deutlich geworden sein. Erstens ist die Verbreitung der wechselseitigen Verflechtungen nicht so groß, wie das häufig behauptet wird. Zweitens konnte nicht bestätigt werden, dass der Opportunismus der Manager infolge der Verflechtung sehr groß ist.[714]

D. Entlassungspraktiken

Die Studie von Beyer (1998) ist zwar die einzige Untersuchung, die das Problem des Opportunismus der Manager infolge der Verflechtung direkt zu messen versucht. Es gibt aber

[712] Beyer (1998), S. 93.
[713] Beyer (1998), S. 105
[714] Es wird sehr oft behauptet, dass die Verflechtung mit erheblichen Effizienzgewinnen verbunden ist. Dazu zum Beispiel Roe (1993), S. 1931-1932: "... the competitive advantage of the foreign structure may lie not just in reducing what we think of as agency costs, but in (1) changing the environment of decisionmaking - bringing more individuals and organizations to the table when technologies and markets are changing too rapidly for a single CEO or a single firm to stay current; (2) improving the information flow to large stockholders in ways that a fragmented securities market cannot achieve; or (3) improving organizational performance by facilitating relation-specific investments without using a stultifying, large vertical organization and by providing a matrix for decisionmaking across related organizations."

andere Studien, die diese Frage indirekt zu beantworten versuchten. In diesem Zusammenhang ist vor allem die Studie von Kaplan (1996) zu nennen.

Kaplan (1996) versucht die Entlassungspraktiken der Aktiengesellschaften bezüglich ihrer Manager in den drei Ländern - Deutschland, Japan und USA - zu vergleichen.[715] In dieser Untersuchung nahm er die größten Gesellschaften jedes Landes unter die Lupe. Die Untersuchung erstreckte sich auf die Jahre von 1980 bis 1988. Diese Zeitspanne ist deswegen relevant, weil zu diesem Zeitpunkt die Deutschland AG (wie das Phänomen der wechselseitigen Beteiligungen pejorativ genannt wird) noch ihre Blütezeit haben musste. Das Zeitalter der Globalisierung hatte es noch nicht begonnen. Kaplan (1996) kam in seiner empirischen Untersuchung zu dem Ergebnis, dass in Deutschland bei sinkenden Aktienkursen und Einnahmeverlusten die Zahl der Entlassungen von Vorstandsmitgliedern statistisch signifikant ansteigt. Ferner besteht eine positive Korrelation zwischen der Aktienrendite und der Höhe der den Managern gezahlten Gehälter. Steigt der Aktienkurs, werden auch die Bezüge erhöht. Sinkt der Aktienkurs, müssen die Manager mit einer Kürzung ihrer Gehälter rechnen. Was noch wichtiger ist, es gibt keinen Unterschied im Vergleich zu den USA.

Diese Untersuchung fand auch heraus, dass sich eine Umsatzsteigerung nicht in einer erhöhten Entlohnung niederschlägt (anders in Japan und in den USA). Das heißt, dass die deutschen Manager keine Anreize haben, eine Politik der Größenmaximierung zu verfolgen. Kaplan (1996) kommt auch zu dem Ergebnis, dass in allen drei Ländern Führungskräfte statistisch signifikant von einer Entlassung bedroht sind, wenn die Aktienrenditen sinken. Die gleiche Gefahr besteht für die Manager, wenn das Unternehmen Ertragseinbußen zu verzeichnen hat. Statistisch gesehen, ist für Manager in Deutschland in den verlustreichen Jahren die Gefahr der Entlassung doppelt so groß wie in Jahren mit einem positiven Betriebsergebnis.

Dieses empirische Ergebnis wird durch eine andere Studie von Kaplan (1994) untermauert. Diese Studie widerspricht ebenfalls der These, dass die deutschen Banken oder die Versicherungsunternehmen das opportunistische Verhalten unterstützen. Aus dieser Untersuchung folgt, dass die Wahrscheinlichkeit der Ernennung von neuen Aufsichtsratsmitgliedern in Deutschland sich mit dem Verfall der Aktienkurse erhöht. Der Austausch der Aufsichtsratsmitglieder macht nur dann einen Sinn, wenn die kontrollierenden Aktionäre ihre Überwachungsanstrengungen erhöhen wollen.[716]

---

[715] Kaplan (1996), S. 301.

[716] Kaplan (1994), S. 150-151: "These results indicate that management is penalized for poor current performance. In that sense, they are similar to the results in Kaplan (1994), who finds that turnover of the top three to five executives in Japanese and in U.S. firms is significantly related to stock returns and negative income. the results are not supportive if the view that the Germany system entrenches managers at shareholders' expense. The results are also difficult to reconcile with the view that German boards and managers ignore current performance. Not only is turnover sensitive to current performance, but the magnitude of that sensitivity is equal to or greater than those in Japan and the U.S ... In contrast to the results for stock returns and earnings losses, turnover is not significantly related to sales growth, earnings growth, or the net income level at the beginning of the year ... *Second, the results here ... call into question the view that the relationship-oriented systems* of Germany and Japan are able to ignore current measures of performance."

Allerdings konnten diese Ergebnisse durch andere Studien nur zum Teil bestätigt werden. Zu nennen sind hier empirische Untersuchungen von Schwalbach/Graßkopf (1997),[717] Schmidt (1997)[718] und Kraft/Niederprüm (1999).[719] Diesen Studien ist das Ergebnis gemeinsam, dass die Erfolgsabhängigkeit bei deutschen Vorständen nur schwach ausgeprägt ist. Schmidt (1997) konnte sogar keinerlei positive Korrelation zwischen der Gehaltshöhe und der Performance feststellen. Kraft/Niedeprüm (1999) kamen zu dem Ergebnis, dass das wesentliche Element der Bezahlung weiterhin die Unternehmensgröße ist. "Darüber hinaus konnte eine unterschiedliche Reaktion der Vergütung auf die Verluste bzw. Gewinne festgestellt werden. Während Unternehmensgewinne tatsächlich belohnt werden, fällt die Bestrafung des Vorstandes bei Verlusten deutlich aus."[720]

Fazit: Die Ergebnisse von Kaplan (1996) lassen also die Schlussfolgerung nicht zu, dass das Problem des opportunistischen Verhaltens deutscher Manager infolge der Verflechtung sehr groß sein kann.

E. Rolle der Versicherungen

Wir können uns mit der Auswertung der Untersuchungen von Beyer (1998) und Kaplan (1996) aber nicht zufrieden geben. Zu einer weitergehenden Diskussion besteht insbesondere auch deshalb Anlass, weil zwei empirische Untersuchungen nicht die Grundlage eines rechtspolitischen Vorschlages sein können. Die Untersuchungen von Beyer (1998) und Kaplan (1994) sind jedoch nicht der einzige Ansatz, mit dem der Versuch unternommen werden kann, zu begründen, dass die wechselseitige Verflechtung kein großes Problem darstellt. Ein anderer Ansatz ist die Untersuchung der *Anreize*. Denn wenn man den Erfolg nicht direkt messen kann, soll man die Anreize unter die Lupe nehmen. Der Ausgangspunkt unserer Überlegung ist die Prämisse, dass die Verflechtung deutscher Aktiengesellschaften spitzenförmig gebaut ist. An dieser Spitze stehen die Banken und vor allem die Lebensversicherungsgesellschaften (Allianz und Münchner Rück). Fraglich ist also, ob Banken und Lebensversicherungsgesellschaften Anreize haben, die Manager der übrigen Unternehmen zu überwachen. Die Anreize der Banken haben wir an einer anderen Stelle dieser Arbeit untersucht. Wir stellten fest, dass zwar die Banken keine perfekten Überwacher sind. Davon, dass die Banken selbst zum Marktversagen beitragen können, kann aber keine Rede sein.

Das Gleiche kann über die Versicherungen gesagt werden. Man kann annehmen, dass die Versicherungen sogar mehr Anreize zur Überwachung haben als die Banken. *Erstens* unterliegen die Versicherungen als Anleger in Deutschland weniger Interessenkonflikten als die Banken. Denn die Geschäftsbeziehungen zu Unternehmen sind nicht so vielfältig und umfas-

---

[717] Schwalbach/Graßkopf (1997).
[718] Schmidt (1997).
[719] Kraft/Niederprüm (1999).
[720] Kraft/Niederprüm (1999), S. 802. Zur Schätzung der Erfolgsabhängigkeit wurden zwei unterschiedliche Erfolgsmaße verwendet: die herkömmliche Eigenkapitalrendite vor Steuern und eine bereinigte Eigenkapitalrendite.

send wie beim Bankgeschäft. Daher sind die Versicherungen grundsätzlich besser als kontrollierende Anleger geeignet als Banken.

Zweitens ist der Wettbewerb zwischen den Lebensversicherungsunternehmen sehr groß. Der beste Wettbewerbsvorteil ist eine gute Versicherungsleistung. Sie kann aber nur dann erbracht werden, wenn das Geld aus Versicherungsprämien richtig investiert wird. Da die Versicherungsprämien zum Teil in Aktien investiert werden, ist der Gewinn des Versicherungsnehmers an die Aktienrendite gekoppelt. Sinkt der Aktienkurs, sinken auch die Auszahlungen an die Versicherungsnehmer. Deswegen kann die Versicherung sehr leicht ihre Kunden verlieren, wenn die Kontrollmöglichkeit nicht wahrgenommen wird. Warum sollen die Lebensversicherungsunternehmen angesichts dieser Vermutung an der Unterstützung der Abschottung bei deutschen Geschäftsführungen interessiert sein? Darauf, dass der Wettbewerb im Lebensversicherungsgeschäft groß ist, deutet Folgendes hin. Lebensversicherungsgesellschaften sind gesetzlich verpflichtet über den garantierten Rechnungszins von 4% hinaus mindestens 90% ihrer Überschüsse an ihre Kunden auszahlen. In der Praxis wird noch mehr ausgezahlt. Nach Schätzungen etwa 97 bis 98%. Das deutet darauf hin, dass ein Wettbewerb im Lebensversicherungsgeschäft durchaus besteht. Gäbe es keinen Wettbewerb, würde das wahrscheinlich dazu führen, dass die Versicherungen nur die gesetzlich vorgeschriebenen 90% der Überschüsse auszahlen würden. Den Rest würden sie zur Bildung von stillen Reserven verwenden, um sich gegen schlechte Zeiten abzusichern.

Der verschärfte Wettbewerb unter den Lebensversicherern zeigt sich auch an den Verwaltungskosten. Mit 3,91 Milliarden DM lagen die Verwaltungskosten im Jahre 1999 zwar leicht über dem Vorjahreswert von 3,80 Milliarden DM. Gemessen an den gebuchten Bruttobeiträgen gingen sie aber auf 3,41% (Vorjahr: 3,70%) zurück. 1980 betrug die Kostenquote noch knapp 7%, 1986 fast 6%. Die Verwaltungskosten wurden also zwischen 1980 und 1999 fast um die Hälfte reduziert.[721]

Zwar sieht sich diese Argumentationsweise einer Reihe von Einwänden ausgesetzt. *Erstens* setzt das Vorliegen des intensiven Wettbewerbs zwischen Versicherungsgesellschaften voraus, dass der Kunde die Leistungen der Versicherungen richtig beurteilen kann. Das ist jedoch nicht der Fall. Denn "der Kunde kann dieses Leistungskonglomerat nur dann zutreffend beurteilen, wenn er die Leistungen der Kapitalanlagegesellschaft wieder entbündelt und jeweils mit den am Markt erhältlichen separaten Alternativen vergleicht und dann den Gesamtwert berechnet und diesen schließlich mit der gebündelten Alternative Kapitallebensversicherung vergleicht. Es ist offensichtlich, dass ein durchschnittlicher Versicherungskunde nicht dazu imstande ist, wozu Versicherungen ganze Aktuarsabteilungen benötigen."[722]

Zweitens ist die Rendite einer Kapitallebensversicherung sehr niedrig. Auf den ersten Blick scheint das anders zu sein. Nach den Angaben des Gesamtverbandes der Deutschen

---

[721] Jahrbuch (2000), Die deutsche Versicherungswirtschaft (2000), S. 70 (Gesamtverband der Deutschen Versicherungswirtschaft e. V.).

[722] Adams (1998), S. 13; Ähnlich Adams (1997), S. 1857 ff.; Die Kritik dazu: Albrecht (1998), S. 22 ff.

Versicherungswirtschaft e. V. lag die Nettoverzinsung der Jahre 1997 bis 1999 im Durchschnitt bei über 7,5%: „Dass Lebensversicherer mit ihrer langfristig ausgerichteten Anlagepolitik hervorragende Ergebnisse erzielen, wird auch durch eine Studie des Instituts für Versicherungswissenschaft in Mannheim bestätigt. Es wurde eine risikobereinigte Performanceanalyse durchgeführt, die zu dem beeindruckenden Ergebnis führte, dass es den Lebensversicherern mit deutlichem Abstand gelingt, die höchste risikobereinigte Rendite zu erwirtschaften. So wies die als Risikomaßstab allgemein anerkannte sog. Sharpe-Ratio für die Kapitalanlagen der Lebensversicherer im Zeitraum von 1980 bis 1997 einen Wert von 1,94 auf. Damit lag die risikobereinigte Rendite der Portfolios von Lebensversicherern deutlich über der von festverzinslichen Wertpapieren (Sharpe-Ratio REXP: 0,23) und deutschen Aktien (Sharpe-Ratio DAX: O, 25).[723]

Bedeuten diese Zahlen, dass die Lebensversicherungen in der Tat hervorragend ihr Geld anlegen können? Dieser Schluss liegt nahe. Allerdings wäre er falsch. Denn diese Berechnungen berücksichtigen nicht, dass fast die Hälfte aller Kunden den Vertrag nicht durchhalten. Wenn man diese Tatsache in die Berechnungen einbezieht, lässt sich die Rendite eines durchschnittlichen Kapitallebensversicherungsvertrages mit Vertragsbeginn 1979 folgendermaßen zusammenfassen: "Unterstellt man, dass die Versicherungsunternehmen die heutigen Überschüsse auch in Zukunft zahlen werden und nicht wieder zu den deutlich niedrigeren Zahlen der Vergangenheit zurückkehren, ergibt sich, dass die durchschnittliche Rendite der bis zum Vertragsende durchhaltenden Kunden um Branchendurchschnitt 6,84% auf die eingezahlten Spargelder (d.h. die Bruttoprämie abzüglich der Kosten einer Risikolebensversicherung) betrug. Berücksichtigt man jedoch, dass rund die Hälfte aller Kunden den Vertrag nicht durchhält und daher auf die Rückkaufswerte angewiesen ist, erhält man eine über alle Verträge gewichtete Rendite von -13,90."[724]

All dies ist richtig und doch können wir uns mit diesen Argumenten nicht begnügen. Wenn man darum bemüht ist, die Beteiligung deutscher Lebensversicherungen an der Abschottungsstrategie der Manager deutscher Aktiengesellschaften zu begründen, kann man sich nicht auf die Feststellung beschränken, dass die Rendite insgesamt niedrig ist. Man muss vielmehr die Frage beantworten, ob die Rendite aus der Aktienanlage ebenfalls sehr niedrig ist. Nur dann kann man davon sprechen, dass die Lebensversicherungen „die Verschwörung" der Manager unterstützen. Dass das der Fall ist, wurde jedoch, soweit ersichtlich, nicht bewiesen. Die niedrige Rendite beweist nur, dass die Versicherungsgesellschaften keine wirksame Überwachung des Managements leisten können. Dass diese Erkenntnis richtig ist, haben wir an einer anderen Stelle dieser Arbeit dargelegt. Sie belegt aber nicht, dass die Versicherungen zur Verschärfung des opportunistischen Verhaltens des Managements beitragen. Deswegen ist

---

[723] Jahrbuch (2000), Die deutsche Versicherungswirtschaft (2000), S. 125 (Gesamtverband der Deutschen Versicherungswirtschaft e. V.).

[724] Adams (1998), S. 14.

nicht anzunehmen, dass die Lebensversicherungsgesellschaften ein opportunistisches Verhalten der Manager unterstützen werden.

F. Kapitalsteuerreform (2000)

Das ist nicht das einzige Indiz, dass die Existenz der Verflechtung nicht mit einem großen Opportunismus des Managements in Deutschland verbunden ist. Denn wäre der Grund wechselseitiger Beteiligungen ein Abschottungsversuch seitens der Manager, dann lässt sich nicht erklären, warum die neueste Kapitalsteuerreform[725] zu einer erheblichen Reduzierung wechselseitiger Beteiligung führt. So eine freiwillige Reduzierung der Verflechtung, würde unserer Prämisse, dass der Mensch sich rational verhält, widersprechen. Auf der Grundlage des ökonomischen Verhaltensmodells würde man eher prognostizieren, dass die Manager sich so lange opportunistisch verhalten, bis die Grenzkosten des opportunistischen Verhaltens den Grenznutzen aus diesem Verhalten übersteigen. Es gibt aber keinen Grund, warum die Kapitalsteuerreform (2000) dieses Kosten-Nutzen-Verhältnis beeinflussen sollte.[726]

Die These, dass das Steuerrecht für die Existenz der Verflechtung ursächlich ist, ist selbstverständlich nicht neu. In der Literatur wird vor allem auf das sog. „Schachtelprivileg" im Steuerrecht hingewiesen. Ab einer Anteilshöhe von 10% können die Unternehmen mit erheblichen Vergünstigungen bei der Gewerbesteuer vom Ertrag und Kapital (bis 1996 auch im Bereich Vermögenssteuer) rechnen.[727] Dass diese Steuerrecht-Hypothese das Phänomen der wechselseitigen Verflechtung richtig erklärt, belegt der regelrechte "Entflechtungsboom", den die Kapitalsteuerreform ausgelöst hat. So ist zum Beispiel mit der Übernahme der Dresdner Bank durch die Allianz ein Abbau der bisherigen Überkreuzbeteiligungen verbunden. Die wechselseitige Verflechtung von Allianz und Münchner Rück bleibt zwar zunächst bestehen. Diese Engagements sollen aber bis zum Jahr 2003 auf jeweils 20% reduziert werden. Die Neuordnung der Beteiligungen erstreckt sich auf die Bayrische Versicherungsbank, Frankfurter Versicherungs-AG, Karlsruher Lebensversicherung AG und die Mercur Assistance. Die Allianz erwirbt die Beteiligung der Münchner Rück an der Allianz Leben von 40,6%, die nur noch bis Ende 2002 gehalten wird. Ferner wird die Allianz ihren Anteil von 13,7% an der

[725] Die Rede ist vom Steuersenkungsgesetz (StSenkG), das am 6. Juli 2000 vom Deutschen Bundestag beschlossen wurde. Danach sind die Gewinne aus der Veräußerung von Anteilen an Kapitalgesellschaften durch Kapitalgesellschaften in der Regel steuerfrei. Die Neuregelung setzt ab dem Veranlagungszeitraum 2002 ein. Näher dazu: www.bundesfinanzministerium.de/Grundlagen-Die-Steuerreform.

[726] Dazu auch Coffee (2000), S. 16: "In Germany, a high capital gains tax locked financial institutions into their elaborate web of cross-shareholdings, because any attempt to liquidate these blocks would have been punitively taxed. Yet, effective January 1, 2002, the capital gains tax on such investments will be eliminated, and some of the largest German financial institutions have already announced plans to reduce the extent of their cross-shareholdings. The apparent eagerness of German financial institutions to divest themselves of long-held blocks and to scale back non-core assets raises the always lurking question about how deeply the German system of concentrated ownership war truly entrenched ... Yet, if a simple change in the corporate tax law causes the system to collapse by the mutual consent of those locked into this system of cross-holdings, the simpler explanation for concentrated ownership may be that German tax laws either caused this system or, more likely, enforced its persistence well after competitive forces would otherwise have compelled its dismantling."

[727] Steiger (2000), S. 60.

Bayerischen Hypovereinsbank an die Münchener Rück abgeben, während sich die Münchner Rück von ihrem Engagement von in Höhe 2 bis 3% an der Dresdner Bank trennen wird. Ohnehin war bereits eine Übernahme der Münchner-Rück-Beteiligung an der Bayerischen Versicherungsbank von 45% und an der Frankfurter Versicherung von 49,98% durch die Allianz im Mai 2000 vereinbart worden. Die Münchner Rück übernimmt dagegen von der Allianz ein Aktienpaket von 36,07% an der Karlsruher Leben, wie ebenfalls in einer Grundsatzvereinbarung von Mai 2000 festgehalten wurde.[728]

Fazit: Angesichts dieser Ergebnisse kann von einer Verschwörung zwischen Managern und Banken keine Rede sein.

G. Lobbytätigkeit der Manager in den USA

Im Übrigen ist es zweifelhaft, ob den Managern an potentiell möglichen, aber aktiv nicht wahrgenommenen Kontrollmöglichkeiten der Banken und Versicherungen gelegen ist. Diese These konnte zumindest durch die Befragung der Manager der größten börsennotierten Aktiengesellschaften nicht bestätigt werden. Die Meinung der Manager zur Verpflichtung der Banken zum Abbau ihrer Industriebeteiligungen war ausgeglichen. 41% der Manager würden dies "eher" begrüßen, nur 36% sprachen sich "eher" dagegen aus, 12% bzw. 11% der Manager nahmen die beiden Extrempositionen ("sehr befürwortet" bzw. "nicht befürwortet") ein.[729]

Auch lässt das Beispiel USA die Vermutung aufkommen, dass die Manager immer die rechtlichen Regulierungen unterstützten, die den Banken oder Versicherungen einen Besitz von größeren Aktienpaketen verbieten. So schreibt Roe (1991)[730]: "The subsequent stability of fragmentation probably has been due to managers as an interest group. Decades after passage, managers would oppose changes in fragmenting laws and would throw their weight in the way of change. When large financial institutions clash with managers, managers call upon politicians for aid, as they did when proxy contests heated up in the 1950s. Managers appealed to politicians to raise the costs of proxy contests, the Senate held hearings, and the SEC responded by promulgating rules that pulled informal joint discussions among institutions into the proxy rules ..." Warum sollen die Manager in Deutschland andere Gruppeninteressen haben?

H. Ergebnis

Die These, dass die Verflechtung ein großes Problem darstellt, muss deshalb im Ergebnis skeptisch beurteilt werden. Insbesondere scheint die Behauptung vollkommen überzo-

---

[728] Dazu ausführlich: Aktiengesellschaft, Report, 5/2001, S. R 138 (Die Neuordnung des Finanzsektors, H. Hansen) und Aktiengesellschaft, Report 6/2000, S. R 228 (Allianz und Münchner Rück bauen Verflechtung ab).

[729] Förschle/Glaum (1998), S. 894.

[730] Roe (1991).

gen, dass die Idee der Ring- und Überkreuzverflechtungen von Unternehmen darin besteht, die Unternehmensleitungen gegen die Mechanismen der Aktionärskontrolle zu schützen.[731]

6. Zusammenfassung

Ziehen wir Bilanz: Gegenstand unserer bisherigen Untersuchung war die Fragestellung, ob die Effizienzverluste wegen des opportunistischen Verhaltens von Managern groß sind. Ausgangspunkt unserer Überlegung war die Annahme, dass sich dieses Problem durch den Vergleich der Performance zwischen der Publikumsaktiengesellschaft und der Aktiengesellschaft mit einem Mehrheitsaktionär, zwischen Nonprofit-Unternehmen und den Forprofit Unternehmen, sowie durch das Verhalten des Managements gegenüber Übernahmeversuchen quantifizieren lässt. Wir haben gesehen, dass es keine Anhaltspunkte dafür gibt, dass das Problem des opportunistischen Verhaltens von Managern groß ist. Wir haben uns dann mit der Frage beschäftigt, ob sich etwas dadurch ändert, dass es in Deutschland das Phänomen der Verflechtung gibt. Dabei haben wir festgestellt, dass die empirische Messung die These von der Verflechtung als Abschottungsstrategie der Manager nicht bestätigen konnte. Insgesamt lässt sich feststellen, dass das Problem des opportunistischen Verhaltens des Managements als klein eingestuft werden kann. Es ist verständlich, dass die Befürworter des zwingenden Aktienrechts sich wünschen, all dies wäre anders. Dies sollte jedoch nicht dazu verleiten, die Ergebnisse unserer Untersuchung zu ignorieren.

III. Kosten des zwingenden Aktienrechts

Im Rahmen dieses Abschnitts werden wir uns mit dem Kosten-Nutzen-Verhältnis der zwingenden Haftung und des zwingenden Aufsichtsrates beschäftigen. Diese zwei zwingend vorgeschriebenen Rechtsinstitutionen wurden von mir nicht zufällig gewählt. Denn in der juristischen und wirtschaftswissenschaftlichen Literatur wird diesen Rechtsinstitutionen die größte Kontrollwirkung zugeschrieben. Sollte sich herausstellen, dass diese Rechtsinstitutionen nutzlos sind, kann man davon ausgehen, dass auch andere zwingend vorgeschriebene Rechtsinstitutionen nicht geeignet sind, um das Spannungsverhältnis zwischen Management und Aktionären aufzulösen.

1. Kosten-Nutzen-Verhältnis des zwingenden Aufsichtsrates

A. Nutzen des zwingenden Aufsichtsrates

§ 111 I AktG statuiert die Überwachung des Vorstandes als zentrale Aufgabe des Aufsichtsrates. Historisch gesehen, sollte der zwingende Aufsichtsrat die staatliche Aufsicht ersetzen. Nach der Aufhebung des Konzessionssystems suchte der Staat nach einem Kontrollin-

---

[731] Dazu Adams (1994), S. 151: „... besteht die entscheidende Idee der Ring- und Überkreuzverflechtungen von Unternehmen darin, die ... einer bestimmten Gruppe von Unternehmensleitungen in die Hand gefallene Machtstellung gegen die in den 80er Jahren erfundenen Verfahren zur Rückgewinnung der Aktionärskontrolle zu schützen."

strumentarium, das staatliches Aufsichtsrecht ersetzen sollte. Zu diesem Zweck griff man auf den Aufsichtsrat zurück, weil eine staatliche Kontrolle „ohne zu weit gehende Einmischung in den inneren Geschäftsbetrieb der ActienGesellschaft" nicht möglich war. Die zwingende Einführung des Aufsichtsrates durch die Aktienrechtsnovelle von 1870 schien „genügenden Ersatz für die weggefallene Staatsaufsicht geschaffen zu haben".[732] Aus diesem Grund ist Regelung des Aufsichtsrates zwingend ausgestaltet.

Das Aktiengesetz sieht unter anderem folgende Bestimmungen vor, damit der Aufsichtsrat seiner Überwachungsaufgabe erfolgreich nachgehen kann.[733] Dazu zählt: (1) die Bestellung und die Abberufung der Vorstandsmitglieder (§ 84 AktG). Die Abberufung des Vorstandes ist ausschließlich Sache des Aufsichtsrats (§ 84 III AktG). Die Abberufung ist nicht nach Belieben, sondern nur aus wichtigem Grund zugelassen. Die Bestimmung ist in doppelter Richtung zwingend: Die Abberufung des Aufsichtsrats darf weder ausgedehnt noch eingeschränkt werden, weil sonst, nach der Meinung des Gesetzgebers, entweder die Autonomie des Vorstands oder die Kontrolltätigkeit des Aufsichtsrats gefährdet würde.[734] Als Hauptbeispiele für einen wichtigen Abberufungsgrund nennt § 84 III: die grobe Pflichtverletzung, die Unfähigkeit zur ordnungsmäßigen Geschäftsführung und den Vertrauensentzug durch die Hauptversammlung. (2) Die laufende Überwachung der Geschäftsführung (§ 111 AktG). Zur ihr gehört das Recht nach Lage des Falles die Pflicht, Schadensersatzprozesse gegen den Vorstand zu führen. (3) Gerichtliche und außergerichtliche Vertretung der Gesellschaft gegenüber Vorstandsmitgliedern nach § 112 AktG. (4) Die Einberufung einer außerordentlichen Hauptversammlung, wenn es das Wohl der Gesellschaft erfordert (§ 111 III AktG). (5) Die Prüfung des Jahresabschlusses, des Lageberichts und des Vorschlags für die Gewinnverwendung (§ 171 AktG). (6) Die Zustimmung zu Geschäftsführungsmaßnahmen, soweit die Satzung dies vorsieht (§ 111 IV 2 AktG). (7) Die Formulierung von Beschlussvorschlägen zu den Tagesordnungspunkten der Hauptversammlung.

Zur Erfüllung seiner Aufgaben stehen dem Aufsichtsrat Informationsrechte gegenüber dem Vorstand zu. Nach § 90 AktG obliegt dem Vorstand eine Berichtspflicht gegenüber dem Aufsichtsrat. Diese Berichtspflicht unterscheidet sich von bloßen Informationsansprüchen dadurch, dass der Vorstand dem Aufsichtsrat nicht nur auf Verlangen über die Angelegenheiten der Gesellschaften berichten muss (§ 90 III AktG), sondern selbst initiativ zu werden hat. Gegenstand der Berichtspflicht sind nach § 90 I AktG: (1) Die beabsichtigte Geschäftspolitik und andere grundsätzliche Fragen der künftigen Geschäftsführung. (2) Die Rentabilität der Gesellschaft. (3) Der Gang der Geschäfte, insbesondere der Umsatz und die Lage der Gesellschaft. (4) Geschäfte, die für die Rentabilität oder Liquidität der Gesellschaft von erheblicher Bedeutung sein können. Außerdem muss dem Vorsitzenden des Aufsichtsrates aus sonstigen

---

[732] Dazu: Stenographische Berichte über die Verhandlungen des Reichstages des Norddeutschen Bundes: Motive zur Aktienrechtsnovelle vom 11.6.1870, 1. Legislaturperiode Session 1870, Band IV, Anlage Nr.158, S. 650, zit. nach List (1998).

[733] Die Ausführungen basieren auf K. Schmidt (1997), S. 817-874 und Henn (2002).

[734] K. Schmidt (1997), S. 817.

wichtigen Anlässen Bericht erstattet werden. Neben der Berichtspflicht des Vorstands besteht nach § 111 II AktG ein Einsichtsrecht des Aufsichtsrats. Dieser kann die Bücher, Schriften und Vermögensgegenstände der Gesellschaft einsehen und prüfen.

a. Inkompatibilitäten nach § 105 AktG

Im Vordergrund der zwingenden Regelung des Aufsichtsrates stehen jedoch die *Inkompatibilitäten nach § 105 AktG*, die die Gewaltenteilung in der AG sichern sollen.[735] Danach ist es verboten, dass ein Vorstandsmitglied zugleich ein Aufsichtsratsmitglied sein darf. Damit verbundene Interessendivergenzen sollen verhindert werden. Es ist sogar unzulässig die Prokuristenstellung mit dem Aufsichtsratsmandat zu verbinden.[736] Dadurch soll gewährleistet werden, dass die Vorstandsmitglieder keinen Einfluss auf die Aufsichtsratstätigkeit nehmen.[737] Das Verbot der Doppelmitgliedschaft in Vorstand und Aufsichtsrat derselben Gesellschaft entspricht dem Grundgedanken der zweigliedrigen Organisation der Verwaltung der AG mit ihrer Trennung in ein Geschäftsführungs- und ein Aufsichtsorgan. Die Überwachung des Vorstandes durch den Aufsichtsrat wäre nicht gewährleistet, wenn sich Vorstände selber kontrollieren würden. Der Gesetzgeber geht also vom Marktversagen aus. Gäbe es kein Marktversagen, wäre eine solche Regelung nicht nötig, weil sie vertraglich vereinbart würde. Der Gesetzgeber geht also von zwei Annahmen aus: (1) Im Fall der dispositiven Regelung würden die Inkompatibilitätsregeln vertraglich nicht vereinbart und (2) diese Regeln können zur besseren Disziplinierung beitragen.

Zu (1): Was die erste Annahme des Gesetzgebers anbelangt, scheint sie aus der rechtsvergleichenden Perspektive richtig zu sein. Eine solche Schlussfolgerung kann man nach den Erfahrungen in den USA ziehen. Dort gibt es bis heute keine zwingende Regelung zur Zusammensetzung, den Befugnissen und der Haftung des Aufsichtsrates ("board of directors").[738] Zwar sind die „directors" auf dem Papier mit umfangreichen Rechten ausgestattet. Hierzu rechnet man unter anderem die Aufgabe, Führungskräfte einzustellen, zu beurteilen und zu entlassen, die Geschäfte des Unternehmens fortlaufend zu beurteilen sowie wichtige Unternehmensentscheidungen zu prüfen und zu genehmigen. Trotzdem kann man die Regulierungsdichte nicht mit derjenigen in Deutschland vergleichen.

---

[735] Dazu näher Hoffman-Becking (1999), S. 333 ff.

[736] K. Schmidt (1997), S. 838.

[737] Siehe zum Beispiel Scheffler (1993), S. 65: "Als Vorzug des dualen Systems ist die Gewaltenteilung anzusehen ... Die Geschäftsführung wird von dem Aufsichtsrat als unabhängiges Organ überwacht. Er soll sich über Ordnungsmäßigkeit, Wirtschaftlichkeit und Zweckmäßigkeit der Geschäftsführung ein eigenes Urteil bilden."

[738] Dazu Bainbridge (1993), S. 1037: "Subject only to minor exceptions, all state corporate codes require that the corporation establish a board of directors charged with managing the corporation. All state corporate codes also allow the formation of board committees and the delegation of most decisions to those committees or to corporate employees. Beyond this, corporate law has not attempted to define either the composition or function of the board or its committees."

Das Fehlen einer solchen zwingenden Regelung hat dazu geführt, dass auf den ersten Blick in der amerikanischen Rechtswirklichkeit erhebliche Missstände aufgetreten sind.[739] Es wird oft in den USA kritisiert, dass die Auswahl, die Tätigkeit und die Festlegung der Vergütung für die „directors“ mangelhaft ist. Als Nachteil wird angesehen, dass die Wahl der „directors“ sehr stark vom Vorstand (CEO) beeinflusst wird. Der Verdacht der Manipulierung liegt nahe. So kommen die meisten Nominierungsvorschläge vom Vorstand. Das ist sogar die gängige Praxis bei Aktiengesellschaften, die sog. Nominierungsausschüsse haben. Auch lässt die Tätigkeit des Aufsichtsrates Zweifel aufkommen, ob die Vorstandsmitglieder intensiv überwacht werden. Es wird zum Beispiel bemängelt, dass ein amerikanisches „board“ zu selten tagt, um richtig den Vorstand überwachen zu können. Damit könnte man wirklich davon ausgehen, dass im Fall des Fehlens einer zwingenden Regelung bezüglich des Aufsichtsrates die Vorstände zu viel Einfluss auf die Besetzung und Tätigkeit des Aufsichtsrates ausüben können.

b. Inkompatibilitätsregeln

Zu (2): Jedoch macht die zwingende Regelung nur dann einen Sinn, wenn die Inkompatibilitätsregeln effizient sind und zur besseren Disziplinierung des Vorstandes beitragen. Es erhebt sich also die Frage: Tragen zwingende Inkompatibilitätsregeln zur besseren Disziplinierung des Vorstandes bei? Die Antwort auf diese Frage ist weniger eindeutig, als man bei flüchtiger Betrachtung vermuten könnte. Um dies zu veranschaulichen, sollten wir noch einmal einen Blick auf die USA werfen. Ausgehend von der empirischen Tatsache, dass die Zahl unabhängiger „directors“ in amerikanischen Aufsichtsräten zu gering ist und, dass die Wahl zu stark von CEO beeinflusst wird[740], wurde die Forderung in den USA laut, dass mehr unabhängige directors in „boards“ aufgenommen werden sollen.[741] Ferner wurde kritisiert, dass in „boards“ sehr oft emeritierte Manager des gleichen Unternehmens nominiert werden.[742] Das schwächt angeblich die Kontrolle, weil die amtierenden Manager in vielen Fällen den beruflichen Aufstieg den emeritierten Manager verdanken.

---

[739] Mitchell (1992), S. 1273. "It is the law of American corporations that the corporation's business is to be managed by, or at least under the direction of, its board of directors. It is now a platitude that the reality is different, at least in the case of large and medium-size corporations. In reality, management manages and the board rarely acts in even a supervisory capacity." Die Nachweise: bei Fußnoten 31, 32, 33, 34.

[740] Es wurde behauptet, dass die Manager vor allem seine eigenen Freunde und Bekannte in den Board aufnehmen. Das ist sog. „issue of cronyism“. Dazu ausführlich: Mace (1986) und Patton/Baker (1987), S. 10 ff.

[741] Dazu Gilson/Kraakmann (1991), S. 873: "At this point in the quest, one solution to the accountability problem has attained the status of conventional wisdom. Whether one asks the Business Roundtable, the Conference Board, the American Bar Association or the American Law Institute, the answer to the question of who should monitor management is the same: independent outside directors elected by the shareholders. And it is important to understand how pervasive an institution the outside director has become. As of 1987, 74 percent of the directors of publicly held companies were not company employees." Die Nachweise: bei Fußnoten 33, 34, 35, 36, 37.

[742] Vancil (1987); Dechow/Sloan (1991), S. 51 ff.

Der Ruf nach dieser Forderung ist nicht ohne Wirkung geblieben.[743] Die Stellung des unabhängigen "director" wurde nicht nur tatsächlich, sondern auch rechtlich gestärkt. Insbesondere verlangt die New Yorker Aktienbörse von den Gesellschaften, dass sie in ihrem „board" einen Revisionsausschuss („audit committee") bilden, der ausschließlich aus unabhängigen "directors" besteht.[744] Solche Ausschüsse haben die Aufgabe, die Rechnungsprüfung zu kontrollieren und eine ordnungsgemäße Auswahl der Wirtschaftsprüfer zu gewährleisten. Darüber hinaus verlangt die NYSE, dass sich mindestens zwei unabhängige Board-Direktoren („outside directors") im „board" befinden.[745] Ferner ist in vielen Aktiengesetzen in den USA vorgesehen, dass einen Interessenkonflikt verursachende Geschäfte gegen Anfechtungsklagen der Aktionäre abgesichert werden können, indem sie von einer Mehrheit von "directors" genehmigt werden, die an ihnen kein eigenes Interesse haben. Da Anfechtungsklagen in den USA mehr verbreitet sind als in Deutschland, darf die Bedeutung dieser Regelung nicht unterschätzt werden. Sie spielt z. B bei Aktionärsklagen, die die Vergütung der Vorstandsmitglieder zum Streitgegenstand haben, eine erhebliche Rolle. Dadurch wird zwar nicht unmittelbar, aber indirekt die Institution des unabhängigen „directors" rechtlich gestützt. Für die Verbreitung des unabhängigen "director" haben sich intensiv auch die American Bar Association und das American Law Institut und die National Association of Corporate Directors[746] eingesetzt. Nach Meinung dieser Institutionen ist es angebracht, dass die Aktiengesellschaften einen „nominating committee" (Nominierungsausschuss) und einen „compensation committee" (Vergütungsausschuss) besitzen, die mit unabhängigen „directors" besetzt sind. Der Nominierungsausschuss soll sicherstellen, dass das „board" und das leitende Management mit den geeignetsten Leuten besetzt sind. Dieser Ausschuss hat auch die Befugnis die Kandidaten dem „board" zur Berufung und Einstellung vorzuschlagen. Das "compensation committee" hat wiederum die Aufgabe, die Form und die Höhe der Gehälter für das Spitzenmanagement festzusetzen.

---

[743] Dazu schreibt Jill Fisch (1997) auf S. 265: "The pressure on corporations to conform to "good governance" mechanisms is substantial. Corporations are subjected to highly publicized report cards and rating systems evaluating their governance practices. Institutional investors are registering protest votes at annual meetings in an effort to persuade corporations to ... [adopt more independent boards]. These efforts are supported by regulatory developments that place a growing emphasis on the use of independent boards or board committees ... " Das neueste Beispiel ist das sog. „Sarbanes-Act". Dazu die Börsenzeitung v. 7.08.2002 (Industrie sucht Abwehr gegen neue US-Gesetze).

[744] Vgl. New York Stock Exchange Listed Company Manual §§ 303.00, 312.00. § 303.01 (2) (a): "Each audit committee shall consist of at least directors, all of whom have no relationship to the company that may interfere with the exercise of their independence form management and the company."

[745] Der neueste Vorschlag (6. Juni 2002) von the Corporate Accountability and Listing Standards Committee of the NYSE Board of Directors lautet: "Require listed companies to have a majority of independent directors. Effective boards of directors exercise independent judgment in carrying their responsibilities. We believe requiring majority of independent directors will increase the quality of board oversight and lessen the possibility of damaging conflicts of interest." Entnommen: www.nyse.com am 20.06.2002.

[746] National Association of Corporate Directors/Report of the NACD/Blue Ribbon Commission on Director Professionalism (1996).

Die Gesellschaften haben diesem rechtlichen und vor allem tatsächlichen Druck auch nachgegeben.[747] Das lässt sich mit Zahlen dokumentieren. Die Ergebnisse mehrerer Untersuchungen stimmen darin überein, dass die Zahl der unabhängigen directors in den letzten Jahren erheblich zugenommen hat. Der Anteil unabhängiger „directors“ stieg von 40% im Jahr 1963 auf 63% im Jahr 1973 und auf 75% im Jahr 1993. Eine andere empirische Untersuchung fand heraus, dass 99% der größeren amerikanischen Aktiengesellschaften ein „audit committee“, 95% ein „compensation committee“ und 60 % ein „nominating committee“ hatten, die ausschließlich mit unabhängigen „directors“ besetzt waren. Eine andere Studie, die 100 größten amerikanischen Unternehmen untersuchte, fand heraus, dass die Hälfte der untersuchten Unternehmen nur einen oder zwei „inside directors“ hatte.[748] Paradigmatisch ist die Feststellung von Bhagat/Black (1999): "For example, a 1997 survey of 484 of the S&P 500 firms, summarized in Table 1, found that over half (56%) of the surveyed firms had only one or two inside directors (defined broadly as all current and former company officers, even though some researchers consider former officers to be outside directors if several years have passed since they last served as officers). Only nine firms (2%) had a majority of inside directors, and the median firm had over 80% outside directors."

(a) Empirie

Nach diesem Siegeszug der Institution des unabhängigen „director“ könnte man erwarten, dass die Performance der Gesellschaften mit unabhängigen „directors“ besser ist als mit abhängigen „directors“ besetzten Gesellschaften. Gerade diese Folge lässt sich empirisch sehr schwer belegen. Es konnte durch empirische Untersuchungen weder bestätigt werden, dass die Trennung der Position des Vorstandsvorsitzenden (CEO) und des Aufsichtsratsvorsitzenden („board chairmen“) effizient ist[749] noch, dass die „independent directors“ zu einer besseren Performance der Unternehmen beitragen können. Romano (2000), die alle empirischen Studien ausgewertet hat, die sich dieser Frage gewidmet haben, kommt zu der folgenden Schlussfolgerung: "Of six studies of the split in office, four find no difference or improved performance in the firms where the positions are not split and two find improved performance in firms where the positions are split, with one paper in each result category being industry-restricted; the text follows the weight of the evidence, and in particular, the fact that the most comprehensive and sophisticated study, which is also the most recent, finds either no

---

[747] Millstein (1995), S. 1429: "Remarkably, the actual reordering of boardroom processes to improve directors' abilities to monitor management and corporate performance has been self-made by boards, without government intervention."

[748] Bhagat/Black (1999), Table 1, Seite 921. Als die Quelle zitieren sie: Spencer/Stuart, 1997 Board Index: Board Trends and Practices at S&P 500 Corporations.

[749] Romano (2000), S. 26 Fußnote 56; *Kein* Unterschied konnte durch folgende Untersuchungen festgestellt werden: Brickley/Coles/Jarrell (1997), S. 189 ff.; Baliga/Moyer/Rao (1996), S. 41 ff.; Chaganti/Mahajan/Sharma (1985), S. 400; Berg/Smith (1978). Eine *positive* Korrelation konnte durch folgende Untersuchungen festgestellt werden: Pi/Timme (1993), S. 515; Rechner/Dalton (1991), S. 155.

or improved performance for the non-split board structure, and not a decrease in performance."

Zwar gibt es Situationen, bei denen die "unabhängigen directors" eine positive Rolle spielen und zu einer besseren Performance beitragen. Das betrifft vor allem Entscheidungen, die Entlassung der Manager zum Gegenstand haben. Weisbach (1988)[750] und Warner/Watts/Wruck (1988)[751] fanden heraus, dass die „boards“, die sich mindestens in 60% aus „independent directors“ zusammensetzen, eher bereit sind schlechte Manager zu entlassen. Borokhovich/Parrino/Trapani (1996)[752] konnten zum Beispiel feststellen, dass „independent directors“ eher bereit sind, Outsider als neue Manager einzustellen.[753] Es könnte aber nicht eindeutig festgestellt werden, ob diese Entlassungen auch zu höheren Kursen geführt haben. Einige Studien, wie die Untersuchung von Denis/Denis (1995)[754] oder von Scott/Kleidon (1994),[755] fanden immerhin moderate Kurssteigerungen heraus. Andere Untersuchungen, wie zum Beispiel von Mikkelson/Partch (1997),[756] wiederum nicht.

Ein anderes Feld, auf dem die Unternehmen mit den „independent directors“ im „board“ die Unternehmen ohne solche „directors“ schlagen können, ist der Übernahmemarkt. Nach Byrd und Hickman (1991)[757] ist zum Beispiel ein höherer Anteil an unabhängigen „directors“ im Fall eines Übernahmeversuchs mit den Entscheidungen des „board“ verbunden, die den Aktienkurs erhöhen. Das gilt sowohl für den Käufer als auch für die Zielgesellschaft. Byrd und Hickman (1991) fanden ferner heraus, dass die Bieterunternehmen mit „independent directors“ keine Verluste erleiden. Bei den Bietern ohne „majority-independent board“ sind aber statistisch signifikante Verluste in Höhe 1,8% eingetreten. Zu einem ähnlichen Ergebnis sind Cotter/Shividasani/Zenner (1997)[758] gekommen. Cotter/Shivdasani/Zenner (1997) konnten feststellen, dass die Zielunternehmen mit „majority-independent boards“ um 20% höhere Übernahmeprämien kassieren konnten. Kosnik (1987) und Kosnik (1990)[759] fand heraus, dass die „independent directors“ "green mail" als sog. Anti-Takeover-Maßnahmen nicht zum Einsatz kommen lassen. Auch Shivdasani (1993)[760], McWilliams/Sen (1997)[761] und

---

[750] Weisbach (1988), S. 431.

[751] Warner/Watts/Wruck (1988), S. 487 ff.

[752] Borokhovich/Parrino/Trapani (1996), S. 337.

[753] Borokhovich/Parrino/Trapani (1996), S. 353: "The evidence of a positive relation between the percentage of outside directors and the likelihood that an outsider is appointed CEO is consistent with the prediction that outside directors tend to consider broader range of CEO candidates than inside directors. The positive stock returns for both inside and outside appointments following voluntary successions indicate that new CEO appointments in these cases are generally viewed as benefiting shareholder interests."

[754] Denis/Denis (1995), S. 1029 ff.

[755] Scott/Kleidon (1994), S. 181.

[756] Mikkelson/Partch (1997), S. 205 ff.

[757] Byrd/Hickman (1991), S. 195 ff.

[758] Cotter/Shivdasani/Zenner (1997), S. 195 ff.

[759] Kosnik (1987), S. 163 ff.; Kosnik (1990), S. 129.

[760] Shivdasani (1993), S. 167 ff.

[761] McWilliams/Sen (1997), S. 491 ff. Die Stichprobe umfasste die Einführung von den folgenden Maßnahmen gegen die Übernahmen: "fair price", "staggered board" und "supermajority amendments". Die Zahl der Fälle betrug 265 Fälle in den Jahren 1980-1990. Sie konnten keine negativen CAR-Werte bei den Unternehmen

Brickley/Coles/Terry (1994)[762] gehen davon aus, dass die „independent directors" im Fall einer Übernahmen eine sehr positive Rolle spielen. Brickley/Coles/Terry (1994)[763] berichten, dass die Einführung von „poison pills" nur bei den Unternehmen mit „majority-independent boards" zu einer Aktienkurssteigerung führt. Dieses Ergebnis konnte aber nicht durch die Studie von Sundaramurthy/Mahoney/Mahoney (1997)[764] bestätigt werden. Im Gegenteil: Sie fanden eine Aktienkurssteigerung nur bei den Unternehmen mit „majority-inside boards". Andere Untersuchungen, wie die Untersuchung von Wahal/Wiles/Zenner (1995)[765] oder von Mallette/Fowler (1992)[766], konnten wiederum weder eine Aktienkurssteigerung noch eine Aktienkurssenkung finden.

Diese Untersuchungen zeigen, dass „independent directors", was einige Entscheidungen anbelangt, durchaus zur besseren Performance beitragen können. Damit ist aber nicht gesagt, dass die Vorteile aus dieser Tätigkeit nicht durch die Nachteile mehr als ausgeglichen werden.[767] So lässt sich zum Beispiel der Erfolg der Beratung nicht messen. Es ist durchaus denkbar, dass die „inside directors" in dieser Tätigkeit den „independent directors" überlegen sind.[768] Deswegen können wir uns nicht mit der Feststellung zufrieden geben, dass in einigen Bereichen die „independent directors" eine positive Rolle spielen. Man muss vielmehr die Frage beantworten, ob die „independent directors" insgesamt die Performance der Unternehmen verbessern. Nur dann kann man davon sprechen, dass ein zwingendes Inkompatibilitätsgebot nach § 105 AktG erstrebenswert ist.[769]

"with majority independent outside directors" finden. Bei den Unternehmen "with majority inside directors" betrugen die CAR-Werte -1,58%. McWilliams/Sen (1997), S. 503: "This study provides evidence on how board composition, board ownership, as well as leadership structure affect the stock price reaction to antitakeover amendments. We find that the stock price reaction is more negative when the board is dominated by inside and affiliated outside board member ... Our findings show that amendments are more costly to shareholders when they are proposed by non-independent board firms than when proposed by firms with independent outside director dominated boards."

[762] Brickley/Coles/Terry (1994), S. 371 ff.

[763] Brickley/Coles/Terry (1994), S. 371 ff. Sie untersuchten "flip-over poison pills" und "flip-over poison pills". Die Stichprobe umfasste 247 Fälle, die in den Jahren 1984-1986 eingeführt wurden. Bei den Unternehmen "with majority of outside directors" betrugen die CAR-Werte 0,94%. Bei den Unternehmen "without majority of outside directors" betrugen die CAR-Werte -0,31%. Sie schreiben auf S. 388: "We find that the average stock-price reaction to the announcement of the adoption of a poison pill is positive and significant when outside directors comprise a majority of the board and negative and significant when they do not."

[764] Sundaramurthy/Mahoney/Mahoney (1997), S. 237-239.

[765] Wahal/Wiles/Zenner (1995), S. 26 ff.

[766] Mallette/Fowler (1992), S. 1023.

[767] So fand zum Beispiel Klein (1998), S. 275 heraus, "that inside directors provide valuable information to boards about the firm's long-term investment decisions."

[768] Mit dieser These stimmen zum Beispiel die Ergebnisse der Untersuchung von Vance (1978) überein. Vance (1978) fand heraus, dass, wenn die "directors" über das technische Wissen in einem Bereich verfügen, in dem das Unternehmen tätig ist, dann trägt das zur besseren Performance des Unternehmens bei.

[769] An sich müsste man noch einen Schritt weiter gehen. Man müsste sich fragen, warum die "independent directors" die Performance der Unternehmen verbessern. Denn es ist denkbar, dass die bessere Performance nicht durch die wirksamere Überwachung der Manager erzielt wird, sondern durch die politische Lobbytätigkeit der "independent directors". Das konnte empirisch durch Agrawal/Knoeber (2001), S. 176 festgestellt werden: "We find that politically experienced directors are more prevalent in firms where sales to goverment, exports, and lobbying are greater ... Second, for a sample of electric utilities during the 1990s, when the advent of retail competition made politics more important, we find increased incidence of politically experienced directors."

Dass die „independent directors“ die Performance der Unternehmen verbessern können, konnte aber durch empirische Untersuchungen nicht bestätigt werden. Es gibt kaum eine Studie, die eine positive Korrelation zwischen der Zahl der „independent directors“ und der Performance feststellen konnte. So konnten Baysinger/Butler (1985),[770] Hermelin/Weisbach 1991,[771] Mehran (1995),[772] Mikkelson/Partch/Shah (1997),[773] Lawrence/Stapledon (1997),[774] Bhagat/Black (1998),[775] Klein (1998)[776] keine statistische Korrelation zwischen den Unternehmen mit „majority-independent boards“ und der Performance finden. Einige Studien, wie die Untersuchungen von Yermack (1996)[777] und von Agrawal/Knoeber (1996),[778] fanden sogar einen negativen Effekt von „majority-independent boards“ auf die Performance heraus. Zum anderen Ergebnis kamen nur Rosenstein und Wyatt (1990).[779] Sie fanden heraus, dass die Aktienkurse sogar dann steigen, wenn ein Unternehmen in seinem „board“ schon die Mehrheit der „independent directors“ besitzt.

Zusammenfassend kann man sagen, dass die Ergebnisse der empirischen Studien nicht so rosig sind, wie man auf der Grundlage der rechtspolitischen Intuition annehmen konnte. Zur gleichen Schlussfolgerung sind Bhagat/Black (1998) sowie Romano (2000) gekommen. Bhagat und Black (1998), die mehrere Studien zu diesem Thema ausgewertet haben, kamen zu dem Schluss, dass die gute Performance eines Unternehmens und die Zahl der „independent directors“ sehr selten miteinander positiv korrelieren. Sie schreiben: „We survey here the evidence on whether the trend toward greater board independence rests on a sound empirical footing. Many studies document differences in the behavior of majority-independent and non-majority-independent boards. But studies of overall firm performance have found no convincing evidence that firms with majority-independent boards achieve better performance than

---

[770] Baysinger/Butler (1985), S. 101 ff.

[771] Hermalin/Weisbach (1991), S. 101 ff.

[772] Mehran (1995), S. 163 ff.

[773] Mikkelson/Partch/Shah (1997), S. 281.

[774] Lawrence/Stapledon (1999) zitiert nach Bhagat/Black (1999).

[775] Bhagat/Black (1998), S. 280 ff.

[776] Klein (1998), S. 275: "Consistent with previous studies, I find little association between firm performance and overall board composition." Klein (1998) berichtet, dass "inside directors" vor allem dann zur besseren Performance beitragen, wenn sie im "investment committees" die überwiegende Mehrheit darstellen. Er schreibt auf S. 275: "First, a positive relation is found between the percentage of inside directors on finance and investment committees and accounting and stock market performance measures."

[777] Yermack (1996), S. 185.

[778] Agrawal/Knoeber (1996), S. 394: "Except for board composition, our results are consistent with optimal use of each control mechanism. The persistent negative effect of more outsiders on the board of directors on firm performance is a puzzle. One possible rationale is that boards are expanded for political reasons, perhaps to include politicians, environmental activists, or consumer representatives, and that these additional outside directors either reduce firm performance or proxy for the underlying political constraints that led to their receiving board seats."

[779] Rosenstein/Wyatt (1990), S. 175: "Our examination of wealth effects surrounding outside director appointment finds significantly positive share-price reactions. The results are consistent with the hypothesis that outside directors are chosen in the interest of shareholders." Dieses Ergebnis wird jedoch dadurch relativiert, dass die Manager die directors auswählen: "Management plays a dominant role in selecting outside directors." Dann erhebt sich die Frage, ob der Kursanstieg durch die Unabhängigkeit oder die Abhängigkeit der "directors" verursacht wurde.

other firms. There is an even greater lack of empirical support for the recent trend toward supermajority-independent boards."[780] Ähnlich Romano (2000) nach der Auswertung aller empirischen Studien: „However, firms whose boards have a majority of independent directors do not perform significantly better than those whose boards are controlled by insiders."[781]

Ob auch in Deutschland unabhängige Aufsichtsratmitglieder nicht zu einer besseren Performance beitragen, kann selbstverständlich empirisch nicht gemessen werden. Darüber kann nur spekuliert werden.[782] Es gibt aber ein Indiz, das eine Vermutung aufkommen lässt, dass auch in Deutschland unabhängige Aufsichtsratmitglieder nicht von einem großen Nutzen sind. Nach einer Befragung von deutschen Aufsichtsräten durch Deloitte Consulting nutzen die befragten Aufsichtsratsvorsitzenden von Dax- und Nemax-Unternehmen die bestehenden organisatorischen Gestaltungsräume und Informationsmöglichkeiten nur unzureichend aus. Die Mindestzahl von vier AR-Sitzungen im Jahr werde in fast 40 % der Dax100-Gesellschaften nicht überschritten. Die Möglichkeit, AR-Ausschüsse zu bilden und damit Aufgaben arbeitsteilig zu erledigen, bleibe meist auf Vermittlungsausschuss und Präsidium beschränkt. Der Vorstand stelle die praktisch ausschließliche Informationsquelle für den Aufsichtsrat dar. Eine selbständige Informationsbeschaffung über Externe ist laut Deloitte bei fast 80 % der Gesellschaften unbekannt. Da bei nur 26,5 % der Gesellschaften der Aufsichtsrat die Auswahl für die Wahlvorschläge für die Besetzung des Kontrollgremiums selbst vornehme, scheine es fraglich, ob die Unabhängigkeit des Aufsichtsrats gewährleistet werde. Nur bei einem Fünftel würden zur Auswahl von AR-Mitgliedern externe Berater eingesetzt, eine regelmäßige Beurteilung der Mitglieder komme bei den Dax 100-Gesellschaften nur im Ausnahmefall vor. In mehr als 55 % der Gesellschaften gebe es keine erfolgsorientierte Vergütung der Aufsichtsräte.

Die Untersuchung von Deloitte Consulting ist aber nicht der einzige Beweis, der eine Vermutung aufkommen lässt, dass unabhängige Aufsichtsratmitglieder nicht von einem großen Nutzen sind. Die Rede ist von personellen Verflechtungen zwischen Stiftungen und stiftungsgetragenen Unternehmen. Diese Verflechtungen sind sehr zahlreich und kommen rechtstatsächlich sehr oft vor. Bei knapp einem Viertel der Satzungen sind Mitglieder der Führungsebene des Unternehmens in den Stiftungsgremien vertreten. In einigen Fällen besteht Personalunion zwischen Stiftungvorstand und Unternehmungsleitung.[783] Das verhindert ein unabhängiges externes Kontrollorgan. Trotzdem konnte nicht festgestellt werden, dass die Performance stiftungsgetragener Unternehmen schlechter ist als die anderer Unternehmen. Dieses

---

[780] Bhagat/Black (1998), S. 282.

[781] Romano (2000), S. 26.

[782] Dazu Börsen-Zeitung von 10.09.2002, S. 10 (Deloitte findet deutsche Aufsichtsräte zu abhängig). Ähnlich The Wall Street Journal Europe von 20.11.1999, S. 12 (Close Ties: Deutsche Bank has been with Holzmann from the beginning): "According to a recent study of European corporate governance practices by the executive recruitment consultants Heidrick & Struggles, of 298 large companies in 10 European countries, German boards are among the least effective in Europe. In found the quality of transparency of corporate information in Germany to be the second lowest in the surveyed countries, ahead of only Spain."

[783] Hermann (1996), S. 34.

Ergebnis ist um so bemerkenswerter, weil bei den stiftungsgertragenen Unternehmen andere Kontrollmechanismen, wie zum Beispiel der Übernahmemarkt, keine Rolle spielen. Selbstverständlich kann dieses empirische Ergebnis nicht mehr als ein schwacher Beweis sein. Denn erstens handelt es sich nicht um die Rechtsform einer Aktiengesellschaft. Zweitens wurde in dieser Untersuchung nicht verglichen, ob die stiftungsgetragenen Unternehmen, bei denen eine personelle Verflechtung vorliegt, schlechter abschneiden als die Unternehmen, die ein unabhängiges externes Kontrollorgan haben. Nichtsdestotrotz handelt es sich dabei immerhin um ein Indiz.

Fazit: Mit dieser kursorischen Erörterung der empirischen Literatur bezüglich des Aufsichtsrates, soll es an dieser Stelle sein Bewenden haben. Es dürfte deutlich geworden sein, dass die Forderung nach mehr "Unabhängigkeit" im Aufsichtsrat keine empirische Unterstützung findet. Wenn dem aber so ist, kann man schwerlich behaupten, dass der Nutzen unabhängiger "directors", zumindest in den USA, sehr groß ist.

(b) Professionalisierung

Daraus ist die Schlussfolgerung gezogen worden, dass es weniger um die Unabhängigkeit des „directors“ als auf seine Professionalisierung ankommt.[784] Auf den ersten Blick ist diese These richtig. Es lassen sich auch zwei empirische Untersuchungen anführen, die diese These unterstützen.[785] Denn es kann nicht erwartet werden, dass ein "director", der in mehreren "boards" sitzt und nur wenige Stunden im Jahr seine Manager überwacht, diese Tätigkeit sehr erfolgreich machen wird. Ausschließlich ein hauptberuflich tätiger "director", der nur den Vorstand einer Aktiengesellschaft zu überwachen hat, wird dieser Aufgabe wirksam nachgehen können. Zur gleichen Schlussfolgerung ist auch der deutsche Gesetzgeber gekommen. Durch das Gesetz zur Kontrolle und Transparenz im Unternehmensbereich (KonTraG) wurde die zulässige Zahl der Aufsichtsratsmandate reduziert, die Pflichten erhöht und die Haftung verschärft. Dadurch wurde zumindest eine Teilprofessionalisierung des Aufsichtsrates bewirkt.

Dabei wird aber vergessen, dass durch die Professionalisierung der Aufsichtsratstätigkeit die Anreize der Aufsichtsratsmitglieder geändert werden. Die Anreizstruktur ist aber bei

[784] Millstein/MacAvoy (1998). Sie schreiben auf S. 1316: "Attempts to validate empirically a relationship between independent boards and superior corporate performance have produced mixed results. We believe these results have followed from concentrating on data from earlier periods, and on single indicators of board structure which cannot validate such a relationship. *Only active behavior of the board* generates organizational behavior that improves earnings ... There is little doubt that an *active board* aligned with shareholder interests would attempt to enhance value to shareholders." Näher dazu auch Millstein (1995), S. 1440: "This expansion is leading to, and ultimately will require, a more professional borad."; Ähnlich Gilson/Kraakman (1991).

[785] Millstein/MacAvoy (1998), S. 1317. Sie schreiben: "Both metrics have demonstrated a statistically significant relationship between an active, independent board and superior corporate performance as measured by earnings in excess of costs of capital over industry average." In diesem Zusammenhang ist auch die Studie von Pearce/Zahra (1991) zu nennen. Pearce/Zahra (1991) ordnen "boards" nach dem Grad ihrer Aktivität im Entscheidungsprozess der Top-Manager in vier Gruppen ein. Es ergeben sich signifikante Unterschiede in Bezug auf die Performance der Unternehmung. Die finanzielle Performance ist um so besser, je aktiver der Board am Entscheidungsprozess beteiligt ist.

den Aufsichtsratsmitgliedern von großer Relevanz, weil die Leistung bei der Aufsichtsratstätigkeit noch ungenauer gemessen werden kann als bei den Managern. Die Leistung kann deswegen schlecht gemessen werden, weil zuerst fehlerhaftes Handeln des Vorstands festgestellt werden muss, bevor man die Leistung des Aufsichtsrates messen kann. Da schon die Erfolgsmessung der Leistung des Vorstandes mit erheblichen Schwierigkeiten verbunden ist, ist die Erfolgsmessung der Aufsichtsratstätigkeit noch schwieriger. Aus diesem Grund ist man auf die geeignete Ausgestaltung der Anreizstruktur angewiesen. Diese Anreizstruktur wird aber durch Professionalisierung nachteilig verändert. Wir sollten uns noch einmal in Erinnerung rufen, warum die Manager manchmal nicht die Politik der Gewinnmaximierung verfolgen wollen. Erstens sind Manager schlecht diversifiziert, was zur Folge hat, dass sie die Insolvenz des Unternehmens um jeden Preis verhindern wollen. Zweitens hängen Prestige und Spesen eher mit der Größe des Unternehmens als mit dem Gewinn zusammen. Das führt dazu, dass Manager eher die Größe als den Gewinn des Unternehmens maximieren wollen. Den gleichen Anreizen wären die Aufsichtsratsmitglieder ausgesetzt, wenn man die Professionalisierung der Aufsichtsratstätigkeit einführen wollte. Sie würden das Einkommen nur von einer Gesellschaft beziehen, da sie sich nur auf eine Gesellschaft spezialisieren müssen. Sie würden auch Humankapital in eine Gesellschaft investieren müssen. Im Fall der Insolvenz wird dieses Humankapital zum Teil und die Einkommensquelle völlig vernichtet.[786]

Es darf auch nicht vergessen werden, dass der Aufsichtsrat nicht im eigenen Interesse handelt, sondern die Aktionäre vertritt, so dass auch in diesem Verhältnis wiederum Anreizprobleme und Interessensdivergenzen auftreten können. Es kommt zu einem Problem der Kontrolle der Kontrolleure, das durch die Veränderung der Anreizstruktur noch verschärft wird.[787]

Im Übrigen darf nicht außer Acht gelassen werden, dass durch die erhöhten Anforderungen an die Aufsichtsratsmitglieder der Kreis potentieller „directors“ stark eingeschränkt wird. In Frage kommen nur erfolgreiche Führungskräfte, Wirtschaftsprüfer und Unternehmensberater. Dadurch wird die Rotation und der Austausch von „directors“ erheblich erschwert. Das kann wiederum dazu führen, dass die Unabhängigkeit der „directors“ nicht gewährleistet werden kann. Ein Argument gegen die Professionalisierung ist auch der Umstand, dass den Börsengang ebenfalls planende Gesellschaften, die das neue Kapital anlocken wollen, von einer solchen Satzungsklausel absehen. Mit dem Marktversagen kann das nicht erklärt werden, weil, wenn eine solche Klausel effizient wäre, die Anleger bereit sein würden, mehr zu zahlen. Übrigens: Wenn die von Insider dominierten "boards" ehedem unabhängige

---

[786] Dieses Spannungsverhältnis wird auch in der Literatur gesehen. Siehe Black (2001a), S. 9: "If companies pay their directors too little, the directors may not be willing to spend much time at their tasks. If companies compensate independent directors too generously, relative to the director's other sources of income, a director may hesitate to oppose a self-dealing transaction for fear of losing his position."

[787] So zum Beispiel Bainbringe (1993), S. 1058: "The sticking point is a very old one: *Who will monitor the monitor?* Put another way, because the monitor is himself a firm agent, a mechanism to monitor his productivity and reduce his incentive to shirk must be created, or the result is a never-ending series of monitors monitoring lower-level monitors."

„directors“ aufgenommen haben, warum sollen sie jetzt nicht professionelle „directors“ aufnehmen, wenn das effizient wäre?

Ziehen wir Zwischenbilanz. Jeder Versuch, den Nutzen des zwingenden Aufsichtsrates abzustützen, sieht sich schwerwiegenden Einwänden ausgesetzt. Weder die durch das Aktienrecht zwingend vorgeschriebene "Unabhängigkeit" der Aufsichtsratsmitglieder noch die "Professionalität" der Aufsichtsratsmitglieder kann garantieren, dass der Nutzen eines zwingenden Aufsichtsrates groß ist.

(c) Klagerechte in den USA als Substitut des zwingenden Aufsichtsrates

Mit diesem Ergebnis können wir uns aber nicht zufrieden geben. Zu wissen, dass die Unabhängigkeit der Aufsichtsratsmitglieder in den USA nicht sehr nützlich ist, kann allerdings nur ein erster Schritt unserer Diskussion sein. Der zweite liegt in der Antwort auf die Frage, für wie überzeugend man die Übertragung empirischer Ergebnisse aus den USA auf deutsche Verhältnisse hält. Denn in diesem Teil der vorliegenden Arbeit wurde von *rechtlichen Rahmenbedingungen* in Deutschland und in den USA abstrahiert. Wir haben so getan, als ob die deutsche Rechtsordnung und die amerikanische Rechtsordnung gleich wären. Das ist selbstverständlich nicht der Fall. Aus diesem Grund führt unsere Diskussion unweigerlich zu der Frage, ob in den USA deswegen die Unabhängigkeit der Aufsichtsratsmitglieder überflüssig ist, weil es dort eine andere Rechtsinstitution gibt, die die gleiche Funktion erfüllt.

Dabei ist vor allem an eine Rechtsinstitution zu denken: umfangreiche Klagemöglichkeiten der Aktionäre in den USA.[788] Denn wenn die Manager in den USA durch umfangreiche Klagerechte der Aktionäre wirksam überwacht werden, dann liegt auf der Hand, dass die Unabhängigkeit der Aufsichtsratsmitglieder nicht von großem Nutzen ist. Es ist also denkbar, dass umfangreiche Klagemöglichkeiten in den USA quasi als Ersatz des zwingenden Rechts zur Disziplinierung des Managements beitragen.[789] Entspräche das der Wahrheit, dann ergäbe sich daraus folgende Schlussfolgerung: Da in Deutschland Klagemöglichkeiten nur in beschränktem Umfang existieren, dürfen zwingende Regelungen zumindest solange nicht angetastet werden, bis entsprechende Klagemöglichkeiten geschaffen werden.[790] Es erheben sich also zwei Fragen, die an dieser Stelle beantwortet werden sollen: (1) Sind die Klagerechte der

[788] Sie werden sehr oft als eine Säule angesehen, auf der die Überwachung des Managements in den USA ruht. Dazu zum Beispiel Bainbridge (1993), S. 1046: "The simple answer it that, for many people within both groups, shareholder litigation was a primary-arguably, the primary-means of enforcing management accountability."

[789] Dazu zum Beispiel Spindler (1998), S. 57: "Als prozessualer Hebel zur Durchsetzung der Treupflichten dient in erster Linie die derivative suit. Ohne dass deswegen vom zwingenden Charakter des Aktienrechts gesprochen werde könnte, bleibt damit die einzelfallorientierte Korrektur von Missbräuchen der Privat- bzw. Satzungsautomomie stets eröffnet."

[790] Dazu Adams (1997), S. 10: "... ein Schutz der Aktionäre aufgrund von Haftungsklagen durch Gerichte ist bisher ausgeblieben ... Der Grund hierfür ist, dass - anders als in den USA - in Deutschland der Klageweg durch die Aufstellung unerfüllbarer Voraussetzungen verschlossen worden ist und damit der Rechtsschutz der Kleinaktionäre gegen Depotbanken und Unternehmensverwaltungen faktisch beseitigt wurde. Ebenso macht sich das Fehlen eines Class-action-Systems für die Durchsetzung der unkoordinierten Aktionärsrechte schmerzlich bemerkbar."

Aktionäre in den USA wirklich umfangreicher als in Deutschland? (2) Werden die Manager in den USA durch umfangreiche Klagemöglichkeiten wirksam diszipliniert? Mit den Antworten auf diese Fragen, werden wir uns im Folgenden beschäftigen.

(ca) Umfang der Klagerechte der Aktionäre in den USA und Deutschland

Bevor wir uns der Frage widmen, ob umfangreiche Klagerechte der Aktionäre in den USA das Management wirksam disziplinieren können, sollten wir zumindest kursorisch darlegen, ob die Klagerechte der Aktionäre in den USA wirklich umfangreicher sind als in Deutschland. Denn wir haben es bisher lediglich behauptet, aber nicht begründet. Der Begründungsbedarf wird an dieser Stelle beseitigt.

(caa) Aktionärsklagen in Deutschland

Es lässt sich schwer behaupten, dass die Klagerechte der Aktionäre in Deutschland sehr umfangreich sind.[791] Die Aktionärsleistungsklagen, soweit sie nicht die Geltendmachung von den dem Einzelaktionär als solchem zustehenden Leistungsansprüchen zum Gegenstand haben, sondern der Erzwingung rechtmäßigen Verhaltens der Verwaltung dienen sollen, sind nur ausnahmsweise gegeben. Insbesondere gibt es kein umfassendes Recht der Aktionäre auf gesetz- und satzungsmäßiges Verhalten der Gesellschaftsorgane. Die Gesellschafter haben deshalb auch keine umfassende Abwehrklage in Prozessstandschaft für die Gesellschaft wegen der Beeinträchtigung von Rechten der Gesellschaft. Auch eine ausnahmsweise Klagemöglichkeit im Sinne eines Notgeschäftsführungsrecht besteht nicht. In Betracht kommt nur in engen Grenzen nach Maßgabe der Holzmüller-Entscheidung ein Abwehranspruch des Aktionärs kraft eigenen Rechts, wenn Mitgliedschaftsrechte des Aktionärs rechtswidrig verletzt werden. Eine solche Verletzung kann in der Verkürzung des Rechts auf Entscheidungsteilhabe liegen oder, soweit der Gleichbehandlungsgrundsatz zu Lasten des Aktionärs verletzt worden ist. Auch können bei schuldhafter Verletzung Schadensersatzansprüche in Betracht kommen.[792]

In der Literatur werden insgesamt sieben Hürden genannt, die die Durchsetzung der Haftungsansprüche im Aktienrecht fast unmöglich machen:[793] (a) Quorum von 5% des Grundkapitals, (b) Grobes Verschulden (abweichend von §§ 93 II, 116 AktG) als Haftungsvoraussetzung, (c) Dringender, durch Tatsachen gestützter Verdacht (abweichend von §§ 142 II, 147 I AktG), (d) Informationsprobleme für die Minderheit (keine Anpassung des Quorums des § 142 II AktG), (e) Mediatisierung des Minderheitsrechts durch gerichtliche Bestel-

---

[791] Meine Ausführungen basieren auf: Wieser/MünchnerHandbuch des Gesellschaftsrechts (1999), S. 149 ff.; Ulmer (1999), S. 290 ff.; Krieger (1999), S. 343.

[792] Zöllner (1994), S. 164.

[793] Ulmer (1999), S. 299: "Die Neuregelung des 147 Abs. 3 AktG erweist sich als Fehlschlag. Wenn der Gesetzgeber insoweit - zutreffend - Handlungsbedarf gesehen hat, ist er dem selbst gesetzten Ziel, die Durchsetzungsmöglichkeiten von Haftungsansprüchen seitens der Aktionäre verbessern zu wollen, doch nicht gerecht geworden." Kritisch auch Bericht der Regierungskommission "Corporate Governance" (2001), S. D2.43.

lung "neutraler" besonderer Vertreter ohne Vorschlagsrecht der Antragsteller, (f) Autonome Entscheidung dieser Vertreter über die Frage einer Klageerhebung ohne Bindung an die vorangegangene, zu ihrer Bestellung führende Entscheidung des Prozessgerichts und ohne Beschwerdebefugnis der Antragsteller bei negativem Ergebnis, (g) Kostensanktion des § 147 IV AktG zu Lasten der Minderheit.[794]

(cab) Aktionärsklagen in den USA

Im Gegensatz zu Deutschland sind die Klagemöglichkeiten in den USA viel umfassender.[795] Das einzige rechtliche Hindernis, das amerikanische Aktionäre überwinden müssen, wenn sie klagen wollen, ist die sog. "demand rule". Der Aktionär muss grundsätzlich vor der Geltendmachung einer Klage den „board" zur Abhilfe auffordern. Erst wenn der „board" die Abhilfe zu Unrecht abgelehnt hat, darf der Aktionär klagen. Da die unbegründete Ablehnung der Abhilfe schwer zu beweisen ist, wird sehr häufig eine Befreiung von der „demand rule" angestrebt. Eine Befreiung ist aber nur dann möglich, wenn „reasonable doubt about whether the board either: (1) was disinterested and independent; or (2) was entitled to the protections of the business judgment rule" [796]

Das amerikanische Gesellschaftsrecht kennt zwei Klagearten, mit denen der Aktionär gegen die Gesellschaft vorgehen kann: „direct suit" und "derivative suit". Bei der ersten Klageart handelt es sich um ein eigenes Recht des Gesellschafters, bei der zweiten um ein Recht der Gesellschaft. Anders gewendet: handelt es sich um einen Anspruch, der dem Gesellschafter selbst zusteht, so ist die "derivative suit" statthaft, gebührt er hingegen der Gesellschaft, so ist die "derivative suit" die richtige Klageart. Die Abgrenzung ist zum Teil sehr schwierig.[797] Es ist aber anerkannt, dass mit "direct suit" beispielsweise das Recht auf Ausschüttung einer erklärten Dividende oder das Austrittsrecht mit Abfindungsanspruch gegen die Gesellschaft verfolgt werden können.[798] Mit der "derivative suit" können wiederum alle Formen der Beeinträchtigung des Gesellschaftsvermögens (zum Beispiel "waste of corporate assets" oder "abuse of corporate opportunities") verfolgt werden. Der Hauptanwendungsbereich von "direct suit" sind Streitigkeiten im Rahmen von Übernahmen und "proxy fights". Dazu gehört die Verletzung der Publikationsvorschriften, die Abwehr feindlicher, für die Aktionäre attraktiver

---

[794] Dazu ausführlich Ulmer (1999), S. 294.

[795] Klein/Ramseyer/Bainbridge (2000), S. 220 ff.

[796] Klein/Ramseyer/Bainbridge (2000), S. 225: "One ground for alleging with particularity that demand would be futile is that a reasonable doubt exists that the board is capable of making an independent decision to assert the claim if demand were made. The basis for claiming excusal would normally be that: (1) a majority of the board has a material financial or familial interest, (2) a majority of the board is incapable of acting independently for some other reason such as domination or control, or (3) the underlying transaction is not the product of a valid exercise of business judgment."

[797] Klein/Ramseyer/Bainbridge (2000), S. 252: "The distinction depends upon the nature of the wrong alleged and the relief, if any, which could result if plaintiff were to prevail. To pursue a direct action, the stockholder-plaintiff must allege more than an injury resulting form a wrong to the corporation."

[798] Klein/Ramseyer/Bainbridge (2000), S. 225 ff. In der deutschen Literatur siehe zum Beispiel Merkt (1991), S. 474.

Übernahmeangebote oder die Empfehlung eines Zusammenschlusses zu ungünstigen Bedingungen.

Zum richtigen Schwert werden die Klagemöglichkeiten der Aktionäre erst durch zwei Mechanismen gemacht, die im deutschen Recht nicht vorkommen: die sog. "class action" und das Prozesskostensystem. Die *"class action"* spielt eine Rolle bei "direct suit" und vor allem im Recht der "securities regulation". Das typische für die "class action" ist, dass eine große Personengruppe rechtlich durch ihr gemeinsames Interesse an einem allen gemeinsamen Streitkomplex verbunden ist. Ferner tritt für die gesamte Klasse nur ein Repräsentant auf, ohne dass die übrigen Klassenmitglieder ebenfalls als Prozessparteien namhaft gemacht würden. Der klassische Fall ist der Aktivprozess der Klasse, die sich dadurch definiert, dass ihre Mitglieder in gleicher Weise geschädigt wurden, so dass jeden dieselbe Beschwerde trifft. Alle haben den gleichen Anspruch, der aus demselben Sachverhalt resultiert. Prozessuale Konsequenz der rechtlichen Konstellation ist die einheitliche Rechtskraftwirkung und Rechtskrafterstreckung. Sämtliche Klassenmitglieder werden durch das Urteil gebunden, ob sie obsiegen oder nicht. Die "class action" wird durch das amerikanische *Prozesskostenrecht* unterstützt. Nach amerikanischem Prozesskostenrecht gibt es keine Prozesskostenerstattung durch die unterlegene Partei wie in § 91 ZPO. Vielmehr trägt grundsätzlich auch die obsiegende Partei ihre Kosten selbst. In der ganz überwiegenden Anzahl der Fälle erhält der Anwalt, der die Klasse vertritt, als Honorar einen Prozentsatz der Urteilssumme, die zugunsten der Klasse zugesprochen worden ist. Die Höhe variiert zwischen 15 und 35%. Diese Kostenerstattung führt dazu, dass der Anwalt die Initiative ergreift und einzelne Klassenmitglieder ausfindig macht und zur Klageerhebung ermuntert, wobei sie den Prozess meist in eigener Regie und auf eigenes Risiko führen.

Es liegt auf der Hand, warum die "class action" und das sie unterstützende Prozesskostensystem ein schneidiges Mittel der Kontrolle darstellen. *Erstens* besteht ohne die "class action" die Gefahr, dass ein privater Kläger bei nur geringer Schadenshöhe den Anspruch nicht verfolgt, weil die Kosten der Prozessführung den Erwartungserlös der Klage übersteigen. *Zweitens* wird das finanzielle Risiko der Prozessführung durch das Prozesskostensystem (die Beteiligung des Anwalts) abgemildert. *Drittens* wird dadurch das Marktversagen wegen des Kollektivgutes bei der Prozessführung beseitigt. Bei einer Vielzahl von Geschädigten, die zur Durchsetzung ihrer Rechte letztlich auf dasselbe Tatsachenmaterial angewiesen sind, ist es der Rechtsverfolgung abträglich, wenn der erste Kläger die ganzen Kosten dieser Informationsbeschaffung zu tragen hätte und diese in aller Regel viel höher sind als die Kompensation seines persönlichen Schadens, aber andererseits verschwindend gering sein möchten gegenüber dem Gesamtschaden. Die anderen Geschädigten in der gleichen Lage können aus dieser Konstellation sehr leicht einen Vorteil ziehen. Sie sind in der Lage, nach einem erfolgreichen Musterprozess ihre Ansprüche zu liquidieren, ohne sich vorher angemessen an den Kosten der Informationsbeschaffung, die ihnen unmittelbar zugute kommen, zu beteiligen.

In Deutschland ist das anders. § 147 IV AktG trifft eine starre Anordnung hinsichtlich der Kostentragung: Wer unterliegt, trägt die Kosten.[799] Das hat zur Folge, dass die Minderheit, die geringe persönliche Vorteile von einem Obsiegen der Gesellschaft im ErsatzProzess hat, noch zusätzlich durch diese Kostenverteilung abgeschreckt wird. Das geltende Aktienrecht weist sogar eine asymmetrische Struktur in der Kostenverteilung auf, die zur Erzeugung der notwendigen Anreize genau umgekehrt sein müsste. Unterliegt der Aktionär, trägt er alle Prozesskosten. Unterliegt dagegen die Verwaltung als Kläger (§ 245 Nr. 4 und 5 AktG), trägt die Gesellschaft die Kosten für sie. Dem obsiegenden Aktionär entstehen keine nach § 91 ZPO ersatzfähigen Prozesskosten, die von der Gesellschaft zu tragen sind. Prozesskosten sind nur die unmittelbaren Aufwendungen der Parteien zur Führung des Rechtsstreits im Gegensatz zu den Schäden und Einbußen, die eine Partei aus Anlass der Prozessführung erleidet. Wird die Klage hingegen abgewiesen, so liegt das ganze Risiko allein beim Kläger ohne Kostenpartizipation sonstiger Personen. Bei dieser Regelung liegt es auf der Hand, dass nicht genügend Klagen erhoben werden, da jeder Aktionär auf die Kontrollanstrengungen der anderen Aktionäre hofft und daher eigene mit dem Ergebnis unterlässt, dass kein Aktionär Klage erheben wird.

Das Prozesskostenrecht ist nicht der einzige grundlegende Unterschied in der rechtlichen Ausgestaltung der Klagerechte in den USA und Deutschland. Ein anderer grundsätzlicher Unterschied betrifft die *Klagebefugnis*. Es ist bedenklich, dass die Aktionäre im deutschen Aktienrecht keine eigene Klagebefugnis haben. Eine Aktionärsklage zur Geltendmachung von Schadensersatzansprüchen der Gesellschaft im Wege der Prozessstandschaft gegen Mitglieder des Vorstands oder des Aufsichtsrates ist nach der Rechtsprechung nicht anzuerkennen. Nach der eindeutigen gesetzlichen Kompetenzverteilung sind Ansprüche der Gesellschaft gegen Vorstandsmitglieder gemäß § 112 AktG vom Aufsichtsrat und Ansprüche der Gesellschaft gegen Aufsichtsratsmitglieder gemäß § 78 AktG vom Vorstand geltend zu machen. Das Prozessführungsrecht verbleibt also bei der Gesellschaft, wobei nicht ausgeschlossen ist, dass die Gesellschaft die Klage fahrlässig scheitern lassen kann.[800] Eine Einzelklagebefugnis im deutschen Aktienrecht existiert nur im Recht der verbundenen Unternehmen (§§ 309 IV, 317 AktG). Dort gibt es eine weitreichende Klagebefugnis für jeden Aktionär der abhängigen Gesellschaft. Dabei spielt sogar die Anteilsbesitzgröße keine Rolle. Selbstverständlich kann aber der Aktionär die Leistung nur an die Gesellschaft fordern (§ 309 IV Satz 2).

Fassen wir zusammen. Im Ergebnis sind es damit in erster Linie zwei Faktoren, die dazu beitragen, dass die Klagerechte der Aktionäre in den USA wirksamer zur Disziplinierung der Manager eingesetzt werden können als in Deutschland: Einerseits die Tatsache, dass

---

[799] Die ökonomische Analyse des Kostenersatzrechts bei Aktionärsklagen führt Adams (2000), S. 396 durch.

[800] Der Unterschied dieser beiden Ansätze tritt im positiven Recht beim Strafprozess am deutlichsten hervor: § 147 AktG entspricht dem Klageerzwingungsverfahren gemäß §§ 172 ff. StPO, welches das Akkusationsmonopol bei der Staatsanwaltschaft belässt. Der verbandsrechtlichen Einzelklage entspricht dort das Privatklageverfahren nach §§ 374 ff. StPO, wo der Privatkläger in die Rolle der Anklagebehörde schlüpft. Dazu Becker (1997), S. 798, Fußnote 78.

das amerikanische Aktienrecht eine weitreichende Klagebefugnis für jeden Aktionär vorsieht, andererseits aber auch das Prozesskostenrecht. Mit dieser oberflächlichen Erörterung einiger Unterschiede zwischen der rechtlichen Ausgestaltung der Klagerechte der Aktionäre in Deutschland und in den USA soll es an dieser Stelle sein Bewenden haben. Ziel dieser Erörterung war zwar nicht die umfassende Darstellung der rechtlichen Unterschiede bezüglich der Klagerechte in den USA und in Deutschland. Aber sie sollte zumindest eine vage Vorstellung davon vermitteln, dass die Unterschiede bezüglich der Klagerechte in der Tat sehr groß zu sein scheinen.

(cb) Disziplinierung durch Aktionärsklagen in der USA

(cba) Empirie

Nachdem wir kursorisch dargelegt haben, dass in der Tat davon auszugehen ist, dass die rechtliche Ausgestaltung der Klagerechte in den USA besser geeignet ist, als in Deutschland die Manager zu disziplinieren, können wir uns der Frage zuwenden, ob diese theoretische Überlegung[801] durch empirische Untersuchungen bestätigt wird. Eine empirische Studie von Romano (1991)[802] zu den Wirkungen der Aktionärsklagen gelangte zu dem Ergebnis, dass derartige Klagen in den USA nur einen geringen Einfluss auf das Verhalten von Managern in Unternehmen ausüben. Sie untersuchte 535 Gesellschaften in den Jahren 1969-1987. Insgesamt wurden 139 Streitfälle in 18 Jahren empirisch unter die Lupe genommen. Es wurde festgestellt, dass eine durchschnittliche Häufigkeit von 0,26 Fällen pro Gesellschaft innerhalb eines Zeitraumes von 18 Jahren beträgt oder anders gesagt, ein statistisches Klagerisiko im Abstand von 48 Jahren besteht. Nur 6% aller Verfahren endeten mit einem Sieg der Kläger. In 83 der 128 abgeschlossenen Verfahren einigten sich die Parteien in einem Vergleich. Dabei wurde festgestellt, dass nur in 46 Fällen Schadensersatz an die Gesellschaft gezahlt wurde. Zahlungen an Rechtsanwälte erfolgten viel häufiger (insgesamt 75 Fälle). In sieben Fällen war der einzige Erfolg die Erstattung der Anwaltsgebühr. Romano (1991) konnte auch nicht feststellen, dass die Klagen eine positive Auswirkung auf die Aktienkurse der beklagten Aktiengesellschaften haben.[803] Das müsste jedoch der Fall sein, wenn durch die Aktionärsklagen das Management diszipliniert wird. Das einzige Ergebnis in der Studie von Romano (1991), das die Disziplinierungswirkung der Aktionärsklagen hindeutet, ist die Entlassungsquote bei den Managern der verklagten Aktiengesellschaften („turnover rate").[804]

---

[801] Zur Theorie, wann die Klagen effizient sind, siehe vor allem Kraakman/Park/Shavell (1994), S. 1733: "As we develop below, a derivative suit increases corporate value in two circumstances: if the prospect of suit deters misconduct or, alternatively, if the suit itself yields a positive recovery net of all costs that the corporation must bear as a consequence of suit. These are the circumstances in which suit is in the interest of the corporation."

[802] Romano (1991); ähnlich Alexander (1991), bezüglich "class action" im Kapitalmarktrecht.

[803] Romano (1991), S. 65: „The data do not provide compelling support for the proposition that shareholders experience significant wealth effects from litigation."

[804] Romano (1991), S. 74: „This suggests that the significance of changes in top management after litigation has commenced is evidence that shareholder suits could have some disciplining effect."

Romano (1991) widmete sich auch der Frage, die für uns eine besondere Bedeutung besitzt: Sind die Aktionärsklagen ein geeigneter Ersatz für die Überwachung durch den Aufsichtsrat? Sie ist von der Prämisse ausgegangen, dass „if litigation is an alternative to board monitoring, then sued firms should have fewer outsiders on their boards than their nonsued matches."[805] Sie kam zu dem Ergebnis, dass „lawsuit firms did have a lower percentage of outside directors than their matches when the suit was filled (47,3% compared to 48,3%), but the difference is not significant. This datum does not provide much support for the substitute monitoring explanation."[806] Insgesamt ist Romano (1991) der Meinung: „The data support the conclusion that shareholder litigation is a weak, if not ineffective, instrument of corporate governance ... The principal beneficiaries of the litigation therefore appear to be attorneys, who win fee awards in 90 percent of settled suits."[807]

Zu einem ähnlichen Ergebnis ist auch Jones (1980) gekommen. Er untersuchte die Klagehäufigkeit in den Jahren 1971 bis 1978. Im Einzelnen kam die Untersuchung für die 190 einbezogenen börsennotierten Gesellschaften, darunter die 80 größten, zur Feststellung von insgesamt 228 Klagen oder durchschnittlich 1,2 Klagen pro Gesellschaft. Das entspricht einem statistischen Klagerisiko für jede Gesellschaft im Abstand von jeweils 6,7 Jahren. Was den Prozesserfolg anbelangt, stellte Jones (1980)[808] fest, dass bei den Urteilen die Zahl der Klageabweisungen mit 86 bei weitem diejenige von nur zwei stattgebenden Urteilen überstieg. Was aber für unsere Fragestellung sehr relevant ist: Unter Berücksichtigung der Anerkenntnisse der Beklagten und der Prozessvergleiche lag die Erfolgsquote der Kläger bei über 75%. Das macht deutlich, dass sich die beklagten Gesellschaften sehr schnell zum Abschluss eines Vergleiches bereit fanden. Davon profitieren nicht Aktionäre, sondern die Anwälte. Aus diesem Grund überrascht es nicht, dass die umfangreichen Klagerechte der Aktionäre in den USA eher skeptisch beurteilt werden.[809]

Diese empirischen Ergebnisse werden durch die sog. Beutetheorie erklärt.[810] Nach dieser Theorie dienen die umfangreichen Klagemöglichkeiten der Aktionäre in den USA nicht

---

805 Romano (1991), S. 80.
806 Romano (1991), S. 80.
807 Romano (1991), S. 84.
808 Jones (1980), S. 306 ff.
809 Dazu zum Beispiel Carney (1993), S. 917: "The reasons why enforcement of fiduciary duties is a negative-sum game are straightforward. Each case of claimed breach of fiduciary duty is fact- specific and requires costly litigation to resolve. Parties may use litigation opportunistically as a means of extorting settlements from defendants by blocking valuable actions. There is little evidence of any benefits to shareholders generally from derivative litigation. Empirical studies show that litigation results in little change in stock prices, small cash settlements, cosmetic structural changes, and large attorneys' fees on both sides. The evidence of deterrent effect on director behavior is similarly weak." Siehe auch Bison (1997), S. 237 ff.
810 Dazu Kraakman/Park/Shavell (1994), S. 1770: "Legal rules that compensate plaintiffs and their attorneys on the basis of recoveries from suits introduce a fundamental distortion in the decision to bring suit. In some cases, these rules create too weak an inducement to sue because they fail to reflect the deterrent benefits of a decision to bring suit. In other cases, these rules create too strong an incentive to sue because they fail to reflect the implicit costs, especially increases in liability insurance premia, imposed by prospective liability. At present, there is little in the legal regulation of shareholder suits to correct the distorted incentives created by plaintiff compensation rules. But law reform, in the guise of a new compensation rule and a new legal screen on share-

zur besseren Durchsetzung des Rechts, sondern zur Ausbeutung des Firmenvermögens infolge des Missbrauchs der Klagerechte. Warum das so ist, wird an dieser Stelle kurz dargestellt. Hat sich ein Aktionär, vertreten durch einen Anwalt, zur Geltendmachung des Schadensersatzes entschieden, obwohl keine Aussicht auf Erfolg besteht, kann er gleichwohl der Aktiengesellschaft die folgenden Verluste zufügen: die Kosten des Reputationsverlustes, die Anwaltskosten und die Kosten[811], die mit der Störung des alltäglichen Geschäftsablaufs verbunden sind. Ist die Aktiengesellschaft von der Ernsthaftigkeit der Drohung mit einem Prozess überzeugt, wird sie einen Vergleich der Fortsetzung des Prozesses vorziehen, vorausgesetzt, dass die Kosten des Vergleiches geringer sind als die oben angeführten Kosten.[812]

Fazit: Es gibt also keine Anhaltspunkte in den amerikanischen, empirischen Studien für die Richtigkeit der Hypothese, dass die „independent directors" deswegen nicht zu einer besseren Performance der amerikanischen Aktiengesellschaften beitragen können, weil die Manager ausreichend durch umfangreiche Klagemöglichkeiten der Aktionäre diszipliniert werden.

(cbb) Rechtsvergleichung: Schweiz

Ein weiteres Indiz dafür, dass zwingender Aufsichtsrat in Abwesenheit der umfangreichen Klagerechte nicht unbedingt zur Beseitigung des Spannungsverhältnisses zwischen den Aktionären und der Geschäftsführung nötig ist, ist das Beispiel der schweizerischen Rechtswirklichkeit. Das Beispiel der Schweiz wurde nicht zufällig gewählt. Dafür gibt es einen konkreten Grund. Der Ausgangspunkt unserer Diskussion war die Frage, ob die umfangreichen Klagerechte in den USA einen Ersatz für den zwingenden Aufsichtsrat darstellen. Denn wenn sich herausstellen sollte, dass die umfangreichen Klagerechte in den USA wirklich den zwingenden Aufsichtsrat substituieren, kann man die Übertragung der empirischen Studien aus den USA über die Auswirkung der Zusammensetzung des Aufsichtsrates auf die Performance der Unternehmen nicht für sehr überzeugend halten. Eine Möglichkeit, wie diese Frage beantwortet werden kann, sind die empirischen Untersuchungen. Die zweite Möglichkeit ist die Rechtsvergleichung. Man muss eine Rechtsordnung finden, in der weder der zwingende Aufsichtsrat noch umfangreiche Klagerechte der Aktionäre vorhanden sind und trotzdem keine Missstände auftreten. Ein Beispiel für eine solche Rechtsordnung ist die Schweiz. In der Schweiz gibt es weder einen zwingenden Aufsichtsrat noch umfangreiche Klagerechte der Aktionäre.

---

holder suits, might do much to correct these distorted incentives." Mißbräuche bei der Anspruchsverfolgung haben in den USA zu einer tiefgreifenden Gesetzesreform durch den *Private Securities Litigation Reform Act 1995* geführt.

[811] In den USA trägt der Beklagte bzw. Kläger immer seine Anwaltskosten. Das ist also auch der Fall, wenn er gewinnt.

[812] Ausführlich dazu Bebchuk (1988), S. 437.

Zwar lässt das schweizerische Aktienrecht Klagen gegen die Verwaltung in größerem Umfang zu, als das in Deutschland der Fall ist.[813] *Erstens* ist der Kreis der Klageberechtigten größer. Außer der Gesellschaft selber ist auch jeder Aktionär und der einzelne Gläubiger zur Geltendmachung eines Schadensersatzanspruches befugt (Art. 756 OR). *Zweitens* wird die Klage der Aktionäre als solche aus eigenem Recht verstanden.[814] Das führt dazu, dass dem Kläger die Zustimmung der Gesellschaft nicht entgegenhalten werden kann. *Drittens* werden die Kosten der Klage durch die Gesellschaft getragen (Art. 756 II OR). Aber diese relativ weitgefasste Klagemöglichkeit kann nicht mit den amerikanischen Klagerechten verglichen werden. Es gibt in der Schweiz vor allem keine Gruppenklage.

In der Schweiz gibt es auch keinen zwingenden Aufsichtsrat. Die Schweiz hat sich für das Board-System entschieden.[815] Es wurde darauf verzichtet, zwei Leitungsorgane im Sinne eines Vorstands und eines Aufsichtsrats zwingend vorzusehen. Die Führungsverantwortung liegt in Händen des Verwaltungsrates.[816] Die Geschäftsführung kann ganz oder zum Teil an einzelne Mitglieder (Verwaltungsratsausschuss) oder an Dritte delegiert werden. In der Praxis wird zumeist ein Verwaltungsratsausschuss gebildet, der unter Aufsicht des Gesamtverwaltungsrates die Geschäfte leitet. Er wird vom Präsidenten des Verwaltungsrates geleitet, der gleichzeitig zum Delegierten für die Geschäftsleitung ernannt wird. Als Variante wird das Amt des Präsidenten des Verwaltungsrates von demjenigen des Delegierten für die Geschäftsleitung getrennt. Der Delegierte leitet den Verwaltungsratsauschuss, während der Verwaltungsratspräsident auf die Leitung des Verwaltungsrates in seiner Oberaufsichtskompetenz beschränkt bleibt. Unter dem Verwaltungsratsauschuss besteht zumeist eine Konzernleitung, die sich aus den Leitern der verschiedenen Divisionen zusammensetzt. Ihre Mitglieder sind nicht gleichzeitig Mitglieder des Verwaltungsrates. Zwar kann auf freiwilliger Basis auch ein abgewandeltes Aufsichtsratssystem eingeführt werden. Aber dieses abgewandelte Aufsichtsratssystem bringt keine deutliche Trennung zwischen eigentlicher Geschäftsleitung und Aufsicht. So sind zum Beispiel Aufsicht und Geschäftsführung, anders als im deutschen Aktienrecht, über eine Doppelfunktion verschiedener Personen miteinander vernetzt.[817]

Da in der Schweiz, wie wir gesehen haben, weder ein zwingendes Aufsichtsratssystem noch umfangreiche Klagerechte der Aktionäre existieren, müsste dort das Kontrollproblem des Managements besonders akut auftreten. Das ist, soweit ersichtlich, nicht der Fall. Ein Indiz dafür, dass das Kontrollproblem in der Schweiz kein großes Problem darstellt, ist die Popularität der Aktiengesellschaft als Rechtsform. Die Marktkapitalisierung aller Aktiengesell-

---

[813] Dazu Druey (1994), S. 194. Eine Form der Gruppenklage gibt es nur im schweizerischen Anlagefondsgesetz aus dem Jahr 1995: Gemäß Art. 28 Abs. 1 AFG kann der Richter einen Vertreter der Anleger ernennen, wenn Schadensersatzansprüche auf Leistung an den Anlagefonds glaubhaft gemacht werden. Dazu Fleicher (2002), F 117.

[814] Druey (1994), S. 195.

[815] Nobel (1994), S. 101.

[816] Näher dazu Planta (1994), S. 49.

[817] Nobel (1994), S. 106.

schaften in der Schweiz betrug im Jahre 1999 293% des BSP.[818] Das ist die höchste Quote in Europa.[819]

c. Verflechtung: Kontrollproblem oder Strukturproblem?

Es wäre möglicherweise zu kurz gegriffen, wollte man sich allein auf das Argument stützen, dass in den USA und in der Schweiz der zwingend vorgesehene Aufsichtsrat nicht notwendig ist. Denn viele deutsche Rechtswissenschaftler sind der rechtsvergleichenden Methode nicht wohl gesonnen. Ein anderes Argument gegen den Nutzen des zwingenden Aufsichtsrats kommt auch ohne die Rechtsvergleichung aus.

Wenn wir die deutsche Rechtswirklichkeit bezüglich der Aktiengesellschaften auf zwei Kernaussagen reduzieren: (1) In Deutschland gibt es rein formal wenige Publikumsaktiengesellschaften und (2) das größte Problem stellt die Verflechtung dar, dann liegt es auf der Hand, dass der zwingende Aufsichtsrat keine Abhilfe für diese Probleme schaffen kann. Das ergibt sich daraus, dass die Regelung bezüglich des Aufsichtsrates von der folgenden Prämisse ausgeht: die Aktionäre wollen das Management kontrollieren, aber sie sind dazu nicht fähig, weil sie mit dem Collective-Action-Problem konfrontiert sind. Das ist jedoch weder im Fall der Verflechtung noch im Fall der Existenz eines Mehrheitsaktionärs richtig. Die Verflechtung stellt *kein Kontrollproblem*, sondern ein *Strukturproblem* dar. Wenn eine Aktiengesellschaft an einer anderen Aktiengesellschaft mit einem Aktienpaket von 30% beteiligt ist, dann besteht *die Möglichkeit* der Kontrolle, aber möglicherweise *kein Wille* dazu, weil diese beiden Aktiengesellschaften miteinander verflochten sind. Die Einrichtung eines zwingenden Aufsichtsrates ändert an dieser Lage nichts. Denn die für die klassische Managerherrschaft grundlegende Trennung von Eigentum und Kontrolle ist unter derartigen Bedingungen nicht gegeben.

d. Zwischenergebnis

Fassen wir unsere Ergebnisse zusammen. Die empirischen Studien bezüglich der Klagerechte und das Beispiel der Schweiz dürfte zur Genüge gezeigt haben, dass die Abwesenheit von umfangreichen Klagerechten in Deutschland einen zwingenden Aufsichtsrat nicht unentbehrlich machen. Deswegen scheint es plausibel, anzunehmen, dass die empirischen Studien aus den USA auch auf deutsche Verhältnisse übertragen werden können. Selbst wenn man kontrafaktisch diese Feststellung für falsch hält, hilft das den Kritikern der Deregulierung keinen Schritt weiter. Denn der zwingende Aufsichtsrat könnte höchsten nur das Kontrollproblem lösen, nicht aber das dem Kontrollproblem vorgelagerte Strukturproblem. Dass heißt aber gleichzeitig, dass der Nutzen des zwingenden Aufsichtsrates gleich null ist.

---

[818] Coffee (2000), S. 18.

[819] In Deutschland betrug diese Quote nur 76%.

B. Kosten der zwingenden Ausgestaltung des Aufsichtsrates

a. Interdependenz

Wie wir gesehen haben, ist der Nutzen der strikten Trennung zwischen Vorstand und Aufsichtsrat nicht sehr groß. An dieser Stelle will ich die Kosten der zwingenden Regelung herausfinden. Zuerst ist daran zu erinnern, dass die empirischen Untersuchungen aus den USA stammen, wo keine zwingende Regelung besteht. In Deutschland ist dies anders. Hier müssen auch die Gesellschaften die Kosten des Aufsichtsrates tragen, die davon keinen Nutzen ziehen, weil sie keinen Aufsichtsrat brauchen oder einen Aufsichtsrat benötigen, aber in einer anderen Form als das Aktiengesetz dies vorschreibt. Die Meinung, dass jede Aktiengesellschaft einen Aufsichtsrat in seiner jetzigen Form braucht, trifft nicht zu. Der Aufsichtsrat soll vor allem den Vorstand überwachen. Daraus ergibt sich, dass eine Aktiengesellschaft um so weniger einen zwingend vorgeschriebenen Aufsichtsrat braucht, je mehr sie durch die Aktionäre selbst kontrolliert werden kann. Das ist vor allem dann der Fall, wenn ein Mehrheitsaktionär vorhanden ist. Die Existenz eines Mehrheitsaktionärs gewährleistet, dass die Kosten der Überwachung und im Notfall des Austausches einer schlechten Geschäftsführung niedrig sind, weil weder teure Übernahmen noch Bemühungen um die erforderlichen Stimmen benötigt werden. Dagegen kann eingewendet werden, dass wir die Existenz des Aufsichtsrates auch bei Aktiengesellschaften beobachten können, die einen Mehrheitsaktionär haben. Dabei wird aber übersehen, dass solche Gesellschaften einen anders ausgestalteten Aufsichtsrat brauchen. Bei diesen Gesellschaften steht nicht die Lösung des Problems, wie der Vorstand wirksam überwacht werden kann, im Vordergrund, sondern wie die Ausbeutung der Minderheit durch die Mehrheit zu unterbinden ist.[820]

Das Finden eines optimalen Aufsichtsrates für beide Typen der Aktiengesellschaft ist aber nicht möglich, weil die Lösung des Problems der Überwachung des Vorstandes zur Vernachlässigung des Problems der Ausbeutung der Minderheit führen muss. Es besteht eine Interdependenz (*trade-off*) zwischen diesen beiden Agency-Beziehungen. Diese Interdependenz kann sehr gut am Beispiel der geltenden Vorstand-Aufsichtsregelung dargestellt werden.[821] So kann man zum Beispiel feststellen, dass einige zwingende Vorschriften zur Lösung des Spannungsverhältnisses zwischen dem Management und den Aktionären beitragen, andere wiederum diese erschweren, weil sie die Minderheit bzw. die Arbeitnehmer schützen sollen. Exemplarisch genannt, tragen wahrscheinlich zur besseren Überwachung des Vorstandes folgende Regeln bei: die personale Trennung zwischen dem Vorstand und dem Aufsichtsrat, ei-

---

[820] In Deutschland ist sogar die Zulässigkeit einer Minderheitsvertretung im Aufsichtsrat überaus umstritten, vgl. OLG Hamm NJW 1987, 1030 – „Banning"; LG Mannheim WM 1990, 760 (763). Deswegen ist in Österreich eine Minderheit- bzw. Proportionalvertretung im Aufsichtsrat vorgesehen (§ 87 Abs. 1 Satz 3 öAktG 1965).

[821] In diesem Zusammenhang ist hervorzuheben, dass die Publikumsaktiengesellschaft dem gesetzlichen Leitbild der Aktiengesellschaft am besten entspricht. Das ist aber sehr bedenklich, weil, wie wir an einer anderen Stelle dieser Arbeit festgestellt haben, die deutsche Aktienlandschaft durch die Aktiengesellschaft mit einem Mehrheitsaktionär geprägt ist. Dazu auch K. Schmidt (1997), S. 778.

ne strenge Haftung, die Bestellung des Vorstandes auf höchstens 5 Jahre, das Bedürfnis der erneuten Bestellung durch einen ausdrücklichen Aufsichtsratsbeschluss. Als die Lösung erschwerende Regelungen kann man anführen: Nur die Hälfte der Aufsichtsratsmitglieder wird durch die Aktionäre gewählt, die Abberufung des Vorstandes kann nur aus einem wichtigen Grund erfolgen, die große Zahl der Aufsichtsratsmitglieder, ferner, dass der Aufsichtsrat von der Geschäftsführung ausgeschlossen ist, und dass sich der Vorstand bei der Weigerung der Zustimmung durch den Aufsichtsrat an die Hauptversammlung wenden kann.[822] Es ist kaum denkbar, dass eine Publikumsaktiengesellschaft die Zuständigkeit zwischen dem Aufsichtsrat und dem Vorstand so verteilen würde, wie das bei der gesetzlichen Regelung der Fall ist. Zumindest sind das Fehlen der Weisungsgebundenheit des Vorstandes und die Abberufung des Vorstandes nur aus einem wichtigen Grund für eine solche Gesellschaft ungeeignet. In den USA wird zum Beispiel von der sog. "removal for cause" nur dann Gebrauch gemacht, wenn sich die Gesellschaften gegen Übernahmen schützen wollen, da die Möglichkeit des Widerrufes ohne wichtigen Grund die Übernahme der Gesellschaft erleichtert. Auch der deutsche Gesetzgeber entscheidet sich nicht für eine ähnliche Regelung, wenn eine Ausbeutung der Minderheit kaum denkbar ist.

b. Beispiel: der rechtsfähige Verein

Das verdeutlicht sehr gut die gesetzliche Regelung des rechtsfähigen Vereins, bei dem die Ausbeutung der Minderheit kein Problem darstellt und die wirksame Überwachung des Vorstandes im Vordergrund steht.[823] In diesem Zusammenhang ist hervorzuheben, dass die Aktiengesellschaft rechtssystematisch in die Kategorie der Vereine gehört. Im 19. Jahrhundert war vielfach geradezu noch von einem Aktienverein die Rede, wenn man von der Aktiengesellschaft sprach. Der Vorstand des rechtsfähigen Vereins wird nach § 27 I BGB durch die Mitgliederversammlung bestellt. Die Bestellung ist jeder Zeit widerruflich, es sei denn, die Satzung beschränkt den Widerruf auf den Fall, dass ein wichtiger Grund vorliegt (§ 27 II BGB)[824]. Die Mitgliederversammlung hat auch ein Weisungsrecht gegenüber dem Vorstand. Gemäß §§ 27 III, 665 BGB hat der Vorstand den Weisungen der Mitglieder-versammlung zu folgen, soweit nicht zwingende Vorschriften oder Satzungsregelungen, die auch dem Vorstand bestimmte Entscheidungen in Eigenkompetenz überlassen können, entgegen stehen.[825] Zwar ist es denkbar, dass der Gesetzgeber unterschiedliche Regelungen des Aufsichtsrates konzipiert, um das Problem der Interdependenz zu lösen. Eine Regelung soll dabei auf die Publikumaktiengesellschaft zugeschnitten werden und eine andere auf eine Gesellschaft mit

[822] Ähnlich Hansmann/Kraakman (1999), Chapter 3, S. 5: "German law ... What is more, there are substantial constraints on the ability of the supervisory board to control the managing board. Members of the managing board can be appointed for terms of up to five years, and cannot be removed by the supervisory board except for substantial cause."
[823] K. Schmidt (1997), S. 765.
[824] Dazu K. Schmidt (1997), 692.
[825] Dazu K. Schmidt (1997), 698.

einem Mehrheitsaktionär. Das setzt jedoch voraus, dass man diese zwei Arten von Gesellschaften leicht unterscheiden kann, was aufgrund der freien Übertragbarkeit der Aktien mit nicht erheblichen Verwaltungsaufwand verbunden wäre.

Fazit: Was alle diese Überlegungen zeigen, ist Folgendes: Es ist naiv anzunehmen, dass der zwingende Aufsichtsrat ohne Effizienzverluste zu bekommen ist. Unsere Analyse zeigt, dass in der Tat der zwingende Aufsichtsrat mit erheblichen Kosten für die Aktiengesellschaft verbunden ist.

C. Ergebnis

Ziehen wir Bilanz. Gegenstand unserer Untersuchung in diesem Abschnitt war die Frage des Kosten-Nutzen-Verhältnisses des zwingenden Aufsichtsrates. Ausgangspunkt unserer Überlegung war die empirisch gut belegte Tatsache, dass "independent directors" in den US-amerikansichen "boards" nicht von großem Nutzen sind. Dann hatten uns wir mit der Frage beschäftigt, ob in den USA deswegen die Unabhängigkeit der Aufsichtsratsmitglieder überflüssig ist, weil dort umfangreiche Klagemöglichkeiten der Aktionäre gibt. Dabei hatten wir festgestellt, dass sich diese Hypothese weder durch die Rechtsvergleichung noch durch empirische Untersuchungen beweisen lässt. Daraus haben wir die Schlussfolgerung gezogen, dass der Nutzen des zwingenden Aufsichtsrates gleich null ist. Dann hatten wir uns der Fragestellung zugewandt, ob die Kosten des zwingenden Aufsichtsrats ins Gewicht fallen. Wir stellten fest, dass es rein faktisch eine Illusion sei, zu glauben, dass der zwingende Aufsichtsrat nicht mit erheblichen Kosten verbunden ist. Angesichts dieser Ergebnisse ist klar, dass sich ein Festhalten am zwingenden Aufsichtsrat unter Effizienzgesichtspunkten nicht rechtfertigen lässt. Das haben viele Rechtsordnungen schon vor langem eingesehen. Das deutsche Modell ist weit weniger verbreitet als das amerikanische. Außer in Deutschland ist eine ähnliche Regelung des Aufsichtsrates nur in Österreich und in den Niederlanden anzutreffen. In Frankreich, wo auf freiwilliger Basis das deutsche, monistische Modell den Aktiengesellschaften zur Verfügung steht, entscheiden sich nur ca. 5% aller Aktiengesellschaften für diese Lösung.[826] Nichtdestotrotz „one thing is for sure. In the foreseeable future, the two-tier system will not be changed nor even placed at the disposal of the corporations."[827]

[826] Dazu Lutter (1995), S. 11. Siehe auch die Diskussion in der Schweiz über die Reform des Aktienrechts. Der renommierte Gesellschaftrechtler Böckli (1996), S. 152 schreibt: „Firstly, Swiss law should not adopt the German system, with its rigid separation in a mandatory two-tier system of control and nomination, on the one hand, and leadership, on the other hand. Deswegen ist unverständlich, warum Hopt (1998), S. 228 schreibt: "Germany, Switzerland, Austria, the Netherlands, and the Scandinavian countries have the two-tier system."

[827] Hopt (1998), S. 254.

2. Kosten-Nutzen-Verhältnis der zwingenden Haftung der Manager

A. Rechtslage in Deutschland

An dieser Stelle dieser Arbeit werden wir uns mit der Frage auseinandersetzen, ob die zwingende Haftung der Manager nützlich ist. Denn in Deutschland unterliegt der Vorstand nach § 93 AktG einer zwingenden Haftung, die außerordentlich streng ist.[828] Diese Haftung beruht auf der Organstellung, nicht auf dem Dienstvertrag. Die Vorstandsmitglieder müssen die Interessen der Gesellschaft wahrnehmen und alles unterlassen, was die Gesellschaft schädigt. Nach § 93 I 1 AktG haben die Vorstandsmitglieder bei ihrer Geschäftsführung die Sorgfalt eines ordentlichen und gewissenhaften Geschäftsleiters anzuwenden. Zu ihren zahlreichen Pflichten gehört auch die Pflicht, bei Verlust der Hälfte des Grundkapitals unverzüglich eine außerordentliche Hauptversammlung einzuberufen (§ 92 I AktG). Sie haben eine eingetretene oder drohende Insolvenz abzuwenden und bei unbehebbarer Insolvenz nach § 92 II AktG die Eröffnung eines Insolvenzverfahrens zu beantragen und unterliegen im Insolvenzfall nach § 92 III AktG einem Zahlungsverbot. § 93 III AktG zählt noch eine Reihe wichtiger Pflichten im Rahmen der Kapitalsicherung auf. Vorstandsmitglieder, die ihre Pflichten verletzen, sind der Gesellschaft zum Ersatz des daraus entstehenden Schadens als Gesamtschuldner verpflichtet (§ 93 II 1 AktG), so dass kein Vorstandsmitglied auf ein Mitverschulden eines anderen verweisen kann. Gehaftet wird für jedes Verschulden, und zwar mit Exkulpationslast der Vorstandsmitglieder (§ 93 II 2 AktG). Gläubigerin ist die Gesellschaft, und zwar auch insoweit, als aus ihrer Schädigung den Aktionären ein mittelbarer Schaden erwächst. Eine Haftungsbeschränkung wie bei Arbeitnehmern wird nicht anerkannt. Allerdings tritt die Ersatzpflicht nicht ein, wenn die Handlung des Vorstands auf einem gesetzmäßigen Beschluss der Hauptversammlung beruht (§ 93 IV 1 AktG). Eine - auch vorherige - Billigung durch den Aufsichtsrat genügt nicht für den Haftungsaufschluss (§ 93 IV 2 AktG). Ist der Ersatzanspruch einmal entstanden, so kann die Gesellschaft nur unter den in § 93 IV 3, 4 AktG genannten Voraussetzungen auf ihn verzichten.

B. Rechtslage in den USA

Das ist in den USA anders.[829] Dort gibt es keine zwingende Haftung der Manager.[830] Die Haftungsfreistellung ist somit möglich. So gibt es zum Beispiel die Möglichkeit einer

---

[828] K. Schmidt (1997), S. 823-824. Meine Beschreibung der Rechtslage basiert auf Wiesner/Münchner Handbuch des Gesellschaftsrechts (1999), S. 277 ff.

[829] Carney (1988), S. 415: "Investors generally have not chosen specific restrains on managers. Indeed, the entire thrust of American corporate law over the last century has been in the opposite direction: to maximize management flexibility."

[830] Bradley/Shipani/Sundaram/Walsh (1999), S. 27: "In 1986, the Delaware legislature adopted title 8, section 102(b)(7) of the Delaware Code Annotated, permitting corporations to amend their charters to limit or eliminate directors' liability for non-intentional breach of the duty of care to the corporation and its shareholders. More than forty states have followed Delaware's lead and adopted similar exculpatory legislation." Siehe auch Black (2001a), S. 5: "However, although the core duty cannot be waived, the outside director's monetary liability for all

Haftungsfreizeichnung für Fahrlässigkeit („negligence") in Delaware. In einigen Bundesstaaten (Indiano, Ohio) ist sogar die Haftungsfreizeichnung für grobe Fahrlässigkeit („recklessness") möglich. Sehr oft ist auch zulässig die Vereinbarung einer Haftungskappungsgrenze (Virginia).[831] Ferner gibt es dort auch andere Möglichkeiten, wie die Entscheidungsfreudigkeit der Manager unterstützt wird. Ein wichtiges Instrument ist vor allem der gesetzlich verankerte Aufwendungsersatz- bzw. Freistellungsanspruch („indemnification") gegen die Gesellschaft, falls der Manager zu Unrecht von nicht substantiierten Aktionärsklagen überzogen wird. Aber selbst im Fall des Unterliegens besteht Aussicht auf freiwillige Erstattung („permissive indemnification"), sofern nicht die Gesellschaft selbst auf der Klägerseite stand. Stark verbreitet ist die Form der Haftungsfreistellung durch eine Haftpflichtversicherung, die sowohl den korporativen („corporate reinbursement part") als auch den individuellen Schaden („personal coverage") abdeckt.[832]

C. Nutzen der zwingenden Haftung

Nach dieser kurzen rechtlichen Einführung, können wir uns dem Kosten-Nutzen-Verhältnis der zwingenden Haftung des Vorstandes widmen. Man kann plausibel annehmen, dass die zwingende Haftung der Manager in Deutschland nur dann von Nutzen ist, wenn (1) die geeigneten Haftungsmaßstäbe gefunden werden können, (2) und wenn diese Haftungsmaßstäbe auch im Einzelfall durch ein Gericht richtig angewandt werden können. Es stellt sich also die Frage, ob diese Voraussetzungen gegeben sind.

a. Haftungsmaßstäbe

Es liegt auf der Hand, dass sich geeignete Haftungsmaßstäbe weder leicht finden lassen, noch dass sie ohne Probleme durch das Gericht im Einzelfall richtig angewandt werden können. Das zeigt schon das deutsche geltende Recht. Nach § 93 AktG unterliegt der Vorstand für seine Geschäftsführungstätigkeit einer zivilrechtlichen Haftung, die nach dem Wortlaut des Gesetzes von außerordentlicher Strenge ist, sich aber seit längerem als für die Praxis wenig bedeutsam erwiesen hat, weil das Aktiengesetz die objektiven Maßstäbe für das Verhalten des Vorstandes sehr ungenau umschreibt. § 93 I 1 AktG verlangt die Sorgfalt eines ordentlichen und gewissenhaften Geschäftsleiters. Was das genau bedeutet, präzisiert das Ge-

---

of these duties, except the duty of loyalty, can be limited, or eliminated entirely, through a provision in the company's charter."

[831] Brook/Rao (1994), S. 483: "... and as of August 1988, 37 states had passed directors' liability limitation statutes. These statutes are of two kinds. Charter-option statutes (introduced by Delaware in July 1986 and subsequently adopted by at least 30 other states) allow the company (with shareholder approval) to amend its charter to effectively eliminate directors' liability to stockholders for monetary damages arising from breach of fiduciary duty. A second type, self-executing statutes (Indiana, Ohio, Florida, and Maine), do not require shareholder approval of the LLPs; they are automatically applied." Siehe auch Merkt (1991), S. 409.

[832] Dazu Brook/Rao (1994), S. 484: "Besides limiting directors' liability, 20 states have expanded the corporation' s ability to indemnify its officers and directors against all monetary damages and legal costs incurred from suits brought against them. These indemnification provisions allow for the use of corporate resources to pay all the directors legal cost." Genau dazu Appendix in Hanks (1988), S. 1207. Siehe auch Merkt (1991), S. 409.

setz nicht.[833] Auch die Definierungsversuche der Rechtsprechung sind nur in geringem Maße bestimmt. Nach der Rechtsprechung kommt eine Schadensersatzpflicht erst in Betracht "wenn die Grenzen, in denen sich ein von Verantwortungsbewusstsein getragenes, ausschließlich am Unternehmenswohl orientiertes, auf sorgfältiger Ermittlung der Entscheidungsgrundlagen beruhendes unternehmerisches Handeln bewegen muss, deutlich überschritten sind, die Bereitschaft, unternehmerische Risiken einzugehen, in unverantwortlicher Weise überspannt worden ist oder das Verhalten des Vorstands aus anderen Gründen als pflichtwidrig gelten muss".[834]

Diese Schwierigkeit in der präzisen Formulierung überrascht nicht. Erfolgreiches Management setzt doch ein gewisses Maß an Innovation und Risikobereitschaft voraus. Daher liegt es im Interesse der Aktionäre, dass der Vorstand Risiken in angemessenem Umfang eingeht, d.h. risikoneutral handelt. Die risikoscheue Neigung des Vorstandes soll durch Haftungsregeln nicht unterstützt werden. Wie schon an einer anderen Stelle dieser Arbeit festgestellt wurde, muss die Belastung des Agenten stets nur an solche Handlungsfolgen gekoppelt werden, die von beiden Seiten relativ leicht festgestellt werden können und es sollen solche Haftungsmaßstäbe gefunden werden, die ausschließlich dem Einfluss des Agenten unterliegen. Für die Haftungsregeln bedeutet das, dass sie so ausgestaltet werden müssen, dass sich sorgfaltsgerechtes und sorgfaltswidriges Verhalten klar voneinander trennen lässt. Gelingt dies nicht, werden sich Manager eher risikoscheu verhalten, um eine Haftung zu vermeiden. Daran sind aber die Aktionäre nicht interessiert. Die Aktionäre sind vielmehr an einer risikoneutralen Geschäftspolitik interessiert, weil sie sehr einfach das Risiko streuen können, indem sie ihr Portfolio diversifizieren.

Dieses Spannungsverhältnis zwischen dem Bedürfnis nach richtigen Haftungsmaßstäben und der Notwendigkeit eines unternehmerischen Spielraums für den Vorstand kann am besten an einem *Beispiel* dargestellt werden. Ausgehend von dem Wunsch der Aktionäre, dass der Vorstand Projekte wählen soll, die die höchste Rendite versprechen, ist es durchaus möglich, dass ein schlechtes Ergebnis die Folge einer richtigen unternehmerischen Entscheidung ist. Was *ex ante* richtig war, kann aber nicht *ex post* bestraft werden, wenn die Geschäftsführung richtige Anreize haben soll, um die Ziele der Gewinnmaximierung zu verfolgen. Angenommen, ein Vorstand steht vor der Entscheidung, welches von zwei Projekten durchgeführt werden soll. Beim ersten Projekt gibt es zwei gleichwahrscheinliche Renditen von 150 Millionen Euro Gewinn bei gutem Geschäftsverlauf und 50 Millionen Verlust bei schlechtem Geschäftsverlauf. Beim zweiten Projekt ist es sicher, dass 10 Millionen Euro Gewinn erzielt werden. Aus der Sicht der Aktionäre ist es eindeutig, dass der Vorstand das erste Projekt durchführen soll, weil der Erwartungswert des ersten Projekts viel höher (50 Millionen) als der des zweiten Projekts (10 Millionen) ist. Zwar ist die Variabilität der möglichen Rendite

---

[833] Dazu schreibt K. Schmidt (1997), S. 823: "Die umfangreichen Pflichten und Ermessensspielräume des Vorstands sind einer Detailregelung nur teilweise möglich."

[834] BGH, Urt. vom 21.04. 1997, AG 1997, S. 377 ("ARAG/Garmenbeck).

für beide Projekte unterschiedlich. Da aber angenommen werden kann, dass die Aktionäre risikoneutral sind, ist dieser Umstand ohne große Bedeutung. Dieses Beispiel zeigt, dass ein Verlust nicht unbedingt mit einer schlechten Entscheidung zu tun haben muss. Das, was ausschlaggebend ist, ist somit der Erwartungserlös. Bedeutet das, dass wir damit einen geeigneten Haftungsmaßstab gefunden haben?

b. Gerichtliche Kontrolle

Dieser Maßstab ist zwar an sich richtig, er hat aber einen gravierenden Nachteil. Aus der *ex post* Perspektive, die für die Haftung maßgebend ist, lässt sich nicht feststellen, ob ein bestimmtes Projekt *ex ante* einen für die Aktionäre akzeptablen Erwartungswert hatte. Um das herauszufinden, braucht man nicht nur die Kenntnis der Wahrscheinlichkeit, sondern auch die Kenntnis alternativer Projekte. Das Agency-Problem besteht gerade darin, dass der Vorstand geneigt ist, Projekte ohne Verluste, aber mit mäßigen Renditen anstelle von Projekten mit hohen Renditen durchzuführen. Das oben dargestellte Beispiel ist paradigmatisch für das Agency-Problem. Der Gesellschaft entgeht ein Gewinn in Höhe von 40 Millionen, ohne dass die Aktionäre erfahren können, ob das eine Folge der Misswirtschaft durch den Vorstand oder der Konjunkturschwankung ist. Dass sich der Entscheidungsprozess der Geschäftsführung nicht zurückverfolgen lässt, liegt auf der Hand. Wenn das möglich wäre, gäbe es kein Agency-Problem. Dieses Problem resultiert gerade daraus, dass die Aktionäre, was die Geschäftsführung anbelangt, weniger wissen als der Vorstand (asymmetrische Informationen). Es ist kaum vorstellbar, wie ein Gericht oder die Gesellschafter die Entscheidung des Vorstandes prüfen können, die sehr oft vor vielen Jahren getroffen wurde.[835] Die Kosten einer solchen Prüfung lägen sehr oft um ein Vielfaches über dem Wert der Fehlentscheidung.[836] Das soll gerade verhindert werden. Sonst hätten die Gesellschafter gleich einen Vertrag mit dem Vorstand schließen können, der sämtliche Eventualitäten abdecken würde.

Selbst wenn es möglich wäre *ex post* festzustellen, dass der Erwartungswert *ex ante* negativ war, bedeutet das nicht das Ende der Prüfung. Wir müssen noch einen Schritt weiter gehen. Nehmen wir an, ein Richter hätte eine ökonomische Analyse durchgeführt, bei der sich gezeigt hätte, dass der Erwartungswert *ex ante* negativ war. Ist damit schon nachgewiesen, dass ein Manager haften soll? Reicht es dafür aus, dass der Erwartungswert *ex ante* negativ ist? Wohl kaum. Es stellt sich dann immer noch die Frage, ob der Manager zusätzliche Sorg-

[835] Das wird in der juristischen Literatur nicht bestritten. Siehe zum Beispiel Heermann (1998), S. 202: "Der auf unternehmerischer Ermessensausübung beruhende vielschichtige Entscheidungsprozess des Vorstands lässt nur in Ausnahmesituationen den zweifelsfreien Rückschluss darauf zu, dass er bei seiner Geschäftsführung nicht die Sorgfalt eines ordentlichen und gewissenhaften Geschäftsleiters i. S. d. § 93 Abs. 1 AktG angewendet hat ... Macht der Aufsichtsrat voreilig Ansprüche geltend, bleibt ein solches Vorgehen nicht ohne Auswirkungen auf Effektivität, Flexibilität und Entscheidungsfreude der Geschäftsleitung."

[836] Ähnlich Klein/Ramseyer/Bainbridge (2000), S. 302: "Courts recognize that after-the-fact litigation is a most imperfect device to evaluate corporate business decisions. The circumstances surrounding a corporate decision are not easily reconstructed in a courtroom years later, since business imperatives often call for quick decisions, inevitably based on less than perfect information." Ähnlich Black (2001a), S. 14.

faltsvorkehrungen (wie das Sammeln von zusätzlichen Informationen, längeres Nachdenken) vornehmen sollte. Um dies herausfinden zu können, ist es nötig, dass der Richter in einem Haftungsprozess *die Grenzkosten zusätzlicher Sorgfaltsvorkehrungen* mit ihrem *Grenznutzen* vergleicht. Dazu benötigt er zuverlässige und genaue Daten über die Kosten alternativer Sorgfaltsvorkehrungen sowie über die Schadenshöhe und die Schadenswahrscheinlichkeit bei diesen alternativen Sorgfaltsvorkehrungen. Nur so kann er ermitteln, ob zusätzliche Sorgfaltsvorkehrungen mehr genutzt als gekostet hätten.[837]

c. Managerhaftungsprozess

Gegen diese Argumentation könnte man einwenden, dass die Grenzkostenanalyse doch in jedem beliebigen Haftungsprozess durchgeführt werden muss, um der ökonomischen Kritik standzuhalten. Das ist zwar richtig. Es wird aber dabei nicht berücksichtigt, dass sich der Managerhaftungsprozess von anderen Haftungsprozessen wesentlich unterscheidet. Bei Managerhaftungsprozessen fehlt es an der Wiederholbarkeit und Häufigkeit des Vorgangs, der den Schaden verursacht.

Ein Beispiel aus dem Lehrbuch Schäfer/Ott (2000) mag verdeutlichen, worin die Unterschiede zwischen einem Managerhaftungsprozess und anderen Haftungsprozessen bestehen. Das Beispiel aus dem Lehrbuch von Schäfer/Ott (2000) lässt sich folgendermaßen zusammenfassen: Der Kläger befuhr in der Nacht mit seinem Motorroller eine durch waldreiches Gebiet in Hessen führende Straße. Er stieß dabei mit einem Damhirsch zusammen und zog sich erhebliche Verletzungen zu. Der Kläger verlangte Schadensersatz vom Land Hessen mit der Begründung, das Land sei für den Schaden verantwortlich, weil es im Bereich der Unfallstelle keinen Wildschutzzaun errichtet und dadurch gegen seine Verkehrssicherungspflicht verstoßen habe. Es stellte sich die Frage, ob der Beklagte schadensersatzpflichtig ist.[838]

Es handelt sich um einen Musterfall, der zeigen soll, wie der effiziente Sorgfaltsmaßstab in einem Haftungsprozess gefunden werden kann. In diesem Fall kann man in der Tat aufgrund der Wiederholbarkeit des Vorgangs feststellen, ob der tatsächliche Sorgfaltsaufwand des Beklagten dem festgesetzten Sorgfaltsmaßstab entspricht. Es kann ermittelt werden: (1) Wie hoch ist die Wahrscheinlichkeit, dass sich der Unfall ohne den Zaun ereignet, (2) wie hoch ist der durchschnittliche Schaden, wenn dies geschieht und (3) wie hoch sind die Kosten der Errichtung des Zauns. Eine solche Analyse ist aber bei einem Managerhaftungsprozess

---

[837] So schreibt Allen (1998), S. 318: „But it is evident that determining an appropriate quantum of information needed optimally to authorize or reject a proposed corporate act in never a scientific question, to which there is in principle a correct answer. Determining when an optimum amount of information is available for a decision with a time-fuse in it logically involves estimating the various *unknown costs* associated with getting more information and estimating the *possible value that unknown information may bring*. Moreover, these estimates of unknown future costs and values will be affected by the *attitude towards risk* that the agents (directors) ascribe to the corporate enterprise and to themselves as individuals as well. The result is that, with respect to a director's duty to be attentive and informed, the law may specify some minimums, but can do little more than hold that a director' duty is to act with respect to the corporation as a reasonable man would do in similar circumstances."

[838] Schäfer/Ott (2000), S. 109.

nicht durchführbar. Dies lässt sich auf mehrere Gründe zurückführen. *Erstens* sind die in einem Unternehmen zu treffenden Entscheidungen in weitem Umfang zukunftsorientiert, so dass hierdurch immer eine Ungewissheit besteht.[839] Es ist so wie wenn im Wildschadensfall das Land Hessen nicht ermitteln könnte, wie viele Autounfälle sich ereignen werden. *Zweitens* ist für den Manager das gegenwärtige Marktgeschehen nicht immer transparent. Es ist so wie wenn im Wildschadensfall das Land Hessen nicht ermitteln könnte, wie viele Autounfälle sich in der Gegenwart ereignen. *Drittens* sind die Kosten der Schadensverhütungsmaßnahmen nicht immer bekannt, da sie von den Opportunitätskosten abhängen, die nur dann ermittelt werden können, wenn der Erwartungswert von alternativen Projekten geschätzt werden kann.

Fazit: Aus diesen Gründen kann man nicht annehmen, dass in einem Managerhaftungsprozess die Grenzkosten zusätzlicher Sorgfaltsvorkehrungen mit ihrem Grenznutzen verglichen werden können.

d. Empirie in den USA

Alle diese Ausführungen sind richtig und doch können wir uns an dieser Stelle mit dieser Kritik nicht begnügen. Wenn man darum bemüht ist, die zwingende Haftung von Managern anzugreifen, kann man sich nicht auf theoretische Überlegungen beschränken. Man muss vielmehr die Frage beantworten, ob sich die Sinnlosigkeit der zwingenden Haftung auch empirisch feststellen lässt. Nur dann kann man davon sprechen, dass die Abschaffung der zwingenden Haftung im deutschen Aktienrecht erstrebenswert ist.

Da es keine empirischen Untersuchungen gibt (und geben kann), die sich dieser Fragestellung in Deutschland gewidmet haben, sind wir auf die Auswertung der amerikanischen Studien angewiesen. In den letzten Jahren hat es in den USA eine Vielzahl von Arbeiten gegeben, mit denen versucht wurde, sich der Frage zu nähern, ob die Beschränkung der Haftung effizient ist. Es besteht eine weitgehende Einigkeit im Hinblick darauf, dass die vertragliche Einschränkung der Haftung für die Manager nicht mit den negativen Aktienkursreaktionen verbunden ist.[840] Vielmehr gibt es positive Aktienkursreaktionen für die "poorly performing" Aktiengesellschaften. Brook/Rao (1994) schreiben, dass "the adoption of liability limitation provisions (LLPs) has offsetting effects. On the one hand, they lower the cost of attracting new directors. On the other hand, they increase the cost of disciplining poor decisions. The

[839] Wie sehr zukunftsgerichtet, verdeutlicht die Definition (und noch mehr die Schwierigkeiten bei der Definitionsbildung und die Länge des Satzes) der unternehmerischen Entscheidung in der wirtschaftswissenschaftlichen Literatur: "Eine unternehmerische Entscheidung ist demnach jede bewusste Auswahl einer unternehmerischen Handlungsmöglichkeit von besonderer wirtschaftlicher Tragweite aus mehreren Handlungsalternativen, wobei die erforderliche wirtschaftliche Bedeutung dann anzunehmen ist, wenn die so getroffene Entscheidung entweder nach ihrem Umfang oder Risiko von hoher Bedeutung für die Vermögens- oder Ertragslage des Unternehmens ist, oder aufgrund ihrer andauernden Gestaltungswirkung das Unternehmen oder einen Teil desselben so prägt, dass durch diese Ausrichtung die künftige Entwicklung des Unternehmens in seiner Gesamtheit vorgezeichnet wird ... Wesentliche Kennzeichen dergestalt definierter unternehmerischer Entscheidungen sind die regelmäßige Notwendigkeit zur Entscheidung unter Unsicherheit, die vielfache Ausrichtung auf die Zukunft sowie die häufig hohe Komplexität." Mutter (1994), S. 23. Siehe auch Roth (2001), S. 90 ff.

[840] Janjigian/Bolster (1990), S. 53 ff.; Netter/Poulsen (1989), S. 29.

effects of LLPs on the firm value is, therefor, an empirical question. Averaged across all firms, our data suggest that the benefits and costs offset each other. However, we find an inverse relationship between the stock market' s reaction to firms' announcements of plans to adopt directors' LLPs and the firm' s financial condition as measured by either Tobin's q or operating performance. This result is consistent with the hypothesis that the net benefit of LLPs is larger for financially troubled firms than for other firms."[841] Das bedeutet aber gleichzeitig, dass unsere theoretischen Ausführungen durch empirische Studien bestätigt werden.

D. Kosten der zwingenden Haftung

Es lässt sich also feststellen, dass sich zwar geeignete Haftungsmaßstäbe finden lassen. Das Problem besteht aber darin, dass die Gerichte nicht fähig sind, diese Haftungsmaßstäbe richtig umzusetzen. Die Gerichte sind sich dessen bewusst. Aus diesem Grund werden Manager selten zum Schadensersatz verurteilt. Denn basierend auf der Erkenntnis, dass es mangels spezieller Sachkenntnis nicht die originäre Aufgabe der Gerichte sein kann, unternehmerische Entscheidungen zu treffen, halten sich die Gerichte bei der inhaltlichen Überprüfung unternehmerischer Ermessensentscheidungen zurück. Damit haben wir folgende Situation: Die Haftung ist ein Papierschwert.[842] Es ist interessant zu sehen, dass auch in den USA ein ähnliches Spannungsverhältnis zwischen dem Recht und der Rechtswirklichkeit zu finden ist. Zwar besteht dieses Spannungsverhältnis nicht wie in Deutschland zwischen dem Gesetzeswortlaut und der Rechtswirklichkeit, sondern zwischen den durch die Gerichte „announced rules“ und „enforced rules“. Wenn dem aber so ist, dann gibt es keinen Grund, an der zwingenden Haftung festzuhalten. Zwar könnte man dagegen einwenden, dass wenn die Gerichte Milde walten lassen würden, kein Effizienzverlust entsteht. Das ist aber nur eine halbe Wahrheit. Es stimmt zwar, dass der Effizienzverlust größer wäre, wenn die Gerichte den Managern keinen unternehmerischen Ermessensspielraum zubilligen würden. Trotzdem bleibt ein Resteffizienzverlust in Form einer risikoscheuen Geschäftsführung der Manager übrig. Denn die

---

[841] Brook/Rao (1994), S. 496. Sie untersuchten 182 Aktiengesellschaften, die zwischen Juli 1986 und Dezember 1988 eine Haftungsbeschränkung für Manager eingeführt haben.

[842] Allen (1998), S. 312 schreibt: „Third, I show, albeit not exhaustively, that the Anglo-American corporation law up through the middle part of the 20 century announced an „objective reasonable person“ standard of care for corporate directors, but when personal liability was at stake, it enforced a different rule." The *„enforced rule“* besagt, dass das Management von einer Verantwortlichkeit freigestellt ist, soweit es eine informierte Entscheidung getroffen hat, die nicht gegen geltendes Recht verstößt und keine Verstrickung in Interessenkonflikte erkennen lässt. Sie hat also einen stark subjektiven Einschlag. Dazu Allen (1998), S. 312: „Closer to a description of the rule that courts enforce, in the absence of a director conflict of interest, would be as follows: in the absence of a conflicting financial interest, a director will be liable for corporate losses caused by board action he authorizes, only if he has authorized such action without at that time having a good faith belief that, in the circumstances present, he has satisfied his obligation to be reasonably informed.“ The *„announced rule“* besagt aber etwas anders. Für sie ist ausschlaggebend, wie ein ordentlicher Geschäftsführer in der gleichen Situation entschieden hätte. Sie ist somit objektiv. Dazu Allen (1998), S. 312: „This duty is stated in objective terms, that is, in terms of what a hypothetical third party would do in the same or similar circumstances as those faced by the corporate director defendant.“

Manager haben keine *rechtliche* Sicherheit, dass die Gerichte immer von dem unternehmerischen Ermessensspielraum der Manager ausgehen werden.[843]

Dieses Spannungsverhältnis zwischen der möglichen Haftung und der risikoscheuen Geschäftsführung wurde richtig in einer Entscheidung des amerikanischen Gerichts beschrieben: "But directors will tend to *deviate* from this rational acceptance of corporate *risk* (highest risk-adjusted rate of return) if in authorizing the corporation to undertake a risky investment, the directors must assume some degree of personal risk relating to ex post facto claims of derivative liability for any resulting corporate loss. Corporate directors of public companies typically have a very small proportionate ownership interest in their companies and little or no incentive compensation. Thus, they enjoy (as residual owners) only a very small proportion of any upside gains earned by the corporation on risky investment projects. If, however, corporate directors were to be found liable for a corporate loss from a risky project on the ground that the investment was to risky (foolishly risky! Stupidly risky! Egregiously risky! – you supply the adverb), their liability would be joint and several for the whole loss (with I suppose a right of contribution). Given the scale of operation of modern public corporations, this stupefying disjunction, only a very *small probability* of director liability based on "negligence", "inattention", "waste", etc., could induce a board to avoid authorizing risky investment projects to any extent! Obviously, it is in the shareholders' economic interest to offer sufficient protection to directors from liability for negligence, etc., to allow directors to conclude that, as a practical matter, there is no risk that, if they act in good faith and meet minimal proceduralist standards of attention, they can face liability as a result of a business loss." [844]

Fazit: Damit steht fest, dass die Kosten der zwingenden Haftung der Manager den Nutzen bei weitem überwiegen. Deswegen ist die zwingende Haftung der Manager überflüssig.[845]

3. Ergebnis

Mit dieser Feststellung ist unsere Diskussion des Kosten-Nutzen-Verhältnisses des zwingenden Aktienrechts, das das Spannungsverhältnis zwischen Aktionären und dem Mana-

---

[843] Ähnlich Carney (1993), S. 910: "The costs of fiduciary duties are higher than most commentators have recognized. I argue here that fiduciary duties generally are inefficient in a corporate setting and that parties generally would contract out of them if they could, and have done so where possible. Accordingly, efficiency concerns counsel against widespread use of fiduciary duties as the default term in corporate contracts. Fiduciary duties are dynamic and subject to extension by courts, both in the parties they cover and in the transactions subject to coverage. Because they are so open they are unpredictable; they provide no assurance of what behavior will be permitted in the future. This uncertainty extends to behavior that was not the subject of specific promises and was not intended to be the subject of the restrictions imposed by the contract."

[844] Gagliardi v. TriFoods Int'l, Inc. 683 A.2d 1049, 1052 (Del.Ch. 1996).

[845] Ähnlich Holdcroft/Macey (1997), S. 291 ff. oder Butler/Ribstein (1990), S. 71: "Even where liability rules are appropriate, they should be regarded as standard form contractual provisions that can be drafted around." Anders zum Beispiel Bericht der Regierungskommission "Corporate Governance" (2001), S. D2.42: "Die Gestattung einer vertraglichen Freistellung von der Fahrlässigkeitshaftung empfiehlt sich mithin zum gegenwärtigen Zeitpunkt ebenso wenig wie eine gesetzliche Deckelung der Haftung von Organmitgliedern für einfache Fahrlässigkeit, zumal hiervon jeweils ein falsches Signal ausginge."

gement auflösen sollte, abgeschlossen. Wenn man das Ergebnis dieser Diskussion auf eine griffige Formel bringen wollte, dann könnte man etwa sagen: „hilft wenig, schadet viel". Zwar kann man den vorläufigen und nur teilweise empirisch bestätigten Charakter dieses Ergebnisses gar nicht genügend betonen. Nichtsdestotrotz handelt es sich dabei immerhin um wichtige und wesentliche Fortschritte gegenüber in dieser Form unhaltbaren These, dass nur das zwingende Aktienrecht das Problem des opportunistischen Verhaltens des Managements beseitigen kann.

IV. Zusammenfassung

Mit diesen rechtspolitischen Hinweisen zu der Agency-Beziehung zwischen Aktionären und Management soll es an dieser Stelle sein Bewenden haben. Wir haben gesehen, dass die Marktkräfte das Spannungsverhältnis zwischen Aktionären und Management nicht völlig auflösen können. Es ist also den Kritikern der Deregulierung des Aktienrechts insoweit zuzustimmen, als dass der Marktmechanismus die wirksame Disziplinierung des Managements nicht bewirken kann. Trotzdem scheint es unter Effizienzgesichtspunkten besser zu sein, dem Markt freien Lauf zu lassen, als im zwingenden Aktienrecht Abhilfe zu suchen.[846] Denn das zwingende Aktienrecht (zumindest in der Form der zwingenden Haftung der Manager und des zwingenden Aufsichtsrates) kann das Problem des opportunistischen Verhaltens des Managements nicht besser bewältigen, dafür ist es aber mit erheblichen Effizienzverlusten verbunden. Das sind wichtige Erkenntnisse, die in der juristischen Diskussion berücksichtigt werden müssen. Aus juristischer Sicht kommt es also vor allem darauf an, sich der Kosten des zwingenden Aktienrechts bewusst zu sein und Aufmerksamkeit dafür zu schärfen, dass rechtliche Regelungen auch im Falle des Marktversagens ihrerseits nicht kostenlos zu haben sind. Wenn unter Berufung auf ein Marktversagen gefordert wird, zwingende Regeln im Aktienrecht zu setzen, ohne dass gleichzeitig auf die mit diesen Regeln verbundenen Kosten hingewiesen wird, dann kann man sicher sein, dass es nicht eine ökonomische Analyse, sondern eine Voreingenommenheit ist, die die Empfehlung des zwingenden Aktienrechts trägt. Insgesamt ist deshalb der Deregulierung des Aktienrechts bei der börsennotierten Aktiengesellschaft zumindest in der Beziehung zwischen Aktionären und Management dem zwingenden Recht Vorzug zu geben.

---

[846] Ähnlich Walz (1996), S. 164-165: "Die stark vereinfachte politische Botschaft lautet: Der Investor kann sich selbst schützen, die Märkte erzwingen ein investorfreundliches Verhalten des Managements, es gibt wenig rechtlichen Regelungsbedarf."

Kapitel 4: Gläubiger

Im Rahmen dieser Arbeit wird davon ausgegangen, dass auch die Beziehung zwischen den Gesellschaftern und den Gläubigern als eine Agency-Beziehung verstanden werden kann.[847] Aus der juristischen Perspektive mag diese Annahme gekünstelt erscheinen. Die Agency-Beziehung setzt voraus, dass eine auftragsähnliche Beziehung besteht. Der Agent ist verpflichtet, im Interesse des Prinzipals zu handeln. Die Agency-Kosten erwachsen daraus, dass der Agent über einen Handlungsspielraum verfügt und der Prinzipal das Verhalten des Agenten nicht vollständig überwachen kann. Es wird also unterstellt, dass grundsätzlich der Prinzipal zur Überwachung und Steuerung des Agenten befugt ist. Das ist beim Rechtsverhältnis zwischen dem Geschäftsführer und der Gesellschaft der Fall. Zwar hat der Vorstand nach dem deutschen Aktienrecht (§ 76 I AktG) die Gesellschaft unter eigener Verantwortung zu leiten. Das bedeutet, dass der Vorstand nicht weisungsgebunden ist. Ungeachtet dessen ist der Geschäftsführer grundsätzlich aufgrund des Dienstvertrages nach § 611 BGB ff. zum Handeln im Interesse der Gesellschaft verpflichtet. Das ist bei der Gläubiger-Schuldner-Beziehung anders. Zwischen den Parteien des Darlehensvertrages besteht ein solches Über-Unterordnungsverhältnis nicht. Der Schuldner ist nicht verpflichtet, im Interesse des Gläubigers zu handeln. Er ist grundsätzlich nur zur Rückzahlung der Kreditsumme verpflichtet.

Trotz dieser juristischen Bedenken geht die überwiegende Meinung in den Wirtschaftswissenschaften davon aus, dass auch die Gläubiger-Schuldner-Beziehung als eine Agency-Beziehung zu verstehen ist. Dem ist zuzustimmen. Denn die Gläubiger-Schuldner-Beziehung beinhaltet eine - wie auch immer gestaltete - Kooperation und Delegation zwischen Schuldner und Gläubiger. Aus dieser Kooperationsbeziehung kann ein Problem für den Gläubiger erwachsen, weil die Ziele des Schuldners nicht deckungsgleich mit denjenigen des Gläubigers sind, der Schuldner über einen Handlungsspielraum verfügt und der Gläubiger das Verhalten des Schuldners nicht vollständig steuern kann. Es ist somit möglich, dass der Schuldner den Handlungsspielraum zu Handlungen nutzt, die ihm nützen, jedoch möglicherweise nicht im Interesse des Gläubigers liegen.

I. Ökonomische Ursachen des Spannungsverhältnisses

Im Rahmen dieses Agency-Problems fallen das sog. Risikoanreizproblem ("moral hazard"), das Problem asymmetrischer Informationen und das Phänomen negativer externer Effekte ins Gewicht.[848]

---

[847] Bratton (1989), S. 100: "The Agency Conception. The 'agency' conception of corporate debtors and creditors comes from financial economics. It now informs, even dominates, academic writing but as yet only slightly influences lawmaking." Grundsätzlich dazu: Kanda (1992); Tauke (1989); McDaniel (1986); McDaniel (1988); Barkey (1986).

[848] Ähnlich Kahan (1995), S. 571 in Bezug auf die Anleihen: "It discusses three potential justifications for mandatory terms at the original issuance stage: imperfect information, externalities, and agency costs of equity."

1. Asymmetrische Information

Das Problem asymmetrischer Informationen, das schon beim Spannungsverhältnis zwischen Aktionären und Management erörtert wurde, spielt auch eine Rolle in der Beziehung zwischen Aktionären und Gläubigern.[849] Die Gläubiger sind vor allem der Gefahr ausgesetzt, sich aufgrund unvollständiger und unrichtiger Informationen ein falsches Bild von den mit der Kreditvergabe verbundenen Risiken zu machen.[850] Das kann dazu führen, dass sich die Kreditgeber für ein Kreditgeschäft entscheiden, dass sie beim Vorliegen aller dem Schuldner bekannten Informationen nicht abgeschlossen hätten. Der Schuldner hat die Anreize, den Kreditgeber durch falsche und unvollständige Informationen zu täuschen, um den Kredit so billig wie möglich zu bekommen. Der Schuldner neigt also dazu, die eigene Vermögenslage und die Ertragssituation günstiger darzustellen, als sie in der Wirklichkeit sind. Hinzu kommt, dass die Kreditgeber in großem Umfang darauf angewiesen sind, auf Informationen zurückgreifen, die aus der Machtsphäre des Schuldners stammen. So können nur durch die Kreditnehmer solche Informationen, wie die vergangene Gewinn- und Umsatzentwicklung dem Kreditgeber zur Verfügung gestellt werden. Man kann sagen, dass es der Beziehung zwischen Schuldner und Gläubiger immanent ist, dass die Kreditnehmer mehr über die eigene Vermögenslage wissen als die Kreditgeber.

Aber es ist nicht nur der Opportunismus des Schuldners, der dem Gläubiger Schwierigkeiten bereitet. Die Gläubiger sind auch mit der Tatsache konfrontiert, dass es niemals möglich ist, zukünftige Entwicklungen genau vorauszusehen. Es ist in jeder Beziehung zwischen Schuldner und Gläubiger möglich, dass Entwicklungen eintreten, die zu einem Vermögensverfall des Schuldners führen und damit auch den Rückzahlungsanspruch des Gläubigers ins Wanken bringen.

2. Risikoanreizproblem

Viel gravierender als das Problem asymmetrischer Informationen ist das Risikoanreizproblem. Das Risikoanreizproblem resultiert daraus, dass der Schuldner (die Gesellschaft) aufgrund des Abschlusses eines Kreditvertrages tendenziell ein Interesse daran hat, ein riskanteres Investitionsprogramm durchzuführen, als er es beim Kreditvertragsschluss in Aussicht gestellt hat.[851] Dies liegt darin begründet, dass der Schuldner wegen des erfolgsunabhängigen Zinsanspruchs des Gläubigers an positiven Entwicklungen in vollem Maße partizipiert, der Gläubiger wegen der Haftungsbeschränkung auf das Unternehmensvermögen jedoch möglicherweise an negativen Entwicklungen (Insolvenz) beteiligt ist.[852] Der Übergang zu einer risikoreichen Geschäftspolitik ist normalerweise mit einer deutlichen Steigerung der Insolvenzwahrscheinlichkeit verbunden. Dementsprechend steigen die Verlustrisiken der Kredit-

---

[849] Näher dazu: Macey/Miller (1995).
[850] Ausführlich dazu: Bitz (1986), S. 51 ff.
[851] Ausführlich dazu: Bitz (1986), S. 80 ff.; Bigus (1999), S. 43 ff.; Brander/Spenscer (1989), S. 833.
[852] Näher dazu Macey/Miller (1995).

geber bei gleichzeitig sinkenden Gewinnchancen. Trotz der Erhöhung des Konkursrisikos kann eine solche unternehmerische Entscheidung aus Sicht der Aktionäre aber dennoch sehr vorteilhaft sein. Infolge solcher Maßnahmen steigen zwar für die Eigenkapitalgeber die Risiken großer Verluste, zugleich sinkt jedoch das mögliche Ausmaß kleinerer Verluste, während sich die Gewinnchancen deutlich erhöhen. Insofern wird die Vermögensposition von Schuldner und Gläubiger prinzipiell in unterschiedlicher Weise berührt.[853]

Dieses Spannungsverhältnis kann sehr gut an einem Beispiel dargestellt werden.[854] Angenommen, dass eine Aktiengesellschaft einen Kreditvertrag abgeschossen hat und sich daraus eine Rückzahlungsverpflichtung in Höhe von 10 Euro ergibt. Zur besseren Darstellung wird in diesem Beispiel ferner unterstellt, dass das Unternehmensvermögen nur aus einem Projekt besteht, welches noch auszuwählen ist. Nach der Durchführung des gewählten Projekts wird die Gesellschaft aufgelöst. Die Eintrittswahrscheinlichkeit für den Aufschwung, Stagnation und die Rezession ist gleich.

	Aufschwung	Stagnation	Rezession
Projekt 1	10	15	20
Projekt 2	5	20	14
Projekt 3	-20	10	40

Somit beträgt der erwartete Rückflussbetrag der Gesellschaft für Projekt 3 10 Euro= (0+0+30)/3, für Projekt 2 4,67 Euro= (0+10+4)/3 und für Projekt 1 15 Euro= (10+15+20)/3. Der Rückflussbetrag ohne Berücksichtigung des Rückzahlungsanspruchs des Gläubiger beträgt für Projekt 1 15 Euro= (10+15+20)/3, für Projekt 2 13 Euro= (5+20+14)/3 und für Projekt 3 10 Euro= (-20 +10+40)/3.

Es kann mit Sicherheit angenommen werden, dass ein sein Wohlstand maximierender Gesellschafter das Projekt 3 wählen würde, obwohl Projekt 1 objektiv eine höhere Rendite verspricht. Das ergibt sich daraus, dass er einen Teil der Kosten auf den Gläubigern abwälzen kann. Wenn kein Kredit vorläge, würde die Gesellschaft sicher Projekt 3 wählen. Dieses Beispiel macht deutlich, dass die Maßnahmen des Schuldners, die die Insolvenzwahrscheinlichkeit erhöhen, eine einseitige Vertragsverletzung zu Lasten des Gläubigers darstellen. Das Risiko ist immer mit dem vereinbarten Zins verknüpft. Indem der Schuldner dieses Risiko steigern kann, ohne dafür eine Risikoprämie zahlen zu müssen, kann er den Kredit einseitig billiger machen.

---

[853] Dazu auch Halpern/Trebilcock/Turnbull (1980), S. 139.

[854] Dazu Bigus (1999), S. 18. Ein anderes Beispiel stammt von Amihud/Garbade/Kahan (1999), S. 454: "Consider a company with $100 in cash (and no other assets) and $80 in short-term debt, so the debt is currently worth about $80 and the stock is worth $20. If the company invested all of its cash in a project with a 50% chance of yielding $10 and a 50% chance of yielding $150, shareholders would benefit--the value of the equity would increase from $20 to $35 --and creditors would be hurt--the value of the debt would decline from $80 to $45. More significantly, the value of the company as a whole would decline from $100 to $80."

Neben der Verfolgung einer Geschäftspolitik, die deutlich risikoreicher ist, als die Gläubiger es erwartet haben, kann die Gesellschaft noch eine andere Entscheidung treffen, die zu Lasten der Gläubiger geht: Eine drastische Erhöhung der Fremdkapitalfinanzierung mit dem Ziel, die Eigenkapitalrendite zu erhöhen.[855] Dieser Effekt wird als der sog. Leverage-Effekt bezeichnet. Ist die Gesamtkapitalrentabilität in einer Periode höher als die für das Fremdkapital zu zahlenden Zinsen, so fällt den Aktionären auch der Betrag zu, der vom Fremdkapital erwirtschaftet, aber nicht für die Bezahlung der Zinsen benötigt wird. Dieser Effekt ist um so größer, je größer die Differenz zwischen der Verzinsung von Gesamt- und Fremdkapital und je höher der Verschuldungsgrad eines Unternehmens ist. Selbst wenn die Geschäftspolitik ansonsten unverändert bleibt, führt eine derartige Substitution von Eigenkapital durch Fremdkapital zwangsläufig zu einer Erhöhung der Insolvenzwahrscheinlichkeit. Zugleich vermindert sich auch die im Konkursfall mögliche Rückzahlungsquote. Zwar wird in der Finanzierungstheorie gemäß dem Modigliani-Miller- Theorem die These vertreten, dass das Verhältnis zwischen dem Fremdkapital und dem Eigenkapital für die Kapitalkosten unerheblich sei. Wenn das Investitionsprogramm eines Unternehmens unabhängig von seiner Finanzierung vorgegeben ist, so beeinflusst eine Änderung seiner Finanzierung bei vollkommenem Kapitalmarkt weder seinen Marktwert noch den finanziellen Nutzen der Aktionäre. Dieses Modell baut aber auf den sehr restriktiven Annahmen des vollständigen Kapitalmarktes auf. Insbesondere führt die Annahme, dass die Informationen kostenlos sind, und dass es keine Transaktionskosten und Steuern gibt, zu der Vereinfachung der komplexen Wirklichkeit. Aus diesen Gründen kann dem Modigliani- Miller-Theorem nicht gefolgt werden.[856]

In gleicher Weise wie eine drastische Erhöhung der Fremdkapitalfinanzierung wirkt eine überwiegend durch Fremdkapital vollzogene Finanzierung von Unternehmenszusammenschlüssen und eine Anhebung der Dividende auf ein betriebswirtschaftlich nicht gerechtfertigtes Niveau.

3. Negative externe Effekte

Das dritte Problem, dass im Rahmen der Beziehung zwischen Aktionären und Gläubigern ins Gewicht fällt, ist das Phänomen der negativen externen Effekte.[857] Bevor wir uns genauer mit dem Problem externer Effekte in der Beziehung zwischen Aktionären und Gläubigern beschäftigen werden, wird das Phänomen externer Effekte allgemein kurz dargestellt.

Externe Effekte entstehen immer dann, wenn die Aktivitäten eines Wirtschaftssubjekts entweder Kosten verursachen, die es nicht selbst zu tragen hat oder ein Nutzen geschaffen wird, den es nicht für sich verbuchen kann. Im ersten Fall spricht man von negativen, im zweiten Fall von positiven externen Effekte. Bei den negativen Effekte geht es also um das Problem, dass im Zuge einer bestimmten Aktivität oder der Produktion eines bestimmten Gu-

[855] Posner (1976), S. 504.
[856] Gabler: Wirtschafts-Lexikon (1997), S. 2651.
[857] Näher dazu Leebron (1991), S. 1565 ff.

tes soziale (externe) Kosten entstehen, die der Produzent nicht in seine private (interne) Kostenrechnung einstellt. Die Folge davon ist, dass er nicht mit den vollen Kosten der betreffenden Aktivität kalkuliert und deshalb zu viel von dem Gut anbietet.[858] Das führt zu einem ineffizienten Ergebnis. Negative externe Effekte spielen zum Beispiel eine große Rolle im Zusammenhang mit Umweltschäden, die durch Industrieunternehmen hervorgerufen werden. Wenn beispielsweise eine Chemiefabrik einen Fluss verschmutzt, erleiden die Fischer einen Gewinnrückgang, es sei denn, dass die Chemiefabrik für die Verschmutzung einen Schadensersatz zahlen muss.

Nachdem wir kurz dargestellt haben, worum es bei externen Effekten geht, können wir uns der Frage widmen, ob externe Effekte auch in der Beziehung zwischen Aktionären und Gläubigern auftreten können. Bei der Beantwortung dieser Frage ist es angebracht, zwischen vertraglichen und deliktischen Gläubigern zu unterscheiden. Was die Beziehung zwischen den Aktionären und den vertraglichen Gläubigern angeht, ist es plausibel anzunehmen, dass das Problem der externen Effekte nicht ins Gewicht fällt. Man kann davon ausgehen, dass alle Kosten im Rahmen einer vertraglichen Beziehung internalisiert werden. Das Gleiche kann aber nicht über die Beziehung zwischen Aktionären und deliktischen Gläubigern gesagt werden. In diesem Fall versagt der Marktmechanismus.[859] Denn deliktische Gläubiger haben keine Möglichkeit, sich vertraglich zu schützen. Den deliktischen Gläubigern wird sozusagen der Schuldner aufgezwungen. Somit kann eine einvernehmliche Risikoverteilung nicht erfolgen. Das führt dazu, dass in der Beziehung zwischen Aktionären und deliktischen Gläubigern eine Möglichkeit der Kostenexternalisierung auf deliktische Gläubiger besteht.

II. Schutzmechanismen und der Markt

1. Eigeninteresse des Kreditnehmers

Wie wir gesehen haben, können sich Gläubiger nicht generell darauf verlassen, dass sich die Aktionäre allein schon aus Eigeninteresse bei der Geschäftsführung so verhalten, wie dies aus Sicht der Gläubiger wünschenswert wäre. Dieses Spannungsverhältnis darf aber nicht überbewertet werden. Es darf nicht vergessen werden, dass auch die Aktionäre trotz der beschränkten Haftung im Normalfall ein großes Interesse an der Vermeidung der Insolvenz haben.[860] *Erstens* ist die Insolvenz sehr oft mit einem Reputationsverlust für den Mehrheitsaktionär verbunden. *Zweitens* haben die das Unternehmen beherrschenden Aktionäre häufig

---

[858] Ausführlrch Hansmann/Kraakman (1991), S. 1883: "The most familiar inefficiency created by limited liability is the incentive it provides for the shareholder to direct the corporation to spend too little on precautions to avoid accidents ... Further, limited liability encourages overinvestment in hazardous industries. Since limited liability permits cost externalization, a corporation engaged in highly risky activities can have positive value for its shareholder, and thus can be an attractive investment, even when its net present value to society as a whole is negative. Consequently, limited liability encourages excessive entry and aggregate overinvestment in unusually hazardous industries."

[859] Leebron (1991), S. 1650 ff.; Price (1995), S. 439 ff.; Hansmann/Kraakman (1991), S. 1879 ff.; Coffey (1994), S. 59 ff.

[860] Adams (1991), S. 41 ff.

Kenntnisse und Informationen in Bezug auf die Gesellschaft erworben, die sie nicht bei einer anderen Gesellschaft einsetzen können. *Drittens* muss man berücksichtigen, dass nicht alle Kreditnehmer ein Interessen daran haben, die wahren Informationen den Gläubigern vorzuenthalten.[861] Für die Kreditnehmer besteht ebenfalls ein Interesse an Vorkehrungen, die es ihnen ermöglichen, dem potentiellen Kreditgeber die eigene Vermögenslage möglichst glaubhaft zu signalisieren. Sofern sich eine Gesellschaft bereits in der Entscheidungsphase kooperativ zeigt, ist das für einen Gläubiger ein Indiz, dass sich die Gesellschaft auch in der Vertragsphase vertragskonform verhalten wird. Ein solches Verhalten kann also die Höhe der Zinsen reduzieren oder andere Zugeständnisse seitens der Gläubiger bewirken. Der Schuldner hat also auch die Anreize das Risiko des Gläubigers zu reduzieren. Er spart auf solche Weise eigene Kosten: Die Kreditaufnahme wird billiger.

All dies ist richtig und doch können wir uns an dieser Stelle mit dem Argument vom Eigeninteresse des Kreditnehmens nicht begnügen. Wenn man darum bemüht ist, den zwingenden Gläubigerschutz im Aktienrecht in Frage zu stellen, kann man sich nicht auf die Feststellung beschränken, dass manchmal viele Probleme in der Beziehung zwischen Aktionären und Gläubigern durch das Eigeninteresse des Kreditnehmers beseitigt werden. Man muss vielmehr plausibel darlegen, dass die Gläubiger den geschilderten opportunistischen Strategien keineswegs schutzlos ausgeliefert sind. Die Gläubiger haben viele Möglichkeiten, wie sie sich schützen können. Der Hauptansatzpunkt sind folgende Schutzmechanismen:

2. Reduzierung der Informationsasymmetrie

Der Kreditgeber kann sich Informationen über die wirtschaftlichen Verhältnisse des Kreditnehmers verschaffen.[862] Je mehr Informationen er sammelt, desto besser kann er abschätzen, zu welchen Konditionen (die Verzinsung und die Tilgungsraten) der Kredit vergeben werden soll. Eine wesentliche Grundlage können zwar die vom Kreditnehmer selbst bereitgestellten Auskünfte sein. In Betracht kommen aber auch die zurückliegende Geschäftsentwicklung, Jahresabschlüsse, die aktuelle Vermögenssituation und sonstige Aufstellungen, die zur Bonitätsermittlung dienen können. Sehr oft besteht zwischen dem Schuldner und dem Gläubiger eine ständige Geschäftsbeziehung, die eine gute Beurteilung der finanziellen Lage des Schuldners durch den Kreditgeber ermöglicht. Denkbar ist aber auch eine externe Prüfung. So können die Kreditgeber die Abschlüsse von externen Sachverständigen überprüfen lassen. Zur Verfügung stehen den Gläubigern professionelle Wirtschaftsauskunfteien, wie die Creditreform e.V. oder Dun & Bradstreet in den USA. Nicht zu unterschätzen sind informelle

---

[861] Adams (1991), S. 41 ff.

[862] Ein Bankier: Walter (1998), S. 371 schreibt: „Als Bank fühlen wir uns durchaus in der Lage, die Bonität unserer Kunden eigenständig zu beurteilen, uns hierauf ein Krediturteil zu bilden und diese Position in den Verhandlungen mit dem Kreditnehmer zu vertreten. Wenn wir dabei zu dem Schluss kommen, dass in einem konkreten Fall ein Eigenkapital von beispielsweise 20 000 DM einen ausreichenden Risikopuffer darstellt, gibt es keinen Grund, warum der Gesetzgeber in diesem Fall ein höheres Mindestkapital vorschreiben sollte."

Kanäle innerhalb der jeweiligen Branche, da der Gläubiger nicht mit einem Schuldner, sondern mit vielen Schuldnern aus der gleichen Branche zu tun hat.

3. Zinshöhe

Man darf nicht vergessen, dass eine Kreditbeziehung durch den Vertragsschluss zustande kommt. Die Gläubiger sind nicht gezwungen, der Aktiengesellschaft einen Kredit zu gewähren. Von einer Monopolstellung der Aktiengesellschaft auf dem Kapitalmarkt kann keine Rede sein.[863] Die Vertragsfreiheit ermöglicht es, dass eine Risikoverteilung vorgenommen wird, die den Interessen beider am Vertragsschluss beteiligten Parteien entspricht.[864] Im Idealfall kann man erwarten, dass keine Kostenabwälzung auf die Gläubiger stattfindet.[865] Jeder Gläubiger kann zwischen risikoreichen ("junk bonds") und risikolosen (zum Beispiel Bundesschatzbriefe) Anlagemöglichkeiten wählen.[866] Je größer das Risiko ist, desto höher sind die Zinsen. Denn die Zinsen stellen nicht nur den Preis für die Kapitalüberlassung, sondern auch eine Entschädigung für den Fall dar, dass der Kredit nicht zurückgezahlt wird.[867] Für ein höheres Risiko wird also der Gläubiger durch höhere Risikoprämien entschädigt.

Warum im Idealfall erwartet werden kann, dass keine Kostenabwälzung auf die Gläubiger stattfindet, kann man am besten anhand eines Beispiels darstellen. An sich kann davon ausgegangen werden, dass ein risikoneutraler Gläubiger indifferent ist zwischen der Möglichkeit, einen mit keinerlei Ausfallrisiko behafteten Kredit zu 16,25% zu vergeben, und der Möglichkeit, einen Kredit zu 25% zu vergeben, bei dem mit 20% Wahrscheinlichkeit gerechnet werden muss, dass die vereinbarten Zinsen nicht vollständig erbracht werden, und dass in diesem Fall der Rückzahlungsbetrag im schlimmsten Fall auf 30% der vereinbarten Summe absinken kann.[868] Es ist aber zu berücksichtigen, dass die Risikoprämien nicht unbegrenzt zur Kompensation eines höheren Insolvenzrisikos eingesetzt werden können. Mit der steigenden Belastung erhöht sich ab einem bestimmten Punkt wiederum die Gefahr für den Gläubiger, dass die Begleichung der Schulden unterbleibt.[869]

Es wird gelegentlich die Meinung vertreten, dass zwar die Entschädigung des Ausfallsrisikos durch höhere Prämien theoretisch möglich ist, aber in der Wirklichkeit nicht immer vorkommt.[870] Als Beispiel werden die spektakulären Ausfälle in Milliardenhöhe genannt, die nicht durch angemessene Risikoprämien abgegolten wurden. Darauf kann man antworten, dass es nicht auf Einzelfälle ankommt, sondern auf die Tendenz. Dass manchmal schlechte Geschäfte gemacht werden, ist im Wirtschaftsleben unvermeidlich. Wenn die Kritiker die

---

[863] Anders Immenga (1970), S. 127.
[864] Posner (1976), S. 501, kritisch zum Beispiel Roth (1986), S. 376.
[865] Easterbrook/Fischel (1985), S. 113.
[866] Näher dazu Cheffins (1998), S. 73 ff.
[867] Obst/Hintner (2000), S. 727 (Kalkulation von Ausfallrisikokosten) und S. 720 (Risikoaufschlag vs. Risikoprämie).
[868] Dazu Bitz (1986), S. 39.
[869] Rogusch (1979), S. 226.
[870] Bauer (1995), S. 105.

Entschädigung des Ausfallsrisikos durch höhere Prämien in Frage stellen wollen, müssen sie vielmehr beweisen, dass die Ausfälle *systematisch* nicht durch angemessene Risikoprämien abgegolten werden. Das ist jedoch eine wesentlich schwierigere Aufgabe. Zumindest sprechen die empirischen Untersuchungen aus den USA gegen so eine Vermutung.[871] Die empirischen Untersuchungen deuten ferner darauf hin, dass praktisch alle rechtlichen Bestimmungen bezüglich der Anleihen zumindest durch den amerikanischen Kapitalmarkt bewertet werden. Dazu gehören: sog. "seniority und security covenants"[872], sog. "sinking funds" ("obligations by the company to retire a certain percentage of a bond issue before maturity")[873], sog. "call provisions" ("rights of the company to repurchase bonds at a predetermined price")[874], sog. "call deferment protection" ("prohibitions on calling a bond for the first couple of years after it is issued")[875], und sog. "maintenance and replacement funds" ("obligations to use excess cash to retire bonds before their maturity")[876]. Die umfangreiche empirische Studie, die sich mit der Frage beschäftigte, ob rechtliche Bestimmungen bezüglich der Anleihen ("the legal terms of a bond") durch den Kapitalmarkt bewertet werden, stammt von Leland Crabbe (1991). Er untersuchte sog. "super poison put covenants"[877] in den Anleihen, die zwischen November 1988 und Dezember 1989 emittiert wurden.[878] Crabbe (1991) fand heraus, dass im Zeitpunkt der Emission die Zinsbelastung um 0,24% kleiner ist, wenn die sog. "super poison put covenants" in die Anleihenbedingungen aufgenommen werden. Das bedeutet, dass der Kapitalmarkt sehr präzise zwischen den für die Gläubiger günstigen und ungünstigen Rechtsbestimmungen unterscheiden kann.

Nun kann man sich leicht vorstellen, wie die Befürworter des zwingenden Rechts an dieser Stelle argumentieren würden. Sie würden sagen, dass die Übertragung empirischer Ergebnisse bezüglich der Anleihen auf andere Kreditverträge nicht zulässig sei. Überzeugen kann dieser Einwand jedoch nicht. Dafür gibt es einen bestimmten Grund. Wir sollen nicht vergessen, dass der Gegenstand unserer Untersuchung die börsennotierte Aktiengesellschaft ist. Bei der börsennotierten Aktiengesellschaft können aber die Zinshöhe und die Ausfallrisikoprämien verhältnismäßig leicht und genau berechnet werden, weil als Kalkulationsbasis

---

[871] Dazu gibt es eine umfangreiche empirische Literatur: Altman/Nammacher (1985), S. 25: „... the default risk on low rated debt is priced ex ante, but overpriced ex post"; Boardman/McEnally (1981), S. 207; Fons (1981): „... higher yields, on average, compensate holders of low-grade bonds for higher default risk."; Fridson (1990), S. 61.

[872] Roberts/Viscione (1984). Der Zinsunterschied betrug zwischen 0,28% und 0,45%. Die Definition: "Seniority and security provisions determine the order in which creditors are paid -- secured creditors ahead of unsecured ones, and senior creditors ahead of subordinated ones -- if a company has insufficient assets to pay all creditors in full."

[873] Boardman/McEnally (1981), S. 207 ff.; Dyl/Joehnk (1979), S. 887.

[874] Pye (1967), S. 623.

[875] Pye (1967), S. 623.

[876] Pye (1967), S. 623.

[877] Die Definition: "These covenants protect bondholders if the credit rating of the bonds is downgraded after their company is acquired by a third party, pays substantial dividend, or engages in a major share repurchase".

[878] Crabbe (1991), S. 689 ff.

den Kreditgebern das Optionspreismodell zur Verfügung steht.[879] Die Eignung dieses Modells zur Berechnung der Zinshöhe ergibt sich daraus, dass nach der Finanzierungstheorie die Position des Kreditgebers der eines Verkäufers einer europäischen Kaufsoption auf das Vermögen des Unternehmens mit einem Basispreis der Option in Höhe des Kredits entspricht. Nach der Finanzierungstheorie ist nämlich dem Kreditnehmer mit der Kredithingabe gleichsam das Recht eingeräumt, im Fall der Insolvenz, statt die Kredite zurückzuzahlen, das Vermögen des Unternehmens dem Kreditgeber zu übergeben. Anders ausgedrückt: Die Aktionäre haben bei der Kreditvergabe das Vermögen der Aktiengesellschaft dem Kreditgeber übergeben, unter der Bedingung, dass sie dieses Vermögen durch die Rückzahlung des Kredits zurückbekommen können. Durch die Gleichstellung des Kreditgebers mit dem Verkäufer einer Kaufsoption können wir also erreichen, dass wir die Optionspreistheorie zur individuellen Berechnung der Zinshöhe benutzen können. In Betracht kommt vor allem das Black-Scholes Modell. Dass die Berechnung der Zinshöhe mit Hilfe des Optionspreismodells nicht nur theoretische Bedeutung hat, beweist die Tatsache, dass es durch die Praxis zur Kalkulierung der Prämien für das Ausfallrisiken empfohlen und mit Erfolg benutzt wird.

Die bessere Prognosefähigkeit des Optionsmodells wurde empirisch bestätigt. Kealhofer, McQuown und Vasicek (1996) analysierten 1200 insolvente amerikanische Unternehmen.[880] Von den 1200 insolventen Unternehmen besaßen 213 Unternehmen ein publiziertes Rating. Die Entwicklung des Ratings diente als Vergleichsmaßstab zur Beurteilung der Prognosefähigkeit des Black-Scholes-Optionsbewertungsmodells bei der Insolvenzfrüherkennung. Sie fanden heraus, dass die 213 untersuchten Unternehmen ein Jahr vor ihrem Konkurs im Median fünfmal höhere Black-Scholes-Ausfallwahrscheinlichkeiten als die in ihren Ratings implizierten Ausfallwahrscheinlichkeiten aufwiesen. Der Median aller insolventen Unternehmungen wies bereits drei Jahre vor dem Konkurs im Black-Scholes-Modell eine Ausfallwahrscheinlichkeit von 2% auf. Demgegenüber wurde das äquivalente Rating dieser Ausfallwahrscheinlichkeit vom Median aller insolventen Unternehmen mit Rating erst wenige Monate vor der Insolvenz erreicht. Das unterstützt die Hypothese, dass sich relevante Verschlechterungen der Schuldnerbonität durch das Optionsmodell drei Jahre früher ankündigen, als in den Ratings zum Ausdruck kommt. Die Umsetzbarkeit des Optionspreismodells wurde auch für ausfallrisikobehaftete Anleihen deutscher Unternehmen von Gaida (1997) nachgewiesen.[881]

4. Beteiligung an der Aktiengesellschaft

Das Risikoanreizproblem kann auch durch eine Beteiligung des Gläubigers am Gewinn der Gesellschaft entschärft werden.[882] Dafür sind vor allem Gewinnschuldverschreibun-

---

[879] Obst/Hintner (2000), S. 730 (Optionspreisbasierte Risikokosten).

[880] Kealhofer/McQuown/Vasicek (1996) zitiert nach Varnholt (1997), S. 105.

[881] Gaida (1997).

[882] Dazu Kahan/Yermack (1998), S. 138: "Making bonds convertible into equity at the debt-holder's option represents another method for reducing the agency costs of debt. If debt securities are convertible, equity-holders must share the upside gains from any risky strategy with debt-holders. Thus convertibility reduces incentives

gen und Wandelschuldverschreibungen sehr gut geeignet. Die Gewinnschuldverschreibungen werden als Obligationen definiert, bei denen die Rechte der Gläubiger mit Gewinnanteilen von Aktionären in Verbindung gebracht werden (§ 221 AktG). Wandelschuldverschreibungen sind Obligationen, bei denen den Gläubigern ein Umtausch oder Bezugsrecht auf Aktien eingeräumt wird (§ 221 AktG). Jensen/Meckling (1976) gehen sogar davon aus, dass durch die Ausgabe von Gewinnschuldverschreibungen und Wandelschuldverschreibungen das Risikoanreizproblem erheblich gemildert werden kann.[883] Einige Studien zeigen, wie durch die Ausgabe von Gewinnschuldverschreibungen und Wandelschuldverschreibung das Risikoanreizproblem gänzlich beseitigt werden kann.[884]

5. Diversifikation

Schließlich muss darauf hingewiesen werden, dass das Ausfallrisiko der Gläubiger auf den als Kredit vereinbarten Betrag beschränkt ist. Da die Gläubiger meistens mehrere Schuldner haben, bietet sich für sie die Möglichkeit der Risikobegrenzung durch Diversifikation. Sämtliche Kredite einer Bank können zusammen als Portfolio betrachtet und unter portfoliotheoretischen Gesichtspunkten gesteuert werden. Die moderne Portfolietheorie kann insbesondere bei einer börsennotierten Aktiengesellschaft mit Erfolg angewendet werden.[885]

Die Grundlage jeder erfolgreichen Diversifikation im Kreditgeschäft ist die Schätzung der Konkurskorrelationen von Kreditnehmern. Je tiefer die Konkurskorrelationen sind, um so besser diversifiziert ist ein Kreditportfolio. Zwar ist es nicht möglich, Konkurskorrelationen zwischen den bestehenden Schuldner eines Kreditportfolios empirisch zu schätzen, weil die Konkurse in der Geschichte von Unternehmen einmalige Ereignisse darstellen. Aber bei der börsennotierten Aktiengesellschaft ist zumindest eine zuverlässige Schätzung der Korrelation der Konkurswahrscheinlichkeiten möglich. Dazu steht den Kreditgeber das Optionsmodell zur Verfügung. Ein wichtiges Element dieses Modells besteht in der Schätzung der Marktwerte von Unternehmen. Diese historischen Schwankungen der Marktwerte von Schuldnern eines Kreditportfolios können nur als Approximation an deren Konkurskorrelation interpretiert werden, weil Unternehmen, welche in der Vergangenheit ähnliche Marktwertschwankungen erlebt haben, möglicherweise auch in Zukunft zum gleichen Zeitpunkt in finanzielle Anspannung geraten werden. Alternativ können auch Korrelationen zwischen Aktienkursentwicklungen als Approximationen für die Konkurswahrscheinlichkeit verwendet werden. Denn die Veränderung von Aktienkursen spiegeln in der Regel die Veränderungen des Marktwertes der

---

associated with excessive risk taking." Aus der ökonomischen Literatur: Green (1984), S. 115 ff.; Haugen/Lemma (1981), S. 629 ff.

[883] Jensen/Meckling (1976), S. 354: „It seems that the incentive effects of warrants would tend to offset to some extent the incentive effects of the existence of risky debt because the owner manager would be sharing part of the proceeds associated with a shift in the distribution of returns with the warrant holders."

[884] Green (1984) und Fischer/Zeichner (1990), die den Ansatz von Green weiterentwickelt haben.

[885] Altman (1996).

Unternehmung wider.[886] Der praktische Vorteil dieser Alternative besteht in der hohen Verfügbarkeit der notwendigen Daten. Historische Aktienkurse und deren Korrelationen können in der Regel von jedem Kreditportfoliomanager rasch beschafft werden.

6. Kredit- und der Anleihenmarkt

Zu einem wichtigen Schutzmechanismus gehört ein gut funktionierender Anleihen- und Kreditmarkt. Zwar können jene Anleiheinhaber, die eine Unternehmensanleihe erworben haben, bevor sich das Risiko erhöhte, den dadurch verursachten Verlusten nicht mehr ausweichen. Dies bedeutet aber nicht, dass diese Strategien für die Aktionäre kostenlos sind. Wird die Strategie der Aktionäre erkannt, wird am Markt als Folge des höheren Risikos ein höherer Zins verlangt. Kehrt das Unternehmen als Emittent an den Anleihemarkt zurück, werden die Aktionäre die Kosten ihrer risikoreicheren Strategie tragen. Dass die diesbezüglichen Marktmechanismen tatsächlich funktionieren, belegt der Umstand, dass internationale Rating-Agenturen, wie Moodys oder Standard & Poor, eine ganze Reihe von Unternehmen, die eine beabsichtigte Fusion oder den Erwerb eines Unternehmens bekanntgegeben haben, umgehend auf ihre Watch-List setzen mit der Aussicht auf eine Herabstufung der Ratings. Es lassen sich auch für Anleihen auf dem US-amerikanischen Markt Rückstufungen durch die Rating-Agenturen nach einem Leveraged-Buy-out aufzeigen. Selbst wenn man akzeptiert, dass unter einer langfristigen Betrachtung, die Aktionäre selbst die Kosten für die geschilderten Konflikte tragen müssen, so ändert dies grundsätzlich nichts an der Tatsache, dass manchmal die Aktionäre die Möglichkeit haben, ihren Gewinn zu Lasten der Gläubiger der ersten Welle zu erhöhen. Es ist kein Trost für diese Gläubiger zu wissen, dass langfristig dieses opportunistisches Verhalten durch den Markt bestraft wird.

7. Vertragsklauseln

Es muss also nach anderen Lösungen gesucht werden. Die einfachste Lösung liegt zweifellos darin, in den jede Anleihe begleitenden Vertragswerken jene Handlungsmöglichkeiten der Aktionäre einzuschränken, die die Position der Gläubiger beeinträchtigen könnten. Solche Vertragsklauseln könnten etwa die Investitionspolitik einschränken, indem Auflagen für den Verkauf bestimmter Vermögenswerte oder Unternehmensanteile sowie für die Zusammenschlüsse gemacht werden. In Betracht kommt auch die Bindung der Kreditgewährung an ganz bestimmte Verwendungen oder Geschäftsvorhaben einschließlich geeigneter Maßnahmen zur Überwachung erfolgter Vereinbarungen. Die Überwachung kann noch dadurch gesteigert werden, dass der Gläubiger das Recht bekommt, seine Angestellten in den Aufsichtsrat der Aktiengesellschaft entsenden zu dürfen.[887] Das ermöglicht dem Kreditgeber, dass er in der Regel bei den Geschäftsmaßnahmen von großer Bedeutung konsultiert wird und ei-

---

[886] Varnholt (1997), S. 169.
[887] Rogusch (1979), S. 231.

nen gewissen Einfluss auf die Kontrolle des Managements bekommt. Die vereinbarten Regelungen können aber auch die Finanzierungspolitik des Unternehmens hinsichtlich Dividendenzahlung, Kapitalstruktur und Verschuldungshöhe beschränken. Schließlich können die Gläubiger auch auf einer Klausel bestehen, die es ihnen erlaubt, die Anleihe zum Ausgabekurs zurückzugeben, falls die Aktionäre gegen die Auflagen verstoßen. Der Kreditgeber kann auch die Vergabe des Kredits mit der Verpflichtung des Schuldners verknüpfen, ganz bestimmte Maßnahmen durchzuführen, die das Risikopotential der Gesellschaft senken. Insbesondere kommt der Abschluss von Versicherungen in Betracht. Eine weitere Möglichkeit besteht darin, dass die Gesellschaft zur Bildung von stillen Reserven durch die Vereinbarung verpflichtet wird. Mit dem Gesellschaftsvermögen wächst die Zahlungsfähigkeit und damit wird das Risiko der Gläubiger verringert. Ferner darf man nicht vergessen, dass die Gläubiger die Dauer der Kreditbeziehung zeitlich beschränken können. Wenn sie nicht fähig sind, das mit dem Kredit verbundene Risiko zu überschauen, haben sie die Möglichkeit nur kurzfristige Darlehen zu vergeben oder die Vorkasse zu verlangen. Hinzu kommt, dass, bevor die Gläubiger das Ausfallrisiko tragen, werden die Verluste durch das Eigenkapital aufgefangen.

Das deutsche Recht bietet auch genug Sicherungsmittel, denen sich die Gläubiger bei der Kreditvergabe bedienen können. Dazu gehören: die Hinterlegung von Geld und Wertpapieren, die Verpfändung beweglicher Sachen, die Bürgschaft und die Bestellung von Hypotheken, die Verpfändung von Forderungen, die mit einer Hypothek oder Grundschuld besichert ist. Von der Kautelarpraxis wurden das Sicherungseigentum, die Patronatserklärung, die Garantie und die Sicherungsabtretung entwickelt. Ferner stehen den Kreditgebern folgende Sicherungsmittel zur Verfügung: der Eigentumsvorbehalt nach § 449 BGB, die Grundschuld nach § 1191, der Schuldbeitritt und die Züruckbehaltungs- und Leistungsverweigerungsrechte §§ 273, 320 BGB. Vom Mangel der rechtlichen Schutzmechanismen, die die Kreditgeber verwenden können, kann im deutschen Recht also keine Rede sein.

Zwar lässt sich nicht leugnen, dass es für den Kreditgeber unmöglich sein dürfte, sämtliche Handlungsmöglichkeiten vorauszusehen und wirksam auszuschließen, die ihn schädigen können. Selbst wenn dies möglich wäre, würden die Kosten solcher Handlungsbeschränkungen unverhältnismäßig hoch sein. Es würden nicht nur Kosten der Erstellung und der Überwachung des Vertrages, sondern auch Opportunitätskosten entstehen. Letztere können dadurch entstehen, dass die Handlungsbeschränkungen und damit verbundene Überwachungsaktivitäten des Kreditgebers den unternehmerischen Entscheidungsfreiraum der Gesellschaft derart einschränken würden, dass aus Perspektive des Gläubigers gewinnbringende Investitionen unterlassen werden. Andererseits ist nicht zu übersehen, dass die Handlungsbeschränkungen durchaus geeignet sind, das Agency-Problem zu mildern.

Dass diese vertraglichen Schutzmechanismen nicht nur eine theoretische Bedeutung haben, sondern auch in der Praxis eingesetzt werden, zeigt die US- amerikanische Erfahrung. Wegen der fehlenden Schutzbestimmung zugunsten der Gläubiger im amerikanischen Gesellschaftsrecht[888], sind amerikanische Gläubiger in größerem Umfang als in Deutschland auf die vertraglichen Schutzmechanismen angewiesen.[889] Das Erfordernis des Mindestkapitals bei der Gründung der Gesellschaft spielt in den USA keine Rolle.[890] Die meisten Bundesstaaten verzichten auf das Erfordernis des Mindestkapitals. Die wenigen Bundesstaaten, die an diesem Erfordernis festhalten, verlangen ein so geringes Haftungskapital (entweder 1000 $ oder 500 $)[891], dass vom Gläubigerschutz durch diese Bestimmungen keine Rede sein kann. Auch können die Vorschriften über die Kapitalherabsetzung und die Ausschüttung in den USA nicht gewährleisten, dass die Gläubiger durch gesetzliche Regelung hinreichend geschützt werden. In den USA "the bondholder has *contract rights only*, except in extreme situations of fraud or insolvency; beyond the promise to repay and the integrity of that promise, the bondholder has no rights against self-interested issuer conduct. If the bondholder suffers an injury, it is a risk that he assumed."[892]

Dieser unzureichende gesetzliche Gläubigerschutz hat jedoch zu keinen gravierenden Missständen geführt. Das, was den Gläubigern das zwingende Recht nicht gewährt, besorgen sich die Gläubiger auf dem vertraglichen Weg.[893] Die Gläubiger verlangen nicht nur höhere Zinsen, sondern auch den Abschluss sogenannter "negative covenants", in denen sich die Gesellschaft verpflichtet, bestimmte Handlungen nicht vorzunehmen.[894] Die typischen "negative covenants" enthalten sehr oft die Beschränkung der weiteren Aufnahme ungesicherten Kredite, das Erfordernis ein bestimmtes Mindestnettoumlaufvermögen zu erhalten, eine Ausschüt-

---

[888] Dazu zum Beispiel Bratton (1989), S. 109: "Corporate law continued to offer a series of creditor- protective provisions. In practice, however, these protections applied only to gross abuse--debtor actions at or near insolvency." Oder S. 118-119: "In Delaware, bondholder rights follow the debtor-creditor model. The bondholder has contract rights only, except in extreme situations of fraud or insolvency; beyond the promise to repay and the integrity of that promise, the bondholder has no rights against self-interested issuer conduct. If the bondholder suffers an injury, it is a risk that he assumed." Oder Mitchell (1990), S. 1167: "One searches the cases and commentaries in vain for any compelling reason why bondholders are excluded from the protective tenets of corporate law. Instead, the seeker is thrown back to labels and the legal and economic fictions that pervade corporate analysis." Oder S. 1174: "Corporate debtholders and, to a lesser extent, preferred stockholders can rely only on the terms of their contracts to assert rights to the careful and loyal protection of their share of the corporate pie."

[889] Bratton (1989), S. 92. Er schreibt: "The debenture indenture, the contract vehicle that facilitated public sales of the new corporations' unsecured debt, appeared around 1900, just as states began diluting the legal capital rules. This device solved problems of enforcement and monitoring by widely dispersed debtholders."

[890] Ähnlich Kübler (1998), S. 345: "Anlass dazu war vor allem die Entwicklung des amerikanischen Rechts, die mittlerweile zur völligen Abschaffung des traditionellen Regimes eines gesetzlich verordneten "legal capital" geführt hat. Dieser Wandel erschien und erscheint vor allem deshalb bemerkenswert, weil er in den USA kaum je kontrovers war und mittlerweile *jedem Zweifel* enthoben ist."

[891] Merkt (1991), S. 192.

[892] Bratton (1989), S. 119.

[893] Manning/Hanks (1990), S. 98 ff.; Bratton (1989), S. 108: "At the same time, creditors developed new modes of contractual self-protection. The debenture indenture, the contract vehicle that facilitated public sales of the new corporations' unsecured debt, appeared around 1900, just as states began diluting the legal capital rules. This device solved problems of enforcement and monitoring by widely dispersed debtholders. It also introduced the business covenant as a more flexible security device than the real property mortgage." Ein guter Überlick über die kautelarische Vorsorge bei Konsortialkrediten und bei Anleihen gibt es bei Eidenmüller (1998), S. 135 ff.

[894] Dazu grundsätzlich: Kahan/Tuckman (1996), S. 253 ff.; Lehn/Poulsen (1991), S. 645; Smith/Warner (1979), S. 117; Kalay (1982), S. 211.

tungsbeschränkung und umfangreiche Informationspflichten der Gesellschaft zugunsten der Gläubiger. Der Erwerb eigener Aktien ist nach den vertraglichen Vereinbarungen nur dann zulässig, wenn der Kaufpreis durch den Erlös einer gleichzeitigen Ausgabe weiterer Aktien gedeckt wird. Im Fall der Nichtbeachtung oder des Verstoßes gegen diese Regelungen behalten sich die Gläubiger vor, die gesamte Kreditsumme sofort zurückverlangen zu können oder sogar direkt in die Geschäftsführung eingreifen zu dürfen.

Zwar kann gegen diese Argumentation eingewendet werden, dass es Gläubigergruppen gibt, die solch umfangreiche Verhandlungen nicht führen können. Dazu gehören vor allem die Kleingläubiger. Das Aushandeln und die Überwachung verursachen enorme Transaktionskosten, die von den Parteien getragen werden müssen. Unterhalb einer gewissen Kredithöhe ist also tatsächlich die Verhandlung über die Bedingungen des Darlehensvertrages aufgrund der hohen Transaktionskosten nicht möglich. Aber man darf nicht vergessen, dass bei solchen Transaktionen das Schutzbedürfnis der Gläubiger entsprechend gering ist. Im Übrigen können diese Probleme zumindest zum Teil durch den Einsatz allgemeiner Geschäftsbedingungen gelöst werden. Die AGBs ermöglichen die Reduzierung der Transaktionskosten, ohne dass auf die Vertragsfreiheit verzichtet werden muss.

Last but not least können die Kreditgeber die Risiken versichern lassen. Die Rede ist von der Kreditversicherung. Die Kreditversicherung bietet ihren Kunden Schutz vor Forderungsausfällen aus Warenlieferungen und Dienstleistungen (Dekledereversicherung), die durch Insolvenzen hervorgerufen werden.[895]

8. Ergebnis

Mit dieser kursorischen Erörterung einiger Mechanismen, die sich förderlich auf die Auflösung des Spannungsverhältnisses zwischen Aktionären und Gläubigern auswirken können, soll es an dieser Stelle sein Bewenden haben. Der Grundtenor dieses Abschnittes lautet, dass sich die Gläubiger vor dem opportunistischen Verhalten der Aktionäre sehr gut schützen können. Man kann annehmen, dass der Markt allein für die Lösung der oben beschriebenen Probleme zwischen den Aktionären und Gläubigern sorgen kann. Damit wird gleichzeitig einsichtig, warum der Gläubigerschutz durch das zwingende Aktienrecht auf der Grundlage der theoretischen Analyse nicht nötig erscheint.

III. Versuch der Quantifizierung

An dieser Stelle wird versucht die Frage zu beantworten, ob das Spannungsverhältnis zwischen Aktionären und Gläubigern wirklich so gering ist, wie das die vorher dargestellten ökonomischen Überlegungen nahe legen. Denn wenn man darum bemüht ist, den Gläubiger-

---

[895] Es werden die Risiken im In- und Ausland von Unternehmen ab Jahresumsätzen von 5 Millionen DM versichert. Im Vorfeld wird die Bonität der Kunden geprüft, während der gesamten Geschäftsbeziehung überwacht, und bei Insolvenz wird entschädigt. Im Jahr 2000 hat das Beitragvolumen in der Delkredereversicherung 1,6 Milliarden DM erreicht. Dazu Jahrbuch (2000), S. 102-103.

schutz durch das zwingende Aktienrecht in Frage zu stellen, kann man sich nicht nur auf die Feststellung beschränken, dass die theoretischen Überlegungen auf der Grundlage der ökonomischen Analyse des Rechts darauf hindeuten, dass wir bei der Beziehung zwischen den Gläubigern und Aktionären nicht mit einem Fall des Marktversagens zu tun haben. Man muss vielmehr die Frage beantworten, ob sich die Abwesenheit des Marktversagens auch empirisch feststellen lässt. Nur dann kann man davon sprechen, dass die Abschaffung des zwingenden Gläubigerschutzes bei der börsennotierten Aktiengesellschaft erstrebenswert ist.

1. Leverged-Buy-outs

In der Tat deutet sehr viel darauf hin, dass das Problem des Marktversagens in der Beziehung zwischen Aktionären und Gläubigern sehr gering ist. Ein flüchtiger Blick auf die Ergebnisse der empirischen Forschung in den USA, die sich dieser Frage angenommen hat, verdeutlicht das sehr gut.[896] So zeigen zum Beispiel geringe Kursveränderungen bei Anleihen nach einem LBO oder MBO, dass der erhöhte Verschuldungsgrad nicht unbedingt nachteilig für die Gläubiger sein muss.[897] Gerade bei den Leveraged-Buy-outs verändert sich die Kapitalstruktur einer Aktiengesellschaft zum Nachteil der Anleiheinhaber.[898] Nach den amerikanischen Untersuchungen stellen aber erhebliche Kursänderungen eher eine Ausnahme dar.[899] Zu diesen Ausnahmen gehört der viel zitierte Nabisco-Fall.[900] Überwiegend wird davon ausge-

---

[896] Anders Brudney (1992), S. 1822: "Dispersed bondholders are often "compelled" by the debtor to consent to such disadvantageous sales, exchanges, or amendments by premiums, bribes or threats, or through a structural tilt in the bargaining process that would not exist were the debtor dealing with a sole lender." Er führt aber keine empirischen Untersuchungen an. Ähnlich Mitchell (1990), S. 1213, auch ohne nähere Angaben.

[897] Braid (1998), S. 571: "Another explanation begins with the idea that a sudden increase in the debt if a firm makes existing creditors worse off and equity holders correspondingly better off. The available empirical evidence, however, suggests that wealth transfers from creditors to shareholders rarely drive these transactions."

[898] Das ist per definitionem so: "A leveraged buyout, put simply, is a corporate control transaction in which new investors of a firm acquire a modest equity stake while the firm itself takes on significant new debt to repurchase the equity held by the old shareholders. There is a buyout, because the equity of the firm has changed hands. The buyout is leveraged because the firm now carries a much higher debt burden." Dazu Baird (1998), S. 570.

[899] Anders Kahan/Klauser (1993), S. 941: "Recent empirical studies have found that, on average, the values of outstanding bonds declined by 5% to 7% as a result of leveraged acquisitions during the 1980s. Other studies have identified almost 300 companies whose bonds lost value in the wake of leveraged acquisitions or recapitalizations." Sie stützen ihre Aussage nur auf einer Studie: Warga/Welch (1990). In der Fußnote 22 relativieren sie ihre Aussage: "Earlier studies found only minimal negative effects on bond values." Zum einem anderen Ergebnis sind folgende Autoren gekommen: Lehn/Poulsen (1988) und Marais (1989).

[900] Zu den Ausnahmen gehört der Fall von RJR Nabisco. Dazu Bratton (1989), S. 92: "On October 20, 1988, the president of RJR Nabisco announced the 'biggest deal ever': he was, he said, 'considering' taking his firm private in a $17.6 billion leveraged buyout. That day, the price of RJR Nabisco stock jumped $21.38, to $77.25. However, even as the news about RJR Nabisco buoyed the stock market with prospects of easy money, it caused jitters in the bond market. Reynolds's bonds plummeted; some fell as much as 20 points, or $200 per $1000 face value. Fear that the RJR deal heralded a wave of similar transactions caused a near halt to trading in high grade corporate bonds and prompted a 'flight to quality' by bond investors." Selbst in diesem Fall behaupteten die geschädigten Gläubiger nicht, dass sie sich nicht vertraglich schützen konnten. Dazu Metropolitan Life Insurance Company v. RJR Nabisco (716 F. Supp. 1504, S.D.N.Y. 1989) zitiert nach Klein/Raumsayer/Baingridge (2000), S. 851: "A method of closing this apparent loophole, thereby forcing a payout of (MetLife's) holdings, would be through a *covenant* dealing with a change in ownership. Such a covenant is fairy standard in financings with privately-held companies ..."

gangen, dass der Preiseffekt von LBO-Übernahmen auf die Kurse von Anleihen des erworbenen Unternehmens neutral ist.[901] Sogar in Zeiten, in denen eine große Zahl der Unternehmen in finanzielle Schwierigkeiten gerät oder sogar insolvent wird, können die Inhaber der Unternehmensanleihen eine ordentliche Rendite erwirtschaften.[902] So fanden zum Beispiel Blume/Keim (1989)[903] heraus, dass ein Investor, der sein Geld in alle sog. "low-grade" Unternehmensanleihen in den Jahren 1977 und 1978 investiert hätte, trotz der instabilen wirtschaftlichen Lage eine um 1% höhere Rendite (insgesamt 8,52%) erwirtschaften hätte, als ein Investor, der sein Geld nur in Staatsanleihen ("Treasury Bonds") investiert hätte. Damit kann man feststellen, dass sich die amerikanischen Kreditgeber sehr gut schützen können, obwohl dort der zwingende Gläubigerschutz im Aktienrecht eine Ausnahme darstellt.[904] Ferner erhalten diese Ergebnisse dadurch eine besondere Schärfe, dass in den USA nicht nur der zwingende Gläubigerschutz fehlt, sondern auch der Einfluss der Banken durch den Gesetzgeber stark eingeschränkt wird.[905]

2. Banken in den Aufsichtsräten

Ob sich diese Argumentation auf deutsche Verhältnisse übertragen lässt, wird uns an dieser Stelle beschäftigen. Der Ausgangspunkt unserer Überlegung ist die empirisch gut belegte Tatsache, dass das Machtpotential der Banken nicht nur durch die Eigenbeteiligungen und durch das Depotstimmrecht zum Ausdruck kommt, sondern auch durch das Halten der Aufsichtsratsmandate. Mit dem Machtpotential hatten wir uns an einer anderen Stelle dieser Arbeit bereits ausführlich beschäftigt. Daran können wir hier anknüpfen. Wir stellten fest, dass die Banken sehr zahlreich in den Aufsichtsräten der börsennotierten Aktiengesellschaften vertreten sind. Besonders häufig agieren Bankvertreter als Vorsitzende des Aufsichtsrates.

Die Verbreitung der Bankenvertreter in den Aufsichtsräten deutscher Aktiengesellschaften ist ein starkes Indiz dafür, dass es sich nicht bei der Beziehung zwischen Aktionären

---

[901] Die Verluste treten nur dann auf, wenn sich die Gläubiger vertraglich nicht geschützt haben. Dazu Asquith/Wizman (1990), S. 195: "Prebuyout bondholders, on average, suffer statistically significant wealth losses in leveraged buyouts. Bonds with strong covenant protection, however, gain value, while those with no protection lose value ... We also document that covenant use declines for bonds issued after 1980. Finally, the losses to bondholders are small compared with the gains accruing to shareholders."

[902] Skeptisch Coffee/Klein (1991), S. 1209.

[903] Blume/Keim (1989) zitiert nach Kaplan/Stein (1990), S. 216.

[904] Auf die Gefahr der Ausbeutung infolge von LBOs reagierten die Gläubiger sehr schnell. Dazu Kahan/Klausner (1993), S. 966: "Between 1986 and 1991, a substantial number of publicly issued investment-grade industrial bonds with maturities of seven years or more were covered by change of control covenants. Seventy-two percent of these covenants were Dual Trigger Covenants, 22% were Hostile Control Change Covenants, and 6% were Pure Rating Decline Covenants." Die Definitionen: "In Dual Trigger Covenants, bondholder protection is triggered only when a takeover-related event is accompanied by a decline in a bond's credit rating."; "In the typical Hostile Control Change Covenant, bondholder rights are triggered under two circumstances: a "hostile" acquisition of a specified percentage of the company's stock (usually 20% or 30%), which is defined as an acquisition that is not approved by the directors in office at the time the bonds were issued or successors they have chosen; or a proxy challenge resulting in the replacement of a majority of the firm's directors."

[905] Roe (1991), S. 17-18: "Banks cannot own stocks ... The Glass-Steagall Act of 1933 prohibited bank affiliates from owning and dealing in securities, thereby severing commercial banks from investment banks ..."

und Gläubigern um einen Fall des Marktversagens handelt. Denn es gibt kaum eine bessere Möglichkeit die Geschäftsführung zu kontrollieren, und somit den Ver-schuldungsgrad des Unternehmens zu bestimmen, die Einhaltung der Kreditverträge zu überwachen, das Risiko der Investitionen zu kalkulieren und vor allem an die Informationen ranzukommen als durch die Präsenz im Aufsichtsrat.[906] Das ergibt sich daraus, dass dem Aufsichtsrat umfangreiche Informationsrechte gegenüber dem Vorstand zustehen. Der Aufsichtsrat kann vom Vorstand jederzeit über die Angelegenheiten der Gesellschaft einschließlich der rechtlichen und geschäftlichen Beziehungen zu verbundenen Unternehmen einen Bericht verlangen. Nach § 90 AktG obliegt dem Vorstand eine Berichtspflicht gegenüber dem Aufsichtsrat. Diese Berichtspflicht unterscheidet sich von bloßen Informationsansprüchen darin, dass der Vorstand dem Aufsichtsrat nicht nur auf Verlangen über die Angelegenheiten der Gesellschaft berichten muss (§ 90 III AktG), sondern selbst initiativ zu werden hat.[907] Neben der Berichtspflicht des Vorstandes besteht nach § 111 II AktG ein Einsichtsrecht des Aufsichtsrats. Dieser kann die Bücher, Schriften und Vermögensgegenstände der Gesellschaft einsehen und prüfen, und er kann hiermit auch einzelne Aufsichtsratsmitglieder beauftragen oder Einzelaufträge an Sachverständige vergeben.[908] In so einem Fall kann von einem Marktversagen wegen *asymmetrischer Informationen* keine Rede sein.

Dieses Indiz ist um so überzeugender, als es *kein zwingendes Recht* gibt, das den Aktiengesellschaften vorschreibt, die Kreditgebervertreter in den Aufsichtsrat aufzunehmen. Also ist die Aufnahme der Bankenvertreter in den Aufsichtsrat nicht auf das zwingende Recht zurückzuführen. Zwar könnte man sich auf den Standpunkt stellen, dass die Präsenz der Banken im Aufsichtsrat das Problem der Gläubigerbenachteiligung höchstens nur geringfügig reduziert, ohne Abhilfe für alle Gläubiger schaffen zu können. Denn nur die großen Banken sind im Aufsichtsrat vertreten. Wenn wir uns jedoch die Zahlen zum Kreditgeschäft anschauen, sieht man deutlich, dass auf die Großbanken nur ein kleiner Anteil des Kreditgeschäftes entfällt. Da die Kleingläubiger und andere Banken nicht im Aufsichtsrat vertreten sind, könnte man meinen, dass bei diesen Gläubigern das Problem des Gläubigerschutzes nicht durch die starke Präsenz der Banken im Aufsichtsrat gelöst wird.

Aber einen wirklich grundlegenden Einwand gegen die Ausgangsthese stellt diese Argumentation nicht dar. Dafür gibt es einen konkreten Grund. Wir sollen uns noch einmal in Erinnerung rufen, welche die Probleme sind, die in der Agency-Beziehung zwischen Aktionä-

---

[906] Ähnlich Macey/Miller (1995), S. 95-95: "The equity investments reduce the adverse selection problem by providing banks with access to positions on corporate boards, which, in turn, gives them access to information about the credit-worthiness of their clients. Additionally, banks' equity investments mitigate the moral hazard problem both by giving banks a significant measure of control over their borrowers, and by securing some of the upside associated with their borrowers' risky projects."

[907] Gegenstand der Berichtspflicht sind nach § 90 I AktG: die beabsichtigte Geschäftspolitik und andere grundsätzliche Fragen der künftigen Geschäftsführung; die Rentabilität der Gesellschaft, insbesondere die Rentabilität des Eigenkapitals, der Gang der Geschäfte, insbesondere der Umsatz, und die Lage der Gesellschaft; Geschäfte, die für die Rentabilität oder Liquidität der Gesellschaft von erheblicher Bedeutung sein können.

[908] K. Schmidt (1997), S. 829.

ren und Gläubigern zum Marktversagen führen können. Das sind, wie wir am Anfang festgestellt haben, das Risikoanreizproblem nach dem Vertragsschluss und das Problem asymmetrischer Informationen vor dem Vertragschluss.

Was das *Risikoanreizproblem* anbelangt, erscheint es plausibel anzunehmen, dass es nicht notwendig ist, dass die Vertreter aller bedeutenden Kreditgeber einer Aktiengesellschaft in den Aufsichtsrat aufgenommen werden müssen, damit das Risikoanreizproblem befriedigend gelöst werden kann. Wie es vorher beschrieben wurde, besteht das Risikoanreizproblem darin, dass das Unternehmen eine risikoreichere Geschäftspolitik betreibt, als dies mit den Kreditgebern explizit oder stillschweigend vereinbart wurde. Wenn also *einige* Gläubiger eine Aktiengesellschaft daran hindern, eine risikoreiche Investitionspolitik zu betreiben, profitieren *alle* Kreditgeber davon. Die Kleingläubiger können also als Trittbrettfahrer von der Überwachungstätigkeit der Großbanken in den Aufsichträten profitieren, ohne dafür zahlen zu müssen. Das erklärt auch, warum nur die Großbanken in den Aufsichtsräten vertreten sind und warum kleine Banken das Depotstimmrecht nicht in Anspruch nehmen, sondern den Großbanken eine Untervollmacht erteilen. Denn nur die Großbanken haben wegen der Höhe der Kredite ausreichende Anreize, die Kosten der Aufsichtsratstätigkeit zu tragen.

Bei *asymmetrischen Informationen* liegen die Sachen zwar anders. Die Informationen, die Kreditgeber aufgrund der Vertretung im Aufsichtsrat erhalten, werden im Normalfall nicht an alle anderen Kreditgeber weitergeleitet. Das ist richtig und doch können wir uns mit diesem Argument nicht begnügen. Denn zwischen den Gläubigern und Aktiengesellschaften bestehen in Deutschland traditionell enge Beziehungen. Wegen der Intensität und Konstanz der Beziehungen spricht man von einer Hausbankverbindung. Die besondere Qualität der Hausbankbeziehung ist der Grund dafür, dass die Hausbank über einen höheren Informationsstand über ihren Kunden verfügt als andere Kreditinstitute. Der Informationsvorteil beruht zum einen auf exklusiven Quellen der Hausbank, wie zum Beispiel dem Wissen über die Kontobewegungen des Kunden. Zum anderen kann die Hausbank exklusive Quellen, wie den Jahresabschluss, möglicherweise besser interpretieren als andere Kreditgeber.[909] Zwar kann man gegen diese Argumentation anführen, dass die Hausbankbeziehung, insbesondere für große deutsche Unternehmen, an Bedeutung verloren hat. Das bedeutet aber nicht, dass das Problem asymmetrischer Informationen durch diese Entwicklung verschärft wurde. Denn es werden folgende Gründe für diese Entwicklung verantwortlich gemacht: (1) die zunehmende Verbriefung von Verbindlichkeiten ("Securitization"),[910] (2) die zunehmende Bedeutung von Rating

[909] Näher dazu Obst/Hintner (2000), S. 218.

[910] Hartmann-Wedels (2000), S. 256. Die Finanzierung deutscher Unternehmen durch Ausgabe börsengehandelter Industrieschuldverschreibungen hat in den letzten fünf Jahren an Bedeutung gewonnen. Bis 1995 lag das Emissionsvolumen stets deutlich unter einer Miliarde DM. Seit 1996 ist aber ein starkes Wachstum der Emissionstätigkeit am Rentenmarkt zu verzeichnen mit der Konsequenz, dass im Jahr 1999 das Emissionsvolumen ungefähr zehn mal so hoch war wie im Durchschnitt der 90er Jahre.

Agenturen, und (3) die verbesserte Informationstechnik.[911] Also sind das alles Entwicklungen, die das Problem asymmetrischer Informationen nicht verschärfen, sondern eher mildern.

3. Deliktische Gläubiger: nicht der Rede wert?

Nachdem wir dargestellt haben, dass das Phänomen asymmetrischer Informationen und das Risikoanreizproblem in der Beziehung zwischen Aktionären und Gläubigern als gering eingestuft werden kann, können wir uns der Frage widmen, ob sich aus der Analyse der Beziehung zwischen deliktischen Gläubigern und Aktionären etwas anderes ergibt. An einer anderen Stelle dieser Arbeit stellten wir fest, dass das Schutzbedürfnis der Deliktsgläubiger nicht geleugnet werden kann, weil sich diese Gläubiger nicht vertraglich schützen können. Ob dieses Schutzbedürfnis so groß ist, dass dazu auch eine zwingende gesellschaftsrechtliche Absicherung notwendig ist, wird uns an dieser Stelle beschäftigen.

Der Ausgangspunkt unserer Überlegung ist, dass die Deliktsgläubiger nur dann einen Verlust erleiden können, wenn eine Aktiengesellschaft insolvent wird. Es lässt sich schwer sagen, wieviel Forderungen von Deliktsgläubiger wegen der Insolvenz von Aktiengesellschaften nicht befriedigt werden. So weit ersichtlich, gibt es in Deutschland keine Statistik darüber. Man kann nur feststellen, dass nicht viele Aktiengesellschaften von der Insolvenz betroffen waren. So wurden im August 2001 nur 81 Insolvenzen von Aktiengesellschaften gezählt. Nach juristischer Form lässt sich bei den GmbH die höchste Anzahl an Insolvenzen aufzeichnen (52%), gefolgt von den Selbständigen (23%), den Aktiengesellschaften (14%) und den Genossenschaften (9%).[912] Auch sind die Kenner der Insolvenzwirklichkeit in Deutschland sich weitgehend einig, dass nicht sehr viele Forderungen der Deliktsgläubiger wegen der Insolvenzen nicht befriedigt werden. So schreibt Eidenmüller (1999): "Deutlich schwieriger ist die Einbeziehung von Deliktsgläubiger (bei Unternehmensreorganisationen). Sie wäre heute zwar noch nicht so wichtig, weil das von ihnen gehaltene *Forderungsvolumen* im Vergleich zu demjenigen anderer Gläubigergruppen regelmäßig *sehr gering* ist."[913] Ähnlich auf Seite 727: "Produkt- oder Umwelthaftungsansprüche, denen sich ein Unternehmen möglicherweise ausgesetzt sieht, haben - anders als in den USA - zumindest in Deutschland noch keine Größenordnung erreicht, die sie für die betroffenen Unternehmen bedrohlich oder gar existenzgefährdend erscheinen ließe. Demzufolge werden Deliktsgläubiger oder Haftpflichtversicherer an den Krisenverhandlungen regelmäßig auch nicht beteiligt."

Da wir das Problem der Verluste der Deliktsgläubiger in Deutschland nur ungenau quantifizieren können, ist der Rückgriff auf die Aussagen in der amerikanischen Literatur notwendig. Wer allerdings auf eine gründliche empirische Untersuchung in der amerikanischen Literatur hofft, wird enttäuscht. Die eigentlich relevanten Aussagen bezüglich des Schutzbedürfnisses der Deliktsgläubiger sind so kurz, dass sie hier zitiert werden können. So

---

[911] Doberanzke (1993), S. 30.
[912] Dazu Insolvenzstatistik, entnommen am 12.09.2001, www.statbel.fgov.de.
[913] Eidenmüller (1999), S. 239.

schreiben Hansmann/Kraakman (1991), die sich sogar für eine unbeschränkte Haftung der Aktionäre bei reinen Deliktsgläubigern aussprechen: „It might be argued that, even if feasible, unlimited liability in tort for publicly-traded corporations is unnecessary, since relatively *few* publicly-traded firms have been bankrupted by tort liability.“[914] Später relativieren sie diese Aussage, indem sie behaupten: „Further, as suggested in the Introduction, the threat of tort liability exceeding the net assets of such firms is likely to increase in the future.“[915] Sie behaupten also nicht, dass dieses Problem gegenwärtig groß ist, sondern dass es in der Zukunft groß sein wird. Ähnlich ein anderer Vertreter der These, dass das Aktienrecht den Deliktsgläubiger zur Hilfe kommen soll. Roe (1986) schreibt: „The claims of current tort plaintiffs, although substantial, are *not yet overwhelming*. Expected furture claims, however, seem quite likely to exceed the firm's ability to pay.“[916] Dem stimmt auch Cheffins (1998) zu: „Another is that limited liability's adverse impact on tort creditors is *not likely to be as dramatic* in practice as it appears to be in theory ... Admittedly, situations can arise where victims are likely to sue and outside insurers are not obliged to cover the loss, at least fully ... Nevertheless, even with these types of mass tort, the limited liability which shareholders of a defendant company enjoy is unlikely to have a substantial impact on the amount available for recovery. A key consideration is that such occurrences rarely bankrupt companies. The tortfeasors in such instances are usually large enterprises, which means they will probably have substantial assets available to satisfy claims.“[917]

Damit ist selbstverständlich nicht gesagt, dass das Problem der Deliktsgläubiger in den USA bagatellisiert wird, worauf auch in der deutschen Literatur richtig hingewiesen wird.[918] Dort haben beispielsweise erwartete deliktische Schadensersatzansprüche zur Insolvenz vieler Unternehmen geführt. "According to the Ad Hoc Committee in Asbestos Litigation appointed by Chief Justice Rehnquist, eleven out of the twenty-five major asbestos manufacturers had sought bankruptcy protection by 1991."[919] Ein Paradebeispiel ist die Insolvenz des größten Herstellers von Asbestprodukten. Die Rede ist von Manville Corporation. Das Gewicht dieser Beispiele soll aber für unsere Diskussion nicht überbewertet werden. Denn sehr oft wird durch Unternehmen der Insolvenzantrag nicht deswegen gestellt, weil sie zahlungsunfähig sind, sondern weil sie infolge der Insolvenz eine erfolgreiche Reorganisation erwarten. Das ist auch der Grund, warum diese Insolvenzfälle in der amerikanischen Rechtswissenschaft und Rechtsprechung so umstritten waren: "At the time, these (asbestos litigation) bankruptcies were controversial within the bankruptcy bar because of their novel premise that the corporation was entitled to bankruptcy protection *not because it was insolvent*, but because continu-

914 Hansmann/Kraakman (1991), S. 1896.
915 Hansmann/Kraakman (1991), S. 1896.
916 Roe (1986), S. 7.
917 Cheffins (1998), S. 507.
918 Eidenmüller (1999), S. 239.
919 Coffee (1995), S. 1386.

ing trends in asbestos litigation made a bankruptcy reorganization the best way to manage the payment of present and future claims."[920]

Wie wir diesen Aussagen entnehmen können, wird das Problem externer Effekte bei Deliktsgläubigern in den USA nicht als groß eingestuft. Das ist eine wichtige Feststellung. Denn wenn das Problem externer Effekte bei Deliktsgläubigern in den USA gering ist, dann kann man auch annehmen, dass dieses Problem in Deutschland ebenfalls gering ist. Dafür gibt es zwei Gründe. *Erstens* gibt es in Deutschland keine „class action".[921] *Zweitens* gibt es in Deutschland kollektive Entschädigungssysteme, die die individuelle Haftung des Verursachers ersetzen.

A. "Class action" und Deliktsgläubiger

Warum die Existenz von „class action" im amerikanischen Recht dazu führen muss, dass es dort zwangsläufig mehr Insolvenzen wegen Deliktsschäden als in Deutschland geben muss, wird uns an dieser Stelle eingehend beschäftigen. Die Rechtsinstitution Sammelklage haben wir an einer anderen Stelle der Arbeit ausführlich beschrieben.[922] Daran können wir hier anknüpfen. Bei der Sammelklage handelt es sich um eine Klageart, die die Durchsetzung kollektiver Interessen erleichtern soll: "A class action is a procedural device for aggregating relatively large numbers of similar claims in single judicial proceeding."[923] Die aktuelle Fassung von Rule 23 Fed. R. Civ. Proc.[924] steht in unmittelbarem Zusammenhang mit der Bürgerechtsbewegung der sechziger Jahre. Die Sammelklage sollte Anreize zur Umsetzung von Civil Rights Act aus dem Jahre 1964 schaffen. Diese Klageart hat aber nicht nur die Anreize zur Umsetzung von den Bürgerrechten, sondern auch zur Durchsetzung deliktischer Ansprüche geschaffen. Denn bei der Sammelklage klagen einzelne Geschädigte als Vertreter („named plaintiffs") für die gesamte Gruppe, die durch das Schadensereignis betroffen sind.[925] „Named plaintiffs" werden aber nicht von den anderen Geschädigten bevollmächtigt. Es ist also keine Absprache der „named plaintiffs" mit den anderen Geschädigten nötig. Zwar erlangen eine formelle Parteistellung nur die „named plaintiffs", aber die Rechtskraft eines Urteils sowie die Bindungswirkung eines Vergleiches wirken für und gegen alle.

---

[920] Coffee (1995), S. 1386.

[921] Miller (1998), S. 257: "... only in the United States have such proceedings (class action) been widely recognized."

[922] Kapitel 4, III, (c).

[923] Dazu Miller (1998), S. 257: "... Class actions are used for all sorts of cases involving multiple plaintiffs or defendants, including matters as diverse as *mass torts*, securities fraud cases, consumer protection litigation, civil rights cases ... "

[924] Rule 23 Class Action: " (a) Prerequisites to A Class Action. One or more members of a class may sue or be sued as representative parties on behalf of all only if (1) the class is so numerous that joinder of all members is impracticable, (2) there are questions of law or fact common to the class, (3) the claims or defenses of the representative parties are typical of the claims or defenses of the class, and (4) the representative parties will fairly and adequately protect the interests of the class."

[925] Miller (1998), S. 259: "The rules require that the named plaintiff be an *adequate* representative of the absent class members."

Die Struktur der Sammelklage macht sie für deliktische Ansprüche prädestiniert. So kann zum Beispiel die Sammelklage sog. Streuschäden gut bewältigen. Denn "the class action provides a mechanism through which persons with small claims can obtain compensation for harms that would not be available from other means."[926] Die Streuschäden sind die Schäden, die in der Summe ganz erheblich sind, im Einzelfall aber wegen des rationalen Desinteresses nicht eingefordert werden. Die Ausnutzung von Sammelklage zur Rechtsdurchsetzung von „mass torts" erfolgte in den achtziger und neunziger Jahren. In diesem Zusammenhang sind die Prozesse wie „Agent Orange", „Asbestos Litigation", „Dalkon Shield" oder „Silicone Gel Breast Implants" zu nennen. Alle diese Prozesse wären ohne Sammelklage nicht möglich. Es ist kein Zufall, dass es diese Art von Prozessen in den siebziger Jahren noch nicht gab. Denn „mass tort actions matured during the 1980s ... At the beginning of the decade, the mass tort class action was uniformly rejected by appellate courts. By the end of the decade, it was at least provisionally embraced by many."[927]

Selbst wenn man dieser Argumentation nicht folgt, scheidet die Übertragbarkeit der amerikanischen Erfahrung schon deshalb aus, weil es in Deutschland keine "punitive damages" gibt. Es ist kaum vorstellbar, dass die Höhe der in den USA zu zahlenden Forderungen in Deutschland erreicht wird. Ein flüchtiger Blick auf die Summen, die wegen der Massenschäden gezahlt werden, kann dies sehr gut verdeutlichen. Im Fall des "Silicone Gel Settlement" betrugen die Zahlungen zwischen 200 000 $ und 2 Millionen $ ("depending on their generic type of injury and other individual factors").[928]

Fazit: Es kann also nicht geleugnet werden, dass für die Insolvenzen wegen deliktischer Forderungen maßgeblich die Struktur und die Besonderheiten des amerikanischen Prozess- und Deliktsrechts ursächlich waren. Deswegen lässt sich die amerikanische Erfahrung auf deutsche Verhältnisse nicht übertragen, und zwar vor allem deshalb nicht, weil es in Deutschland weder die "class action" noch "punitive damages" gibt.

B. Kollektive Entschädigungssysteme

Die Klageart Sammelklage, die in den USA aber nicht in Deutschland existiert, ist nicht der einzige Grund, warum in den USA mehr Aktiengesellschaften wegen deliktischer Schäden insolvent werden. Der weitere Gesichtspunkt, ist die „Sozialisierung" der Massenschäden in Deutschland. Das bedeutet, dass die individuelle Haftung des Verursachers durch eine kollektive Entschädigung ersetzt wird. Beispiele hierfür sind die Gesetze nach dem sog. „Contergan-Fall"[929] und den „HIV-Bluter-Fällen"[930]. Bei diesen Fällen ging es um die Produkthaftung. In beiden Fällen zahlten die Unternehmen große Summen in neu errichtete Stif-

---

[926] Dazu Miller (1998), S. 257.
[927] Coffee (1995), S. 1356.
[928] Coffe (1995), S. 1408.
[929] Gesetz er die Errichtung der Stiftung „Hilfswerk für behinderte Kinder", BGBL. I, S. 1917, 2018. Siehe dazu auch BGH 64, 30; BVerfG, NJW (1976), S. 1783 .
[930] Gesetz über die humanitäre Hilfe für durch Blutprodukt HIV-infizierte Personen, BGBL. (1995), S. 972.

tungen, die dazu dienen sollen, den Opfern zu helfen. Diese Stiftungen wurden auch durch Subventionen des Staates unterstützt. Zugleich wurde ein Erlöschen privater Haftungsansprüchen von Gesetzes wegen (§ 23 II SiftG Contergan und § 20 HIVHG) angeordnet. Angesichts dieser Erkenntnisse ist es einleuchtend, warum die Zahl der Insolvenzen wegen deliktischer Ansprüche in Deutschland niedriger als in den USA sein muss.[931]

Fazit: Im Ergebnis lässt sich feststellen, dass die Effizienzverluste wegen negativer Effekte in der Beziehung zwischen Aktionären und deliktischen Gläubigern nicht als groß einzustufen sind.

4. Ergebnis

Ziehen wir Bilanz. Nun kann nach dem im vorangegangenen Abschnitt Ausgeführten kein Zweifel bestehen, dass Markkräfte nicht nur einen Beitrag zur Lösung der Probleme zwischen Aktionären und Gläubigern leisten können, sondern auch tatsächlich leisten. Man kann also feststellen, dass die Probleme in der Beziehung zwischen Aktionären und Gläubigern gering, wenn nicht sogar unbedeutend, sind. Vor allem sieht sich die These, dass das Problem deliktischer Gläubiger eine rechtsökonomische Stütze für den zwingenden Gläubigerschutz sein kann, einer Reihe von Einwänden ausgesetzt, die sie in einer ernsthaften Diskussion diskreditieren müssen.

IV. Kosten-Nutzen-Verhältnis zwingender Regelungen

Der Gläubigerschutz gehört zu den klassischen Aufgaben des zwingenden Aktienrechts. Die wichtigste Konkretisierung des zwingenden Gläubigerschutzes bilden die Vorschriften, die die Aufbringung und Erhaltung des Grundkapitals sichern sollen. Sie werden ergänzt durch Schutzbestimmungen, die dann eingreifen, wenn das Grundkapital durch grundlegende Änderungen der Gesellschaftsstruktur tangiert wird: § 225 AktG für den Fall der Kapitalherabsetzung, § 22 UmwG für den Fall der Verschmelzung und § 204 UmwG für den der Umwandlung der AG in eine andere Rechtsform. Die Gläubiger erhalten zusätzliche Sicherheit durch die der AG in § 150 AktG auferlegte Pflicht, eine gesetzliche Rücklage zu bilden.[932] Das Kosten-Nutzen-Verhältnis zwingenden Regelungen soll am Beispiel der Kapitalaufbringungsvorschriften dargestellt werden.

[931] Das neueste Beispiel der kollektiven Entschädigungssysteme ist die Entschädigungsregelung für die Zwangsarbeiter. Es wurde die Stiftung "Erinnerung, Verantwortung und Zukunft" gegründet, die den Zwangsarbeitern schnell finanzielle Leistungen gewähren soll. Grundlage der Leistungen ist das Gesetz zur Errichtung einer Stiftung "Erinnerung, Verantwortung und Zukunft" vom 2. August 2000 (BGBl. 2000 I 1263). Dazu www. stiftung-evz.de, entnommen am 20.09.2001.

[932] Kübler (1999), S. 167.

1. Kapitalaufbringungsregelungen

A. Rechtslage

Unter Kapitalaufbringungsvorschriften werden die Maßnahmen verstanden, die darauf abzielen, im Gründungsstadium einer Kapitalgesellschaft die Verfügbarkeit einer gewissen Haftungsreserve in der Form des Mindestgarantiekapitals zu sichern. Das Grundkapital der AG ist das in einer Geldsumme ausgedrückte Garantiekapital der Gesellschaft. Es muss mindestens 50 000 Euro betragen (§7 AktG). Grundkapital und Gesellschaftsvermögen sind nicht dasselbe. Das Grundkapital ist eine Rechengröße, die auf der Passivseite der Bilanz gebucht wird und angibt, in welcher Höhe die Aktionäre der Gesellschaft Eigenmittel zuführen müssen. Hierfür sorgen zwingende Regeln über die Kapitalaufbringung (zum Beispiel §§ 9 I, 27 ff., 63 ff. AktG) und die Kapitalerhaltung (§§ 57-62, 71 AktG). Dem Betrage nach können Grundkapital und Gesellschaftsvermögen auseinanderfallen. So fallen zum Beispiel von Anfang an auseinander, wenn die Aktien bei einer Neugründung über pari, d.h. zu einem den Nennwert übersteigenden Preis, angeboten werden. Vor allem ändert sich das Gesellschaftsvermögen laufend durch Gewinne und Verluste, obwohl das Grundkapital konstant bleibt. Wir haben an dieser Stelle die Unterschiede zwischen dem Grundkapital und dem Gesellschaftsvermögen deswegen kurz dargestellt, weil erst die klare Unterscheidung zwischen dem Grundkapital und dem Gesellschaftsvermögen die Kapitalsicherungs-vorschriften des Aktienrechts verständlich macht. Denn der Gesetzgeber kann zwar das Grundkapital schützen, indem er Auszahlungen an die Aktionäre verbietet (§ 57 AktG), nicht aber kann er der Gesellschaft verbieten, Verluste zu machen. Der Gesetzgeber kümmert sich also zwar um das Garantiekapital, aber er kann und will nicht gewährleisten, dass auch stets ein Vermögen in dieser Höhe vorhanden ist.[933]

Die Kapitalaufbringung in der Aktiengesellschaft erfolgt durch Bareinlagen oder durch Sacheinlagen (§§ 27, 54 AktG). Bareinlagen werden durch bare oder unbare Zahlungen an die Gesellschaft erbracht. Bareinlagen sind so zu erbringen, dass zur freien Verfügung des Vorstands stehen (vgl. § 36 II AktG).[934] Wieviel schon vor der Registeranmeldung zu leisten ist, ergibt sich aus §§ 36a, 36 II 2 AktG. Ferner kann sich der Aktionär von der Einlagepflicht nicht durch Aufrechnung befreien (§ 66 I 2 AktG). Die Kapitalaufbringung ist durch eine Reihe von Schutzregeln gewährleistet: Die Aktionäre können von ihrer Einlagepflicht nicht befreit werden (§ 66 I 1 AktG), und das Gesetz sorgt dafür, dass die Aktionäre der Gesellschaft in Erfüllung der Einlagepflicht auch effektiv verwertbare Mittel zuführen. Eine Aktienemission unter pari ist verboten (§ 9 I AktG).

---

[933] Dazu K. Schmidt (1997), S. 783.
[934] K. Schmidt (1997), S. 888.

2. Nutzen der Kapitalaufbringungsvorschriften

Unter Kapitalaufbringungsvorschriften werden also die Maßnahmen verstanden, die darauf abzielen, im Gründungsstadium einer Kapitalgesellschaft die Verfügbarkeit einer gewissen Haftungsreserve zu sichern. Gegen den Sinn solcher Bestimmungen wird der Einwand erhoben, dass es für den Gläubiger nicht von Interesse ist, welches Vermögen bei der Gründung der Gesellschaft, sondern welches Vermögen im Zeitpunkt der Fälligkeit seiner Forderung und letztlich im Fall der Insolvenz vorhanden ist. Ob diese Bestimmungen erreichen können, dass den Gläubigern im Fall der Insolvenz zumindest ein kleines Gesellschaftsvermögen zur Verfügung steht, ist aufgrund der praktischen Erfahrung sehr zweifelhaft. Die Insolvenzstatistik vermittelt ein Bild, das in krassem Widerspruch zur Intention des Gesetzgebers steht. Im Normalfall wird der Antrag auf die Eröffnung des Insolvenzverfahrens mangels Massen abgelehnt. Es kann zwar argumentiert werden, dass ohne wirksamen Gläubigerschutz diese Zahl noch höher wäre. Dieses Argument beruht aber auf der Annahme, dass die Unterkapitalisierung die häufigste Ursache der Insolvenz ist.

Das wird in der Tat durch viele Autoren zur Insolvenzursachenforschung vertreten.[935] So ermittelte zum Beispiel das Institut für Mittelstandsforschung bei 80,3% der untersuchten Unternehmen insolvenzverursachende Defizite im Finanzsektor. Innerhalb des Finanzsektors spielte die Insolvenzursache „Eigenkapitalmangel" eine große Rolle (52,3%).[936] Zum einem ähnlichen Ergebnis gelangte die Deutsche Bundesbank in einer Untersuchung der Geschichte von 85 gescheiterten Unternehmen. In einer vergleichenden Betrachtung konnte sie ermitteln, dass Unternehmen, die Konkurs anmelden mussten, eine wesentlich geringere Eigenkapitalquote aufwiesen als die gesunden Vergleichsunternehmen. Bereits für einen mehrjährigen Zeitraum vor Einleitung des Konkursverfahrens lassen sich die Unterschiede bezüglich der Eigenkapitalquote nachweisen. Schon fünf Jahre vor der Insolvenz belief sich die Eigenkapitalquote auf 17,5% bei den gescheiterten Unternehmen gegenüber 27,2% bei den solventen Unternehmen.[937]

Diese Meinung ist aber nicht unumstritten. Zwar wird nicht bestritten, dass unmittelbar vor der Insolvenz die Unternehmen immer unterkapitalisiert sind. Es wird aber hervorgehoben, dass die Unterkapitalisierung nur die Begleiterscheinung einer anderen Insolvenzursache ist.[938] Als die häufigste Ursache der Insolvenz wird das Versagen der Geschäftsführung genannt. Dass sich die schlechte Geschäftsführung im Laufe der Zeit als Unterkapitalisierung

[935] Albach (1984), S. 6.

[936] Reske/Brandenburg (1976), S. 160.

[937] Schlesinger (1978), S. 140 zitiert nach Kaiser (1995), S. 36.

[938] Kaiser (1995), S. 39 mit weiteren Nachweisen. Kaiser (1995) schreibt: „Eigenkapitalmangel ist aus dieser Perspektive lediglich ein Indikator, der auf eine zunehmende Wahrscheinlichkeit für das Auftreten einer Insolvenz hinweist, aber nicht der eigentliche Grund".

bemerkbar macht, ist unvermeidlich.[939] Ferner wird hervorgehoben, dass nicht das Eigenkapital, sondern die Außenstände über Sein oder Nichtsein entscheiden.[940]

Selbst wenn kontrafaktisch angenommen wird, dass Kapitalaufbringungsregeln abstrakt für den Gläubigerschutz geeignet sind, heißt das nicht, dass sich dieses Konzept in der Praxis umsetzen lässt.[941] Denn diese Vorschriften können nur dann zum Gläubigerschutz beitragen, wenn in diesen Regelungen Bezug auf die beabsichtigte Fremdkapitalfinanzierung und auf den Risikograd der geplanten Geschäftstätigkeit genommen wird. Gerade das kann aber als undurchführbar bezeichnet werden. Die praktische Umsetzung einer solchen fremdkapital- und risikoorientierten Eigenkapitalausstattung setzt voraus, dass zwei Variablen gefunden werden müssen. *Erstens* müsste der Gesetzgeber die Bereiche akzeptabler und nicht akzeptabler Risiken festlegen, die durch verschiedene Kombinationen der Risikoindikatoren beschrieben werden. *Zweitens* müsste sich der Gesetzgeber ein praktikables Verfahren einfallen lassen, nach dem der geplanten Geschäftstätigkeit ein bestimmter Risikograd zugeordnet werden kann. [942] Dass die Voraussetzungen nicht billig, wenn überhaupt, erfüllt werden können, liegt auf der Hand.[943]

A. Definierung akzeptabler Risiken

Die Definition noch akzeptabler und nicht mehr akzeptabler Risiken für die Gläubiger ist immer mit einer gewissen Willkür verbunden. Was für einen *junk bond* Käufer noch ein vertretbares Risiko ist, kann einem Käufer von Staatsanleihen schlaflose Nächte bereiten. Die Begriffe ein akzeptables Risiko und ein nicht akzeptables Risiko hängen immer mit der Einstellung zum Risiko zusammen. Es muss ein anderer Maßstab für risikoscheue, risikoneutrale und risikoliebende Gläubiger gefunden werden. Ein betriebswirtschaftlich fundiertes Konzept ist bisher jedenfalls nicht erfunden worden. Nach der verbreiteten betriebswirtschaftswissenschaftlichen Meinung sind weder kapitaltheoretische Ansätze[944] noch bilanzielle Kennzahlen[945] noch die Konkursprognosemodelle zur Beurteilung des angemessenen Verhältnisses von Eigen- und Fremdkapital geeignet. Auch können die Eigenkapitalvorschriften für das Fi-

---

[939] Schneider (1987), S. 91: „Daraus folgt zugleich, dass Behauptungen, es bestünde eine Eigenkapitallücke deutscher Unternehmen und diese sei wesentliche Ursache für die zeitweilige Investitionsschwäche in den letzten Jahren, wissenschaftlich nicht beweisbar erscheinen."

[940] Bretz (1998), S. 273: "Stärker noch als beim schwachen Eigenkapital liegt bei den Problemen um die Außenstände eine der wichtigsten Ursachen aus dem Finanzierungsbereich für das hohe Insolvenzaufkommen."

[941] Dazu Schneider (1987), S. 91: „Selbst wenn die Hypothese „Steigender Anteil der Eigenkapitalausstattung mindert das Insolvenzrisiko" gültig wäre, bliebe beim gegenwärtigen theoretischen Wissen noch offen, wie aus dieser ordinale Messung implizierenden Hypothese eine quantitative Mindesteigenkapitalausstattung begründet werden könnte"

[942] Näher dazu Bitz (1986), S. 83 ff.

[943] Perridon/Steiner (1993), S. 462. Auch der Gesetzgeber äußert sich zurückhaltend hinsichtlich der Möglichkeit, ein angemessenes Mindesteigenkapital zu fixieren: „Es lässt sich nicht mit hinreichender Sicherheit feststellen, welches Eigenkapital dem Geschäftszweig und dem sich erst im Laufe der künftigen Entwicklung erweisenden Geschäftsumfang der Gesellschaft angemessen ist." Referentenentwurf eines Gesetzes über Gesellschaften mit beschränkter Haftung, hrsg. Von Bundesministerium der Justiz (1969), S. 184

[944] Rogusch (1979), S. 131; Bitz (1986), S. 150 mit weiteren Nachweisen.

[945] Rogusch (1979), S. 76 ff; Bitz (1986), S. 146 ff. mit weiteren Nachweisen.

nanzdienstleistungsgewerbe nicht als Vorbild dienen.[946] Gemäß § 10 I, Satz 1 des Kreditwesengesetzes müssen die Kreditinstitute im Interesse der Erfüllung ihrer Verpflichtungen gegenüber den Gläubigern ein angemessenes haftendes Eigenkapital haben. Diese Regelungen lassen sich aber nicht auf das Recht der Aktiengesellschaft oder der GmbH übertragen.[947] Erstens muss das Erfordernis des angemessenen Eigenkapital immer in Verbindung mit der Existenz des Aufsichtsamts gesehen werden. Das angemessene Eigenkapital hat in erster Linie die Funktion, dem Aufsichtsamt potentielle Gefahren zu signalisieren, damit den Kreditinstituten auf den konkreten Fall zugeschnittene Auflagen zur Verhinderung dieser Gefahren auferlegt werden können. Zweitens besteht im Finanzdienstleistungsgewerbe eine verhältnismäßig homogene Geschäftsstruktur, die eine sinnvolle Heranziehung der Bilanzzahlen zur Beurteilung des angemessenen Verhältnisses von Eigen- und Fremdkapital ermöglicht. Drittens ist diese Regelung mit einem kostenintensiven Verwaltungsaufwand verbunden, der sich nur damit rechtfertigen lässt, dass das Finanzdienstleistungsgewerbe eine erhebliche volkswirtschaftliche Bedeutung hat.

B. Messung des Geschäftsrisikos

Objektive Kriterien stehen somit dem Gesetzgeber noch nicht zur Verfügung. Selbst wenn man eine solche Maßstäbe finden könnte, scheitert das Konzept der fremdkapitalbezogenen Eigenkapitalausstattung spätestens an der Unmöglichkeit der praktischen Umsetzung der zweiten Voraussetzung.[948] Ein praktikables Verfahren zur Bestimmung der mit der Gründung eines Unternehmens verbundenen Geschäftsrisiken gibt es nicht.[949]

Die Rechtsprechung hat sogar enorme Schwierigkeiten bei der Feststellung, wann bei einer existierenden Gesellschaft im konkreten Einzelfall die Unterkapitalisierung vorliegt. Die Frage wird bei der Auslegung von § 32a GmbHG (Rückgewähr von eigenkapitalersetzenden Darlehen) heftig diskutiert. Nach der gesetzlichen Regelung werden Darlehen, die der Gesellschaft von einem Gesellschafter zur Abwendung finanzieller Schwierigkeiten, insbesondere der Insolvenz, eingeräumt worden sind, als Eigenkapital behandelt und dürfen deshalb entsprechend § 30 I GmbHG nicht zurückgezahlt werden. Es erhebt sich selbstverständlich die Frage, wann ein solches Darlehen vorliegt. § 32a I GmbHG stellt auf das Finanzierungsver-

[946]Dazu Walter (1998), S. 371: „Mittlerweile hat der Versuch, die durch Eigenkapital abzudeckenden Geschäftsrisiken möglichst umfassend zu berücksichtigen zu einer derartigen Komplexität dieses Grundsatzes geführt, dass er nur noch für Spezialisten verständlich ist. Sicherlich ist es nicht möglich, diesen Versuch einer unternehmensspezifischen Vorgabe des zur Abfederung der Geschäftsrisiken erforderlichen Mindesteigenkapitals auf die Breite der Unternehmen zu übertragen".

[947] Dazu Bitz (1986), S. 76.

[948] Schneider (1987), S. 98: „Die Mindestkapitalausstattung zum Abfangen solcher nicht planbarer ex-post-Verluste ist allerdings weder heute noch in Zukunft jemals rational planbar und erst nicht zu quantifizieren, weil die Menschen nicht wissen können, welches Wissen ihnen zwischen ihrer Planung, der Plankoordination und dem Vollzug der Markthandlungen zugeht."

[949] Das räumen sogar die Befürworter des Mindesteigenkapitals ein. Lutter (1998), S. 376 schreibt: „Es ist betrüblich, daß man diesen sehr guten Gedanken einer beweglichen und unternehmens-individuellen Pufferzone notwendigen und haftenden Eigenkapitals nicht ins allgemeine Recht übertragen kann."

halten ordentlicher Kaufleute ab. Da sich dieser Maßstab als ungeeignet erwiesen hat, wird auf das von der Rechtsprechung entwickelte Kriterium der Kreditwürdigkeit zurückgegriffen. Nach diesem Kriterium ist ein Darlehen kapitalersetzend, wenn die Gesellschaft im Zeitpunkt seiner Gewährung von Dritten keinen Kredit zu marktüblichen Bedingungen erhalten hätte.

Wenn man dieses Kriterium bis zum Ende denkt, ergibt sich daraus, dass die Unterkapitalisierung immer dann vorliegt, wenn die Gesellschaft risikoreiche Geschäfte machen will, weil bei solchen Geschäften der Kredit nicht zu marktüblichen Bedingungen zu erhalten ist. Es muss immer ein Risikozuschlag bezahlt werden, der die Höhe des Zinses nach oben treibt. Dann aber eine solche Gesellschaft nur auf die Eigenfinanzierung angewiesen. Das kann sehr gut an einem Beispiel veranschaulicht werden. Es soll ein Unternehmen gegründet werden, bei dem die 50% Wahrscheinlichkeit besteht, dass dieses Unternehmen Pleite geht. Nehmen wir an, dass der marktübliche Zins 6% beträgt. Bei einer solchen Konstellation wird der risikoneutrale Kreditgeber einen Zins in Höhe von 112% verlangen. Daraus ergibt sich, dass dieses Unternehmen keinen Kredit zu marktüblichen Bedingungen erhalten kann. Damit ist dieses Unternehmen nach dieser Definition nur auf die Finanzierung durch das Eigenkapital angewiesen. Das ist kein befriedigendes Ergebnis.

Damit ist selbstverständlich nicht gesagt, dass sich ein Verfahren zur Messung des Geschäftsrisikos nie wird erfinden lassen. Denkbar ist dies schon. Erst dann kann der Eingriff des Gesetzgebers in die Vertragsfreiheit für berechtigt angesehen werden. Damit kann man feststellen, dass zumindest zurzeit die vertragliche Risikoverteilung der gesetzgeberischen Risikoverteilung vorzuziehen ist.

Ziehen wir Zwischenbilanz. Unsere Argumente dürften zur Genüge gezeigt haben, dass die Kapitalaufbringungsvorschriften bei der börsennotierten Aktiengesellschaft nicht von großem Nutzen sind. Man könnte sogar wagen, die These zu vertreten, dass es rein faktisch eine Illusion ist, zu glauben, die Kapitalaufbringungsvorschriften können einen wirksamen Gläubigerschutz gewährleisten.[950]

3. Kosten der Kapitalaufbringungsvorschriften

Selbst wenn wir unterstellen, dass die Gläubiger nicht fähig sind, sich selber zu schützen, und dass sich die Maßstäbe zur Messung des Geschäftsrisikos werden finden lassen, dann erhebt sich immer noch die Frage, ob der Nutzen der Kapitalaufbringungsregeln die durch diese Regeln verursachten Kosten übersteigt.[951]

---

[950] Dazu zum Beispiel Walter (1998), S. 371: "Unabhängig davon, dass somit die derzeit im AktG enthaltenen praktikablen Vorgaben zum Mindesteigenkapital unter dem Aspekt des Gläubigerschutzes unzweckmäßig sind und zweckmäßige Vorgaben unpraktikabel wären, muß grundsätzlich die Notwendigkeit eines gesetzlichen Gläubigerschutzes durch die Vorgabe eines Mindesteigenkapitals bezweifelt werden." Optimistisch Adams (1991).

[951] Gegen die Regulierung Bratton (1989), S. 110: "Accordingly, legal intervention to protect a contract creditor is rarely justified."

Was die Kosten der Regulierung anbelangt[952], fällt ins Gewicht, dass der zwingende Gläubigerschutz zum Teil eine optimale Allokation des Insolvenzrisikos verhindert. Dank der Vertragsfreiheit kann eine solche optimale Allokation erreicht werden. Die Kosten der Insolvenz soll derjenige tragen, der sie am billigsten tragen kann. Dadurch wird die optimale Allokation des Insolvenzrisikos gewährleistet.[953] Das zwingende Recht macht aber solche Transaktionen unzulässig.

Ausgangspunkt dieser Überlegung ist die Annahme, dass die Gläubiger das Insolvenzrisiko am kostengünstigsten tragen können. *Erstens* können die Gläubiger besser als die Aktionäre dieses Risiko einschätzen. Die Gläubiger sind meistens die Banken, die sich professionell mit der Bonitätsprüfung beschäftigen. Im Vergleich dazu verfügen die Aktionäre nicht über das Wissen und die Informationen, um richtig das Insolvenzrisiko zu beurteilen. Das hängt damit zusammen, dass die Aktionäre mit dem Collective-Action-Problem konfrontiert sind und damit wenig Ahnung von der Qualität der Geschäftsführung haben. *Zweitens* können die Gläubiger die Geschäftsführung besser überwachen, wenn sie dazu entsprechende Anreize haben.[954] Aus Sicht der Aktionäre ist es also manchmal besser, wenn sie das Insolvenzrisiko den Gläubigern verkaufen, indem sie höhere Zinsen zahlen. Die Vertragsfreiheit ermöglicht dem Schuldner, ein optimales Verhältnis zwischen den Kosten der Risikoreduzierung und den Kosten der Risikoprämie zu wählen, dem Gläubiger wiederum wird ermöglicht, zwischen der Höhe der Risikoprämie und der Risikobereitschaft zu entscheiden. Ein solches für beide Parteien vorteilhaftes Geschäft wird aber dadurch verhindert, dass das zwingende Recht einen Markt für diese Rechtsposition nicht zulässt. Die Gläubiger sind nicht befugt, auf die Kapitalaufbringungsvorschriften zu verzichten. Denn die Kapitalaufbringungsnormen sind als unverfügbar ausgestaltet. Damit haben die Gläubiger keine Wahl zwischen weniger Schutz und höheren Risikoprämien einerseits und mehr Schutz und niedrigeren Risikoprämien andererseits. Das Recht verbietet solche Transaktionen. Damit verhindert es einen Austausch, den ein potentieller Gläubiger und eine potentielle Aktiengesellschaft vielleicht gerne vornehmen wollen, aber wegen der zwingenden Kapitalaufbringungsvorschriften nicht vornehmen dürfen. Damit zerstört das Recht einen Kooperationsgewinn, der sich durch eine Markttransaktion erzielen ließe. Das ist aus ökonomischer Sicht unerwünscht.

---

[952] Es wird sehr oft bezweifelt, dass gesetzliches Garantiekapital überhaupt Kosten verursacht. So schreibt Niederleithinger (1998), S. 379: „Selbst derjenige, der dies niedrig bewertet, muss aber bei grundlegenden Änderungswünschen an den Gesetzgeber den Nachweis führen, dass sich die Gesamtheit der deutschen Regelungen zum gesetzliche garantierten Kapital bisher schädlich ausgewirkt hat oder jedenfalls in Zukunft schädlich auswirken wird. Dieser Nachweis erscheint mit bisher noch nicht überzeugend gelungen."

[953] Easterbrook/Fishel (1985), S. 105.

[954] Dazu Triantis/Daniels (1995), S. 1082: "Bank lender ... As result they enjoy significant monitoring advantages over other stakeholders and can play the principal role in controlling managerial slack."

B. Verzerrung des Wettbewerbs zwischen den Kreditnehmern

Ein anderer Nachteil der zwingenden Regelung des Gläubigerschutzes ist, dass diese Regelung zur Verzerrung des Wettbewerbs zwischen den Kreditgebern führen kann. Es ist hervorzuheben, dass der Gesetzgeber für alle Gläubiger pauschal einen Schutz geschaffen hat. Für diesen Schutz müssen auch die Gläubiger bezahlen, denen dieser Schutz überhaupt nicht nutzt. Sie bezahlen, indem sie diesen Schutz nicht gegen höhere Zinsen austauschen dürfen. Das soll anhand eines Beispieles veranschaulicht werden. Man kann sich vorstellen, dass es ohne zwingendes Recht zwei Arten von Krediten auf dem Kreditmarkt gäbe. Zum Beispiel einen 10% Kredit mit einer Kapitalaufbringungsvereinbarung und einen 11% ohne eine solche Vereinbarung. Nach der Einführung des zwingenden Gläubigerschutzes bleibt nur die erste Möglichkeit der Kreditvergabe erhalten. Dadurch verlieren die Kreditgeber, die von der zweiten Möglichkeit der Kreditvergabe Gebraucht machten. Es ist zweifelhaft, ob der gesetzliche Gläubigerschutz diesen Nachteil ausgleichen kann. Wenn es so wäre, hätten diese Kreditgeber auch vor der Einführung des zwingenden Gläubigerschutzes die durch die Kapitalerhaltungsvereinbarung gesicherten Kredite vergeben. Dass dieses Beispiel nicht aus der Luft gegriffen ist und durchaus in der Wirklichkeit vorkommen kann, zeigt die Tatsache, dass es Gläubigergruppen gibt, für die das zwingende Nennkapitalsystem nicht von großer Bedeutung ist. Das trifft vor allem auf die Lieferanten und andere Gläubiger zu, die kurzfristige Kredite gewähren (zum Beispiel die Factoringbanken). Entscheidend ist für diese Gläubiger nicht, ob im Fall der Insolvenz noch ein Gesellschaftsvermögen als Haftungsmasse zur Verfügung steht, sondern ob die kurzfristige Liquidität und Ertragschancen der Gesellschaft vorhanden sind. Diese zwei Größen werden nicht anhand der Kapitalstruktur geschätzt.

C. Verzerrung des Wettbewerbs zwischen den Aktiengesellschaften

Auch der Wettbewerb zwischen den Aktiengesellschaften wird durch die Kapitalaufbringungsvorschriften verzerrt.[955] Diese Vorschriften stellen fixe Kosten[956] dar, die durch die Aktiengesellschaften unabhängig davon zu tragen sind, ob und in welchem Umfang sie von dem Kredit und Anleihemarkt Gebrauch machen. Dadurch werden vor allem die Aktiengesellschaft benachteiligt, die eine Eigenfinanzierung bevorzugen und die Aktiengesellschaften, die mit geringem Risiko für die Gläubiger arbeiten.

---

[955] Ähnlich Kübler (1998), S. 345: "Wenn es diesen Konkurrenten möglich ist, sich auf Dauer kostengünstiger zu finanzieren, wird der Wettkampf unter ungleichen Bedingungen ausgetragen."

[956] Die Fixkosten stellen auch eine Marktzugangsbeschränkung für kleine Unternehmen dar. Das beste Beispiel ist die Schweiz. Die Einführung des Mindestkapitals in der Schweiz im Jahre 1928 in Höhe von 20 000 sfr, wurde nachweislich mit dem zunehmenden Druck der größeren Unternehmen, die sich für eine untere Grenze des Grundkapitals und gegen die Zwerggesellschaft richteten, begründet. Dazu Nobel (1998), S. 354. Ein weiteres Indiz dafür, dass das Mindestgrundkapital nicht nur theoretisch eine Marktzugangsbeschränkung darstellt, ist die Tatsache, dass ca. ein Drittel aller neueingetragenen Aktiengesellschaften im Jahre 1995 nur das Mindestgrundkapital von damals 100 000 DM auswies. Dazu: Die Entwicklung der Aktiengesellschaften, Die Aktiengesellschaft (1996), Sonderheft/1996, S. 16.

Dass die Kapitalaufbringungsvorschriften auch wirklich zur Wettbewerbsverzerrung führen können, kann am Beispiel der amerikanischen "Mutual Savings and Loan Associacions" (MSLA) veranschaulicht werden. Bei den MSLAs tritt das "moral hazard" Problem und das Problem der asymmetrischen Informationen in abgeschwächter Form auf, weil die MSLAs als Genossenschaften organisiert sind. Die Eigentümerrechte werden also nicht durch die Aktionäre ausgeübt, sondern durch die Sparer. Das führt dazu, dass die "Mutual Savings and Loan Associacions" nicht so riskante Geschäfte eingehen, wie Banken, die in Form der Aktiengesellschaft organisiert sind.[957] Dass die Geschäftspolitik der MSLAs mit weniger Risiken für die Sparer verbunden ist, lässt sich auch durch Zahlen belegen. So betrug die jährliche Insolvenzrate der Banken in Form der AG im Zeitraum 1921-1928 zwischen 1,24 und 3,65%. Die entsprechenden Zahlen für die MSLAs sind 0.04 und 0.22. Im Jahr 1933 betrug die Insolvenzrate für AG-Banken 27,7% und nur 0.8 für "Mutual Savings and Loan Associacions".[958] Die viel niedrigere Insolvenzrate hat die MSLA nicht vor der staatlichen Regulierung der Kreditinstitute geschützt, die einen größeren Schutz des Sparers bezweckte. Die Regulierung umfasste Kapitalaufbringungsvorschriften, Kapitalerhaltungsvorschriften und die zwingende Versicherung der Einlagen ("federal deposit insurance"). Diese pauschale Regulierung wird dafür verantwortlich gemacht, dass die Zahl der MSLA im Laufe der Zeit dramatisch gesunken ist.[959] Noch im Jahr 1928 gab es 12,600 "Mutual Savings and Loan Associacions". Im Jahr 1980 betrug die Zahl nur noch 4,100.

Fazit: Wenn diese Analyse richtig ist, dann folgt daraus, dass die Kapitalaufbringungsvorschriften im Aktienrecht mit erheblichen Effizienzverlusten verbunden sind. Mit dieser Feststellung wird die Diskussion der Kosten des zwingenden Gläubigerschutzes beendet.

V. Zusammenfassung

Fassen wir unsere Erkenntnisse zusammen, die wir bezüglich der Beziehung zwischen Aktionären und Gläubigern gewonnen haben. Zunächst hatten wir konstatiert, dass es drei mögliche Ursachen des Marktversagens bei der Beziehung zwischen Aktionären und Gläubigern gibt. Dazu gehört das Problem asymmetrischer Informationen, das Risikoanreizproblem und das Phänomen der externen Effekte. Wir haben gesehen, dass das Problem asymmetrischer Informationen und das Risikoanreizproblem sehr gut durch den Marktmechanismus allein bewältigt werden kann. Das Gleiche kann nicht über das Phänomen der externen Effekte zwischen Aktionären und deliktischen Gläubigern gesagt werden. Dann haben wir uns mit der Frage beschäftigt, wie hoch die Kosten des Marktversagens in Wirklichkeit sind. Dabei haben wir festgestellt, dass sie gegen Null tendieren. In nächstem Schritt hatten wir das Kosten-Nutzen-Verhältnis der zwingenden Kapitalaufbringungsvorschriften in Augenschein genommen. Wir haben herausgefunden, dass der Nutzen in keinem Verhältnis zu den Effizienzver-

---

[957] Dazu ausfürlich: Hermalin/Wallance (1994), S. 361.
[958] Rasmussen (1988), S. 414.
[959] Hansmann (1996), S. 256.

lusten steht, die durch die Kapitalaufbringungsvorschriften verursacht werden. Im Ergebnis ergibt sich daraus, dass der Gesetzgeber keine zwingenden Gläubigerschutzregeln im Aktienrecht unter Berufung auf ein Marktversagen zu setzen braucht.

Kapitel 5: Minderheit

I. Ökonomische Ursachen des Spannungsverhältnisses

Im Rahmen der Beziehung zwischen der Mehrheit und der Minderheit bestehen vor allem zwei Probleme, die zu einem Marktversagen führen könnten. (1) Es handelt sich um das Problem der Umverteilung (Ausbeutung) und (2) um das Problem der adversen Selektion.

1. Ausbeutung

Bei der Aktiengesellschaft besteht die Gefahr, dass die Mehrheit das Unternehmen zum Nachteil der Minderheit für ihre sonstigen Interessen ausbeutet. Denn nachdem ein Anleger die Aktien erworben hat, ist er der Macht der Mehrheit ausgesetzt. Der Grund dafür ist, dass die Mehrheit die Minderheit immer überstimmen kann. Die Minderheit kann auf verschiedene Weise ausgebeutet werden. Wenn die Gesellschaft prosperiert, dann wird die kontrollierende Mehrheit versuchen, ihren Anteil zu vergrößern und die Minderheit daran hindern, an den Gewinnen zu partizipieren. Das kann zum Beispiel durch die Ausgliederung des bei weitem profitabelsten Betriebes einer Gesellschaft auf eine dafür geschaffene, durch die Mehrheit beherrschte Tochtergesellschaft geschehen. Ein anschauliches Beispiel bietet BGHZ 83,122 (Holzmüller). Befindet sich die Gesellschaft in der Krise, dann verlieren die Aktien der Minderheit besonders rasch an Wert. Die Mehrheit kann zum Beispiel im Fall der zu erwartenden Kursverluste ihre Aktien an die von ihr beherrschte Gesellschaft veräußern und sich dadurch das Gesellschaftsvermögen verschaffen. Man kann sich auch viele andere Konstellationen einfallen lassen, wie die Minderheit ausgebeutet werden kann. So kann die Mehrheit etwa lukrative Aufträge an sich nehmen, statt der Gesellschaft zu überlassen. Als ein anderes Beispiel kann der Abschluss von Verträgen ohne angemessene Gegenleistung angeführt werden. Dazu zählt der Erwerb unter Marktwert von Patenten, Warenzeichen, Marken und technischem Know-how. Eine sehr gute Möglichkeit der Ausbeutung der Minderheit bietet die Stellung des herrschenden Unternehmens im Konzern. Die Lieferung zu Konzernverrechnungspreisen, die Zahlung von Konzernumlagen, konzerninterne Kreditgewährung sind sehr gut zur Bereicherung auf Kosten der Minderheit geeignet. Die Möglichkeiten der Ausbeutung lassen sich also kaum überschauen.

2. Adverse Selektion

Das Problem der Ausbeutung ist nicht das einzige ökonomische Problem in der Beziehung zwischen der Minderheit und der Mehrheit. Ein anderes Problem ist ein sog. Zitronenproblem (adverse selection, d.h. der Auswahl unerwünschter Vertragspartner).[960] Wenn dieses

[960] Akerlof (1970), S. 433 ff.

Problem nicht befriedigend gelöst wird, kann das zum Markversagen führen.[961] Dieses Problem soll hier näher dargestellt werden, weil es sehr oft in der deutschen juristischen Literatur als Begründung des zwingenden Anlegerschutzes herangezogen wird.[962] Ausgangspunkt der Überlegung ist die Annahme, dass im Normalfall die Emittenten besser als die Anleger wissen, welche Klauseln in die Satzung aufgenommen werden und mit welchen Folgen die Klauseln für die Anleger verbunden sind. Die Ökonomen sprechen in einem solchen von "hidden characteristics". Als "hidden characteristics" bezeichnet man Situationen, in denen dem Prinzipal unveränderbare oder nicht mehr kostenlos veränderbare Eigenschaften, die sich sowohl auf den Agenten selbst, als auch auf die von ihm angebotenen Güter und Dienste beziehen können, *ex ante*, also vor der Aufnahmen einer Leistungsbeziehung, verborgen sind. Sie offenbaren sich dem Prinzipal erst nach Vertragsabschluß. In diesem Fall kann der Agent dem Prinzipal falsche Tatsachen vorspiegeln.

Wie "hidden characteristics" auch im Gesellschaftsrecht ihre schädliche Wirkung entfalten können, die durchaus zum Marktversagen führen kann, wird an einem *Beispiel* verdeutlicht. Anfänglich könnten die Anleger denken, dass die Chancen 50:50 stehen, dass die von ihnen gekauften Aktien die Aktien mit höher Qualität sind. Wenn ein Kauf getätigt wird, werden die Anleger deshalb alle Aktien hinsichtlich dieses Problems als Aktien der mittleren Qualität ansehen und einem dementsprechenden Preis bezahlen. Die Folge ist, dass weniger Aktien mit höher Qualität und mehr Aktien mit niedriger Qualität verkauft werden. Wenn die Anleger zu realisieren beginnen, dass die meisten verkauften Aktien von niedriger Qualität sind, werden sie noch niedrigeren Preis bezahlen. Das bringt den Mix der angebotenen Aktien noch weiter in Richtung der niedrigeren Qualität. Diese Wechselwirkung setzt sich fort, bis nur mehr Aktien niedriger Qualität verkauft werden. In diesem Punkt wäre der Marktpreis zu gering, um Aktien mit höher Qualität auf den Markt zu bringen, so das die Anleger korrekt annehmen, dass jede von ihnen gekaufte Aktie von niedriger Qualität ist. Deshalb ergibt sich ein Marktversagen, da es Emittenten von Aktien höher Qualität gibt, die ihre Aktien geringer bewerten als potentielle Anleger von Aktien höher Qualität. Folglich können beide Parteien Gewinne aus dem Handel erzielen. Das Zitronenproblem (adverse Selektion) verhindert also, dass gemeinsam vorteilhafter Handel stattfindet. Diese Situation stellt einen Extremfall dar. Der Markt kann bei einem Preis ins Gleichgewicht kommen, der zumindest einige Aktien hoher Qualität auf den Markt bringt. Dass diese extreme Situation durchaus vorkommen kann, zeigte der russische Aktienmarkt im Jahr 1998.[963]

---

[961] Diese Meinung wird zum Beispiel durch Wenger/Hecker/Knösel/Ahlers (2001), S. 11, Fußnote 36 vertreten: "Der Zusammenbruch des Marktes bei unkalkulierbaren Ausbeutungsrisiken folgt den Gesetzmäßigkeiten von Akerlof." Ähnlich Ekkenga (1998), S. 431 mit weiteren Nachweisen: "Anreize für opportunistisches Verhalten, das kurz- bis mittelfristig zu Informationsverzerrungen führt und dadurch auch die Kursentwicklung beeinflusst, gibt es aber genug, weil Kapital- und Informationsmärkte die Bedingungen für das sog. Akerlof-Phänomen des "marktet for lemons" erfüllen."

[962] So zum Beispiel Mülbert (1996), S. 111; Assman (1989), S. 49, 59; Engels (1992), 14 ff.

[963] Black/Kraakman/Tarassova (2000), S. 1731 ff.

II. Marktmechanismus und der Minderheitenschutz

Nachdem wir dargestellt haben, welche ökonomischen Probleme in der Beziehung zwischen der Mehrheit und Minderheit zum Marktversagen führen können, können wir uns der Frage zuwenden, ob diese Probleme auch ohne das zwingende Aktienrecht gelöst werden können. Denn das zwingende Anlegerschutzrecht ist nur dann notwendig, wenn sich die Minderheit nicht durch vertragliche Vereinbarungen schützen kann.[964]

1. Marktmechanismus und die Ausbeutung der Minderheit

A. Preismechanismus - Die Aktie als die "Ware"

Wie schon an einer anderen Stelle dieser Arbeit hervorgehoben wurde, ist es wichtig, dass die Satzung und die angebotene Aktie wie jedes andere auf dem Markt gehandelte Produkt angesehen wird. Wenn das Preis-Leistung-Verhältnis nicht stimmt, wird ein Produkt nicht gekauft. Das Gleiche gilt für die Satzungsklauseln. Wenn beispielsweise die Gründer neue Aktien ausgeben wollen, müssen sie immer Rücksicht auf die Anleger nehmen. Denn wenn die Satzung die Rechte der Anleger beschneidet, wird der erzielte Preis geringer sein. Es bestehen also für die Gesellschaftsgründer keine Anreize, die Klauseln in die Satzung aufzunehmen, die nur die Gesellschaftsgründer bevorzugen. Da die Ausbeutungsmöglichkeiten aus der Satzung erkennbar sind, wird auch die Gefahr der Ausbeutung durch den Börsenkurs berücksichtigt. Für die Möglichkeit der Ausbeutung muss also die Minderheit beim Aktienkauf durch die Mehrheit entschädigt werden. Die Anleger werden nur so viel für die Aktien anbieten, wie viel sie Wert sind.[965] Denn das Risiko der späteren Ausbeutung reflektiert sich wie jedes andere Risiko einer Anlage im Preis der Aktie. Den Preis für die Übernahme dieses Risikos muss letztlich die emittierende Gesellschaft zahlen. Umgekehrt dürfen die emittierenden Gesellschaften, die durch entsprechende Satzungsklauseln die Wahrscheinlichkeit der Ausbeutung reduzieren, einen höheren Preis bei der Erstemission oder Kapitalerhöhung verlangen. Der Grund dafür ist, dass informierte Anleger ineffiziente Klauseln erkennen und richtig bewerten können.[966] Den uninformierten Anlegern steht der effiziente Kapitalmarkt

---

[964] Darüber ist man sich in der deutschen juristischen Literatur einig. Dazu Mülbert (1996), S. 117 mit weiteren Nachweisen in der Fußnote 265. Es ist aber sehr umstritten, inwieweit sich die Minderheit bzw. Anleger vertraglich schützen kann.

[965] Romano (1993), S. 87; Easterbrook/Fischel (1991), S. 1-20.

[966] Diese theoretische Überlegung kann man sehr gut anhand eines Beispiels verdeutlichen: Turner Broadcasting System. Das Beispiel basiert auf Holderness/Sheehan (1991). *Ausgangspunkt*: "Turner Broadcasting is identified with one individual - Ted Turner. Turner has always been its chief executive and always owned a majority of the common stock. The rest is diffusely held." S. 328. *Herrschaft*: "Turner could pick up the phone, call his chief engineer and simply say, Do it ... No bureaucracy, on voting by any board of directors, just quick decision-making by one man , and, no matter what the price tag, instant action" S. 329. *Ein Paar Jahre später*: "To extricate himself form the financial distress caused by the MGM purchase, Turner went to the financial markets." S. 334. *Auf dem Weg zurück vom Kapitalmarkt*: "In one of the most unusual and important aspects of the agreement, the board is required to give supramajority (12 of 15) to 17 categories of significant actions and matters, including ... This supramajority requirement, together with their directorships, gives the minority (cable companies) the explicit power to veto Ted Turner." S. 337. *Ergebnis*: "TBS shows how traditional organizational mechanism can be modified to monitor an owner-manager", S. 344.

zur Verfügung. Damit kann erwartet werden, dass im Verlauf der Zeit anlegerfeindliche Gesellschaften nicht überleben, da ihre Kapitalkosten im Vergleich zu konkurrierenden Unternehmen höher sind. Aus diesem Grunde kann man erwarten, dass das Problem der Ausbeutung auch ohne zwingendes Aktienrecht gelöst wird.

Gelegentlich wird im juristischen Schrifttum dieser Schutzmechanismus in Frage gestellt. Zwar wird auch hier die Effizienz des Kapitalmarktes unterstellt, aber es wird daraus nicht das Gleiche Ergebnis gefolgert.[967] Paradigmatisch ist für diese Argumentationsweise die Stellungsnahme von Reul (1991). Er veranschaulicht die Fragwürdigkeit des "Bezahlungsarguments" an einem einfachen Beispiel: "Ein Zeitungsproduzent, der seine Zeitungen durch auf der Straße aufgestellte Kästen mit integrierter Münzbox für den Kaufpreis vertreibt, weiß sicher, dass manche dieser Zeitungen gestohlen werden. Dies wird auch im Preis der Zeitung berücksichtigt sein. Dennoch wird wohl niemand behaupten wollen, der Produzent habe bei einem Diebstahl keinen Schaden bzw. Schadensersatzanspruch gegen den Dieb."[968]

Dass diese Argumentation eine gewisse intuitive Überzeugungskraft besitzt, lässt sich nicht bestreiten. Nichtsdestotrotz können wir uns mit der Registrierung derartiger intuitiver Zusammenhänge nicht begnügen. Diese Argumentation überzeugt nicht, weil bei einem Diebstahl im Gegensatz zum Aktienkauf keine Vertragsbeziehung besteht. Der Dieb muss für die Möglichkeit des Diebstahls nichts bezahlen. Das ist der Unterschied zwischen dem Deliktsrecht und dem Vertragsrecht. Beim Vertrag kommt die Beziehung freiwillig zustande. Bei der unerlaubten Handlung ist das nicht der Fall. Der Zeitungsproduzent kann sich dem Diebstahl schwer entziehen. Beim Aktienkauf besteht kein Kontrahierungszwang. Wenn sich der Minderheitsaktionär der Ausbeutungsgefahr entziehen will, kann er sich für eine weniger riskante Anlagemöglichkeit entscheiden. Daraus ergibt sich, dass die Argumentation von Reul (1991) falsch ist.

Erstaunlicherweise wird auch manchmal in der wirtschaftswissenschaftlichen Literatur ähnlich argumentiert, um dem Ruf nach der Regulierung mehr Überzeugungskraft zu verleihen. So schreiben Wenger/Hecker/Knösel/Ahlers (2001)[969]: "Fehlt dem Kleinaktionär nämlich die Aussicht auf eine Beteiligung an zu erwartenden Übernahmegewinnen, so *fällt der Grenzpreis*, den er im Zeitpunkt der Zeichnung von Aktien für seine Miteigentümerschaft zu zahlen bereit ist. Wie leicht einzusehen ist, kann dies bedeuten, dass das realisierbare Emissionsvolumen nicht mehr ausreicht, um den Anschaffungspreis eines geplanten Investitionsobjekts zu finanzieren. Da der Aktienmarkt in vielen Fällen genau deshalb in Anspruch genommen werden muss, weil ein riskantes Investitionsvorhaben auf andere Weise nicht zu finan-

---

[967] Reul (1991), S. 226. Er schreibt: "Aus der Prämisse, dass der Börsenkurs alle erhältlichen Informationen reflektiert, wird gefolgert, dass auch das Risiko einer Ungleichbehandlung bei Kontrolltransaktionen voll in den Börsenkurs eingegangen sei. Die Minderheitsaktionäre seinen schon beim Kauf ihrer Anteile für ihnen eventuell entgehende Verluste entschädigt worden. Selbst wenn man die Richtigkeit dieses Argumentes unterstellt, fragt sich, was es eigentlich beweisen soll ... Die Behauptung einer Kompensation der Minderheit durch den günstigen Kaufpreis ihrer Aktien ist folglich unzutreffend."

[968] Reul (1991), S. 226, Fußnote 554.

[969] Wenger/Hecker/Knösel/Ahlers (2001), S. 10.

zieren ist, sind entsprechende Projekte zum Scheitern verurteilt, wenn die Zahlungsbereitschaft der Kleinaktionäre hinter der benötigten Investitionssumme zurückbleibt."

An dieser Argumentationsweise erstaunt, dass die Autoren davon ausgehen, dass die Kleinaktionäre die Ausbeutungsmöglichkeiten sehen und deswegen weniger für die Aktien zahlen wollen, und trotzdem annehmen, dass die Emittenten immer nur die Aktien schlechter Qualität anbieten werden, was dazu führen wird, dass sie ihre Investitionsprojekte nicht durchführen werden. Dass diese Argumentation nicht überzeugen kann, liegt auf der Hand. Denn entweder argumentiert man, dass der Preismechanismus nicht funktioniert und deswegen der Anlegerschutz nötig ist, oder man argumentiert, dass der Preismechanismus funktioniert und aus diesem Grunde Anlegerschutz überflüssig ist. Aber wie man dazu kommt, dass beim funktionierenden Preismechanismus ein Marktversagen eintreten kann, ist nicht nachzuvollziehen.

B. Kritik

Würde man die Diskussion mit diesem Ergebnis beenden und daraus die Schlussfolgerung ziehen, dass sich die Minderheit vertraglich schützen kann, dann würde man den Befürwortern des zwingenden Minderheitenschutzes nicht ganz gerecht werden. Denn die Angriffsfläche, die die oben angeführte Argumentation bietet, ist groß. Sie lässt sich auf drei wichtige Charakteristika (asymmetrische Informationen, beschränkte Rationalität, die Unmöglichkeit des vollständigen Vertrages) zurückführen, die sich auf folgende Aussagen reduzieren lassen. *Erstens* ist die Minderheit mit dem Problem der asymmetrischen Informationen konfrontiert. *Zweitens* verhält sich nicht jeder Anleger unbeschränkt ökonomisch rational,[970] was zwangsläufig dazu führt, dass nicht jede Anlegerentscheidung rational ausfällt.[971] *Drittens* wird eingewandt, dass in Anbetracht der begrenzten Vorhersehbarkeit[972] künftiger Entwicklungen der Versuch einer umfassenden, präzisen Beschränkung aller erwünschten Beschränkungen rein egoistischen Abstimmungsverhaltens der Mehrheit nicht möglich ist. *Viertens*: „Ein Hauptgrund für gesellschaftsinternen Anlegerschutz schließlich liegt, über das Phänomen der Informationsasymmetrie hinausgehend, im Problem allseitig fehlender Informationen. Das spätere Auftauchen eines neuen Mehrheitsaktionärs kann die vom Anleger ursprünglich ange-

---

[970] Dazu zum Beispiel Reul (1991), S. 227 "Neuere Erkenntnisse der Psychologie legen zudem nahe, dass Aktionäre beim Kauf ihrer Anteile gemeinhin von übermäßigem Optimismus beherrscht werden und daher das Risiko ungewisser zukünftiger Ereignisse unterschätzen."

[971] So zum Beispiel Mülbert (1996), S. 122 „Drittens kann innergesellschaftlicher Anlegerschutz als Folge beschränkter ökonomischer Rationalität der Anleger geboten sein. Selbst wenn die vollständige Information der Anleger über sämtliche denkbare Risiken der Investition möglich wäre, dürfte damit die Informationsverarbeitungskapazität des typischen Anlegers überfordert werden."

[972] So zum Beispiel Mülbert (1996), S. 118: „Die Voraussetzungen für einen vollkommenen Schutz durch entsprechende Gestaltung der Finanzierungsbeziehung sind nur allerdings denkbar hoch: Der Anleger müsste nämlich vollkommene Informationen über die Zukunft besitzen – Kenntnis der möglichen Zukunftszustände, Abschätzung ihrer jeweiligen Eintrittswahrscheinlichkeit und Kenntnis des mit jedem Zustand verbundenen Ertrags der Investition ..." Ähnlich Gordon (1989), S. 1549: "The uncertainty hypothesis asserts that the desire to eliminate the costs of uncertainty is the basis for mandatory corporate law."

nommenen Investitionsbedingungen bzw. die Qualität der Finanzierungsbeziehung nachhaltig verändern, ohne dass dies der Gesellschaft und ihren Organen bzw. den anderen Aktionären bekannt sein muss."[973] *Fünftens* wird auf die Gefahr hingewiesen, dass sich die Mehrheit (die Hauptversammlung) später anders verhalten wird, als die Minderheit (Anleger) für seine Investitionsentscheidung annahm und als rationaler Entscheider unterstellen durfte bzw. musste.[974]

All dies ist richtig und doch können wir diese Argumentation nicht gelten lassen. Die Schwächen dieser Aussagen als Begründung des zwingenden Minderheitenschutzes sind gravierend. Mit diesen Aussagen werden wir uns im Folgenden auseinandersetzen. Mit dem Problem *asymmetrischer Informationen* werden wir uns an einer anderen Stelle dieser Arbeit ausführlich beschäftigen.[975] Wir werden sehen, dass das Problem asymmetrischer Informationen wegen des effizienten Kapitalmarktes als gelöst angesehen werden kann.

a. Beschränkte Rationalität

Die Überzeugungskraft dieses Arguments ist nicht sehr groß. Die Diskussion, ob sich die Anleger vollständig rational verhalten, führt unweigerlich zu einer Diskussion, ob sich die Menschen rational verhalten. Zu diesem Thema gibt es eine reichhaltige und erschöpfende Literatur.[976] Es erscheint wenig sinnvoll, dem noch eine weitere Diskussion des Meinungsstandes hinzuzufügen.[977] An dieser Stelle wird dieses Problem nur kurz angerissen. Es erscheint in der Tat kaum realistisch, dass sich die Menschen in allen Situationen vollständig rational verhalten.[978] Es mag auch gekünstelt erscheinen, etwa zu unterstellen, die Präferenzen der Menschen seien gegeben und stabil. Dass man es sich mit diesen Annahmen nicht zu leicht machen sollte, heißt jedoch nicht, dass diese Annahmen für einen rechtspolitischen Vorschlag im Aktienrecht unbrauchbar sind. Dafür gibt es einen konkreten Grund. Es wurde nicht bewiesen und wird sogar, soweit ersichtlich, nicht behauptet, dass sich die Menschen *systematisch* irrational verhalten. Das ist für Recht eine wichtige Feststellung: Für Recht ist nämlich fast immer entscheidend, wie sich die Mehrheit der Rechtssubjekte verhält, nicht aber, ob alle Rechtssubjekte immer eine rationale Entscheidung treffen.

Es mag aber dahin stehen, ob die Befürworter des zwingenden Minderheitenschutzes, was die beschränkte Rationalität der Anleger anbelangt, recht haben. Außerordentlich problematisch ist diese Argumentation zumindest insoweit, als sie stillschweigend unterstellt, dass

---

[973] So zum Beispiel Mülbert (1996), S. 122.

[974] Assmann (1989), 62, 49; siehe auch Mülbert (1996), S. 123.

[975] Kapitel 5, II, 2.

[976] Im Zusammenhang mit dem Aktienrecht zum Beispiel Mitchell (1993), S. 1482: "Nobody is rational in the way that the economists suggests. There is substantial evidence that persons forego self-interest in a wide variety of circumstances, heeding the calls of duty, restraint, altruism, and friendship."

[977] Eine gute Einführung mit weiteren Nachweisen bietet Eidenmüller (1998), S. 28-43.

[978] Vor allem hat Herbert Simon gezeigt, dass es den mit einer vollständigen und transitiven Präferenzordnung ausgestatteten und jederzeit die nutzenmaximierende Handlungsalternative findenden Menschen in der Realität nicht gibt. Dazu Simon (1998), S. 266.

beschränkte Rationalität *aktienrechtsspezifisch* sei. Denn die beschränkte Rationalität der Menschen betrifft das ganze Vertragsrecht. Das Vertragsrecht schafft einen institutionellen Rahmen, der es Menschen ermöglicht, ihr Verhalten bindend zu koordinieren.[979] Das Rechtsinstitut des Vertrages wäre sinnlos, wenn Menschen sich systematisch irrational verhalten würden. Die Befürworter des zwingenden Rechts müssen vielmehr zeigen, dass sich die Anleger im Vergleich zu einem typischen Rechtssubjekt irrationaler verhalten. Das aber scheint eine wesentlich schwierigere Aufgabe zu sein, als pauschal zu behaupten, dass die Anleger der Gefahren der beschränkten Rationalität ausgesetzt sind. Diesen Beweis haben die Regulierer noch nicht erbracht. Ob so ein Beweis überhaupt erbracht werden kann, ist eine andere Frage. Solange das nicht erfolgt, gibt es keinen Anlass aufgrund dieser Aussage an der zwingenden Regulierung festzuhalten.

b. Unmöglichkeit des unvollständigen Vertrages

Diese Aussage ist keine plausible Begründung für den zwingenden Minderheitenschutz. Es mag stimmen, dass ein vollständiger Gesellschaftsvertrag aufgrund der Transaktionskosten nicht geschrieben werden kann. Mit dem gleichen Problem ist aber auch der Gesetzgeber konfrontiert. Er soll nicht nur die künftigen Entwicklungen für einen einzigen Gesellschaftsvertrag, sondern für alle Gesellschaftsverträge einkalkulieren. Dazu ist er noch weniger imstande als die Aktionäre eines konkreten Gesellschaftsvertrages. Man kann annehmen, dass die Parteien eines Gesellschaftsvertrages sich selbst am besten kennen und deshalb eher dazu fähig sind, einen Vertrag zu schreiben, der dem vollständigen Vertrag ähnlich ist. Denn wenn die vertragliche Risikovorsorge hohe Transaktionskosten verursacht, wenn die Vorwegnahme künftiger Entwicklungen vom Anleger nicht erwartet werden kann, dann ist auch höchst zweifelhaft, dass diese Probleme durch einen zwingenden Standardvertrag gelöst werden können. Warum soll der Gesetzgeber besser die Zukunft hinsichtlich eines Gesellschaftsvertrages voraussehen können? Warum soll der Staat einen komparativen Vorteil in diesem Bereich besitzen? Es ist plausibel anzunehmen, dass eher das Gegenteil wahr ist. Dem Gesetzgeber fehlt vor allem das Wissen über den Einzelnen, das er benötigen würde, um einen für die Gesellschaftsvertragsparteien optimalen Gesellschaftsvertrag zu schreiben[980].

Selbst wenn wir das Informationsproblem des Staates außer Acht lassen, ist es schwer nachzuvollziehen, warum das zwingende Recht das Problem *„allseitig fehlender Informationen"* lösen soll. *Erstens* spricht gegen das zwingende Recht der Umstand, dass zwingendes Recht auch dann weiter gilt, wenn die anfänglich allseitig fehlenden Informationen im Laufe der Zeit durch die Parteien erworben werden. Diese Folge ist auch den Befürwortern des zwingenden Anlegerschutzes bewusst: „Innergesellschaftlicher Anlegerschutz reduziert die

---

[979] Eidenmüller (1998), S. 37.

[980] Das bringt Eidenmüller (1998), S. 330 auf den Punkt: „Der Gesetzgeber aber kann sich nicht empathisch in alle von einer bestimmten Rechtsnorm Betroffenen einfühlen, um diesen dann in einer jeweils ganz individualisierte Weise zu helfen."

Zahl möglicher Zukunftszustände und sichert damit die Investitionsbedingungen gerade auch gegenüber solchen Veränderungen ab, über die im Zeitpunkt der Anlageentscheidung gar keine Informationen verfügbar sind." [981] Sie gehen also von der konkludenten Prämisse aus, dass die Reduzierung der Zahl möglicher Zukunftszustände effizient ist, ohne näher auf die Frage einzugehen, warum diese Prämisse richtig sein soll. *Zweitens* liegt es nahe, das Problem „allseitig fehlender Informationen" eher als das Problem der Auslegung des Vertrages anzusehen. Sonst würde das Rechtsinstitut der ergänzenden Vertragsauslegung nach § 156 BGB leer laufen. In der Rechtsprechung wird diese Vorschrift so verstanden, dass „bei einer erforderlichen Ergänzung des Vertragsinhalts darauf abzustellen ist, was die Parteien bei einer angemessen Abwägung ihrer Interessen nach Treu und Glauben als redliche Vertragsparteien vereinbart hätten, wenn sie den von ihnen nicht geregelten Fall bedacht hätten ..."[982] Das bedeutet, dass auch unsere Rechtsordnung davon ausgeht, dass die allseitig fehlenden Informationen vorrangig durch die Rekonstruierung des hypothetischen Parteiwillens ermittelt werden soll. Warum das im Bereich des Aktienrechts anderes sein soll, wird durch die Befürworter des zwingenden Rechts nicht dargelegt.

Auch greift das Argument des opportunistischen Verhaltens der Mehrheit zu kurz. Denn wenn sich die Mehrheit anders verhalten wird, als die Minderheit für seine Investitionsentscheidung annahm und unterstellen musste, ist das nicht ein Problem des zwingenden Rechts, sondern der wirksamen Durchsetzung des Vertrages. Sollte sich tatsächlich ergeben, dass der Anleger im Fall des Vertragsbruches hilflos der Mehrheit ausgesetzt ist, ist das ein Anlass darüber nachzudenken, ob nicht die Klagerechte der Minderheit gestärkt werden sollen, oder ob nicht die richterliche Ex-post-Kontrolle verschärft werden soll.

C. LaPorta/Lopez-de-Silanes/Shleifer/Vishny (1996), (1999)

Würde man die Diskussion mit diesem Ergebnis beenden und daraus die Schlussfolgerung ziehen, dass der vertragliche Schutz ausreichend ist, dann würde man den Stand der Literatur nicht vollständig darstellen. Denn in der letzten Zeit wurden die Aufsätze publiziert, in denen das Problem der Ausbeutung viel ernster genommen wird. Die Rede ist von den Veröffentlichungen von LaPorta/Lopez-de-Silanes/Shleifer/Vishny (1996), (1999), (1997). Diese Publikationen sind aber für die vorliegende Arbeit nicht nur deswegen von einem großen Interesse, weil sie sich mit dem Problem der Ausbeutung der Minderheit beschäftigen, sondern weil sie auch die in dieser Arbeit gewählte Vorgehensweise, in Frage stellen. Denn die durch mich gewählte Vorgehensweise ruht auf der Säule, dass das amerikanische Gesellschaftsrecht an sich nicht so anleger- und gläubigerfreundlich wie das deutsche Gesellschaftsrecht ist. Der Preis des erhöhten Anleger- und Gläubigerschutzes im deutschen Recht sind aber die Kosten, die durch Inflexibilität der zwingenden Regelung hervorgerufen werden. In dieser Arbeit wird

---

[981] Z.B. Mülbert (1996), S. 123.
[982] BGHZ 84, 1, 7; vgl. auch BGHZ 90, 77.

argumentiert, dass der Anleger- und Gläubigerschutz auch ohne zwingende Regulierung genauso gut erreicht werden kann. Diese Sichtweise determiniert auch die Vorgehensweise bezüglich der Untersuchung der Frage, wie die sog. Agency-Kosten (die Ausbeutung der Minderheit, der Opportunismus des Managements oder die Benachteiligung der Gläubiger) gemessen werden. Es wird angenommen, dass die Spannungsverhältnisse, die eine börsennotierte Aktiengesellschaft in den USA und Deutschland erzeugt, ähnlich sind. Deswegen wird die Abwesenheit hoher Agency-Kosten in den USA als Indiz dafür betrachtet, dass auch in Deutschland im Fall der Abschaffung des zwingenden Aktienrechtes die Agency-Kosten nicht steigen werden. Diese Argumentation lässt sich aber in seiner ursprünglichen Form nicht aufrechterhalten, wenn LaPorta/Lopez-de-Silanes/Shleifer/Vishny (1999) recht haben sollten. Denn dann kann es sein, dass die Abwesenheit der Agency-Kosten in den USA nicht durch den vertraglichen Schutz oder durch den Schutz des Marktes erreicht wird, sondern durch eine bessere Regulierung.[983]

Im Folgenden werden wir uns im Einzelnen mit den von ihnen vorgetragenen Argumenten auseinandersetzen. Der Ausgangspunkt der Untersuchung von LaPorta/Lopez-de-Silanes/Shleifer/Vishny (1999) ist die Frage, warum "... differences between countries in ownership concentration in publicly traded firms, in the breadth and depth of capital markets, in dividend policies, and in the access of firms to external finance" so groß sind".[984] Sie sind zur Meinung gekommen, dass für diese Unterschiede der *unzureichende Anlegerschutz* in den nicht "common law" Ländern verantwortlich ist. Der laxe Anlegerschutz in diesen Ländern führt dazu, dass die Ausbeutung der Anleger in großem Umfang vorkommt, was wiederum dazu führt, dass die Eigentumsstruktur der börsennotierten Aktiengesellschaften sehr konzentriert ist.[985] Denn "at the extreme of no investor protection, the insider can steal a firm's profits

[983] Sehr oft werden die Aussagen von LaPorta/Lopez-de-Silanes/Shleifer/Vishny in der deutschen Corporate Governance-Diskussion vorbehaltlos übernommen. Siehe zum Beispiel Pellens/Hillebrandt (2001), S. 59: "LaPorta et al. (1998) haben die Regelungen zum Aktionärsschutz in verschiedenen Volkswirtschaften gegenübergestellt und bescheinigen dem deutschen Regelungssystem einen Platz im internationalen Mittelfeld. Die Untersuchung könnte somit auf die Existenz agency-bedingter Konflikte in Deutschland hinweisen." In diesem Aufsatz werden zum Beispiel LaPorta et al. insgesamt 12 zitiert, ohne dass eine kritische Bemerkung fallen gelassen wird. Ähnlich Fleicher (2002), F 24: „Empirisch untermauert werden diese theoretischen Überlegungen durch eine Reihe neuer und neuester Untersuchungen, die den Schluß naheliegen, daß anlegerschützende Vorschriften und ihre wirksame Durchsetzung eine wesentliche Voraussetzung für entwickelte Kapitalmärkte darstellen". Zitiert wird LaPorta et al. Nicht anders in der amerikanischen Literatur. Paradigmatisch die Aussage von Black (2001), S. 834: "In a series of papers, Rafael LaPorta, Florencio Lopez-de-Silanes, Andrei Shleifer, and Robert Vishny develop evidence that countries with stronger legal protection of minority shareholders have larger stock market capitalization as a percentage of GDP, higher valuation of minority shares, less concentrated share ownership, more public companies relative to population, and higher dividend payout." Ähnlich Coffee (1999a), S. 647: "Starting from the empirical observation that minority shareholders are subject to exploitation and expropriation in most legal regimes outside the Anglo-American world ..." Als Beweis zitiert er in der Fußnote 21, 22 La Porta et al.

[984] LaPorta/Silanes/Shleifer/Vishny (1999), S. 1.

[985] Sie schreiben zum Beispiel auf S. 16: "In sum, the evidence has proved to be broadly consistent with the proposition that the legal environment shapes the value of the private benefits of control, and therefore determines the equilibrium ownership structures ..." Auf S. 15 schreiben sie: "The data show clearly that countries with poor investor protection typically exhibit more concentrated control of firms than do countries with good investor protection."

perfectly efficiently. Without a strong reputation, no rational outsider would finance such a firm".[986]

a. Prämissen der Argumentation

Bevor wir uns der Kritik der einzelnen Schritte widmen, sollen wir zunächst die Annahme offen legen, die dieser Argumentation zugrunde liegt. Die Annahme ist, dass der zwingende Anlegerschutz notwendig ist, damit keine Ausbeutung der Minderheit vorkommt. Ob diese Annahme richtig ist, hat uns schon an der anderen Stelle dieser Arbeit beschäftigt. Daran können wir hier anknüpfen. Wir stellten fest, dass der zwingende Anlegerschutz nicht notwendig ist, weil sich die Anleger vertraglich schützen können.

Auch LaPorta/Lopez-de-Silanes/Shleifer/Vishny (1999) haben die Möglichkeit des vertraglichen Anlegerschutzes gesehen. Sie bezweifeln aber die Wirksamkeit des vertraglichen Anlegerschutzes, weil "this perspective, originating in the Coase theorem, relies on courts enforcing elaborate contracts, which in most countries cannot be taken for granted. Indeed, courts are often unable or unwilling to resolve complicated disputes, and are slow, subject to political pressures, and even corrupt. When the enforcement of private contracts through the court system is sufficiently costly, Coase himself clearly recognizes the possibility that other forms of protecting property rights, such as judicially-enforced laws or even government-enforced regulations, are more efficient."[987]

Einen wirklich grundlegenden Einwand gegen den vertraglichen Anlegerschutz stellt diese Argumentation nicht dar. Denn zuerst muss bewiesen werden, dass die *richterliche Kontrolle* in den nicht "common law" Ländern *versagt*. Das scheint aber eine wesentlich schwierigere Aufgabe zu sein. Diese Aufgabe wurde zumindest durch LaPorta/Lopez-de-Silanes/Shleifer/Vishny (1999) nicht zufriedenstellend gelöst. Denn wenn man sogar kontrafaktisch die Messung des rechtlichen Anlegerschutzes in "german civil law countries" durch LaPorta/Lopez-de-Silanes/Shleifer/Vishny (1999) als richtig unterstellt, ergibt sich ein Bild, das im krassen Gegensatz zu der Schlussfolgerung steht, die LaPorta/Lopez-de-Silanes/Shleifer/Vishny (1999) daraus gezogen haben. Die Tabelle 1 bescheinigt den "german civil law countries" und den "scandinavian civil law countries" eine hervorragende "efficiency of the judicial system". Nach dieser Messung bekommen "german civil law countries" 8,54 Punkte, "scandinavian civil law countries" sogar die maximale Zahl von 10 Punkten und sog. "common law countries" nur 8,15.[988] Es ist noch anzumerken, dass die Bewertung der "efficiency of the judicial system" insgesamt sehr gut ausfällt. Der durch die LaPorta/Lopez-de-Silanes/Shleifer/Vishny (1999) hochgelobte Anlegerschutz in den "common law countries" bekommt nur 4 Punkte auf der Skala von 0 bis 6. Das ist zwar die höchste Bewertung in der

---

[986] LaPorta/Lopez-de-Silanes/Shleifer/Vishny (1999), S. 4.

[987] LaPorta/Lopez-de-Silanes/Shleifer/Vishny (1999), S. 7.

[988] LaPorta/Lopez-de-Silanes/Shleifer/Vishny (1999), Tabelle 1, auf S. 41, Panel C: Measures of Enforcement.

Kategorie "anitidirector rights index", aber relativ wenig, wenn man die Benotung in der Kategorie "efficiency of the judicial system" als Maßstab nimmt. Denn 4 Punkte von 6 sind nur 66%. Wie ich aber gerade erwähnt habe, bekamen "german civil law countries" 8,54 Punkte von 10, was 85% ausmacht und "scandinavian civil law countries" 10 Punkte von maximal 10, was 100% ausmacht.

Auch im direkten Vergleich der Effizienz der Gerichtsbarkeit zwischen Deutschland und den USA schneidet Deutschland sehr gut ab. Wenn wir die Tabelle 7 in LaPorta/Lopez-de-Silanes/Shleifer/Vishny (1996) anschauen, dann können wir feststellen, dass die Unterschiede zwischen Deutschland und USA als minimal angesehen werden können. Im Bereich "corruption" und "risk of contract repudiation" ist sogar Deutschland den USA überlegen. Deutschland wurde im Bereich "corruption" mit 8,93 (USA 8,63), im Bereich "risk of contract repudiation" mit 9,77 (USA 9,00) bewertet. In den anderen drei Bereichen, die zu "enforcement variables" zählen, ist Deutschland den USA nur minimal unterlegen. Im Bereich "rule of law" erhielt Deutschland 9,23 (USA 10,00), im Bereich "efficiency of judicial system" erhielt Deutschland 9,00 (USA 10,00) und im Bereich "risk of expropriation" erhielt Deutschland 9,90 (USA 9,98). Daraus ergibt es sich, dass nur im Bereich "efficiency of judicial system" der Unterschied zwischen Deutschland und den USA als signifikant angesehen werden kann (der Unterschied beträgt 10%).

Zu wissen aber, dass LaPorta/Lopez-de-Silanes/Shleifer/Vishny (1996) "efficiency of judicial system" in Deutschland niedriger bewerten als in den USA, kann allerdings nur ein erster Schritt sein. Der zweite liegt in einer Antwort auf die Frage, für wie überzeugend man die betreffende Bewertung selbst hält. Denn bis jetzt sind wir davon ausgegangen, dass die Bewertung von LaPorta/Lopez-de-Silanes/Shleifer/Vishny (1996) richtig ist. Diese Annahme ist jedoch zweifelhaft. Die Kritik dieser Annahme wird aber dadurch erschwert, dass LaPorta/Lopez-de-Silanes/Shleifer/Vishny (1996) nicht deutlich machen, wie sie zu ihren Bewertung gekommen sind. Deswegen kann der Weg dahin nur vermutet werden. Es liegt nahe anzunehmen, dass LaPorta/Lopez-de-Silanes/Shleifer/Vishny (1996) für den Unterschied in der Bewertung "common law" verantwortlich machen. Sie schreiben: "Legal rules in the common law system are usually made by judges, based on precedents and inspired by general principles, such as fiduciary duty. Judges are expected to rule in new situations by applying these general principles even when specific conduct has not yet been described or prohibited in the statutes. In the area of investor expropriation, the judges then apply what Coffee calls a "smell test", and try to sniff out whether even unprecedented conduct by the insiders violates their fiduciary duty. The expansion of legal precedents to additional violations of fiduciary duty, and the fear of such expansion, limits the expropriation by the insiders in common law countries. In contrast, legal rules in civil law systems are made by legislatures, and judges are not supposed to go beyond the exact letter of the law. No "smell tests" are allowed. As a consequence, a corporate insider who finds a way to expropriate outside investors which is not explicitly forbidden by the law, can proceed without fear of an adverse judicial ruling. From this perspective, the vague fiduciary duty principles of the common law are more protective if investors than the bright line rules of the civil law, which can often be circumvented by sufficiently imaginative insiders."[989]

Also konstatieren LaPorta/Lopez-de-Silanes/Shleifer/Vishny (1996), dass die Richter im Europa "are not supposed to go beyond the *exact* letter of the law". Daraus folgern sie, dass "corporate insider who finds a way to expropriate outside investors which is not explicitly forbidden by the law, can proceed without fear of an adverse judicial ruling".[990]

Diese Argumente lassen sich in dieser Form nicht aufrechterhalten. Es ist sehr problematisch, ob sie richtig die deutsche Rechtswirklichkeit beschreiben. Denn immer wieder betont das Bundesverfassungsgericht, dass die Rechtsfortbildung zu den anerkannten Aufgaben und Befugnissen der Gerichte gehört.[991] Ein gutes Beispiel für diese Haltung des Bundesverfassungsgerichts ist eine Entscheidung, in der es sich mit einem Urteil des Bundesarbeitsgerichts auseinandersetzen musste, das seine Rechtsprechung zur Zulässigkeit der Aussperrung im Arbeitskampf zu Lasten der Arbeitgeberseite geändert hatte. Das Bundesverfassungsgericht führt dazu aus, dass "die Gerichte ... bei unzureichenden gesetzlichen Vorgaben das materielle Recht mit den anerkannten Methoden der Rechtsfindung aus den allgemeinen Rechtsgrundlagen ableiten müssen, die für das betreffende Rechtsverhältnis maßgeblich sind. Das gilt auch dort, wo eine gesetzliche Regelung ... notwendig wäre ..."[992] In diesem Zusammenhang soll hervorgehoben werden, dass gerade das Gesellschaftsrecht neben dem Arbeitsrecht zu den Rechtsgebieten gehört, in denen die gerichtliche Rechtsfortbildung sehr ausgeprägt ist. Paradigmatisch dafür ist die Feststellung von Karsten Schmidt (1997), dass es in vielen Bereichen, namentlich im Konzernrecht, beim Minderheitenschutz und im Bereich der mitgliedschaftlichen Treupflichten, *nicht der Gesetzgeber, sondern* die Gestaltungs- und *Gerichtspraxis* war, die das Aktienrecht verändert und neuen Problemlagen angepasst hat.[993] Paradigmatisch ist die Rechtsprechung zur sog. Publikumspersonengesellschaft.[994] Da die Rechtsprechung den Anlegerschutz bei der Publikumspersonengesellschaft nicht für ausreichend gehalten hatte, entwickelte sie das Sonderinstitut einer an Spezialgesetze (BörsG, KAGG, AuslInvestmG) angelehnten Prospekthaftung.[995]

Ferner übersehen LaPorta/Lopez-de-Silanes/Shleifer/Vishny (1996), dass die Kompetenz der Gerichte zur Rechtsfortbildung in den meisten Fällen nicht notwendig ist. Denn ein "smell test" kann auch mit dem Instrument der *ergänzenden Vertragsauslegung* durchgeführt

---

[989] LaPorta/Lopez-de-Silanes/Shleifer/Vishny (1999), S. 10.

[990] Das ist eine verbreitete Meinung in der amerikanischen Literatur. Siehe zum Beispiel Coffee (1989), S. 620: "... to the extent that American courts have permitted greater contractual freedom in corporate law, their relative tolerance has been coupled with greater judicial activism in reading implied terms into the corporate contract and in monitoring for monitoring opportunism."

[991] BVerfG 14.05. 1985, BverfGE 69, 315 (369,372) oder BverfG 03.04. 1990, BverfGE 82,6 (12).

[992] BverfG 26.06.1991, BverfGE 84, 212 (226 ff.). Zu den verfassungsrechtlichen Grenzen richterlicher Rechtsforbildung siehe Eidenmüller (1995), S. 450 ff. mit weiteren Nachweisen.

[993] K. Schmidt (1997) S. 775.

[994] Ausführlich dazu K. Schmidt (1997), S. 1691.

[995] BGHZ 79, 337, 340; BGHZ 83, 222, 223.

werden. Dass die Richter in den "common law" Ländern die Verträge besser auslegen, wird durch LaPorta/Lopez-de-Silanes/Shleifer/Vishny (1996) sogar nicht behauptet. Es leuchtet aber ein, dass eine Untersuchung, die sich allein auf die Frage beschränkt, ob die Rechtsfortbildung in Europa zulässig ist, notwendig zu kurz greift. Denn zuerst muss durch LaPorta/Lopez-de-Silanes/Shleifer/Vishny (1996) dargelegt und bewiesen werden, dass die Vertragsauslegung nicht genauso gut zur Durchführung des "smell tests" herangezogen werden kann. Auch wenn wir kontrafaktisch annehmen, dass einem deutschen Richter das Mittel der Rechtsfortbildung nicht zur Verfügung steht, hindert ihn nichts daran, das Gleiche Ziel mit dem Rechtsinstitut der ergänzenden Vertragsauslegung zu erreichen.

Nach § 157 BGB sind die Verträge so auszulegen, wie die Treu und Glauben mit Rücksicht auf die Verkehrssitte es erfordern. In der Rechtsprechung wird diese Vorschrift so verstanden, dass "bei einer erforderlichen Ergänzung des Vertragsinhalts darauf abzustellen ist, was die Parteien bei einer angemessen Abwägung ihrer Interessen nach Treu und Glauben als redliche Vertragspartner vereinbart hätten, wenn sie den von ihnen nicht geregelten Fall bedacht hätten ..."[996] Ist das für ein "smell test" nicht ausreichend? Wer diese Frage mit "nein" beantworten will, trägt die Beweislast oder ist zumindest im Begründungszwang. Denn zumindest auf den ersten Blick ist die ergänzende Vertragsauslegung völlig ausreichend, um ein "smell test" durchführen zu können. Dafür gibt es einen konkreten Grund. Die ergänzende Vertragsauslegung gibt den deutschen Gerichten die Möglichkeit auch dann eine effiziente Entscheidung zu treffen, wenn die Parteien selber es nicht getan haben. Denn wenn das Problem der Ausbeutung in der Satzung nicht ausdrücklich geregelt ist, kann das Gericht darauf abstellen, wie sich die rational handelnden und voll informierten Vertragspartner bei der Abwesenheit von Transaktionskosten *ex ante* geeinigt hätten, wenn sie das Problem der Ausbeutung erkannt und geregelt hätten.

Mit dieser kursorischen Erörterung einiger Faktoren, warum auch im deutschen Recht die Richter effizient entscheiden können, soll es an dieser Stelle sein Bewenden haben. Ziel dieser Erörterung war weder eine abschließende Diskussion der Unterschiede in der Rechtsfortbildung zwischen den "common law" Ländern und Deutschland, noch eine umfassende Untersuchung, ob die Richter in Deutschland effizient entscheiden. Es sollte nur gezeigt werden, dass die Abwesenheit des Fallrechtssystems in Deutschland nicht dazu führen muss, dass der vertragliche Anlegerschutz unbedingt versagt.

Wer allerdings angesichts dieser Daten und Argumente auf eine ausführliche Erörterung der Gründe für und wider den vertraglichen Anlegerschutz von LaPorta/Lopez-de-Silanes/Shleifer/Vishny (1999) hofft, wird enttäuscht. Die eigentlich interessantesten Feststellungen, in denen sich LaPorta/Lopez-de-Silanes/Shleifer/Vishny (1999) dieser Frage widmen, sind sehr kurz, so kurz, dass sie hier zitiert werden sollen: "As the next section of this paper

---

[996] BGH 29.04.1982, BGHZ 84, 1, 7. Zu der ergänzenden Vertragsauslegung im deutschen Recht siehe Eidenmüller (1995), S. 456.

shows, the empirical evidence rejects the hypothesis that private contracting is sufficient. Even among countries with reasonably well functioning judiciaries, those with law and regulations more protective of investors have better developed capital markets."[997] Diese Feststellung macht stutzig, weil gerade der empirische Beweis, der von LaPorta/Lopez-de-Silanes/Shleifer/Vishny (1999) präsentiert wird, darauf hindeutet, dass der vertragliche Anlegerschutz ausreichend ist. Denn nach der Meinung von LaPorta/Lopez-de-Silanes/Shleifer/Vishny (1999) funktioniert der vertragliche Anlegerschutz nur dann, wenn die Verträge gerichtlich durchgesetzt werden können. Das ist nur dann der Fall, wenn die Richter nicht korrupt sind und die Gerichtsbarkeit intakt ist. Dann konstatieren LaPorta/Lopez-de-Silanes/Shleifer/Vishny (1999), dass in den "german civil law countries" weder die Korruption üblich ist (die Messung: 8,03 von 10, verglichen mit nur 7.6 von 10 in den "common law countries") noch die Gerichtsbarkeit versagt.[998] Daraus ziehen sie überraschenderweise die Schlussfolgerung, dass "empirical evidence rejects the hypothesis that private contracting ist sufficient". Genauso unverständlich ist die zweite Feststellung: "Even among countries with reasonably well functioning judiciaries, those with law and regulations more protective of investors have better developed capital markets". Denn die besten Gerichtsbarkeiten haben gerade Länder, in denen der Kapitalmarkt unterentwickelt ist.

Wie sind diese Widersprüche in der Argumentation zu erklären? Die naheliegende Erklärung ist, dass die LaPorta/Lopez-de-Silanes/Shleifer/Vishny (1999) die Tabelle 1 (Legal origin and investors rights) nicht als empirischen Beweis betrachten, der in diesem Zusammenhang relevant erscheint. In der Tat schreiben sie von "empirical evidence in the next section of this paper". Das Problem mit dieser Auslegung von der "next section of this paper" ist, dass es keine "section" in diesem Papier gibt, die sich mit der Frage auseinandersetzt, ob der vertragliche Anlegerschutz ausreichend ist. Die empirischen Untersuchungen, die LaPorta/Lopez-de-Silanes/Shleifer/Vishny (1999) anführen, widmen sich der Frage, ob der Anlegerschutz als solcher eine positive ökonomische Wirkung hat und nicht der Frage, ob der vertragliche Anlegerschutz in der Verbindung mit der intakten Gerichtsbarkeit den zwingenden Anlegerschutz ersetzen kann. Denn, um den Beweis zu erbringen, dass der vertragliche Anlegerschutz in der Verbindung mit den gut funktionierenden Gerichten die staatliche Regulierung nicht ersetzen kann, müsste man die empirischen Untersuchungen zitieren, die die Ausbeutung feststellen konnten, obwohl die Gerichte wirksam und schnell den vertraglichen Vereinbarungen die Wirksamkeit verleihen. Eine solche empirische Studie haben aber LaPorta/Lopez-de-Silanes/Shleifer/Vishny (1999) nicht zitiert. Im Gegenteil, sie haben die Studien zitiert, in denen die Qualität von der Rechtsdurchsetzung als schlecht einzustufen ist.[999] Bei

---

[997] LaPorta/Lopez-de-Silanes/Shleifer/Vishny (1999), S. 7.

[998] Dass die Gerichtsbarkeit in diesen Ländern gut funktioniert, wird durch LaPorta/Lopez-de-Silanes/Shleifer/Vishny (1999) selber anerkannt. Sie schreiben auf S. 9: "In particularly, the - generally richer-Scandinavian and German legal origin counties, receive the best scores on corruption and the efficiency of the judicial system."

[999] LaPorta/Lopez-de-Silanes/Shleifer/Vishny (1999), S. 18.

der Besprechung von der Untersuchung von Johnson/Boone/Breach/Friedman (1999)[1000] schreiben LaPorta/Lopez-de-Silanes/Shleifer/Vishny (1999): "They find that governance variables, such as investor protection indices and *the quality of law enforcement*, are powerful predictions of the extent of market declines during the crisis. These variables explain the cross-section of declines better than do the macroeconomic variables which have been the focus of the policy debate".[1001] Auch die zweite von LaPorta/Lopez-de-Silanes/Shleifer/Vishny (1999) zitierte Studie untersucht "corporate governance" in den asiatischen Ländern, in denen man nicht von der intakten Gerichtbarkeit ausgehen kann.[1002]

Ziehen wir Zwischenbilanz: Mit dieser kursorischen Erörterung der Prämissen der Argumentation von LaPorta/Lopez-de-Silanes/Shleifer/Vishny (1996), (1999), soll es an dieser Stelle sein Bewenden haben. Ziel dieser Erörterung war nur zu zeigen, dass die ganze Argumentation von LaPorta/Lopez-de-Silanes/Shleifer/Vishny (1996), (1999), auf einer sehr wackligen Säule ruht.

b. Kritik

Nachdem wir die Prämissen der Argumentation von LaPorta/Lopez-de-Silanes/Shleifer/Vishny (1996) dargestellt haben, können wir uns den einzelnen Schritten ihrer Argumentation widmen. Wir sollen uns noch einmal diese Schritte in Erinnerung rufen. Zunächst konstatieren LaPorta/Lopez-de-Silanes/Shleifer/Vishny (1996), dass der Anlegerschutz in den nicht "common law countries" unzureichend ist. Daraus folgern sie, dass die Ausbeutung in den nicht "common law countries" zum Alltag der Rechtswirklichkeit gehört. Die Ausbeutung führt wiederum dazu, dass die Eigentumsstruktur sehr konzentriert ist. Alle drei Schritte dieser Argumentation sind problematisch. Mit dem Schritt zwei (die Ausbeutung) werden wir uns an einer anderen Stelle dieser Arbeit ausführlich beschäftigen.[1003]

(a) Anlegerschutz in den nicht "common law countries"

Wie wir sehen, beruht die ganze Argumentation von LaPorta/Lopez-de-Silanes/Shleifer/Vishny (1996) auf der Feststellung, dass der Anlegerschutz in den "nicht common law countries" unzureichend ist. Diese Feststellung sieht sich einer Reihe von Einwänden ausgesetzt, die die Richtigkeit dieser Feststellung zweifelhaft erscheinen lassen. An dieser Stelle werde ich versuchen, diese Einwände kursorisch darzustellen.

(aa) Maßstäbe der rechtlichen Bewertung

[1000] Johnson/Boone/Breach/Friedman (1999).
[1001] LaPorta/Lopez-de-Silanes/Shleifer/Vishny (1999), S. 18.
[1002] LaPorta/Lopez-de-Silanes/Shleifer/Vishny (1999) besprechen auf S. 17 die Untersuchung von Claessens/Djankov/Fan/Lang (1999).
[1003] Kapitel 5, III.

Die Hauptangriffsfläche, die die Argumentation von LaPorta/Lopez-de-Silanes/Shleifer/Vishny (1996) für eine Kritik bietet, ist die Methode, wie sie zu der Schlussfolgerung kommen, dass der Anlegerschutz in den nicht "common law countries" schlechter ist als in den "common law countries". Vor allem sind die Maßstäbe, die sie gewählt haben, um die Unterschiede im Anlegerschutz herauszufinden, höchst zweifelhaft.[1004] Denn LaPorta/Lopez-de-Silanes/Shleifer/Vishny (1996) versuchen die Qualität des Anlegerschutzes auf fünf Kriterien zu reduzieren: (1) "one share-one vote", (2) "proxy by mail allowed", (3) "shares blocked before meeting", (4) cumulative voting for directors", (5) "antidirectors rights"[1005].

Es leuchtet ein, dass eine Untersuchung, die sich allein auf diese fünf Kriterien beschränkt, notwendig zu kurz greift. Es ist zum Beispiel unverständlich, warum dem *zwingenden Recht* in der Untersuchung von LaPorta/Lopez-de-Silanes/Shleifer/Vishny (1996) *kein Gewicht* beigemessen wird. Denn LaPorta/Lopez-de-Silanes/Shleifer/Vishny (1996) gehen von der Prämisse aus, dass ein eklatantes Marktversagen besteht, wenn der Anlegerschutz keine Abhilfe schafft. Sie schreiben, dass "the rights attached to securities become tremendously important once it is recognized that managers of companies act in their own interest. Investors' rights give them the power to extract from these managers the returns on their investment. Thus shareholders receive dividends *because* they can vote out the directors who do not pay them, and creditors are paid *because* they have the power to repossess collateral".[1006]

Wenn aber LaPorta/Lopez-de-Silanes/Shleifer/Vishny (1996) von einem Marktversagen im Gesellschaftsrecht ausgehen, warum vernachlässigen sie die Bedeutung des zwingenden Rechts? Eine kurze Antwort auf diese Frage finden wir auf der Seite 14 LaPorta/Lopez-de-Silanes/Shleifer/Vishny (1996). Sie schreiben, dass in der Tat "in many countries, firms can opt out of some of the rules we examine. As a practical matter, however, in may be costly for firms to opt out of standard legal rules since investors might have difficulty accepting non-standard contracts and, more importantly, judges might fail to understand or enforce them." Soweit LaPorta/Lopez-de-Silanes/Shleifer/Vishny (1996) behaupten, dass die Gerichte den Verträgen nicht die volle Wirksamkeit verleihen können, stellen sie eine These auf, die in ähnlicher Form bereits Gegenstand meiner Kritik war. Was aber die erste Aussage anbelangt, bedarf sie einer Kritik. LaPorta/Lopez-de-Silanes/Shleifer/Vishny (1996) stellen also fest,

---

[1004] Auch kritisch, aber ohne nähere Begründung Coffee (2000), S. 4. Er schreibt: "It remains difficult to accept the legal variables identified by LaPorta/Lopez-de-Silanes/Shleifer/Vishny as alone defining or measuring the difference between adequate and inadequate legal protection for minority shareholders."

[1005] Es wird definiert als: "Index of antidirector rights. The index of antidirector rights is formed by adding one when: (1) the country allows shareholders to mail their proxy vote; (2) shareholders are not required to deposit their shares prior to the General Shareholders' Meeting; (3) cumulative voting is allowed (4) an oppressed minorities mechanism is in place; (5) the minimum percentage of share capital that entitles a shareholder to call for an Extraordinary Shareholders' Meeting is less than or equal to ten percent (the sample median); The range for the index is from 0 to 5.", LaPorta/Lopez-de-Silanes/Shleifer/Vishny (1996), S. Table 1: Variables.

[1006] LaPorta/Lopez-de-Silanes/Shleifer/Vishny (1996), S. 2. Die Hervorhebung im Original.

dass für die Unternehmen sehr kostspielig ist, vom dispositiven Recht abzuweichen, weil so ein Verhalten durch die Investoren nicht akzeptieren wird.

Diese Aussage scheint auf den ersten Blick der übrigen Argumentationsweise von LaPorta/Lopez-de-Silanes/Shleifer/Vishny (1996) zu widersprechen. Sind sie bis jetzt nicht davon ausgegangen, dass ein Marktversagen vorliegt? Wenn aber ein Marktversagen vorliegt, kann der Preismechanismus seine Wirkung nicht entfalten. Das Problem des Marktversagens liegt gerade darin, dass die Investoren die rechtliche Ausgestaltung der Satzung akzeptieren, die an sich für sie nachteillig ist. Aus diesem Grund ist die Argumentation von LaPorta/Lopez-de-Silanes/Shleifer/Vishny (1996) widersprüchlich: Entweder liegt ein Marktversagen vor und die Investoren können "betrogen" werden (sie werden also auch die Satzungen akzeptieren, die für sie von Nachteil sind) oder es liegt kein Marktversagen vor und deswegen kann nicht angenommen werden, dass die Investoren den "Betrug" nicht bestrafen. Ein Gesichtspunkt sei dem noch hinzufügen: wenn die Investoren die rechtlichen Abweichungen von den guten Standards nicht akzeptieren, dann liegt es nahe anzunehmen, dass sie auch eine effiziente Abweichung vom ineffizienten, dispositiven Recht belohnen. Wenn es aber so ist, dann kann das dispositive Anlegerschutzrecht kein entscheidender Faktor sein. Dann müssten sich LaPorta/Lopez-de-Silanes/Shleifer/Vishny (1996) nur auf die Untersuchung des zwingenden Rechts konzentrieren. Denn dem dispositiven Recht kommt beim Anlegerschutz keine große Bedeutung zu.

Die an dieser Stelle von mir vertretene These ist selbstverständlich nicht neu. Sie wurde durch Black (1990)[1007] und Romano (1989) ausführlich begründet. Sie wird jedoch gleichwohl wiederholt, weil sie für die Kritik von den Publikationen von LaPorta/Lopez-de-Silanes/Shleifer/Vishny (1996) eine große Bedeutung hat. Black (1990) und Romano (1989) behaupten, dass in den USA sogar das formal zwingende Recht nicht als zwingend zu betrachten ist. Fast alle zwingende Rechtsbestimmungen können sehr leicht umgangen werden.[1008] Romano (1989) gibt ausführliche Beispiele, wie auf den ersten Blick zwingendes Recht umgangen werden kann.[1009]

Der Grund, warum von diesen Rechtsbestimmungen in der Praxis trotzdem nicht abgewichen wird, ist der Umstand, dass sie für die Gesellschaften nützlich sind. Es ist also falsch anzunehmen, dass die Manager oder die Großaktionäre sich anders verhalten würden,

[1007] Black (1990), S. 544 "Instead of assuming that laws are important because they appear mandatory on their face, I treat that as a central question that deserves close analysis. I then develop the "triviality hypothesis" that, appearances notwithstanding, state corporate law is trivial: it does not prevent companies - managers and investors together - from establishing any set of governance rules they want. After a century of erosion through competition for corporate charters, what is left of state corporate law is an empty shell that has form but no content."

[1008] Romano (1989), S. 1599: "The rules that are identified as "mandatory" in practice have very little in common with the ordinary understanding of that term. They are either easily-and legally-side stepped, or they pose nonbinding constraints because there is no burning demand to deviate from them."

[1009] Romano (1989), S. 1600.

wenn es diese Rechtsbestimmungen nicht gäbe.[1010] Also nicht der rechtliche Schutz, sondern der Markt und der vertragliche Schutz verhindert die Ausbeutung in den USA. Es mag dahin stehen, ob Romano (1989) und Black (1990) mit der Feststellung der Trivialität des zwingenden Rechts in den USA recht haben. Unproblematisch ist diese Argumentation zumindest insoweit, als sie meinen, dass das zwingende Recht leicht umgangen werden kann. Wenn dem aber so ist, wie das Black (1990) und Romano (1989) beschreiben, dann können aus der Analyse des rechtlichen Anlegerschutzes von LaPorta/Lopez-de-Silanes/Shleifer/Vishny (1996) überhaupt keine Rückschlüsse gezogen werden. Black (1990) hat es auf den Punkt gebracht: das Recht, zumindest das dispositive Recht, ist trivial.

Die Trivialität des dispositiven Rechts kann sehr gut am Beispiel von "cumulative voting"[1011] dargestellt werden. Die Auseinandersetzung mit dieser Bestimmung wurde von mir nicht zufällig gewählt. Die Abwesenheit von "cumulative voting" in Deutschland hat dazu beigetragen, dass nach der Meinung von LaPorta/Lopez-de-Silanes/Shleifer/Vishny (1996) der Anlegerschutz in Deutschland nicht ausreichend ist. LaPorta/Lopez-de-Silanes/Shleifer/Vishny (1996) schreiben, dass "some countries allow cumulative voting for directors, which in principle gives more power for minority shareholders to put their representatives on boards of directors." Diese Rechtsbestimmung soll dazu beitragen, dass die Ausbeutung unterbleibt. Es leuchtet aber unmittelbar ein, dass diese Rechtsbestimmung nur dann zur Verhinderung der Ausbeutung der Minderheit beitragen kann, wenn die Gesellschaften von dieser Bestimmung Gebrauch machen.

Ob das der Fall ist, ist eine empirische Frage, der LaPorta/Lopez-de-Silanes/Shleifer/Vishny (1996) nicht näher nachgegangen sind. Das macht stutzig, weil es rein logisch möglich ist, dass von "cumulative voting" keine einzige Aktiengesellschaft Gebrauch macht.[1012] Wie kann man also behaupten, dass eine Rechtsbestimmung in der Rechtswirklichkeit relevant ist, ohne zu prüfen, ob diese Bestimmung überhaupt in den Satzungen der Aktiengesellschaften vorkommt? Es stellt sich also die Frage, wie häufig von "cumulative voting" Gebrauch gemacht wird. Dieser Frage sind Danielson und Karpoff (1998)[1013] in einer empirischen Untersuchung nachgegangen. Nach den Ergebnissen dieser Untersuchung hatten im Jahre 1989 nur 82 von den größten 513 amerikanischen Unternehmen

---

[1010] Romano (1989), S. 1602: "The hypothetical just proves too much. It is a paradigmatic example of a nonbinding mandatory rule, a rule from which no firm's shareholders would wish to deviate. In the rule's absence, firms' fiduciary restrictions concerning self-interested transactions would be homologous with current law. Such provisions are hardly mandatory as that term is commonly used: *they are laws without bite.*" Die Hervorhebung nicht im Original.

[1011] Die Definition: "Cumulative voting is a system of voting for the election of directors that is intended to give minority shareholders representation on the board by allowing them to concentrate their votes on a limited number of nominees." Choper (1995), S. 571.

[1012] The "cumulative voting" ist zwingend nur in 6 Bundesstaaten: Arizona, Kentucky, Nebraska, North Dakota, South Dakota und West Virginia). Dazu Choper (1995), S. 574.

[1013] Danielson/Karpoff (1998), S. 354, Tabelle 2.

von der "cumulative voting" Gebrauch gemacht.[1014] Das zeigt, wie das Recht und die Rechtswirklichkeit weit auseinanderfallen können. Es ist also leicht zu erkennen, warum "cumulative voting" nicht eine Säule des Anlegerschutzes sein kann. Denn es ist nicht das Recht, was ausschlaggebend ist, sondern die Rechtswirklichkeit.

Die Nichtberücksichtigung des zwingenden Rechts bei der Auswahl der Kriterien ist nicht die einzige Schwäche in der Vorgehensweise von LaPorta/Lopez-de-Silanes/Shleifer/Vishny (1996). Es fragt sich, warum die *Klagemöglichkeiten* der Aktionäre in der Untersuchung von LaPorta/Lopez-de-Silanes/Shleifer/Vishny (1996) eine untergeordnete Rolle spielen. Denn auch, wenn der materielle Anlegerschutz hervorragend sein sollte, ist es möglich, dass die Investoren keine Möglichkeit haben, ihre Rechte vor Gericht geltend zu machen. Sind die Klagemöglichkeiten beschränkt, dann hilft weder ein hervorragendes materielles Anlegerschutzrecht noch die intakte Gerichtsbarkeit. Denn die Gerichte können nur dann entscheiden, wenn geklagt wird.

Es kann auch nicht nachvollzogen werden, warum LaPorta/Lopez-de-Silanes/Shleifer/Vishny sich überhaupt nicht fragen, ob es in den "civil law" Ländern nicht andere Rechtsbestimmungen gibt, die die Verhinderung der Ausbeutung gewährleisten können. Das Gleiche Ziel kann nämlich auf verschiedene Weise erreicht werden.

Es gibt aber noch einen weiteren Gesichtspunkt, der die Vorgehensweise von LaPorta/Lopez-de-Silanes/Shleifer/Vishny (1996) zweifelhaft erscheinen lassen könnte. Es ist nicht nachvollziehbar, warum LaPorta/Lopez-de-Silanes/Shleifer/Vishny (1996) weder das *Kapitalmarktrecht* noch das *Börsenrecht* bei der Untersuchung des Anlegerschutzes in Augenschein genommen haben. Denn es ist möglich, dass ein hervorragendes Kapitalmarktrecht ein Ersatz für das schlechte Gesellschaftsrecht darstellt. Wenn diese These richtig ist, dann haben die Ergebnisse von LaPorta/Lopez-de-Silanes/Shleifer/Vishny (1996) keine Aussagekraft.

(ab) „Cumulative voting"

Das sind jedoch nicht die einzigen Argumente, mit denen der Versuch unternommen werden kann, die Ergebnisse von LaPorta/Lopez-de-Silanes/Shleifer/Vishny (1996) in Frage zu stellen. Denn bis jetzt haben wir vor allem diskutiert, ob die Reduzierung des Anlegerschutzes auf fünf Kriterien aus einer rechtsvergleichenden Sicht vernünftig sind. An dieser Stelle wird gefragt, was von den gewählten Kriterien selbst zu halten ist. Denn zu wissen, dass es diese oder jene rechtliche Bestimmung in einer Rechtsordnung gibt, kann immer nur ein erster Schritt sein. Der zweite liegt in einer Antwort auf die Frage, für wie effizient man

[1014] Zum gleichen Ergebnis sind ältere Untersuchungen gekommen. The Conference Board, Corporate Directorship Practices: Membership and Committees of the Board 6 (1973), zitiert nach Choper (1995), S. 574 schreibt: "Only a minority of the companies in this report - and these include many of the largest companies in many different industries - provide for this type of voting in their bylaws or certificate of incorporation. And very few stockholders use the privilege even when it is available ... Almost all the companies whose stockholders are entitled to vote cumulatively report that the procedure has not been used at all in the last five years, or that its effect has been negligible ... In other words, there was *no practical effect*." Die Hervorhebung nicht im Original.

die betreffenden Rechtsbestimmung selbst hält. Sind sie wirklich so effizient, wie LaPorta/Lopez-de-Silanes/Shleifer/Vishny (1996) annehmen?

Diese Argumentationsweise soll am Beispiel von *"cumulative voting"* dargestellt werden. Die einfachste Möglichkeit, wie diese Frage beantwortet werden kann, ist der Blick auf die *empirischen* Untersuchungen. Leider gibt es nur zwei empirische Studie, die sich dieser Frage gewidmet hat. Das sind die Studien von Bhagat und Brickley (1984)[1015] und von Forjan (1999)[1016]. In der Studie von Bhagat und Brickley (1984) wurde untersucht, wie sich die Aktienkurse verändern, wenn die Beseitigung der "cumulative voting" angekündigt wird. Die Autoren kamen zwar zu dem Ergebnis, dass im Fall der Beseitigung von "cumulative voting" der Aktienkurs sinkt. Es ist aber hervorzuheben, dass die Aktienkursveränderung minimal war. Deswegen soll dieses Ergebnis nicht überbewertet werden. Im Übrigen ist es zu berücksichtigen, dass diese Studie fast 20 Jahre alt ist. Die Untersuchung von Forjan (1999) widmet sich dagegen der Frage, ob der Vorschlag der institutionellen Investoren die "cumulative voting" einführen, mit den positiven Aktienkursreaktionen verbunden ist. Nach den statistischen Berechnungen von Forjan (1999), denen insgesamt 207 Vorschläge zugrunde liegen, ist das nicht der Fall.[1017] Wie wir sehen, bietet die empirische Literatur ein widersprüchliches Bild. Deswegen reicht es nicht aus, sich nur auf empirische Studien zu verlassen, um die Frage beantworten zu können, ob das sog. "cumulative voting" effizient ist.

Aus diesem Grunde sind wir auf die Auswertung der *juristischen Literatur* angewiesen. Der flüchtige Blick auf die amerikanische, juristische Literatur macht deutlich, dass die Frage, ob "cumulative voting" sinnvoll ist, sehr umstritten ist.[1018] Es lässt sich sogar sagen, dass die kritischen Stimmen überwiegen.[1019] Es wird vor allem kritisiert, dass die Einführung von "cumulative voting" zum Missbrauch der Klagerechte führt.[1020] Es mag aber dahin stehen, ob "cumulative voting" wirklich so ineffizient ist, wie es die Kritiker behaupten. Es steht aber fest, dass "cumulative voting" nicht ein Hauptkriterium der Bewertung des Anlegerschutzes in verschiedenen Ländern sein kann, ohne vorher die Vorzüge von "cumulative voting" begründet zu haben. Das haben LaPorta/Lopez-de-Silanes/Shleifer/Vishny (1996) aber nicht getan.

[1015] Bhagat/Brickley (1984), S. 353 ff.

[1016] Forjan (1999), S. 61.

[1017] Forjan (1999), S. 67.

[1018] Positiv hat sich vor allem Gilson (1994), S. 128 geäußert. Er schreibt: "Because of recent changes in the ownership structure of large public firms, cumulative voting has a new role to play in corporate governance: it can provide access to the boardroom for activist institutions, who will serve as virtual representatives for other public shareholders".

[1019] Der Überblick der amerikanischen Literatur zu dieser Frage gibt Choper (1995), S. 575 (Pros and Cons of Cumulative Voting).

[1020] Axley (1950), S. 285: "Cumulative voting may also be a device for the practice of the kind of corporation blackmail that has fostered many stockholder suits."

(b) Ausbeutung und konzentrierte Eigentumsstruktur

Nachdem wir uns mit dem ersten Schritt in der Argumentation von LaPorta/Lopez-de-Silanes/Shleifer/Vishny auseinandergesetzt haben, können wir uns der Kritik der nächsten Schritte zuwenden. Denn selbst wenn man die Begründung des ersten Schrittes für plausibel hält, sind die Schlussfolgerungen, die aus dieser Feststellung gezogen werden, sehr zweifelhaft. LaPorta/Lopez-de-Silanes/Shleifer/Vishny (1999) konstatieren, dass der rechtliche Schutz in den nicht "common law" Ländern nicht ausreichend ist. Daraus folgern sie, dass die Ausbeutung der Minderheit ein großes Problem darstellt. Das führt wiederum dazu, dass die Eigentumsstruktur bei den Aktiengesellschaften sehr konzentriert ist und die Kapitalmärkte unterentwickelt sind. Ob die Ausbeutung ein großes Problem darstellt, wird uns an einer anderen Stelle dieser Arbeit ausführlich beschäftigen. In diesem Teil der vorliegenden Arbeit werden wir uns nur mit dem Schritt 3 beschäftigen. Wir werden also so tun, als ob die Ausbeutung vorläge.

Es stellt sich also die Frage, ob die Ausbeutung zu einer konzentrierten Eigentumsstruktur führen muss. Das haben LaPorta/Lopez-de-Silanes/Shleifer/Vishny (1999) behaupten[1021], aber nicht ausreichend bewiesen. Ist es nicht plausibel anzunehmen, dass sich Investoren vor der Ausbeutung schützen werden, indem sie die Aktiengesellschaften mit einem Großaktionär meiden? Denn die beste Möglichkeit des Schutzes vor der Ausbeutung durch einen Großaktionär ist doch die Investition in Aktien einer Aktiengesellschaft, die keinen Großaktionär hat. Wenn die Anleger die Ausbeutung antizipieren, dann werden sie einfach die Aktien der Aktiengesellschaften mit einem Großaktionär nicht kaufen.[1022] Dieses Argument steht aber unter der Prämisse, dass es möglich ist, die Eigentumsstruktur einer Aktiengesellschaft zu "konservieren". Das ist zwar keine leichte, aber nicht eine unmögliche Aufgabe. Naheliegend ist der Rückgriff auf die Höchststimmrechte. Die Höchststimmrechte führen dazu, dass die Minderheit nicht überstimmt werden kann. Damit wird aber auch die Ausbeutung erschwert. Die Nützlichkeit der Höchststimmrechte macht auch deutlich, wie zweifelhaft die Maßstäbe sind, mit denen LaPorta/Lopez-de-Silanes/Shleifer/Vishny (1999) den Anlegerschutz bewerten. Sie sind doch davon ausgegangen, dass "one share-one vote rule" Regel die Grundlage des Anlegerschutzes darstellt. Wie wir aber sehen, ist manchmal die Abweichung von dieser Regel die Voraussetzung dafür, dass sich die Minderheit wirksam schützen kann.

Das ist aber nicht das einzige Argument, mit dem man die Schlussfolgerung von LaPorta/Lopez-de-Silanes/Shleifer/Vishny (1999) kritisieren kann. Das zweite Argument, die an dieser Stelle angeführt werden soll, ist die stillschweigende Annahme von LaPorta/Lopez-de-Silanes/Shleifer/Vishny (1999), dass eine Aktiengesellschaft mit einem Großaktionär einer Aktiengesellschaft im Streubesitz unterlegen ist. Denn die konzentrierte Eigentumsstruktur in den nicht "common law" Ländern ist nicht ein Resultat eines gut funktionierenden Marktes,

---

[1021] Sie berufen sich auf die Arbeiten von Zingales (1995), Bebchuk (1999).

[1022] Wolfenzon (1999).

sondern der Verbreitung der Ausbeutung. Gäbe es keine Ausbeutung, würden auch die Unternehmen in diesen Ländern häufiger den Kapitalmarkt anzapfen, was zwangsläufig dazu führen wird, dass die Verbreitung einer Aktiengesellschaft mit einem Großaktionär züruckgeht. Wie wir schon an einer anderen Stelle dieser Arbeit festgestellt haben, konnte die These, dass die Aktiengesellschaften im Streubesitz effizienter sind, nicht bestätigt werden. Deswegen überrascht es, wenn LaPorta/Lopez-de-Silanes/Shleifer/Vishny (1999) konstatieren: "It may still be desirable to have some ownership concentration, since large shareholders might monitor managers and thus increase the value of the firm. With stronger legal protections, however, small investors can expect to benefit from these efforts by large shareholders, and hence some ownership dispersion is possible."[1023] Nach der Meinung von LaPorta/Lopez-de-Silanes/Shleifer/Vishny ist also die effizienteste Eigentumsstruktur eine konzentrierte Eigentumsstruktur. Wenn das aber so ist, wie LaPorta/Lopez-de-Silanes/Shleifer/Vishny behaupten, warum hat sich dann in den "common law countries", in denen der Anlegerschutz angeblich am besten ist, eine Eigentumsstruktur mit Streubesitz etabliert.

Es gibt aber noch einen *weiteren Gesichtspunkt*, der die Argumentation von LaPorta/Lopez-de-Silanes/Shleifer/Vishny zweifelhaft erscheinen lassen könnte. Nach der Meinung von LaPorta/Lopez-de-Silanes/Shleifer/Vishny hängen der rechtliche Anlegerschutz und die Größe des Kapitalmarktes zusammen. Je besser der Anlegerschutz ist, desto entwickelter ist der Kapitalmarkt. Nach ihrer Ansicht steht fest, dass "the legal environment - as described by the both legal rules and their enforcement - matters for the size and extent of a country's capital markets. Because a good legal environment protects the potential financiers against expropriation by entrepreneurs, it raises their willingness to surrender funds in exchange for securities, and hence expands the scope of capital markets".[1024]

Wenn diese Schlussfolgerung richtig ist, dann folgt daraus, dass die Kapitalmärkte in den nicht "common law" Ländern nur dann wachsen können, wenn der rechtliche Schutz verbessert wird. Nun scheint diese Argumentation nicht der Realität zu entsprechen. Die Kapitalmärkte sind in Europa enorm gewachsen, ohne dass sich das rechtliche Umfeld sehr stark geändert hat.[1025] So betrug die Marktkapitalisierung in Deutschland im Verhältnis zum Bruttosozialprodukt im Jahre 1996 28% und im Jahre 1999 schon 77%. Von Beginn des Jahres 1997 bis Ende 2000 wurden in sämtlichen Börsensegmenten in Deutschland Aktien im Nominalwert von 19,4 Mrd. DM und einem Kurswert von 128,8 Mrd. DM untergebracht.[1026] 1999 hat nicht nur die Anzahl der IPO ein "All-Time-High" in Deutschland erreicht (+154% gegenüber 1998), auch das Emissionsvolumen konnte mit insgesamt 14,7 Mrd. DM sogar um 315% gesteigert werden. Von den rund 775 zum Jahresende an deutschen Börsen notierten

[1023] LaPorta/Lopez-de-Silanes/Shleifer/Vishny (1996), S. 32.
[1024] LaPorta/Lopez-de-Silanes/Shleifer/Vishny (1997), S. 1149.
[1025] Die Zahlen stammen von Coffee (2000), S. 17-19. Coffee zitiert Van der Elst (2000).
[1026] Aktiengesellschaft (2001), Report, 4/2001, S. R 98 .

Aktiengesellschaften sind mehr als ein Viertel Neuemissionen des Jahres 1999.[1027] Noch größer war das Wachstum in Frankreich (im Jahre 1996 38% und im Jahre 1999 118%). Genauso stark sind die Zahlen der Aktiengesellschaften gestiegen, die an der Börse notiert sind. In Deutschland betrug die Zahl, der an der Börse notierten Aktiengesellschaften im Jahre 1996 nur 579. Diese Zahl ist im Jahre 1999 auf 1043 gestiegen. Das entspricht einer Wachstumsrate von 90%. Im gleichen Zeitraum stieg die Zahl der börsennotierten Aktiengesellschaften in Frankreich um 118,5%. Im Vergleich dazu stieg die Zahl der börsennotierten Aktiengesellschaften in den USA nur um 24,6%. Das gleiche Bild zeichnet sich ab, wenn wir die Größe der Aktienemission im Jahre 1999 in Augenschein nehmen. In Deutschland wurden die Neuaktien bei IPO in der Größenordnung von 1,02% des Bruttosozialprodukts emittiert. In den USA ist das Volumen nur unwesentlich größer (1,23%). Das Beispiel Frankreich ist für unsere Kritik besonders relevant. Denn Frankreich wurde durch LaPorta/Lopez-de-Silanes/Shleifer/Vishny besonders niedrig bewertet.[1028] Das einzige Rechtsgebiet, dass sich in Europa und Deutschland stark geändert hat, ist das Kapitalmarktrecht. Es ist zwar möglich, dass die Kapitalmärkte in Europa deswegen gewachsen sind, weil sich das Kapitalmarktrecht geändert hat. Das Kapitalmarktrecht wurde aber durch LaPorta/Lopez-de-Silanes/Shleifer/Vishny (1996) nicht für sehr relevant gehalten.[1029] Wenn dem aber so ist, dann können aus der Analyse von LaPorta/Lopez-de-Silanes/Shleifer/Vishny (1996), (1999) überhaupt keine Rückschlüsse gezogen werden.

c. Ergebnis

Die hier angeführten Argumente dürften zur Genüge gezeigt haben, dass die Argumentation von LaPorta/Lopez-de-Silanes/Shleifer/Vishny (1996), (1999) mit erheblichen Schwächen belastet ist. Zumindest dürfte klar geworden sein, dass sich die Argumentation von LaPorta/Lopez-de-Silanes/Shleifer/Vishny in seiner ursprünglichen Form nicht aufrechterhalten lässt. Im Ergebnis heißt das, dass wir nicht davon ausgehen können, dass (1) der rechtliche Anlegerschutz in den USA besser als in Deutschland ist, und dass (2) die Minderheit sich nicht auf dem vertraglichen Wege vor der Ausbeutung schützen kann.

2. Adverse Selektion und der Marktmechanismus

Es stellt sich die Frage, ob dieses Problem auch ohne Hilfe des Staates gelöst werden kann. Es darf nicht vergessen werden, dass adverse Selektion nur dann auftritt, wenn die Aktien unterschiedlicher Qualität zu einem einzigen Preis verkauft werden, da die Anleger nicht

---

[1027] Dazu Aktiengesellschaft (2000), Report 3/2000, S. R 83 (Going Public 1999: Boom de IPOs am deutschen Kapitalmarkt setzt sich fort, Hoffmann, K.).

[1028] LaPorta/Lopez-de-Silanes/Shleifer/Vishny (1996), S. 10: "The results show that common law countries generally have the best, and French civil law countries the worst, legal protections of investors, with German and Scandinavian civil law countries located in the middle."

[1029] LaPorta/Lopez-de-Silanes/Shleifer/Vishny (1996), S. 12: "We examine to types of law: company laws and bankruptcy/reorganization law".

hinreichend darüber informiert sind, wie hoch die wahre Qualität zum Zeitpunkt des Kaufes ist. Nur dann werden zu viele Aktien geringer Qualität und zu wenig Aktien hoher Qualität verkauft. Dieses Problem kann also nicht auftreten, wenn der Kapitalmarkt effizient ist. Dass der deutsche Kapitalmarkt effizient ist, hat uns an einer anderen Stelle dieser Arbeit ausführlich beschäftigt.[1030] Daran können wir hier anknüpfen. Im Ergebnis stellten wir fest, dass der deutsche Kapitalmarkt zumindest ausreichend effizient ist, um die Deregulierung des Aktienrechts zuzulassen.

Zusätzlich steht den Parteien ein weiterer Mechanismus zur Verfügung, mit Hilfe dessen die Anleger und die Emittenten mit dem Problem der adversen Selektion zurechtkommen können: das Marktsignalisieren. Das Konzept des Marktsignalisierens besteht darin, dass die Seiten mit überlegenden Informationen Signale senden, um etwas über eine Produktqualität anzudeuten.[1031] So kann der Verkäufer z. B bei Gebrauchtwagen eine teilweise Garantie anbieten oder den Wagen von einem unabhängigen Techniker überprüfen zu lassen. Bei Versicherungsabschluss werden manchmal medizinische Untersuchungen notwendig. Solche Signale stehen auch den Emittenten zur Verfügung. Zum Beispiel kann die Satzung vorsehen, dass die Minderheitsaktionäre eigene Vertreter in den Aufsichtsrat wählen können. Eine andere Möglichkeit ist, dass in bestimmten Fällen eine Abfindung gezahlt wird. Praktisch jede Bestimmung, die durch das Aktiengesetz zwingend vorgesehen ist, kann in die Satzung aufgenommen werden, wenn dafür ein Bedarf besteht. Aus dieser Analyse folgt, dass es wenig wahrscheinlich ist, dass das Problem der adversen Selektion ohne zwingendes Aktienrecht zum Markversagen führen wird.

III. Quantifizierungsversuch

Die empirischen Untersuchungen deuten darauf hin, dass Ausbeutung kein schwerwiegendes Problem darstellt. Dabei ist zu berücksichtigen, dass die Schwere dieses Problems nicht leicht zu messen ist. Es gibt auch nicht viele empirischen Untersuchungen, die sich mit dem Ausbeutungsproblem beschäftigt haben. Die einzigen Bereiche, bei denen das Problem der Ausbeutung der Minderheit näher unter die Lupe genommen wurde, sind: (1) die Kursunterschiede zwischen Stammaktien und Vorzugsaktien, (2) der Insiderhandel, und (3) der Übernahmemarkt.

1. Kursunterschiede zwischen Stammaktien und Vorzugsaktien

A. Kursunterschied als Indiz für die Ausbeutung

Eine sehr gute Möglichkeit, wie das Ausmaß und die Existenz der Ausbeutung gemessen werden kann, ist die Betrachtung der Unterschiede zwischen Stammaktien und Vorzugsaktien. Sollte sich herausstellen, dass die Vorzugsaktien durch den Kapitalmarkt höher bewer-

---

[1030] Kapitel 2, VII: Informationseffizienz des deutschen Kapitalmarktes.
[1031] Pindyck/Rubinfeld (1998), S. 620.

tet sind, ist das ein starkes Indiz dafür, dass die Stammaktionäre Vorteile erzielen können, die nur ihnen, nicht aber den Vorzugsaktionären zufließen.

Denn der einzige Nachteil der Vorzugsaktien ist, dass sie prinzipiell kein Stimmrecht besitzen. Dies ergibt sich aus § 140 I AktG, der besagt, dass die stimmrechtslosen Vorzugsaktien mit Ausnahme des Stimmrechts die jedem Aktionär zustehenden Rechte verbriefen. Die Vorzugsaktionäre haben also genauso wie die Stammaktionäre das Recht zur Teilnahme an der Hauptversammlung (§ 118 I AktG), die Rechte aus § 122 I und II AktG, die die Einberufung der Hauptversammlung auf Verlangen einer Minderheit und die Bekanntmachung bestimmter Gegenstände zur Beschlussfassung durch die Hauptversammlung betreffen. Ferner besitzen die Vorzugsaktionäre das Auskunftsrecht nach § 131 I AktG und das Anfechtungs- und Widerspruchsrecht nach § 245 Nr. 1-3 AktG.[1032]

Darüber hinaus sind die Vorzugsaktien meistens mit bestimmten Vorrechten ausgestattet, die den Stammaktionären nicht zustehen. Dazu zählen vor allem bevorrechtigte Gewinnverteilungsansprüche (Dividendenvorzug) und die Bevorrechtigung am Liquidationserlös. So bestimmt § 139 I AktG für den Fall des Stimmrechtsausschusses, dass die Vorzugsaktionäre einen zeitlich nicht begrenzten Nachzahlungsanspruch auf den Vorzugsbetrag haben. Die vorherrschende Art der Vorzugsaktie in Deutschland ist die stimmrechtslose Aktie mit unlimitiertem, kumulativem Dividenvorrecht, aber ohne Vorrechte im Liquidationsfall. Was die Ausgestaltung des Dividendenvorzugsrechtes anbelangt, gibt es drei Arten: die einfache prioritätische Vorzugsdividende, die prioritätische Dividende mit Überdividende sowie die limitierte prioritätische Dividende. Alle drei Arten sind mit und ohne Kumulationsrecht möglich. Da die einfache prioritätische Vorzugsdividende in Deutschland am häufigsten vorkommt, wird sie zuerst kurz erläutert.[1033] Dann wird die prioritätische Dividende mit Überdividende beschrieben, weil der Unterschied zwischen der prioritätischen Dividende und der prioritätischen Dividende mit Überdividenden an einer anderen Stelle dieser Arbeit eine Rolle spielen wird.

Bei der prioritätischen Dividende erhalten die Vorzugsaktionäre aus dem zur Verteilung stehenden Bilanzgewinn zuerst einen bestimmten satzungsmäßig festgelegten Dividendenbetrag pro Aktie. Danach erfolgt eine Ausschüttung in gleicher Höhe an die Stammaktionäre, sofern der Bilanzgewinn dazu ausreicht. Bleibt nach dieser Verteilung noch ein ausschüttbarer Betrag übrig, wird es entsprechend dem Nominalkapital auf beide Aktiengattungen verteilt.

Bei der prioritätischen Dividende mit Überdividende besteht eine Bevorrechtigung in zweifacher Hinsicht. Einmal erhalten die Vorzugsaktionäre zuerst einen bestimmten Grundbetrag. Erst danach werden die Stammaktien maximal bis zur Höhe des Vorzugsbetrags bedient. Der zweite Vorzug besteht in der Überdividende, die sich dadurch ergibt, dass die Vorzugsak-

---

[1032] Dazu Semler/Münchner Handbuch des Gesellschaftsrechts (1999), S. 498 ff.
[1033] Hartmann-Wendels/von Hinten (1989), S. 265.

tionäre eine jeweils um einen bestimmten Betrag höhere Dividende erhalten als die Stammaktionäre. Je nach gewählter Ausstattung kann die Dividende in fester oder gestaffelter Höhe bezahlt werden, wobei eine Staffelung der Überdividende in der Regel an die Höhe der Stammdividende gebunden ist.[1034] Daraus folgt nicht nur, dass die Vorzugsaktionäre in jedem Fall eine mindestens gleich hohe Dividende erhalten wie die Stammaktionäre, sondern auch, insbesondere wegen des Kumulationsrechtes, dass sie ein geringeres Dividendenschwankungsrisiko aufweisen als die Stammaktien.[1035] Deshalb müssten die Kurse der Vorzugsaktien höher sein als diejenigen der Stammaktien.[1036] Das ist jedoch meistens nicht der Fall.

Zwar gibt es in der Literatur auch andere Erklärungen als die Ausbeutung der Minderheit, warum die Stammaktien höher bewertet sind. Aber sie überzeugen nicht. So wird argumentiert, dass die Stammaktien deswegen höher bewertet sind, weil das Stimmrecht ein Konsumgut darstellt, das dem Inhaber einen selbständigen Nutzen stiftet, aber keinen finanziellen Vorteil verschafft.[1037] Dieses Argument überzeugt nicht. Es erhebt sich vor allem die Frage, warum die Aktiengesellschaften nicht ausschließlich Stammaktien emittieren, wenn sie dadurch nicht nur Konsumbedürfnisse befriedigen, sondern auch einen höheren Preis für ihre Aktien erzielen können.[1038]

Eine andere Erklärung für die Kursunterschiede sind höhere Kosten, die durch eine geringe Marktaktivität bei den Vorzugsaktien verursacht werden. Geringe Aktivität auf einem Aktienmarkt liegt dann vor, wenn die Aktien nicht regelmäßig gehandelt werden. In der Tat weisen Vorzugsaktien absolut und in Relation zu den Stammaktien ein geringeres Umsatzvolumen auf. Das führt auch tatsächlich zu den höheren Kosten.[1039] Es erscheint also plausibel, dass ein rational handelnder Aktionär nur bereit sein wird, eine Vorzugsaktie zu kaufen, wenn der Preis niedriger als bei einer Stammaktie ist. Trotzdem kann man dieses Argument nicht gelten lassen.

Erstens gibt es eine empirische Studie, die die Umsatzhäufigkeit bei der Untersuchung der Kursunterschiede ausdrücklich berücksichtigt. Trotzdem kommt sie nicht zu den anderen Ergebnissen als die Untersuchungen, die diese Variable nicht berücksichtigen.[1040]

[1034] Hartmann-Wendels/von Hinten (1989), S. 266.

[1035] Levi (1983), S. 79: „According to traditional financial theory, that asserts that to assets promising the same payoff in every state of nature must sell for the same price, the voting rights would be worthless and we should expect the same market price for the two classes of stock."

[1036] Es gibt eine umfangreiche Literatur, wie die Vorzugsaktien berechnet werden sollen. Siehe Emanuel (1983), S. 1133; Loderer (1991) oder Sorensen/Hawkins (1981), S. 515.

[1037] Reckinger (1983), S. 222 .

[1038] Hartmann-Wendels/von Hinten (1989), S. 264.

[1039] Klein (1981).

[1040] Nenova (2000), S. 29: "Liquidity differences are captured with the difference in average daily turnover between the two classes. For countries with significant vote premia, using a turnover ratio may be problematic if we believe that liquidity premia are proportional to the share value. We therefore use bid-ask spreads as an alternative control, and the results remain virtually unchanged. Trading volume data for each class is collected from DATASTREAM. Turnover is defined as the ratio of the average daily number of shares to the total number of outstanding shares, in 1996."

Zweitens: Die Prämisse dieser Argumentation ist, dass der Preisabschlag vor allem von der tatsächlichen Umsatzhäufigkeit von Vorzugsaktien abhängt.[1041] Es spielt also eine Rolle, wieviele Vorzugsaktien einer Aktiengesellschaft überhaupt auf dem Markt gehandelt werden. Wenn diese Prämisse richtig ist, dann ist auch von Bedeutung, wie die Aufteilung des Grundkapitals in Stamm- und Vorzugsaktien aussieht. Wenn das Verhältnis zwischen den Stammaktien und Vorzugsaktien 90 zu 10 ist, dann liegt auf der Hand, dass die Vorzugsaktien seltener gehandelt werden, als wenn das Verhältnis 10 zu 90 wäre. Das konnte aber empirisch nicht bestätigt werden. Die gleichen Autoren, die schreiben: „Vielmehr kristallisierte sich die relative Marktaktivität als entscheidende Variable heraus. Diese Variable ist als Differenz des Kapitalverhältnisses und des Umsatzverhältnisses definiert"[1042], schreiben drei Seiten vorher: „Die Aufteilung des Grundkapitals in Stamm- und Vorzugsaktien hat keinen statistisch erkennbaren Einfluss auf die Höhe der Kursdifferenzen"[1043].

Drittens kann man gegen die Erklärung, dass die Umsatzhäufigkeit für die Kursunterschiede zwischen den Vorzugsaktien und Stammaktien verantwortlich ist, einwenden, dass sie nicht überzeugend darlegt, warum die Aktienkursdifferenzen zwischen den Stammaktien und Vorzugsaktien so stark schwanken. In den 70er Jahren erzielten die Vorzugsaktien mehr Rendite, obwohl kaum anzunehmen ist, dass damals der Umsatzvolumen mit den Vorzugsaktien größer war. *Der vierte Einwand* ist schließlich, dass bei einigen Aktiengesellschaften der Kursunterschied viel größer ist, als die Kosten des geringeren Umsatzes vermuten lassen. So betrug der Unterschied bei der Aktiengesellschaft Hartman & Braun im Jahre 1989 im Durchschnitt 197%.[1044]

Eine noch andere Erklärung versucht den Kursunterschied auf eine große Zahl nicht rational handelnder Anleger zurückzuführen.[1045] Es wird also in dieser Erklärung davon ausgegangen, dass Stammaktien richtig und Vorzugsaktien zu niedrig bewertet sind. Da, wie wir es vorher festgestellt haben, der Kapitalmarkt effizient ist, gibt es keinen Grund, warum die Vorzugsaktien falsch und die Stammaktien richtig bewertet werden.

Fassen wir zusammen. Der hier gegebene Überblick über einige Versuche die Ausbeutungsthese als Erklärung für den Kursunterschied in Frage zu stellen, zeigt deutlich, dass alternative Erklärungsansätze als fehlgeschlagen gelten können.[1046] Jetzt können wir zu unserer Ausgangsfragestellung zurückkehren: „Wie groß ist die Gefahr der Ausbeutung der Minderheit, wenn es kein zwingendes Aktienrecht gäbe?".

[1041] Kruse/Berg/Weber (1993), S. 29.
[1042] Kruse/Berg/Weber (1993), S. 31.
[1043] Kruse/Berg/Weber (1993), S. 28.
[1044] Kruse/Berg/Weber (1993), S. 26.
[1045] Nachweise bei Hartmann-Wendels/von Hinten (1989), S. 264.
[1046] Dazu auch Pellens/Hillebrandt (2001).

B. Höhe des Kursunterschiedes in Deutschland

Die empirischen Studien zeigen, dass der Kursunterschied in Deutschland zwischen den Stammaktien und Vorzugsaktien entweder nicht existiert oder relativ gering ist. So kommen die Autoren der, so weit ersichtlich, umfangreichsten Untersuchung zu diesem Problem zu einer folgenden Schlussfolgerung: „Das Hauptergebnis der Untersuchung besteht darin, dass im betrachteten Zeitraum nicht genau ein Kurs- bzw. Renditeverhältnis von Vorzugs- und Stammaktien gibt. Zu Beginn des Betrachtungszeitraums entwickelte sich das Kursverhältnis von Vorzugs- zu Stammaktien auf einen Wert von über eins. Das Verhältnis sank auf einen Wert von 0,87 im Jahre 1989. *Hypothese B (Rendite Stammaktien gleich Rendite der Vorzugsaktien) konnte für den hier gewählten Betrachtungszeitraum nicht verworfen werden*".[1047] Diese Studie untersuchte 25 deutsche Aktiengesellschaften, die sowohl Stamm- als auch Vorzugsaktien emittiert haben. Der Untersuchungszeitraum betrug 13 Jahre (1/1977 – 12/1989)[1048]. Diese Ergebnisse stehen im scheinbaren Widerspruch zu der Untersuchung von Klein (1981) und Reckinger (1983), Nenova (2000) und Hoffmann-Burchardi (1999)[1049]. Klein (1981) fand heraus, dass die Kurse der Stammaktien im Zeitraum 1965 – 1978 durchschnittlich um 9,4% über denen der Vorzugsaktien liegen.[1050] Reckinger (1983) berichtet, dass der Unterschied im Zeitraum 1972-1981 10% zugunsten der Stammaktien beträgt. Nenova (2000), in einer Untersuchung, die mehrere Länder[1051] umfasste, fand heraus, dass der Unterschied zwischen den Vorzugsaktien und den Stammaktien in Deutschland zwischen 6% und 15% beträgt.[1052] Hoffmann-Burchardi (1999) kommt sogar zu dem Ergebnis, dass der Kursunterschied 26% beträgt. Es lässt sich nicht leugnen, dass der Kursunterschied zwischen den Stammaktien und Vorzugsaktien auch in Deutschland besteht. Das macht auch ein flüchtiger Blick in die Zeitung deutlich. Wenn wir die Kurse vom 7.06.2001 uns anschauen, ergibt sich folgendes Bild.[1053]

Aktie	Stammaktien	Vorzugsaktien
BMW	41,00	26,90
Henkel	66,50	72,30

[1047] Weber/Berg/Kurse (1992), S. 548 ff.

[1048] Der Vergleich der Kursdifferenzen für einzelne Jahre zeigt, dass die Kursdifferenzen sehr unterschiedlich ausfallen. So beträgt die durchschnittliche Kursdifferenz für Jahre 1989-1990 29,1%. Kruse/Berg/Weber (1993), S. 23.

[1049] Hoffmann-Burchardi (1999), S. 3. Die Untersuchung bezieht sich auf den Zeitraum 1988-1997.

[1050] Klein (1981), S. 165.

[1051] Sie untersuchte 661 Aktiengesellschaften in 44 Ländern (Tabelle 3).

[1052] Nenova (2000), S. 33.

[1053] Es ist zu berücksichtigen, dass ab Juni 2002 nach einer Neuregelung der Deutschen Börse AG nur noch eine Aktienkategorie geben wird. Deswegen haben viele Aktiengesellschaften angekündigt, die Vorzugsaktien abzuschaffen. Siehe zum Beispiel SAP: Ein entsprechender Beschluss wird der diesjährigen Hauptversammlung vorgelegt, und zwar sollen die Vorzugsaktien im Verhältnis 1:1 in Stammaktien umgewandelt werden. Dadurch wird die Kapitalstruktur wesentlich verändert. Der Anteil der Gründerfamilien am stimmbeteiligten Kapital vermindert sich von 63 auf 39%. Dazu: Aktiengesellschaft, Report, 4/2001, S. R 115.

MAN	26,90	21,30
Metro	46,60	31,50
RWE	46,50	36,90
SAP	173,90	174,30
VW	59,70	39,49

Diese Zahlen scheinen auf den ersten Blick unseren bisherigen Ausführungen zu widersprechen. Dieser Schluss wäre jedoch falsch. Selbst wenn man die Untersuchungen von Klein (1981), Reckinger (1983), Nenova (2000), Hoffmann-Burchardi (1999) für richtig hält, helfen sie einem jedoch keinen Schritt weiter, wenn es um die Frage geht, ob die Ausbeutung der Vorzugsaktionären vorliegt.

Das Problem der Untersuchungen von Klein (1981), Reckinger (1983), Hoffmann-Burchardi (1999) und Nenova (2000) liegt darin, dass sie zwar die Kursunterschiede zwischen den Stammaktien und den Vorzugsaktien untersucht haben, aber nicht gemessen haben, ob sich der Unterschied auch in durchschnittlichen jährlichen *Renditen* für die Vorzugsaktien und Stammaktien niedergeschlagen hat. Denn wenn man darum bemüht ist, das Problem der Ausbeutung der Minderheit durch den Unterschied zwischen den Stammaktien und Vorzugsaktien zu messen, kann man sich nicht auf die Feststellung beschränken, dass der Kursunterschied zwischen den Stammaktien und Vorzugsaktien besteht. Man muss vielmehr die Frage beantworten, ob sich der Kursunterschied zwischen den Vorzugsaktien und Stammaktien auf die Rendite auswirkt. Nur dann, wenn der Unterschied in der Rendite besteht, kann man davon sprechen, dass die Ausbeutung der Minderheit ein großes Problem darstellt. Denn der niedrigere Aktienkurs der Vorzugsaktien ist nicht nur ein Indiz dafür, dass die Ausbeutung vorkommt, sondern auch ein Beweis dafür, dass die Vorzugsaktionäre die Umverteilung antizipieren und aus diesem Grund sind sie bereit, nur einen entsprechend geringeren Preis für die Vorzugsaktien zu zahlen. Immerhin erscheint es plausibel anzunehmen, dass die Stammaktionäre die Kosten für erwarteten Sondervorteil bei der Emission der Vorzugsaktien in voller Höhe zu tragen haben.[1054]

Es erhebt sich also die Frage, ob die Kursunterschiede zwischen den Vorzugsaktien und Stammaktien auch zu einem Unterschied in der *Rendite* führen. Nach der Meinung von Weber/Berg/Krause (1992) ist das nicht der Fall. Durchschnittliche jährliche Renditen betrugen für die Stammaktien 12,08% und für die Vorzugsaktien 11,25%. Wenn aber die Rendite fast gleich ist, wie kann man davon ausgehen, dass die Vorzugsaktionäre ausgebeutet werden? Im Gegenteil: Es liegt nahe anzunehmen, dass die Minderheit die Ausbeutung antizipiert und

[1054] Dazu zum Beispiel Mitchell (1996), S. 452: "When this observation is combined with the additional risks to which maximizing behavior necessarily exposes the preferred stock, the benefits may well be negative. Of course the preferred stockholders have, to some extent, freely assumed this risk. By purchasing preferred stock instead of Treasury bills, they have accepted the fact that their investment will be exposed to additional risk for the benefit of the common. Moreover, by purchasing preferred stock instead of debt, they have assumed a greater risk of nonpayment. Presumably the dividend they receive is intended to compensate them for this risk."

deswegen auch weniger für die Vorzugsaktien zahlt als für die Stammaktien. Diese These kann man auch mit einem Argument zu stützen versuchen, das Nenova (2000) in ihrer Untersuchung anführt, obwohl sie eine andere Schlussfolgerung daraus zieht. Sie schreibt, dass "finally, private benefits of control depend on Corporate Charter provisions that concentrate further power in the hands of the dominant party ... Scrapping power-enhancing Charter provisions can further control value down by 39%."[1055]

Das bedeutet, dass der Kapitalmarkt fähig ist zu unterscheiden zwischen den für die Vorzugsaktionäre günstigen und ungünstigen Satzungen. Aus diesem Grunde kann man annehmen, dass der Kapitalmarkt auch bei der Erstemission den Unterschied zwischen den schlechten und guten Satzungen bewerten kann. Wenn dies aber so ist, dann kann die Ausbeutung kein großes Problem darstellen. Nicht nur wird die Mehrheit keine Umverteilung vornehmen können, weil die Minderheit diese Umverteilung antizipieren und für die Vorzugsaktien weniger zahlen wird.

Auch das Problem der adversen Selektion kann befriedigend durch den Kapitalmarkt gelöst werden. Denn das Problem der adversen Selektion besteht nur dann, wenn die Aktien unterschiedlicher Qualität zu einem einzigen Preis verkauft werden, da die Anleger nicht hinreichend darüber informiert sind, wie hoch die wahre Qualität der Satzung zum Zeitpunkt des Kaufes ist. Wie aber Nenova (2000) in ihrer Untersuchung herausfand, hat die Mehrheit Möglichkeiten, der Minderheit und den Vorzugsaktionären zu signalisieren, dass sie nicht ausbeuten wird.[1056] Selbst wenn wir kontrafaktisch[1057] unterstellen, dass die Untersuchungen von Klein (1981), Reckinger (1983) und Nenova (2000) richtig sind, ist das kein schlechtes Ergebnis im internationalen Vergleich.[1058] Zum Beispiel beträgt der Unterschied in Italien 82%[1059], in der Schweiz[1060] 18%, in Schweden 12%[1061], in Kanada[1062] zwischen 8 und 13%, in Großbritannien[1063] 13,3% und in Israel[1064] 45,5%.

[1055] Nenova (2000), S. 5.

[1056] Näher dazu Nenova (2000), S. 17.

[1057] So ist zum Beispiel in der Untersuchung von Nenova (2000) fraglich, ob sie statistisch richtig vorgeht, wenn sie die Daten nur aus einem Jahr vergleicht. Sie räumt in einer Fußnote selber ein, dass solches Vorgehen methodisch zweifelhaft ist. Dazu die Fußnote 20 auf S. 26: "*A more compelling* correction would be to use all dual-class firms that were listed over a long period of time, say 10 years. Constraints on the availability of historical data for share classes that have been withdrawn from the stock exchange preclude such an exercise." Deswegen sind die Ergebnisse von Weber/Berg/Kurse (1992) zuverlässiger. In dieser Untersuchung betrug der Untersuchungszeitraum 13 Jahre.

[1058] Nach der Untersuchung von Nenova (2000), S. 32-33 liegt Deutschland im Mittelbereich. Sie schreibt: "The highest average control value is in Mexico, where estimates range between 46% and 51% ... Similarly high average control values are found in South Korea (31% to 38% of company market value), Italy (28% to 35%), France (26% to 28%), Brazil (16% to 23%), Chile (15% to 23%), and Australia (13% to 21%) ... In Scandinavian and English-speaking countries, possibilities for expropriation are almost non-existent. In Denmark, control value is around 1% of firm market capitalization. Similarly low values of control exist in Sweden (1%), the US (1% to 2%), and Canada (2% to 4%) ... Finally, a group of countries enjoys control values of intermediate magnitude – Norway (4% to 6%), South Africa (5% to 7%), Finland (5% to 8%), Switzerland (5% to 11%), the UK (9% to 10%), and Germany (6% to 15%)."

[1059] Zingales (1994), S. 125 ff.

[1060] Horner (1988), S. 69 ff.

[1061] Rydqvist (1996), S. 1407 ff.

Nun kann man sich leicht vorstellen, wie die Befürworter zwingenden Rechts angesichts dieses Ergebnisses argumentieren würden, wenn es um die Frage geht, ob zwingendes Aktienrecht nötig ist. Sie würden sagen, dass in Deutschland der Unterschied zwischen den Vorzugsaktien und Stammaktien deswegen klein sei, weil das zwingende Aktienrecht Abhilfe geschaffen habe.

In der Tat werden nicht nur harte, sondern auch viele sanfte Taktiken, die zur Ausbeutung hervorragend geeignet sind, durch das zwingende Recht unmöglich gemacht. Das Paradebeispiel einer sanften Ausbeutungstaktik, die durch das zwingende Recht verhindert wird, ist die Möglichkeit der Veränderung des Risikos der Investitionsprojekte zu Lasten der Vorzugsaktionäre. Diese sanfte Ausbeutungstaktik wird an dieser Stelle ausführlicher behandelt, weil sie deutlich macht, welche Probleme der Gesetzgeber bewältigen muss, wenn er durch das zwingende Recht das Marktversagen korrigieren will. Der Ausgangspunkt dieser sanften Ausbeutungstaktik ist der Umstand, dass die Interessenlage der Vorzugsaktionäre zum Teil der Lage der Kreditgeber ähnlich ist.[1065] Die Rede ist vom Risikoanreizproblem. Mit diesem Problem haben wir uns bereits an einer anderen Stelle dieser Arbeit ausführlich beschäftigt.[1066]

Daran können wir anknüpfen. Hat eine Aktiengesellschaft Fremdkapital aufgenommen, so ergibt sich aus der asymmetrischen Verteilung von Gewinnen und Verlusten ein Anreiz, riskantere Investitionsprojekte durchzuführen, als mit den Kreditgebern explizit oder stillschweigend vereinbart wurde. Werden nur die Verluste aus der Investition erwirtschaftet, so müssen bei beschränkter Haftung der Aktionäre auch die Kreditgeber einen Teil des Kapitalverlustes tragen. Alle Gewinne dagegen, fallen ausschließlich den Aktionären zu. Dieses Problem tritt auch in einer abgemilderten Form in der Beziehung zwischen den Vorzugsaktionären und den Stammaktionären auf. Wenig riskante Investitionsprojekte gewährleisten, dass vor allem das Dividendenvorzugsrecht befriedigt wird. Riskantere Investitionsprojekte bewirken wiederum, dass mit höheren Wahrscheinlichkeit auch die Stammaktionäre eine Dividende

---

[1062] Robinson/White (1990), S. 9 ff.

[1063] Megginson (1990), S. 175 ff.

[1064] Levy (1982), S. 79 ff.

[1065] Dazu ausführlich Hartmann-Wendels/von Hinten (1989), S. 273-276, die dieses Problem mathematisch darstellen. Dass die Lage der Vorzugsaktionäre der Lage der Kreditgeber ähnlich ist, wird auch in der juristischen Literatur gesehen. Dazu zum Beispiel Brudney (1997), S. 648: "Preferred stock investors, like bondholders, have a claim to a prior but limited return, in exchange for which they offer funds to be risked at the discretion of the common stock. And like bondholders, their essential economic interest is in the return of principal and current distributions, rather than (as with common stock) with any increased inchoate value of the assets of the enterprise. But unlike bondholders, preferred stock investors commit funds to the discretion of commons without limit of time. Moreover, they have no unconditional contractual entitlement to receive either dividends or return of principal during the life of the firm, or during its insolvency." In der finanztheoretischen Literatur zum Beispiel Damodaran A. (1999), S. 223: "Preferred stock is another security that shares some characteristics with debt and some with equity. Like debt, preferred stock has a fixed dollar dividend. Like debt, preferred stockholders do not have a share of control on the firm, and their voting privileges are restricted to issues that might affect their claims on the firms cash flows or assets."

[1066] Kapitel 4, I 2: Risikoanreizproblem.

erhalten. Um einmal ein einfaches *Beispiel* zu nennen: Nehmen wir an, dass das Grundkapital aus 75% Stammaktien und 25% Vorzugsaktien besteht. Insgesamt gibt es 100 Aktien. Die Höhe des Vorzugs beträgt 2 Euro.[1067] Es stehen 2 Investitionsprojekte zur Wahl. Beim ersten Projekt besteht die 100% Wahrscheinlichkeit, dass ein Gewinn in Höhe von 50 Euro erzielt wird. Beim zweiten Projekt besteht die 50% Wahrscheinlichkeit, dass ein Gewinn in Höhe von 100 Euro und die 50% Wahrscheinlichkeit, dass überhaupt kein Gewinn erwirtschaftet wird. Es liegt auf der Hand, dass die Mehrheit immer das Projekt 2 wählen wird. Sie weiß, dass beim Projekt 1 die Dividende nur an die Vorzugsaktionäre ausgezahlt wird. Beim Projekt 2 gibt es immerhin eine 50% Wahrscheinlichkeit, dass auch die Mehrheit bei der Verteilung der Dividende zum Zuge kommt. An diesem Beispiel können wir sehen, dass das Dividendenvorzugsrecht eine Illusion ist, soll sich die Mehrheit so verhalten, wie im von mir geschilderten Beispiel.

Dieses Spannungsverhältnis steht aber unter einer Prämisse, die an dieser Stelle deutlich gemacht werden soll. Es tritt dann nicht ein, wenn die Vorzugsaktionäre am höheren Gewinn im höheren Umfang partizipieren. Anders gewendet: mit zunehmender Überdividende wird das Problem kleiner. Es stellt sich also die Frage, welche Ausgestaltung des Dividendenvorrechtes in Deutschland überwiegt. Wie wir es schon vorher erwähnt haben, kommt in Deutschland am häufigsten nicht die prioritätische Dividende mit Überdividende vor, sondern die prioritätische Dividende ohne Überdividende. Dass heißt aber gleichzeitig, dass die Mehrheit eine Möglichkeit der Ausbeutung besitzt. Diese Gefahr der Ausbeutung der Minderheit hat der Gesetzgeber aber gesehen und darauf reagiert. § 140 II AktG macht diese Taktik unmöglich: "Wird der Vorzugsbetrag in einem Jahr nicht oder nicht vollständig gezahlt und der Rückstand im nächsten Jahr nicht neben dem vollen Vorzug dieses Jahres nachgezahlt, so haben die Vorzugsaktionäre das Stimmrecht, bis die Rückstände nachgezahlt sind. In diesem Fall sind die Vorzugsaktien auch bei der Berechnung einer nach Gesetz oder Satzung erforderlichen Kapitalmehrheit zu berücksichtigen." Das Stimmrecht lebt in dem Zeitpunkt auf, in dem feststeht, dass die Gesellschaft Rückstand und Vorzug nicht oder nicht vollständig gezahlt. Das ist der Fall, wenn ein Jahresabschluss festgestellt wird, der einen zur Befriedigung der Vorzugsaktionäre erforderlichen Bilanzgewinn nicht ausweist.[1068]

Trotz all dieser Vorzüge des zwingenden Rechts kann man nicht davon ausgehen, dass in Deutschland der Kursunterschied zwischen den Vorzugsaktien und Stammaktien deswegen klein ist, weil das zwingende Aktienrecht die Abhilfe geschaffen hat. Es ist zwar möglich, dass zum Beispiel § 53 a AktG, der eine Gleichbehandlung aller Aktionäre vorschreibt oder § 140 II AktG, das Problem der Ausbeutung einschränkt. Es ist aber ausgeschlossen, dass durch

---

[1067] Üblich ist ein fester Prozentsatz in Höhe von 4 bis 6% des Aktiennennbetrages, Hüffer (1999), § 139, Rn. 7.

[1068] Semler/Münchner Handbuch des Gesellschaftsrechts (1999), S. 500.

die Gleichbehandlung oder andere Vorschriften dieses Problem vollständig beseitigt wird.[1069] Dafür gibt es einen folgenden Grund. Die Wirksamkeit des zwingenden Rechts hängt davon ab, inwieweit Verstöße gegen zwingendes Recht nachweisbar sind. Für viele Maßnahmen, die hier unter Begriff Ausbeutung subsumiert werden, dürfte aber gelten, dass sie gerade nicht als finanzielle Vorteile nachweisbar sind. Zwingendes Recht kann damit höchstens als eine O-bergrenze angesehen werden, das die Vorzugsaktionäre vor allzu offensichtlicher Ausbeutung schützt. Dafür gibt es folgende Gründe: (1) der Kursunterschied zwischen Stammaktien und Vorzugsaktien schwankt erheblich zwischen den einzelnen Aktiengesellschaften, (2) die Höhe der Kursdifferenz steigt nicht mit zunehmender Stimmrechtskonzentration, (3) die Aufteilung des Grundkapitals in Stamm- und Vorzugsaktien hat keinen statistisch erkennbaren Einfluss auf die Höhe der Kursdifferenzen, (4) die Rechtsvergleichung liefert ein Indiz, dass zwingendes Recht nicht für die Abwesenheit der Ausbeutung verantwortlich ist.

a. Schwankung des Kursunterschiedes

Wenn zwingendes Recht für den geringen Kursunterschied zwischen Stamm- und Vorzugsaktien hauptsächlich verantwortlich ist, dann kann man vermuten, dass die Differenzen zwischen den einzelnen Gesellschaften nicht schwanken. Das ist jedoch nicht der Fall. So zum Beispiel beträgt der Unterschied in den Jahren 1989-90 zugunsten der Vorzugsaktien bei solchen Aktiengesellschaften wie Stumpf oder KSB entsprechend 15,2% und 11,1%. Auf der anderen Seite waren die Vorzugsaktien von Hartman & Braun um 197,6% weniger wert als die Stammaktien. Diese Zahlen deuten an, dass der Mehrheitsaktionär die Minderheit ausbeuten kann, indem er das zwingende Recht umgeht. Es gibt keinen konkreten Grund, warum der Kursunterschied zwischen den Stammaktien und Vorzugsaktien so groß sein soll, weil das zwingende Recht für alle Aktiengesellschaften gilt.

b. Steigung der Kursdifferenz mit zunehmender Stimmrechtskonzentration

Es gibt aber noch weitere Gesichtspunkte, die die Argumentation, dass der Kursunterschied wegen des zwingenden Rechts nicht existiert, zweifelhaft erscheinen lassen könnten. Der zweite Gesichtspunkt ist, dass die Höhe der Kursdifferenz nicht mit zunehmender Stimmrechtskonzentration zunimmt. Es erscheint plausibel anzunehmen, dass wenn bei einer Aktiengesellschaft die Stammaktien durch einen Mehrheitsaktionär gehalten werden und sich die Vorzugsaktien im Streubesitz befinden, dann ist die Ausbeutung, und somit der Kursunterschied größer als wenn kein Großaktionär existieren würde. Der diesem Argument zugrundeliegende Gedanke geht dahin, dass bei einer Publikumsaktiengesellschaft die Möglichkeit der

[1069] So kann zum Beispiel § 140 Abs. 2 AktG möglicherweise durch ein Höchststmmrecht umgangen. Ob es möglich ist, das Stimmrecht der Vorzugsaktien durch ein Höchststimmrecht für das gemäß § 140 Abs. 2 AktG wiederaufgelebte Stimmrecht zu begrenzen, ist allerdings umstritten. Dazu Semler/Münchner Handbuch des Gesellschaftsrechts (1999), S. 500.

Ausbeutung gering sind, und deswegen der Kursunterschied kleiner ist.[1070] Dieses Argument lässt sich selbstverständlich nur aufrechterhalten, wenn man annimmt, dass das zwingende Recht das Problem der Ausbeutung nicht vollständig beseitigt. Wo kann kein Problem besteht, kann es keine Unterschiede zwischen den Publikumsaktiengesellschaften und den Aktiengesellschaften mit einem Mehrheitsaktionär geben. Einen wirklich grundlegenden Einwand gegen diese Annahme gibt es jedoch nicht. Erstens: Auch die Befürworter des zwingenden Rechts behaupten nicht, dass geltendes Recht das Problem der Ausbeutung völlig aus der Welt schaffen kann. Zweitens: Wie wir vorher gesehen haben, sind die Kursdifferenzen zwischen den einzelnen Gesellschaften enorm.

Jetzt können wir uns der Frage zuwenden, ob wirklich die Höhe der Kursdifferenz nicht mit zunehmender Stimmrechtskonzentration zunimmt. Eine empirische Studie[1071], die dieser Frage gewidmet war, konnte tendenziell bestätigen, dass wegen der Stimmrechtskonzentration der Kursunterschied zunimmt. Allerdings ist der Einfluss dieser Variable „eher als gering einzustufen". Auch die Hinzunahme einer zusätzlichen Variable, mit der die Familiengesellschaften kennzeichnet wurden, brachte „kein signifikant besseres Ergebnis".[1072] Damit ist festzustellen, dass die Existenz eines Großaktionärs nicht zur höheren Kursdifferenz führt.

c. Aufteilung des Grundkapitals in Stamm- und Vorzugsaktien

Der dritte Gesichtspunkt, der gegen die Ursächlichkeit des zwingenden Rechts für den geringeren Kursunterschied spricht, ist der Umstand, dass die Aufteilung des Grundkapitals in Stammaktien- und Vorzugsaktien keinen statistisch erkennbaren Einfluss auf die Höhe der Kursdifferenzen hat. Warum es nahe liegt, dass dieser Umstand in diesem Zusammenhang von Bedeutung sein kann, soll an dieser Stelle erläutert werden.[1073]

Die Einführung der Vorzugsaktien führt zu einer Trennung zwischen der Kontrolle und Eigentum. Beträgt zum Beispiel das Verhältnis zwischen den Stammaktien und Vorzugsaktien 50% zu 50%, dann kann ein Großaktionär 50% der Stimmen kontrollieren, obwohl er nur 25% des gesamten Aktienkapitals besitzt. Bilden die Stammaktien 90% des gesamten Aktienkapitals, so steigt der minimale Anteil am Aktienkapital auf 45%, um einen Stimmenanteil von 50% zu halten. Die Zahlen sind von mir nicht zufällig gewählt. Denn stimmrechtslose Vorzugsaktien dürfen nur bis zur Hälfte des Grundkapitals ausgegeben werden (§ 139 II

[1070] Ähnlich Pellens/Hillebrandt (2001), S. [illegible] im Zusammenhang mit den Vorzugsaktien.
[1071] Kruse/Berg/Weber (1993), S. 28.
[1072] Kruse/Berg/Weber (1993), S. [illegible].
[1073] Dazu auch Levi (1983), S. 81 und S. 93. Er schreibt auf S. 81: „If control of the firm has economic value, the voting rights premium will depend on the voting rights differential of the classes of stock and the proportion of each class of stock in the firm's equity, we expect a higher voting rights premium than if it accounts for 99% of the firm's equity, assuming the same voting rights differential. In the latter case, the total premium that investors are willing to pay for control of the firm is spread over 99% of the equity and the premium attached to each share is quite small." Diese These wurde am Beispiel für den israelischen Kapitalmarkt empirisch bestätigt. Er schreibt auf S. 93: „In order to take into account both the voting power differential and the proportion of each class of stock in the firm's equity, we constructed an appropriate Lorenz inequality measure ... A significant *positive* relationship is found between the *voting inequality index* and the *voting rights premium*."

AktG). Es darf also nicht mehr als die Hälfte des Grundkapitals aus stimmrechtslosen Vorzugsaktien bestehen.

Nun kann man sich leicht vorstellen, warum die Trennung zwischen der Kontrolle und dem Eigentum mit einer höheren Ausbeutungsbereitschaft des Großaktionärs verbunden ist. Dazu wird ein kleines *Beispiel* zur Veranschaulichung gebildet. Nehmen wir an, dass bei der Aktiengesellschaft A die Quote bei den Stammaktien und Vorzugsaktien 90% zu 10% beträgt, und dass alle Stimmaktien ein Großaktionär hält. Bei der Aktiengesellschaft B ist das Verhältnis ausgeglichen, also beträgt 50% zu 50%. Jetzt überlegen die beiden Großaktionäre, ob sie sich einen Sondervorteil in Höhe von 1000 Euro (bspw. die Kreditgewährung von der Aktiengesellschaft an sich zu nicht marktgemäßen Bedingungen) gönnen lassen sollen. Es leuchtet ein, dass der Großaktionär der Gesellschaft B eher den Sondervorteil in Anspruch nehmen wird, als der Großaktionär bei der Gesellschaft A. Denn er bekommt 1000 Euro (Sondervorteil), muss aber nur 500 Euro dafür zahlen. Die Kosten von 500 Euro ergeben sich daraus, dass mit der Erlangung des Sondervorteils das Unternehmen um 1000 Euro weniger wert ist. Von diesem Verlust partizipiert der Großaktionär zu 50%. Das macht 500 Euro. Bei dem Großaktionär der Gesellschaft A dagegen betragen die Kosten 900 Euro. Es ist sogar vorstellbar, dass der Großaktionär A sehr oft überhaupt keine Anreize hat, um den Sondervorteil in Anspruch zu nehmen. Denn der Schaden, der bei der Gesellschaft entsteht, ist sehr oft größer, als der Sondervorteil, der dem Großaktionär zufließt. So ist zum Beispiel der Abschluss von Beratungsverträgen ohne ausreichende Gegenleistung für die Aktiengesellschaft verheerend, wenn die Gesellschaft auf die Beratung angewiesen ist. Die Gesellschaft verliert nicht nur dadurch, weil sie 100.000 dem „Berater" zahlt, sondern vor allem dadurch, was sie gewinnen würde, wenn sie gut beraten wäre.

Es ist auch anzunehmen, dass die Erlangung der Ausbeutungsmöglichkeiten für den Großaktionär mit anderen Kosten verbunden ist. Dazu können ebenso die Kosten der Verdeckung und Vorbereitung der Ausbeutung zählen, wie auch die Kosten der möglichen strafrechtlichen oder zivilrechtlichen Haftung. Besteht die 10% Wahrscheinlichkeit, dass der Großaktionär B wegen der Ausbeutung verklagt und zur Zahlung von 1000 Euro als Schadensersatz verurteilt wird, dann wird er von der Ausbeutung absehen (1000 – 900 – 100 = 0).

Nachdem wir gesehen haben, warum die Aufteilung des Aktienkapitals auf Stamm- und Vorzugsaktien für die Bereitschaft der Ausbeutung eine Rolle spielt, soll gezeigt werden, warum das auch zu einer unterschiedlichen Höhe der Kursdifferenz zwangsläufig führen muss. Der Grund ist einfach: je mehr Ausbeutungsmöglichkeiten gibt es, desto höher ist der Kurs der Stammaktien. Um noch einmal ein einfaches *Beispiel* zu nennen. Nehmen wir an, die Aktiengesellschaft A hat 100 Aktien (ohne Aufteilung zwischen Stamm- und Vorzugsaktien) ausgegeben. 50 werden von einem Kontrollaktionär, die anderen 50 befinden sich im Streubesitz. Der Börsenkurs dieser Aktien beträgt 100 Euro. Der Kontrollaktionär erzielt zusätzlich mittels Ausbeutung Sondervorteile in einem Wert von 2000. Der Wert des Unternehmens beträgt also 12.000 Euro (100 x 100 + 2000). Dabei ist hervorzuheben, dass der Börsenkurs nicht den Wert eventueller Sondervorteile des Großaktionärs widerspiegelt, weil derartige Vorteile den Erwerbern der börsengehandelten Aktien nicht zuteil werden. Also beträgt der Börsenwert 10.000 Euro. Wenn der Großaktionär seine Aktien verkauft, wird er dafür den Börsenwert zuzüglich dem Wert der von ihm gezogenen Sondervorteile bekommen. Das sind 7 000 Euro (50 x 100 + 2000). Dies entspricht einem Preis pro Aktie von 140 Euro. Der Unterschied zwischen den Aktien der Minderheit (der Börsenkurs) und den Aktien des Großaktionärs (der Verkaufspreis) beträgt 40%. Wenn der Sondervorteil 5000 Euro beträgt, steigt der Unterschiede auf 100%. Also je größer ist der Sondervorteil, desto größer ist die Differenz. In diesem Beispiel gab es nur stimmberechtigte Aktien. Die Lage ändert sich nicht, wenn wir die Aktien in Vorzugsaktien und Stammaktien aufteilen. Der einzige Unterschied ist, dass wir die Differenz im Wert schon anhand der Börsenkurse beobachten können.

An diesem Punkt angelangt, können wir uns jetzt mit der Frage beschäftigen, ob die Aufteilung des Grundkapitals in Stamm- und Vorzugsaktien für die Differenz mitursächlich ist. Nach einer empirischen Untersuchung, die sich mit dieser Frage auseinandergesetzt, ist das nicht der Fall. Die Autoren dieser Studie schreiben: „Die Aufteilung des Grundkapitals in Stamm- und Vorzugsaktien hat keinen statistisch erkennbaren Einfluss auf die Höhe der Kursdifferenzen.“[1074] Im Ausland ist das anders. Dort, wo die Kursunterschiede zwischen den Stammaktien und Vorzugsaktien besonders groß sind, wurde auch festgestellt, dass der Unterschied dann wieder kleiner wird, wenn ein Großaktionär bereits die Stimmrechtsmehrheit hat.[1075]

d. Rechtsvergleichung

(a) Rechtsvergleichung: Mexiko

Ein anderes Indiz liefert die Rechtsvergleichung. Die Befürworter des zwingenden Rechts sind im Begründungszwang, wenn es um die Frage geht, warum in den USA, wo kaum zwingende Minderheitsschutzvorschriften gibt, die Differenz ebenfalls klein ist, und warum zum Beispiel in Italien[1076] oder *Mexiko*[1077], wo es eine ähnlich große Fülle zwingender Vorschriften gibt, die Differenz bis zu 80% beträgt. So kommt zum Beispiel Garza (2000)[1078]

[1074] Kruse/Berg/Weber (1993), S. 28. Anders allerdings Pellens/Hillebrandt (2001), S. [illegible]4: "Statt dessen weisen die empirischen Ergebnisse auf einen positiven Einfluss hin, so dass der zweite Einflussfaktor - der erhöhte Stimmrechtsanteil, der mit einer Stammaktie erworben werden kann, je mehr Vorzugsaktien emittiert sind - offensichtlich hier von zentraler Bedeutung ist. Die Vermutung, dass die Möglichkeit der Einflussnahme auf die Unternehmenspolitik - und damit die Realisierung potentieller private benefits- ein zentraler Einflussfaktor für die Preisbildung von Stamm- bzw. Vorzugsaktien ist, wird insofern empirisch erhärtet." Diese Aussage wurde jedoch weder durch eine Fußnote noch durch eine eigene empirische Untersuchung belegt.

[1075] Zingales (1994), S. 12[illegible] (Italien).

[1076] Zingales (1994).

[1077] Nenova (2000), S. 3[illegible]: "*The highest average control value is in Mexico* where estimates range between 46% and 51%. This means that on average, Mexican controlling shareholders expropriate one half of the value of the company, sharing the remaining half with minority shareholders in proportion to holdings of cash flow rights. Similarly high average control values are found in South Korea (31% to 38% of company market value), Italy ([illegible]% to 35%) ..."

[1078] Garza (2000), S. 613.

in einem ausführlichen, rechtsvergleichenden Aufsatz zum Schluss: "Mexican law creates a more powerful instrument to protect and advance the interests of the minority because of the *mandatory* nature of its provisions. These protections are not optional, and minority shareholders in Mexican corporations cannot have their power eroded by majority interests. By comparison, these same protections relating to preemptive rights and voting are stronger than those found in United States law. Additionally, Mexican law provides minority shareholders the right, at the request of shareholders holding thirty-three percent of the shares represented, to postpone a vote on any matter due to insufficient information ... Perhaps the most remarkable advantage afforded by Mexican law, from the standpoint of a minority shareholder, is the *mandatory* nature of the minority's rights. In contrast, the strongest benefit afforded by United States law, from the standpoint of controlling shareholders and directors, is the flexibility to run a business."[1079] Also kann, zumindest in Mexiko, das zwingende Recht nicht verhindern, dass die Minderheit ausgebeutet wird.

(b) Rechtsvergleichung: USA

Eine Untersuchung, die sich jedoch allein auf die Frage beschränkt, ob in fernen Mexiko das zwingende Recht die Ausbeutung verhindern kann, greift notwendig zu kurz. Sie beschäftigt sich sozusagen nur mit einer Seite der Medaille. Man muss vielmehr darlegen, dass auch in den *USA* keine Ausbeutung Vorzugsaktionäre und somit der Minderheit vorkommt[1080], obwohl dort die Vorzugsaktionäre nicht durch das zwingende Recht geschützt sind.

(ba) Vertraglicher Schutz als einziger Schutzmechanismus

Mit der Frage, ob die Vorzugsaktionäre in den USA durch das zwingende Recht umfangreich geschützt sind, werden wir uns an dieser Stelle beschäftigen. Es dürfte wohl der herrschenden Meinung in den USA entsprechen, dass *sich die Vorzugsaktionäre in den USA nur auf dem vertraglichen Wege schützen können.*[1081] Die Vorzugsaktionäre in den USA werden weder durch "a fiduciary obligation of directors to preferred stockholders"[1082] noch durch

---

[1079] Garza (2000), S. 686. Er zitiert Ley General de Sociedades Mercantiles (L.G.S.M) art. 113 und art. 132.

[1080] In den USA wird von den Vorzugsaktien als die Finanzierungsform ein reger Gebrauch gemacht. Dazu Mitchell (1996), S. 443 "During the decade ended December 31, 1994, a total of more than 125 billion dollars of preferred stock was publicly issued in the United States. On an annual basis, this represented at least eighteen and two-tenths percent, and as much as thirty-six and four-tenths percent of the public issuances of common stock and from ten percent to twenty-four and two-tenths percent of all private and public stock issuances." Mitchell zitiert: 81 Fed. Res. Bull. No. 4, A34 (Apr. 1995); 78 Fed. Res. Bull. No. 12, A33 (Dec. 1992); 77 Fed. Res. Bull. No. 1, A34 (Jan. 1991); 73 Fed. Res. Bull. No. 12, A34 (Dec. 1987).

[1081] Dazu Mitchell (1996), S. 448 "But preferred stockholders are not treated as standing at arm's length to the corporation, at least *until the contractual terms* are interpreted and defined (and then only to the extent of those contractual terms)."

[1082] Dazu Mitchell (1996), S. 449: "I shall argue, however, that the answer should be to give preferred stockholders some meaningful fiduciary rights, and that the judicial failure to do so reveals that something has gone terribly wrong both with our understanding of fiduciary obligation and our conception of the corporation." Die

eine umfangreiche "fairness analysis"[1083] seitens der Gerichte geschützt. Es wird sogar behauptet, dass vertragliche Schutzmechanismen durch die Gerichte systematisch zugunsten der Stammaktionäre ausgelegt werden.[1084] Eine dem deutschen § 140 II AktG ähnliche Rechtsbestimmung gibt es im amerikanischen Gesellschaftsrecht nicht, obwohl die Gefahrenlage[1085] die gleiche ist. Nach dieser Beschreibung des rechtlichen Schutzes der Vorzugsaktionäre in den USA überrascht es nicht, wenn Mitchell (1996) konstatiert, dass "it is fair to say, and this article will try to demonstrate, that the position of the preferred stockholder in the corporate firmament, fiduciary rhetoric notwithstandig, is more vulnerable than any other financial participant."[1086] Brudney (1997) drückt sich sogar noch schärfer aus: "Nothing that courts have done during the last six decades alters the importance of the description in 1937 of preferred stockholders as being regularly euchered, cajoled, coerced, elbowed and traded out of their legal rights by the commons."[1087]

So weit ersichtlich wird diese Behauptung in der amerikanischen, juristischen Literatur nicht in Frage gestellt. Das Gleiche kann man aber nicht von der ökonomischen Literatur sagen. So ist zum Beispiel Nenova (2000) der Ansicht, dass der Kursunterschied zwischen Stammaktionären und Vorzugsaktionären in den USA deswegen so klein ist, weil der hervorragende Rechtsschutz die Ausbeutung verhindert.[1088] Einen wirklich grundlegenden Einwand gegen die in dieser Arbeit vertretene Meinung stellt diese Argumentation jedoch nicht dar. Denn Nenova (2000) übernimmt die Bewertung des rechtlichen Anlegerschutzes von LaPorta/Lopez-de-Silanes/Shleifer/Vishny (1996).[1089] Mit der Frage, ob LaPorta/Lopez-de-

---

gleiche Meinung vertritt Hu (1991), S. 1292 "no court appears to have required that managers maximize the value of preferred stock".

[1083] Dazu Mitchell (1996), S. 445 "The only situation in which courts regularly apply fiduciary standards in evaluating preferred stockholders' rights is when their equity stake in the corporation is threatened by corporate control transactions involving interested directors or a controlling stockholder and even then, only in limited circumstances. By contrast, courts will not apply *fairness analysis* to protect preferred stockholders' return on their equity." Mitschell (1996), Fußnote 6 behauptet sogar, dass die amerikanischen Gerichte die Ausbeutung der Vorzugaktionären zulassen. Er schreibt: "I go further to suggest that *courts typically permit directors to minimize* the value of preferred stock". Er zitiert folgende Entscheidungen: Revlon, Inc. v. MacAdrews & Forbes Holdings, Inc., 506 A.2d 173 (Del. 1986); Jedwab v. MGM Grand Hotels, Inc. 509 A.2d 584, 594 (Del. Ch. 1986); Dalton v. American Inv. Co., 490 A.2d 574 (Del. Ch. 1985).

[1084] Brudney (1997), S. 651: "The judiciary's systematic reluctance to protect preferred stockholders in interpreting their contracts ..." Oder Brudney (1992), S. 1842: "Fiduciary duties have not produced significant protection for preferred stockholders against the efforts of common stock to alter the bargain to its advantage."

[1085] Siehe die Ausführungen zu dem Risikoanreizproblem. Die Gefahrenlage für die amerikanischen Vorzugsaktionären ist die gleiche, weil "although floating rate preferred exists, the typical preferred dividend is fixed". Mitchell (1996), S. 451. Michell zitiert Klein/ Coffee (1993), S. 289.

[1086] Mitchell (1996), S. 444.

[1087] Brudney (1997), S. 650.

[1088] Nenova (2000), S. 38: "The paper shows that the legal framework does exert a paramount impact on the amount of total firm value that controlling shareholders are able to appropriate. More than 70% of the systematic differences in private benefits are explained by the nature of legal rights that non-controlling shareholders enjoy as per the country laws, in particular the quality of general investor protection, minority rights in the case of control transfer, as well as standards of law enforcement. The average firm in a country with a complete lack of legal protection could enjoy a control value of up to 51%."; Ähnlich in der deutschen Literatur Pellens/Hillebrandt (2001), S. 66: "Die Höhe dieses Kursunterschiedes wird maßgeblich beeinflusst durch die Güte des Aktionärsschutzes in dem jeweiligen Land ... Dieses Ergebnis besitzt speziell in Deutschland Relevanz ..."

[1089] Nenova (2000), S. 13.

Silanes/Shleifer/Vishny den rechtlichen Anlegerschutz in verschieden Ländern richtig bewertet haben, haben wir uns an einer anderen Stelle dieser Arbeit auseinandergesetzt. Wir stellten fest, dass die Schwächen der Bewertung des rechtlichen Anlegerschutzes durch LaPorta/Lopez-de-Silanes/Shleifer/Vishny (1996) so gravierend sind, dass es mehr als fraglich ist, ob die Ergebnisse von LaPorta/Lopez-de-Silanes/Shleifer/Vishny (1996) zumindest annähernd der Wahrheit entsprechen.

Es mag aber in diesem Zusammenhang dahin stehen, ob die Bewertung des rechtlichen Anlegerschutzes von LaPorta/Lopez-de-Silanes/Shleifer/Vishny (1996) richtig ist. Denn selbst wenn sich herausstellen sollte, dass die Bewertung von LaPorta/Lopez-de-Silanes/Shleifer/Vishny (1996) richtig ist, stellt sich immer noch die Frage, für wie überzeugend man eigentlich hält, dass Nenova die Bewertung von LaPorta/Lopez-de-Silanes/Shleifer/Vishny (1996) zur Untersuchung der Kursunterschiede zwischen den Stammaktien und Vorzugsaktien benutzt. Der Haupteinwand gegen das Heranziehen der Bewertung von LaPorta/Lopez-de-Silanes/Shleifer/Vishny (1996) ist der Umstand, dass die Untersuchung von LaPorta/Lopez-de-Silanes/Shleifer/Vishny (1996) sich nicht spezifisch auf den rechtlichen Schutz der Vorzugsaktionäre bezieht.

Das ist jedoch nicht der einzige Einwand, der gegen die Richtigkeit der Bewertung des rechtlichen Schutzes von Nenova (2000) angeführt werden kann. Eines der Hauptkriterien, anhand derer Nenova (2000) die Rechtsordnungen bewertet, ist die Existenz der *squeeze-out provision.*[1090] Es mag dahin stehen, ob dieses Kriterium zur Bewertung des rechtlichen Anlegerschutzes geeignet ist. Außerordentlich problematisch, wenn nicht eindeutig falsch, ist die Feststellung von Nenova (2000), als sie meint, dass „squeeze-out" nur in den USA, aber nicht in Deutschland möglich ist. Es wird nicht bestritten, dass in den USA seit langem anerkannt ist, dass die Mehrheit in bestimmten Situationen ein Recht zu „squeeze-out" hat. Die Minderheit wird dort durch die Abfindungsregelungen geschützt ("appraisal remedy"). Heute erlauben nicht nur die meisten US-Bundesstaaten den zwangsweisen Ausschluss, sondern das auch in der Regel strengere R.M.B.C.A. Modellgesetz.

Dass die deutsche Rechtslage weniger eindeutig war, wird an dieser Stelle ebenfalls nicht bestritten.[1091] Nach der herrschenden Meinung war die Mitgliedschaft des Aktionärs ein wohlerworbenes Gut, das nicht ohne einen zwingenden Grund angetastet werden darf. Grundsätzlich war der Ausschluss nur mit der Zustimmung des betroffenen Aktionärs möglich. Davon wurde nur dann eine Ausnahme zugelassen, wenn in der Person des Aktionärs ein wichtiger Grund besteht. Eine weitere Ausnahme stellte die Mehrheitseingliederung nach § 320 I 1

[1090] Nenova (2000), Tabelle 2, auch S. 17.

[1091] Das hat sich geändert. Den Weg für die Squeeze-out-Regelung hat das am 1.01.2002 in Kraft getretene WpÜG geebnet. Nach § 328 a Abs. 1 AktG kann ein Großaktionär, der mit mindestens 95% am Grundkapital beteiligt ist, aufgrund eines Hauptversammlungsbeschlusses die Übertragung der außerstehenden Aktien gegen eine angemessene Abfindung verlangen kann. Dazu AG Report 8/2001, S. R 274 (Die Aktienkultur und das Squeeze-out) und AG Report 6/2002, S. R 199 (Die Squeeze-out-Well steigt schneller als erwartet). Im Juli 2002 beschäftigten sich 50 bis 60 Aktiengesellschaften mit einem Squeeze-out-Verfahren.

und 2 AktG dar. Mehrheitseingliederung ist dadurch gekennzeichnet, dass Minderheitsaktionäre ihre Mitgliedschaft verlieren (§ 320a AktG) und dafür durch eine angemessene Abfindung entschädigt werden (§ 320b AktG).[1092] Der andere Fall ist, wenn eine Zwangseinziehung in der ursprünglichen Satzung oder durch eine Satzungsänderung vor der Übernahme oder Zeichnung der Aktien angeordnet oder gestattet war (§ 237 I AktG). Zweck der Einziehung kann aber auch gerade die Beseitigung des konkret betroffenen Mitgliedschaftsrechts sein.[1093] Von diesen Fällen abgesehen war der zwangsweise Ausschluss unzulässig. Der zwangsweise Ausschluss ließ sich auch nicht auf dem Wege der Verschmelzung oder des Abschlusses des Unternehmensvertrages erreichen. Zwar ist bei Abschluss eines Beherrschungs- oder Gewinnabführungsvertrages nach § 305 I AktG den Minderheitsaktionären eine angemessene Abfindung zu gewähren. Gleiches gilt bei einer Verschmelzung auf den Mehrheitsgesellschafter oder eine ihm gehörende Gesellschaft. Nach § 29 I UmwG kann bei einer Verschmelzung von Rechtsträgern unterschiedlicher Rechtsform jeder Anteilseigner verlangen, dass der übernehmende Rechtsträger seine Anteile gegen Gewährung einer angemessenen Barabfindung übernimmt. Aber die Abfindungsmöglichkeit für die Minderheit ist stets als ein Angebot der Gesellschaft ausgestaltet. Dieses Angebot kann die Minderheit annehmen, aber auch ablehnen. Damit gingen das Aktiengesetz und das Umwandlungsgesetz vom Bestandsschutz der Mitgliedschaft aus. In der Gesetzesbegründung zu UmwG ist sogar erwähnt, dass die Möglichkeit, außenstehende Anteilsinhaber gegen eine Abfindung, aber ohne ihre Zustimmung aus der Gesellschaft hinauszudrängen, nicht den Grundsätzen des Minderheiten- und Anlegerschutzes entspricht. Auf den ersten juristischen Blick sah es also in der Tat so aus, als ob der zwangsweise Ausschluss der Minderheit aus der Aktiengesellschaft unzulässig wäre und damit Nenova (2000) recht hätte. Dieses Ergebnis entsprach jedoch nicht der rechtstatsächlichen Lage.

Die Kautelarpraxis fand einen Weg, wie die Minderheit gegen Abfindung aus der Gesellschaft hinausgedrängt werden kann. Dieser Weg besteht in der Vermögensübertragung auf den Mehrheitsaktionär verbunden mit der Liquidation der ursprünglichen Gesellschaft (§ 179a III AktG). Diese Vorgehensweise wurde auch durch die Rechtsprechung bestätigt. In Moto-Meter-Entscheidung hat das OLG Stuttgart den Weg über § 179a III unter bestimmten Voraussetzungen für zulässig erklärt.[1094] Die Revision gegen diese Entscheidung hat der BGH nicht angenommen. Damit war auch im deutschen Recht der zwangsweise Ausschluss der Minderheit zulässig. Wenn dem aber so ist, dann können aus der rechtlichen Analyse von Nenova (2000) kaum Rückschlüsse gezogen werden. Damit ist der Meinung von Nenova (2000),

[1092] Hüffer (1999), S. 1459.
[1093] Hüffer (1999), S. 4.
[1094] Wenger/Hecker/Knösel/Ahlers (2001), S. 2 nennen diese Entscheidung: "Freilich hat sich der Bundesgerichthof damit nicht zum ersten Mal als einer der schlimmsten Feinde des Streubesitzaktionärs profiliert. Sein bisher wohl gefährlichster Anschlag auf die Recht von Minderheiten ereignete sich am 5.12.1994 in Sachen Moto-Meter Entscheidung."

dass die Vorzugsaktionäre in den USA hervorragend durch die Rechtsordnung geschützt sind, nicht zuzustimmen.

Nachdem wir dargestellt haben, dass sich die Vorzugsaktionäre in den USA nur auf dem vertraglichen Wege schützen können, widmen wir uns der Frage, ob die Kursunterschiede zwischen den Vorzugsaktien und Stammaktien in den USA so gering sind.

(bb) Kursunterschied in den USA

Empirische Untersuchungen zeigen in der Tat, dass in den USA der Aktienkursunterschied zwischen den Vorzugsaktien und Stammaktien nicht besonders groß ist, obwohl dort die Minderheitsaktionäre kaum durch zwingendes Recht geschützt sind. So fanden Lease, McConnell und Mikkelson (1983) heraus, dass die Stammaktien nur um 5,5% höher bewertet sind als die Vorzugsaktien. Nenova (2000) berichtet, dass der Kursunterschied in den USA sogar nur zwischen 1% und 2% beträgt.[1095]

Dafür könnte es, dass soll an dieser Stelle nicht verschwiegen werden, einen konkreten Grund geben. Wie wir an der anderen Stelle festgestellt haben, ist eine Publikumsaktiengesellschaft in den USA der Regelfall und eine Aktiengesellschaft mit einem Mehrheitsaktionär der Ausnahmefall. Der Ansatz aber, eine unterschiedliche Bewertung von Stamm- und Vorzugsaktien durch die Ausbeutung zu erklären, ist nur beschränkt auf den Fall einer Publikumsaktiengesellschaft übertragbar. Bei einer Publikumsaktiengesellschaft gibt es keine Mehrheit, die ausbeuten könnte. Damit könnte man sich auf den Standpunkt stellen, dass der Unterschied in den USA deswegen so klein ist, weil es dort die Publikumsaktiengesellschaften überwiegen. Dieser Überlegung kann aber nicht zugestimmt werden. Es ist zu vermuten, dass auch in den USA die Vorzugsaktien meistens nur dann ausgegeben werden, wenn der Mehrheitsaktionär zwar zusätzliches Kapital bekommen will, aber die Kontrolle nicht verlieren möchte. Damit ist nicht anzunehmen, dass der Kursunterschied in den USA deswegen so klein ist, weil dort die Publikumsaktiengesellschaften die Aktienlandschaft bestimmen.

Lease/McConnell/Mikkelson (1983) sind trotz kleiner Unterschiede zwischen den Vorzugsaktien und Stammaktien der Frage nachgegangen, ob sich dieser Unterschied auf die Ausbeutung der Minderheit zurückführen lässt. Um dieses Ziel zu erreichen, versuchten sie herauszufinden, ob irgendwelche Unregelmäßigkeiten bei den untersuchten Unternehmen bei dem Rückkauf eigener Aktien[1096] oder beim Bezugsrecht[1097] aufgetreten sind. Das war jedoch nicht der Fall. Sie konstatieren: "We searched the Wall Street Journal Index for the years

[1095] Nenova (2000), S. 32.

[1096] Lease/McConnell/Mikkelson (1983), S. 466: „One possible means by which a class of stock could receive a direct incremental payoff is for the board of directors to direct the corporation to buy back some shares of that class at an above-market price. If this were possible, the holders of the class of stock with voting control could elect a board of directors who would direct the company to buy back their stock through a tender offer at an above-market price ..."

[1097] Lease/McConnell/Mikkelson (1983), S. 466: "Yet another way in which the firm can provide direct incremental cash payments is to issue new stock to one class of stockholders at a below-market price thorough a fights offering."

1958-1978 and the index of the Commercial and Financial Chronicle for the years 1940-1957 for any instances in which the firms in the sample were engaged in tender offers to repurchase shares of the class of common stock with superior voting rights on favorable terms. *We found none.*"[1098] Dieses empirische Ergebnis bezüglich der Praktiken des Rückkaufs eigener Aktien vermittelt zumindest eine vage Vorstellung, warum *zwingendes Recht* für die Nichtexistenz der Ausbeutung nicht ursächlich sein kann.

Erstens ist vor allem ein Rückkauf eigener Aktien für die sanfte Ausbeutung gerade prädestiniert. Wenn die Ausbeutung mittels eines Rückkaufs eigener Aktien nicht vorkommt, dann kann man annehmen, dass die Ausbeutung auch mittels anderer Instrumente nicht geschieht (argumentum a maiore ad minus). Warum in den USA der Rückkauf eigener Aktien für die Ausbeutung prädestiniert ist, soll an dieser Stelle kurz erläutert werden. Der Ausgangspunkt der Überlegung ist, dass in den USA für den Rückkauf eigener Aktien meistens das Verfahren der holländischen Versteigerung angewendet wird (sog. "dutch auction tender offer")[1099]. Dieses Verfahren besteht darin, dass die Gesellschaft den Rückkauf einer bestimmten Anzahl von Aktien anbietet, indem sie einen Höchstpreis und einen Mindestpreis setzt. Innerhalb dieser Bandbreite kann jeder Aktionär wählen, zu welchem Preis er der Gesellschaft die Aktie zum Rückkauf anbietet. Die Angebote werden von unten nach oben bedient, bis der Vorrat erschöpft ist. Dem Schein nach wird die Gleichbehandlung der Aktionäre gewährt. Aber in der Praxis bietet sich für die gut informierte Mehrheit eine Ausbeutungsmöglichkeit an. Denn die Gleichbehandlung wird in der Praxis nur dann gewährt, wenn die Kleinaktionäre professionelle, spekulativ eingestellte Anleger sind. Das ist meistens jedoch nicht der Fall. Somit kann die Mehrheit bei diesem Verfahren ihren Informationsvorsprung nutzen und auf legale Weise die sanfte Ausbeutung betreiben. Wie wir aber gesehen haben, konnte die Ausbeutung durch den Rückkauf eigener Aktien empirisch, obwohl in den USA davon in großem Umfang Gebrauch gemacht wird[1100], nicht bestätigt werden.

Zweitens gibt es in den USA in diesem Bereich kaum zwingende Vorschriften. In den USA legt das einzelstaatliche Aktienrecht dem Rückerwerb eigener Aktien kaum Schranken auf.[1101] Nur für den Börsenhandel in eigenen Aktien bestehen börsenaufsichtsrechtliche Restriktionen.[1102] Die Zuständigkeit für die Entscheidung über den Rückkauf liegt, anders als in Deutschland, bei der Verwaltung der Gesellschaft. In den USA sind sogar individuelle Rückkaufvereinbarungen mit einzelnen Aktionären, unter Ausschluss der übrigen (sog. "negotiated

---

[1098] Lease/McConnell/Mikkelson (1983), S. 466.

[1099] Hampel (1994), S. 14, 23 (mit dem Zahlenmaterial). Allgemein dazu Benckendorff (1998).

[1100] Hampel (1994), S. 18 ff.

[1101] Für den Rückerwerb dürfen zwar grundsätzlich nur solche Mittel verwendet werden, die auch als Dividende ausgeschüttet werden könnten. Aber es muss berücksichtigt werden, dass die Ausschüttungen zulässig sind, solange sie keine Überschuldung herbeiführen und die Zahlungsfähigkeit der Gesellschaft nicht gefährden.

[1102] Dazu Hampel (1994), S. 61 mit weiteren Nachweisen.

repurchase"), zulässig.[1103] Mit dem Gleichbehandlungsgrundsatz wäre das in Deutschland unvereinbar.

Wenn aber die Vorzugsaktionäre in den USA nicht ausgebeutet werden, obwohl die amerikanische Rechtsordnung es kaum verhindert, dann kann man daraus nur eine Schlussfolgerung ziehen: Die Vorzugsaktionäre sind in den USA fähig, die Ausbeutung auch ohne das zwingende Recht zu verhindern, indem sie sich hervorragend und fast vollständig vertraglich schützen. Anscheinend ist die Aufnahme entsprechender Satzungsklauseln ausreichend. Es überrascht nicht, dass diese Schlussfolgerung auch durch eine empirische Untersuchung bestätigt wird. Lease/McConnell/Mikkelson (1983) stellen fest, dass den Stammaktionären viele Ausbeutungstaktiken zur Verfügung stehen. "However, all of the obvious ways appear to be banned by the Articles of Incorporation (die Gründungsurkunde) leaving indirect cash and non-cash as the alternative explanation."[1104] Zum Beispiel "a search of the corporate charters revealed that only four of the companies grant the preemptive right (das Bezugsrecht). Three of these companies grant identical preemptive rights to both classes of stock ... For the other companies in the sample the corporate charters appear to preclude this mechanism as a means for granting explicit incremental payoffs to the holders of one class of common stock ... Finally, there is also empirical support for the view that the corporate charters prohibit, either directly or indirectly, tender offers," die die Stammaktionäre bevorzugen.[1105]

Zwar wird die Wirksamkeit des vertraglichen Schutzes der Vorzugsaktionäre in der amerikanischen, juristischen Literatur nicht für ausreichend gehalten. Es wird die These vertreten, dass es rein faktisch eine Illusion ist, zu glauben, dass sich die Vorzugsaktionäre auf dem vertraglichen Weg schützen können.[1106] Wenn diese These richtig wäre, dann würde das natürlich auch ein ernsthaftes Problem für den Autor der vorliegenden Arbeit darstellen. Dass sich die Vorzugsaktionäre auf dem vertraglichen Wege nicht schützen können, bedarf einer Begründung. Diese Begründung wird aber durch die Kritiker des vertraglichen Schutzes nicht geliefert. Man vermisst nicht nur die empirische Untermauerung dieser These, sondern auch die kritische Auseinandersetzung mit den bestehenden empirischen Studien, die etwas anderes behaupten. Damit kann die Kritik gegen die Wirksamkeit des vertraglichen Schutzes nicht ernst genommen werden.

[1103] Posner (1994), S. 312, Hampel (1994), S. 16. Posner (1994) führt auch ein Beispiel an: General Motors kaufte Ende 1986 ihrem damals größten Einzelaktionär, Ross Perot, dessen Aktienpaket ab.

[1104] Lease/McConnell/Mikkelson (1983), S. 467.

[1105] Lease/McConnell/Mikkelson (1983), S. 466-467.

[1106] Mitchell (1996), S. 474: "The vulnerability of preferred stockholders is *not* ameliorated *by contract*. First, the contract is drafted by the issuer and its underwriter and, thus, is unlikely to be particularly favorable to the preferred. Second, and as I suggested when describing the preferred stock paradox, the contract must be interpreted. It is the board that is the first line of interpretation in planning corporate transactions, and exclusively so in those many deals that are never litigated. To the extent that the board is judicially encouraged to interpret the contract narrowly, it is empowered to take advantage of the preferred's vulnerability to defeat their legitimate expectations that their wealth will not gratuitously be transferred to the common. And, in light of the fact that even when the preferred stockholders have voting rights, they constitute only a minority of the stockholders, the directors have every incentive to do so."

D. Ergebnis

Ziehen wir die Zwischenbilanz. Der Kursunterschied zwischen den Vorzugsaktien und Stammaktien ist ein vielschichtiges Phänomen. Es ist deshalb außerordentlich gewagt, dieses Phänomen bzw. die Abwesenheit dieses Phänomens zur Quantifizierung der Ausbeutung der Minderheit bei der börsennotierten Aktiengesellschaft zu benutzen. Wenn dies hier gleichwohl geschieht, dann deshalb, weil es zurzeit keine bessere Möglichkeit gibt, die Ausbeutung der Minderheit empirisch zu messen. Die intellektuelle Auseinandersetzung mit diesem Phänomen hat uns um Erkenntnisse bereichert, die auf zwei Kernaussagen reduziert werden können. *Erstens* sind die Kursunterschiede zwischen den Vorzugsaktien und Stammaktien in Deutschland gering, was auf die Abwesenheit der Ausbeutung hindeutet. *Zweitens* ist für die Abwesenheit der Ausbeutung nicht das zwingende Aktienrecht ursächlich.

2. Insiderhandel

Die Ausbeutung der Minderheit lässt sich auch auf eine andere Weise schätzen. Es ist naheliegend, dass die Großaktionäre die Minderheit ausbeuten, indem sie einen Insiderhandel betreiben.[1107] Ein Großaktionär hat erhebliche Möglichkeiten, Zugang zu den Insiderinformationen zu erlangen. Vor allem hat er die faktische Macht den Manager dazu zu bewegen, dass er geheime, noch nicht der Öffentlichkeit bekannte Informationen, ihm freigibt. Ob und in welchem Umfang das wirklich der Fall ist, wurde in den USA empirisch untersucht. Dieser empirischen Untersuchung liegt die Annahme zugrunde, dass falls Großaktionäre besseren Zugang zu Insiderinformationen hätten, der Anteil der Insidergeschäfte, die von der SEC (Security and Exchange Commission) registriert werden, am gesamten Wertpapierhandel von Unternehmen mit Großaktionären deutlich größer sein müsste als bei Unternehmen im Streubesitz. Die Grundlage dieser empirischen Studie ist die Regelung in Section 16(a) des SEC Act von 1934. Diese Regelung verlangt von den Insidern die Meldung ihrer sämtlichen durchgeführten Transaktionen in mehr als 100 Aktien der eigenen Gesellschaft innerhalb von 10 Tagen nach Ende des Monats, in dem die Transaktion stattgefunden hat. Um herauszufinden, ob die Mehrheitsaktionäre häufiger am Insiderhandel beteiligt sind, wurden aus den über 500 untersuchten Unternehmen zwei Gruppen von je 28 Unternehmen gebildet, wobei eine die höchste Anteilskonzentration und die andere die geringste Anteilskonzentration aufweisen. Die Studie fand einen 7-fach höheren Anteil bei registriertem Insiderhandel für die Gruppe der Unternehmen mit hoher Anteilskonzentration heraus.[1108] Bedeutet dieses Ergebnis, dass die Ausbeutung ein ernst zu nehmendes Problem darstellt? Die Frage ist eher zu verneinen. Dafür gibt es folgende Gründe:

Erstens: Zu wissen, dass bei den Unternehmen mit den Großaktionären registrierte Insidergeschäfte häufig vorkommen, kann allerdings nur ein erster Schritt sein. Der zweite liegt

---

[1107] So Reul (1991), S. 224.
[1108] Demsetz/Lehn (1983).

in einer Antwort auf die Frage, für wie überzeugend man die Argumentation hält, dass zulässige, registrierte Insidergeschäfte ein Indiz für verbotene Insidergeschäfte sind. Denn der Umstand, dass Aktionäre von Unternehmen mit hoher Anteilskonzentration stärker an registrierten Insidergeschäften beteiligt sind, bietet keine empirische Untermauerung der These, dass auch das verbotene Insiderhandel bei diesen Unternehmen häufiger vorkommt.[1109] Das wurde auch empirisch bestätigt. "Die ereignisspezifischen Insiderhandelstudien bestätigen die These, dass *registriertes* Insiderhandeln weitgehend ohne Kenntnis konkreter, unveröffentlichter und bewertungsrelevanter Unternehmensinformationen getätigt wird und damit nicht für Überrenditen vor der Veröffentlichung von kursrelevanten Ereignissen verantwortlich ist."[1110] Aus diesem Grund sind die Insidertransaktionen in der offiziellen SEC-Statistik nicht repräsentativ für den illegalen Insiderhandel.[1111]

Zweitens gehen die Autoren dieser Untersuchung von der Prämisse aus, dass der Insiderhandel negativ zu bewerten ist. Das führt unweigerlich zu einer Diskussion, ob der Insiderhandel wirklich ineffizient ist. Zu diesem Thema gibt es eine reichhaltige und erschöpfende Literatur. Es erscheint wenig sinnvoll, dem noch eine weitere Diskussion des Meinungsstandes hinzuzufügen.[1112] Deswegen beschränke ich mich auf die wichtigsten Argumente, die die Ineffizienzthese des Insiderhandels in Frage stellen.[1113] Im Vordergrund steht das Argument, dass durch Insiderhandel neue Informationen frühzeitig bei der Kursbildung berücksichtigt werden, und damit die Informationseffizienz des Kapitalmarktes verbessert wird.[1114] Das wurde auch durch empirische Untersuchungen bestätigt.[1115] Ein anderes Argument ist, dass der Insiderhandel ein Element der Entlohnung darstellt. Denn alternativ zu dem Insiderhandelsverbot können die Aktionäre dem Manager die Möglichkeit zu Insidergeschäften einräumen. Fall damit für den Aktionär ein Verlust verbunden sein sollte, kann die sonstige Entlohnung des Managers reduziert werden, wozu dieser auch grundsätzlich bereit sein wird, falls er davon ausgeht, dass der erwartete Insidergewinn die sonstige Einkommensminderung kompensiert. Der Insiderhandel wird dem Manager sozusagen verkauft. Es wird darauf hingewiesen, dass es in der Zeit vor gesetzlichen Insiderregelungen in den USA kaum Arbeitsverträge mit Managern gab, die dem Verbotstyp entsprachen.[1116]

Drittens ist zu berücksichtigen, dass die Möglichkeit des Insiderhandels des Großaktionärs als renditeerhöhend zu betrachten ist. Diese Gewinne sind die Entlohnung für die Über-

---

[1109] Eine eher technische Kritik dieser Untersuchung befindet sich bei Schörner (1991), S. 244.

[1110] Dazu ausführlich nach der Auswertung empirischer Studien Seeger (1998), S. 66.

[1111] So im Ergebnis Seeger (1998), S. 67.

[1112] Die Diskussion wird sehr gut bei Goshen/Parchomovsky (2000) dargestellt. Und weil die Materie sehr umstritten ist, "they present a brand new efficiency-based justification for the ban on insider trading."

[1113] Dazu in der deutschen Literatur zum Beispiel Schörner (1991), S. 248: „Ausgangspunkt der Untersuchung der Auswirkungen von Insiderhandel auf die börsengehandelten Unternehmungen war die weitgehend unbelegte Behauptung, Insiderhandel sei ineffizient. Diese Behauptung konnte zurückgewiesen werden".

[1114] So King/Roell (1988), S. 171 ff: „The benefits of insider dealing is, namently, that it pushes equity prices more quickly towards their true level, thus improving market efficiency".

[1115] Goshen/Parchomovsky (2000), S. 4 mit weiteren Nachweisen.

[1116] Easterbrook (1985), S. 94.

nahme der Kontrollfunktion und des größeren Risikos. Dass sich dabei nicht nur um die theoretische Vermutung, sondern um ein empirisch festgestelltes Ergebnis handelt, beweist eine empirische Studie.[1117] Das Ergebnis der Untersuchung von 159 Großunternehmen für die Zeit von 1975-1980 erbringt eine positive Korrelation zwischen den „recorded market rates of return" der Aktien und dem Anteil von registriertem Insiderhandel am Gesamthandel der jeweiligen Aktien.[1118]

Ziehen wir Zwischenbilanz. Die oben angeführten Argumente dürften zur Genüge gezeigt haben, dass der registrierte und legale Insiderhandel nicht als ein Indiz für die Ausbeutung der Minderheit angesehen werden können.

3. Abfindungen

Im Schrifttum wird argumentiert, dass die Höhe der gezahlten Abfindungen für Minderheitsaktionäre einen Beweis für die Verbreitung der Ausbeutung in Deutschland darstellen.[1119] Mit dieser Argumentationsweise werden wir uns an dieser Stelle auseinandersetzen.

Gemäß § 305 II AktG muss ein Beherrschung- bzw. Gewinnabführungsvertrag für die außenstehenden Aktionäre der zukünftig beherrschten Gesellschaft eine Abfindung in Aktien der herrschenden Gesellschaft vorsehen, wenn letztere eine nicht abhängige und nicht in Mehrheitsbesitz stehende Aktiengesellschaft oder Kommanditgesellschaft auf Aktien mit Sitz im Inland ist. In allen anderen Fällen muss eine Abfindung in bar gewährt werden. Gemäß § 305 I AktG muss der außenstehenden Minderheit eine "angemessene" Abfindung angeboten werden. Nach der empirischen Untersuchung von Wenger/Hecker/Knösel/Ahlers (2001) kann in der Wirklichkeit von der Angemessenheit der Abfindung keine Rede sein. Sie haben das Abfindungsangebot mit dem Aktienkurs, der zwei Börsentage vor dem Ereignisdatum notiert wurde, verglichen. Sie kamen zu folgendem Ergebnis: "Wird die abgezinste Abfindung jeweils mit dem entsprechenden Aktienkurs zwei Börsentage vor dem Ereignisdatum bzw. dem zuletzt gehandelten Kurs vor diesem Zeitpunkt verglichen, so zeigt sich, dass die Abfindung lediglich in 12 Fällen über dem Aktienkurs liegt, in einem Fall dem Aktienkurs gerade entspricht und in 33 Fällen mehr oder weniger deutlich unter dem Aktienkurs liegt. Bildet man einen ungewichteten arithmetischen Mittelwert, so übersteigt der Aktienkurs den Abfindungsbarwert bei diesen 33 Fällen um durchschnittlich 55,3%. Für die gesamte Stichprobe weicht der Aktienkurs vom Abfindungsbarwert im Durchschnitt um 37,14% nach oben ab."[1120] Das Ergebnis ist nicht viel anders, wenn man ein Vergleich des Abfindungsangebots mit einem zwei Jahre zurückliegenden Börsenkurs macht. In diesem Fall bleibt der ökonomi-

---

[1117] Demsetz (1986), S. 316.

[1118] Eine andere Erklärung könnte sein, dass die Großaktionäre mehr auf der Basis positiver Insiderinformationen handeln und daher der Anteil der Insider bei den Aktien der Unternehmen hoch ist, die erfolgreicher sind als andere Unternehmen. Demsetz (1986), S. 316

[1119] Zum Beispiel Böhmer (1999), S. 19. Ähnlich für die USA argumentieren Bebchuk/Kahan (1998), S. 4.

[1120] Wenger/Hecker/Knösel/Ahlers (2001), S. 26.

sche Wert der angebotenen Abfindung in 28 von 45 Fällen hinter dem zwei Jahre früher erzielbar gewesenen Börsenkurs zurück.

Da, wie gesehen, die angebotenen Abfindungen gering sind, beantragen die Minderheitsaktionäre im Regelfall das sog. Spruchstellenverfahren, da das zuständige Landgericht die vertraglich vorgesehene Abfindung lediglich nach oben korrigieren kann und die Gerichtskosten für den Antragsteller vernachlässigbar sind. Wer jedoch darauf hofft, das infolge des Spruchstellenverfahrens der Abstand zwischen der Abfindung und dem Börsenkurs beseitigt wird, wird jedoch enttäuscht. Nach Wenger/Hecker/Knösel/Ahlers (2001) ist das zumindest nicht der Fall: Die Abfindung liegt immer noch im Durchschnitt um 25% unter dem Börsenkurs. Wenger/Hecker/Knösel/Ahlers (2001) schließen daraus, dass die gerichtlich zugestandene Aufbesserung im Durchschnitt bei weitem nicht ausreichen, um mit dem relevanten Börsenkurs wenigstens gleichzuziehen. Wenger/Hecker/Knösel/Ahlers (2001) fanden ähnliche Ergebnisse wie bei Beherrschungs- und Gewinnabführungsverträgen auch bei Eingliederungen (§ 320 b AktG)[1121] und bei Verschmelzungen[1122].

Auf den ersten Blick scheinen diese Feststellungen unserigen bisherigen Ergebnissen zu widersprechen. Dieser Eindruck trügt jedoch: Es handelt sich bei diesen Fällen nicht um die Ausbeutung der Minderheit. *Erstens* setzt die Ausbeutung nach unserer Definition voraus, dass sie illegal ist. In diesen Fällen ist das jedoch anders. Was durch diese empirische Untersuchung belegt wird, ist nicht die Tatsache, dass eine Ausbeutung vorliegt, sondern dass die Minderheitenschutzregeln möglicherweise nicht effizient sind. Das räumen die Autoren selber ein: "Grundsätzlich zu überdenken sind die rechtlichen Rahmenbedingungen, unter denen sich der Minderheitsaktionär zu Bedingungen von seinen Eigentumsrechten abschneiden lassen muss, die ihm Großaktionär oder der Gesellschaft aufgezwungen werden."[1123] *Zweitens* ist es fraglich, ob die Ergebnisse dieser Untersuchung der gegenwärtigen Rechtswirklichkeit entsprechen. Denn die Rechtslage hat sich drastisch geändert. Gegenwärtig wird bei der Festsetzung der angemessenen Barabfindung durch die Rechtsprechung der Börsenkurs als ein Referenzkurs zugrunde gelegt, der - unter Ausschluss außergewöhnlicher Tagesausschläge oder kurzfristiger sich nicht verfestigender sprunghafter Entwicklungen - aus dem Mittel der Börsenkurse der letzten drei Monate vor dem Stichtag gebildet wird.[1124]

Nun kann man sich leicht vorstellen, wie die Befürworter des zwingenden Minderheitenschutzes argumentieren würden. Sie würden sagen, dass diese Untersuchung deutlich ma-

---

[1121] Wenger/Hecker/Knösel/Ahlers (2001) S. 32: "Insgesamt zeigt sich nämlich, dass im Zuge von Eingliederungen angebotenen Abfindungen um mehr als 20% niedriger liegen als die Börsenkurse der eingegliederten Gesellschaften."

[1122] Zu den Verschmelzungen: "Der Vermögensverlust beträgt bei knapp einem Fünfte der Verschmelzungen über 20%. In vier Fällen hat die Ankündigung und Durchführung der Verschmelzung für die betroffenen Aktionäre sogar eine Vermögensvernichtung von z. T. deutlich über 50% zur Folge. Wenger/Hecker/Knösel/Ahlers (2001), S. 36.

[1123] Wenger/Hecker/Knösel/Ahlers (2001), S. 41.

[1124] AG, Rechtsprechung, 8/2001, S. 417, BGH, Beschluss von 12.03.2001 (Festsetzung von Ausgleich und Abfindung unter Berücksichtigung des Börsenkurses: GG Art. 14, AktG §§ 304, 305 "DAT/Altana IV"

che, dass sich die Minderheit nicht vertraglich schützen könne. Wäre sie dazu imstande, hätte sie diese Verluste nicht erlitten. Dem kann man aber nicht zustimmen. Denn was versagte, war nicht die Gestaltungs- und Vertragsfreiheit, sondern der Gesetzgeber und die Gerichte. Wie wir an einer anderen Stelle dieser Arbeit dargelegt haben, setzt die Vertragsfreiheit die gut funktionierende Justiz voraus. Es ist durchaus möglich, dass den meisten Richtern das Instrumentarium der modernen Ökonomik einfach fremd ist und deswegen die Richter zu den richtigen Entscheidungen nicht in der Lage sind. Diese Fragestellung mag aber dahin stehen, weil es nicht der Gegenstand der vorliegenden Arbeit ist, zu untersuchen, ob die Richter im Bereich des Gesellschaftsrechts effizient entscheiden.

Im Ergebnis können wir also feststellen, dass die niedrigen Abfindungen für die Minderheitsaktionäre nicht die Ausbeutung der Minderheit in Deutschland belegen können.

4. Übernahmemarkt

Ein anderer Bereich, bei dem das Problem der Ausbeutung der Minderheit näher unter die Lupe genommen wurde, ist der Übernahmemarkt.[1125] Es gibt Stimmen, die behaupten, dass die Übernahmegewinne vor allem auf die Ausbeutung der Minderheit zurückzuführen sind. Sollten die Vertreter der Ausbeutungsthese recht haben, würde das bedeuten, dass die Minderheit nicht fähig ist, sich vor einer solchen Ausbeutung zu schützen. Dann ist es anzunehmen, dass die Ausbeutung auch in anderen Fällen als die Übernahmen vorkommen kann.

Kaum jemand, der mit dieser Erklärung konfrontiert wird, wird sie für völlig unplausibel halten. Der Grund ist, dass infolge einer Übernahme die Anteilseignerstruktur geändert wird: Eine Publikumsaktiengesellschaft "mutiert" zu einer Aktiengesellschaft mit einem Mehrheitsaktionär. Was hat das aber mit einer erhöhten Wahrscheinlichkeit der Ausbeutung? Die Antwort ist folgende: Bei den Ziel-Gesellschaften handelt sich meistens um die Publikumsaktiengesellschaften, bei denen das Problem der Ausbeutung nicht vorkommen kann, weil dort kein Mehrheitsaktionär vorhanden ist. Nach der Übernahme ändert sich das dramatisch. Denn eine erfolgreiche Übernahme setzt per definitionem voraus, dass der Käufer die Geschäftspolitik bestimmen kann. Deswegen kann man vermuten, dass die Wahrscheinlichkeit der Ausbeutung steigt. Denn warum soll der rational handelnde Mehrheitsaktionär auf einen möglichen Ausbeutungsgewinn verzichten, wenn die Ausbeutung für ihn nicht mit den erheblichen Kosten verbunden ist. Was sollte rational agierende "homines oeconomici" in dieser Situation eigentlich dazu veranlassen, nicht auszubeuten? So eine Zurückhaltung des Mehrheitsaktionärs würde unserer Prämisse, dass der Mensch wie ein "homo economicus" handelt, widersprechen. Auf der Grundlage des ökonomischen Verhaltensmodells würde man vermutlich eher prognostizieren, dass ein Mehrheitsaktionär so lange ausbeutet bis die Grenzkosten der Ausbeutung den Grenznutzen aus dieser Ausbeutung übersteigen.

[1125] Obwohl Coffee (1996), S. 401 schreibt: "There has been suprisingly little empirical work on the impact of a sale of a control block on minority shareholders."

Es gibt aber noch einen anderen Grund, warum der Übernahmemarkt ein denkbar gutes Untersuchungsfeld für die Ausbeutung darstellt. Denn soll die These nicht haltbar sein, dass die Minderheit nach einer erfolgten Übernahme ausgebeutet wird, dann kann man auch erwarten, dass die Ausbeutung in anderen Fällen selten vorkommen wird. Das ergibt sich daraus, dass bei der Übernahme die Ausbeutung sehr gut durch die Restrukturierungsmaßnahmen verschleiert werden kann. Ferner war es für die Minderheit viel schwieriger, sich vor der Ausbeutung infolge der Übernahme zu schützen, da die Übernahmen, zumindest noch in den 80 Jahren, ein neues Phänomen darstellten.

A. Empirie in den USA

Es erhebt sich also die Frage, ob die Bereicherung auf die Kosten der Minderheit infolge der Übernahmen ein häufiges Phänomen darstellt. Nach den amerikanischen empirischen Studien ist das nicht der Fall. Nach den Ergebnissen der empirischen Untersuchungen steht es fest, dass von den erfolgreichen Übernahmen auch die Konkurrenz des übernommenen Unternehmens profitiert. Das haben die empirischen Untersuchungen von Moon/Walkling (2000)[1126], Mitchell/Mulherin (1996)[1127], Eckbo (1985)[1128], Eckbo (1983)[1129] belegt. Die Aktienkursgewinne der Konkurrenz werden mit einer „acquisition probability hypothesis“ erklärt. Diese Hypothese besagt, das die Aktienkurse der Konkurrenz deswegen steigen, weil auch die Wahrscheinlichkeit steigt, dass die konkurrierenden Unternehmen selber übernommen werden. Dieser Hypothese ist eine große Überzeugungskraft beizumessen, weil die alternativen Hypothesen empirisch widerlegt wurden.[1130] Diese „acquisition probability hypothesis“ ist aber mit der Ausbeutungsthese nicht vereinbar. Denn die Ausbeutung stellt im günstigsten Fall nur die Umverteilung dar: Ein Teil des Gewinnes oder des Vermögens eines Unternehmens wird auf die kontrollierenden Aktionäre übertragen. Warum soll das ein Grund für die steigenden Aktienkurse sein? Eher das Gegenteil davon müsste eintreten. Anscheinend gehen die Aktionäre der konkurrierenden Aktiengesellschaften davon aus, dass die Ausbeutung nicht sehr wahrscheinlich ist.

Diese Schlussfolgerung wurde auch durch die empirischen Studien bestätigt, die das Problem der Ausbeutung der Minderheit nach einer erfolgten Übernahmen direkt zu messen versuchten. In diesem Zusammenhang sind vor allem die Studien von Bradley/Jarrell

---

[1126] Moon/Walking (2000), S. 170. Sie schreiben: „We identify 141 unregulated initial industry acquisition targets and 2459 associated rival firms over the period 1982 through 1991. Our results, based on both individual rival firms and portfolios of rival firms, indicate that rivals earn significantly positive abnormal returns and that the distribution of these returns exhibits considerable cross-sectional variation. Rivals of initial industry targets involved in non-horizontal, successful, and unsuccessful acquisitions also earn significantly positive abnormal returns.“

[1127] Mitchell/Mulherin (1996), S. 193 ff.

[1128] Eckbo (1985), S. 325 ff.

[1129] Eckbo (1983), S. 241 ff.

[1130] Es wurde behauptet, dass die Aktienkurssteigerung vor allem durch die den reduzierten Wettbewerbdruck zu erklären ist (sog. "collusion hypothesis"). Sie wurde aber empirisch widerlegt. Dazu: Stillman (1983), S. 225 ff.; Eckbo/Wier (1985), S. 119 ff; Eckbo (1992), S. 1005 ff.

(1980)[1131] und Wruck (1989)[1132] zu nennen. Für den US-amerikanischen Raum ergab die Studie von Wruck (1989) für 128 Platzierungen von privatem Eigenkapital, dass durch die Ankündigung des Kaufs der Aktien durch einen managementfremden Großaktionär die Kurse durchschnittlich um 4,6% gestiegen sind.[1133] Dieses Ergebnis ist ein Indiz dafür, dass die Minderheitsaktionäre keine Angst vor einem Großaktionär haben. Was wiederum die Schlussfolgerung zulässt, dass die Ausbeutung der Minderheit nicht sehr oft vorkommt.[1134]

Zu einem ähnlichen Ergebnis sind Bradley/Jarrell (1980) gekommen. Bradley/Jarrell (1980) untersuchten 161 Unternehmensakquisitionen und fanden dabei heraus, dass die Übernahmen *nicht zu einem Absinken des Börsenkurses unter das Niveau vor Bekanntmachung des Übernahmeangebotes führen.* Zwar fanden sie nach der Übernahme des Unternehmen die Kursverluste für die Aktionäre der übernommen Gesellschaft. Allerdings blieb der durchschnittliche Kurswert bei ihrer Stichprobe mit einer durchschnittlichen Kontrollprämie von 49%, einen Monat nach Vollzug des Kontrollwechsels noch 36% und zwei Monate später, am Ende des Untersuchungszeitraums, immerhin noch 20% über dem früheren Börsenkurs. Daraus kann geschlossen werden, dass auch die Minderheit infolge der Übernahmen mitverdient. Im Ergebnis stellten Bradley/Jarrell (1980) fest, dass die Ausbeutung der Minderheit, statistisch gesehen, sehr selten vorkommt.

B. Zwingende "appraisal rights"

Zwar kann man dagegen einwenden, dass die Ausbeutung deswegen nicht vorkommt, weil zwingende Vorschriften es verhindern. Denn in den meisten US- Bundesstaaten sind sog. "appraisal rights" zwingend vorgeschrieben.[1135] Sie geben den Minderheitsaktionären das Recht bei einer Fusion vom kontrollierenden Aktionär den Kauf ihrer Aktien zum "gerechten" Preis zu fordern. Dank dieser Vorschriften ist die Ausbeutung in der Tat erschwert, weil die Minderheit in den meisten Fällen die Möglichkeit hat, sich an das Gericht zu wenden. Da die Gerichte eher großzügig zugunsten der Minderheit verfahren und selten eine Abfindung unter dem Börsenkurs vor der Übernahme gewähren, kann man nicht eindeutig sagen, ob die Aus-

---

[1131] Bradley/Jarrell (1980), S. 371.

[1132] Wruck (1989), S. 14.

[1133] Zu einem ähnlichen Ergebnis sind Shome/Singh (1995), S. 3 gekommen. Sie schreiben: "We examine the market reaction to the announcement of acquisitions of large share parcels using event study methodology. We report significant positive abnormal returns associated with announcements of block acquisitions by external shareholders."

[1134] Zum Teil anders eine ältere Studie von Morck/Shleifer/Vishny (1988b). Sie untersuchten anhand der Beziehung zwischen dem Anteilsbesitz des Managements und der Profitabilität der Unternehmen, ob die Ausbeutung vorkommt. Das Ergebnis: Während die Profitabilität zunächst mit zunehmendem Aktienanteil des Managements steigt, nimmt sie ab einem gewissen Punkt (etwa 20%) wieder ab. Sie interpretieren diese Entwicklung damit, dass ab einer bestimmten Konzentrationsdichte die Manager die vollständige Kontrolle übernehmen und zur Ausbeutung der Minderheit übergehen.

[1135] So Reul (1991), S. 202: "Der Börsenkurs nach einer Kontrollakquisition reflektiert also primär die Chance und den erwarteten Wert eines Auskaufs der Minderheit. Die Kursentwicklung erlaubt daher weder eine zuverlässige Bestimmung der Effizienz des Managements noch des Grades der praktizierten oder erwarteten Ausbeutung."

beutung infolge der "appraisal rights" oder wegen des Selbstschutzes der Minderheit nicht vorkommt.

Es wäre jedoch falsch, diese Argumentation zur Kritik der oben angeführten Untersuchung zu verwenden. Denn die oben angeführte Untersuchung hatte die börsennotierte Aktiengesellschaft zum Gegenstand. Bei einer börsennotierten Aktiengesellschaft gelten aber die sog. "appraisal rights" in einer Reihe von Bundesstaaten nur mit einer ganz wesentlichen Einschränkung: Kann der Aktionär seine Beteiligung an der Börse zum Börsenkurs verkaufen, dann braucht er kein "appraisal right", denn er erhält eine angemessene Abfindung in Gestalt des Kurswertes.[1136] Deshalb versagt beispielsweise Delaware das "appraisal right", wenn der Aktionär zum Zeitpunkt, zu dem die Aktionäre von der Übernahme oder Fusion in Kenntnis gesetzt werden, entweder (1) an einer nationalen Börse zum Handel zugelassen sind, oder (2) nach den Unterlagen der Gesellschaft von mindestens 2000 Aktionären gehalten werden, was das Bestehen eines hinreichend großen "over-the-counter market" indiziert.[1137] Es liegt auf der Hand, warum bei so einer Regelung die "appraisal rights" das Sinken des Aktienkurses im Fall der Ausbeutung nicht verhindern können. Denn je größer die Ausbeutung ist, desto niedriger fällt der Aktienkurs.[1138] Im Übrigen muss berücksichtigt werden, dass die "appraisal rights" sehr einfach umgangen werden können. Romano (1989) führt die Abfindungsrechte als ein Paradebeispiel an, wie das auf den ersten Blick umgehungsfeste, zwingende Recht umgangen werden kann.[1139]

[1136] Dazu ausführlich Note (1976) und Coates (1998). In dieser Hinsicht Delaware ist keine Ausnahme. Es gibt etwa 20 Bundesstaaten, die eine ähnliche Regelung haben. Ähnlich Coffee (1996), S. 367: "As a starting point toward such an answer, this article begins with the normative principle that the shareholders should be entitled to their proportionate interest in the corporation, absent any discount for minority status. This principle has long been followed by Delaware and was recently adopted in New York appraisal proceedings. However, even in Delaware, the concept is only partially recognized because it is viewed as a valuation principle and not a basis for broader class-wide relief. Because appraisal proceedings are relatively uncommon, particularly in comparison to actions challenging the fairness of a merger, the rule against minority discounts is well-established, *but effectively of minimal significance*."

[1137] § 262(b)(1) Del.Gen.Corp.L. (1) Provided, however, that *no appraisal rights* under this section shall be available for the shares of any class or series of stock, which stock, or depository receipts in respect thereof, at the record date fixed to determine the stockholders entitled to receive notice of and to vote at the meeting of stockholders to act upon the agreement of merger or consolidation, were either (i) *listed on a national securities exchange* or designated as a national market system security on an interdealer quotation system by the National Association of Securities Dealers, Inc. or (ii) held of record by more than 2,000 holders; and further provided that no appraisal rights shall be available for any shares of stock of the constituent corporation surviving a merger if the merger did not require for its approval the vote of the stockholders of the surviving corporation as provided in subsection (f) of § 251 of this title.

[1138] Zum Beispiel Murdock (1989), S. 487 "The greater the misconduct by the majority, the less they need to pay for the minority's shares." Ähnlich Bebchuk/Kahan (1998), S. 4: "And courts presently look at the market price as an important ... factor in appraising minority shares. As we show below, however, there is a fundamental flaw in using market prices to measure the value of minority shares in a freeze-out. The very power of a controlling shareholder to freeze out the minority shares - and to set the freeze-out price equal to the pre-freezeout market price - will depress the pre-freezeout market price of the minority shares. As a result, the pre-freezeout market price of minority shares will be substantially below the expected "intrinsic" value of the minority shares absent a freeze-out."

[1139] Romano (1989), S. 1600: "Consider, for example, the ease with which the following provisions - ones that Gordon enumerates as illustrations of mandatory laws - can be circumvented: ... (vii) Shareholders have *appraisal rights* to obtain the fair value of their shares instead of the consideration provided in certain mergers.

Das Problem, ob die "appraisal rights" für die Abwesenheit der Ausbeutung der Minderheit nach einer erfolgten Übernahme verantwortlich sind, kann aber eine andere amerikanische, empirische Untersuchung zumindest zum Teil klären. Mahoney/Weinstein (1999) "present the first large-sample empirical study of the effect of access to appraisal on target shareholder gains from acquisitions. We examine 1350 mergers involving publicly held firms. In some of these merger dissenting shareholders could seek an appraisal and in others appraisal was not available. We find some evidence that appraisal offers dissenting shareholders hold-up power that reduces average shareholder gains in certain transactions. However, for the entire sample, *we find no evidence that appraisal has any effect, positive or negative, on target shareholder gains from takeovers.*"[1140] Also stellten Mahoney/Weinstein (1999) fest, dass die "appraisal rights" nicht nur keine positive Wirkung haben, sondern, im Gegenteil, manchmal sogar ein sogenanntes "hold-up" Problem verursachen. Zu einem ähnlichen Ergebnis sind Holderness/Sheehan (1988) gekommen. Im Gegenteil zu Bradley/Jarrell (1980) unterscheiden Holderness/Sheehan (1988)[1141] in ihrer Studie der Erwerb der Mehrheitsbeteiligung mit dem Abfindungsangebot für die Minderheit und ohne solches Abfindungsangebot.[1142] Zwar fanden sie heraus, dass die CAR-Werte beim Erwerb mit dem Abfindungsangebot statistisch besser abschneiden. Aber sie konnten nicht feststellen, dass in den Fällen ohne das Abfindungsangebot die Aktienkurse unter dem Niveau vor der Bekanntmachung der Übernahme fallen. Sie fanden bei ihrer Stichprobe von 31 Gesellschaften ein Kursgewinn von +12,8% für die 20 Tage vor und die 10 Tage nach Bekanntmachung der Transaktion heraus. In 10 Fällen war allerdings gleichzeitig mit de Bekanntmachung ein formelles Auskaufsangebot unterbreitet worden. Bei dieser Stichprobe betrug der Kursgewinn +19,8%, bei den übrigen Transaktionen +9,4% ("over the thirty day period") und + 5,5% ("on the announcement

---

The right is limited to the owner of record, as opposed to the beneficial owner, and subject to many technicalities for perfection. More important, the firm can avoid the exercise of appraisal rights by manipulating the structure of acquisitive transactions." Auch Coffee (1996), S. 367 ist sehr skeptisch. Er zitiert die Entscheidungen, in denen die Gerichte die sog. "minority discounts" ausdrücklich zugelassen haben. Dazu Coffee (1996), Fußnote 11: "some decisions continue to recognize minority discounts in appraisal proceedings. See Hernando Bank v. Huff, 609 F.Supp. 1124 (N.D.Miss.1985), aff'd, 796 F.2d 803 (5th Cir.1986); Perlman v. Permonite Mfg. Co., 568 F.Supp. 222 (N.D.Ind.1983), aff'd, 734 F.2d 1283 (7th Cir.1984); Atlantic States Constr., Inc. v. Beavers, 314 S.E.2d 245 (Ga.Ct.App.1984); Independence Tube Corp. v. Levine, 535 N.E.2d 927 (Ill.App.Ct.1989); Moore v. New Ammest, Inc., 630 P.2d 167 (Kan.Ct.App.1981). A few decisions have even accepted minority discounts in buyout cases. See McCauley v. Tom McCauley & Son, Inc., 724 P.2d 232 (N.M.Ct.App.1986)." Näher dazu: Woo (1995), S. 719; Murdock (1989), S. 425; Heglar (1989), S. 258.

[1140] Mahoney/Weinstein (1999), S. 1. Die Hervorhebung nicht im Original.

[1141] Holderness/ Sheehan (1988), S. 317.

[1142] Eine gute Zusammenfassung dieser Studie befindet sich bei Coffee (1996), S. 401: "In the best known study, Professors Holderness and Sheehan examined a sample of the 114 New York or American Stock Exchange listed companies in which an individual or entity owned between 50.1% and 95% of the outstanding common stock. From this sample, they were able to identify thirty-one companies that announced a sale of a majority block between 1978 and 1982. Measuring the cumulative abnormal returns to the common stock of these companies, they found that on average the minority shares in this sample earned statistically significant abnormal returns of (1) 7.3% over the period from the day before the announcement day through the end of the announcement day, and (2) 12.8% over the thirty-day period beginning twenty days before the announcement and extending until ten days after the announcement."

day"). Das ist ein Indiz dafür, dass die Ausbeutung auch ohne zwingende "appraisal rights" nicht so ein häufiges Phänomen darstellt.[1143]

Es ist zwar einzuräumen, dass die Angriffsfläche, die diese Argumentation für eine Kritik bietet, groß ist. Man kann sich vorstellen, wie ein Befürworter der zwingenden Regelung argumentieren würde. Er würde argumentieren, dass diese empirische Untersuchung gerade ein Beweis dafür ist, dass die Ausbeutung vorliege.[1144] Denn sei es nicht nachzuvollziehen, würde er argumentieren, warum der Aktienkurs nach der vollzogenen Übernahme im Vergleich zum "tender offer-Kurs" im Verlauf der Zeit sinkt. Kaum jemand, der mit dieser Argumentation konfrontiert wird, wird sie für völlig unplausibel halten. Überzeugen kann diese Argumentation deswegen nicht, weil die Ausbeutung nicht die einzige Erklärung für den Kursunterschied ist. Eine andere Erklärung ist, dass die Übernahmen für die Käufer ein Verlustgeschäft darstellen. Sie haben sich einfach verkalkuliert und zuviel für die Aktien gezahlt.[1145] Darauf deuten auch die empirischen Studien, die sich dieser Frage angenommen haben.[1146]

Es mag dahin stehen, wer mit seiner Argumentation recht hat: die Befürworter der Regulierung oder Deregulierung. Außerordentlich problematisch ist die Argumentation der Befürworter des zwingenden Rechts zumindest insoweit, als sie meinen, dass eine ungleiche Gewinnverteilung nach einer insgesamt gewinnbringenden Transaktion als eine Ausbeutung bezeichnet werden kann. Denn sehr oft gibt es ohne eine solche ungleiche Gewinnverteilung keine gewinnbringenden Transaktionen, und somit auch keine Aktienkurssteigerung für die Minderheit, obwohl sie geringer sein mögen als bei der Mehrheit.[1147] Deswegen stehen die Befürworter der Regulierung vor einem Dilemma: entweder eine ungleiche Gewinnverteilung mit einer Kurssteigerung oder eine gleiche Gewinnverteilung aber keine Kurssteigerung. Dass diese Argumentation keine intuitive Überzeugungskraft besitzt, wird hier nicht bestritten. Wenn man an ihr gleichwohl festhalten will, dann gibt es dafür einen konkreten Grund: Die Mehrheit muss die Kosten tragen, für die sie nicht in vollem Umfang entschädigt wird. Das heißt aber gleichzeitig, dass die Ausbeutung nicht immer negativ beurteilt werden sollte.

5. *Effizienzgewinne wegen der Ausbeutung*

Mit dem Schritt von einer Erörterung, wie groß das Problem der Ausbeutung der Minderheit ist, hin zu einer Diskussion, dass die Ausbeutung nicht nur mit Effizienzverlusten ver-

---

1143 Ähnlich Coffee (1996), S. 404: "In general, majority block purchases do seem to benefit minority shareholders, but there are also instances of negative market reactions as well."

1144 So zum Beispiel Reul (1991), S. 206: "Nach diesen Studien lässt sich kaum noch leugnen, dass Ausbeutung nach Kontrollakquisitionen in größeren Umfang stattfindet."

1145 Coffe (1996), S. 400 "Indeed, acquirers may overpay so systematically that in the view of some commentators the stock market has come to expect overpayment." Siehe auch Black (1989), S. 597 ff.

1146 Siehe Kapitel 3, II, 3, C.

1147 Hermalin/Schwarz (1996), S. 355: "... investment will be suboptimal unless the appraisal price is set to allow the majority to capture, on the margin, the value that its investment yields." Siehe auch Scharz (1986), S. 229.

bunden ist, öffnet sich ein weites Feld. Eine Untersuchung der Frage, wie groß das Problem der Ausbeutung ist, erscheint jedoch wenig sinnvoll, wenn nicht zumindest eine vage Vorstellung davon vermittelt wird, dass die Ausbeutung nicht nur mit Effizienzverlusten verbunden ist. Es gibt vor allem drei Gründe, warum die Ausbeutung der Minderheit nicht nur negativ beurteilt werden kann. (1) *Erstens* schafft die Möglichkeit der Ausbeutung auch die Anreize für den Mehrheitsaktionär die Geschäftsführung zu überwachen. (2) *Zweitens* stellt die Ausbeutung eine Art Risikozuschlag für die fehlende Diversifikation dar. (3) *Drittens* erleichtert die Ausbeutung die Durchführung effizienzsteigernder Transaktionen.

A. Überwindung des Trittbrettfahrerproblems

Es lässt sich kaum bestreiten, dass die Ausbeutung der Minderheit der Überwindung des Trittbrettfahrerproblems bei der Überwachung des Managements dienlich ist. Der Ausgangspunkt dieser Überlegung ist der Umstand, dass die Existenz des Mehrheitsaktionärs die Höhe der Agency-Kosten reduziert, weil die Folgen der Trennung von Eigentum und Kontrolle durch die Existenz des Mehrheitsaktionärs zumindest zum Teil entschärft werden. Dadurch wird das Problem der Überwachung der Geschäftsführung erheblich reduziert. Eine Nebenfolge der Kontrolle durch den Mehrheitsaktionär ist die Entstehung des Trittbrettfahrerproblems. Das ergibt sich daraus, dass die Überwachung des Managements allen Aktionären zugute kommt, aber die Kosten der Kontrolle allein der Mehrheitsaktionär tragen muss. Zwar könnte man überlegen, dass der Mehrheitsaktionär explizit eine Vergütung für die Überwachung erhält. Das Problem besteht aber darin, dass sich die Kosten der Überwachung sehr schwer messen lassen und die ungleiche Gewinnverteilung zur Erhöhung von „cost of collective decision making„ beitragen würde.[1148]

Sehr oft hat auch die Minderheit kein Interesse sich an den Kosten zu beteiligen, weil sie weiß, dass diese Kosten sowieso durch den Großaktionär getragen werden. Selbstverständlich ist diese Argumentation nicht neu. Sie sei jedoch an dieser Stelle gleichwohl wiederholt, weil sie sehr oft nicht ausreichend in der juristischen Literatur berücksichtigt wird. So hat schon Olson (1992) - der Vater des Collective-Action-Problems - festgestellt: „Die Suboptimalität oder Ineffizienz wird in Gruppen, die aus Mitgliedern sehr verschiedener Größe oder mit sehr unterschiedlichen Interessen am Kollektivgut zusammengesetzt sind, weniger gravierend sein. In solchen ungleichen Gruppen besteht andererseits eine Tendenz zu einer willkürlichen Aufteilung der Lasten der Bereitstellung des Kollektivgutes. Das größte Mitglied, das Mitglied, welches von sich aus die größte Menge des Kollektivgutes bereitstellen würde, trägt einen unverhältnismäßig großen Teil der Lasten der Bereitstellung des Kollektivgutes. Das kleinere Mitglied erhält definitionsgemäß einen kleineren Teil des Nutzens jeder bereitgestellten Menge des Kollektivgutes als ein größeres Mitglied und hat deshalb einen geringeren An-

[1148] Dazu Hansmann (1996), S. 40: "The costs of collective decision making are the additional costs that result form heterogeneity of interests among the owners."

reiz, zusätzliche Mengen des Kollektivgutes bereitzustellen. Sobald ein kleineres Mitglied die Menge des Kollektivgutes hat, die es kostenlos vom größten Mitglied erhält, hat es mehr, als er von sich aus erworben hätte, und hat keine Veranlassung mehr, irgend etwas von dem Kollektivgut auf eigene Kosten zu kaufen. In kleinen Gruppen mit gemeinsamen Interessen besteht folglich *eine überraschende Tendenz zur Ausbeutung der Großen durch die Kleinen.*"[1149]

Das kann durch ein einfaches *Beispiel* veranschaulicht werden. Nehmen wir an, dass 100 Aktien einer Gesellschaft zwischen 8 Aktionären aufgeteilt sind. Ein Großaktionär besitzt ein Aktienpaket von 30 Aktien und die sieben Minderheitsaktionäre besitzen Aktienpakete von jeweils 10 Aktien. Der Wert aller Aktien beträgt 100 Euro. Ferner wird angenommen, dass ein zusätzliches, internes Überwachungsgremium eine Wertsteigerung aller Aktien auf 120 Euro bewirkt kann. Das zusätzliche Überwachungsgremium ist aber nicht umsonst zu bekommen. Die Kosten des Gremiums werden mit 5 Euro geschätzt. Es ist anzunehmen, dass sich die Minderheitsaktionäre bei so einer Konstellation nicht an den Kosten beteiligen werden. Zwar kann ein Minderheitsaktionär, wenn er 0,50 Euro investiert, eine Wertsteigerung seiner Aktie um 2 Euro bewirken. Diese Kalkulation wird ihm aber nicht dazu bewegen, dass er sich an den Kosten beteiligen wird. Denn er weiß, dass der Großaktionär auch ohne die Kostenbeteiligung durch die Minderheitsaktionäre ein zusätzliches Überwachungsgremium berufen wird. Denn solange der auf dem Mehrheitsaktionär entfallende Gewinn größer ist, als die von ihm zu tragende Kosten, wird er diese Kosten aufbringen. Das ist in unserem Beispiel der Fall (das Gewinn beträgt 6 Euro und die Kosten nur 5 Euro). Der Großaktionär hat auch in diesem Beispiel keine Möglichkeit die Minderheitsaktionäre zu überstimmen, weil er nur 30% der Stimmen besitzt. Würde der Gewinn infolge der Berufung des neuen Überwachungsgremiums nur 15 Euro betragen, ist es anzunehmen, dass der Großaktionär von der Investition absehen würde.

Ergebnis: Die Möglichkeit der Ausbeutung schafft also auch Anreize für den Mehrheitsaktionär, die Geschäftsführung zu überwachen.[1150]

B. Risikozuschlag für die fehlende Diversifikation

Der Mehrheitsaktionär trägt aber nicht nur die Kosten der Überwachung. Ein anderer Aspekt der Ausübung der Kontrolle durch den Mehrheitsaktionär wird in der Literatur vernachlässigt. Die Genialität der Aktiengesellschaft liegt darin, dass sie für die Anleger eine billige Möglichkeit der Diversifikation ermöglicht. Nach der herrschenden Meinung ist gerade die Möglichkeit der Streuung des Risikos auf eine Vielzahl diversifizierter Kleinaktionäre für den Erfolg der Aktiengesellschaft ausschlaggebend.[1151] Beim Großaktionär ist aber die Diver-

---

[1149] Olson (1992), S. 33-34. Die Hervorhebung im Original.

[1150] Ähnlich Bratton/McCahery (1999), S. 272: "Private benefits are the key. The models show that absent private benefits and the incentives they import toward block formation, we can never be sure of the appearance of blocks when monitoring is needed. Moreover, absent private benefits, such blocks will be unstable and will tend to be suboptimally large."

[1151] Demsetz (1986), S. 313; Demsetz/Lehn (1985), S. 1155.

sifizierung erschwert. Sein Risiko steigt mit der Größe des Aktienpaketes. Denn es ist anzunehmen, dass die Investoren, die einen großen Anteil an einer Unternehmung halten, sich nicht in ähnlichem Umfang auch in anderen Unternehmen engagieren können. Die Konzentration auf eine oder wenige Aktiengesellschaften erbringt zwar einen Spezialisierungsvorteil bezüglich der Kontrolle des Managements, aber einen Nachteil der fehlenden Diversifikation. Sie tragen das volle unternehmensspezifische Risiko, während die Kleinaktionäre ein Portfolio bilden und damit den Diversifikationsvorteil voll nutzen können.

Da das höhere Risiko normalerweise durch die Kapitalmärkte belohnt wird, könnte man sich auf den Standpunkt stellen, dass die Ausbeutung eine Art Risikozuschlag darstellt. Solange also das Ausmaß der Ausbeutung kleiner ist als die Effizienzsteigerung durch die intensivere Überwachung, stellt die Ausbeutung nicht ein allzu großes Problem dar.

C. Durchführung der effizienzsteigernden Transaktionen

Drittens kann die Ausbeutung zur Erleichterung effizienzsteigernder Transaktionen führen. So kann zum Beispiel die Möglichkeit der Ausbeutung nach der Übernahme eines Unternehmens den Übernahmevorgang erleichtern.[1152] Wüssten die Minderheitsaktionäre, dass sie als Trittbrettfahrer an der Effizienzsteigerung infolge des Austausches des Managements ohne das Risiko der Ausbeutung teilnehmen können, würden sie ihre Aktienanteile nicht verkaufen, da die Höhe des Übernahmeangebotes des Käufers unter dem zukünftigen Aktienkurs liegen muss. Andernfalls würde der Übernehmer das Unternehmen nicht kaufen wollen. Das würde aber das Zustandekommen der Übernahme unmöglich machen. Die Möglichkeit der Ausbeutung beseitigt dieses Problem. Da sich die Kleinaktionäre nicht untereinander absprechen können, verkaufen sie die Aktien auch dann wenn sie den Preis nicht für hinreichend attraktiv halten. Angenommen, dass der Aktionär A einen Preis von 50 Euro für angemessen hält. Der Käufer bietet nur 40 Euro. Der aktuelle Aktienkurs beträgt nur 35 Euro. Der Aktionär A wird trotzdem die Aktien verkaufen, wenn er davon ausgeht, dass die anderen Aktionären das Angebot annehmen. Ohne die Aussicht auf die Ausbeutung hätte er das nicht getan. Die Ausbeutung nach der Übernahme kann auch als eine Form der Beteiligung der Minderheit an den Transaktionskosten, die der Übernahme-vorgang verursacht hat. Ökonomisch betrachtet, profitieren vom Austausch des ineffizienten Management nicht nur der Käufer, sondern auch die Altaktionäre. Dass die Minderheitsaktionäre oft auch an solchen Transaktionen interessiert sind, liegt auf der Hand. Man könnte zur Veranschaulichung ein *Beispiel* bilden. Angenommen, dass der Gewinn vor der Übernahme 1000 Euro betrug. Dieser Gewinn wurde auch gleich verteilt. Eine Ausbeutung fand nicht statt. Nach der Übernahme tauscht der Käufer das Management aus und erzielt dadurch einen Gewinn in Höhe 1500 Euro. Der höhere Gewinn ist aber mit einer ungleichen Verteilung des Profits verbunden. Soweit der Käufer

[1152] Grossman/Hart (1980), S. 333.

nicht mehr als 500 Euro in seine eigene Tasche steckt, gewinnen an dieser mit der Ausbeutung verknüpften Übernahme auch die Minderheitsaktionäre.

Aus diesem Grunde kann man feststellen, dass die Ausbeutung manchmal zur Erleichterung effizienzsteigernder Transaktionen führt.

6. Zusammenfassung

Ziehen wir Bilanz bezüglich der Frage, wie groß das Phänomen der Ausbeutung bei der börsennotierten Aktiengesellschaft in Deutschland ist. Der hier gegebene Versuch, die Ausbeutung der Minderheit durch die Untersuchung der Unterschiede zwischen den Vorzugsaktionären und Stammaktionären, durch die Untersuchung des Übernahmemarktes sowie des Insiderhandels auf eine empirische Grundlage zu stellen, war zwangsläufig kursorisch. Dieser Versuch konnte auch nicht annähernd alle Schwierigkeiten, die mit der Quantifizierung der Ausbeutung verbunden sind, lösen. Aber er vermittelt zumindest eine vage Vorstellung davon, worum es geht. Immerhin dürfte zweierlei deutlich geworden sein. Erstens ist das Problem der Ausbeutung nicht als groß einzustufen. Zweitens ist es nicht anzunehmen, dass für die Abwesenheit der Ausbeutung das zwingende Recht verantwortlich ist.

IV. Kosten-Nutzen-Verhältnis des zwingenden Anlegerschutzes

Der deutsche Gesetzgeber geht davon aus, dass die Minderheit durch zwingendes Recht geschützt werden muss. Es gibt eine Reihe von Vorschriften im Aktiengesetz, die der Ausbeutung der Minderheit durch die Mehrheit vorbeugen sollen. Nach § 53a AktG sind die Aktionäre unter gleichen Voraussetzungen gleich zu behandeln. Es ist aber hervorzuheben, dass diese Vorschrift keine Gleichmacherei verlangt. Die Ungleichbehandlung ist zulässig, wenn sie sachlich gerechtfertigt, also nicht willkürlich ist. Die Adressaten des Gleichheitsgebotes in § 53a AktG sind nur die Unternehmungsleitung und die Hauptversammlung.[1153] Eine andere zwingende Vorschrift, die dem Minderheitsschutz dient, ist § 243 II AktG. Aus § 243 II AktG ergibt sich, dass ein Aktionär rechtswidrig handelt, wenn er bei der Ausübung des Stimmrechts für sich oder einen Dritten Sondervorteile zum Schaden der Gesellschaft oder der anderen Aktionäre zu erlangen sucht. Die aus dieser Vorschrift abgeleitete Treuebindung spielt dort eine Rolle, wo die Aktionäre Ermessensentscheidungen fällen. Das ist vor allem bei der Beschlussfassung der Fall. Nach § 243 II AktG kann ein Hauptversammlungsbeschluss angefochten werden, wenn ein Aktionär mit der Ausübung des Stimmrechts für sich oder einen Dritten Sondervorteile zu erlangen sucht und der Beschluss geeignet ist, diesem Zweck zu dienen, es sei denn, der Beschluss gibt den anderen Aktionären einen angemessenen Ausgleich. Ein Sondervorteil liegt vor, wenn er nicht allen zufließt, die sich in einer gleichartigen Situation befinden. Die Treuepflicht trifft an erster Stelle den Mehrheitsaktionär.

[1153] K. Schmidt (1997), S. 807.

Zur Beschreibung der Treuepflicht wird sehr oft eine Formel angeführt, wonach das Maß der Verantwortlichkeit dem Maß des Einflusses entsprechen muss.

Eine große Rolle, um einen wirksamen Schutz der Minderheit zu erreichen, spielen auch die Schädigungsverbote des § 117 AktG. Nach § 117 AktG kann die Gesellschaft Schadensersatz von demjenigen verlangen, der vorsätzlich unter Benutzung seines Einflusses auf die Gesellschaft, ein Mitglied des Vorstands oder des Aufsichtsrates, einen Prokuristen oder einen Handlungsbevollmächtigten dazu bestimmt, zum Schaden der Gesellschaft oder ihrer Aktionäre zu handeln. Diese Schädigungsverbote sind zwar nicht auf die Aktionäre beschränkt, sollen aber im praktischen Rechtsleben vor allem das Handeln der Mehrheitsaktionäre einschränken.

Eine Reihe von Vorschriften zum Schutz der Minderheit existiert auch im Konzernrecht. Nach § 309 AktG müssen bei Bestehen eines Beherrschungsvertrages die gesetzlichen Vertreter des herrschenden Unternehmens die Sorgfalt eines ordentlichen und gewissenhaften Geschäftsleiters anwenden und haften für Pflichtverletzungen. Die Vorschrift gilt nach § 323 AktG sinngemäß auch für die Ausübung der Leitungsmacht gegenüber einer eingegliederten Gesellschaft. Im sog. faktischen Konzern, also bei Fehlen eines Beherrschungsvertrages, ist ein herrschendes Unternehmen nach § 317 AktG zum Schadensersatz verpflichtet, wenn es die abhängige AG ohne Nachteilsausgleich veranlasst, ein für sie nachteiliges Rechtsgeschäft vorzunehmen oder zu ihren Nachteil eine Maßnahme zu treffen oder zu unterlassen.

All diese oben angeführten Vorschriften sind zwingend und können somit durch die Satzung nicht abgeändert werden. Durch sie wird die Vertragsfreiheit in erheblichem Maße eingeschränkt. Nachdem wir die Regelungsdichte des zwingenden Anlegerschutzes kursorisch dargestellt haben, können wir uns der Hauptfrage dieses Kapitels zuwenden: Wie groß ist der Nutzen des zwingenden Anlegerschutzes und wie hoch sind die Kosten, die durch den zwingenden Anlegerschutz verursacht werden? Das Kosten-Nutzen-Verhältnis des zwingenden Anlegerschutzes soll exemplarisch am Gleichbehandlungsgebot, an zwingenden Abstimmungsquoren und an zwingenden Standards dargestellt werden. Die Aus-einandersetzung mit diesen Bereichen des zwingenden Rechts wurde durch mich nicht zufällig gewählt. Denn diese drei zwingend vorgeschriebenen Rechtsinstitutionen sind am besten geeignet, das Problem der Ausbeutung und das Problem der adversen Selektion beseitigen zu können. Das Gleichbehandlungsgebot soll verhindern, dass die Minderheit ausgebeutet wird. Zwingende Standards gewährleisten, dass Aktien mit niedriger Qualität nicht zum Kauf angeboten werden. Zwingende Abstimmungsquoren verleihen wiederum der Minderheit mehr Macht bei Abstimmungen.

A. Rechtslage

Auf den ersten Blick scheint es so zu sein, als ob die Gleichbehandlung der Aktionäre im deutschen Recht kein allzu großes Problem darstellen würde. Zwar das Gleichbehandlungsgebot ist als zwingendes Recht ausgestaltet.[1154] Die Satzung kann den Gleichbehandlungsgrundsatz als solchen nicht abschaffen. Da dieser Grundsatz auf Art. 42 der EG- Kapitalschutzrichtlinie beruht, kann es sogar nicht durch den deutschen Gesetzgeber abgeändert werden. Aber es ist anerkannt, dass der Maßstab der Gleichbehandlung durch die Satzung näher bestimmt werden kann. Damit unterliegt nicht das Gleichbehandlungsgebot als solches, wohl aber der Gleichbehandlungsmaßstab dem Vorrang der Privatautonomie. Der einzelne Aktionär kann sich jedoch der Gesellschaft gegenüber damit einverstanden erklären, dass ihm gegenüber vom Gleichbehandlungsgebot abgewichen wird. Ein Verstoß gegen das Gleichbehandlungsgebot des § 53a AktG liegt vor, wenn (1) Aktionäre ungleich behandelt werden und (2) die in der ungleichen Behandlung liegende Differenzierung nicht durch die tatsächlichen oder rechtlichen Verhältnisse gerechtfertigt ist. Das Vorliegen der ungleichen Behandlung hat der Aktionär, die Rechtfertigung der Differenzierung die Gesellschaft zu beweisen.

Darüber hinaus gibt es im deutschen Aktienrecht Vorschriften, die den Gleichbehandlungsgrundsatz zum Papiertiger zu machen scheinen. Gemeint ist § 243 II AktG und hier insbesondere die Ausgleichsklausel des § 243 II S. 2 AktG. Nach deren Wortlaut gibt die Verfolgung von Sondervorteilen dann keinen Anfechtungsgrund ab, wenn der Beschluss den anderen Aktionären einen angemessenen Ausgleich für ihren Schaden gewährt. Die Mitverwaltung durch die Anfechtung ist der Minderheit somit verwehrt. Das Problem dieser Vorschrift liegt aber nur darin, dass ihr keine praktische Bedeutung zukommt. Nach der herrschenden Meinung und höchstrichterlichen Rechtsprechung stellt § 243 II S. 2 AktG eine unberechtigte Privilegierung der Mehrheitsherrschaft dar. Die Rechtsprechung schützt die Minderheit vor nachteiligen Eingriffen durch Hauptversammlungsbeschluss, indem der Beschluss einer Einwirkungskontrolle unterzogen wird, die ihre Grundlage in der mitgliedschaftlichen Treuepflicht der Aktionäre in ihrem Verhältnis zueinander findet. Die Folge davon ist, dass § 243 II S. 1 AktG und die daran anknüpfende Ausgleichklausel ins Leere geht.[1155] Und zwar nicht nur dann, wenn die Gesellschaft die Geschädigte ist, sondern auch bei Sondervorteilen, die für die Gesellschaft neutral oder gar nützlich sind.[1156] Die herrschende Meinung lehnt auch die Erstreckung der Ausgleichklausel auf § 243 II S. 1 ab, obwohl diese Vorschrift die Funktion des § 243 II S. 2 übernommen hat, indem sie die Treupflichtverletzung und die unzulässige Ungleichbehandlung als Gesetzesverstöße einschließt. Im Ergebnis bleibt es dabei, dass sich die Mehrheit nicht vom Gebot der Gleichbehandlung durch Ausgleichzahlung freikaufen kann.

[1154] Wieser/Münchner Handbuch des Gesellschaftsrechts (1999), S. 149.
[1155] Hüffer (1999), S. 129.
[1156] Hüffer (1999), S. 130.

B. Argumentation von Easterbrook/Fischel (1991)

Nach dieser rechtlichen Erörterung können wir uns der Frage widmen, ob die Gleichbehandlung der Aktionäre wirklich mit erheblichen Effizienzverlusten verbunden ist. Die These, dass die Gleichbehandlung der Aktionäre zu Effizienzverlusten führt, ist nicht neu. Sie wurde von Ökonomen entwickelt und dann von Juristen aufgegriffen und argumentativ verfeinert.[1157] Vor allem Easterbrook/Fischel (1991) setzten sich für die Einschränkung der Gleichbehandlung der Aktionäre ein. Easterbrook/Fischel (1991) argumentieren, dass die Ungleichbehandlung nicht nur Effizienzgewinne verursacht, sondern sogar im Interesse der Minderheit ist.[1158] Ein tragendes Argument von Easterbrook/Fischel (1991) ist, dass die Minderheit der Ungleichbehandlung *ex ante* also im Zeitpunkt des Vertragsschlusses zustimmen würde. Da das zwingende Recht die Satzungen mit einem solchen Inhalt verbietet oder zumindest erheblich einschränkt, ist dieses Recht ineffizient. Es werden Transaktionen verhindert, von denen sowohl Mehrheit wie auch Minderheit profitieren würde. Die Argumentation von Easterbrook/Fischel (1991) verläuft in drei Schritten.

Im ersten Schritt zeigen sie, dass bestimmte Transaktionen sehr häufig mit der Erzielung erheblicher Gewinne verbunden sind. Easterbrook/Fischel (1991) führen hierzu als Beispiele die Übernahmen und sog. „squeeze-outs“ an. Nach ihrer Meinung dienen die Übernahmen der effizienten Allokation von Ressourcen. Sie tragen dazu bei, dass der zum Verteilen bestimmte Gewinn größer wird. Davon profitieren alle Aktionäre (nicht nur die Aktionäre der übernehmenden und der übernommenen Gesellschaft), da der Börsenkurs aller Gesellschaften dank des gut funktionierenden Übernahmemarktes steigen wird. Der Grund dafür ist, dass die Geschäftsführung dank des Übernahmemarktes besser diszipliniert wird. Ferner steigt die Wahrscheinlichkeit, dass auch andere Gesellschaften übernommen werden. Dass die Übernahmen in der Tat mit erheblichen Gewinnen verbunden sind, wurde an einer anderen Stelle dieser Arbeit ausführlich dargestellt.[1159] Eine andere gewinnbringende Transaktion, die als Beispiel durch Easterbrook/Fischel (1991) angeführt wird, ist der sog. „squeeze-out“. Insbesondere dann, wenn nur wenige Minderheitsaktionäre an der Aktiengesellschaft beteiligt sind, kann der zwangsweise Ausschluss zu höherem Gewinn der Gesellschaft führen. Die Beteiligung der geringen Minderheit ist immer mit einem erheblichen Kostenaufwand verbunden. Durch den Ausschluss der Minderheit können die Kosten der Abhaltung von Hauptversammlungen und der Erteilung von Informationen gemindert werden. Die möglichen Anfechtungsprozesse werden vermieden. Als Beispiel kann Ad-hoc-Publizität genannt werden. Da die Kosten, die mit der Existenz der Minderheit verbunden sind, meistens sog. fixe Kosten darstellen, ist die Notwendigkeit des zwangsweisen Ausschusses um so dringlicher, je kleiner

---

[1157] Die Zusammenfassung der Literatur zu diesem Problem gibt Elhauge (1992), S. 1490. Dazu auch: Bebchuk (1994), S. 960 und Coffee (1996), S. 398: "A more serious criticism that can be leveled at the SEC's implicit equal opportunity norm is that it may discourage some efficiency-enhancing transactions."

[1158] Easterbrook/Fischel (1991), S. 113-143.

[1159] Kapitel III, 3, C.

die Zahl der Minderheitsaktionäre ist. Das Interesse der Minderheit kann mit den anderen Schutzmechanismen genauso gut wie durch die Gleichbehandlung befriedigt werden. Der typische Minderheitsaktionär ist normalerweise nicht an der fortdauernden Mitgliedschaft interessiert, sondern an einer möglichst hohen Rendite. Für ihn handelt es sich beim Aktienkauf um eine Geldanlage, die durch eine andere Kapitalanlage ersetzt werden kann. Dieses Interesse kann also genauso gut durch die Abfindung erreicht werden.

In einem zweiten Schritt argumentieren sie, dass die Höhe des erzielbaren Gewinns durch die ungleiche Behandlung der Aktionäre bedingt ist. Ohne Ungleichbehandlung gibt es auch keinen Gewinn, der verteilt werden könnte. Die Ungleichbehandlung ist die Voraussetzung, dass der Gewinn überhaupt erzielt werden kann. Das ergibt sich daraus, dass eine Gleichbehandlung von Aktionären die Zahl profitabler Transaktionen reduzieren würde. Wenn wir uns noch einmal das Beispiel von den Unternehmensübernahmen in Erinnerung rufen, ergibt sich folgendes Bild. Ist der Mehrheitsaktionär verpflichtet, beim Verkauf seiner Aktien die erzielte Prämie mit den Minderheitsaktionären zu teilen, so wird die Zahl der Übernahmen sinken, weil infolge des niedrigeren Preises weniger Kontrolltransaktionen stattfinden werden. Je geringer die Prämie ist, desto kleiner wird die Bereitschaft des Mehrheitsaktionärs sein, die Aktien zu verkaufen. Das Gleiche gilt für den Übernehmer. Ist der Übernehmer rechtlich verpflichtet, auch die Aktien der Minderheitsaktionäre zum Übernahmepreis zu kaufen, wird die Übernahme der Gesellschaft teurer. Die Verteuerung wird sich auch in diesem Fall auf die Nachfrageseite des Übernahmemarktes auswirken. In beiden Fällen verliert nicht nur die Mehrheit, sondern auch die Minderheit. Da weniger Übernahmen durchgeführt werden, wird die Mehrheit seltener eine Gelegenheit haben, die Übernahmeprämie einzustreichen. Auch der Minderheit entgeht die Gewinnmöglichkeit, da sie nicht von den steigenden Aktienkursen profitieren kann, die dank der besseren Geschäftsführung infolge der Übernahmen normalerweise ausgelöst werden.

Im dritten Schritt behaupten Easterbrook/Fischel (1991), dass die Aktionäre der Ungleichbehandlung *ex ante* zustimmen würden, weil ihr Erwartungserlös (*expected value*) infolge einer solchen Vereinbarung am höchsten ist. Dafür sprechen folgende Gründe. *Erstens* wird der Aktienkurs *ex ante* dann am höchsten, wenn die Wahrscheinlichkeit von gewinnbringenden Transaktionen am höchsten ist. *Zweitens* ist es wenig wahrscheinlich, dass die Minderheit schlechter stehen wird als vor der gewinnbringenden Transaktion. Wenn jeder Aktionär mit der gleichen Wahrscheinlichkeit zu den Gewinnern bzw. zu den Verlierern gehört, dann wird auch der Verlierer gewinnen, weil er *ex ante* kompensiert wird. Das kann auch durch ein kleines *Beispiel* veranschaulicht werden. Wer mit einer Wahrscheinlichkeit von jeweils 50% entweder 2000 Euro gewinnt oder 1000 Euro verliert, für den hat diese Transaktion einen positiven Erwartungswert von 500 Euro. Mit diesem positiven Erwartungswert wird er *ex ante* kompensiert, wenn er *ex post* 2000 Euro verlieren sollte. *Drittens* kann man annehmen, dass die Aktionäre nicht risikoscheu sind und somit die Strategie mit dem höchsten Erwartungserlös verfolgen wollen. Selbst wenn das nicht der Fall wäre, ist es für risikoscheue

Aktionäre billiger, sich durch eine Diversifizierung ihres Portfolios abzusichern, als durch ein Pochen auf die Gleichbehandlung. Die Diversifizierung ermöglicht den risikoscheuen Anlegern, dass sie auf billige Weise am Gewinn von den Übernahmen partizipieren können. Wenn die Aktiengesellschaft 1 von der Aktiengesellschaft 2 die Aktien der Aktiengesellschaft 3 kauft, könnte ein Anleger, vorausgesetzt er ist gut diversifiziert, auch dann am Gewinn teilnehmen, wenn es keine Pflicht zur Gleichbehandlung der Aktionäre gäbe.

Da diese Argumentation auf den ersten Blick keine intuitive Überzeugungskraft besitzt und mit dem juristischen Gefühl nicht leicht in Übereinstimmung gebracht werden kann, erscheint es angebracht, diese Schritte näher in Augenschein zu nehmen.[1160] Easterbrook/Fischel (1991) veranschaulichen diese drei Schritte durch folgende Beispiele. Eine Gesellschaft hat die Möglichkeit zwischen 2 Projekten zu wählen. Beim Projekt 1 kann ein Gewinn in Höhe von 1000 Euro erzielt werden und dieser Betrag wird zwischen den Aktionären gleich verteilt. Also, wenn die Aktiengesellschaft aus 10 Aktionären besteht, beträgt der Erwartungserlös für jeden Aktionär 100 Euro. Beim Projekt 2 kann ein Gewinn in Höhe von 1500 Euro erreicht werden, aber nur unter der Voraussetzung, dass 5 Aktionäre 200 Euro bekommen und die anderen 5 nur 100 Euro. Beim diesem Projekt beträgt für jeden Aktionär der Erwartungserlös in Höhe 150 Euro, wenn man annimmt, dass 50% Wahrscheinlichkeit besteht, zur Gewinnergruppe gewählt zu werden. Unter diesen Umständen kann man davon ausgehen, dass sogar die Minderheit *ex ante* Projekt 2 bevorzugen würde, obwohl sie *ex post* schlechter als die Mehrheit behandelt wird An diesem Beispiel können wir sehen, dass viele Fälle der Ungleichbehandlung durchaus berechtigt und sogar aus ökonomischen Gründen zu empfehlen sind. Das bedeutet, dass die Gleichbehandlung nicht immer sachgemäß ist. Es kommt darauf an, ob die Aktionäre die Gleichbehandlung vor Erzielung des Gewinnes zum Zweck der Gewinnmaximierung vereinbaren würden.

C. Kritik

Es gibt drei Gesichtspunkte, die eine solche Vereinbarung zwischen den Aktionären zweifelhaft erscheinen lassen könnten: (1) *Erstens* basiert die Argumentation von Easterbrook/Fischel (1991) auf der Annahme, dass die Aktionäre risikoneutral sind, weil den Anlegern eine billige Möglichkeit der Diversifizierung zur Verfügung steht. Diese Annahme wird kritisiert, weil sie nicht „realistisch" sei.[1161] In der Wirklichkeit seien die Anleger

---

[1160] Gegen diese Argumentation Brudney (1983), S. 1082: "But there is reason to believe (a) that the realization of those gains does not, except perhaps to a marginal extent, require a rule of disparate treatment; (b) that those gains are outweigted by the costs of even so limited a version of a rule of unequal treatment, and (c) that considerations of fairness argue sufficiently powerfully for a rule of equal treatment to overcome the uncertain, if any, excess of gain over cost from the contrary rule."

[1161] Dazu Reul (1991), S. 211; Mülbert (1996), S. 132: „Außerdem zeigt bereits ein beiläufiger Blick auf die Kapitalrealität, dass weder alle Anleger ein optimal diversifiziertes Portefeuille halten noch gleichmäßig gut informiert sind."

schlecht diversifiziert und deswegen risikoscheu.[1162] Wer so argumentiert, greift diese Annahme allerdings gar nicht an. Es ist nicht ausschlaggebend, ob die Anleger tatsächlich diversifiziert sind, sondern ob sich auch ein Kleinanleger ein diversifiziertes Portfolio mit geringen Kosten leisten kann. Um Easterbrook/Fischel (1991) angreifen zu können, muss vielmehr gezeigt werden, dass so eine Portfoliobildung nicht möglich ist. Das aber scheint eine wesentlich schwierigere Aufgabe zu sein.

(2) *Der zweite Kritikpunkt*, der gegen die Argumentation von Easterbrook/Fischel (1991) vorgebracht werden könnte, ist folgender: Die Annahme von Easterbrook/Fischel (1991) ist, dass jeder Aktionär mit der gleichen Wahrscheinlichkeit zu den Gewinnern bzw. zu den Verlierern gehört. Die dieser Annahme zugrundeliegende Idee geht dahin, dass jede einzelne Transaktion zwar dazu führen wird, dass einige verlieren und andere gewinnen, dass jedoch bei einer Vielzahl solcher Transaktionen jeder einmal zu den Gewinnern zählen wird, so dass im Laufe der Zeit ein Ausgleich für die Verlierer erfolgt.

Nun kann man sich leicht vorstellen, wie die Befürworter des zwingenden Gleichbehandlungsgebotes diese Annahme angreifen würden. Sie würden argumentieren, dass diese Annahme eine sehr heroische Annahme sei. Zuerst müssten Easterbrook/Fischel (1991) beweisen, dass die Minderheit bei der Ungleichbehandlung nicht *systematisch* benachteiligt werde. Es sei zum Beispiel denkbar, dass die Kontrollprämie wegen der Übernahme systematisch nur den Mehrheitsaktionären zukomme. Dann würden die Minderheitsaktionäre immer zu den Verlierern gehören. Bei so einer Konstellation würden die Minderheitsaktionäre der Ungleichbehandlung nicht zustimmen. Die Kritik gewinne gerade in Deutschland an der Plausibilität, weil in Deutschland eine Publikumsaktiengesellschaft eine Ausnahme darstelle.

Kaum jemand, der mit dieser Argumentation konfrontiert wird, wird sie für völlig unplausibel halten. Überzeugen kann diese Argumentation trotzdem nicht. Dafür gibt es zwei Gründen. *Erstens* behauptet niemand, dass die Gleichbehandlung bei jeder Transaktion mit erheblichen Effizienzverlusten verbunden ist. Sollte die Gleichbehandlung im Einzelfall effizient sein, können die Aktionäre eine entsprechende Klausel in die Satzung aufnehmen. *Zweitens* beruht das Argument der systematischen Benachteiligung der Minderheitsaktionäre auf der Annahme, dass die Minderheitsaktionäre die Gefahr der systematischen Benachteiligung nicht sehen und aus diesem Grund der Ungleichbehandlung zustimmen werden, ohne einen entsprechenden Risikozuschlag zu verlangen. Das ist jedoch keine richtige Annahme, soweit man die Effizienz des deutschen Kapitalmarkts unterstellt.

(3) Der dritte Kritikpunkt ist schließlich, dass es im deutschen Aktienrecht nicht viele gewinnbringende Transaktionen gibt, die durch die zwingende Gleichbehandlung der Aktionäre behindert werden. Es mag sein, dass diese Aussage in der Vergangenheit richtig war. Das hat sich aber mit dem Inkrafttreten des Gesetzes zur Regelung von öffentlichen Angebo-

---

[1162] Die Nachweise bei Reul (1991), S. 211 Fußnote 507: "Zum anderen verfügen die allermeisten deutschen Privatanleger gerade nicht über ein auch nur halbwegs diversifiziertes Aktienportfolio."

ten zur Erwerb von Wertpapieren und von Unternehmensübernahmen (WpÜG) geändert. Dieses Gesetz schreibt in § 35 II das Pflichtangebot vor. Danach muss jede natürliche oder juristische Person, die die Kontrolle über eine börsennotierte Gesellschaft erlangt hat, allen Aktionären ein Angebot zur Übernahme ihrer Aktien unterbreiten.[1163] Ferner bestimmt § 3 I WpÜG, dass Inhaber von Wertpapieren der Zielgesellschaft, die derselben Gattung angehören, gleich zu behandeln sind.

Insgesamt bietet die Kritik der Argumentation von Easterbrook/Fischel (1991) wesentlich weniger, als man sich auf der Grundlage der Ankündigung erwarten könnte.

D. Ergebnis

Ziehen wir Zwischenbilanz: Eine überzeugende Begründung für die Gleichbehandlung der Aktionäre hat man bis heute nicht vorgebracht. Damit ist selbstverständlich nicht gesagt, dass sich eine solche Begründung niemals wird finden lassen. Denkbar ist dies schon. Dazu sind aber präzise, ökonomische Analysen erforderlich. Bevor dies geschehen wird, können wir Folgendes feststellen: Die Auseinandersetzung mit dem zwingenden Gleichbehandlungsgebot dürfte zur Genüge gezeigt haben, dass die zwingende Gleichbehandlung mit erheblichen Kosten für die Anleger verbunden ist. Damit ist aber nicht gesagt, dass die Kosten des zwingenden Minderheitsschutzes *insgesamt* erheblich sind. Der Gebrauch einer solchen Aussage wäre außerordentlich problematisch, wenn man nicht zuerst die anderen Kostenverursacher im deutschen Aktienrecht unter die ökonomische Lupe nimmt. Die Rede ist von zwingenden Abstimmungsquoren und zwingenden Standards.

2. Kosten-Nutzen-Verhältnis der Abstimmungsquoren

A. Rechtslage

Eine andere Ursache der Kosten stellen die Abstimmungsquoren dar, die zwingend durch das Aktiengesetz vorgeschrieben sind. Das Aktienrecht kennt folgende fünf Gruppen von Minderheitsrechten in Form von Abstimmungsquoren: (1) 5% des Grundkapitals (einfache Minderheit), (2) 10% des Grundkapitals (doppelte Minderheit), (3) 5% des Grundkapitals (einfache qualifizierte Minderheit), (4) 10% des Grundkapitals (doppelte qualifizierte Minderheit), (5) sog. Sperrminorität von 25% plus eine Aktie.

Mit den Beteiligungsquoten unterhalb der Sperrminorität sind zum Beispiel folgende Rechte verbunden: Anträge bei Gericht auf eine Sonderprüfung wegen Verdachts einer unzulässigen Unterbewertung von Bilanzposten (§ 258 II AktG) und auf eine Sonderprüfung oder auf die Auswechselung eines Sonderprüfers zur Prüfung von Vorgängen bei der Geschäftsführung (§ 142 II und IV AktG), Anträge bei Gericht auf die Abberufung eines entsandten

---

[1163] Dazu Weber-Rey/Schütz (2001), S. 328. Was die Übernahmen anbelangt, ist auch die Verabschiedung von der dreizehnten Richtlinie der EU über die Übernahmeangebote von der Bedeutung. Die Hoffnungen auf eine schnelle Verabschiedung sind aber in der letzten Zeit gesunken (Stand 7/2001). Dazu näher Grunewald (2001), S. 288 ff.

Aufsichtsratsmitglieds (§ 103 III AktG), Rechte auf Erzwingung der Geltendmachung von Ersatzansprüchen wegen Gesellschaftsschädigung (§ 147 I AktG), und auf Verlangen von Einzelentlastung.

Eine größere rechtliche Bedeutung kommt der sog. Sperrminorität zu. Befinden sich die Minderheitsaktionäre bzw. ein Minderheitsaktionär im Besitz der Sperrminorität, so können keine wichtigen Beschlüsse ohne die Zustimmung der Minderheit verabschiedet werden. Die Minderheit kann zum Beispiel die Verabschiedung folgender Beschlüsse verhindert, auch wenn 75% der Aktionäre dafür sind: die Satzungsänderungen (§ 179 II AktG), Kapitalerhöhungen (§ 181 I, 193 I, 207 AktG), Ausschuss des Bezugsrechts (§ 183 III, 221 IV AktG), Genehmigtes Kapital (§ 202 II), Kapitalherabsetzung (§ 222 I, 229 III, 237 II AktG), Auflösung der Gesellschaft (§ 262 I, Nr. 2 AktG), Verschmelzung (§ 65 I, 73 UmwG), Eingliederung (§ 319 II AktG), Unternehmensvertrag (§ 293 I AktG), Nachgründung (§ 52 V AktG), vorzeitige Abberufung von Aufsichtsratsmitgliedern (§ 103 I AktG).

B. Bilaterales Monopol

Die zwingende Ausgestaltung dieser Abstimmungsquoren kann zur Folge haben, dass die Verhandlungen zwischen der Mehrheit und Minderheit wesentlich erschwert werden.[1164] Die Minderheit kann eine gewinnbringende Transaktion sehr oft verhindern, da ihr dank der Abstimmungsquoren ein Vetorecht eingeräumt wird. Sie erlangt dadurch eine *Monopolstellung*. Die Mehrheit kann die Zustimmung nur von der Minderheit bekommen. Andererseits ist die Minderheit auf die Mehrheit angewiesen. Es entsteht also eine Situation, die dadurch gekennzeichnet ist, dass weder die Mehrheit noch die Minderheit durch eine andere Partei ersetzt werden kann. Dadurch entsteht eine Lage, die dem bilateralen Monopol ähnlich ist. Die Folge dieser Situation ist, dass eine gewinnbringende Transaktion (zum Beispiel eine Fusion) nicht zustande kommt, wenn sich die Minderheit und die Mehrheit nicht einigen. Eine Alternative zur Einigung besteht für sie nicht, wenn man von dem Fall absieht, dass die Parteien auf die Kooperation völlig verzichten. Der Verzicht auf die Kooperation bedeutet aber, dass eine gewinnbringende Transaktion unterbleibt. Das ist wegen eines Effizienzverlustes unerwünscht. Es fragt sich aber, warum sich die Mehrheit und die Minderheit nicht einigen sollen? Im Normalfall kann man tatsächlich davon ausgehen, dass rational handelnde Parteien einen möglichen Kooperationsgewinn bei Abwesenheit von Transaktionskosten auch realisieren. Schwierigkeiten können sich aber deswegen ergeben, weil bei der Verhandlung zwischen der Mehrheit und der Minderheit der Wettbewerb infolge der Monopolstellung der Parteien ausgeschaltet ist. Das Gut „Zustimmung der Minderheit" wird nicht auf Märkten gehandelt. Da-

[1164] So schreibt Walz (1993), S. 63 Fußnote 49: "Das Arbeiten mit Abstimmungsquoten im deutschen Aktien- und GmbH-Recht setzt sich eine Quadratur des Kreises zum Ziel. Es gibt leider keine Mehrheitsmesszahl, die einerseits nicht so hoch ist, dass wichtige wohlfahrtvermehrende Vorschläge der Insider am Durchkommen gehindert werden, auf der anderen Seite aber ausreichend hoch, um die sperrende Blockminorität der voll informierten Anteilsinhaber stets in Lage zu versetzen, einen wertmindernden bzw. werttransferierenden Beschluss zu verhindern."

mit kann der Wettbewerb in diesem Fall seine disziplinierende Wirkung nicht entfalten. Dadurch steigt die Wahrscheinlichkeit, dass die gewinnbringende Transaktion unterbleibt. Anders als im Fall des vollkommenen Wettbewerbs wird der Preis der Zustimmung der Minderheit nicht durch die anonymen Kräfte des Marktes bestimmt, sondern durch das Verhandlungsgeschick der Parteien. Die Parteien können also durch ihr Verhalten den Preis beeinflussen. Beim vollkommenen Wettbewerb ist das nicht der Fall. Der Preis ist ein Datum, das durch die Marktteilnehmer nicht geändert werden kann. Würde zum Beispiel die Minderheit versuchen, einen höheren Preis für die Zustimmung zu verlangen, würde sie diese Zustimmung nicht verkaufen können, egal, wie geschickt sie verhandelt.

C. "Hold up"-Problem

Da die Situation des bilateralen Monopols auch dann besteht, wenn es die Abstimmungsquoten zum Schutz der Minderheit nicht gäbe, könnte man sich auf den Standpunkt stellen, dass die zwingende Ausgestaltung der Abstimmungsquoren die Verhandlung zwischen der Mehrheit und der Minderheit weder leichter noch schwieriger macht. Das ist jedoch nicht richtig. Durch das Vetorecht wird die Verhandlung entscheidend erschwert. Das soll an einem *Beispiel* veranschaulicht werden. Nehmen wir an, dass eine geplante Fusion einen Gewinn von 10 Millionen Euro einbringen kann, und dass die Mehrheit 75% der Aktien und die Minderheit 25% der Aktien der Aktiengesellschaft besitzt. Wenn wir von der gleichen Gewinnverteilung ausgehen, kommen wir zum Ergebnis, dass, wenn die Fusion scheitert, der Mehrheitsaktionär 7,5 Millionen Euro verliert und der Minderheitsaktionär nur 2,5 Millionen Euro. In solchen Situationen wird derjenige einen geringeren Teil des aufgrund der betreffenden Kooperation zu verteilenden Gewinns erhalten, der ein besonderes Interesse am Zustandekommen der Kooperation hat. Das extreme Beispiel ist die Situation, wenn es für einen Partner von existentieller Bedeutung ist, dass die Kooperation zustande kommt. Dann kann der andere Partner ein sogenanntes "Take-it-or-leave-it-Angebot" machen, mit der Folge, dass er sich den ganzen Kooperationsgewinn aneignen kann.

D. Folgen der Umverteilung

Die Abstimmungsquoren führen also zu einer Umverteilung zwischen der Mehrheit und der Minderheit. Die Umverteilung zieht aber auch erhebliche Effizienzverluste nach sich, weil durch sie ökonomische Anreize verzerrt werden. Die Kontrollrechte und die Gewinnrechte gehen auseinander. Die Minderheit kann entscheiden, ob die Fusion durchgeführt wird, obwohl sie viel ein geringeres Ertragsrecht besitzt. Auf solche Weise kann sie zum Teil die Kosten ihrer Entscheidung externalisieren. Diese Konstellation ist einer Situation ähnlich, bei der einige Aktionäre mehrere Stimmrechte haben. Dadurch entstehen im Normalfall die falschen Anreize für eine effiziente Geschäftsführung oder die Kontrollausübung. Die nachlässige Kontrolle spiegelt sich nicht in einer entsprechenden Reduktion des Gewinns wider. Das kann dazu führen, dass die Minderheit, statt im besten Interesse der Gesellschaft abzustimmen, beginnt, sich strategisch zu verhalten. Die Minderheit weiß, dass die Mehrheit mehr zu verlieren hat. Dadurch eröffnet sich der Minderheit die Möglichkeit der Umverteilung zu ihren Gunsten. Die Verhandlung kann somit von strategischen Erwägungen dominiert werden. Der Einigungsprozess wird aber erleichtert, wenn die Verhandlungsparteien sich *ex ante* auf einen Verhandlungsmechanismus einigen. Diese Möglichkeit wird aber den Aktionären durch das zwingende Recht genommen. Das Problem des strategischen Verhaltens der Minderheit wird noch dadurch verschärft, dass es sich im Normalfall um einmalige Transaktionen handelt. Eine Fusion oder eine Kapitalerhöhung mit Bezugsausschluss kommt nicht so oft vor. Es steht auch sehr viel Geld auf dem Spiel. Damit lohnt es sich, den anderen Partner „reinzulegen". Bei einer solchen *spot transaction* hilft auch nicht die Gefahr des Reputationsverlustes, weil der Gewinn aus dem opportunistischen Verhalten die Kosten des Reputationsverlustes überwiegt. Die Kosten des Reputationsverlustes sind desto kleiner, je seltener es vorkommt, dass die gleiche Partei an einer ähnlichen Transaktion wieder teilnehmen wird. Erfahrungsgemäß werden die Verhandlungen erleichtert, wenn die Parteien wissen, dass sie sich in Zukunft noch mehrfach in ähnlich gelagerten Verhandlungen gegenüberstehen werden. Das ist bei der Aktiengesellschaft normalerweise nicht der Fall. Vor allem der Minderheitsaktionär betrachtet seine Beteiligung als eine Kapitalanlage und ist selten an einer dauerhaften Bindung interessiert. Die Aktien sind frei übertragbar (vom seltenen Fall der Vinkulierung abgesehen) und leicht über die Börse zu verkaufen. Zwischen den Aktionären gibt es auch keine außerrechtlichen, allgemein akzeptierten Verhaltensnormen (vergleichbar den Gebräuchen zwischen Kaufleuten), denen sich der Mehrheitsaktionär und Minderheitsaktionär verpflichtet fühlen. Eine gewisse Milderung dieses Problems bewirkt die Tatsache, dass die Informationen zwischen der Mehrheit und der Minderheit asymmetrisch verteilt sind. Der Mehrheitsaktionär weiß besser, wie hoch der Kooperationsgewinn ist und welche Möglichkeiten der Gesellschaft zu Verfügung stehen. Das ermöglicht dem Mehrheitsaktionär eine bessere Planung und die Wahl der Verhandlungsstrategie. Nichtsdestotrotz besteht kein Zweifel, dass die durch die Abstimmungsquoren herbeigeführte Umverteilung zu erheblichen Effizienzverlusten führt.

E. Ergebnis

Im Ergebnis sind es damit in erster Linie drei Faktoren, die dazu beitragen, dass die zwingenden Abstimmungsquoren mit erheblichen Effizienzverlusten verbunden sind. Erstens wird durch die zwingenden Abstimmungsquoren die Verhandlung zwischen der Mehrheit und Minderheit erschwert. Zweitens wird durch die zwingenden Abstimmunsquoren das sog. "hold-up"-Problem verursacht. Drittens wird durch die Abstimmungsquoren die Umverteilung herbeigeführt, die sich ökonomisch nicht begründen lässt.

3. Kosten-Nutzen-Verhältnis zwingender Standards

An dieser Stelle werden wir uns mit dem Kosten-Nutzen-Verhältnis der zwingenden Standards auseinandersetzen. Denn die Satzungsstrenge nach § 23 V AktG kann man auch als eine zwingende Standardisierung des Aktienrechts ansehen. Auf den ersten Blick scheint die Standardisierung des Aktienrechts sinnvoll zu sein.[1165] "(1) Es liegt auf der Hand, dass zwingende, generell für alle Aktiengesellschaften anwendbare Regeln Transaktionskosten am Kapitalmarkt einsparen, indem dem Anleger die aufwendige Prüfung von verschiedenen Satzungsgestaltungen erspart wird. Statt dessen kann er sich darauf verlassen, dass ihm stets die gleichen Schutzmechanismen zur Verfügung stehen. Der Markt kann sich auf die Bewertung der wirtschaftlichen Ergebnisse der Unternehmen konzentrieren, ohne dass der Anleger zwischen rechtlichen und wirtschaftlichen Einflüssen auf den Kurs der Aktie unterscheiden müsste. (2) Ebenso wird den Gründern die aufwendige rechtliche Ausgestaltung der Aktiengesellschaft erspart, wenn ihnen das zwingende Recht weitgehend die Organisationsstruktur vorgibt. Schließlich kann zwingendes Recht eine Vielzahl von Auslegungsfragen infolge von verschiedenen Vertragsgestaltungen vermeiden und die Rechtssicherheit erhöhen."[1166]

Dass diese Argumentation eine intuitive Überzeugungskraft besitzt, lässt sich nicht bestreiten. Nichtsdestotrotz ist diese Argumentation insoweit falsch, als sie voraussetzt, dass nur das zwingende Aktienrecht die oben genannten Vorteile bieten kann. Bei der Aussage (1) handelt sich um das Problem der Transaktionskosten, das manchmal das Problem der adversen Selektion verursachen kann. Dass das Problem der adversen Selektion auf einem effizienten Kapitalmarkt nicht vorkommen kann, haben wir ausführlich an der anderen Stelle dieser Arbeit dargelegt. Bei der Aussage (2) handelt sich ökonomisch gesehen um das Problem der Netzwerkexternalitäten. Mit diesem Problem werden wir uns ein paar Zeilen weiter eingehend beschäftigen. Bevor das jedoch geschieht, sollen wir uns die Kosten der zwingenden Standards vor Augen führen.

A. Kosten zwingender Standards

a. Gleichschaltung börsennotierter Aktiengesellschaften

Die unvermeidliche Folge der zwingenden Standards ist, dass sie nicht für alle Typen der Aktiengesellschaften geeignet sind. Es ist aber zweifelhaft, ob eine einzige Regelung für alle börsennotierten Aktiengesellschaften die Beste sein kann.[1167] Denn der Einheit der Rechtsform der AG stehen mehrere Realtypen mit völlig unterschiedlichen Entscheidungsstrukturen gegenüber. Es ist anzunehmen, dass verschiedene Industrien verschiedene rechtli-

---

[1165] Die ausführliche Begründung, warum zwingende Standards im Aktienrecht effizient sind, liefert Gordon (1989), S. 1567-1569.
[1166] Spindler (1998), S. 59.
[1167] So beispielsweise Cheffins (1997), S. 228.

che Strukturen erfordern.[1168] Mit Sicherheit ist der Bedarf an unternehmerischer Entscheidungsfreiheit in der IT-Industrie viel größer als in der Stahlindustrie. Es ist kaum denkbar, dass eine Governance Structure, die sehr gut für die Stahlindustrie geeignet ist, auch für die IT-Industrie geeignet sein kann. So verzögert und erschwert beispielsweise jeder Kontrollmechanismus den Entscheidungsprozess. Für eine Gesellschaft, die auf einen schnellen Entscheidungsprozess angewiesen ist, kann es somit nicht effizient sein, den gleichen Kontrollmechanismus zu haben wie die Unternehmen aus den anderen Branchen. Wenn also nur eine Regelung den Gesellschaften zur Verfügung steht, kann es durchaus sein, dass der Nutzen für viele Aktiengesellschaften kleiner ist, als die mit dieser Regelung verbundenen Kosten. Diese Möglichkeit liegt nicht so fern, wie dies auf den ersten Blick erscheinen mag. Paradigmatisch für die Ungeeignetheit der geltenden Standards ist das Beispiel der sog. Familien-Aktiengesellschaft und der international tätigen Unternehmen.

(a) Familien-Aktiengesellschaft

Von einer Familien-Aktiengesellschaft spricht man, wenn sog. Familiengesellschafter die Mehrheit der Stimmrechte halten und die Stimmrechtsausübung im Sinne von § 22 I Nr. 3 WpHG koordiniert ist. Der Familiengesellschafter unterscheidet sich vom Anlegeraktionär dadurch, dass der Familiengesellschafter mit dem Gründer des Unternehmens verwandt oder verschwägert ist. Der Typ des Familiengesellschafters setzt ferner voraus, dass er eine stärkere Bindung an das Unternehmen aufweist. Das Verhältnis eines Familiengesellschafters zu seinem Unternehmen ist „durch Mitwirkungsbereitschaft und Teilhaberrechte" geprägt. Diese Beschreibung soll verdeutlichen, dass sich der Familiengesellschafter nicht als passiver Anleger versteht, sondern als ein aktiver Unternehmer. Das ist auch der Grund, warum die geltenden Standards, die vor allem dem Anlegerschutz dienen, für die Familien-Aktiengesellschaft nicht passen. Die ungeeigneten zwingenden Standards sind die Ursache dafür, dass die Konstruktion einer börsennotierten Familien-Aktiengesellschaft kaum für möglich gehalten wird. Dadurch wird die mittelständische Familiengesellschaft von der Eigenkapitalbeschaffung auf dem Kapitalmarkt abgeschnitten. Es sind aber gerade die Familiengesellschaften, die zurzeit an die Börse gehen wollen. Es wird geschätzt, dass die Börsengänge der nächsten Jahre zu 90% aus den reifen Familiengesellschaften kommen dürften.[1169] Die Mitursache dafür ist, dass sich die Aktiengesellschaft für den Generationswechsel bei mittelständischen Unternehmen besonders gut eignet. Die Problematik wird dadurch verschärft, dass in den nächsten Jahren in einer großen Zahl von Unternehmen eine Nachfolgeregelung ansteht, weil die Nachkriegsgründergeneration abtritt.

[1168] Siehe zum Beispiel Macey (1993), S. 189: "Legal regime that binds participating parties through mandatory legal rules imposes costly rigidities on the legal system. Firms vary and investors' preferences vary. As a result of these variations, what is good for one firm with one set of investors may not be in the interests of a different firm with a different set of investors. Mandatory rules prohibit investors and issuers from customizing their operating environments to meet the specific needs of the relevant parties."

[1169] Die Entwicklung der Aktiengesellschaften, AG, S/1996, S. 16.

Dass die geltenden Standards sich für die börsennotierte Familien-Aktiengesellschaft ungeeignet erweisen, kann man an vielen Beispielen verdeutlichen. Wie wir festgestellt haben, übt der Familiengesellschafter normalerweise eine aktive Rolle bei der Geschäftsführung aus. Das wird aber durch die gesetzlichen Vorschriften erheblich erschwert. So sind zum Beispiel die Aktionäre nach dem geltenden Aktienrecht nicht weisungsbefugt. Die Zuständigkeiten der Hauptversammlung sind durch das Gesetz festgelegt und können nicht durch die Satzung erweitert werden. Nach dem Aktiengesetz darf aber die Hauptversammlung über die Fragen der Geschäftsführung nicht entscheiden. Der einzige Ausnahmefall ist, wenn der Vorstand es verlangt (§ 119 II AktG). Dadurch wird aber der Familiengesellschafter entmündigt. Das Gesetz geht so weit, dass sogar eine bloße Meinungsäußerung ohne Bindung des Vorstandes für unzulässig gehalten wird. Die gesetzliche Regelung wird noch dadurch verschärft, dass die Aktionäre auch keinen mittelbaren Einfluss mittels des Aufsichtsrates auf die Geschäftsführung ausüben dürfen. In der Satzung kann zwar vorgesehen werden, dass der Vorstand für bestimmte Arten von Geschäften eine Zustimmung des Aufsichtsrates einholen muss. Aber der Aufsichtsrat ist nicht befugt in Fragen der Geschäftsführung selber die Initiative zu ergreifen. Damit können wir sehen, dass solange nicht mehr Gestaltungsfreiheit im Aktienrecht geschaffen wird, die Familienunternehmen auf andere Rechtsformen werden ausweichen müssen.

Deswegen wird sehr oft für die Familienunternehmen, die an die Börse gehen wollen, die Rechtsform der KGaA empfohlen.[1170] Vor allem existiert bei der Rechtsform der KGaA das oben beschriebene Problem nicht. Denn die Stellung des persönlich haftenden Gesellschafters ist gegenüber dem Vorstand einer AG wesentlich gestärkt. Als Beispiel kann das Zustimmungserfordernis des § 285 II AktG oder die Möglichkeit der Einschränkung der Rechte der Kommanditaktionäre nach § 275 II AktG i. V. m. § 164 HGB genannt werden. Hinzu kommt, dass der Aufsichtsrat bei der KGaA in seinen Befugnissen gegenüber dem einer AG stark eingeschränkt ist. Ihm fehlt sowohl die Personalkompetenz wie die Geschäftsordnungskompetenz nach § 77 II AktG. Ein Zustimmungsvorbehalt, anders als bei einer AG nach § 111 IV AktG, ist bei der KGaA nicht vorgesehen. Die Feststellung des Jahresabschlusses erfolgt nach § 286 I AktG nur mit Zustimmung der Komplementäre. Diese Ausführungen zeigen deutlich, dass bei der KGaA die Sicherung des Familieneinflusses auf die Unternehmungsführung ohne weiteres gewährleistet ist.[1171] Trotzdem kann man nicht davon ausgehen, dass die Rechtsform KGaA ein geeigneter Ersatz für die Rechtsform einer Aktiengesellschaft ist. Warum das so ist, wurde an einer anderen Stelle dieser Arbeit ausführlich dargestellt.[1172]

[1170] Krüger (1992), Rdn. 630; Hartel (1992), S. 2329; Priester (1996a), S. 263.
[1171] Sethe (1996), S. 198, mit weiteren Nachweisen.
[1172] Kapitel I, 5.

(b) International tätige Unternehmen

Die Ungeeignetheit der geltenden Standards für die Familien-Aktiengesellschaft ist nicht das einzige Beispiel der ineffizienten Gleichschaltung der Aktiengesellschaften. Es gibt auch Beispiele, die direkt aus der Praxis genommen werden können.[1173] In diesem Zusammenhang ist vor allem die neue organisatorische Struktur der Deutschen Bank AG ("Virtuelle Holding") zu nennen. Diese neue Unternehmensverfassung lässt sich folgendermaßen zusammenfassen: Sie besteht aus fünf Unternehmensbereichen, in die auch die im Markt aktiven Tochtergesellschaften "eingegliedert" werden. Diese Unternehmensbereiche bilden nur organisatorisch, nicht jedoch juristisch, eine Einheit, weil eine echte Holding-Konstruktion wegen der hohen Eigenkapitalbindung zu teuer geworden wäre. Alle bereichspezifischen Aufgaben werden von dem jeweiligen Unternehmensbereich wahrgenommen. Dabei wird jeder Unternehmensbereich von einem Bereichsvorstand geführt. Diesem Bereichvorstand gehört jeweils ein Mitglied des Vorstandes der Muttergesellschaft an. Die Funktion der Zentrale wird von einem sog. Corporate Center wahrgenommen. Seine Aufgabe besteht vor allem darin, den Konzernvorstand bei der Koordination der Unternehmensbereiche zu unterstützen. Der Vorstand der Obergesellschaft hat somit zunehmend nur noch strategische und immer weniger operative Verantwortung.

Es liegt auf der Hand, dass dieses Modell sich kaum mit dem Aktiengesetz vereinbaren lässt. Denn der Vorstand leitet nur noch begrenzt im Sinne des Aktiengesetzes. Die operative Steuerung der Unternehmensbereiche erfolgt durch die Bereichvorstände, denen in der Regel jeweils nur ein Konzentrationsmitglied je Unternehmensbereich angehört. Durch die Verlagerung der operativen Verantwortung auf die Bereichsvorstände wird die im Gesetz verankerte Gesamtverantwortung der Vorstandsmitglieder faktisch deutlich reduziert. Praktisch konzentriert sich die Verantwortung des Gesamtvorstandes nur auf Aufsicht, Strategie und Ressourcenallokation. Solche Beispiele lassen sich beliebig fortsetzen. So war nach der Vereinbarung zwischen Daimler Benz AG und Chrysler vorgesehen, dass zwischen dem Vorstand und dem mitbestimmten Aufsichtsrat ein besonderes Gremium gebildet wird, das dem Board von Chrysler nachgemacht sein sollte. Dieses *integration committee* genannte Gremium sollte aus allen Anteilseignervertretern im Aufsichtsrat und den beiden Vorstandsvorsitzenden bestehen. Es ist offensichtlich, dass ein solches Gremium sich nur schwer, wenn überhaupt, in das eng geknüpfte Netz des deutschen Aktienrechts einfügen lässt. Diese Beispiele dürften zur Genüge gezeigt haben, dass das zwingende Aktienrecht ein erhebliches Hindernis für viele deutsche *global players* darstellt. Denn das deutsche Aktienrecht kennt keine Trennung von operativer und strategischer Verantwortung und lässt keine Delegation von Aufgaben des Vorstands auf andere Gremien.

Fazit: Wenn diese Analyse richtig ist, dann folgt daraus, dass die Standards mit erheblichen Effizienzverlusten verbunden sind. Denn sie sind nicht notwendig, um das Problem der

---

[1173] Diese Ausführungen basieren auf Endres (1999), S 441-460.

adversen Selektion zu lösen. Sie verursachen aber erhebliche Kosten, weil sie zur Gleichschaltung der AG-Rechtsform führen.

B. Nutzen zwingender Standards im Aktienrecht

Würde man die Diskussion der zwingenden Standards mit diesem Ergebnis beenden und daraus die Schlussfolgerung ziehen, dass sie nicht zu überzeugen vermögen, dann würde man den Befürworten zwingender Standards im Aktienrecht nicht ganz gerecht werden. Denn es ist möglich, dass zwingende Standards zwar nicht zur Beseitigung des Problems der adversen Selektion nötig sind. Es ist aber denkbar, dass zwingende Standards mit anderen Effizienzgewinnen verbunden sind.[1174] Nicht zuletzt deshalb sind von seiten der Befürworter des zwingenden Aktienrechts immer Versuche unternommen worden, die zwingenden Standards auf ein anderes Fundament als die adverse Selektion zu stellen.

a. Netzwerkexternalitäten

Der interessanteste dieser Versuche knüpft an das Phänomen der Netzwerkexternalitäten an. Denn es ist durchaus denkbar, dass ohne zwingende Standards das Marktversagen durch sog. Netzwerkexternalitäten verursacht wird. Bevor wir uns der Frage zuwenden, warum das Phänomen der Netzwerkexternalitäten die Begründung für zwingende Standards sein könnte, soll an dieser Stelle kurz dargestellt werden, was die Netzwerkexternalitäten sind.

Bei den Netzwerkexternalitäten hängt die Nachfrage eines Marktteilnehmers nach einem bestimmten Gut auch von der Nachfrage anderer Marktteilnehmer ab. Insbesondere kann die Nachfrage einer Person von der Anzahl der anderen Individuen abhängen, die dieses Produkt gekauft haben. Netzwerkexternalitäten können positiv oder negativ sein. Eine positive Netzwerkexternalität ist dann gegeben, wenn die von einem typischen Konsumenten nachgefragte Menge eines Gutes, in Reaktion auf eine Steigerung der Käufe durch andere Konsumenten, ansteigt. Sie wird also erzeugt, wenn eine zusätzliche Person oder Firma ein Produkt kauft und zu nutzen beginnt. Mit dem zusätzlichen Verwender steigt auch der Nutzen und dadurch der Wert für die anderen Verwender. Die steigende Zahl der Verwender bewirkt, dass noch mehr Verwender gewonnen werden. Was wiederum zum Wertzuwachs bei allen Nutzern eines bestimmten Produktes führt. Wenn das Gegenteil gilt (die Zahl der Nutzer sinkt), dann spricht man davon, dass eine negative Netzwerkexternalität vorliegt.

Das Phänomen der Netzwerkexternalitäten ist bei einigen Industrieprodukten bekannt und gut erforscht. Als Beispiel kann das Faxgerät angeführt werden. Da ein Faxgerät nur ein Dokument zu einem anderen und von einem anderen Faxgerät senden bzw. empfangen kann, hängt der Wert, ein Faxgerät zu besitzen, entscheidend davon ab, wieviele andere Personen einen Faxgerät haben. Als das Faxgerät zu einem Standardmittel der Kommunikation wurde,

[1174] Siehe Adams (1991a), S. 941 ff.

machte dieser Umstand ein Faxgerät für jedes Unternehmen notwendig, um am Wirtschaftsleben teilnehmen zu können.

b. Netzwerkexternalitäten bei der Aktiengesellschaft

Die Netzwerkexternalitäten sind auch im Gesellschaftsrecht anzutreffen.[1175] Das wird kurz an dieser Stelle dargestellt. Ausgangspunkt der Überlegung ist, dass der Wert einer bestimmten Vertragsklausel auch davon abhängig ist, wie viele Firmen diese Vertragsklausel benutzen. Wenn eine bestimmte Klausel sehr verbreitet wird, kann ihr Wert steigen. Die Ursache dafür ist, dass für eine verbreitete Vertragsklausel mehr gerichtliche Entscheidungen ergehen. Diese gerichtlichen Entscheidungen haben zur Folge, dass die der Klausel anhaftende Unsicherheit reduziert wird. Unzulänglichkeiten und mögliche Widersprüche werden durch das Gericht aufgedeckt. Das erspart dem Verwender viel Mühe und Geld. Er ist nicht gezwungen eine bestimmte Klausel selber "zu Ende" zu denken. Das wird ihm durch das Gericht abgenommen. Im Übrigen sind mit einer verbreiteten Vertragsklausel noch andere positive Externalitäten verbunden. Juristen sind meistens mit ihr vertraut, was zu niedrigeren Kosten bei der Rechtsberatung führen kann. Als ein Beispiel können vorformulierte Verträge genannt werden. Es steht dem Klauselverwender auch eine große Auswahl an juristischer Literatur zur Verfügung. Die juristischen Probleme, die mit einer verbreiteten Klausel verbunden sind, können durch einen Griff zum Kommentar oder Ratgeber leicht und billig gelöst werden.[1176] Alles in allem sind das die Faktoren, die bei der Wahl einer bestimmten Klausel durchaus eine Rolle spielen können, weil sie zur Senkung der Transaktionskosten führen. Ökonomisch gesehen, handelt es sich bei diesen Effekten um die oben erwähnten Netzwerkexternalitäten.

c. Netzwerkexternalitäten als die Ursache des Marktversagens

Nachdem wir kurz dargestellt haben, was die Netzwerkexternalitäten sind, können wir uns der Frage zuwenden, ob die Neztwerkexternalitäten zum Marktversagen führen können. Theoretisch gesehen lässt es sich nicht leugnen, dass die Netzwerkexternalitäten zum Marktversagen führen können.[1177] Es ist möglich, dass ein Produkt den Markt beherrschen wird, das an sich von schlechter Qualität ist als die konkurrierenden Produkte. Bei diesem Produkt wird die niedrigere Qualität durch positive Netzwerkexternalitäten ausgeglichen. Das Gleiche kann über eine gesellschaftliche Satzungsklausel gesagt werden. Das kann folgende Ursachen haben:

[1175] Meine Argumentation basiert auf dem Aufsatz von Kahan/Klausner (1997).

[1176] Siehe dazu Kahan/Klausner (1997), S. 719: "Potential "learning benefits" of both commonly used explicit terms and default terms include: (a) drafting efficiency; (b) reduced uncertainty over the meaning and validity of a term due to prior judicial rulings; and (c) familiarity with a term among lawyers, other professionals, and the investment community. The more firms that have used a particular term, the greater these benefits tend to be."

[1177] Dazu allgemein Lemley/McGowan (1998), S. 481 ff.

Erstens, wenn die Netzwerkexternalitäten bedeutsam sind, ist der Wert der Satzungsklausel für die früheren Verwender verschieden von dem Wert für die späteren Verwender. Die Ursache ist, dass für frühere Verwender die zukünftigen, positiven Netzwerkexternalitäten diskontiert werden müssen. Eine Mark in der Zukunft ist weniger wert als eine Mark in der Gegenwart. Darum ist auch eine positive Netzwerkexternalität in der Zukunft weniger wert als eine gegenwärtige. Zusätzlich müssen die früheren Verwender mit der Unsicherheit rechnen, ob und vor allem wie viele zukünftige Verwender eine bestimmte Satzungsklausel nutzen werden. Für die zukünftigen Klauselverwender spielen diese beiden Faktoren keine Rolle. Sie profitieren, ohne dafür zahlen zu müssen, von den positiven Neztwerkexternalitäten, die frühere Verwender erzeugt haben. Dieser Unterschied in der Bewertung und in der Unmöglichkeit des Verkaufs der Netzwerkexternalitäten kann dazu führen, dass frühere Klauselverwender statt sich auf zukünftige, unsichere Netzwerkexternalitäten zu verlassen, sich für die Satzungsklausel entscheiden, die zwar insgesamt volkswirtschaftlich weniger effizient ist, aber einen höheren intrinsischen Wert hat. Die Folge davon wird sein, dass der Markt dazu tendieren wird, dass sich eine Satzungsklausel mit einem höheren intrinsischen Wert auf dem Markt etabliert.

Eine zweite mögliche Ursache des Marktversagens kann sein, dass frühere Klauselverwender andere Präferenzen haben können, als die späteren Verwender. Wenn die früheren Klauselverwender eine bestimmte Satzungsklausel zu nutzen beginnen, werden sie eine positive Netzwerkexternalität erzeugen, von der auch zukünftige Verwender profitieren können. Die späteren Klauselverwender stehen also vor der Wahl, entweder sich für eine suboptimale Satzungsklausel mit den sofortigen Netzwerkexternalitäten zu entscheiden oder eine optimale Satzungsklausel zu verwenden zu beginnen, in der Hoffnung auf die Entstehung der positiven Netzwerkexternalitäten in der Zukunft. Es ist durchaus möglich, dass sie sich für die erste Alternative entscheiden, um die Kosten und die Unsicherheit der zweiten Alternative zu vermeiden.

Eine dritte Ursache des Marktversagens kann sich daraus ergeben, dass die gegenwärtig benutzte, weit verbreitete Satzungsklausel wegen des geänderten Geschäftsumfelds, nicht mehr zeitgemäß ist. An sich wäre es für alle Klauselverwender besser, eine andere, effizientere Satzungsklausel einzuführen. Das geschieht aber nicht, weil die Klauselverwender nicht auf die vorhandenen Netzwerkexternalitäten verzichten wollen. Die Einführung einer neuen Klausel erfordert eine Abstimmung, die zeitaufwendig und kostspielig sein kann. Hohe Transaktionskosten verhindern also sehr oft, dass es zu so einer effizienten Abstimmung kommt.[1178]

[1178] Kahan/Klausner (1997), S. 734: "The possibility of suboptimality arises for two reasons. First, early adopters face uncertainty regarding whether a term will in fact be adopted in the future, and as a result they may decline to adopt a term whose inherent value is relatively low but that would be value-maximizing for that firm and socially optimal if it became widely adopted. Second, for early-adopting firms, network benefits do not materialize until other firms adopt a term, whereas for later adopters (who adopt once the network has become es-

d. Nutzen zwingender Standards bezüglich der Netzwerkexternalitäten

Können diese Probleme dadurch vermieden werden, dass der Staat eine optimale, zwingende Satzungsklausel für alle Aktiengesellschaften einführt? Man kann argumentieren, dass ein solches Vorgehen notwendig ist, um die oben beschriebenen Fälle des möglichen Marktversagens zu eliminieren. Im Fall einer zwingenden Regelung können diese Fälle nicht auftreten, weil es wegen der zwingenden Regelung gewährleistet ist, dass eine große Zahl der Klauselverwender eine bestimmte Klausel nutzen wird. Dadurch werden schnell positive Netzwerkexternalitäten erzeugt. Die Unsicherheit der früheren Klauselverwender, ob die Klausel auch in der Zukunft durch andere Verwender genutzt wird, wird durch das zwingende Recht beseitigt. Es wird auch argumentiert, dass zwingendes Recht notwendig ist, damit effiziente Standardklauseln aufrechterhalten werden. Wie wir vorher gesehen haben, werden die positiven Netzwerkexternalitäten reduziert, wenn ein Verwender aufhört, eine Standardklausel zu nutzen. Wenn die Zahl solcher Fälle steigt, kann das dazu führen, dass die Standardklauseln ihre positive Netzwerkexternalitäten verlieren. Damit könnte es angebracht sein, die Absprünge durch das zwingende Recht zu verhindern. Ansonsten könnte die Gefahr bestehen, dass die nützlichen Standards aufgelöst werden.

Diese Argumentation überzeugt nicht. Wie wir vorher ausgeführt haben, besteht eher die Gefahr, dass suboptimale Standardklauseln verwendet werden, weil die positive Netzwerkexternalitäten so groß sind. Die Klauselverwender haben eher Anreize, eine suboptimale Satzungsklausel mit den positiven Netzwerkexternalitäten zu nutzen als eine optimale Klausel in der Hoffnung, dass positive Externalitäten im Laufe der Zeit entstehen werden. Daraus kann man die folgende Schlussfolgerung ziehen: Entscheidet sich eine Gesellschaft gegen die Standardklauseln, deutet dies darauf hin, dass die neuen Klauseln zu der Effizienzsteigerung führen, die sogar den Verlust der mit den Standardklauseln verbundenen positiven Externalitäten ausgleicht. Wenn dem aber so ist, dann gibt es keinen Grund, an die Standardklausel festzuhalten. Diese Argumentation zeigt auch deutlich die Gefahren, die mit dem zwingenden Recht verbunden sind. Es ist durchaus möglich, dass an einer ineffizienten Klausel festgehalten wird, ohne dass den Gesellschaften die Möglichkeit gegeben wird, dieser ineffizienten Klausel auszuweichen. Die Kosten dieses Irrtums können viel höher sein, als der Effizienzverlust, der durch ein mögliches Marktversagen wegen der positiven Netzwerkexternalitäten verursacht wird.[1179] Im Übrigen muss berücksichtigt werden, dass die Notwendigkeit der Heranziehung des zwingenden Rechts zur Lösung dieses Problems um so geringer ist, um so mehr dieses Problem durch das dispositive Recht gelöst werden kann. Denn die Alternative zu

tablished) network benefits can materialize immediately upon adoption because other firms are already using the term."

[1179] Denn "... regulators usually are not subject to any kind of market discipline if they get the rules wrong. Even if a regulator may be disciplined in the political market, the extent of any such discipline depends significantly on the actions of voters and interest groups." Ribstein (1993), S. 996.

zwingenden Standards ist, dass die Standards nur dispositiver Natur sein sollen.[1180] Aus diesem Grunde lässt es sich feststellen, dass die zwingenden Standards nicht ihre rechtspolitische Begründung im Phänomen der Netzwerkexternalitäten finden können.[1181]

e. Ergebnis

Ziehen wir Bilanz. Der Nutzen der zwingenden Standards ist gering. Der Versuch, die Existenz der zwingenden Standards durch die adverse Selektion oder durch die Netzwerkexternalitäten zu begründen, kann als fehlgeschlagen angesehen werden.[1182] Andererseits sind die Kosten der zwingenden Standards erheblich. Sie führen zur Gleichschaltung der AG-Rechtsform. Ähnlich kritisch kann das Kosten-Nutzen-Verhältnis der Gleichbehandlung der Aktionäre und der Abstimmungsquoren beurteilt werden. Dies nicht zuletzt deshalb, weil der zwingende Anlegerschutz im Aktienrecht vor allem der Reduktion des Problems asymmetrischer Informationen dienen soll. Das ist jedoch nicht sinnvoll, weil es das Problem asymmetrischer Informationen auf dem effizienten Kapitalmarkt nicht geben kann.

IV. Zusammenfassung

Mit dieser Feststellung ist unsere Analyse der Beziehung zwischen der Minderheit und der Mehrheit abgeschlossen. Ausgangspunkt unserer Überlegung war die Annahme, dass die Spannung in der Beziehung zwischen Minderheit und Mehrheit vor allem durch die Umverteilung (Ausbeutung) und "adverse Selektion" verursacht wird. Wir haben gesehen, dass die adverse Selektion durch den effizienten Kapitalmarkt und das Problem der Ausbeutung durch einen effizienten Preismechanismus beseitigt werden. Wir haben uns dann mit der Frage beschäftigt, ob unsere theoretischen Ausführungen richtig die deutsche Aktienwirklichkeit widerspiegeln. Dabei haben wir festgestellt, dass empirische Messung zwar erhebliche Schwierigkeiten aufwirft, aber trotzdem, vor allem durch den Vergleich der Stammaktien mit den Vorzugsaktien, sich quantifizieren lässt. Die daraus gewonnenen Ergebnisse wurden auch durch die Analyse des Übernahmemarktes bestätigt. Danach haben wir uns mit der Frage beschäftigt, ob sich der zwingende Anlegerschutz mit der Effizienz vereinbaren lässt. Das Resultat - wie es kaum anders zu erwarten war - ist eindeutig: Der zwingende Anlegerschutz, insbesondere zwingende Standards, schadet der Effizienz mehr als er ihr hilft. Im Ergebnis resultiert aus diesen Erkenntnissen eine passive, antiinterventionische Rolle für den zwingenden Anlegerschutz und eine gewisse Zurückhaltung gegenüber der Forderung, die Probleme des Minderheitenschutzes durch zwingende Regelungen zu lösen.

[1180] Spindler (1998), S. 60; Kahan/Klausner (1995), S. 836: "The presence of network externalities offers a slim basis for the use of mandatory rules in corporate law."

[1181] Siehe auch Romano (2001), S. 96-105.

[1182] Das räumen sogar die Befürworter des zwingenden Aktienrechts ein. Siehe Bericht der Regierungskommission "Corporate Governance" (2001), S. D1.4: "Im Übrigen ist es zwar richtig, dass der Kapitalmarkt standardisierte Produkte einfacher bewerten kann. Ob dies allerdings für eine Standardisierung der Aktie, der mit ihr verbundenen Rechte und Pflichten, durch zwingendes Gesellschaftsrecht spricht, ist fraglich."

Schlussbemerkung

Nun kann nach dem in vorangegangenen Kapiteln Ausgeführten kein Zweifel daran bestehen, dass Marktkräfte und andere außerrechtliche Mechanismen einen wesentlichen Beitrag zur Reduzierung der Spannungsverhältnisse zwischen den verschiedenen „stakeholders" bei der börsennotierten Aktiengesellschaft leisten können. Nicht weniger unzweifelhaft ist jedoch, dass die Marktkräfte diese Spannungsverhältnisse nicht völlig auflösen können. Es hatte sich an verschiedenen Stellen dieser Arbeit gezeigt, dass die Voraussetzungen, unter denen man effiziente Resultate erwarten kann, nicht immer vorliegen. Ebenso wenig ist zweifelhaft, dass das geltende zwingende Aktienrecht in dieser Hinsicht kaum Abhilfe leisten kann. Der Beitrag des Aktienrechts zur Bewältigung der Spannungsverhältnisse bei der börsennotierten Aktiengesellschaft soll damit keineswegs geschmälert werden. Er liegt jedoch nicht darin, die Marktkräfte zu substituieren, sondern darin, sie zu ergänzen. Eine rechtliche Lösung sollte deshalb so konzipiert werden, dass die mangelnde Wirksamkeit des Marktmechanismus als Voraussetzung des Eingreifens rechtlicher Regelungen berücksichtigt wird. Anders gesprochen: Nur wenn im Einzelfall rechtliche Mechanismen zur Verhinderung des Markversagens unbedingt erforderlich sind, sollen diese rechtlichen Mechanismen auch eingreifen.

Damit ist die Frage noch nicht beantwortet, wie diese rechtlichen Mechanismen auszusehen haben. Bei der Diskussion der Spannungsverhältnisse in vorangegangenen Kapiteln wurden bereits vereinzelt auch denkbare rechtliche Mechanismen angesprochen, ohne dass diese Mechanismen systematisiert und im Hinblick auf ihre Eignung zur Beseitigung der Spannungsverhältnisse bei der börsennotierten Aktiengesellschaft evaluiert worden wären. Die Bewertung setzt also voraus, dass man sich zunächst über die verschiedenen Mechanismen Klarheit verschafft. Im Folgenden wird ein kurzer Überblick über die rechtlichen dem Gesetzgeber zur Verfügung stehende Mechanismen gegeben. Im Wesentlichen kommen, rein theoretisch, vier solche Mechanismen in Betracht: (1) Der Gesetzgeber könnte das geltende zwingende Aktienrecht ändern und versuchen, den Markt besser durch bessere zwingende Normen zu simulieren. (2) Eine alternative Lösung wäre die Einführung der Regelungsvielfalt im Aktienrecht. Zurzeit haben wir nur eine Regelung für alle börsennotierten Aktiengesellschaften. Denkbar wäre zum Beispiel die Einführung einer Regelung für die Publikumsaktiengesellschaft und einer anderen Regelung für die Aktiengesellschaft mit einem Mehrheitsaktionär. (3) Eine andere Möglichkeit wäre die Stärkung der richterlichen Kontrolle, bei gleichzeitiger Deregulierung des Aktienrechts. Die Aufgabe des Gesetzgebers wäre nur die Festlegung der Grundsätze und Leitlinien, auf deren Grundlage die Richter entscheiden sollten. (4) Eine weitere Alternative wäre schließlich eine direkte staatliche Kontrolle zum Beispiel durch ein Aktienaufsichtsamt. Was diese kurze Systematisierung deutlich veranschaulichen dürfte, ist die Tatsache, dass zwischen der konsequenten Deregulierung und der konsequenten Regulierung viele hybride Formen dem Gesetzgeber zur Wahl stehen. Die logische Struktur unserer Überlegungen wird am deutlichsten, wenn man sich zunächst die "militanten Extreme" vergegenwärtigt, die als denkbare Mechanismen noch in Betracht kommen. Auf der einer Seite steht das Vertrauen auf die Marktkräfte nach dem Motto "law is trivial". Auf der anderen Seite steht die extreme Form der Regulierung - die Verstaatlichung. Zwischen diesen beiden Extremen gibt es, wie wir gerade gesehen haben, eine Vielzahl anderer denkbarer Mechanismen. Mit dem Schritt von einer Systematisierung hin zur Evaluierung der denkbaren Mechanismen, öffnet sich ein weites Feld. Dieses Feld zu beackern, würde selbstverständlich den Rahmen dieser Arbeit sprengen. Deswegen wird mein Evaluierungsversuch zwangsläufig kursorisch. Dass der Gesetzgeber fähig ist, den Markt durch die zwingenden Normen zu simulieren, muss bezweifelt werden. 130 Jahre der Erfahrung mit dem zwingenden Aktienrecht dürften zur Genüge gezeigt haben, dass solche Bemühungen zum Scheitern verurteilt sind. Ebenso wenig kommt eine direkte staatliche Kontrolle als geeignete Lösung in Betracht. Beamte haben weder die Anreize noch das Wissen, um effiziente Ergebnisse im Aktienrecht zu erzielen. Damit richtet sich unsere Aufmerksamkeit auf die Mechanismen (2) und (3). Selbst wenn man diese Lösung grundsätzlich für plausibel halten würde, scheidet sie aber schon deshalb aus, weil sie sich in der Praxis nicht durchsetzen lässt. Wie soll man zwischen einer Publikumsaktiengesellschaft und einer Aktiengesellschaft mit einem Mehrheitsaktionär zu unterscheiden, wenn es in Deutschland bis jetzt niemandem gelungen ist, richtig die Eigentumsverhältnisse zu beschreiben. Solange die Verflechtung zwischen den deutschen Aktiengesellschaften besteht, solange hat die Verwirklichung dieses Mechanismus wenig Aussicht auf Erfolg. Ob der Einsatz dieses Mechanismus erstrebenswert ist, ist eine andere Frage.

Damit rückt die Stärkung der *richterlichen Kontrolle* bei der gleichzeitigen Deregulierung des Aktienrechts in den Mittelpunkt unserer Betrachtung. Richtigerweise ist dieser Lösung Vorzug zu geben. Diese Privilegierung wird an dieser Stelle auch begründet. Dafür gibt es vor allem einen Grund. Langfristig, so könnte man argumentieren, ergebe sich aus den Defiziten der außerrechtlichen Mechanismen ein *Anreiz* für die „stakeholders" das institutionelle Umfeld so zu verändern, dass effiziente Lösungen wahrscheinlicher werden. Geschehen könnte dies etwa dadurch, dass sich evolutorisch in der Rechtswirklichkeit die Grundsätze und generell zu befolgenden Regeln herausbilden und im Laufe der Zeit verfestigen. Dass das zwingende Recht mit diesem Lösungsansatz im Widerspruch steht, liegt auf der Hand. Denn das zwingende Recht verhindert eine solche Evolution, indem es den Beteiligten das Experimentieren mit neuen Lösungen verbietet. Aus diesem Grund ist die Ex-ante-Kontrolle, die gerade durch das zwingende Recht erfolgt, abzuschaffen. Damit ist aber nicht gesagt, dass auch eine Ex-post-Kontrolle nicht erstrebenswert ist. An dieser Stelle kommt nun das Argument ins Spiel, dass solch eine Ex-post-Kontrolle vor allem durch die Gerichte gewährleistet werden kann. Die Aufgabe des Gesetzgebers wäre nur die Festlegung der Grundsätze und Leitlinien, auf deren Grundlage die Richter entscheiden sollen. Mit diesem rechtspolitischen Vorschlag ist unsere Diskussion des zwingenden Rechts abgeschlossen. Wenn man das Ergebnis dieser Diskussion auf eine griffige Formel bringen wollte, dann könnte man etwa sagen: „Zwingend ist die Deregulierung des Aktienrechts bei der börsennotierten Aktiengesellschaft".

Literaturverzeichnis

Aboumeri, J. (1997), Poison Pills and Shareholder Value/1992-96, in: Aspen Law and Business Corporation 68, www.georgeson.com. S. 1 ff.

Adams, M. (1989), Der Markt für Unternehmenskontrolle und sein Missbrauch, in: Die Aktiengesellschaft, S. 333 ff.

Adams, M. (1991), Eigentum, Kontrolle und beschränkte Haftung.

Adams, M. (1991a), Normen, Standards, Rechte, in: Juristenzeitung 46, S. 941 ff.

Adams, M. (1994), Die Usurpation von Aktionärsbefugnissen mittels Ringverflechtung in der "Deutschland AG". Vorschläge für Reformen im Wettbewerbs-, Steuer- und Unternehmensrecht, in: Die Aktiengesellschaft, 4/ 1994, S. 148 ff.

Adams, M. (1997), Die Kapitallebensversicherung als Anlegerschädigung, in: Zeitschrift für Wirtschaftsrecht, S. 1857 ff.

Adams, M. (1997), Stellungnahme zur Aktienrechtsreform 1997, in: Die Aktiengesellschaft, Sonderheft AG/1997, S. 1 ff.

Adams, M. (1998), Reform der Kapitallebensversicherung, Arbeitspapier Nr. 73, Universität Hamburg.

Adams, M. (1999), Cross Holdings in Germany, in: Journal of Institutional and Theoretical Economics 155, S. 80 ff.

Adams, M. (2000), Reform des Kostenersatzrechts bei Aktionärsklagen mit Drittwirkung, in: Die Aktiengesellschaft, 9/2000, S. 393 ff.

Adams, M. (2002), Vorstandsvergütungen – Die Fälle Mannesmann und DaimlerChrysler, working paper Nr. 96, www.uni-frankfurt.de.

Agrawal, A./Knoeber, C.R. (1996), Firm Performance and Mechanisms to Control Agency Problems between Managers and Shareholders, in: Journal of Financial and Quantitative Analysis 31, S. 377 ff.

Agrawal, A./Knoeber, Ch. (2001), Do Some Outside Directors Play a Political Role? In: Journal of Law and Economics XLIV, S. 176 ff.

Agrawal, A./Mandelker, G.N. (1990), Large Shareholders and the Monitoring of Managers: The Case of Antitakeover Charter Amendments, in: Journal of Financial and Quantitative Analysis 25, S. 143 ff.

Akerlof, G.A. (1970), The Market for "Lemons": Quality, Uncertainty and the Market Mechanism, in: Quarterly Journal of Economics 84, S. 488 ff.

Albach, H. (1984), Kapitalausstattung und Entwicklung der Wirtschaft, in: Finanzierung deutscher Unternehmen heute, hrsg. von M. Bierich/R. Schmidt, Stuttgart, S. 6 ff.

Albach, H./Corte, Ch./Friedewald, R./Lutter, M./Richter W. (1988), Deregulierung des Aktienrechts: Das Drei-Stufen-Modell.

Albrecht, P. (1998), Alterssicherung und Vorsorgebedarf im Spannungsfeld von Versicherungs- und Investmentprodukten, in: Mannheimer Vorträge zur Versicherungswirtschaft 70, S. 22 ff.

Alchian, A.A./Woodward, S. (1987), Reflection in the Theorie of the Firm, in: Zeitschrift für die gesamte Staatswissenschaft, S. 110 ff.

Alexander, J.C.(1991), Do the Merits Matter? A Study of Settlements in Securities Class Actions, in: Stanford Law Review 43, S. 497 ff.

Alford, A./Jones, J./Lefwich, S./Zmijewski, M. (1993), The Relative Informativeness of Accounting Disclosures in Different Countries, Journal of Accounting Research 31, S. 183 ff.

Allen, J./Phillips, G. (2000), Corporate Equity Ownership, Strategic Alliances, and Product Market Relationships, in: Journal of Finance 55, S. 2791 ff.

Allen, W.T. (1998) The Corporate Director's Fiduciary Duty of Care and the Business Judgment Rule Under U.S. Corporate Law, in: Comparative Corporate Governance - The State of the Art and Emerging Research, hrsg. K. Hopt/Kanda, H./Roe, M./Wymeersch, E./S. Prigge, S. 307 ff.

Altman, E. (1996), Corporate Bond and Commercial Loan Portfolio Analysis, Working paper, New York University.

Altman, E. /Nammacher, S.A. (1985), The Default Rate Experience on High-Yield Corporate Debt, in: Financial Analysts Journal 41, S. 25 ff.

Ambrose, B.W./Megginson, W.L. (1992), The Role of Asset Structure, Ownership Structure and Takeover Defenses in Determining Acquisition Likelihood, in: Journal of Financial and Quantitative Analysis 27, S. 582 ff.

Amihud, Y./Garbade, K./Kahan, M. (1999), A New Governance Structure For Corporate Bonds, in: Stanford Law Review 51, S. 51 ff.

Amihud, Y./Lev, B. (1981), Risk Reduction as a Managerial Motive for Conglomerate Mergers, in: The Bell Journal of Economics 12, S. 605 ff.

Anthony, R/Herzlinger, R. (1980), Management Control in Nonprofit Organisations.

Apostolopoulos, A. (1986), Aktienkurse und rationale Erwartungen: eine makroökonometrische Untersuchung der Informationseffizienz des deutschen Aktienmarktes 1965 – 1982.

Asquit, P./Bruner, R./Mullins, D. W. (1983), The Gains to Bidding Firms From Merger, Journal of Financial Economics 11, S. 1211 ff.

Asquith, P. (1983), Merger Bids, Uncertainty and Stockholder Returns, in: Journal of Financial Economics 11, S. 51 ff.

Asquith, P./Kim, H.E. (1982), The Impact of Merger Bids on the Participating Firms Security Holders, in: Journal of Financial Economics 5, S. 1209 ff.

Asquith, P./Wizman, T.A. (1990), Event Risk, Covenants, and Bondholder Returns in Leveraged Buyouts, in: Journal of Financial Economics 27, S. 195 ff.

Assman, H-D. (1989), Konzeptionelle Grundlagen des Anlegerschutzes, in: Zeitschrift für Bankrecht und Bankpraxis, S. 49 ff.

Auer, K. (1999), Mythos und Realität von US-GAAP und IAS, in: Zeitschrift für Betriebswirtschaft 69, S. 979 ff.

Auerbach, A./Reishus, D. (1988), Taxes and the Merger Decision, in: Coffee, J.C./Lowenstein, L./S. Rose-Ackerman, Knights, Raiders & Targets: The impact of the Hostile Takeovers S. 301 ff.

Axley, R. (1950), The Case Against Cumulative Voting, in: Wisconsin Law Review 22, S. 278 ff.

Baetge, J. (1997), Der negative Unterschiedsbetrag aus der Kapitalkonsolidierung nach HGB, IAS und US-GAAP, in: Festschrift für Bruno Kropff, 1997; Aktien- und Bilanzrecht: Festschrift für Bruno Kropff, hrsg. von K.-H. Forster/B. Grunewald/M. Lutter/ J. Semler, S. 479 ff.

Baetge, J./Armeloh, K-H./Schulze, D. (1997), Empirische Befunde über die Qualität der Geschäftsberichterstattung börsennotierter deutscher Kapitalgesellschaften, in: Die Betriebswirtschaft, 6/1997, S. 212 ff.

Bainbridge, S. (1993), Independent Directors and the ALI Corporate Governance Project, in: George Washington Law Review 61, S. 1034 ff.

Baird, D. (1998), Leveraged Buyouts, in: The New Palgrave Dictionary of Economics and the Laws, S. 570 ff.

Baliga, B.R./Moyer, R.C./Ramesh, S.R. (1996), CEO Duality and Firm Performance: What's the Fuss? In: Strategic Management Journal 17, S. 41 ff.

Ballwieser, W. (1997), Grenzen des Vergleich von Rechnungslegungssystemen - dargestellt anhand von HGB, US-GAAP und IAS, in: Festschrift für Bruno Kropff, 1997; Aktien- und Bilanzrecht: Festschrift für Bruno Kropff, hrsg. von K.-H. Forster/B. Grunewald/M. Lutter/J. Semler, S. 379 ff.

Ballwieser, W./Schmidt, R.H. (1981), Unternehmensverfassung, Unternehmensziele und Finanztheorie, in: Unternehmensverfassung als Problem der Betriebswirtschaftslehre, hrsg.von K. Bohr, S. 645 ff.

Barclay, M./Holderness, C./Pontiff, J. (1993), Private Benefits from Block Ownership and Discounts on Closed-End Funds, in: Journal of Financial Economics 33, S. 263 ff.

Barkey, A.H. (1986), The Financial Articulation of a Fiduciary Duty to Bondholders with Fiduciary Duties to Stockholders of the Corporation, in: Creighton Law Review 20, S. 47 ff.

Bästlein, H. (1997), Zur Feindlichkeit öffentlicher Übernahmenangebote. Eine ökonomische Betrachtung von Ursachen und Auswirkungen unter besonderer Berücksichtigung der deutschen Situation.

Bauer, M. (1995), Gläubigerschutz durch eine formelle Nennkapitalziffer.

Baums, T (1996a), Universal Banks and Investment Companies in Germany, Working Paper, Universität Osnabrück.

Baums, T. (1996b), Vollmachtstimmrecht der Banken - Ja oder Nein? in: Die Aktiengesellschaft, 1/1996, S. 1 ff.

Baums, T. (1997), Stellungsnahme zum Entwurf eines Gesetzes von Transparenz und Beschränkung von Machtkonzentration in der deutschen Wirtschaft, Sonderheft AG/1997, S. 25 ff.

Baums, T. (1999), Corporate Contracting Around Defective Regulations: The Daimler-Chrysler Case, in: Journal of Institutional and Theoretical Economics 155, S. 119 ff.

Baums, T./Fraune, C. (1995), Institutionelle Anleger und Publikumsaktiengesellschaft, Eine empirische Untersuchung, in: Die Aktiengesellschaft, 3/1995, S. 101 ff.

Baums, T./König, M. (1997), Investmentfonds im Universalbankkonzern: Rechtstatsachen und aktuelle Reformfragen, in: Festschrift für Bruno Kropff, Aktien- und Bilanzrecht, hrsg. von K-H. Forster/ B. Grunewald/M. Lutter/J. Semler, S. 1 ff.

Baums, T./Schmitz, R. (1998), Shareholder Voting in Germany, Arbeitspapier Nr. 76, Uni Osnabrück.

Baysinger, B.D./Butler, H.N. (1985), Corporate Governance and the Board of Directors: Performance Effects of Changes in Board Composition, in: Journal of Law, Economics, and Organization 1, S. 101 ff.

Beaver W.H. (1981), Market Efficiency, in: Accounting Review 56, S. 23 ff.

Bebchuk L.A./Roe M.J., (1999), A Theory of Path Dependence In Corporate Ownership and Governance, Discussion Paper No. 266, Harvard Law School.

Bebchuk, L.A. (1982), The Case for Facilitating Competing Tender Offers, in: Harvard Law Reviev 95, S. 1028 ff.

Bebchuk, L.A. (1988), Suing solely to Extract a Settlement Offer, in: Journal of Legal Studies 17, S. 437 ff.

Bebchuk, L.A. (1989), Foreword: The Debate on Contractual Freedom in Corporate Law, in: Columbia Law Review 89, S. 1395 ff.

Bebchuk, L.A. (1989), Limiting Contractual Freedom in Corporate Law: The Desirable Constraints on Charter Amendments, in: Harvard Law Review 102, S. 1820 ff.

Bebchuk, L.A. (1994) Efficient and Inefficient Sales of Corporate Control, in: Quarterly Journal of Economics 109, S. 957 ff.

Bebchuk, L.A. (1999), The Rent Protection Theory of Corporate Ownership and Control, Harvard Law School, working paper, www.ssrn.com.

Bebchuk, L.A./Fried, J.M./Walker, D.I. (2001), Executive Compensation in America: Optimal Contracting or Extraction of Rents? Harvard Discussion Paper No. 338, 11/2001.

Bebchuk, L.A./Kahan, M. (1998), The Lemons Effect in Corporate Freeze-Outs, working paper, Harvard Law School, www.ssrn.com.

Becker, M. (1997), Verwaltungskontrolle durch Gesellschaftsrechte: eine vergleichende Studie nach deutschem Verbandsrecht und dem amerikanischen Recht der corporation.

Behrens, P. (1986), Die ökonomischen Grundlagen des Rechts.

Benckendorff, A. (1998), Erwerb eigener Aktien im deutschen und US-amerikanischen Recht

Benston, G. (1973), Required Disclosure and the Stock Market: An Evaluation of the Securities Exchange Act of 1934, in: American Economic Review 63, S. 132 ff.

Berg, S.V./Smith, S.K. (1978), CEO and Board Chairman: A Quantitative Study of Dual vs. Unitary Board Leadership, in: Directors and Boards 3, S. 34 ff.

Bergstrom, C/Hogfeldt, P./Macey, J./Samuelsson, P. (1995), The Regulation of Corporate Acquisitions: a Law and Economics Analysis of European Proposals for Reform, in: Columbia Business Law Review 7, S. 495 ff.

Bericht der Regierungskommission "Corporate Governance" (2001), Unternehmensführung - Unternehmenskontrolle - Modernisierung des Aktienrechts, erhältlich: Internetseite Prof. Noack.

Berle, A.A./Means, G.C. (1932), The Modern Corporation and Private Property.

Bernhardt, W./Witt, P. (1997), Stock Options und Shareholder Value, in: Zeitschrift für Betriebswirtschaft 67, S. 85 ff.

Berrar, C. (2001), Die Entwicklung der Corporate Governance in Deutschland im internationalen Vergleich.

Beyer, J. (1998), Managerherrschaft in Deutschland? - "Corporate governance" unter Verflechtungsbedingungen.

Bhabra, H./Dhillon, U./Ramirez, G. (1996), A November Effect? Revisiting the Tax-Loss Selling Hypothesis, New York University, Salomon Center Working Paper.

Bhagat, S./Black, B. (1998), The Relationship Between Board Composition and Firm Performance, in: Comparative Corporate Governance - The State of the Art and Emerging Research, hrsg. K. Hopt/Kanda, H./Roe, M./Wymeersch, E./ S. Prigge, S. 281 ff.

Bhagat, S./Black, B. (1999), The Uncertain Relationship between Board Composition and Firm Performance, in: Business Lawyer 54, S. 921 ff.

Bhagat, S./Brickley, J. (1984), Cumulative Voting: The Value of Minority Shareholder Voting Rights, in: Journal of Law and Economics 27, S. 353 ff.

Bhagat, S./Jefferis, R.H. (1991), Voting Power in the Proxy Process: The Case of Antitakeover Amendments, in: Journal of Financial Economics 30, S. 193 ff.

Bhagat, S./Romano, R. (2001), Event Studies and the Law - Part I: Technique and Corporate Litigation. Yale Law School and Yale International Center for Finance. Yale Law and Economics Research Paper No. 259, www.ssrn.com.

Bhagat, S./Romano, R. (2001a), Event Studies and the Law - Part II: Empirical Studies of Corporate Law. Yale Law School and Yale International Center for Finance. Yale Law and Economics Research Paper No. 260, www.ssrn.com.

Bhagat, S./Shleifer, A./Vishny, R.W. (1990), Hostile Takeovers in the 1980s: The Return to Corporate Specialization, Brookings Papers on Economic Activity (Special Issue), S. 1 ff.

Bhattacharya, M. (1983), Transactions Data Tests of Efficiency oft the Chicago Board Options Exchange, in: Journal of Financial Economics 12, S. 161 ff.

Biehler, H./Ortmann, R. (1985), Personelle Verbindungen zwischen Unternehmen - Ergebnisse einer Interviewserie bei Vorstands- und Aufsichtsratsmitgliedern großer deutscher Unternehmen, in: Die Betriebswirtschaft 45, S. 4 ff.

Biener, H. (1997), Stand und künftige Entwicklung der Harmonisierung der Vorschriften über die Rechnungslegung und deren Prüfung in der Europäischen Union, in: Festschrift für Bruno Kropff, 1997; Aktien- und Bilanzrecht: Festschrift für Bruno Kropff, hrsg. von K.-H. Forster/B. Grunewald/M. Lutter/ J. Semler S. 395 ff.

Bigus, J. (1999), Risikoanreizproblem und nicht gleichrangige Gläubigeransprüche.

Bison, H. (1997), Mißbrauch der Anfechtungsklage durch den Aktionär.

Bitz, M./Hemmerde, W./Rausch, W. (1986), Gesetzliche Regelungen und Reformvorschläge zum Gläubigerschutz: eine ökonomische Analyse.

Black, B. (1989), Bidder Overpayment in Takeovers, in: Stanford Law Review 41, S. 597 ff.

Black, B. (1990), Is Corporate Law Trivial? A Political and Economic Analysis, in: Northwestern University Law Review 84, S. 835 ff.

Black, B. (1992a), Agent Watching Agents: The Promise of Institutional Investor Voice, in: UCLA Law Review, 39, S. 811 ff.

Black, B. (1992b), The Value of Institutional Investor Monitoring: The Empirical Evidence, UCLA Law Review 39, S. 897 ff.

Black, B. (1998). Shareholder Activism and Corporate Governance in the United States, in: The New Palgrave Dictionary of Economics and the Laws, S. 459 ff.

Black, B. (2000), The First International Merger Wave (and the Fifth and Last U. S. Wave), in: University of Miami Law Review, S. 799 ff.

Black, B. (2001), The Legal and Institutional Preconditions for Strong Securities Markets, in: UCLA Law Review 48, S. 781 ff.

Black, B. (2001a), The Core Fiduciary Duties of Outside Directors, in: Asia Business Law Review, S. 3 ff.

Black, B./Kraakam, R./Tarassova, A. (2000), Russion Privatization and Corporate Governance: What Went Wrong? In: Stanford Law Review 52, S. 1731 ff.

Blumberg, P.I. (1993), The American Law of Corporate Groups, in: Corporate Control and Accountability: Changing Structures and the Dynamics of Regulation, hrsg. von McCahery, J/Picciotto, S./C. Scott, S. 306 ff.

Blume, M./Keim, D. (1989), Realized Returns and Defaults on Lower-Grade Bonds: The Cohort of 1977 and 1978, working paper, The Wharton School.

Boardman, C.M./McEnally, R.W. (1981), Factors Affecting Seasoned Corporate Bond Prices, in: Journal of Financial and Quantitative Analysis 16, S. 207 ff.

Böckli, P. (1996), Corporate Governance: The Cadbury Report and the Swiss Board Concept of 1991, in: Schweizerische Zeitschrift für Wirtschaftsrecht, S. 150 ff.

Böhm, J. (1992), Der Einfluß der Banken auf Großunternehmen.

Böhmer, E. (1999), Corporate Governance in Germany: Institutional Background and Empirical Results, working paper, US Securities and Exchange Commission.

Böhmer, E./Löffer, Y (1997), Kursrelevante Ereignisse bei Unternehmensübernahmen: Eine empirische Analyse des deutschen Kapitalmarktes, working paper, Humboldt Universität Berlin.

Böhmer, E./Löffler, Y. (1999), Kursrelevante Ereignisse bei Unternehmensübernahmen: Eine empirische Analyse des deutschen Kapitalmarktes, in: Schmalenbachs Zeitschrift für betriebswirtschaftliche Forschung 51, 4/1999, S. 299 ff.

Borokhovich, K.A./Brunarski, K.R./Parrino, R. (1997), CEO contracting and antitakeover amendments, in: Journal of Finance 52, S. 1495 ff.

Borokhovich, K.A./Parrino, R./Trapani, T. (1996), Outside Directors and CEO Selection, in: Journal of Financial and Quantitative Analysis 31, S. 337 ff.

Bouderaux, K.J. (1973), Managerialism and Risk-Return Performance, in: The Southern Economic Journal 39, S. 366 ff.

Bradley, M. (1980), Interfirm Tender Offers, and the Market for Corporate Control, in: Journal of Business 53, S. 1 ff.

Bradley, M./Desai, A./Kim, H.E. (1988), Synergetic Gains from Corporate Acquisitions and their Division Between the Shareholders of Target and Acquiring Firms, in: Journal of Financial Economics 20, S. 10 ff.

Bradley, M./Jarrell, G.A. (1980), The Economic Effects of Federal and State Regulations of Cash Tender Offers, in: Journal of Law and Economics 23, S. 371 ff.

Bradley, M./Shipani, C./Sundaram, A./Walsh, J. (1999), The Purposes and Accountability of the Corporation in Contemporary Society: Corporate Governance at a Crossroads, in: Law and Contemporary Problems, S. 10 ff.

Brailsford, T.J./Oliver, B.R./Pua, L.H.S. (2000), Theory and Evidence on the Relationship between Ownership Structure and Capital Structure, Department of Commerce, Australian National University, Australia, www.ssrn.com.

Brander, J.A./Spencer, B.J. (1989), Moral Hazard and Limited Liability: Implications for the Theory of the Firm, in: International Economic Review 30, S. 833 ff.

Bratton, W. (1989) Corporate Debt Relationships: Legal Theory in a Time of Restructuring, in: Duke Law Journal, S. 92 ff.

Bratton, W./McCahery, J. (1999), Comparative Corporate Governance and the Theory of the Firm: The Case Against Global Cross Reference, in: Columbia Journal of Transnational Law, S. 213 ff.

Brav, A./Gompers, P. (1997), Myth or Reality? The Long-Run Underperformance of Initial Public Offerings: Evidence from Venture and Nonventure Capital-Backed Companies, in: Journal of Finance 52, S. 1791 ff.

Brealey, R./Myers, S. (2000), Principles of Corporate Finance, 6. Auflage.

Bretz, M. (1998), Eigenkapitalausstattung und Insolvenzen im Mittelstand, in: Betriebswirtschaftliche Forschung und Praxis, S. 263 ff.

Brickley, J.A./Bhagat, S./Lease, R.C. (1985), The Impact of Long-Range Managerial Compensation Plans on Shareholder Wealth, in: Journal of Accounting and Economics 7, S. 115 ff.

Brickley, J.A./Coles, J.L./Jarrell, G. (1997), Leadership Structure: Separating the CEO and Chairman of the Board, in: Journal of Corporate Finance 3, S. 189 ff.

Brickley, J.A./Coles, J.L./Terry, R.L. (1994), Outside Directors and the Adoption of Poison Pills, in: Journal of Financial Economics 35, S. 371 ff.

Brickley, J.A./Lease, R.C./Smith, C.W. (1988), Ownership Structure and Voting on Antitakeover Amendments, in: Journal of Financial Economics 20, S. 267 ff.

Brickley, J.A./Linck, J.S./Coles, J.L. (1999), What Happens to CEOs after They Retire? New Evidence on Career Concerns, Horizon Problems, and CEO Incentives, in: Journal of Financial Economics 52, S. 341 ff.

Brook, Y/Ramesh, K. (1994), Shareholder Wealth Effects of Directors Liability Limitation Provisions, in: Journal of Financial and Quantitative Analysis 29, S. 481 ff.

Brotte, J. (1997), US-amerikanische und deutsche Geschäftsberichte: Notwendigkeit, Regulierung und Praxis jahresabschlussergänzender Informationen.
Brown, K./Harlow, W./Starks, L. (1996), Of Tournaments and Temptations: an Analysis of Managerial Incentives in the Mutual Fund Industry, in: Journal of Finance 51, S. 85 ff.
Brown, P./Kleidon, A./Marsh, T. (1983), New Evidence on the Nature of Size-Related Anomalies in Stock Prices, in: Journal of Financial Economics 12, S. 33 ff.
Brown, S.J./Warner, J.B. (1985), Using Daily Stock Returns: The Case of Event Studies, in: Journal of Financial Economics 14, S. 1 ff.
Brudley, V. (1983), Equal Treatment of Shareholders in Corporate Distributions and Reorganizations, in: California Law Review 74, S. 1072 ff.
Brudney, V. (1992), Corporate Bondholders and Debtor Opportunism: In Bad Times and Good, in: Harvard Law Review 105, S. 1821 ff.
Brudney, V. (1997), Contract and Fiduciary Duty In Corporate Law, in: Boston College Law Review 38, S. 595 ff.
Bühner, R. (1990), Reaktionen des Aktienmarktes auf Unternehmenszusammenschlüsse: Eine empirische Untersuchung, in: Schmalenbachs Zeitschrift für betriebswirtschaftliche Forschung 42, S. 295 ff.
Bull, I. (1989), Management Performance in Leveraged Buyouts: An Empirical Analysis, in: Journal of Financial Economics, S. 89 ff.
Busse von Colbe, W. (1981), Kapital- und Flußrechnung, in: Handwörterbuch des Rechnungswesens, hrsg. von Kosial, E./Chmielewicz, K./M. Schweitzer, 2 Auflage.
Busse von Colbe, W. (1997), Internalisierung der deutschen Konzernrechnungslegung als Kür oder Pflicht? – zum Regierungsentwurf eines KapAEG, in: in: Festschrift für Bruno Kropff, 1997; Aktien- und Bilanzrecht: Festschrift für Bruno Kropff, hrsg. von K.-H. Forster/B. Grunewald/M. Lutter/J. Semler, S. 412 ff.
Butler, H.N./Ribstein, L.E. (1989), The Contract Clause and the Corporation, in: Brooklyn Law Review 65, S. 767 ff.
Butler, H.N./Ribstein, L.E. (1990), Opting Out of Fiduciary Duties: A Response to the Anticontrarians, in: Washington Law Review 65, S. 1 ff.
Butler, S./Newman, H. (1989), Agency Control Mechanisms, Effectiveness and Decision Making in an Executives Final Year with the Firm, in: Journal of Institutional and Theoretical Economics 145, S. 451 ff.
Byrd, J./Hickman, K. (1991), Do Outside Directors Monitor Managers? Evidence from Tender Offer Bids, in: Journal of Financial Economics 32, S. 195 ff.
Cable, J. (1985), Capital Market Information and Industrial Performance: The Role of West German Banks, in: Economic Journal 95, S. 118 ff.
Campbell, D. (1993), The Failure of Market Failure, in: Corporate Control and Accountability, hrsg. von McCahery, Picciotto and Scott, S. 105 ff.
Cannella, A./Fraser, D.R./Scott Lee, D. (1995), Firm Failure and Managerial Labor Markets – Evidence from Texas Banking, in: Journal of Financial Economics 38, S. 185 ff.
Carhart, M. (1997), On Persistence in Mutual Fund Performance, in: Journal of Finance 52, S. 57 ff.
Carney, W. (1988), Controlling Management Opportunism in the Market for Corporate Control: An Agency Cost Model, in: Wisconsin Law Review, S. 384 ff.
Carney, W. (1993), The ALIS Corporate Governance Project: The Death of Property Rights? In: George Washington Law Review 61, S. 898 ff.
Carney, W. (1998), The Production of Corporate Law, in: Southern California Law Review 73, S. 715 ff.

Chaganti, R.S./Mahajan, V./Sharma, S. (1985), Corporate Board Size, Composition and Corporate Failures in Retailing Industry, in: Journal of Management Studies 22, S. 400 ff.

Chan, K.C. (1988), On the Contrarian Investment Strategy, in: Journal of Business 61, S. 147 ff.

Chang, C/Tuckman, H. (1990), Do Higher Property Tax Rates Increase the Market Share of Nonprofit Hospitals? In: National Tax Journal 43, S. 175 ff.

Chang, E./Lewellen, W. (1984), Market Timing and Mutual Fund Investment Performance, in: Journal of Business 57, S. 57 ff.

Chatterjee, A./Maniam, B. (1997), Market Anomalies Revisited, in: Journal of Applied Business Research 13, S. 47 ff.

Chay, J.B./Trzcinka, C.A. (1999), Managerial Performance and the Cross-Sectional Pricing of Closed-End Funds, in: Journal of Financial Economics 52, S. 379 ff.

Cheffins, B.R. (1997), Company Law: Theory, Structure and Operation.

Chevalier, J./Ellison, G. (1997), Risk Taking by Mutual Funds as a Response to Incentives, in: Journal of Political Economy 105, S. 1167 ff.

Chirinko, R./Elston, J.A. (1996), Banking Relationships in Germany: Empirical Results and Policy Implications, working paper, Emory University.

Choper, J./Coffee, J./Gilson, R. (1995), Cases and Materials on Corporations.

Claessens, S./Djankov, S./Fan, J./Lang, L. (1999), Expropriation of Minority Shareholders in East Asia, www.nber.org.

Claussen, C.P. (1988), Börsenzugang für mittelständische Unternehmen, in: GmbH-Rundschau, S. 417 ff.

Claussen, C.P. (1989), Noch einmal: Die börsengehandelten GmbH-Anteile, in: GmbH-Rundschau, S. 495 ff.

Claussen, C.P. (1997), Anstöße für die nächste Aktienrechtsreform, in: Sonderheft AG 1997, Stellungsnahme zur Aktienrechtsreform 1997, S. 108 ff.

Coase, R.H. (1937), The Nature of the Firm, in: 4 Economica, S. 368-405, abgedruckt in Coase, R.H. (1988), The Firm, the Market and the Law.

Coase, R.H. (1960), The Problem of Social Cost, in: 3 Journal of Law and Economics, S. 1-44. Abgedruckt in: Coase, R.H., The Firm, the Market and the Law, 1988.

Coates, J. (1999), The Contestability of Corporate Control - A Critique of the Scientific Evidence on Takeover Defenses, Discussion Paper No. 265, Harvard Law School.

Coffee, J. (1984), Regulating the Market for Corporate Control: A Critical Assessment of the Tender Offers Role in Corporate Governance, in: Columbia Law Review 84, S. 1145 ff.

Coffee, J. (1989), The Mandatory/Enabling Balance in Corporate Law: An Essay on the Judicial Role, in: Columbia Law Review 89, S. 1619 ff.

Coffee, J. (1995), Class Wars: The Dilemma of the Mass Tort Class Action, in: Columbia Law Review, S. 1343 ff.

Coffee, J. (1996), Transfers of Control and The Quest For Efficiency: Can Delaware Law Encourage Efficient Transactions While Chilling Inefficient Ones? In: Delaware Journal of Corporate Law 21, S. 359 ff.

Coffee, J. (1997), The Folklore of Investor Capitalism, Michigan Law Review 95, S. 1970 ff.

Coffee, J. (1999), Privatization and Corporate Governance: The Lessons from Securities Market Failure Columbia University School of Law, Working Paper No. 158.

Coffee, J. (1999a), The Future as History: The Prospects for Global Convergence in Corporate Governance and its Implication, in: Northwestern University Law Review 94, S. 641 ff.

Coffee, J. (2000), The Rise of Dispersed Ownership: The Role of Law in the Separation of Ownership and Control, www.ssrn.com

Coffee, J./Klein, A.W. (1991), Bondholder Coercion: The Problem of Constrained Choice in Debt Tender Offers and Recapitalizations, in: University of Chicago Law Review 58, S. 1207 ff.

Coffey, M.P. (1994), Note: In Defense of Limited Liability -- A Reply to Hansmann and Kraakman, in: George Mason Law Review 1, S. 59 ff.

Collins, M.C./Black, H.A./Wansely, J.W. (1993), The Effect of Antitakeover Legislation on Banking Firms: Evidence from Pennsylvania Act 36, in: International Review of Financial Analysis 2, S. 191 ff.

Comment, R./Schwert, G.W. (1995), Poison or Placebo? Evidence on the Deterrence and Wealth Effects of Modern Antitakeover Measures, in: Journal of Financial Economics 39, S. 3 ff.

Cotter, J.F./Shivdasani, A./Zenner, M. (1997), Do Independent Directors Enhance Target Shareholder Wealth During Tender Offers? In: Journal of Financial Economics 43, S. 195 ff.

Crabbe, L. (1991), Event Risk: An Analysis of Losses to Bondholders and "Super Poison Put" Bond Covenants, in: Journal of Finance 46, S. 689 ff.

Cunningham, L. (1994a), Capital Market Theory, Mandatory Disclosure, and Price Discovery, in: Washington and Lee Law Review, S. 843 ff.

Cunningham, L. (1994b), From Random Walks to Chaotic Crashes: The Linear Genealogy of the Efficient Capital Market Hypothesis, in: George Washington Law Review 62, S. 546 ff.

DAI-Factbuch (2000), Statistiken, Analysen und Graphiken zu Aktionären, Aktiengesellschaften und Börsen, Deutsches Aktieninstitut.

Daines, R. (2000), Does Delaware Law Improve Firm Value? New York University Center for Law and Business Working Paper, Columbia Law School Center for Studies in Law and Economics, Working Paper No. 159.

Daines, R./Klausner, M (1999), Do IPO Charters Maximize Firm Value? Antitakover Protection in IPOs, Working Paper Series, School of Law, Boalt Hall, Working Paper 99-14.

Damodaran A. (1999), Applied Corporate Finance.

Danielson, M./Karpoff, J. (1998), On the Uses of Corporate Governance Provisions, in: Journal of Corporate Finance 4, S. 347 ff.

Dannecker, M. (1992), Die richterliche Inhaltskontrolle der Gesellschaftsverträge von Personengesellschaften.

Datta, S./Iskandar-Datta, M. (1996), Takeover Defenses and Wealth Effects on Securityholders: Poison Pills of Poison Pill Adoptions, in: Journal of Banking & Finance 20, S. 1231 ff.

De Bondt, W./Thaler, R.(1985), Does the Stock Market Overreact? in: Journal of Finance 40, S. 793 ff.

De Long, J./Shleifer, A./Summers, L./Waldman, R. (1990), Noise Trader Risk in Financial Markets, in: Journal of Political Economy, S. 703 ff.

DeAngelo, H./Rice, E.M. (1983), Antitakeover Charter Amendments and Shareholder Wealth, in: Journal of Financial Economics 11, S. 329 ff.

DeAngelo, L. (1986), Accounting Numbers as Market Valuation Substitutes: A Study of Management Buyouts of Public Stockholders, in: The Accounting Review 61, S. 400 ff.

Dechow, P./Sloan, R. (1991), Executive Incentives and the Horizon Problem: Some Empirical Evidence, in: Journal of Accounting and Economics 14, S. 51 ff.

DeFusco, R./Zorn, T./Johnson, R. (1990), The Effect of Executive Stock Potion Plans on Stockholders and Bondholders, in: Journal of Finance 45, S. 617 ff.

DeFusco, R./Zorn, T./Johnson, R. (1991), The Association Between Executive Stock Option Plan Changes and Managerial Decision-Making, in: Financial Management 20, S. 36 ff.

Demsetz, H. (1983), The Structure of Ownership and the Theory of the Firm, in: Journal of Law and Economics 26, S. 375 ff.

Demsetz, H. (1986), Corporate Control, Insider Trading, and Rates of Return, in: The American Economic Review 76, S. 313 ff.

Demsetz, H. (1988), The Theory of the Firm Revisited, in: Journal of Law, Economics, and Organization 4, S. 141 ff.

Demsetz, H./Lehn, K. (1985), The Structure of Corporate Ownership: Causes and Consequences, in: Journal of Political Economy 93, S. 1155 ff.

Demsetz, H./Lehn, K. (1986), The Structure of Corporate Ownership: Causes and Consequences, in: Journal of Political Economy 93, S. 1155 ff.

Denis, D.J./Denis, D.K. (1995), Performance changes following top management dismissals, in: Journal of Finance 50, S. 1029 ff.

Denis, D.K./McConnell, J. J. (1986), Corporate Mergers and Security Returns, in: Journal of Financial Economics 16, S. 143 ff.

Deutsche Bundesbank (1997), Die Aktie als Finanzierungs- und Anlageinstrument, in: Monatsberichte der Deutschen Bundesbank 49, Nr. 1, S. 27 ff.

Doberanzke, V. (1993), Exklusive Finanzierung mittelständischer Unternehmen.

Dodd, P. (1992), The Market for Corporate Control: A Review of the Evidence, in: The Revolution in Corporate Finance, hrsg. von Stern, J.M./D.H. Chew, S. 510 ff.

Dosoung C./Kamma, S./Weintrop, J. (1989), The Delaware Courts, Poison Pills, and Shareholder Wealth, in: Journal of Law, Economics, and Organization 5, S. 375 ff.

Druey, J.N. (1994), Unwirksamkeit oder Verantwortlichkeit – Die Verfahren des Aktionärsschutzes in der Schweiz, in: Reformbedarf im Aktienrecht, Sonderheft 12, Zeitschrift für Unternehmens- und Gesellschaftsrecht, hrsg. von J. Semler, S. 187 ff.

Drukarczyk, J. (1993), Theorie und Politik der Finanzierung, 2. Auflage.

Dyl, E.A./Joehnk, M.D. (1979), Sinking Funds and the Cost of Corporate Debt, in: Journal of Finance 34, S. 887 ff.

Ehrhardt, O./Nowak, E. (2001), Private Benefits and Minority Shareholders Expropriation – Empirical Evidence from IPOs of German Family-Owned Firms, in: Center for Financial Studies, working paper, Nr. 2002/10.

Easterbrook, F.H. (1985), Insider Trading as an Agency Problem, in: Principals and Agents: The Structure of Business, hrsg. J. W. Pratt, S. 82 ff.

Easterbrook, F.H./Fischel, D.R. (1981), The Proper Role of a Targets Management in Responding to a Tender Offer, in: Harvard Law Review 91, S. 1161 ff.

Easterbrook, F.H./Fischel, D.R. (1984), Mandatory Disclosure and the Protection of Investors, Virginia Law Review 70, S. 669 ff.

Easterbrook, F.H./Fischel, D.R. (1985), Limited Liability and the Corporation, in: University of Chicago Law Review 52, S. 89 ff.

Easton, P./Zmijewski, M. (1993), SEC Form 10K/10Q Reports and Annual Reports to Shareholders: Reporting Lags and Squared Market Model Prediction Errors, in: Journal of Accounting Research 31, S. 113 ff.

Ebke, W. (1990), Interlocking Directorates, in: Zeitschrift für Unternehmens- und Gesellschaftsrecht 19, S. 63 ff.

Eckbo, E. (1983), Horizontal Mergers, Collusion, and Stockholder Wealth, in: Journal of Financial Economics 11, S. 241 ff.
Eckbo, E. (1985), Mergers and the Market Concentration Doctrine: Evidence from the Capital Market, in: Journal of Business 58, S. 325 ff.
Eckbo, E. (1992), Mergers and the Value of Antitrust Deterrence, in: Journal of Finance 47, S. 1005 ff.
Eckbo, E./Wier, P. (1985), Antimerger Policy under the Hart-Scott-Rodino Act: a Reexamination of the Market Power Hypothesis, in: Journal of Law and Economics 28, S. 119 ff.
Edelen, R.M. (1999), Investor Flows and the Assessed Performance of Open-end Mutual Funds, in: Journal of Financial Economics 53, S. 439 ff.
Edwards, J.S./Fischer, K. (1994), Banks, finance and investment in Germany.
Eidenmüller, H. (1995), Effizienz als Rechtsgrundsatz.
Eidenmüller, H. (1999), Unternehmenssanierung zwischen Markt und Gesetz - Mechanismen der Unternehmensreorganisation und Kooperationspflichten im Reorganisationsrecht.
Ekkenga, J. (1998), Anlegerschutz, Rechnungslegung und Kapitalmarkt.
Elfakhani, S./Lockwood, L./Zaher, T. (1998), Small Firm and Value Effects in the Canadian Stock Market, in: Journal of Financial Research 21, S. 277 ff.
Elhauge, E. (1992), The Triggering Function of Sale of Control Doctrine, in: University of Chicago Law Review 59, S. 1465 ff.
Ellert, J.C. (1976), Mergers, Antitrust Law Enforcement and Stockholder Returns, in: Journal of Finance 31, S. 715 ff.
Elton, E./Gruber, M./Das, S./Hlavka, M., (1993) Efficiency with Costly Information: a Reinterpretation of Evidence from Managed Portfolios, in: Review of Financial Studies 6, S. ff.
Emanuel, D. (1983), A Theoretical Model for Valuing Preferred Stock, in: Journal of Finance 38, S. 1133 ff.
Endres, A. (1976), Das Coase-Theorem bei langfristiger Betrachtung, in: Jahrbuch für Sozialwissenschaft 27, S. 430 ff.
Endres, A. (1977), Die Coase-Kontroverse, in: Journal of Institutional and Theoretical Economics 133, S. 637 ff.
Endres, M. (1999), Organisation der Unternehmensleitung aus der Sicht der Praxis, in: Zeitschrift für das gesamte Handels- und Wirtschaftsrecht 163, S. 441 ff.
Engels, W. (1992), Das Trilemma der Finanzmärkte, in: Anlegerschutz und Vertrauensbildung an Finanzmärkten, hrsg. von W. Engels, S. 9 ff.
Engenhardt, G. (1995), Die Macht der Banken - Politische Positionen zur Regelung der gesetzlichen Grundlagen.
Escher-Weingart, C. (2001), Reform durch die Deregulierung im Kapitalgesellschaftsrecht.
Fama, E.F. (1965), The Behavior of Stock Market Prices, in: Journal of Business 38, S. 34 ff.
Fama, E.F. (1970), Efficient Capital Markets: A Review of Theory and Empirical Work, in: Journal of Finance 25, S. 383 ff.
Fama, E.F. (1980), Agency Problems and the Theory of the Firm, in: Journal of Political Economy 88, S. 288 ff.
Fama, E.F. (1991), Efficient Capital Markets: II, in: Journal of Finance 46, S. 1575 ff.
Fama, E.F. (1998), Market efficiency, Long-Term Returns, and Behavioral Finance, in: Journal of Financial Economics 49, S. 283 ff.
Fama, E.F./Jensen, M.C. (1983), Agency Problems and Residual Claims, in: Journal of Law and Economics 26, S. 327 ff.

Fama, E.F./Jensen, M.C. (1983), Separation of Ownership and Control, in: Journal of Law and Economics 26, S. 301 ff.

Fame, E.F./Fisher, L./Jensen, M.C./Roll, R. (1969) The Adjustment of Stock Prices to New Information, in: International Economic Review, S. 1 ff.

Fastrich, L. (1992), Richterliche Inhaltskontrolle im Privatrecht.

Fax, M. (1999), Required Disclosure and Corporate Governance, in: Law and Contemporary Problems, S. 113 ff.

Feldhoff, M. (1992), Die Regulierung der Rechnungslegung - Eine systematische Darstellung der Grundlagen mit einer Anwendung auf die Frage der Publizität.

Ferson, W./Schadt, R. (1996), Measuring Fund Strategy and Performance in Changing Economic Conditions, in: Journal of Finance 51, S. 425 ff.

Ferson, W./Warther, V. (1996), Evaluating Fund Performance in a Dynamic Market, in: Financial Analysts Journal 52, S. 20 ff.

Field, L./Karpoff, J (1999), Takeover Defenses at IPO, working paper, www.papers.ssrn.com.

Fisch, E.J (1997), Taking Boards Seriously, in: Cardozo Law Review 19, S. 265 ff.

Fischer, E./Zechner, J. (1990), Die Lösung des Risikoanreizproblems durch Ausgabe von Optionsanleihen, in: Zeitschrift für die betriebswirtschaftliche Forschung, 1990, S. 334 ff.

Fleicher, H. (2002), Empfiehlt es sich, im Interesse des Anlegerschutzes und zur Förderung des Finanzplatzes Deutschland das Kapitalmarkt- und Börsenrecht neu zu regeln? Gutachten F zum 64. Deutschen Juristentag Berlin 2002.

Fons, J.S. (1981), The Default Premium and Corporate Bond Experience, in: Journal of Finance 42, S. 81 ff.

Forjan, J.M. (1999), The Wealth Effects of Shareholder-Sponsored Proposals, in: Review of Financial Economics 8, S. 61 ff.

Förschle, G/Glaum, M. (1998), Gesetz zur Kontrolle und Transparenz im Unternehmensbereich: Umfrage unter Führungskräfte börsennotierter Unternehmungen, in: Der Betrieb, S. 889 ff.

Foster, T./Jenkins, D./Vickrey, D.(1986), The Incremental Information Content of the Annual Report, in: ABR 16, S. 91 ff.

Foster, T./Vickrey, D. (1978), The Incremental Information Content of the 10-K, in: Accounting Review 53, S. 921 ff.

Fox, M.B. (1987), The Role of the Market Model in Corporate Law Analysis: A Comment on Weiss and White, in: California Law Review 76, S. 1015 ff.

Fox, M.B. (1999), Retaining Mandatory Securities Disclosure: Why Issuer Choice is not Investor Empowerment, in: Virginia Law Review 85, S. 1335 ff.

Frankenberg, P. (1993), Jahresabschlüsse im internationalen Vergleich: Analyse US-amerikanischer und deutscher Unternehmen, S. 188 ff.

Frankfurter, G.M./Schneider, H. (1995), Some Further Examination of the Event Study Method of Analysis, in: Research in Finance 13, S. 275 ff.

Franks, J./Harris, R./Titman, S. (1991), The Postmerger Share-Price Performance of Acquiring Firms, in: Journal of Financial Economics 29, S. 81 ff.

Franks, J./Mayer, C. (1990), Capital Markets and Corporate Control: A Study of France, Germany and the U.K., in: Economic Policy 10, S. 191 ff.

Franks, J./Mayer, C. (1995), Ownership and Control, in: Trends in Business Organizations: Do Participation and Cooperation Increase Competitiveness? Hrsg. von H. Siebert, S. 171 ff.

Franks, J./Mayer, C. (1997), Ownership, Control and the Performance of German Corporations, working paper, London Business School und University of Oxford.

Fraune, Ch. (1996), Der Einfluß institutioneller Anleger in der Hauptversammlung.

Friday, H./Petersen, D. (1997), January Return Seasonality in Real Estate Investment Trusts: Information vs. Tax-Loss Selling Effects, in: Journal of Financial Research 20, S. 3 ff.

Fridson, M.S. (1990), Initial Pricing as a Predictor of Subsequent Performance of High-Yield Bonds, Financial Analysts Journal 46, S. 60 ff.

Friedman, M. (1982), Capitalism and Freedom.

Friend, I./Blume, M./Crockett, J. (1970), Mutual Funds and Other Institutional Investors.

Gabler: Wirtschafts-Lexikon (1997), 14 Auflage, S. 2651.

Gaida, S. (1997), Kreditrisikokosten-Kalkulation mit Optionspreisansätzen. Die empirische Anwendung eines Modells von Longstaff und Swartz auf risikobehaftete Finanztitel.

Garvey, G.T./Hanka, G. (1999), Capital Structure and Corporate Control: The Effect of Anti-takeover Statutes on Firm Leverage, in: Journal of Finance 54, S. 519 ff.

Garz, H. (2000), Prognostizierbarkeit von Aktienrenditen - Die Ursachen von Bewertungs-anomalien am deutschen Aktienmarkt.

Garza, J. (2000), Rethinking Corporate Governance: The Role of Minority Shareholders - a Comparative Study, in: Saint Marys Law Journal 31, S. 613 ff.

Gerke, W./Garz, H./Oerke, M. (1995), Die Bewertung von Unternehmensübernahmen auf dem deutschen Aktienmarkt, in: Zeitschrift für betriebswirtschaftliche Forschung 47, S. 805 ff.

Gibbons, R./Murphy, K.J. (1992), Optimal Incentive Contracts in the Presence of Career Concerns: Theory and Evidence, in: Journal of Political Economy 100, S. 468 ff.

Gilson, R.J./Kraakman, R. (1984), The Mechanism Of Market Efficiency, in: Virginia Law Review 70, S. 549 ff.

Gilson, R.J./Kraakman, R. (1991), Reinventing the Outside Directors: An Agenda for Institutional Investors, in: Stanford Law Review 43, S. 863 ff.

Gilson, R.J./Scholes, M.S./Wolfson, M.A. (1988), Taxation and the Dynamics of Corporate Control: The Uncertain Case for Tax-Motivated Acquisitions, in: Coffee, J. C./Lowenstein, L./S. Rose-Ackerman, Knights, Raiders & Targets: The impact of the Hostile Takeovers, S. 273 ff.

Gilson, S. (1990), Bankruptcy, Boards, Banks, and Blockholders: Evidence on Changes in Corporate Ownership When Firms Default, in: Journal of Financial Economics 27, S. 355 ff.

Glaum, M. (1996), Rechnungslegung auf globalen Kapitalmärkten: HGB, IAS und US-GAAP.

Goergen, M. (1999), Corporate Governance and Financial Performance.

Gordon, J. (1989), The Mandatory Structure of Corporate Law, in: Columbia Law Review 89, S. 1552 ff.

Gordon, J. (1991), Corporations, Markets and the Courts, in: Columbia Law Review 91, S. 1931 ff.

Gordon, J. (1994), Institutions as Relational Investors: A New Look at Cumulative Voting, in: Columbia Law Review 94, S. 124 ff.

Gordon, J./Kornhauser, L. (1985), Efficient Markets, Costly Information, And Securities Research, in: New York University Law Review 60, S. 761 ff.

Gorton, G./Schmid, F. (1996), Universal Banking and the Performance of German Firms, NBER working paper series, Nr. 5453, www.nber.org.

Goshen, Z./Parchomovsky, G. (2000), On Insider Trading, Markets, and "Negative" Property Rights in Information, working paper, University Berkeley, Boalt Law School.

Gottschalk, A. (1988), Der Stimmrechtseinfluß der Banken in den Aktionärversammlungen, in: WSI Mitteilungen, 5/1988, S. 294 ff.

Götze, T. (2000), Aktienoptionen für Vorstandsmitglieder und Aktionärsschutz.

Granger, C.W.J./Morgenstern O. (1970), Predictability of Stock Market Prices.

Gray, B. (1991), The Profit Motive and Patient Care: The Changing Accountability of Doctors and Hospitals.

Green, R.C. (1984), Investment Incentives, Debt, and Warrants, in: Journal of Financial Economics 13, S. 115 ff.

Greenwald, B. (1986), Adverse Selection in the Labor Market, in: Review of Economic Studies 53, S. 393 ff.

Groß, W. (2001), Rechtsprobleme des Delisting, in: Zeitschrift für das gesamte Handels- und Wirtschaftsrecht 165, S. 141 ff.

Grossman, S.J. (1976), On the Efficiency of Competitive Stock Markets Where Traders have Diverse Information, in: Journal of Finance 31, S. 573 ff.

Grossman, S.J./Hart, O.D. (1980), Disclosure Laws and Takeover Bids, in: Journal of Finance 35, S. 323 ff.

Gruber, M. (1996), Another Puzzle: The Growth in Actively Managed Mutual Funds, in: Journal of Finance 51, S. 783 ff.

Grunewald, B. (2001), Europäisierung des Übernahmerechts, Die Aktiengesellschaft, 6/2001, S. 288 ff.

Hall, B. (1999), A Better Way to Pay CEOs? In: Executive Compensation and Shareholder Value, hrsg. von Carpenter J/Yermack, D., S. 35 ff.

Halpern, P.J./Trebilcock, M.J./Turnbull, S.M. (1980), An Economic Analysis of Limited Liability in Corporation Law, in: University of Toronto Law Journal 30, S. 117 ff.

Hampel, V. (1994), Erwerb eigener Aktien und Unternehmenskontrolle.

Hanks, J. (1988), Evaluating Recent State Legislation on Director and Officer Liability Limitation and Indemnification, in: Business Lawyer 43, S. 1207 ff.

Hansmann, H. (1987), The Effect of Tax Exemption and Other Factors on the Market Share of Nonprofit versus For-Profit Firms, in: National Tax Journal 15, S. 72 ff.

Hansmann, H. (1996), The Ownership of Enterprise.

Hansmann, H./Kraakman, R.H. (1991), Toward Unlimited Shareholder Liability for Corporate Torts, in: Yale Law Journal 100, S. 1879 ff.

Hansmann, H./Kraakman, R.H. (2000), What is Corporate Law? Chapter 1, in: The Anatomy of Corporate Law. A Comparative and Functional Approach, hrsg. von Hansmann, H./R.H. Kraakman, S. 1 ff.

Hansmann, H./Kraakman, R.H. (2001), The End of History for Corporate Law, Georgetown Law Journal 89, S. 439 ff.

Harris, T./Lang, M./Möller, H.P. (1995), Zur Relevanz der Jahresabschlußgrößen Erfolg und Eigenkapital für die Aktienbewertung in Deutschland und den USA, in: Schmalenbachs Zeitschrift für betriebswirtschaftliche Forschung, S. 1025 ff.

Hart, O.D. (1983), The Market Mechanism as Incentive Scheme, in: Bell Journal of Economics 14, S. 366 ff.

Hart, O.D. (1988), Incomplete Contracts and the Theory of the Firm, in: Journal of Law, Economics, and Organization 4, S. 119 ff.

Hartel, U. (1992), Umwandlung einer GmbH & Co. KG in eine KG auf Aktien, in: Der Betrieb, S. 2329 ff.

Hartmann-Wedels, T. (2000), Konsequenzen für die Unternehmensfinanzierung, in: Finanzmärkte im Umbruch, hrsg. von H.-H. Francke, H-H./Ketzel, E./H-H. Kotz, S. 240 ff.

Hartmann-Wedels, T./von Hinten, P. (1989), Marktwert von Vorzugsaktien: zur Begründung der Kursdifferenzen von Stammaktien und stimmrechtslosen Vorzugsaktien, in: Schmalenbachs Zeitschrift für betriebswirtschaftliche Forschung 41, S. 263 ff.

Hauck, M. (1994), The Equity Market in Germany and its Dependency on the System of Old Age Provisions, in: Institutional Investors and Corporate Governance, hrsg. von Baums T./Buxbaum, R./K. Hopt, S. 565 ff.

Haugen, R.A./Senbet, L.W. (1981), Resolving the Agency Problems of External Capital Through Options, in: Journal of Finance 36, S. 629 ff.

Hayek, F. (1945), The Use of Knowledge in Society," in: American Economic Review 35, S. 519 ff.

Healy, P./Palepu, K./Ruback, R. (1992), Does Corporate Performance Improve after Mergers? In: Journal of Financial Economics 31, S. 135 ff.

Heda, K/Heine, K./Oltmanns, E. (2001), Indexfonds als Instrument der Kapitalanlage zur Altersvorsorge, in: Die Aktiengesellschaft, 3/2001, S. 109 ff.

Heermann, P. (1998), Wie weit reicht die Pflicht des Aufsichtsrats zur Geltendmachung von Schadensersatzansprüchen gegen Mitglieder des Vorstands? In: Die Aktiengesellschaft, 5/1998, S. 201 ff.

Heglar, R.B. (1989), Rejecting the Minority Discount, in: Duke Law Review 98, S. 258 ff.

Henn, G. (2002), Handbuch des Aktienrechts.

Henriksson, R. (1984), Market Timing and Mutual Fund Performance: an Empirical Investigation, in: Journal of Business 57, S. 73 ff.

Hermalin, B.E./Schwartz, A. (1996), Buyouts in Large Companies, in: Journal of Legal Studies 25, S. 351 ff.

Hermalin, B.E./Wallance, N. (1994), The Determinants of Efficiency and Solvency in Savings and Loans, in: Rand Journal of Economics 25, S. 361 ff.

Hermalin, B.E./Weisbach, M.S. (1991), The Elect of Board Composition and Direct Incentives on Firm Performance, in: Financial Management 20, S. 101 ff.

Hermann, M. (1996), Unternehmenskontrolle durch Stiftungen. Untersuchung der Performancewirkungen.

Herzel, L. (1990), Corporate Governance through Statistical Eyes, in: Journal of Financial Economics 27, S. 581 ff.

Himmelberg, C./Hubbard, R./Palia, D. (1999), Understanding the Determinants of Managerial Ownership and the Link between Ownership and Performance, in: Journal of Financial Economics 53, S. 353 ff.

Hindley, B. (1970), Separation of Ownership and Control in the Modern Corporation, in : Journal of Law and Economics 13, S. 185 ff.

Hirte, H. (1997), Die aktienrechtliche Satzungsstrenge, in: Gestaltungsfreiheit im Gesellschaftsrecht: Deutschland, Europa und USA, 11. ZGR-Symposium, 25 Jahre Zeitschrift für Unternehmens- und Gesellschaftsrecht, hrsg. von M. Lutter/H. Wiedemann, S. 120 ff.

Hof, H. (1987), Stiftung bürgerlichen Rechts, in: Handbuch des Stiftungsrechts, hrsg. von W. Seifart, S. 220 ff.

Hoffman-Becking, M. (1999), Münchner Handbuch des Gesellschaftsrechts, Band 4, Aktiengesellschaft, bearbeitet von Herfs, A./Hoffman-Becking, M./Kantenwein, T./Krieger, G./Semler, F.J./Wieser, G.

Hoffman-Burchardi, U. (1999), Corporate Governance Rules and the Value of Control - A Study of German Dual-Class Share, Working Paper Series, Financial Market Group.

Holdcroft, J./Macey, J. (1997), Flexibility in Determining the Role of the Board of Directors in the Age of Information, in: Cardozo Law Review 19, S. 291 ff.

Holderness, C.B./Sheehan, D.P. (1988), The Role of Majority Shareholders in Publicly Held Corporations, in: Journal of Financial Economics 20, S. 317 ff.

Holderness, C.B./Sheehan, D.P. (1991), Monitoring an Owner - The case of Turner Broadcasting, in: Journal of Financial Economics 30, S. 325 ff.

Holl, P. (1975), Effect of Control Type on the Performance of the Firm in the UK, in: The Journal of Industrial Economics 23, S. 257 ff.

Hommelhof, P. (1990), Die deutsche GmbH im System der Kapitalgesellschaften, in: Das System der Kapitalgesellschaften im Umbruch, hrsg. von P. Roth, S. 26 ff.

Hommelhoff, P. (1989), Börsenhandel von GmbH- und KG-Anteilen? In: Zeitschrift für das gesamte Handels- und Wirtschaftsrecht 153, S. 181 ff.

Hopt, K. (1998), The German Two-Tier Board: Experience, Theories, Reforms, in: Comparative Corporate Governance - The State of the Art and Emerging Research, hrsg. K. Hopt/Kanda, H./Roe, M./Wymeersch, E./S. Prigge, S. 227 ff.

Horner, M.R. (1988), The Value of the Corporate Voting Right, in: Journal of Banking and Finance 12, S. 69 ff.

Houston, J.F./James, Ch. (1993), Management and Organizational Changes in Banking: A Comparison of Regulatory Intervention with Private Creditor Auctions in Nonbank Firms, in: Carnegie-Rochester Conference Series in Public Policy 38, S. 143 ff,

Hu, H.T.C. (1991), New Financial Products, the Modern Process of Financial Innovation, and the Puzzle of Shareholder Welfare, in: Texas Law Review 69, S. 1273 ff.

Immenga, U. (1970), Die personalistische Kapitalgesellschaft.

Ingram, R./Chewning, E. (1983), The Effect of Financial Disclosure Regulation on Security Market Behavior, in: Accounting Review 58, S. 562 ff.

Jagannathan, R./Korajczyk, R. (1986), Assessing the Market Timing Performance of Managed Portfolios, in: Journal of Business 59, S. 217 ff.

Jahrbuch (2000), Die deutsche Versicherungswirtschaft 2000, Gesamtverband der Deutschen Versicherungswirtschaft e. V.

Janjigian, V./Bolster, P.J. (1990), The Elimination of Director Liability and Stockholder Returns: an Empirical Investigation, in: Journal of Financial Research 13, S. 53 ff.

Jarrell, G.A./Brickley, J.A./Netter, J.M. (1988), The Market for Corporate Control: The Empirical Evidence since 1980, in: Journal of Economic Perspectives 2, S. 49 ff.

Jarrell, G.A./Poulsen, A.B. (1986), Shark Repellents and Poison Pills: Stockholder Protection – From the Good Guys or the Bad Guys? In: Midland Corporate Finance Journal 4, S. 35 ff.

Jensen, M.C. (1968), The performance of mutual funds in the period 1945-1964, in: Journal of Finance 23, S. 389 ff.

Jensen, M.C. (1978), Some Anomalous Evidence Regarding Market Efficiency, in: Journal of Financial Economics 6, S. 95 ff.

Jensen, M.C. (1986), Agency Costs and Free Cash Flow, Corporate Finance, and Takeovers, in: American Economic Review 76. Papers and Proceedings, S. 323 ff.

Jensen, M.C. (1988), Takeovers: Their Causes and Consequences, in: Journal of Economic Perspectives 2, S. 21 ff.

Jensen, M.C. (1989a), Eclipse of the Public Corporation, in: Harvard Business Review 67, S. 61 ff.

Jensen, M.C. (1989b), The Takeover Controversy: Analysis and Evidence, in Coffee, J./Lowenstein, L./S. Rose-Ackerman, Takeovers and Contests for Corporate Control, S. 70 ff.

Jensen, M.C./Kaplan, S.N./Stiglin, L. (1989), The Effects of LBOs on Tax Revenues of the U.S. Treasury, in: Tax Notes 42, S. 727 ff.

Jensen, M.C./Meckling, W.H. (1976), Theory of the Firm: Managerial Behavior, Agency Costs and Ownership Structure, in: Journal of Financial Economics 3, S. 305 ff.

Jensen, M.C./Murphy, S. (1990), Performance Pay and Top-Management Incentives, in: Journal of Political Economy 97, S. 225 ff.

Jensen, M.C./Ruback, R.S. (1983), The Market for Corporate Control: The Scientific Evidence, in: Journal of Financial Economics 11, S. 5 ff.

Jhering, von R. (1893), Der Zweck im Recht, Band 1, 3. Auflage.

Johnson, D.J./Meade, N.L. (1996), Shareholder Wealth Effects of Poison Pills in the Presence of Anti Takeover Amendments, in: Journal of Applied Business Research 12 , S. 10 ff.

Johnson, M.S./Boone, P./Breach, A./Friedman, M. (1999), Corporate Governance in the Asian Financial Crisis, 1997-1998, www.nber.org.

Johnson, M.S./Rao, R.P. (1997), The Impact of Antitakeover Amendments on Corporate Financial Performance, in: Financial Review 32, S. 659 ff.

Johnston, K./Cox, D. (1996), The Influence of Tax-Loss Selling by Individual Investors in Explaining the January Effect, Quarterly Journal of Business and Economics 35, S. 14 ff.

Jones, J. (1980), An Empirical Examination of the Incidence of Shareholder Derivative and Class Acton Lawsuits 1971-1978, in: Boston University Law Review 60, S. 306 ff.

Kahan, M. (1992), Securities Laws and The Social Costs of "Inaccurate" Stock Prices, in: Duke Law Journal 41, S. 977 ff.

Kahan, M. (1995), The Qualified Case Against Mandatory Terms in Bonds, in: Northwestern University Law Review 89, S. 565 ff.

Kahan, M./Klausner, M. (1993), Antitakeover Provisions in Bonds: Bondholder Protection or Management Entrenchment? In: UCLA Law Review 40, S. 931 ff.

Kahan, M./Klausner, M. (1997), Standardization and Innovation in Corporate Contracting or "The Economics of Boilerplate", in: Virginia Law Review 83, S. 715 ff.

Kahan, M./Tuckman, B. (1996), Private Versus Public Lending: Evidence from Covenants, in: The Yearbook of Fixed Income Investing, hrsg. von J. D. Finnerty/M. S. Fridson, S. 253 ff.

Kahan, M./Yermack, D. (1998), Investment Opportunities and the Design Of Debt Securities, in: Journal of Law, Economics and Organization 14, S. 136 ff.

Kaiser, B. (1995), Die Bedeutung der Eigenkapitalausstattung für eine stabile Unternehmensentwicklung.

Kalay, A. (1982), Stockholder- Bondholder Conflict and Dividend Constraints, in: Journal of Financial Economics 10, S. 211 ff.

Kamerschen, D.R. (1968), The Influence of Ownership and Control on Profit Rates, in: American Economic Review 58, S. 432 ff.

Kanda, H. (1992), Debtholders and Equityholders, in: Journal of Legal Studies 21, S. 431 ff.

Kania, J./McKean, J. (1976), Ownership, Control, and the Contemporary Corporations: A General Behavior Analysis, in: Kyklos 29, S. 272 ff.

Kaplan, S. (1989a), The Effects of Management Buyouts on Operating Performance and Value, in: Journal of Financial Economics 25, S. 191 ff.

Kaplan, S. (1989b), Management Buyouts: Evidence on Taxes as a Source of Valluc, Journal of Finance 44, S. 611 ff.

Kaplan, S. (1994), Top Executives, Turnover, and Firm Performance in Germany, in: Journal of Economics and Organisation 49, S. 142 ff.

Kaplan, S. (1996), Corporate Governance und Unternehmenserfolg: Ein Vergleich zwischen Deutschland, Japan und den USA, in: Corporate Governance: Optimierung der Unternehmensführung und der Unternehmenskontrolle im deutschen und amerikanischen Aktienrecht, hrsg. von Feddersen, D./Hommelhof, P./D. O. Schneider, S. 301 ff.

Kaplan, S./Reishus, D. (1990), Outside Directorships and Corporate Performance. Journal of Financial Economics 27, S. 389 ff.

Kato, K./Schallheim, J. (1985), Seasonal and Size Anomalies in the Japanese Stock Market, in: Journal of Financial and Quantitiative Analysis 20, S. 243 ff.

Kaulmann, T. (1987), Property Rights und Unternehmungstheorie: Stand und Weiterentwicklung der empirischen Forschung.

Kealhofer, S./McQuown, M./Vasicek, O. (1996), Credit Monitor 1996, San Francisco.

Kecker, J-P. (1991), Die Fungibilisierung von GmbH-Anteile.

King, M./Roell, M. (1988), Insider trading, in: Economic Policy 46, S. 163 ff.

Kitch, E. (1995), The Theory and Practice of Securities Disclosure, in: Brooklyn Law Review 71, S. 763 ff.

Kitch, E. (2001), Proposal for Reform of Securities Regulation: An Overview. University of Virginia School of Law. UVA Law and Economics Research Paper No. 01-1, www.ssrn.com.

Klausner, M. (1995), Corporations, Corporate Law, and Networks of Contracts, in: Virginia Law Review 81, S. 757 ff.

Klein, A. (1998), Firm Performance and Board Committee Structure, in: Journal of Law and Economics 41, S. 275 ff.

Klein, G. (1981), Vorzugsaktien in der Bundesrepublik Deutschland und den Vereinigten Staaten von Amerika – Darstellung und Vergleich.

Klein, W./Ramseyer, M./Bainbridge, S. (2000), Business Associations - Agency, Partnerships, and Corporations, Cases and Materials, 4. Auflage.

Knoeber, C.R. (1986), Golden Parachutes, Shark Repellents, and Hostile Tender Offers, in: American Economic Review 76, S. 155 ff.

Köke, J. (1999), Ownership Structures in Germany, Center for European Economic Research (ZEW), Mannheim, Working Paper.

Kon, S. (1983), The Market Timing Performance of Mutual Fund Managers, in: Journal of Business 56, S. 323 ff.

Kon, S./Jen, F. (1979), The Investment Performance of Mutual Funds: an Empirical Investigation of Timing, Selectivity and Market Efficiency, in: Journal of Business 52, S. 263 ff.

Korch, R. (2002), Ringbeteiligungen von Aktiengesellschaften.

König, M. (1998), Anlegerschutz im Investmentrecht.

Körber, U. (1989), Die Stimmrechtsvertretung durch die Kreditinstitute.

Kornhauser, L.A. (1989), The Nexus-of-Contracts Approach to Corporations: A Comment on Easterbrook and Fischel, in: Columbia Law Review 89, S. 1449 ff.

Kose, J./Lang, L./Shih, F.Y. (1992), Antitakeover Measures and Insider Trading: Theory and Evidence, N.Y.U. Salomon Center Working Paper No. S-93-27.

Kosnik, R. (1987), Greenmail: A Study of Board Performance in Corporate Governance, in: Administrative Science Quarterly 32, S. 163 ff.

Kosnik, R. (1990), Effects of Board Demography and Directors Incentives on Corporate Greenmail Decisions, in: Academy of Management Journal 33, S. 129 ff.

Kraakman, R. (1988), Taking Discounts Seriously: The Implications of Discounted Share Prices as an Acquisition Motive, in: Columbia Law Review 88, S. 891 ff.

Kraakman, R./Park, H./Shavell, S. (1994), When are Shareholder Suits in Shareholder Interests? In: Georgetown Law Journal 82, S. 1733 ff.

Kraft, K./Niederprüm, A. (1999), Ist die Vergütung von Managern im Zeitlauf flexibler geworden? In: Schmalenbachs Zeitschrift für betriebswirtschaftliche Forschung 51, S. 787 ff.

Krieger, G. (1999), Aktionärsklage zur Kontrolle des Vorstands- und Aufsichtsratshandelns, in: Zeitschrift für das gesamte Handels- und Wirtschaftsrecht 163, S. 343 ff.

Kronke, H. (1988), Stiftungstypus und Unternehmensträgerstiftung: eine rechtsvergleichende Untersuchung.

Krüger, D. (1992), Zweckmäßige Wahl der Unternehmensform, 5. Auflage.

Kruse, H./Berg, E./Weber, M. (1993), Erklären unternehmensspezifische Faktoren den Kursunterschied von Stamm- und Vorzugsaktien? in: Zeitschrift für Bankrecht und Bankpraxis, S. 23 ff.

Kübler, F. (1994a), Aktienrechtsreform oder Unternehmensverfassung, in: Die Aktiengesellschaft, 4/1994, S. 141 ff.

Kübler, F. (1994b), Institutional Investors and Corporate Governance: A German Perspective, in: Institutional Investors and Corporate Governance, hrsg. von Baums T./Buxbaum, R./Hopt, K., S. 565 ff.

Kübler, F. (1995), Gesellschaftsrecht versus Kapitalmarktrecht - zwei Ansätze? in: Schweizerische Zeitschrift für Wirtschaftsrecht, S. 223 ff.

Kübler, F. (1998), Unternehmensfinanzierung und gesetzliches Garantiekapital in Europa, in: Die Aktiengesellschaft, 8/1998, S. 345 ff.

Kübler, F. (1999), Gesellschaftsrecht, 5. Auflage.

Küffer, K. (1989), Der Gang eines mittelständischen Unternehmen an die Börse.

Kummer, D./Hoffmeister, R. (1978), Valuation Consequences of Cash Tender Offers, in: Journal of Finance 33, S. 505 ff.

La Porta, R./Lopez de Silanes, F./Shleifer, A./Vishny, R. (1996), Law and Finance, NBER Working Paper 5661, National Bureau of Economic Research, www.nber.org. Publiziert auch in: Journal of Political Economy 106, (1998), S. 1113 ff.

La Porta, R./Lopez de Silanes, F./Shleifer, A./Vishny, R. (1997), Legal Determinants of External Finance, in: Journal of Finance 52, S. 1131 ff.

La Porta, R./Lopez de Silanes, F./Shleifer, A./Vishny, R. (1999), Investor Protection: Origins, Consequences, Reform, NBER Working Paper No. 7428, December 1999, www.nber.org.

Lachnit, L. (2000), Schätzung stiller Reserven als Problem der externen Jahresabschlußanalyse, in: Investororientierte Unternehmenspublizität, Hrsg. von Lachnit, L/Freidank, C. C., S. 123 ff.

Langetieg, T. (1978), An Application of a Three-Factor Performance Index to Measure Stockholder Gains from Merger, in: Journal of Financial Economics 6, S. 365 ff.

Larenz, K. (1991), Methodenlehre der Rechtswissenschaft.

Larner, R.J. (1966), Ownership and Control in the 200 Largest Nonfinancial Corporations, 1929-1963, in: American Economic Review 56, S. 777 ff.

Lauterbach, B./Matlitz, I.B./Vu, J. (1991), Takeover Threats, Antitakeover Amendments and Stock Price Reaction, in: Managerial and Decision Economics 12, S. 499.

Laux, F. (1998), Die Lehre vom Unternehmen an sich. Walter Rathenau und die aktienrechtliche Diskussion in der Weimarer Republik.

Lawrence, J./Stapledon, G.P. (1999), Do Independent Directors Add Value, working paper.

Lease, R.C./McConnell, J.J./Mikkelson, W.E. (1983), The Market Value of Control in Publicly Traded Corporations, in: Journal of Financial Economics 11, S. 437 ff.

Lee, C./Porter, D./Weaver, D. (1998), Indirect Tests of the Haugen-Lakonishok Small-Firm/January Effect Hypotheses: Window Dressing versus Performance Hedging, in: Financial Review 33, S. 177 ff.

Leebron, D.W. (1991), Limited Liability, Tort Victims, and Creditors, in: Columbia Law Review 91, S. 1565 ff.

Lehmann, B./Modest, D. (1987), Mutual Fund Performance Evaluation: a Comparison of Benchmarks and Benchmark Comparisons, in: Journal of Finance 42, S. 233 ff.

Lehn K./Poulsen, A. (1991), Contractual Resolution of Bondholder-Stockholder Conflicts in Leveraged Buyouts, in: Journal of Law and Economics 34, S. 645 ff.

Lehn, K./Poulsen, A. (1988), Leveraged Buyouts: Wealth Created or Wealth Redistributed, in: Public Policy Toward Corporate Takeovers, hrsg. von M. L. Weidenbaum/K. W. Chilton, S. 46 ff.

Lehn, K./Poulsen. A. (1989), Free Cash Flow and Stockholder Gains in Going Private Transactions, in: Journal of Finance 44, S. 778 ff.

Leimkühler, C. (1996), Ist die öffentliche Kritik am deutschen Aufsichtsratssystem gerechtfertigt? - Empirische Untersuchung über die personellen Verflechtungen zwischen den Vorständen und Aufsichtsräten der in Deutschland börsennotierten Aktiengesellschaften, in: Die Wirtschaftsprüfung, 8/1996, S. 305 ff.

Lemley, M.A/McGowan, D.A. (1998), Legal Implication of Network Economics, California Law Review 86, S. 481 ff.

Lerbinger, P. (1984), Leistungsfähigkeit deutscher Aktieninvestmentfonds – Eine empirische Untersuchung zur Informationseffizienz des deutschen Aktienmarktes, in: Schmalensbachs Zeitschrift für betriebswirtschaftliche Forschung 36, S. 60 ff.

Lev, B. (1992), Observation on the Merger Phenomenon and a Review of the Evidence, in: The Revolution in Corporate Finance, hrgs. von Stern, J.M./D.H. Chew, S. 528 ff.

Levy, H. (1982), Economic Evaluation of Voting Power of Common Stock, in: Journal of Finance 38, S. 79 ff.

Lichtenberg, F./Siegel, D. (1990), The Effects of Leveraged Buyouts on Productivity and Related Aspects of Firm Behavior, in: Journal of Financial Economics 23, S. 155 ff.

Linn, S.C./McConnell, J.J. (1983), An Empirical Investigation of the Impact of Antitakeover Amendments on Common Stock Prices, in: Journal of Financial Economics 11, S. 361 ff.

Lipka, S. (1995), Managementeffizienz und Kapitalmarktkontrolle. Empirische Tests neuerer Ansätze der Theorie der Firma.

List, H-A. (1998), Die geschichtliche Entwicklung der Rechnungsprüfung im deutschen Aktienrecht bis zum Aktiengesetz von 1937.

Lo, A./Mackinley, C. A. (1999), A Non-Random Walk Down Wall Street.

Loderer, C.F.(1991), The Pricing of Equity Offerings, in: Journal of Financial Economics 29, S. 35 ff.

Löffer, G. (1999), Die Verarbeitung von Gewinnprognosen am deutschen Aktienmarkt, in: Schmalenbachs Zeitschrift für betriebswirtschaftliche Forschung 51, S. 128 ff.

Loist, P. (1990), Zur neueren Entwicklung der Finanzierungstheorie, in: Die Betriebswirtschaft 50, S.47 ff.

Lowenstein, L./Herman, E.S. (1988), The Efficiency Effects of Hostile Takeovers, in: Knights, Raiders & Targets: The Impact of the Hostile Takeovers, hrsg. Coffee, J.C./Lowenstein, L./S. Rose-Ackerman, S. 211 ff.

Lutter, M. (1995), Das dualistische System der Unternehmensverwaltung, in: Corporate Governance, hrsg. von E. Scheffler, S. 5 ff.
Lutter, M. (1998), Gesetzliches Garantiekapital und Rechtspolitik, Die Aktiengesellschaft, 8/1998, S. 376 ff.
Mace, M. (1986), Directors: Myth and Reality.
Macey, J. (1989), Courts and Corporations: A Comment on Coffee, in: Columbia Law Review 89, S. 1692 ff.
Macey, J. (1993), Corporate Law and Corporate Governance a Contractual Perspective, in: Journal of Corporation Law 18, S. 185 ff.
Macey, J. (1999), Fiduciary Duties as Residual Claims: Obligations to Nonshareholder Constituencies from a Theory of the Firm Perspective, in: Cornell Law Review 84, S. 1266 ff.
Macey, J./Miller, G. (1995), Corporate Governance and Commercial Banking: A Comparative Examination of Germany, Japan, and the United States, in: Stanford Law Review 48, S. 73 ff.
Magenheim, E.B./Mueller, D.C. (1988), Are Acquiring-Firm Shareholders Better Off after an Acquisition, in: Knights, Raiders & Targets: The impact of the Hostile Takeovers, hrsg. Coffee, J.C./Lowenstein, L./S. Rose-Ackerman, S. 211 ff.
Mahoney, J.M./Mahoney, J.T. (1993), An Empirical Investigation of the Effect of Corporate Charter Antitakeover Amendments on Stockholder Wealth, in: Strategic Management Journal 14, S. 17 ff.
Mahoney, J.M./Sundaramurthy, C./Mahoney, J.T. (1996), The Differential Impact on Stockholder Wealth of Various Antitakeover Provisions, in: Managerial and Decision Economics 17, S. 531 ff.
Mahoney, P./Weinstein, M. (1999), The Appraisal Remedy and Merger Premiums, Olin Working Paper No. 99-5, www.papers.ssrn.com
Malatesta, P.H. (1983), The Wealth Effect of Merger Activity and the Objective Functions of Merging Firms, in: Journal of Financial Economics 11, S. 155 ff.
Malatesta, P.H./Walkling, R.A. (1988), Poison Pill Securities: Stockholder Wealth, Profitability, and Ownership Structure, in: Journal of Financial Economics 20, S. 347 ff.
Malezadeh, A.R./McWilliams, V.B. (1994), Managerial Efficiency and Share Ownership: The Market Reaction to Takeover Defenses, in: Journal of Applied Business Research 11, S. 48 ff.
Malkiel, B. (1995), Returns from Investing in Equity Mutual Funds 1971-1991, in: Journal of Finance 50, S. 549 ff.
Malkiel, B. (1996), A Random Walk Down Wall Street.
Mallette, P./Fowler, K.L. (1992), Effects of Board Composition and Stock Ownership on the Adoption of "Poison Pills," in: Academic Management Journal 35, S. 1010 ff.
Manne, H.G. (1965), Mergers and the Market for Corporate Control, in: Journal of Political Economy 73, S. 110 ff.
Manning, B./Hanks, J. (1990), Legal Capital, 3. Auflage.
Marais, L./Schipper. D./Smith. A. (1989), Wealth Effects of Going Private for Senior Securities, in: Journal of Financial Economics 23, S. 155 ff.
Margotta, D.G. (1989), Takeover Premiums: With and Without Shareholder Rights Plans, working paper.
Margotta, D.G./McWilliams, T.P./McWilliams, V.B. (1990), An Analysis of the Stock Price Effect of the 1986 Ohio Takeover Legislation, in: Journal of Law, Economics, and Organization 6, S. 235 ff.

Marris, R. (1998), Managerial Capitalism in Retrospect.
Marris, R./Mueller, D. (1980), The Corporation, Competition, and the Invisible Hand, in: Journal of Economic Literature 18, S. 44 ff.
Martin, K.J/McConnell, J.J. (1991), Corporate Performance, Corporate Takeovers, and Management Turnover, in: Journal of Finance 46, S. 671ff.
Martin, T. (1998), Der Neue Markt an der Frankfurter Wertpapierbörse und die Probleme mittelständischer Unternehmen bei der Finanzierung über Eigenkapitalzuführung, in: Die Aktiengesellschaft, 5/1998, S. 221 ff.
Mason, R./Goudzwaard, M. (1976), Performance of Conglomerate Firms: a Portfolio Approach, in: Journal of Finance 31, S. 39 ff.
Matsusaka, J.G. (1993), Takeover Motives during the Conglomerate Merger Wave, Rand Journal of Economics 24, S. 357 ff.
Maxwell, W. (1998), The January Effect in the Corporate Bond Market: A Systematic Examination, in: Financial Management 27, S. 18 ff.
Mayer, C. (1998), Evindence on Financial Systems and Corporate Governance, in: Journal of Institutional and Theoretical Economics 149, S. 154 ff.
McConnell, J./Servaes, H. (1990), Additional evidence on equity ownership and corporate value, in: Journal of Financial Economics 27, S. 595 ff.
McDaniel, M.W. (1986), Bondholders and Corporate Governance, in: Business Law 41, S. 413 ff.
McDaniel, M.W. (1988), Bondholders and Stockholders, in: Journal of Corporation Law 15, S. 205 ff.
McEachern, W. (1975), Manager Control and Performance.
McWilliams, V.B. (1990), Managerial Share Ownership and the Stock Price Effects of Antitakeover Amendment Proposals, in: Journal of Finance 45, S. 1627 ff.
McWilliams, V.B./Sen, N. (1997), Board Monitoring and Antitakeover Amendments, in: Journal of Financial and Quantitative Analysis 32, S. 491 ff.
Megginson, W.L. (1990), Restricted Voting Stock, Acquisition Premiums, and the Market Value of Corporate Control, in: Financial Review 25, S. 175 ff.
Mehran, H. (1995), Executive Compensation Structure, Ownership, and Firm Performance, in: Journal of Financial Economics 38, S. 163 ff.
Mehrfeld, P. (1984), Kapitalbeteiligungen an Aktiengesellschaften im verarbeitenden Gewerbe der Bundesrepublik Deutschland.
Merkt, H. (1991), US-amerikanisches Gesellschaftsrecht.
Merkt, H. (2001), Unternehmenspublizität.
Mertens, J.H. (1982), Der Beirat in der Kommanditgesellschaft auf Aktien, in: Die Aktiengesellschaft, S. 113 ff.
Mertens, J.H. (1994), Satzungs- und Organisationsautonomie im Aktien- und Konzernrecht, in: Zeitschrift für Unternehmens- und Gesellschaftsrecht 23, S. 426 ff.
Meulbroek, L.K./Mitchell, M.L./Mulherin, J.H./Netter, J.M./Poulsen, A.B. (1990), Shark Repellents and Managerial Myopia: An Empirical Test, in: Journal of Political Economy 98, S. 1108 ff.
Michell, L. (1992), The Cult of Efficiency, in: Texas Law Review 71, S. 217 ff.
Michell, L. (1993), Groundwork of the Metaphysics of Corporate Law, in: Washington and Lee Law Review 61, S. 1477 ff.
Mikkelson, W.H./Partch, M.M. (1997), The Decline of Takeovers and Disciplinary Managerial Turnover, in: Journal of Financial Economics 44, S. 205 ff.

Mikkelson, W.H./Partch, M.M./Shah, K. (1997), Ownership and Operating Performance of Companies that Go Public, in: Journal of Financial Economics 44, S. 281 ff.

Miller, G. (1998), Class Action, in: The New Palgrave Dictionary of Economics and the Laws, S. 257 ff.

Millstein, I.M. (1995), The Professional Board, in: Business Lawyer 50, S. 1427 ff.

Millstein, I.M./MacAvoy, P. (1998), The Active Board of Directors and Performance of the Large Publicly Traded Corporation, in: Columbia Law Review 98, S. 1283 ff.

Mitchell, L. (1991), The Fairness Rights of Corporate Bondholders, in: New York University Law Review 65, S. 1165 ff.

Mitchell, L. (1992), A Critical Look at Corporate Governance, in: Vanderbilt Law Review, S. 1263 ff.

Mitchell, L. (1996), The Puzzling Paradox of Preferred Stock (And Why We Should Care About It), in: Business Lawyer 51, S. 443 ff.

Mitchell, M./Lehn, K. (1990) Do Bad Bidders Become Good Targets? In: Journal of Political Economics 98, S. 372 ff.

Mitchell, M./Mulherin, H. (1996), The Impact of Industry Shocks on Takeover and Restructuring Activity, in: Journal of Financial Economics 41, S. 193 ff.

Möller, H.P. (1985), Die Informationseffizienz des deutschen Aktienmarktes - Eine Zusammenfassung und Analyse empirischer Untersuchungen, in: Zeitschrift für betriebswirtschaftliche Forschung 37, 6/1985, S. 500 ff

Monsen, J.R./Chiu, J.S./Cooley, D.E. (1968), The Effect of Separation of Ownership and Control on the Performance of the Large Firm, in: Quarterly Journal of Economics 82, S. 435 ff.

Moon, H.S./Walkling, R.A. (2000), Abnormal Returns to Rivals of Acquisition Targets: A Test of the Acquisition Probability Hypothesis, in: Journal of Financial Economics 55, S. 143 ff.

Morck, R. (1990), Do Managerial Objectives Drive Bad Acquisitions? In: Journal of Finance 45, S. 31 ff.

Morck, R./Shleifer, A./Vishny, R. (1988a), Management Ownership and Market Valuation, in: Journal of Financial Economics 20, S. 293 ff.

Morck, R./Shleifer, A./Vishny, R. (1988b), Characteristics of Targets of Hostile and Friendly Takeovers, in: A. J. Auerbach, Corporate Takeovers: Causes and Consequeces, S. 122 ff.

Moxter, A. (1997), Fehlentwicklungen im Rechnungslegungsrecht, in: Festschrift für Bruno Kropff, 1997; Aktien- und Bilanzrecht: Festschrift für Bruno Kropff, hrsg. von K.-H. Forster/B. Grunewald/M. Lutter/ J. Semler, S. 511 ff.

Mueller, D.C. (1977), The Effects of Conglomerate Mergers, A Survey of the Empirical Evidence, in: Journal of Banking and Finance 1, S. 315 ff.

Mühlbradt, F.W. (1978), Chancen und Risiken der Aktienanlage: Untersuchung zur "Efficient Market"-Theorie in Deutschland, 2. Auflage.

Mülbert, P. (1996), Aktiengesellschaft, Unternehmensgruppe und Kapitalmarkt: die Aktionärsrechte bei Bildung und Umbildung einer Unternehmensgruppe zwischen Verbands- und Anlegerschutzrecht.

Mülbert, P. (1998), Bank Equity Holdings in Non-Financial Firms and Corporate Governance: The Case of German Universal Banks, in: Comparative Corporate Governance - The State of the Art and Emerging Research, hrsg. K. Hopt/Kanda, H./Roe, M./Wymeersch, E./S. Prigge, S. 445 ff.

Mülbert, P. (2001), Rechtsprobleme des Delisting, in: Zeitschrift für das gesamte Handels- und Wirtschaftsrecht 165, S. 104 ff.

Müller, S./Wulf, I. (2000), Zentrale Unterschiede einer Rechnungslegung gemäß HGB, US-GAAP und IAS, in: Investororientierte Unternehmenspublizität, Hrsg. von Lachnit, L/C.C. Freidank, S. 123 ff.

Münchow, M. (1994), Bankenmacht oder Kontrolle durch Banken.

Mundheim, R. (1993), Vorstandsgehälter in den USA, Die Aktiengesellschaft 12/1993, S. 560 ff.

Münstermann, J. (2000), Der Anlageerfolg von Spezialfonds - Eine theoretische und empirische Analyse.

Murdock, C. (1989), The Evolution of Effective Remedies for Minority Shareholders and Its Impact Upon Valuation of Minority Shares, in: Notre Dame Law Review 65, S. 425 ff.

Murphy, K.J./Zimmerman, J. (1993), Financial Performance Surrounding CEO Turnover, in: Journal of Accounting and Economics 16, S. 273 ff.

Muscarella, Ch./Vetsuypens, M. (1988), Efficiency and Organizational Structure: A Study of Reverse LBOs, working paper.

Mutter, S. (1994), Unternehmerische Entscheidung und Haftung des Aufsichtsrats der Aktiengesellschaft.

Nathan, S. (1997), A Test of the Differential Information Hypothesis Explaining the Small Firm Effect, in: Journal of Applied Business Research 13, S. 115 ff.

Nenova, T. (2000), The Value of Corporate Votes and Control Benefits: A Cross-country Analysis, working paper, Harvard University, www. ssrn.com

Netter, J./Poulsen, A. (1989), State Corporation Laws and Shareholders: the Recent Experince, in: Financial Management 18, S. 29 ff.

Neuhoff, K. (1965), Die Bereitstellung von Unternehmungskapital für Stiftungen.

Neuss, W. (1989), Ökonomische Agency-Theorie und Kapitalmarktgleichgewicht.

Neuss, W. (1998), Einführung in die Betriebswirtschaftslehre.

Nibler, M. (1995), Bank Control and Corporate Performance in Germany: The Evidence, working paper no. 48, St. John-College Cambridge.

Nickell, S. (1995), The Performance of Companies: the Relationship between the External Environment, Management Strategies and Corporate Performance

Niederleithinger, E. (1998), Gesetzliches Garantiekapital und Rechtspolitik, 8/1998, Die Aktiengesellschaft, S. 379 ff.

Nobel, P. (1994), Reformbedarf im Aktienrecht der Schweiz, in: Reformbedarf im Aktienrecht, Sonderheft 12, Zeitschrift für Unternehmens- und Gesellschaftsrecht, hrsg. von J. Semler, S. 99 ff.

Nobel, P. (1998), Unternehmensfinanzierung und gesetzliches Garantiekapital in der Schweiz, Die Aktiengesellschaft, 8/1998, S. 354 ff.

Note, A (1976), Reconsideration of the Stock Market Exception to the Dissenting Shareholders Right of Appraisal, in: Michigan Law Review 74, S. 1023 ff.

Obst, G./Hintner, J. (2000), Geld-, Bank-, und Börsenwesen, 40. Auflage.

Ogus, A.I. (1994), Regulation. Legal Form and Economic Theory.

Olson, M. (1992), Die Logik des kollektiven Handelns, 3. Auflage.

Otten, R./Schweitzer, M. (1998), A Comparison Between the European and the U.S. Mutual Fund Industry, working paper, Limburg Institut of Financial Economics, Maastricht University, www.ssrn.com

Palepu, K.G. (1990), Consequences of Leveraged Buyouts, in: Journal of Financial Economics 26, S. 247 ff.

Palmer, J. (1973), The Profit Performance Effects of the Separation of Ownership from Control in Large U.S. Industrial Corporations, in: The Bell Journal of Economics and Management Science 4, S. 293 ff.

Patton, A./Baker, J. (1987), Why Wont Directors Rock the Boat? In: Harvard Business Review 65, S. 10 ff.

Pauly, M. (1987), Nonprofit Firms in Medical Markets, in: American Economic Review 77, S. 257 ff.

Pearce, J./Zahra, A.S. (1991), The Relative Power of CEOs and Boards of Directors: Associations with Corporate Performance, in: Strategic Management Journal 12, S. 135 ff.

Pellens, B./Hillebrandt, F. (2001), Vorzugsaktien vor dem Hintergrund der Corporate Governance-Diskussion, in: Die Aktiengesellschaft, 2/2001, S. 57 ff.

Pellens, B./Tomaszewski, C. (1999), Kapitalmarktreaktionen auf den Rechnungslegungswechsel zu IAS bzw. US-GAAP, in: Rechnungswesen und Kapital-markt, Sonderheft 41, Schmalenbachs Zeitschrift für betriebswirtschaftliche Forschung, S. 199 ff.

Perlitz, M./Seger, F. (1995), The Role of Universal Banks in German Corporate Governance, in: Business & Contemporary World, S. 49 ff.

Perridon, L./Steiner, M. (1993), Finanzwirtschaft der Unternehmung.

Peterson, P.P. (1989), Event Studies: A Review of Issues and Methodology, in: The Quarterly Journal of Business and Economics 28, S. 36 ff.

Pfannenschmidt, A. (1993), Personelle Verflechtungen über Aufsichtsräte.

Pi, L./Timme, S.G. (1993) Corporate Control and Bank Efficiency, in: Journal of Banking and Finance 17, S. 515 ff.

Pindyck, R./Rubinfeld, D. (1998), Microeconomics.

Planta, A. (1994), Die Schweizerische Aktienrechtsreform, in: Reformbedarf im Aktienrecht, Sonderheft 12, Zeitschrift für Unternehmens- und Gesellschaftsrecht, hrsg. von J. Semler, S. 43 ff.

Porter, D./Powell, G./Weaver, D. (1996), Portfolio Rebalancing, Institutional Ownership, and the Small Firm-January Effect, in: Review of Financial Economics 5, S. 19 ff.

Poschadel, B. (1981), Rentabilität und Risiko als Kriterien für die Verwertung der Managementleistung deutscher Investmentgesellschaften: methodische und empirische Aspekte der zweidimensionalen Leistungsbewertung.

Posner, D. (1994), Der Erwerb eigener Aktien in der US-amerikanischen Unternehmenspraxis, in: Die Aktiengesellschaft, 7/1994, S. 312 ff.

Posner, R.A. (1976), The Rights of Creditors of Affiliated Corporations, in: University of Chicago Law Review 43, S. 499 ff.

Posner, R.A. (1998), Economic Analysis of Law, Auflage 5.

Pound, J. (1987), The Effects of Antitakeover Amendments on Takeover Activity: Some Direct Evidence, in: Journal of Law and Economics 30, S. 353 ff.

Price, A. (1995), Tort Creditor Superiority and Other Proposed Solutions to Corporate Limited Liability and the Problem of Externalities, in: George Mason Law Review 2, S. 439 ff.

Priester, H-J. (1996a), Die KGaA ohne natürliche Person als Komplementär, in: Zeitschrift für Unternehmens- und Gesellschaftsrecht 26, S. 252 ff.

Priester, H-J. (1996b), Die Kommanditgesellschaft auf Aktien ohne natürlichen Komplementär, in: Zeitschrift für das gesamte Handels- und Wirtschaftsrecht 160, S. 250 ff.

Prigge, S. (1998), A Survey of German Corporate Governance, in: Comparative Corporate Governance - The State of the Art and Emerging Research, hrsg. K. Hopt/Kanda, H./Roe, M./Wymeersch, E./S. Prigge, S. 943 ff.

Procaccia, U. (1990), The Corporate Code as a Standard Form Contract: General Theoretical Remarks and Implications for German Law, in: Zeitschrift für Unternehmens- und Gesellschaftsrecht 19, S. 169 ff.

Pross, H. (1965), Manager und Aktionäre in Deutschland – Untersuchung zum Verhältnis von Eigentum und Verfügungsmacht.

Pugh, W.M./Jahera, J.S. (1990), State Antitakeover Legislation and Shareholder Wealth, in: Journal of Financial Research 13, S. 221 ff.

Pugh, W.M./Page, D.E./Jahera, J.S. (1992), Antitakeover Charter Amendments: Effects on Corporate Decisions, in: Journal of Financial Research 15, S. 57 ff.

Pye, G. (1969), The Value of Call Deferment on a Bond: Some Empirical Evidence, in: Journal of Finance 22, S. 623 ff.

Qualls, D. (1976), Market Structure and Manageralial Behavior, in: Essays on Industrial Organisation in Honor of Joe S. Bain, hrsg. von R. Masson, S. 89 ff.

Radice, H.K. (1971), Control Type, Profitability and Growth in Large Firms: A empirical Study, in: Economic Journal 81, S. 547 ff.

Raghavendra, R./Vermaelen, T. (1998), Glamour, Value and the Post-Acquisition Performance of Acquiring Firms, in: Journal of Financial Economics 49, S. 223 ff.

Rasmussen, E. (1988), Mutual Banks and Stock Banks, in: Journal of Law and Economics 31, S. 394 ff.

Rathenau, W. (1917), Von Aktienwesen, in: W. Rathenau, Gesammelte Schriften, Band 5, 1925, S. 122 ff.

Ravenscraft, D./Scherer, F. (1988), Mergers and Managerial Performance, in: Knights, Raiders & Targets: The impact of the Hostile Takeovers, hrsg. Coffee, J.C./Lowenstein, L./S. Rose-Ackerman, S. 194 ff.

Rechner, P.L./Dalton, D.R. (1991), CEO Duality and Organizational Performance: A Longitudinal Analysis, in: Strategic Management Journal 12, S. 155 ff.

Reckinger, G. (1983), Vorzugsaktien in der Bundesrepublik, in: Die Aktiengesellschaft, S. 216 ff.

Reiss, W./Mühlbradt F.W. (1979), Eine empirische Überprüfung der Validität des „market“ und des „Capital asset pricing“ Modell für den deutschen Aktienmarkt, in: Zeitschrift für die gesamte Staatswissenschaft, S. 41 ff.

Renner, W. (1999), Die Publikumsaktiengesellschaft im Spannungsfeld von Markt und Anreizstrukturen.

Reske, W./Brandenburg, A. (1976), Insolvenzursachen mittelständischer Betriebe.

Ribstein, L. (1993), The Mandatory Nature of the ALI Code, in: George Washington Law Review 61, S. 984 ff.

Roberts, G.S./Viscione, J.A. (1984), The Impact of Seniority and Security Covenants on Bond Yields: A Note, in: Journal of Finance 39, S. 1597 ff.

Robinson, C./White, A. (1990), Empirical Evidence on the Relative Valuation of Voting and Restricted Shares, in: Canadian Journal of Administrative Science 7, S. 9 ff.

Röckemann, Ch. (1995), Börsendienste und Anlegerverhalten: ein empirischer Beitrag zum Noise Trading.

Rodloff, F. (1999), Börsenkurs statt Unternehmensbewertung - Zur Ermittlung der Abfindung in Spruchstellenverfahren, in: Der Betrieb, S. 1149 ff.

Roe, M. (1986), Corporate Strategic Reaction to Mass Tort, in: Virginia Law Review 72, S. 1 ff.

Roe, M. (1991), A Political Theory of American Corporate Finance, Columbia Law Review 91, S. 10 ff.

Roe, M. (1993), Some Differences in Corporate Structure in Germany, Japan, and the United States, in: Yale Law Journal 102, S. 1927 ff.
Rogusch, M. (1979), Mindesteigenkapital, Haftungsbeschränkung und Gläubigerschutz bei der GmbH: zur Problematik einer betriebswirtschaftlich begründeten Eigenkapitaluntergrenze einer GmbH als Anknüpfungspunkt für gläubigerschützende und die Haftung der GmbH-Gesellschafter erweiternde Maßnahmen.
Roll, R. (1983), Vas ist das? The Turn of the Year Effect and the Return Premium of Small Firms, in: Journal of Portfolio Management 9, S. 18 ff.
Roll, R. (1986), The Hubris Hypothesis of Corporate Takeovers, Journal of Business 59, S. 197 ff.
Romano, R. (1989) Answering the Wrong Question: The Tenuous Case for Mandatory Corporate Laws, in: Columbia Law Review 89, S. 1599.
Romano, R. (1991), The Shareholder Suit: Litigation Without Foundation? In: Journal of Law, Economics, and Organization 7, S. 55 ff.
Romano, R. (1992), A Guide to Takeovers: Theory, Evidence, and Regulation, in: Yale Journal on Regulation 9, S. 119 ff.
Romano, R. (1993), The Genius of American Corporate Law.
Romano, R. (1993b), A Cautionary Note on Drawing Lessons from Comparative Corporate Law, in: Yale Law Journal 102, S. 2021 ff.
Romano, R. (1998), Empowering Investors: A Market Approach to Securities Regulation, in: Yale Law Journal 107, S. 2359 ff.
Romano, R. (2001), The Need for Competition in International Securities Regulation. Yale Law School and Yale International Center for Finance. Yale Law and Economics Research Paper No. 258, www. ssrn.com.
Rosenstein, S./Wyatt, J.G. (1990), Outside Directors, Board Independence, and Shareholder Wealth, in: Journal of Financial Economics 26, S. 175 ff..
Roth, G.H. (1972), Das Treuhandmodell des Investmentrechts, S. 80 ff.
Roth, G.H. (1986), Zur "economic analysis" der beschränkten Haftung, in: Zeitschrift für Unternehmens- und Gesellschaftsrecht 3, S. 371 ff.
Roth, M. (2001), Unternehmerisches Ermessen und Haftung des Vorstands.
Rubinstein, M. (2000), Rational Markets: Yes or No? The Affirmative Case, University of California, Berkeley, working paper, www. ssrn.com.
Rumsey, J. (1996), The Market Model and the Event Study Method: A Synthesis of Econometric Criticisms: Comment, in: International Review of Financial Analysis 5, S. 79 ff.
Rydqvist, K. (1996), Takeover Bids and the Relative Prices of Shares that Differs in their Voting Rights, in: Journal of Banking and Finance 20, S. 1407 ff.
Ryngaert, M. (1988), The Effect of Poison Pill Securities on Shareholder Wealth, in: Journal of Financial Economics 20, S. 377 ff.
Ryngaert, M./Netter, J.M. (1988), Shareholder Wealth Effects of the Ohio Antitakeover Law, in: Journal of Law, Economics, and Organization 4, 373 ff.
Sapusek, A. (1998), Informationseffizienz auf Kapitalmärkten: Konzepte und empirische Ergebnisse.
Schäfer, H-B./Ott, C. (2000), Lehrbuch der ökonomischen Analyse des Zivilrechts, 3 Auflage.
Scheffler, E. (1993), Der Aufsichtsrat - nützlich oder überflüssig? In: Zeitschrift für Unternehmens- und Gesellschaftsrecht 22, S. 63 ff.
Scheurle, F. (1998), Investmentfonds: Änderungen durch das Dritte Finanzförderungsgesetz, in: Der Betrieb 1998, S. 1099 ff.

Schlesinger, H. (1978), Volkswirtschaftliche Kapitalbildung und Eigenkapital, in: Eigenkapital und Kapitalmarkt, Bruns, G./Häuser, K. S. 140 ff.

Schmidt, F. (1997), Vorstandsbezüge, Aufsichtsratsvergütung und Aktionärsstruktur, in: Zeitschrift für Betriebswirtschaft 67, S. 67 ff.

Schmidt, K. (1995), Wechselseitige Beteiligungen im Gesellschafts- und Kartellrecht.

Schmidt, K. (1996), Die KGaA ohne natürliche Person als Komplementär, in: Zeitschrift für Unternehmens- und Gesellschaftsrecht, S. 265 ff.

Schmidt, K. (1996a), Deregulierung des Aktienrechts durch Denaturierung der Kommanditgesellschaft auf Aktien? In: Zeitschrift für das gesamte Handels- und Wirtschaftsrecht 160, S. 265 ff.

Schmidt, K. (1997), Gesellschaftsrecht.

Schmidt, M. (1994), Die Stimmrechtsvertretung durch Kreditinstitute.

Schmidt, R./May, A. (1993), Erklärung von Aktienindizes durch Pressemeldungen, in: Zeitschrift für Betriebswirtschaft 63, S. 61 ff.

Schmidt, R.H./Terberger, E. (1997), Grundzüge der Investitions- und Finanzierungstheorie, 4. Auflage.

Schmidt, S.M. (2001), Corporate Governance in deutschen und amerikanischen Aktiengesellschaften.

Schneider, D. (1987), Mindestnormen zur Eigenkapitalausstattung als Beispiele unbegründeter Kapitalmarktregelung? In: Kapitalmarkt und Finanzierung, hrsg. von D. Schneider

Scholes, M./Williams, J. (1977), Estimating Betas from Nonsynchronous Data, in: Journal of Financial Economics 5, S. 309 ff.

Schörner, P. (1991), Gesetzliches Insiderhandelverbot.

Schulte, K.M./Müller, S. (1994), Berichterstattung über die Finanzlage in den Geschäftsberichten deutscher Aktiengesellschaften - eine empirische Untersuchung, in: AG/1994, S. 540 ff.

Schumann, L. (1988), State Regulation of Takeovers and Shareholder Wealth: The Case of New York's 1985 Takeover Statutes, in: RAND Journal of Economics 19, 557 ff.

Schwalbach, J./Graßkopf, U. (1997), Managervergütung und Unternehmenserfolg, in: Zeitschrift für Betriebswirtschaft 67, S. 203 ff.

Schwark, E. (1979), Anlegerschutz durch Wirtschaftsrecht: Entwicklungen, Prinzipien und Fortbildung des Anlegerschutzes, zugleich ein Beitrag zur Überlagerung bürgerlichrechtlicher Regelung und gewerbepolizeilicher Überwachung durch Wirtschaftsrecht.

Schwartz, A. (1986), Search Theory and the Tender Offer Auction, in: Journal of Law, Economics, and Organization 2, S. 229 ff.

Scott, K.E./Kleidon, A.W. (1994), CEO Performance, Board Types and Board Performance: A First Cut, in: Institutional Investors and Corporate Governance, hrsg. von Baums T./Buxbaum, R./K. Hopt, S. 181 ff.

Seeger, H. (1998), Insiderhandel am deutschen Aktienmarkt- Eine empirische Untersuchung von Existenz und Erkennbarkeit.

Seger, F. (1997), Banken, Erfolg und Finanzierung. Eine Analyse für deutsche Unternehmen.

Seifert, W./Achleitner, A-K./Mattern, F./Steit, C./Voth, H-J. (2000), European Capital Market.

Serfling, K./Großkopf, A./ Röder, M. (1998), Investor Relations in der Unternehmnespraxis, in: Die Aktiengesellschaft, 6/1998, S. 272 ff.

Sethe, R. (1996), Die personalistische Kapitalgesellschaft mit Börsenzugang: die reformierte KGaA als Mittel zur Verbesserung der Eigenkapitalausstattung deutscher Unternehmen.

Shiller, R. (1981), Do Stock Prices Move too much to be Justified by Subsequent Changes in Dividends? In: American Economic Review 71, S. 421 ff.
Shiller, R. (1981a), The Use of Volatility Measures in Assessing Market Efficiency, in: Journal of Finance 36, S. 291 ff.
Shiller, R. (1990), Market Volatility and Investor Behavior, in: American Economic Review 80, S. 58 ff.
Shiller, R. (2000), Irrational Exuberance.
Shivdasani, A. (1993), Board Compensation, Ownership Structure, and Hostile Takeovers, in: Journal of Accounting and Economics 16, S. 167 ff.
Shleifer, A./Summers, L.H. (1990), The Noise Trader Approach to Finance, in: Journal of Economic Perspectives 4, S. 19 ff.
Shleifer, A./Vishny, R. (1990), Equilibrium Short Horizons of Investors and Firms, in: American Economic Review 80, S. 148 ff.
Shome, D./Singh, S. (1995), Firm Value and External Blockholdings, in: Financial Management 24, S. 3 ff.
Simon, C. (1989), The Effect of the 1933 Securities Act on Investor Information and the Performance of New Issues, in: American Economic Review 79, S. 295 ff.
Simon, H.A. (1998), Bounded Rationality, in: The New Palgrave: A Dictionary of Economics, hrgs. von Eatwell, J./ Milgate, M./Newman, A./P.London, S. 266 ff.
Sloan, F. (1998), Commercialism in Nonprofit Hospitals, in: To Profit or Not to Profit - The Commercial Transformation of the Nonprofit Sector, Hrsg. von B. Weisbrod.
Smith, A.J. (1990), Management Buyouts and Corporate Performance, in: Journal of Financial Economics 27, S. 143 ff.
Smith, C.W./Warner, J.B. (1979), On Financial Contracting: An Analysis of Bond Covenants, in: Journal of Financial Economics 7, S. 117 ff.
Sorensen, R. (1974), The Separation of Ownership and Control and Firm Performance: A Empirical Analysis, in: The Southern Economic Journal 41, S. 146 ff.
Sorenson, E.H./Hawkins, C.A. (1981), On the Pricing of Preferred Stock, in: Journal of Financial and Quantitative Analysis 16, S. 515 ff.
Spindler, G. (1998), Deregulierung des Aktienrechts? In: Die Aktiengesellschaft, 2/98, S. 53 ff.
Stano, M. (1976), Monopoly Power, Ownership and Corporate Performance, in: The Bell Journal of Economics 7, S. 672 ff.
Steiger, M. (2000), Institutionelle Investoren im Spannungsfeld zwischen Aktienmarktliquidität und Corporate Governance.
Stein, J.C. (1988), Takeover Threats and Managerial Myopia, in: Journal of Political Economy 96, S. 61 ff.
Stein, J.C. (1989), Efficient Capital Markets, Inefficient Firms: A Model of Myopic Corporate Behavior, in: Quarterly Journal of Economics 104, S. 655 ff.
Steinitzer, E. (1908), Ökonomische Theorie der Aktiengesellschaft.
Stigler, G. (1964), Public Regulation of Securities Markets, in: Journal of Business 37, S. 120 ff.
Stiglitz, J. (1990), Symposium on Bubbles, in: Journal of Economic Perspectives 4, S. 13 ff.
Stillman, R. (1983), Examining Antitrust Policy Towards Horizontal Mergers, in: Journal of Financial Economics 11, S. 225 ff.
Stock, R. (2001), Erhaltung der finanziellen Leistungskraft gemeinnütziger Nonprofit-Organisationen: Ökonomische Analyse von § 58 Nr. 7 a AO am Beispiel des Krankenhauswesens in Deutschland.

Stoll, H./Whaley, R. (1983), Transaction Costs and the Small Firm Effect, in: Journal of Financial Economics 12, S. 57 ff.

Stount, L.A. (1997), How Efficient Markets Undervalue Stocks: CAPM and ECMH Under Conditions Of Uncertainty and Disagreement, in: Cardozo Law Review 19, S. 475 ff.

Stout, L.A. (1987), The Unimportance of Being Efficient: An Economic Analysis of Stock Market Pricing and Securities Regulation, in: Michigan Law Review, S. 613 ff.

Stout, L.A. (2000), Stock Prices and Social Wealth, Discussion Paper No. 301, Harvard Law School.

Strong, J.S./Meyer, J.R. (1990) An Analysis of Shareholder Rights Plans, in: Managerial and Decision Economics 11, S. 73 ff.

Stulz, R.M. (1988), Managerial Control of Voting Rights: Financing Policies and the Market for Corporate Control, in: Journal of Financial Economics 20, S. 25 ff.

Summers, L.H. (1986), Does the Stock Market Rationally Reflect Fundamental Values? in: Journal of Finance 41, S. 591 ff.

Sundaramurthy, C./Mahoney, J.M./Mahoney, J.T. (1997), Board Structure, Antitakeover Provisions, and Stockholder Wealth, in: Strategic Management Journal 18, S. 231 ff.

Szewczyk, S.H./Tsetsekos, G.P. (1992), State Intervention in the Market for Corporate Control: The Case of Pennsylvania Senate Bill 1310, in: Journal of Financial Economics 31, S. 3 ff.

Tauke, D.B. (1989) Should Bonds Have More Fun: A Reexamination of the Debate Over Corporate Bondholder Rights, in: Columbia Business Law Review 1, S. 133 ff.

Thaler, R. (1987), Anomalies - The January Effect, in: Journal of Economic Perspectives 1, S. 197 ff.

Thoma, G./Steck, G. (2001), Die Investmentaktiengesellschaft (closed-end fund), in: Die Aktiengesellschaft, 7/2001, S. 330 ff.

Thonet, P. (1977), Managerialismus und Unternehmenserfolg.

Titic, S./West, R. (1984), Risk and Return - January vs. the Rest of the Year, in: Journal of Financial Economics 13, S. 561 ff.

Trautmann, S. (1987), Bewertung von Aktienoptionen am deutschen Kapitalmarkt, in: Kapitalmarkt und Finanzierung, hrsg. von D. Schneider, S. 311 ff.

Treynor, J./Mazuy, F. (1998), Can Mutual Funds Outguess the Market? In: Harvard Business Review 45, S. 131 ff.

Triantis, G./Daniels, R. (1995), The Role of Debt in Interactive Corporate Governance, in: California Law Review 84, S. 1073 ff.

Tuerks, R. (2000), Depotstimmrechtspraxis versus U.S. - proxy-system. Der Beitrag von Finanzintermediären zur Optimierung der Unternehmenskontrolle.

Tullock, G. (1969), The New Theory of Corporations, in: Roads to Freedom, hrsg. von E. Streissler, S. 287 ff.

Ulmer, P. (1999), Die Aktionärsklage als Instrument zur Kontrolle des Vorstands- und Aufsichtsratshandels, in: Zeitschrift für das gesamte Handels- und Wirtschaftsrecht 163, S. 290 ff.

Van der Elst (2000), The Equity Markets, Ownership Structures and Control: Towards an International Harmonization? Working paper, Financial Law Institut, Ghent University, Belgium.

Vance, S.C. (1978), Corporate Governance: Assessing Corporate Performance by Boardroom Attributes, in: Journal of Business Research 6, S. 203 ff.

Vancil, R. (1987), Passing the Baton: Managing the Process of CEO Succession.

Varnholt, B. (1997), Modernes Kreditrisikomanagement.

Vinken, H. (1970), Die Stiftung als Trägerin von Unternehmen und Unternehmnesteilen: ein Beitrag zur Morphologie der Einzelwirtschaften.

Vollmer, L. (1983), Eigenkapitalbeschaffung für die GmbH durch Börsenzugang, in: GmbH-Rundschau, S. 329 ff.

Wagner, R. (1998), Common Law, Statute Law and Economic Efficiency, in: The New Palgrave Dictionary of Economics and the Laws, S. 313 ff.

Wahal, S./Wiles, K.W./Zenner, M. (1995), Who Opts Out of State Antitakeover Protection?: The Case of Pennsylvania's SB 1310, in: Financial Management, S. 22 ff.

Walsh, J.P./Ellwood, J.W. (1991), Mergers, Acquisitions, and the Pruning of Managerial Deadwood, in: Strategic Management Journal 12, S. 201 ff.

Walsh, J.P./Kosnik, R.D. (1993), Corporate Raiders and their Disciplinary Role in the Market for Corporate Control, in: Academy of Management Review 36, S. 671 ff.

Walsh, S. (1988), Top Management Turnover Following Mergers and Acquisitions, in: Strategic Management Journal 9, S. 180 ff.

Walter, B. (1998), Gesetzliches Garantiekapital und Kreditsicherung der Banken, in: Die Aktiengesellschaft, 8/1998, S. 369 ff.

Walter, B. (1998), Gesetzliches Kapital und Kreditentscheidung der Banken, in: AG 8/1998. S. 370 ff.

Walz, R. (1993), Privatautonomie oder rechtliche Intervention bei der Ausstattung und Änderung von Gesellschaftsrechten? In: Ökonomische Analyse des Unternehmensrechts: Beiträge zum 3. Travemünder Symposium zur Ökonomischen Analyse des Rechts, Hrsg. von Schäfer, H-B./C. Ott, S. 53 ff.

Walz, R. (1996), Ökonomische und soziologische Unternehmensbilder vor den Toren des Gesellschaftsrechts - Ein Plädoyer für interdisziplinäre Neugier, in: Die Aktiengesellschaft, 4/1996, S. 161 ff.

Wang, K./Li, Y./Erickson, J. (1997), A New Look at the Monday Effect, in: Journal of Finance 52, S. 2171 ff.

Ward, D./Huffman, S. (1997), Seasonality in the Returns of Defaulted Bonds: The January and October Effects, in: Quarterly Journal of Business and Economics 36, S. 3 ff.

Ware, R.F. (1975), Performance of Manager- versus Owner-controlled Firms in the Food and Beverage Industry, in: Quarterly Review of Economics and Business 15, S. 81 ff.

Warga, A./Welch, I. (1990), Bondholder Losses in Leveraged Buyouts, working paper.

Warner, J.B./Watts, R.L./Wruck, K.H. (1988), Stock Prices and Top Management Changes, in: Journal of Financial Economics 20, S. 461 ff.

Wastl, U./Wagner, F. (1997), Das Phänomen der wechselseitigen Beteiligungen aus juristischer Sicht: Herleitung und Entwicklung von Vorschlägen für eine gesetzgeberische Reform.

Weber, M./Berg, E./Kurse, H. (1992), Kurs- und Renditevergleich von Stamm- und Vorzugsaktien, in: Schmalenbachs Zeitschrift für betriebswirtschaftliche Forschung, 6/1992, S. 548 ff.

Weber-Rey, D./Schütz, B. (2001), Zum Verhältnis von Übernahmen und Umwandlungsrecht, in: Die Aktiengesellschaft, 7/2001, S. 325 ff.

Weisbach, M.S. (1988), Outside Directors and CEO Turnover, in: Journal of Financial Economics 20, S. 431 ff.

Weiß, D. (1999), Aktienoptionspläne für Führungskräfte.

Wenger, E./Hecker, R./Knösel, J./Ahlers, M. (2001), Übernahme- und Abfindungsregeln bei börsennotierten Kapitalgesellschaften als Elemente des Minderheitenschutzes, Arbeitspapier, 1. Entwurf, Universität Würzburg

Wenger, E./Kaserer, C. (1998), German Banks and Corporate Governance: A Critical View, in: Comparative Corporate Governance - The State of the Art and Emerging Research, hrsg. K. Hopt/Kanda, H./Roe, M./Wymeersch, E./S. Prigge, S. 499 ff.

Whaley, R.E. (1982), Valuation of American Call Options on Dividend-Paying Stocks – Empirical Tests, in: Journal of Financial Economics 10, S. 29 ff.

Wiesner, P.M. (1988), Zur Deregulierung des Aktienrechts, in: Wertpapier Mitteilungen, S. 1841 ff.

Williamson, O.E. (1979), Transaction Cost Economics: The Governance Structure if Contractual Relations, in: Journal of Law and Economics 7, S. 23 ff.

Williamson, O.E. (1990), Die ökonomischen Institutionen des Kapitalismus: Unternehmen, Märkte, Kooperationen. Die englische Erstausgabe: The economic institutions of capitalism (1985): Firms, markets, relational contracting.

Windolf, P. (1994), Die neuen Eigentümer: eine Analyse des Marktes für Unternehmenskontrolle, in: Zeitschrift für Soziologie 23, S. 79 ff.

Windolf, P./Beyer, J. (1995), Kooperativer Kapitalismus. Unternehmensverflechtungen im internationalen Vergleich, in: Kölner Zeitschrift für Soziologie und Sozialpsychologie 47, S. 1 ff.

Winter, S. (2000), Optionspläne als Instrument wertorientierter Managementvergütung.

Wolfenzon, D. (1999), A Theory of Pyramidal Structures, Harvard University, working paper, www.ssrn.com.

Woo, A. (1995), Appraisal Rights in Mergers of Publicly-Held Delaware Corporations: Something Old, Something New, Something Borrowed, and Something B.L.U.E., in: Southern California Law Review 68, S. 719 ff.

Wruck, K.H. (1989), Equity Ownership Concentration and Firm Value, in: Journal of Financial Economics 23, S. 3 ff.

Yermack, D. (1995), Do Corporations Award CEO Stock-Options Effectively? In: Journal of Financial Economics 39, S. 237 ff.

Yermack, D. (1996), Higher Market Valuation of Companies with a Small Board of Directors, in: Journal of Financial Economics 40, S. 185 ff.

Zingales, L. (1994), The Value of the Voting Right: A Study of the Milan Stock Exchange Experience, in: Review of Financial Studies 7, S. 125 ff.

Zingales, L. (1995), Inside Ownership and the Decision to Go Public, in: Review of Economic Studies 62, S. 425 ff.

Zöllner, W. (1994), Kontrollrechte des einzelnen Aktionärs: Beschränkung, Erweiterung und Mißbrauchbekämpfung, in: Reformbedarf im Aktienrecht, Sonderheft 12, Zeitschrift für Unternehmens- und Gesellschaftsrecht, hrsg. von J. Semler, S. 146 ff.

Zweigert, K./Kötz, H. (1996), Die Einführung in die Rechtsvergleichung.

GPSR Compliance

The European Union's (EU) General Product Safety Regulation (GPSR) is a set of rules that requires consumer products to be safe and our obligations to ensure this.

If you have any concerns about our products, you can contact us on ProductSafety@springernature.com

In case Publisher is established outside the EU, the EU authorized representative is:

Springer Nature Customer Service Center GmbH
Europaplatz 3
69115 Heidelberg, Germany

Batch number: 10815964

Printed by Printforce, the Netherlands